# धर्म, सत्ता और हिंसा

## समकालीन समय में राजनीति की अभिव्यक्ति

# धर्म, सत्ता और हिंसा

## समकालीन समय में राजनीति की अभिव्यक्ति

सम्पादक
राम पुनियानी

पुनरीक्षण एवं हिन्दी सम्पादन
मिथिलेश
शम्भू जोशी

अनुवादक
राजनारायण पाठक

राजकमल प्रकाशन

SAGE www.sagepublications.com
Los Angeles • London • NewDelhi • Singapore • Washington DC

First published in English in 2005 under the title *Religion, Power and Violence : Expression of Politics in Contemporary Times* by SAGE Publication India Pvt Ltd, B-1/I-1 Mohan Cooperative Industrial Area, Mathura Road, New Delhi-110044

ISBN : 978-81-267-2671-4

**मूल्य** : ₹ 650



**पहला संस्करण** : 2016

**प्रकाशक** : राजकमल प्रकाशन प्रा. लि.
1-बी, नेताजी सुभाष मार्ग, दरियागंज
नई दिल्ली-110 002

**शाखाएँ** : अशोक राजपथ, साइंस कॉलेज के सामने, पटना-800 006
पहली मंजिल, दरबारी बिल्डिंग, महात्मा गांधी मार्ग, इलाहाबाद-211 001
36 ए, शेक्सपियर सरणी, कोलकाता-700 017

वेबसाइट : www.rajkamalprakashan.com
ई-मेल : info@rajkamalprakashan.com

**मुद्रक** : बी.के. ऑफसेट
नवीन शाहदरा, दिल्ली-110 032

DHARM, SATTA AUR HINSA
*Samkaleen Samay Mein Rajneeti Kee Abhivyakti*
*Edited by* Ram Puniyani

# प्राक्कथन

प्राचीन काल से ही विश्व में धर्म और राजनीति का सहअस्तित्व रहा है। लेकिन इधर राजनीतिक हितों के लिए धर्म का इस्तेमाल बहुत खुले रूप में सामने आया है। पिछले दो दशकों में साम्प्रदायिक हिंसा की सघनता ने इसे हम भारतीयों के समक्ष भी काफी स्पष्ट कर दिया है। 'सभ्यताओं का द्वन्द्व' जैसे सिद्धान्तों के माध्यम से भाषा की आड़ में यह प्रवृत्ति देखने को मिली है, जिसका अर्थ है कि विश्व का सबसे बड़ा संघर्ष पिछड़ी इस्लामी सभ्यता एवं अगड़ी पाश्चात्य सभ्यता का द्वन्द्व है। धर्म की भाषा में राजनीति का स्पष्ट आविर्भाव 11 सितम्बर, 2001 को विश्व व्यापार केन्द्र (World Trade Centre) पर आक्रमण के साथ परिलक्षित हुआ है, जिसमें कुछ लोगों को केवल 'गलत' धर्म में जन्म लेने के कारण राजनीतिक रूप से निशाना बनाया गया; कुछ देशों पर इसलिए आक्रमण किए गए क्योंकि माना गया कि उन्होंने इस्लामी आतंकवादियों को छुपा रखा था और कुछ को केवल इस आधार पर निशाना बनाया गया कि अमेरिका को उस देश के शासकों के आतंकवादियों के साथ सम्बन्ध होने का पता चला।

मुसलमानों के दानवीकरण एवं इस्लाम को बदनाम करने का काम पूरे विश्व में सबसे अधिक खुले रूप में देखा गया। भारत ने भी ईसाइयों के विरुद्ध दुष्प्रचार को देखा। मुसलमानों पर लगातार आक्रमणों के अलावा इस राजनीति के नाम पर हजारों को अपनी जान गँवानी पड़ी और यह खुले तौर पर किसी एक धर्म की रक्षा के लिए किया गया। इसने बीसवीं शताब्दी के अन्तिम भाग को सर्वाधिक हिंसक शताब्दी के रूप में बदल दिया। इसके साथ ही इसने विश्व की दूसरी सबसे बड़ी आबादी वाले समूह–मुसलमानों–के प्रति विश्व-मानस में भय उत्पन्न कर दिया।

किसी ने 1940 से 1970 तक के दशकों को उपनिवेशवाद की असहनीय पीड़ा से मुक्ति के लिए राष्ट्रीय संग्राम का युग बताते हुए अतीत के भयावह दुख को याद किया है। गांधी और माओ का युग, चेग्वेरा एवं हो ची मिन्ह का युग भी लोगों के मस्तिष्क में आता है। कोई भी कॉन बेंडिट्स, रोहन विजेवीरा, चारू मजूमदार, तारिक अली तथा उनसे सम्बन्धित आन्दोलनों का स्मरण कर सकता है। कोई ईरान के मोसदिक को याद करता है, जिसने अपने देश के तेलकूपों का राष्ट्रीयकरण किया और कोई पंडित नेहरू को, जिन्होंने सार्वजनिक क्षेत्र की आधारशिला रखी तथा इस विशाल देश में औद्योगिकीकरण की प्रक्रिया का शुभारम्भ किया। आज वे सभी अतीत के विषय बन चुके हैं। आज अतीत की साम्प्रदायिक व्याख्या, भारत जैसे देशों में धार्मिक समुदायों का अभिजात वर्ग और विश्व की सर्वोच्च सत्ता अमेरिका ही विमर्श के केन्द्र में है। पहले औद्योगिकीकरण, शिक्षा, समाज कल्याण, भू-स्वामित्व, आर्थिक

न्याय तथा सामाजिक एवं लैंगिक न्याय से जुड़े मुद्दे विमर्श के विषय हुआ करते थे। आज या तो जेहादी आतंकवादी, जिन्हें प्रारम्भ में अमेरिका द्वारा प्रशिक्षित किया गया अथवा अमेरिका द्वारा एक के बाद दूसरे देश में अपनी कठपुतलियाँ फिट करने हेतु संचालित जेहाद या मोदी-वाजपेयी किस्म के हिन्दुत्ववादी, जो केन्द्र स्तर तक पहुँच चुके हैं, मुद्दे बन गए हैं।

क्या इन सबका कारण धर्म है? या कि अभिजात वर्ग द्वारा समाज में चलाई जा रही राजनीति एवं विश्वव्यापी साम्राज्यवाद है, जो धर्म की भाषा को सँवार रही है? जब तक वैकल्पिक सुपर पावर के रूप में समाजवादी खेमा विद्यमान रहा, एक समानान्तर विचारधारा बनी रही और प्रतिस्पर्द्धा करती रही। समाजवादी खेमे के खात्मे के बाद अमेरिका और इसके साथी देशों ने रास्ता बदल लिया। 'साम्यवादी अधिकारवाद' के विरुद्ध अपराध का 'पिछड़े धर्म' 'इस्लाम' के विरुद्ध अपराध के रूप में रूपान्तरण हो गया और तब शेष विश्व का नेतृत्व करना बिलकुल आसान हो गया। साम्राज्यवादी शक्तियों द्वारा किसी भी देश पर स्वेच्छा से आक्रमण एक रणनीति बन गई। इराक, अफगानिस्तान और पुनः इराक और ईरान के सामूहिक खात्मे की सम्भावना चिन्ता का विषय बन गई है। परन्तु साथ ही, आतंकवाद की पहचान—इस्लामी—एक सामाजिक सामान्य बोध के तहत पूरे विश्व में धीरे-धीरे समस्या बनती जा रही है। 1980 के दशक के शुरुआती सालों में विश्व के शत्रु साम्यवाद का स्थान इस्लाम लेता हुआ दिखाई पड़ने लगा। इस सन्दर्भ में गहरी राजनीति हमेशा चलती रही। उपनिवेश रह चुके राष्ट्रों के औद्योगिकीकरण में प्रवेश का एक मार्ग साम्यवाद था, उस साम्यवाद के दैत्यीकरण को अमेरिका और उसके सहयोगियों ने प्रचार माध्यमों के प्रबन्धन के जरिए व्यापक तौर पर दुष्प्रचारित किया जो वियतनाम पर आक्रमण जैसी कार्रवाइयों के प्रति स्वीकृति-निर्माण की एक प्रक्रिया थी, जो सबके लिए देखनेवाली और बहुतों के लिए विश्वास करनेवाली थी। न केवल एक समुदाय-विशेष अपितु एक धर्म के दानवीकरण हेतु मिथक का निर्माण केन्द्रीय चिन्ता का विषय बन गया। सर्वाधिक आश्चर्यजनक यह है कि हमें इस राजनीतिक विमर्श की भाषा में हुए परिवर्तन एवं इसके वास्तविक लक्ष्य और इसके असली एजेंडा को समझने में काफी समय लग गया। क्या यह महज एक संयोग है कि ठीक इसी समय भारत में जो राजनीतिक परिदृश्य है, वह धर्म आधारित भाषा के अधीन होता जा रहा है। भूमंडलीय राजनीति भी धर्म की भाषा के अधीन होती जा रही थी। यह वह समय है, जिसमें कमजोर वर्ग फिर से हाशिए पर धकेला जा चुका है और जाति (वर्ग) एवं जेंडर (लिंग) का सामाजिक रूपान्तरण पराभूत हो चुका है।

मैंने इस प्रक्रिया के गहरे अर्थ को मुख्यतः बाबरी मस्जिद के विध्वंस एवं तत्पश्चात् मुम्बई दंगों के बाद समझना प्रारम्भ किया। यह अमेरिका द्वारा इराक पर प्रथम आक्रमण के ठीक पहले का समय था। मैं इन दोनों ही घटनाओं तथा धर्म के नाम पर हिंसा की भयावहता से पूरी तरह चकरा गया था। तब से इस क्रम में एक के बाद एक घटनाएँ घटने लगीं जो इस मुद्दे की ओर लोगों का बरबस ध्यान दिला देनेवाली थीं। इसके साथ ही भारत में मुसलमानों के दैत्यीकरण और इस्लाम की पहचान एक आतंकी धर्म के रूप में पूरे विश्व में बनाई जा रही थी। इस्लाम और मुसलमानों की प्रकृति के सम्बन्ध में चल रही चर्चाएँ सुनना पीड़ादायी होता जा रहा था। यह समझ से परे था कि किस प्रकार इसे 'सामान्य

सामाजिक बोध' बनाया जा रहा था और यह स्वीकार कर लिया गया कि धर्म मनुष्य की प्रकृति का प्रमुख निर्धारक हो सकता है। यह देखना भी काफी कष्टप्रद था कि कैसे धर्म को निशाना बनाया जा रहा था और निहित स्वार्थी तत्त्वों द्वारा इसे कितनी सरलतापूर्वक अंजाम दिया जा रहा था। सामाजिक सामान्य बोध साम्राज्यवादियों को उनकी धूर्तता, लूटपाट के लिए तथा उपनिवेशों में उनकी क्रूरता के लिए दोष नहीं देता, बल्कि उसका ध्यान विश्व के इस भाग के गरीब अल्पसंख्यकों को दोषी बताने पर केन्द्रित रहता है। हिटलरकालीन जर्मनी के साथ इसका साम्य स्पष्ट है, जहाँ एक के बाद दूसरे अल्पसंख्यक समुदाय को चुनकर स्वयं जर्मनी को बर्बाद किए जाने से पहले राष्ट्र और समुदाय की संकीर्ण विभाजनकारी मानसिकता के कारण निशाना बनाया गया। पादरी ग्राहम स्टेंस को हृदयविदारक ढंग से जलाए जाने की घटना ने भारत के विवेक को हिलाकर रख दिया, जबकि सभी अन्तरराष्ट्रीय संस्थाएँ मानवाधिकार के उल्लंघन की इन घटनाओं का विरोध करती रहीं, उनकी आवाज घटनाओं के सिलसिले को नियंत्रित कर पाने में निष्प्रभावी रही, यद्यपि ये घटनाएँ उन देशों के नीति-निर्धारकों के लिए गम्भीर चेतावनी के रूप में सामने आईं।

विश्व धार्मिक आधार पर विभाजित हो सकता है, यह सिद्धान्त उस समय बेअसर साबित हो गया, जब 'मुस्लिम' इराक पर अमेरिका एवं अन्य मुस्लिम देश पाकिस्तान द्वारा हमला किया गया, जहाँ संयुक्त राज्य के विमान को ईंधन भरने की सुविधा दी गई और दूसरे मुस्लिम देशों द्वारा या तो चुप्पी साध ली गई अथवा संयुक्त राज्य की कार्रवाई को उचित ठहराया गया। इस सन्दर्भ में सबसे बड़ा विरोध मुस्लिमों द्वारा नहीं बल्कि वैश्विक शान्ति समर्थकों द्वारा जताया गया। अमेरिका, यूरोप एवं अन्य देशों के लाखों लोगों ने इराक पर हुए कायरतापूर्ण हमले की निन्दा करते हुए पदयात्राएँ कीं। यह एक आशावादी संकेत है। भारत में भी मुस्लिम-विरोधी अत्याचार एवं ईसाई विरोधी हिंसा का धर्मनिरपेक्ष आन्दोलन, प्रगतिशील दलों एवं लोकतांत्रिक सिद्धान्तों के पक्ष में काम कर रहे तथा धर्मनिरपेक्षता के मूल्यों को बनाए रखनेवाले समूहों द्वारा विरोध किया गया। अल्पसंख्यकों के अधिकारों और सेक्युलर मूल्यों पर होनेवाले हर आक्रमण का विरोध करते हुए यह प्रगतिशील आन्दोलन समय के साथ ज्यादा संगठित हुआ है। साम्प्रदायिक हिंसा के शिकार इस आन्दोलन से बड़ी संख्या में जुड़ने लगे हैं।

ऐसी विकट परिस्थिति में दो उत्साहप्रद घटनाएँ एक बड़ी राहत के रूप में सामने आईं। राष्ट्रीय स्तर पर गुजरात की भयावह हिंसा ने सामाजिक आन्दोलनों के विवेक को काफी हद तक झकझोर दिया। सामाजिक हित के मुद्दों पर कार्य कर रहे अधिकांश समूहों ने समझ लिया है कि व्यक्तिगत रूप से उनके सरोकारों का विषय चाहे जो रहा हो, अच्छी तरह पैर जमा चुकी साम्प्रदायिकता के मुद्दे को हम सभी के द्वारा मजबूत टक्कर दी जानी चाहिए। पिछले कुछ सालों से इन समूहों ने अपने एजेंडे के एक अभिन्न हिस्से के रूप में साम्प्रदायिकता के विरुद्ध लड़ाई लड़ी है। इसके अतिरिक्त साम्प्रदायिक सद्भाव एवं राष्ट्रीय एकता के प्रति समर्पित समूहों ने साम्प्रदायिक शक्तियों को अलग-थलग करने के उद्देश्य से विभिन्न स्थानों पर अपने पैर पसारना शुरू कर दिया है।

संयुक्त राष्ट्र को शक्तिहीन बना दिए जाने के बाद पूरे विश्व में अमेरिका की बराबरी वाला कोई देश नहीं रह गया। इराक से आनेवाली अमेरिकी सैनिकों की लाशें अमेरिकी राजनीति

को पीछे हटने पर मजबूर कर देंगी, मगर यह दुनिया की अर्थव्यवस्था और कच्चे माल पर साम्राज्यवादी लालच को खत्म नहीं कर सकेंगी। भूमंडलीय शान्ति आन्दोलन, भूमंडलीय युद्ध-विरोध, नाभिकीय ऊर्जा विरोध, पारिस्थितिकीय संरक्षण और मानवाधिकारों में वृद्धि आदि विषय का उठना भविष्य में एक बेहतर विश्व के प्रति आशान्वित करता है।

यही कारण है, जिसने मुझे अपने सम्बन्धित विषयों में काम कर रहे मित्रों से अनुरोध करने हेतु प्रेरित किया है कि वे अपने विचारों को लघु निबन्ध के रूप में पेश करें, जिससे भूमंडलीय एवं स्थानीय परिदृश्य का वास्तविक चित्र उपस्थित हो सके। पुस्तक में समकालीन राजनीति के अधिकांश पक्षों के विश्लेषण का प्रयास किया गया है, फिर भी इसमें कुछ और आयाम भी जोड़े जा सकते थे। इसमें भारत और विश्व के बदलते स्वरूप को अच्छी तरह समेटने का प्रयास किया गया है। जिन मित्रों ने इसमें सहयोग किया है, वे अधिकांशतः सामाजिक आन्दोलनों के साथ जुड़े रहे हैं। ऐसे सहयोगकर्ताओं के सहयोग को मैं कृतज्ञतापूर्वक स्वीकार करता हूँ। आशा की जा सकती है कि इस पुस्तक से समकालीन राजनीति को गहराई से समझने में सहायता मिलेगी। मैं अपने मित्र असगर अली इंजीनियर, शबनम हाशमी, सुमा एवं डेनियल मजगाँवकर सहित उन सभी को धन्यवाद देना चाहता हूँ, जो मेरे लिए प्रेरणा-स्रोत रहे हैं।

इसके साथ ही मैं हिन्दी अनुवाद के लिए इसके प्रकाशक राजकमल प्रकाशन के प्रबन्धक निदेशक श्री अशोक महेश्वरी जी का आभारी हूँ जिन्होंने इसे एक नया पाठक वर्ग दिया। इसी के साथ श्री मिथिलेश, श्री शम्भू जोशी एवं श्री राजनारायण जी का दिल से आभार व्यक्त करता हूँ जिन्होंने अथक परिश्रम से इसे हिन्दी के आम पाठकों के लिए सुलभ कराया। उम्मीद है कि यह पुस्तक नए पाठक वर्ग को इस विषय पर विस्तार से अध्ययन करने के लिए प्रेरित करेगी।

मुम्बई

**—राम पुनियानी**

# अनुक्रम

## तालिकाओं की सूची

# परिचय : धर्म, सत्ता और हिंसा

**—राम पुनियानी**

### समकालीन वैश्विक परिदृश्य और धर्म की भाषा

इक्कीसवीं सदी की शुरुआत दो कायरतापूर्ण अपराधों की गवाह रही है। समूची दुनिया ने असहाय होकर देखा कि दो हवाई जहाज वर्ल्ड ट्रेड सेंटर की इमारत से टकराए और लगभग दो हजार निर्दोष लोगों की जान ले ली। इस घटना के लिए ओसामा बिन लादेन ने अल्लाह का शुक्रिया अदा किया। ठीक इसी समय अमेरिकी राष्ट्रपति जॉर्ज डब्ल्यू. बुश ने घोषणा की कि यह काम इस्लामी आतंकवाद का था इसलिए अमेरिका आतंकवाद के खिलाफ युद्ध छेड़ेगा यानी इस्लामी आतंकवाद के खिलाफ एक धर्मयुद्ध। इस घोषणा का परिणाम अफगानिस्तान पर आक्रमण के रूप में सामने आया जहाँ कि ओसामा बिन लादेन के छिपे होने की सम्भावना थी। इस आक्रमण में हजारों निर्दोष लोग मारे गए।

गुजरात के अनजाने से कस्बे गोधरा में साबरमती एक्सप्रेस के एक कोच को आग के हवाले कर दिया गया जिसमें 58 निर्दोष लोग अपनी जान गँवा बैठे। इसे भी इस्लामी आतंकवाद का काम समझा गया और इसने जिन साम्प्रदायिक दंगों को जन्म दिया उनमें हजारों लोग मौत की आगोश में सुला दिए गए। यह हत्याकांड सुनियोजित था और माना गया कि राज्य सरकार के उकसाने पर किया गया था। जबकि लोगों को यह विश्वास दिलाया गया कि यह हत्याकांड गोधरा घटना की त्वरित प्रतिक्रिया मात्र थी।

विश्व के अलग-अलग भागों में घटित उपर्युक्त दो दुखद घटनाओं को कौन सी बात आपस में जोड़ती है? दरअसल उस हिंसा में जो भाषा इस्तेमाल हुई वह धर्म से ली गई थी और इस हिंसा ने एक धर्म विशेष के लोगों (मुसलमानों) की जान ली। हालाँकि यह महज अपवाद नहीं है। पिछले तीन दशकों से धर्म के नाम पर राजनीति हो रही है। इसकी शुरुआत ईरान में रजा शाह पहलवी को अपदस्थ करने, अयातुल्ला खुमैनी और उनके इस्लामी शासन के उभार से हुई। इस घटना को क्रान्ति माना गया और इसने ईरान में इस्लामिक शासन स्थापित किया। बोस्निया और रवांडा में भी धर्म के नाम पर लोगों को प्रताड़ित किया गया।

समूची दुनिया को प्रभावित करनेवाले अन्य परिवर्तन समाजवादी राष्ट्रों के विघटन एवं अमेरिका के एकमात्र वैश्विक शक्ति के तौर पर उभरने से जुड़े हुए हैं। यह भी देखा गया है कि विश्व व्यापार संगठन (डब्ल्यू.टी.ओ.), विश्व बैंक और अन्य आर्थिक संस्थानों ने वैश्विक अर्थव्यवस्था के पुनर्गठन में महत्त्वपूर्ण भूमिका निभाई। इस्लामी कट्टरवाद कई चेतावनियों

के रूप में सामने आया—इराक-ईरान युद्ध की हिंसा (1980), यह आरोप कि लीबिया ने पैन एम फ्लाइट में बम विस्फोट किया जिसमें 270 लोग मारे गए (1980), अफगानिस्तान में सोवियत सेनाओं को पीछे हटाने के लिए अमेरिका एवं पाकिस्तान ने बिन लादेन के नेतृत्ववाली स्थानीय सेना के जरिए दबाव डाला, 1990 में इराक ने कुवैत पर हमला किया और कुवैत के शेख को 'बचाने' के लिए अमेरिका ने इराक पर हमला किया, बाद में इराक पर आर्थिक प्रतिबन्ध लगाए, जिससे इराक के आम लोगों की जिन्दगी दूभर हो गई। 1993 में शेख उमर अब्देल रहमान ने वर्ल्ड ट्रेड सेंटर के तलघर (बेसमेंट) में बम लगाया जिसमें छह लोग मारे गए और 100 से ज्यादा घायल हुए, इसी साल टिमोथी मैक्वेग ने ओकलाहोमा में बम गिराया जिसमें 300 लोग मारे गए, 1996 में डहरान में अमेरिकी सेना निवास की इमारत खोबर टावर्स के बाहर एक तेल टैंकर के फटने से 19 अमेरिकी मारे गए, 2000 में अदन में दो आत्मघाती मानव बम एक नाव में सवार होकर दिन-दहाड़े अमेरिकी जहाज से टकराए, जिसमें 17 नाविक मारे गए। इन सभी घटनाओं पर इस्लामिक आतंकवाद की छाप लगाई गई और सैमुएल हंटिंग्टन सभ्यताओं के संघर्ष के अपने उस सिद्धान्त के साथ सामने आए, जिसके अनुसार अल्प विकसित इस्लामिक सभ्यता विकसित पश्चिमी सभ्यता पर हमला कर रही है।

भारत का आम जन रथयात्राओं तथा मध्ययुगीन मुस्लिम शासकों के अत्याचारों के खिलाफ बदला लेने के लिए उकसाए जाने का गवाह रहा है। रथयात्रा का बिम्ब हिन्दू पुराणों में भगवान राम और अन्य व्यक्तित्वों के साथ जुड़ा हुआ है, जिसमें भगवान बुराई एवं राक्षसों आदि को समाप्त करने के लिए रथयात्राएँ प्रारम्भ करते हैं। आज की भाषा में कहें तो इसका अर्थ है कि रथ के सारथी (भाजपा के नेता) हिन्दुओं को आज के राक्षसों (मुसलमानों) से बचाने के लिए रथयात्रा निकाल रहे हैं। इस रथयात्रा की शुरुआत में ही जो लक्ष्य चुना गया था, वह अयोध्या की एक मजिस्द थी जिसे हिन्दू अस्मिता के लिए अपमान का प्रतीक माना गया। मुस्लिम शासक बाबर ने हिन्दू देवता राम का मन्दिर नष्ट किया, भगवान राम जो हिन्दू (भारतीय!) राष्ट्रवाद के प्रतीक माने गए। इस पूरी घटना से सारे देश में व्यापक रूप से मुस्लिम-विरोधी दंगे छह महीने तक होते रहे। इसके बाद बम विस्फोटों की शृंखला शुरू हुई, जिसका आरोप इस्लामी आतंकवादियों पर लगाया गया। हिन्दुत्व के उभार की राजनीति के दौरान एक और एजेंडा शामिल किया गया था, इसमें भोले-भाले आदिवासियों को ईसाई धर्म में धर्मान्तरित करनेवाली ईसाई मिशनरियों की गतिविधियों से उत्पन्न सम्भावित खतरों से निपटना शामिल था। इस समस्या को निपटाने, तथा इस सम्भावित खतरे से मुक्ति पाने के लिए एक पादरी ग्राहम स्टेंस और उनके दो बेटों को हिन्दुत्व की राजनीति करनेवाले कार्यकर्ता ने जिन्दा जला दिया। ईसाई इस राजनीति का एक गौण लक्ष्य तो रहे परन्तु मुख्य दुश्मन इस्लाम और मुसलमान ही रहे बने। इसी कारण गुजरात नरसंहार सम्भव हुआ जिसके बारे में आरोप है कि हिन्दुत्ववादी नेता के शासनकाल में राज्य सरकार के उकसाने पर यह सारी घटना हुई।

इन देशों के फायदे के परिप्रेक्ष्य में वैश्विक अर्थव्यवस्था की पुनर्रचना अबाधित रूप में जारी रही। अमेरिकी नेतृत्व वाले देशों में जब मुस्लिम-विरोधी प्रदर्शन हो रहे थे, तब इन देशों की मध्यपूर्व के तेल क्षेत्रों पर पकड़ दिन-ब-दिन मजबूत होती गई। एकध्रुवीय शक्ति

अमेरिका का वैश्विक वर्चस्व लगभग निर्विवाद था। भारत में हिन्दुत्ववादी राजनीति के उभार ने अल्पसंख्यकों को भयभीत करके उन्हें बन्द एवं सीमित क्षेत्र में तब्दील कर दिया है। ईसाई भी हिन्दुत्व के इस उभार की गरमी को महसूस कर रहे हैं, क्योंकि ईसाई नन और पादरी त्रिशूलधारियों एवं भाजपा कार्यकर्ताओं के नियमित शिकार होते हैं।

कुछ सवाल हमारे सामने हैं। जिस तरह से बिन लादेन* अमेरिका और अन्य देशों पर कायरतापूर्ण तरीके से आतंकवाद द्वारा हमला कर निर्दोष लोगों की जान ले रहा है, क्या वह धर्म का भला करेगा? क्या ये आतंकवादी इस्लाम का प्रतिनिधित्व करते हैं? स्थानीय और वैश्विक मुस्लिम समुदाय का प्रतिनिधित्व कर रहे हैं? अमेरिका जब अफगानिस्तान या इराक पर हमला कर रहा है तब वह क्या किसी धर्मयुद्ध को प्रारम्भ कर रहा है? ठीक इसी तरह, हिन्दुत्व की राजनीति करनेवाले कार्यकर्ता क्या हिन्दू धर्म का प्रतिनिधित्व करते हैं? बदला लेने के जिन दावों की घोषणा ये लोग करते हैं, क्या उन्हें इस काम के लिए अन्य हिन्दुओं ने चुना है? हमें एक अन्य बिन्दु पर भी सोचना होगा कि क्या बम विस्फोट और आतंकी कार्रवाई इस्लामी शिक्षा का नतीजा है या यह केवल प्रतिगामी सोच रखनेवाले लोगों की कुंठित प्रतिक्रिया है? बिन लादेन और ऐसे ही अन्य लोगों, मुम्बई में आतंकी हमले करनेवाले या गोधरा में रेलगाड़ी जलानेवालों के बीच क्या कोई कड़ी है? क्या विश्व की सबसे शक्तिशाली सत्ता की नीतियों को समझने की चाबी धर्म में है? क्या हिन्दू-दर्शन हिन्दुत्ववादी राजनीति के नाम पर होनेवाली गतिविधियों को समझने की कुंजी है? यह धर्म है या अमेरिका तथा भारतीय समाज के अभिजात वर्ग के गहरे आर्थिक स्वार्थ, जो धर्म का मुखौटा पहनकर अपनी साम्राज्यवादी एवं वर्चस्ववादी महत्त्वकांक्षाएँ पूरी कर रहे हैं?

### साम्राज्यवाद और इस्लाम

इक्कीसवीं सदी के शुरुआती सालों की गहरी राजनीतिक बहस में आजाद दुनिया बनाम साम्यवाद, मुक्त उद्यम बनाम राज्य-नियंत्रित अर्थव्यवस्था का मुद्दा छाया रहा। यही वह समय था जब अधिकांश गुलाम राष्ट्र राष्ट्रीय मुक्ति की ओर अग्रसर थे। इन गुलाम देशों में साम्राज्यवाद के होने के अपने तर्क थे। इस साम्राज्य ने इन राष्ट्रों की राजनीति में 'फूट डालो, शासन करो' की नीति के बीज गहरे रूप से बो दिए थे। अनेक उपनिवेशों ने शान्तिपूर्ण संघर्ष के जरिए, तो कुछ उपनिवशों ने अधिकांशतः समाजवादी झंडे के तले क्रान्ति के रास्ते आजादी हासिल की। इन आजाद हुए देशों में राष्ट्र राज्य बनने के लिए शासन-तंत्र की सहायता की जरूरत थी क्योंकि निजी पूँजी के प्रयास काफी कम थे, साथ ही ये देश औद्योगिक विकास के लिए आधारभूत संरचना प्रदान करने में असमर्थ थे। समाजवाद के अगुआ सोवियत रूस (यू.एस.एस.आर.) ने राज्य-प्रेरित औद्योगिक उद्यमों को सहायता प्रदान की। वहीं दूसरी ओर अमेरिका ने उन राष्ट्रों को प्राथमिकता दी, जो आगे चलकर उसके उद्योगों के लिए सहयोगी हो सके। समाजवाद के आदर्श के बरक्स सांस्कृतिक एवं सामाजिक मूल्यों में लम्बे परिवर्तन को आमूलपरिवर्तनवाद (रेडिकलिज्म) नाम दिया गया। सामाजिक एवं राजनीतिक क्षेत्र में धर्म की अनुपस्थिति स्पष्ट थी। यह हमेशा लोगों का निजी मसला था।

---

* ओसामा बिन लादेन अमेरिकी सेना द्वारा मार डाला गया है।

अमेरिकी सहयोगी गठबन्धन का मुख्य राजनीतिक नारा समाजवाद-विरोध रहा। 1970 के दशक की शुरुआत में वैश्विक स्तर पर राष्ट्रीय स्वतंत्रता आन्दोलन एवं सम्बन्धित गतिविधियाँ कमजोर होना शुरू हुईं, साथ ही 1970 के दशक के अन्त तक राज्य-नियंत्रित अर्थव्यवस्था कमजोर होने लगी और कुछ ही बरसों में कई समाजवादी देशों में यह व्यवस्था चरमरा गई। जब अमेरिका-नीत गुट स्वतंत्रता की जीत का जश्न मना रहे थे, उसी समय पूर्व समाजवादी देशों ने तथाकथित आजाद दुनिया के विरोध के बावजूद औद्योगिक आधारभूत संरचना खड़ी की। समाजवादी अर्थव्यवस्था के पतन और ईरान में राजनीतिक परिवर्तन ने प्रभुत्वशाली देशों के लिए अत्यावश्यक शत्रु के रूप में साम्यवाद के स्थान पर धर्म यानी इस्लाम को स्थापित किया। पूर्व उपनिवेशी शासकों के एजेंडे की पहली प्राथमिकता एक वास्तविक एवं विचारधारात्मक शत्रु की मौजूदगी थी। इन पूर्व उपनिवेशी शासकों को एक नई शक्ति अमेरिका का साथ मिला जो आगे चलकर इन सबमें सबसे शक्तिशाली बन गया। तेल के कुओं वाले क्षेत्र में इस्लाम के अनुयायियों की रिहायश ने अमेरिका और उसके गुट को इन्हें राजनीतिक दुश्मन के रूप में निशाना बनाने के कई कारण दिए।

मुस्लिम राष्ट्रों पर आक्रमण करने के लिए अमेरिकी विदेश नीति ने इस्लाम पर एक विचारधारात्मक हमला और इस्लाम के प्रतीक के रूप में मुस्लिम समुदायों की बन्द एवं रूढ़िग्रस्त छवि को प्रचारित किया। जिन देशों में मुस्लिम प्रभुत्वशाली थे, वहाँ लोकतांत्रिक व्यवस्था बहुत कम थी। इस विश्वास को बनाने में अमेरिका की बहुत महत्त्वपूर्ण भूमिका थी कि लोकतंत्र की कीमत पर इस क्षेत्र में तानाशाही कायम है। धर्म की आड़ में राजनीतिक स्वार्थ छिपा दिए गए और इस कारण सारे विश्व में मुसलमानों का मानसिक बाड़ाबन्दीकरण होना शुरू हो गया। मुसलमानों, इस्लाम और इस्लामिक राष्ट्रों की इस वैश्विक रूढ़ छवि को बहुत सुनियोजित तरीके से एक अन्य छवि के साथ जोड़ा गया, जिसमें इस्लाम आतंकवाद फैलानेवाला हिंसक धर्म है। यह प्रक्रिया भारत में होनेवाले बदलावों से काफी मिलती-जुलती है। भारत-पाकिस्तान की अनसुलझी बहस जहाँ कश्मीर में तनाव के रूप में अभिव्यक्त होती है, वहीं भारत में हिन्दुत्व के उभार के साथ इस्लाम के शैतानी स्वरूप के प्रचार को हाथोहाथ लिया गया। अब भारत में, मामूली घटना के पीछे भी मुख्य षड्यंत्रकारी के रूप में ओसामा बिन लादेन को दोष दिया जाने लगा। जिस तरह अमेरिका को अपने वैश्विक एजेंडे के लिए एक दुश्मन की जरूरत थी, उसी तरह हिन्दुत्व को भी अपनी विभाजनकारी राजनीति को मजबूत करने के लिए एक बाहरी दुश्मन की जरूरत थी। इस बात की गहरी जाँच-पड़ताल होनी चाहिए कि कैसे अमेरिका का वैश्विक एजेंडा हिन्दुत्व के घरेलू एजेंडे से मेल खाता है। एक अन्य तथ्य और भी है जिसका बारीकी से विश्लेषण किया जाना है कि हिन्दुत्ववादी राजनीति के झंडाबरदार कभी उपनिवेशी शासन के विरुद्ध नहीं रहे।

अमेरिकी नीतियों के शिकार कष्ट और अशान्ति में रहे। मुसलमानों के एक तबके ने कुंठा, असहायता और नाइंसाफी को अनुभव कर हिंसा का रास्ता अपना लिया और यह मान लिया कि न्याय उनसे कोसों दूर है। फिलिस्तीनी शरणार्थियों ने आतंकवाद का रास्ता चुना। अफगानिस्तान पर कब्जा करनेवाली साम्यवादी सेनाओं से लड़ने के लिए जेहादी आतंकवादियों को अमेरिका ने भी प्रशिक्षण दिया। मोसेदेक की सत्ता को पलटने और रजा शाह पहलवी

को अमेरिका की कठपुतली के बतौर लाए जाने के विरोध में अयातुल्ला खुमैनी ने इराक पर नियंत्रण हासिल किया। अमेरिकी हस्तक्षेप की प्रतिक्रिया इस्लामी कट्टरवादिता के रूप में सामने आई। अलकायदा अपनी वैधता इस्लाम धर्म से लेता है और प्रचारित करता है कि अनेक आतंकवादी गतिविधियों में मुसलमान शामिल थे। फिलिस्तीनी शरणार्थियों व अफगानिस्तान में साम्यवादी शासन के विरुद्ध लड़नेवाले जेहादियों तथा अमेरिकी युद्ध प्रणाली के विरुद्ध छिटपुट आक्रमणों व मुम्बई में मुस्लिम-विरोधी हत्याकांड के बाद मुम्बई की गलियों और बसों में बम रखनेवालों के बीच क्या कोई समानता हो सकती है?

इन घटनाओं के कारण अलग-अलग थे, इनके खिलाफ होनेवाली प्रतिक्रिया भी भिन्न-भिन्न थी, और अगर कोई बात दोनों में ही समान थी, वह थी—इन सभी में मुसलमानों का शामिल होना और इस्लाम को आतंकवादी धर्म के रूप में मान लिया जाना। परम्परा और रूढ़िवादिता, जिसे काफी बढ़ावा दिया गया, इस्लामी कट्टरपन्थ के रूप में पहचाने जाने लगे। एक तरह से विभिन्न विभाजक नीतियों के जरिए हाशिए पर डाल दिए गए लोगों की यह उन्मादी प्रतिक्रिया थी। ये विभाजक नीतियाँ वैश्विक स्तर पर तेल-संसाधनों पर नियंत्रण करने की आड़ में चल रही थीं। भारतीय परिदृश्य में ये नीतियाँ जाति एवं लिंग-समानता जैसे मूल्यों को पीछे धकेलने में लगी हुई थीं। मगर हमें एक ऐतिहासिक समानता तेल के लालची अमेरिकी गुट और भारत में अभिजात वर्ग के एजेंडे में दिखाई देती है। यह अभिजात वर्ग हिन्दुत्व के नाम पर उभरता है। धर्म के नाम पर राजनीति के तीन प्रमुख स्रोत उभरते हैं—

पहला और प्रमुख स्रोत है वह उत्पीड़ित समुदाय जो इजरायल के निर्माण से लेकर अफगानिस्तान में साम्यवादी सेना से भिड़नेवाले प्रशिक्षित जेहादी अमेरिकी नीतियों का शिकार हुआ।

दूसरा—मुस्लिम-बहुल देशों में शासन केवल अपने निहित स्वार्थ के लिए बना रहा। इसे हम इराक में पूरी तरह से, पाकिस्तान में काफी हद तक और अन्य मुस्लिम-बहुल देशों में देख सकते हैं। इसी श्रेणी में हिन्दू कट्टरवादिता को भी रखा जा सकता है, इसका उद्देश्य भी खुमैनी या जिया-उल-हक की तरह समाज के अभिजात वर्ग के स्वार्थों को बनाए रखना है।

तीसरी श्रेणी में आतंकवाद का वह अतार्किक ढंग आता है जो कश्मीर में आतंकवाद या गुजराती मुसलमानों का 'रिवेंज ग्रुप' के रूप में देखा जा सकता है। इस समूह ने गुजरात हिंसा के बाद हुए मुम्बई बम धमाकों की जिम्मेदारी ली। ये समाज के हिस्सों पर कलंक/अपमान थोपने की प्रतिक्रियाएँ हैं।

## हिन्दुत्व

हिन्दूवाद धर्म के नाम पर की जानेवाली राजनीति 'हिन्दुत्व' 1920 के मध्य से अस्तित्व में आई। आधुनिक शिक्षा के प्रचार-प्रसार तथा भारतीय राष्ट्रीय कांग्रेस के उभार के कारण हिन्दू जमींदारों और पुरोहित वर्ग की अवनति में इसकी शुरुआती जड़ें मौजूद हैं। दूसरी ओर, इसने गिरती स्थिति वाले मुस्लिम जमींदार वर्ग की मुस्लिम साम्प्रदायिक राजनीति के बरक्स राजनीति की। इसे सैद्धान्तिक आधार विनायक दामोदर सावरकर ने दिया जिसे आगे चलकर माधव सदाशिव गोलवलकर ने निश्चित भूमिका प्रदान की। इसका गहरा सामाजिक

लक्ष्य सामाजिक एवं लैंगिक समानता की प्राप्ति का विरोध था। जबकि गैर-ब्राह्मण आन्दोलन द्वारा तथा स्त्रियों में शिक्षा की भागीदारी द्वारा इस समानता की प्राप्ति के लिए प्रयास हो रहा था। इसका स्पष्ट लक्ष्य मुस्लिम साम्प्रदायिक राजनीति का विरोध करना था और इस प्रक्रिया में इसके नेता विरोधियों पर कीचड़ उछालने और चरित्र-हनन करने में संलग्न रहे। विभाजन और उसके परिणामों ने दक्षिण एशिया की राजनीति में एक व्यापक बदलाव को जन्म दिया। भारत ने धर्मनिरपेक्ष लोकतंत्र की राह चुनी और हाल के कुछ वर्षों तक हिन्दुत्व सुषुप्त अवस्था में रहा।

1980 के शुरू में इसने मजबूती के साथ अपनी उपस्थिति दर्ज कराई और हर सम्भव घटना का फायदा उठाना शुरू कर दिया। मीनाक्षीपुरम में दलितों के इस्लाम में धर्म परिवर्तन की घटना से शुरू होकर इसने शाहबानो मामले के उभरते समय तक खुद को आक्रामक तरीके से तैयार कर लिया। शाहबानो वाला मामला हिन्दुत्व की राजनीति के लिए एक आदर्श बहाना था। राम मन्दिर आन्दोलन से हिन्दुत्व ने खुद को मजबूत किया। इसने भारतीय राजनीति की भाषा और इसकी प्राथमिकता को पूरी तरह बदल दिया। प्रमुख सामाजिक मुद्दों और समस्याओं को दरकिनार कर दिया गया, उदारवादी लोकतांत्रिक माहौल का गला घोंटा जाने लगा तथा इनके स्थान पर अस्मितामूलक राजनीति ने मुख्य स्थान हासिल कर लिया। यह राजनीति जिस घृणा के प्रचार को पोषित कर रही थी, वह एकाएक प्रमुख भाव बन गया और रूढ़ छवियों का निर्माण किया जाने लगा। इन रूढ़ छवियों तथा आतंकवाद के आपस में जुड़ने से तस्वीर पूरी हो जाती है। इसका परिणाम यह होता है कि साम्प्रदायिक हिंसा और भी ज्यादा भयानक हो जाती है। हर हिंसा पिछली हिंसा से ज्यादा क्रूरता और बर्बरता दिखाती है।

इसी पृष्ठभूमि में गुजरात में दंगे हुए। राष्ट्रीय स्वयंसेवक संघ (आर.एस.एस.) के सक्रिय सदस्य नरेन्द्र मोदी ने अपनी शैतानियत भरी चतुराई से गुजरात का धार्मिक आधार पर ध्रुवीकरण किया और वर्तमान में इस हिंसा के अपराधियों को बचाने में व्यस्त हैं। आर.एस.एस. की विचारधारा की सुरक्षित आड़ में उच्चतम न्यायालय या मानवाधिकार संगठनों की टिप्पणियों का उन पर कोई प्रभाव नहीं पड़ा है। मोदी ने स्वयं की विचारधारात्मक प्रतिरक्षा तैयार की, जिसका प्रशिक्षण उन्हें आर.एस.एस. की शाखाओं में मिला। इस राजनीति के जरिए हुए ध्रुवीकरण ने उन्हें चुनावों में जीत दिलाई। इस घटना ने उन्हें भारतीय सन्दर्भ में 'एक राज्य में फासीवाद' को स्थापित करने का अवसर दिया। यह कहना सच नहीं है कि अन्य राज्य इस खतरे से अछूते हैं। अनेक दूसरे राज्यों में, जहाँ भाजपा शासन कर रही है, हिन्दुत्व की राजनीति को जगह देने के लिए लोकतंत्र की जड़ें कमजोर की जा रही हैं। भाजपा की बड़ी नेत्री उमा भारती स्त्री होने के कारण (आर.एस.एस. की) शाखाओं में भाग नहीं ले सकीं, क्योंकि स्त्रियाँ आर.एस.एस. की सदस्या नहीं हो सकतीं। लेकिन उमा भारती हिन्दुत्व एजेंडे को अन्य दूसरी दिशाओं की ओर ले गई हैं। मध्य प्रदेश की मुख्यमंत्री होने के दौरान उन्होंने गाय को समाज में राज्य देवता का रूप दे दिया और गाय-केन्द्रित अर्थव्यवस्था को हिन्दू राज्य के आधार के रूप में प्रस्तुत किया गया।

जहाँ तक सामाजिक प्रगति का सवाल है, केन्द्र में भाजपाशासित कार्यकाल काफी निष्प्रभावी रहा। सामाजिक विकास के पैमाने पर भारत अवनति की ओर था और संयुक्त

राष्ट्र मानव विकास सूचकांक के अनुसार सूची के अन्तिम राष्ट्रों में ही जगह बना पाया है। इन सबसे बेपरवाह होकर भाजपा ने 'इंडिया शाइनिंग' की छवि बनाने में आयकर दाताओं के करोड़ों रुपए बर्बाद कर दिए, 'इंडिया शाइनिंग' अभियान की फिजूलखर्ची एवं व्यापकता की दूसरी मिसाल मिलना कठिन है। पूर्व प्रधानमंत्री वाजपेयी के निर्वाचन क्षेत्र में एक साड़ी लेने के लिए 21 महिलाओं और एक नजवात शिशु को अपनी जान गँवानी पड़ी। यह साड़ी जन्मदिन के उपहार के नाम पर चुनावी रिश्वत थी। इस साड़ी की कीमत मुश्किल से चालीस रुपए थी।

अनेक प्रतिष्ठित शिक्षा संस्थानों और स्कूली पाठ्यपुस्तकों–विशेषतः इतिहास में हिन्दुत्व का प्रवेश सरलता से हुआ। ऐसा लगता है कि ये पाठ्यपुस्तकें आर.एस.एस. के वर्ग विशेष द्वारा लिखी जा रही हैं। स्कूलों के नेटवर्क के जरिए इन पाठ्यपुस्तकों में आर.एस.एस. की विचारधारा का जहर उगला जा रहा है। भारत चौराहे पर खड़ा है–हिन्दू राष्ट्र या सेक्युलर लोकतंत्र? हिन्दुत्व का खतरा चुनावी प्रक्रिया से काफी आगे जाता है। विभिन्न धार्मिक, जनसंचार और सांस्कृतिक संस्थानों के माध्यमं से नागरिक समुदाय के सभी स्तरों में यह जहर भरा जा चुका है। सौभाग्य से हिन्दुत्व की राजनीति खुद को अनेक संगठनों से संचालित करती है–चुनावी बिसात पर भाजपा; साधुओं और व्यापारियों के जमघट के रूप में विश्व हिन्दू परिषद्, आक्रमणकारी दल के रूप में बजरंग दल तथा वनवासी कल्याण आश्रम। वनवासी कल्याण आश्रम सुदूर स्थानों पर हिन्दुत्व एजेंडे को आदिवासियों के बीच ले जाता है और ऐसे स्थानों पर वह ग्राहम स्टीवर्ट स्टेंस जैसे व्यक्तियों को जलाता है। हिन्दुत्व राजनीति और अमेरिकी गुट के गहरे रिश्ते की विस्तृत व्याख्या एवं विश्लेषण की जरूरत है।

क्या यह केवल संयोग है कि आर.एस.एस. मैकार्थी युग में भी साम्यवाद के विरोध में जहर उगल रहा है? क्या यह केवल संयोग है कि इसने पहले वियतनाम पर और हाल में इराक और अफगानिस्तान पर अमेरिकी नीतियों का समर्थन किया? कुछ बिन्दुओं पर यह राजनीति हिंसा का रूप धारण कर लेती है। मगर यह हिंसा अनिवार्य रूप से कायरों की हिंसा है, जो हमेशा अपने से कमजोर पर की जाती है। आर.एस.एस. अनुयायी ब्रिटिशों के सामने सलाम ठोकने के लिए जाने जाते थे, वही लोग आज अंकल सैम के सामने शर्मनाक तरीके से यही आचरण दोहरा रहे हैं।

**वर्तमान अध्ययन**

इस संकलन के विभिन्न अध्यायों में वैश्विक व राष्ट्रीय स्तर की समस्या के विविध आयामों को पेश करने की कोशिश की गई है। चूँकि समकालीन राजनीति की गतिकी में धर्म की भाषा गुँथी हुई है, अतः हमारे लिए बहुत जरूरी है कि हम स्वयं धर्म पर एक विहंगम दृष्टि डालें।

मैंने अपने अध्याय में इंगित किया कि जब हम 'धर्म' शब्द का प्रयोग करते हैं तो यह किसी विशिष्ट परिघटना को प्रकट नहीं करता। धर्म के कई पहलू हैं–पैगम्बर, पवित्र पुस्तकें/धर्मग्रन्थ, तीर्थ, त्योहार, नैतिक मूल्य और पुरोहित वर्ग आदि। किसी भी व्यक्ति को स्पष्ट करना चाहिए कि वह धर्म के किस पहलू की बात करना चाहता है। हालिया विमर्श में यह स्पष्ट नहीं किया जाता है, उनके लिए धर्म का मतलब उसके अनुयायी और पुरोहित

वर्ग से होता है। धर्म से जुड़े पवित्र लोगों को दो श्रेणियों में बाँटा जा सकता है–एक वे हैं, जो सामाजिक रूप से सशक्त पुरोहित वर्ग से जुड़े हैं, जिन्हें सामन्ती समय में आसानी से देखा जा सकता है; दूसरे वे सन्त हैं जो आम आदमी से जुड़ाव रखते हैं। आज आम बोलचाल की भाषा में धर्म अपने नैतिक एवं मूल्यगत सन्दर्भों से पूर्णतः वंचित हो गया है और इसके अनुयायियों के आचरण से ही धर्म को समझा जाता है। पुरोहित वर्ग खुद को धर्म के एकमात्र प्रतिनिधि के बतौर पेश करता है। आज के वैश्विक सन्दर्भ में, यह अक्सर राजनीतिक रूप से सताए गए लोगों के लिए शरणस्थली का काम करता है। पुरोहित वर्ग दोहरी भूमिका निभाता है; हमलावर के खिलाफ यह अग्रिम मोर्चे पर होता है परन्तु सामाजिक रिश्तों में यथास्थितिवाद को बनाए रखता है। एक अन्य स्तर पर पुरोहित वर्ग धर्म के नाम पर राजनीति भी करता है। सार रूप में यह बात उभरी है कि अधिकांश मामलों में धर्म की भाषा एक गहरा भावात्मक, अप्रत्यक्ष प्रभाव, एक जन उन्माद पैदा करती है जिसमें सत्ता अपने सामाजिक एजेंडे को पूरी तरह लागू करने में सक्षम होती है।

राजनीतिक परिघटना को समझने के लिए राजनीति की सामाजिक-आर्थिक जड़ें काफी महत्त्वपूर्ण हैं। कृष्णा अनन्त ने भारत में आर्थिक विकास और आर्थिक दबाव की पड़ताल की जिसमें सार्वजनिक क्षेत्र उभारने की जरूरत हुई और परिणामतः मध्य वर्ग का उदय हुआ। निस्सन्देह, आज तक जो भी आर्थिक नीतियाँ बनी है, उनके शिकार गरीब लोग रहे हैं। रोजगार में कमी व मध्य वर्ग के उदय ने ऐसी नीतियों को जन्म दिया जो लोक-कल्याण के विपरीत थीं, क्योंकि धनाढ्य मध्यम वर्ग को लोक-कल्याण पर निर्भरता की जरूरत नहीं थी। उदारीकरण, वैश्वीकरण और निजीकरण ने गरीबों पर प्रतिकूल असर डाला। इस परिघटना का धर्म आधारित राजनीति के उदय के साथ गहरा जुड़ाव है। हालाँकि धार्मिक भावना वाले दल पहले से मौजूद थे मगर वैश्वीकरण के दुष्प्रभावों के कारण ही साम्प्रदायिकता को अपनी जड़ें जमाने की जगह मिली, पहले कांग्रेस के जरिए, बाद में भाजपा व इसके सहयोगी संगठनों द्वारा। फिर हमें ध्यान रखना चाहिए कि साम्प्रदायिकता ने उसी मध्य वर्ग में ज्यादा जड़ें जमाई हैं, जो आर्थिक विकास का सबसे अधिक लाभार्थी रहा और इस वर्ग को यह डर सताता रहेगा कि अगर निम्न वर्ग अपने आर्थिक और सामाजिक अधिकारों के लिए लड़ना शुरू कर देगा तो वह अपनी सम्पत्ति व स्तर खो देंगे।

वैश्विक परिदृश्य पर एक अन्य परिघटना–आतंकवाद–घटित हुई। हालाँकि आतंकवाद की अवधारणा को परिभाषित करना कठिन है, परन्तु इसे व्यवहार में लाना सरल है। 11 सितम्बर को वर्ल्ड ट्रेड सेंटर पर हमले के बाद यह शब्दावली अलग आवेश और प्रबलता से सामने आई। हालाँकि आतंकवाद के साथ मुसलमानों का जुड़ाव बीसवीं सदी के मध्य से शुरू होता है–विशेष तौर पर इजरायल के निर्माण और लाखों फिलिस्तीनियों के विस्थापन के कारण। बाद में इसी परिघटना को अलकायदा ने सचेत रूप में आगे बढ़ाया। अलकायदा का गठन अफगानिस्तान से सोवियत सेनाओं को बेदखल करने के लिए किया गया था। थॉमस सेबेस्टियन तर्क करते हैं कि जब हमें यह विश्वास करने पर मजबूर किया जा रहा है कि केवल ओसामा बिन लादेन जैसे लोग ही आतंकवादी हैं, हम यह भूल जाते हैं कि यह अमेरिका ही है जिसने आतंकवाद की समस्या को जन्म दिया। अमेरिका का लक्ष्य वैश्विक

राजनीति और अर्थव्यवस्था पर नियंत्रण तथा अन्य प्रतिस्पर्द्धी सत्ता के उभार को रोकना रहा है। यह काफी रोचक है कि तथाकथित आतंक के खिलाफ युद्ध (वार ऑन टेरर) उन्हीं ताकतों के खिलाफ लड़ा जा रहा है, जो अमेरिकी प्रणाली के ही उत्पाद रहे हैं, चाहे फिर वह ओसामा बिन लादेन हो या सद्दाम हुसैन, सभी अमेरिकी नीतियों के लाभार्थी या उत्पाद रहे हैं।

इसी विषय को एक दूसरे नजरिए से रखते हुए जावेद कुद्दुस इंगित करते हैं कि इस्लाम के साथ आतंकवाद को जोड़ने की हालिया प्रवृत्ति राजनीतिक कारणों से है। ऐसा इसलिए है क्योंकि अकूत तेल सम्पदा वाले क्षेत्र इस्लामिक देशों में हैं। कुरान का हवाला देकर कुद्दुस बताते हैं कि इस्लाम निर्दोषों के प्रति हिंसा को जायज नहीं मानता, जबकि आतंकवाद निर्दोषों की जान लेता है। युद्ध से त्रस्त और बर्बाद हो चुके अरब समाज के लिए इस्लाम अमन का पैगाम लेकर आया। इस्लाम ने विभिन्न व्यक्तियों के बीच शान्ति के मानकों को रेखांकित और स्त्रियों के अधिकारों पर ध्यान केन्द्रित किया। भारत में लोकप्रचलित समझ के विपरीत इस्लाम सूफी सन्तों की शिक्षाओं एवं अरबी व्यापारियों के साथ पारस्परिक व्यवहारों से अमन के जरिए फैला। मुस्लिम शासकों ने भी अवसर आने पर अपने विरोधियों को अपमानित करने हेतु इस्लाम का उपयोग किया, मगर फिर भी यह मुख्यतः राजनीति ही थी। इस्लाम का इससे कोई लेना-देना नहीं था। वर्तमान में इस्लाम को आतंकवादी धर्म के रूप में पेश करना साम्राज्यवादी ताकतों का राजनीतिक व्यवसाय है जिसका उद्देश्य तेल उत्पादक देशों पर राजनीतिक रूप से नियंत्रण कर तेल संसाधनों पर कब्जा करना है। जावेद ने अनेक देशों से ऐसे उदाहरण पेश किए हैं जहाँ अलग-अलग धर्मों के लोगों ने आतंकवाद की शरण ली है। आतंकवाद की परिघटना के लिए धर्म नहीं बल्कि सामाजिक-आर्थिक कारण जिम्मेदार हैं।

हालाँकि धर्मों के बीच दुश्मनी मौजूद है मगर लोगों का आपसी व्यवहार उन्हें बाँधे रखता है। भारत के विभिन्न हिस्सों में इन्हीं सामाजिक पारस्परिकताओं के व्यवस्थित अध्ययन से जे.जे. रॉय बर्मन बंगाल में इसी प्रक्रिया के मूलभूत तत्त्व एवं गतिकी को रेखांकित करते हैं। बंगाल ऐसा क्षेत्र था जहाँ इस्लामी परम्परा, सूफीवाद और हिन्दूवाद—तीनों ही व्यापक रूप से मौजूद रहे थे। मध्यकाल के दौरान सूफी और भक्ति परम्परा काफी विकसित एवं प्रचारित-प्रसारित हुई और एक दूसरे को व्यापक रूप से प्रभावित किया। सत्य पीर, रामदेव बाबा पीर इस संस्कृति के प्रतीक हैं। अन्य भारतीय राज्यों की तरह बंगाल में भी पीरों के कई मकबरे मौजूद हैं। लोक समूहों के लोक प्रचलित गाने इन दोनों परम्पराओं का समावेश कराते हैं और बंगाल की आम जनता के बीच इसे फैलाते हैं। बर्मन का तर्क है कि आम लोगों का धार्मिक विभाजन से ज्यादा सरोकार नहीं है क्योंकि आध्यात्मिकता की तलाश वाला व्यक्ति किसी धार्मिक एवं कड़े प्रतिबन्धों से बँधा नहीं रहता है। इन दोनों परम्पराओं में एक बात यह भी समान है कि ये दोनों परम्पराएँ धर्म की अभिजात परम्पराओं से जुड़े धार्मिक कर्मकांडों एवं पुरोहित वर्ग को नजरअन्दाज करती हैं।

आम जनता धार्मिक सीमाओं की ज्यादा परवाह नहीं करती थी मगर औद्योगिकीकरण, शिक्षा, भूमि सुधार की सम्भावना, आभिजात्य की समाप्ति के कारण निचले तबकों के उभार से समाज के अभिजात वर्ग ने खतरा महसूस किया और राजनीतिक क्षेत्र में धर्म का प्रयोग

किया। मुस्लिम लीग और हिन्दू महासभा-आर.एस.एस. इसी तरह के निर्माण थे, एक दूसरे के विरोधी दिखते हुए भी इन दोनों में काफी समानता है। ये दोनों राष्ट्रीय आन्दोलन एवं इसके मूल्यों के आलोचक थे। शम्सुल इस्लाम ने अपने विस्तृत और सन्दर्भयुक्त अध्ययन में बताया कि जो लोग आज राष्ट्रवाद के अगुआ बनने का दावा करते हैं, उनका भारतीय स्वतंत्रता संग्राम में कोई योगदान नहीं है। इस अध्याय में आर.एस.एस. के तीन मुख्य व्यक्तित्वों की भूमिका का विश्लेषण किया गया है। हेडगेवार जेल गए लेकिन अलग कारणों से। गोलवलकर ने स्वतंत्रता संग्राम को प्रतिक्रियावादी कहा और अपने अनुयायियों को सलाह दी कि इसमें सहयोग न दें जबकि वाजपेयी को 1942 के भारत छोड़ो आन्दोलन में गलती से गिरफ्तार कर लिया गया था, तो उन्होंने अपनी रिहाई के लिए ब्रिटिश शासन से गुहार लगाने के लिए पत्र भेज दिया। साथ ही अपने गाँव बटेश्वर में इस आन्दोलन के नेताओं के नाम भी बताए। उन सभी को स्वतंत्रता संग्राम में उनकी भागीदारी के लिए जेल जाना पड़ा।

आज हिन्दुत्व कैम्प की तिजोरी में जैसे-जैसे आकस्मिक वृद्धि हो रही है, वैसे-वैसे उसका रूप उग्र होता जा रहा है। इसके तथाकथित सामाजिक कार्य अल्पसंख्यकों के प्रति घृणा के प्रसार एवं हिंसा को छिपाते हैं। यह ज्ञात हुआ है कि इस विभाजनकारी राजनीति के लिए आनेवाले धन की एक बड़ी राशि आप्रवासी भारतीयों (एन.आर.आई.) द्वारा प्रदान की जाती है। सेक्युलर सोच रखनेवाले भारतीय लोगों के समूह द्वारा इस बात का अध्ययन किया गया है कि अमेरिका या इंग्लैंड में बसे हिन्दू इन संगठनों को क्यों धन देते हैं? इन सेक्युलर सोच रखनेवाले लोगों ने एक अभियान 'स्टॉप फंडिंग हेट' चलाया, जिसका उद्देश्य इन अमेरिकी कॉरपोरेशनों को दान का वास्तविक अर्थ एवं उद्देश्य बताना था जो कि सरकारी प्रक्रियाओं के जरिए प्रदान किया जा रहा था। इस मुद्दे के मनोवैज्ञानिक पहलू पर जावेद कुद्दुस ने अपने दूसरे आलेख में प्रकाश डाला है। जावेद ने इस परिघटना की ऐतिहासिक जड़ों को तलाशा कि क्यों एक डायस्पोरा बनाया जाता है? यह किन स्मृतियों के साथ रहता है और क्या चीज है जो इसे हमेशा तरोताजा रखने को, अपनी मातृभूमि के कल्याण के लिए सहयोग करने को, सामाजिक कल्याण का मुखौटा पहने अस्मिता-आधारित संगठनों को समर्थन करने के लिए मजबूर करती है?

धर्माधारित राजनीति का मुख्य एजेंडा समाज के अभिजात और मध्य वर्ग के हितों को लाभ पहुँचाने का ही रहा है, गरीब और शोषित वर्ग उनके दायरे में कहीं नहीं हैं। यह एजेंडा समाज में गरीब और शोषित तबके की जरूरतों के प्रति कैसा रवैया रखता है? यह एजेंडा कैसे जाति और जेंडर के श्रेणीक्रम में अपना विश्वास जाहिर करता है? प्रकाश लुइस ने अपने आलेख में इन प्रश्नों पर विचार व्यक्त किया है। उन्होंने अपने आलेख में इसके कार्यक्रम एवं एजेंडा के अभिजात रुझान और हिन्दुत्ववादी राजनीति के घेरे में आदिवासियों, दलितों, स्त्रियों और अल्पसंख्यकों की दुर्दशा का चित्रण किया है। मंजरी काट्जू इसी बिन्दु से आगे जाकर हमें बताती हैं कि कैसे यह राजनीति जिस वर्ग का दमन करना चाहती है, उसी वर्ग को गोलबन्द करती है। हिन्दुओं की एकेश्वरवादी छवि को पेश करनेवाली प्रक्रिया, समाज के इन तबकों को हिन्दू दक्षिणपन्थी राजनीति में शामिल व गोलबन्द करने के लिए अस्मिता एवं अन्य भावात्मक मुद्दों पर इस आलेख में पैनी निगाह डाली गई है। काट्जू ने समाज

के विभिन्न तबकों के बीच फैलानेवाली मुस्लिमों की 'अन्य' के रूप में छवि निर्माण तथा समाज के इन तबकों की गोलबन्दी को भाजपा के वोट में तब्दील करने की प्रक्रिया की जाँच की है। निस्सन्देह इसका बड़ा उदाहरण आदिवासियों की गोलबन्दी है, जिनके बीच भाजपा ने अपनी चुनावी जड़ें अच्छी तरह से जमा ली हैं।

आनन्द तेलतुंबडे ने अपने अध्याय में दलितों और हिन्दुत्व के आपसी रिश्तों पर प्रकाश डाला है। इनके अनुसार आर.एस.एस. का सवर्ण जाति से उद्‌गम संयोग मात्र नहीं है। इटली के फासिस्टों के साथ विचारधारात्मक जुड़ाव और हिटलर प्रायोजित नरसंहारों के प्रति इनका आकर्षण एक अलग कहानी बयान करता है। जैसे ही दलित आकांक्षाएँ एकजुट होना शुरू हुईं तो ब्राह्मणों के एक वर्ग ने खतरे को महसूस किया और हिन्दुत्ववादी विचारधारा को पैदा किया जो लोकतंत्र के लिए एक अभिशाप है। लोकतंत्र एक ऐसी व्यवस्था है जिसमें हाशिए पर रह रहे लोगों को सामाजिक समानता दिलाने का संघर्ष एक पूर्व शर्त होती है। सारी हिन्दुत्ववादी योजना का उद्‌देश्य दलित एजेंडे, संस्कृति और अधिकारों को अपने अधीन करना है इसीलिए यह स्वयं को राष्ट्रवाद की तरह प्रस्तुत करने में सक्षम है, यह इसकी चतुराई है जो कि ब्राह्मणवाद का अनिवार्य 'सद्‌गुण' है।

विभूति पटेल इन बहसों को एक जगह केन्द्रित करती हैं जिसमें कट्‌टरतावाद, साम्प्रदायिकतावाद और जेंडर न्याय अन्तर्सम्बन्धित हैं। जेंडर समानता की आकांक्षा का दमन कट्‌टरवादियों या फासिस्टों सहित किसी भी तंग नजरिए वाले राष्ट्रवादियों के लिए प्रमुख लक्ष्यों में से एक हैं। पटेल हिन्दू स्त्री की स्थिति और हिन्दुत्व की राजनीति पर विस्तार से गहन विचार करती है। हिन्दुत्व विभिन्न कार्यक्रमों द्वारा जेंडर श्रेणीक्रम को कैसे प्रोत्साहित करता है, इसे भी बताया गया है। ऐसे बहुतेरे उदाहरण मौजूद हैं जहाँ दक्षिणपन्थी हिन्दू नेत्री, जो स्त्री मुद्‌दों से जुड़ी हो, ने सती प्रथा का समर्थन किया और स्त्रियों को माँ या ऐसी ही भूमिकाओं में सीमित कर दिया।

हालाँकि हिन्दुत्व हिन्दू स्त्रियों के अधिकारों को हमेशा दबाता रहता है, फिर भी मुस्लिम स्त्रियों की दुर्दशा पर मगरमच्छ के आँसू बहाने में नहीं हिचकिचाता है। शाहबानो मामले के उभार में हिन्दुत्व ने मुस्लिम स्त्रियों के शोषण को 'कम' करने हेतु समान नागरिक संहिता (यूनिफॉर्म सिविल कोड) का मुद्‌दा उठाया। फ्लाविया एग्नेस का तर्क हमारी इस समझ को स्पष्ट करता है कि जेंडर न्याय किसी भी समुदाय में एक बार में प्राप्त नहीं किया जा सकता, ऐसे समुदाय में तो बिलकुल नहीं जहाँ शारीरिक हिंसा एक सामान्य बात हो। जेंडर न्याय सभी धर्मों में अलग-अलग रूप से पर्सनल लॉ में सुधारों द्वारा ही प्राप्त किया जा सकता है। सुधारों के सम्बन्ध में एग्नेस का जोरदार तर्क जेंडर न्याय की तलाश के लिए मूलभूत आधार प्रदान करेगा और यह आशा की जा सकती है कि समुदायों से परे जाकर न्यायपूर्ण कानून वास्तविक अर्थों में समान हो सकेगा।

मदरसे गलत कारणों से समाचारों में रहे हैं। अल्पसंख्यक समुदाय के गरीब बेहतर सुविधाओं के अभाव में जिस जगह जाकर पढ़ते हैं उन मदरसों पर आतंकवाद की उपजाऊ जमीन होने का लेबल चस्पाँ कर दिया गया। दूसरा प्रचलित मिथक है कि मुस्लिम शिक्षा क्षेत्र में पिछड़े हैं। रानू जैन ने इसे गम्भीरता से लिया और दिखाया कि सारे समुदाय की

छवि इस मिथक से मेल नहीं खाती है। मुस्लिम समुदाय के भीतर भी उसी तरह की अलग-अलग प्रवृत्ति है, जैसी कि किसी अन्य समुदाय में होती है। दरअसल सामाजिक-राजनीतिक स्थितियाँ शिक्षा के लिए रास्ते खोलती हैं। यह सच है कि अनेक मुस्लिम शिक्षा के निचले स्तर (प्राथमिक/उच्च प्राथमिक) के साथ ही सन्तुष्ट हो जाते हैं क्योंकि यह स्तर उनके पढ़ने, लिखने और व्यवसाय चलाने की जरूरतों को पूरा कर देता है। फिर भी, समाज के भीतर उत्कृष्ट शिक्षा के विभिन्न आन्दोलनों के कारण कुछ अन्य बेहतरीन रुझान भी दिखाई देते हैं। इस व्यापक सामान्यीकरण का उद्देश्य समुदाय का उत्थान नहीं बल्कि अपने राजनीतिक उद्देश्य को आगे बढ़ाना है।

जब सत्ता में भाजपा नेतृत्व वाली सरकार थी तब दक्षिणपन्थियों ने दूसरे सबसे बड़े अल्पसंख्यकों (ईसाइयों) को भी अपना निशाना बनाया। इन्होंने हिन्दुओं को भारतीय माना और ईसाइयों-मुसलमानों को इस श्रेणी से बाहर रखा, वे (ईसाई व मुसलमान) नागरिकता के हकदार नहीं हैं क्योंकि उनका धर्म बाहरी है। ईसाई मिशनरियाँ अपने धार्मिक लक्ष्यों की प्राप्ति के लिए आदिवासियों के बीच सुदूर गाँवों में रहकर काम कर रही हैं। ये शहरों में कुछ उत्कृष्ट शैक्षिक एवं स्वास्थ्य सेवा संस्थाओं की स्थापना कर चुकी हैं। लेकिन ये शहरी संस्थान दक्षिणपन्थियों के गुस्से का शिकार नहीं हैं। सुदूर गाँवों में मिशनरियों पर हमले हुए हैं जो इस मिथ्या प्रचार पर आधारित हैं कि ईसाई मिशनरियाँ भोले-भाले आदिवासियों का जबर्दस्ती और धोखे से धर्म परिवर्तन करा रही हैं। आँकड़े इसकी पुष्टि नहीं करते परन्तु इन्हीं 'आरोपों' के आधार पर ग्राहम स्टेंस को जिन्दा जला दिया जाता है और दूसरी मिशनरियों पर हमले होते हैं।

हिन्दुत्व के उभार को गुजरात में कड़ाई के साथ संयोजित किया गया। यहाँ सामाजिक और राजनीतिक परिस्थितियों का सहयोग मिला और 'एक राज्य में हिन्दू राष्ट्र' अस्तित्व में आया। गुजरात को हिन्दू राष्ट्र की प्रयोगशाला कहा जाने लगा और अल्पसंख्यकों को भयभीत करने एवं धमकाने के प्रयोग नियंत्रित तरीके से चालू हैं। इसका खुलासा व्यवस्थित तौर पर एक नरसंहार से हुआ, जिसमें राज्य ने एक सन्देहास्पद भूमिका निभाई। उदय मेहता ने गुजरात की सामाजिक और राजनीतिक पृष्ठभूमि का जिक्र करते हुए गुजरात के उन विशिष्ट पहलुओं को बताया जिनसे यह हिन्दुत्व के प्रयोगों की आदर्श भूमि बना। यह एक ऐसा राज्य है जहाँ सुधार आन्दोलन काफी कमजोर रहे हैं और मध्य वर्ग, धनी किसान और व्यापारी हमेशा प्रभुत्वशाली ताकत रहे हैं। इन परिवारों के सदस्य विदेशों में आप्रवासी भारतीयों के रूप में डॉलर और पाउण्ड्स छाप रहे हैं और अपने अस्मिता संकट के कारण हिन्दुत्व के कट्टरवादी एजेंडे का समर्थन करते हैं। यह एक ऐसा राज्य है जो ईसाई और मुस्लिम-विरोधी हिंसा से पहले सबसे बुरे दलित विरोधी दंगों का भी गवाह रहा है। इसी कारण गुजरात हिन्दुत्ववादी ताकतों के लिए एक मिसाल बना जिसे वह अन्य राज्यों में लागू करना चाहते हैं, साथ ही यह लोकतांत्रिक ताकतों के लिए एक सबक है कि वे अब ऐसी दिशा में काम करें जो दूसरे गुजरात न होने का और लोकतंत्र कायम रहने का विश्वास दिला सके।

लोकतंत्र पर एक कलंक होने के साथ ही गुजरात की भयानक हिंसा ने सारे देश को शर्मसार किया। यह अलग मसला है कि हिन्दू दक्षिणपन्थियों ने इसे गुजरात की शोभा के

बतौर पेश किया। अनेक मानवाधिकार समूह और सम्बन्धित समाजशास्त्रियों ने इस त्रासदी को विश्लेषित कर कुछ बेहतरीन रिपोर्टें लिखीं। रावेना रॉबिन्सन और डी. पार्थसारथी इन रिपोर्टों के महत्त्वपूर्ण बिन्दुओं को सामने लाए हैं। रिपोर्टें यह साफ करती हैं कि हिंसा का उभार एकाएक नहीं हुआ था, इसे राजनीतिक उद्देश्यों हेतु नियोजित किया गया था। यह घटना तब घटी जब भाजपा का चुनावी भविष्य काफी तेजी से नीचे गिर रहा था, इस घटना से समुदायों का धार्मिक आधार पर ध्रुवीकरण हुआ और परिणाम अगले चुनावों में भाजपा के जीतने के रूप में सामने आया। हिंसा का नियोजित रूप बिलकुल स्पष्ट था और स्त्रियाँ सर्वाधिक प्रभावित हुईं। 'अन्य' समुदायों की स्त्रियों के प्रति हिंसा साम्प्रदायिक हिंसा की चरम अधोगति है, यह हिंसा उस साम्प्रदायिक विचारधारा से संचालित है जो मानती है कि स्त्रियाँ मर्दों की मिल्कियत हैं और अपने दुश्मनों को सजा देने का सबसे बेहतर तरीका 'उनकी' स्त्रियों को दंडित करना है।

## आतंक के खिलाफ युद्ध

समकालीन राजनीतिक परिदृश्य से दो साफ मगर गहरे तौर पर परेशान करनेवाली परिघटनाएँ हमारे सामने आती हैं। वैश्विक स्तर पर अमेरिकी नीतियाँ और तथाकथित आतंक के खिलाफ युद्ध छाया हुआ है। निस्सन्देह, आतंकवाद विश्व के तेल संसाधनों पर अमेरिकी नियंत्रण की नीतियों से पैदा हुआ है। अमेरिका ने लोकतंत्र को मजबूत करने के लिए जहाँ कहीं भी हस्तक्षेप किया, वहाँ उलटे परिणाम सामने आए और लोकतांत्रिक प्रक्रियाएँ नष्ट हो गईं। हालाँकि आतंकवाद को इस्लाम के उत्पाद के रूप में पेश किया जा रहा है मगर हकीकत में इसके उभार के कारण राजनीतिक और सामाजिक पहलुओं में छिपे हैं। तेल-उत्पादक देशों में लोकतंत्र का कमजोर होना वहाँ कट्टरपन्थियों के उभार के साथ हुआ। कट्टरपन्थियों ने सामाजिक पारस्परिक क्षेत्र तथा सामाजिक व जेंडर समानता के संघर्ष की सम्भावना को समाप्त किया। इस आन्तरिक एजेंडे के लिए धर्म का बहाना लिया गया जो अमेरिकी नेतृत्व वाले गुट के बाहरी दबाव पर ही टिका हुआ है। इस तरीके का कट्टरवाद वैश्विक संसाधनों पर नियंत्रण पाने के साम्राज्यवादी एजेंडे का सुस्पष्ट परिणाम है।

विश्व संयुक्त राष्ट्र के पतन का गवाह भी रहा है। यह ऐसा संस्थान है जिसमें वैश्विक स्तर पर देशों में लोकतंत्र लाने की सम्भावना मौजूद थी। गुटनिरपेक्ष आन्दोलन का युग भी अवसान की ओर है। इस अवधि में एक सकारात्मक वैश्विक रुझान यूरोपीय देशों की सीमाओं का खत्म होना रहा, जिससे यूरोपियन संघ (ई.यू.) का निर्माण हुआ और इन देशों में पारस्परिक अन्तर्क्रिया बढ़ी। मगर यह एक रहस्य है कि यह ताकत एकजुट होकर इराक और अफगानिस्तान पर अमेरिका के घातक हमले को क्यों नहीं रोक सकी? एक राष्ट्र के नेतृत्व में एक ध्रुवीय विश्व की सम्भावना ने कट्टरवाद और आतंकवाद दोनों को ही बढ़ाया है।

भारत में हिन्दुत्ववादी राजनीति का उभार भी कट्टरवाद ही है जो अमेरिकी नीतियों और मुस्लिम राष्ट्रों पर उसके आक्रमण को स्वीकृति देता है। मुस्लिमों के साथ हिंसा व नरसंहारों के परिणामस्वरूप उन्हें बन्द एवं सीमित क्षेत्रों में धकेलकर हिन्दुत्व मुस्लिमों में कट्टरवाद को ही बढ़ावा देता है। हालाँकि दक्षिणपन्थी हिन्दू अल्पसंख्यकों में कट्टरवाद को बढ़ावा

देता है परन्तु इसका मुख्य उद्देश्य आजादी के बाद कुछ सीमा तक हासिल जाति और जेंडर समानता की प्रक्रिया को उलटी दिशा में पलटना है। कोई भी यह समझ सकता है कि लोकतांत्रिक नीति में कमजोर तबके को उनके अधिकारों से वंचित करने के लिए धर्म की आड़ लेना अनिवार्य है। ऐसी राजनीति धर्म के नाम का आसरा लेती है क्योंकि भावनाओं पर आधारित किसी परिघटना का विरोध करना काफी मुश्किल होता है और धर्म के भावात्मक मामले में तो यह और भी मुश्किल है।

वैश्विक और स्थानीय दोनों स्तरों पर लोकतांत्रिक मूल्यों पर प्रश्न उपस्थित हैं। उत्तर-औपनिवेशिक राज्यों में श्रेणीक्रम की सीमाओं को तोड़ना काफी मुश्किल काम है। औपनिवेशिक काल से प्राप्त समस्याओं के साथ इसका गहरा जुड़ाव बिलकुल साफ दिखाई देता है। आज भी साम्राज्यवादी नीतियाँ जहाँ तक उनका प्रभाव क्षेत्र काम करता है, वहाँ इन्हीं भावों (श्रेणीक्रम) को मजबूती प्रदान करती हैं। कमजोर राष्ट्र धर्माधारित राजनीति से कैसे बाहर आ सकते हैं? कमजोर समुदाय उन ताकतों को कैसे उखाड़ फेंक सकता है जो उन पर धर्माधारित राजनीति थोप रही है? एक मानवीय और न्यायपूर्ण विश्व-व्यवस्था की तलाश करनेवालों के सामने ऐसी ही चुनौतियाँ खड़ी हैं। राष्ट्र तथा व्यक्ति–दोनों के अधिकार खतरे में हैं। धर्माधारित राजनीति वैश्विक स्तर पर इन दोनों अधिकारों को रौंदकर अपने शिकार कर रही है। साम्राज्यवाद के शिकंजे से उबरने के लिए वैश्विक आन्दोलन की, कमजोर वर्ग (स्त्रियों व दलितों हेतु जेंडर व सामाजिक समानता के लिए विशेषतः) के लिए सकारात्मक हस्तक्षेपों के जबर्दस्त प्रयासों की तथा मानवाधिकारों के सशक्त समर्थन की जरूरत अभी बाकी है।

# धर्म : जनसाधारण के लिए अफीम या...

**–राम पुनियानी**

'धर्म' की परिभाषाएँ निस्सन्देह विवादास्पद हैं। अधिकांश लोग धर्म की परिभाषा इससे सम्बन्धित अपनी खुद की अवधारणा के आधार पर करते हैं, जबकि इनमें से अधिकांश परिभाषाएँ एक दूसरे से अलग होती हैं। धर्म एक बहुआयामी अवधारणा है। विगत तीन दशकों में धर्म का विश्वव्यापी वर्चस्व विभिन्न रूपों में देखने को मिलता है। चूँकि राष्ट्रीय मुक्ति के लिए विश्वव्यापी आन्दोलन अपनी राह चलते हुए एक नए चरण में पहुँच चुका है, किसी न किसी रूप में इससे सम्बन्धित विश्वव्यापी बहस धर्म के इर्द-गिर्द होने लगी है। अयातुल्ला खुमैनी के इस्लामी आन्दोलन, अफगानिस्तान में तालिबानी अत्याचारों, सैमुएल हंटिंग्टन के *'सभ्यता के संघर्ष का सिद्धान्त'* अथवा 'हिन्दू राष्ट्र' के निर्माण के लिए 'समाज के कमजोर तबकों के विरुद्ध' हिन्दुत्व का अभियान–इन सभी में धर्म की भाषा व्याप्त रही है।

### धर्म : सामाजिक सन्दर्भ में

आज हम समाज के सभी सन्दर्भों में धर्म की उपस्थिति के साक्षी हैं। विगत दो दशकों में भारत का सामाजिक-राजनीतिक परिदृश्य धर्म पर आधारित राजनीति का गवाह रहा है। धर्मान्तरण, शाहबानो प्रकरण, राम मन्दिर आन्दोलन, बाबरी मस्जिद विध्वंस तथा 'इस्लामी आतंकवाद' की भारत की यह तस्वीर भारतीय गणराज्य के आरम्भिक दशकों से भिन्न रही है। जीवन के विभिन्न क्षेत्रों में आए धार्मिक उठान से इस परिदृश्य को बल मिला है। आसाराम बापू, अनिरुद्ध बापू, पांडुरंग शास्त्री अठावले और उनके जैसे अन्य सन्त-महात्माओं के काफी अनुयायी हुए। मन्दिरों की यात्रा और धार्मिक समारोहों में भागीदारी समुदायों के प्रमुख कार्य बन गए। मीडिया द्वारा इन स्वामियों और सन्तों से सम्बन्धित विमर्शों के लिए काफी स्थान दिया जाने लगा और पत्रिकाओं में धार्मिक मूल्यों एवं धार्मिक समारोहों से सम्बन्धित स्तम्भ प्रचुर मात्रा में स्थान पाने लगे। टेलीविजन में धर्मगुरुओं को 'मार्गदर्शक' के रूप में चित्रित किया जाने लगा और धार्मिकता के प्रचार-प्रसार हेतु आस्था, साधना एवं संस्कार जैसे विशेष चैनल प्रसारित किए जाने लगे। फिल्मों में विगत दशकों से दिखाई पड़नेवाले मध्यवर्गीय संघर्षरत नायक के स्थान पर सम्पन्न वर्ग के पितृसत्तात्मक मानसिकता वाले व्यक्तियों को, साधु-सन्तों-पुजारियों से मार्गदर्शन प्राप्त करते हुए दिखाया जाने लगा है। वान देर वीर (1998) के अनुसार, 'भारत में तात्कालिक घटनाक्रम' धार्मिक राष्ट्रवाद

की निरन्तर महत्ता को प्रस्तुत करते हैं... भारतीय राष्ट्रवाद के धार्मिक पक्ष पर अभी और अधिक ध्यान दिया जाना है।

आप्रवासी भारतीय जिन देशों में रहते हैं, उनके द्वारा पुजारियों का आयात किया जा रहा है, भव्य मन्दिरों का निर्माण कराया जा रहा है, आप्रवासी भारतीय भारत में धार्मिक आयोजनों और इससे जुड़े राजनीतिक घृणा-प्रचार में मदद करते हैं, मध्यपूर्व से वापस आनेवाले अपने धार्मिक विश्वास के अनुसार मस्जिदों, मन्दिरों और मदरसों को बढ़ावा देते हैं।

यह भूमंडलीय परिदृश्य, ज्यादा बुरा न होते हुए भी, समान रूप से धार्मिक भाषा से बँधा है।

> "जब राष्ट्रपति बुश ने आतंकवाद विरोधी युद्ध को धर्मयुद्ध कहा तो क्या वे अमेरिकी देश-भक्ति में निहित धार्मिकता को नहीं उभार रहे थे? संपेक्ष में, क्या धार्मिक भावना, जो लम्बे समय तक राष्ट्रवाद का शत्रु मानी जाती रही है, इसे स्थापित करनेवाले तत्त्वों में से एक नहीं है?"(स्टीले, 2003)

सैमुएल हंटिंग्टन का *सभ्यताओं का संघर्ष* का सिद्धान्त, जो पिछड़ी इस्लामी तथा उन्नत पाश्चात्य सभ्यता के द्वन्द्व पर आधारित था, अमेरिकी नीतियों की वास्तविकता का प्रमाण बन गया है। जर्गेंसमेयर (1994) इसे अपने शब्दों में कहते हैं कि "धार्मिक राष्ट्रवाद का आधार लगभग हर दिन एक नया रूप ले रहा है। यह अपने से विरोधी से नए विस्फोट एवं नई घटनाओं से, नई प्रतिक्रियाओं से मुकरने और सुलह करने दोनों ही रूपों को आमंत्रित कर रहा है।"

केवल धर्म आधारित राष्ट्रवाद ही नहीं, जो शिखर पर शासन करता है, बल्कि एक प्रकार की धार्मिकता भी आज प्रमुखता प्राप्त कर रही है। धर्म के प्रति समझदारी एक तरफ धार्मिक पहचान और समुदाय तथा दूसरी तरफ नैतिक मूल्यों के बीच ऊपर-नीचे होती रहती है। सामन्ती युग में धर्मगुरु की भूमिका, जो सामान्यतः सशक्त हुआ करती थी, कुछ अजीब हो गई है। धार्मिक संस्कृति के साथ-साथ समाज के परस्पर विरोधी गुटों में उनकी सामाजिक हैसियत बढ़ती गई है।

## धर्म : एक जटिल विन्यास

जब कोई व्यक्ति धर्म के सम्बन्ध में कुछ कहना चाहता है तो वास्तव में वह किसके सम्बन्ध में कहना चाहता है? धर्म की कोई एक चिरन्तन, विस्तृत व्याख्या एवं परिभाषा दे पाना नितान्त कठिन है, क्योंकि इसके अन्तर्गत स्वयं समाज की जटिल वास्तविकताएँ आती है। यह भी कारण है जिसके चलते धर्म की इतनी सारी विभिन्न परिभाषाएँ एवं समझ प्रचलित हैं। कार्ल मार्क्स ने धर्म की अवधारणा का समग्र विवेचन किया है। उन्होंने कहा कि "मनुष्य धर्म का निर्माण करता है। इसका तात्पर्य यह है कि इस समाज ने धर्म को उत्पन्न किया है, एक परिवर्तित विश्व विवेक के रूप में, क्योंकि वह स्वयं परिवर्तित विश्व है। धर्म विश्व की तरह आम धारणा है, विश्वकोशीय अर्थ के रूप में, एक लोकप्रिय तर्क के रूप में, इसकी आध्यात्मिक श्रद्धा के विषय के रूप में, साथ ही, इसका उत्साह, इसका नैतिक पक्ष, इसकी प्रतिज्ञात्मक

पूर्णता, इसकी सार्वभौमिक पृष्ठभूमि, सान्त्वना तथा औचित्य के रूप में। साथ ही, धार्मिक वेदना वास्तविक वेदना की ही अभिव्यक्ति है और वास्तविक वेदना का प्रतिकार। धर्म दलित प्राणी की प्रतिध्वनि है, हृदयहीन विश्व का हृदय है, ठीक वैसे ही, जैसे आत्माविहीन स्थिति की आत्मा है। यह लोगों की अफीम है।" (मार्क्स, 1972)

चिन्तन की शास्त्रीय धाराएँ जटिल संगठन के रूप में विभिन्न धर्मों के मध्य अन्तर स्थापित करती हैं, (राजकीय संरक्षण में इसके अस्तित्व एवं प्रभाव के कारण) बदले में विद्यमान वर्ग, शक्ति-संरचना और धर्म को मजबूती प्रदान करने में यह एक औजार बन जाता है :

> अपनी शिकायतों की स्पष्ट अभिव्यक्ति तथा शक्तिशाली वर्ग के द्वारा अन्यायपूर्ण, अमानवीय शोषण के विरुद्ध अपने प्रतिरोध की प्रस्तुति में लगे समाज के दलित समुदाय लोकप्रिय धार्मिक तथा सामाजिक आन्दोलनों के माध्यम से एक न्याय संगत तथा समतामूलक समाज की स्थापना के लिए संघर्ष कर रहे हैं। धर्म, जैसा कि मार्क्स और एंजेल्स ने उल्लेख किया है, सम्भवतः एकमात्र प्रभावी और उपलब्ध संस्थागत व्यवस्था है जिसका बहुसंख्यक दलित वर्ग परम्परागत समाजों में अपनी शिकायतों को स्पष्ट ढंग से रखने में उपयोग कर सकते हैं। यहाँ तक कि आधुनिक समाजों में भी ऐसे आन्दोलन शक्तिदायी भूमिका निभा सकते हैं जैसा कि लैटिन अमेरिका के दलित वर्ग के सामाजिक एवं धार्मिक आन्दोलनों तथा भारत में भी इतिहास के प्रारम्भिक काल से ही दिखाई पड़ता है (ऐसे संघर्ष मुक्ति-सिद्धान्त से प्रेरित रहे हैं) मौर्यकाल और इससे भी पूर्व के सम्प्रदाय जैसे लोकायत, आजीवक, बौद्ध, नाथ एवं सिद्ध सम्प्रदाय से लेकर विभिन्न तांत्रिक सम्प्रदाय, मध्यकालीन भक्ति एवं सूफी आन्दोलन, जिसकी पराकाष्ठा महात्मा फुले एवं उन्नीसवीं शताब्दी के अन्य समाज-सुधारकों में दिखाई पड़ती है, जैसे असंख्य सम्प्रदाय एवं संस्कृतियाँ दलित वर्ग की आकांक्षाओं को स्पष्ट रूप से व्यक्त करती हैं। (मेहता, 1998 पृ. 22)

इरफान हबीब कहते हैं, "धर्म ने न केवल लोकप्रिय आन्दोलनों को दबाया है बल्कि इसने विद्रोहियों के एकजुट होने में भूमिका निभाई है।" (हबीब, 1995, पृ. 2)

समाज के विभिन्न समूह धर्म के भिन्न-भिन्न रूपों को देखते हैं। इसके दो प्रमुख चेहरे हैं—एक, लोकप्रिय धर्म तथा दूसरा, राजकीय धर्म। "लोक-संस्कृति हो या लोकप्रिय धर्म आम लोगों के जीवन-संघर्ष, आकांक्षाओं तथा पीड़ा से सीधा जुड़ा हुआ होता है। यह सामाजिक जीवन के प्रति आस्था पैदा करता है एवं कष्ट के समय इसे एक मानवीय स्पर्श देते हुए सान्त्वना देता है। इसके विपरीत राजकीय धर्म यथास्थिति को बढ़ावा देनेवाला और परिवर्तन विरोधी होता है। असहमति को दबाने में और शासक-वर्ग के हितों की पूर्ति करने में यह भूमिका अदा करता है।" (सिंह, 1995, पृ. 1)

## धर्म के बहुआयामी पक्ष

धर्म के सम्बन्ध में कभी कुछ कहा जाता है तो यह समझ पाना काफी मुश्किल होता है कि वास्तव में किसके बारे में कहा जा रहा है। धर्म किन चीजों से बना है? जबकि कुछ व्यक्ति धर्म को केवल उसके लिखित रूप में जानते हैं, कुछ तो देवी-देवताओं को, तो कुछ धर्मगुरुओं को ही धर्म का स्वरूप मान बैठते हैं।

धर्म का प्रारम्भिक स्वरूप इसके केन्द्रीय अर्थ को समझने में मददगार हो सकता है। प्रारम्भ में धार्मिक विश्वासों का सबसे बड़ा पहलू प्रकृति की उपासना रही है। धर्म के प्रारम्भिक चरणों के सम्बन्ध में सूचनाएँ पुरातात्त्विक स्रोतों से प्राप्त होती हैं। प्राचीन मनुष्यों का विवेक मुख्य रूप से व्यावहारिक मामलों से निर्मित होता था, जिसमें धर्म का कोई अमूर्त तत्त्व शामिल नहीं था। इसे धर्म-पूर्व की अवस्था कहा जा सकता है। "कुछ सोवियत विद्वान बतलाते हैं कि धर्म-पूर्व की अवधि काफी लम्बी थी, प्रारम्भिक पालियोलिथिक काल की समाप्ति तक जिसमें मौसटेरियन काल भी शामिल था (सी.100-40,000 वर्ष पूर्व) जब नींदरथल मानव, गुफाओं में रहनेवाले भालुओं एवं अन्य जानवरों का शिकार करता था।"(टोकारे, 1986 पृ. 9) यह इस मान्यता के प्रतिकूल है कि धर्म मनुष्य को विरासत में प्राप्त हुआ है।

परानैसर्गिक विषयों के प्रति आस्था का इतिहास 60,000 वर्ष पूर्व चला जाता है। "पुरातात्त्विक साक्ष्य दर्शाते हैं कि नींदरथल मानव अपने शवों को फूलों से दफनाते थे।"(हारालोम्बोस, 1994, पृ. 445)। जबकि धर्म को परिभाषित कर पाना तथा यह बता पाना काफी कठिन है कि सभी धर्मों का उद्भव एक ही पद्धति से हुआ है, तब हम यह कह सकते हैं कि धर्म का मुख्य गुण आध्यात्मिक सत्ता के प्रति आस्था है। "धर्म का आधारभूत तत्त्व, जो इसे परिभाषित करनेवाला है, वह है आत्मा, अति प्राकृतिक प्राणी तथा परानैसर्गिक बल।" (देसाई, 1993, पृ. 9) एंथनी वैलेस धर्म के आवश्यक तत्त्वों को संक्षेप में इस प्रकार प्रस्तुत करते हैं–

> सबसे पहली चीज है परानैसर्गिक लोक, द्वितीय क्रम में हैं धर्माचरण की तेरह सार्वभौमिक श्रेणियाँ, जो पुरातत्त्वविदों, धर्मशास्त्रियों एवं जनसाधारण द्वारा ज्ञानपूर्वक पहचानी गई प्रारम्भिक रिवाजों के रूप में प्रार्थनाएँ, गीत, शारीरिक व्यायाम, उपदेश, ग्रन्थपाठ, प्रेरणा, प्रतीकवाद, भोज, बलिदान, जनसमागम। तीसरे स्तर पर हमने घटनाओं के शृंखलाबद्ध तथा आस्थानुरूप रिवाजों के विभाजन का उल्लेख किया है। चतुर्थ समूहों में आयोजित समारोह, जिसे हमने संस्थाओं के रूप में अंकित किया है। अन्त में, हमने समाज के धर्म पर विचार किया है, जो केवल रिवाजों के समूह (समयानुसार एवं विचारानुसार मान्य है) और आस्था-प्रणाली के रूप में वर्णनीय हैं जिसमें सर्वधर्म मन्दिर, मिथक एवं मूल्य शामिल हैं जिसके तत्त्व केवल साम्प्रदायिक संस्थाओं के स्तर पर तार्किक रूप से एकीकृत हैं। (मेहता, 1998, पृ.15)

आमतौर पर जब 'धर्म' शब्द का प्रयोग किया जा रहा हो, तब भ्रान्ति से बचने के लिए यह बहुत महत्त्वपूर्ण है कि धर्म के सभी आयामों पर विचार किया जाए। ये तत्त्व हैं–(क) रिवाज-सम्बन्धी, (ख) अनुभव-सम्बन्धी, (ग) सैद्धान्तिक, (घ) धारणात्मक एवं (ङ) नैतिकता सम्बन्धी। धार्मिक अनुभव का वर्णन इस प्रकार किया गया है–"किसी भी अन्य धार्मिक पक्ष का कोई धार्मिक महत्त्व तब तक नहीं हो सकता जब तक कि यह व्यक्ति के अन्तःकरण में अवस्थित 'दिव्यता' से जुड़ा न हो और कोई सच्चा धर्म केवल तभी प्रारम्भ होता है, जब वह अन्तःकरण के अनुभव का विषय बन जाता है, जो किसी के भी जीवन का अन्तिम लक्ष्य होता है।" (स्मार्ट, 1995, पृ. 68) अवतारवाद का तत्त्व सभी धर्मों में विद्यमान है। यह वेद, कुरान और बाइबिल सभी में एक समान लागू होता है। पारलौकिकता धर्म का एक

अन्य कारक है। धार्मिक संस्कारों के रूप में विभिन्न आस्थाएँ देखी जाती हैं। धर्म का सामाजिक पक्ष समुदाय से जुड़ा हुआ है। जगत् और जीवन के प्रति रुख नैतिक मूल्यों से जुड़ा है जिसके लिए प्रायः सभी धर्मों में समान शब्दों, जैसे-'धर्म' का प्रयोग हिन्दुओं में, 'दीन' का इस्लाम तथा 'इथिक्स' का ईसाई में किया जाता है।

जबकि ये सभी धर्म के महत्त्वपूर्ण पक्ष हैं, इनमें सम्भवतः सर्वाधिक प्रभावी पक्ष धर्मगुरु हैं। विभिन्न धर्मों में विस्तार अलग-अलग हैं, परन्तु इस प्राधिकार का सबसे आवश्यक कारक है कि धर्मगुरु का सम्बन्ध धर्म से है। जब भी कोई धर्म की चर्चा करता है, तो उसका अभिप्राय धर्मगुरु की आज्ञाओं एवं उसके अधिकारों से होता है क्योंकि वे धर्म के अन्तिम अधिकारी के रूप में कार्य करते हैं। सन्त, फिर भी किसी धार्मिक सत्ता से जुड़े नहीं होते या किसी राजनीतिक शक्ति से सम्पन्न नहीं होते हैं।

इस क्रम में धर्म के आयामों को दो श्रेणियों में समूहबद्ध किया जा सकता है : व्यक्तिगत एवं संस्थागत।

> व्यक्तिगत पक्ष से हमारा अभिप्राय न केवल धार्मिक, गूढ़ अनुभव से है बल्कि कोई भी विश्वास, इच्छा और संज्ञानात्मक प्रतिक्रियाएँ से है, जो किसी धार्मिक व्यक्ति के पास होती है। इसके प्रतिकूल संस्थागत स्वरूप का धर्म होता है जो वास्तव में लोगों के धर्म का एक बहुत बड़ा भाग होता है। यह विभिन्न धर्मावलम्बियों के बीच अपनाए जानेवाले रिवाजों और समान विश्वास वाले लोगों की आजीविका से जुड़ा होता है। संगठित धर्म में पुजारियों का वर्चस्व होता है जो व्यक्तिगत स्वतंत्रता को बहुत कम मौका देते हैं और आन्तरिक अनुभवों को ज्यादा। यह निहित स्वार्थों द्वारा भी संचालित होता है (झिंग्रान, 1995, पृ. 77)।

## धर्म के प्रकार

संस्थागत धर्म के अस्तित्व में आने के पूर्व धार्मिक विश्वास जीववाद एवं प्रकृतिवाद के रूप में विद्यमान था। धर्मों के विकास और उसकी पद्धति काफी समय बाद परिवर्तित हुई है। साथ ही धर्म का आन्तरिक परिवर्तन भी। यद्यपि निम्नांकित पद्धतियाँ स्वीकृत हैं, फिर भी यह बता पाना मुश्किल है कि किसके बाद कौन-सी पद्धति आई।

**जीववाद :** बहुत से समाज-विज्ञानी जीववाद को धर्म नहीं मानते, बल्कि इसे एक सांस्कृतिक तत्त्व कहते हैं। जीववाद आदिवासियों में विद्यमान है और इसका अर्थ है अतीन्द्रिय शक्तियों में विश्वास, जो भौतिक विश्व को संगठित तथा प्राणान्वित करता है। जीववाद मनुष्य के जीवित और मृत में अन्तर तथा स्वप्न में प्रतीत होनेवाले मानवीय स्वरूप, इन दो से सम्बन्धित प्रश्नों के उत्तर के प्रयास पर आधारित है। पहले प्रश्न के सन्दर्भ में विद्यमान धारणा के अनुसार, "आत्मा एक भावसत्ता है, जो स्वप्न में शरीर को अस्थायी रूप से त्याग देती है और जब स्थायी तौर पर त्याग देती है तो प्राणी मृत हो जाता है। एक बार आविष्कृत हो जाने के बाद आत्मा की अवधारणा का प्रयोग केवल मनुष्य ही नहीं बल्कि बहुत सारे प्राकृतिक एवं मानवीय पर्यावरण के सन्दर्भ में भी किया जाने लगा।" (हारालोम्बोस, 1994, पृ. 454) जीववादी प्रतिच्छवियाँ मृत पूर्वजों की आत्माएँ हैं, जीवित मनुष्यों की आत्माएँ

तथा प्राकृतिक शक्तियों का मानवीकरण है। तत्त्वों की आत्माएँ विशाल-हृदय हो सकती हैं अथवा दूसरी ओर मानव-कल्याण के लिए धमकी भी। यही कारण है कि उन्हें छोटी-छोटी कुर्बानियाँ दी जाती रही हैं, जब कभी ऐसा किया जाना आवश्यक प्रतीत हुआ। (प्रोग्रेस पब्लिशर्स, 1985, पृ. 19)

जीववाद का प्रकृतिवाद के साथ निकट सम्बन्ध है। एक विश्वास कि प्रकृति की शक्तियों में पराशक्ति विद्यमान है। सम्भवतः प्रकृति की शक्तियों से सम्पन्न आदिमानव ने प्रकृति का मानवीकरण तथा भावात्मक प्राकृतिक शक्तियों का रूपान्तरण व्यक्तिगत अभिकरण के रूप में किया हो। वायु, प्रकाश, वर्षा और ऐसी बहुत सी अवधारणाओं का मूर्तन हुआ है और उनकी पूजा भी होती रही है।

**जातीय धर्म :** ऐतिहासिक दृष्टि से यह सिद्धान्त जीववाद के पश्चात् आया है। इन धर्मों की सामान्य विशेषता उनका गोत्रों पर आधारित होना है। ये कृषक समाज के विकास के साथ पैदा हुए हैं। ये विभिन्न जातीय समूहों के एकीकरण को प्रतिबिम्बित करते हैं जो आगे चलकर राष्ट्र, यहूदी धर्म, हिन्दुत्व, शिन्तो तथा कन्फ्यूसियसवाद जैसे समूहों में बदल जाते हैं। कुछ सामान्य कारक, दैनिक रीतियों और साधना के रूप में भी मिलते हैं, यथा-खान-पान, स्वास्थ्य के नियम, हस्त प्रक्षालन की विधि तथा समूह के भीतर तथा बाहर किए जानेवाले व्यवहार तथा लोकाचार।

**सार्वभौमिक धर्म :** ये धर्म पैगम्बरों की शिक्षाओं से सम्बन्धित रहे हैं। सम्भव है, इनमें परस्पर कोई साम्य न हो। (भागौलिक सीमाओं के परे) ये विश्व के विभिन्न भागों में विद्यमान है। प्रारम्भ में इनमें से कुछ के साथ प्रकृति की पराशक्ति ईश्वर की कोई स्पष्ट अवधारणा नहीं थी। कुछ समय बाद अनुयायियों ने पैगम्बरों को ही ईश्वर मानना शुरू कर दिया (उदाहरणार्थ—महावीर, बुद्ध)। जैन धर्म, यहूदी धर्म, बौद्ध धर्म, ईसाई, इस्लाम एवं सिक्ख धर्म इसके प्रमुख उदाहरण हैं।

## पारलौकिक सत्ता की अवधारणा

पारलौकिक सत्ता की अवधारणा धर्मों का एक अत्यावश्यक प्रमाण रही है। आदिवासी संस्कृति में भी आत्माओं की शक्ति मानवीय अवधारणाओं से ऊपर रही है।

**बहुसिद्धान्तवाद :** पहले के बहुत सारे धर्मों में विविध आयामी देवी-देवताओं की उपासना होती रही है। यह विचारधारा सामान्यतः आदिम समाजों के विखंडन के पश्चात् प्रारम्भ हुई। ये देवता आमतौर पर समाज के मुख्य कार्यों का प्रतिनिधित्व करते हैं। यह एक प्रकार से श्रम का विभाजन था, जो इन समाजों में प्रचलित था। उनके बीच बड़े-छोटे का भेद भी था। हिन्दुत्व, प्राचीन यूनान तथा रोम के धर्म इसके प्रमुख उदाहरण हैं।

इजिप्ट के धर्मों की एक खास विशेषता पशु-पक्षियों को देवी-देवता के रूप में प्रस्तुत करना थी। मेम्फिस के शहर में ईश्वर के रूप में साँड़ की पूजा की जाती थी, जिसे 'एपीज' कहा जाता था और हॉक के सिरवाले 'होरस' की आकाश देवता के रूप में बहुत से शहरों में पूजा की जाती थी। भारत में भी ऐसे देवी-देवताओं की एक पूरी शृंखला है, जैसे-गाय, सर्प, वायु इत्यादि। बेबिलोनिया में स्थानीय नदियों, नहरों तथा मृतात्माओं की पूजा की जाती

थी। प्राचीन ईरान में पर्वतों और पशुओं को ईश्वर माना जाता था। चीन में पृथ्वी और पर्वतों के रूप में प्रकृति की पूजा की जाती थी।

**त्रिसिद्धान्तवाद :** कुछ धर्म एवं धार्मिक समुदाय बहुसिद्धान्तवाद तथा एक सिद्धान्तवाद के बीच की अवस्था त्रिसिद्धान्तवाद से सम्बन्धित हैं। इन धर्मों में तीन प्रमुख देवता होते हैं : स्रष्टा, संरक्षक तथा संहारक, जो संसार की समस्त गतिविधियों का संचालन करते हैं। ब्रह्मांड और उसकी सभी गतिविधियाँ इन्हीं के चारों ओर घूमती हैं। हिन्दू धर्म में ब्रह्मा, विष्णु और महेश इसके बड़े उदाहरण हैं। ईसाई धर्म में पिता, पुत्र और पवित्र आत्मा की धारणा काम करती है, जो बहुत ही अस्पष्ट भौतिक पहचान की अपेक्षा उसके वर्णनों से सम्बन्धित है। तथापि इस तिहरी पहचान की अवधारणा ईश्वर की अवधारणा के अधीन है। इस अवस्था में सर्वोच्च सत्ता की पहचान पुरुष की है जो एक सिद्धान्तवाद में भी पाई जाती है।

**एक सिद्धान्तवाद :** इसके अन्तर्गत बहुत सारे देवताओं के स्थान पर एक ईश्वर की उपासना की जाती है। यहूदी धर्म, ईसाई धर्म और इस्लाम इस सिद्धान्त से सम्बन्धित हैं। एक ईश्वर का सिद्धान्त प्रारम्भिक तौर पर एक सर्वशक्तिमान सत्ता के इर्द-गिर्द घूमता है। कालान्तर में ईश्वर को सर्वोच्च सत्ता माना गया, जिसका कोई स्वरूप नहीं हो सकता। कई धर्मों ने कुछ जीवन-मूल्यों को ही ईश्वरत्व प्रदान कर दिया, जैसे-सत्य और अहिंसा (गांधी) एवं दरिद्रनारायण (गरीबों के ईश्वर का मूर्त रूप–स्वामी विवेकानन्द)।

## संस्था के रूप में धर्म

सभी धर्मों में अलग-अलग रूपों में धर्मगुरु पैदा हुए। उदाहरणार्थ, ईसाई धर्म ने प्रारम्भ में गरीबों, स्वतंत्र मनुष्यों और दासों को आकर्षित किया। राज्याधिकारियों ने उन्हें दंडित किया। रोमन समुदाय के अधीन ये तीनों समूह एकजुट हुए। कालान्तर में (धर्मगुरुओं की स्थापना के बाद) इस धर्म में छोटे-बड़े का भेद पैदा हुआ। एक शक्तिशाली संगठित चर्च पैदा हुआ, जिसने समाज के राजनीतिक जीवन में महत्त्वपूर्ण भूमिका निभाई। चर्च और राजशाही सत्ता के सम्मिलित केन्द्र बने। राजा और धर्मगुरु के बीच हुए कार्य के विभाजन को लोकप्रिय बनाया गया। यूरोप का उदाहरण धर्मगुरु की भूमिका के स्पष्ट प्रचलन के रूप में सामने आया। चूँकि दो कारण हू-ब-हू एक जैसे नहीं हो सकते, अतएव कहा जा सकता है कि (सभी धर्मों में) धर्मगुरुओं की बुनियादी भूमिका ज्यों की त्यों बनी रही। धर्मगुरुओं के अधीन राजनीति और न्याय-प्रणाली को धर्मशास्त्र का अंग माना गया और जैसा कि बाद में प्रचलित सिद्धान्तों में पाया गया, दोनों को समान समझा गया। चर्च के सिद्धान्त राजनीतिक गुत्थियों के साथ ही बाइबिल को कानूनी संहिता भी मानते थे।

धर्मगुरु सदा ही विवेकशील चिन्तन को रोकने की कोशिश करते थे एवं उनके द्वारा किए गए विचारों को विज्ञान के द्वारा सदैव चुनौती मिलती रही। यह परम्परागत आस्था प्रणाली यथास्थितिवाद का समर्थन करती रही, जिसका मूल उद्देश्य धर्मगुरुओं को एक राजनीतिक पहचान प्रदान करना था। "बहुत से वैज्ञानिकों को कड़ी पूछताछ का सामना करना पड़ता था, अपनी वैज्ञानिक खोजों और विचारों के लिए कैद और सजाएँ भुगतनी पड़ती

थीं, जिनसे सामाजिक मामलों में तर्क की भूमिका के बढ़ने की सम्भावना थी। ऐसा इस कारण कि इन सिद्धान्तों को आगे बढ़ाया गया, जो चर्च के विश्वासों को गहरी चुनौती पेश करता था। इसलिए गैलीलियो की निन्दा की गई। गियार्डियानो ब्रूनो एवं सर्वेटस को जला डाला गया। इस्लामी विज्ञान (सभी इस्लामी विज्ञानों का स्रोत कुरान था) एवं वेद जो सामान्यतः ज्ञान के स्रोत थे, ये ऐसे कुछ उदाहरण है।" (पुनियानी, 2001, पृ. 43) यह इसलिए है क्योंकि पाकिस्तान में, जहाँ कि मुल्लाओं की पकड़ काफी मजबूत है, ऊर्जा के अनन्त स्रोत के रूप में जिन्न की अवधारणा को आगे बढ़ाया गया। भारत में, हिन्दुत्व की राजनीति के आगमन के साथ ज्योतिष और कर्मकांड को बड़े पैमाने पर प्रचारित किया गया।

बहुत से ईसाई धर्म प्रधान देशों में चर्च की भूमिका आधुनिक लोकतंत्रों के आगमन के साथ-साथ बदलने लगी। बहुत से धर्मगुरुओं ने अपनी मुख्य गतिविधि के रूप में समाज-सेवा को अपना लिया, जो औद्योगिकीकरण के कारण समाप्त हो गए सामन्ती जमींदारों से अलग था।

इस्लाम की शिक्षाओं के अनुसार, आधिकारिक तौर पर कोई धर्मगुरु नहीं था। परन्तु वास्तव में, मुल्ला सत्ता केन्द्रों से जुड़ गए। अधिकांश मामलों में इस्लामी देश में अपनी तेल-सम्पदा की रक्षा के क्रम में साम्राज्यवादी व्यवहारों के कारण लोकतंत्र कायम नहीं रह सका। इन बाह्य हस्तक्षेपों के फलस्वरूप समुदाय में मुल्लाओं की भूमिका और मजबूत हो गई।

## धर्मगुरु और सन्त

धर्म के सभी पक्षों में धर्मगुरुओं की भूमिका और शक्ति सर्वाधिक चौंकानेवाली थी। एक कृषि-आधारित समाज में अपने सामन्ती वर्गों एवं राज्यों में धर्मगुरु उत्पादन प्रणाली के सामन्ती सम्बन्धों पर आधारित शोषण तंत्र के रक्षक बन गए थे। धर्मगुरुओं का सामन्ती जमींदारों के साथ सम्बन्ध सामन्ती सत्ता-संरचना के प्रमाणकारक हैं, यद्यपि इसकी अभिव्यक्ति भिन्न-भिन्न है। धार्मिक संगठनों की संरचना भी भिन्न प्रकार की है। हिन्दू धर्म में राजाओं के राजगुरु (निष्ठावान पुजारी) होते थे और जमींदारों को भी स्थानीय पुजारियों का आशीर्वाद रहता था।

गरीब किसानों का विद्रोह ईसाई धर्म और समाज तथा मध्ययुगीन रहस्यवाद से शक्ति प्राप्त करता था। इसने चर्च की शक्ति से विद्रोह किया, जो गरीब किसानों का दमन करते थे। मंजर ने रहस्यवाद से मूल्य ग्रहण करके गरीब किसानों का नेतृत्व किया और चर्च के बड़े-छोटे के भेदभाव पर प्रहार किया। बाइबिल को एक दैवी ग्रन्थ बताए जाने के मत का खंडन किया। सन्त एवं धर्मगुरुओं की भूमिका विभिन्न रूपों में वर्णित हुई और कहा गया कि इसका कोई सार्वभौम ढाँचा नहीं हो सकता। शोषण विरोधी आन्दोलन का स्वरूप भी अलग-अलग था। "सामन्तवाद का क्रान्तिकारी विरोध मध्ययुग तक विद्यमान था। इसने रहस्यवाद का रूप ग्रहण किया, सशस्त्र विद्रोह प्रारम्भ किया, जो समयानुसार संचालित था। यह सुविदित है कि सोलहवीं शताब्दी में हुए समाज सुधार काफी हद तक रहस्यवाद पर आधारित थे। मंजर स्वयं भी इसके प्रति काफी ऋणी था।"(एंजेल्स, 1972, पृ. 88)।

दलित वर्ग ने सन्तों के रूप में अपनी पीड़ा और दुख के क्षणों में सहानुभूति जतानेवाले को पाया।

> निर्धन बना दिए गए जनसमूह, जो सभ्यता के प्रारम्भिक दौर में दास मात्र थे एवं जो आगे चलकर धनहीन कामगार श्रेणी में आ गए थे, वे अब दोहरी अनिश्चितता और दोहरी दरिद्रता से ग्रस्त थे, जिनका स्रोत अनियंत्रित प्रकृति और शोषणकारी शासन था। इसने जनसाधारण का जीवन अत्यन्त कष्टमय पीड़ा और अनिश्चय से भर दिया था। जन्म से ही जिनके साथ परित्राणदायक कुछ नहीं था, ईश्वर में विश्वास जो धर्म द्वारा प्रदान किया गया था केवल वही उन्हें न्याय प्रदान कर सकता था, यदि अभी नहीं तो कुछ देर बाद ही सही, यदि इस लोक में नहीं तो कम-से-कम परलोक में ही। (चट्टोपाध्याय, 1987)

वह सन्त ही थे, जिन्होंने दलित वर्ग को सान्त्वना दी। एक प्रकार से उन्होंने धर्मगुरुओं की सत्ता को चुनौती दी। परन्तु इस चुनौती को सभी भाषाओं में सकारात्मक अभिव्यक्ति मिली। वे धर्म की स्थापित मान्यताओं के आलोचक थे। उन्होंने अपनी अलग आध्यात्मिक भाषा विकसित की, जो संस्थागत धर्म की भाषा से सर्वथा भिन्न थी और जिसने गरीब लोगों के बीच सद्भावना कायम की। 'लोकायत' जैसी परम्पराओं ने जाति-प्रथा, स्वर्ग और नरक की अवधारणा एवं ब्राह्मणवाद के प्रति अन्धविश्वास का विरोध किया। इसी अन्धविश्वास के द्वारा प्रभुत्वशाली वर्ग, सामन्ती जमींदारों ने गरीबों का शोषण किया। 'लोकायत' ने विवेक की स्थापना पर बल दिया।

सन्त आमतौर पर कर्मकांड में विश्वास नहीं करते थे, न स्थापित परम्पराओं की पुष्टि में। उन्होंने धार्मिक स्थापनाओं में न्याय की खोज की। ईश्वर अथवा परानैसर्गिक सत्ता सम्बन्धी उनकी अवधारणा मित्रवत् थी, न कि धर्मगुरुओं द्वारा प्रक्षेपित परम्परा में पाई जानेवाली ईश्वर सम्बन्धी अवधारणा की भाँति भयानक। इस प्रकार धर्म के क्षेत्र में दो समानान्तर परम्पराएँ चल रही थीं, एक धर्मगुरुओं द्वारा प्रचारित तथा दूसरी सन्तों द्वारा प्रवर्तित। धर्मगुरु दबंग वर्ग के पक्ष में थे और सन्त श्रम करनेवालों के पक्ष में।

> दूसरों की अधीनता में जीनेवाले एवं दलित वर्ग अपने दमन करनेवाले और वैचारिक दबंगता के वर्चस्व का प्रतिरोध करने की हद तक समर्थ थे एवं दमनकारी धार्मिक सिद्धान्तों को चुनौती पेश करने में समर्थ थे। दलित अपने विश्वासों की रक्षा कर सकते थे, जो आगे चलकर उनके प्रतिरोध को प्रतीकित कर सकता था।...चार्वाक्, सिद्ध, नाथ तंत्र के दर्शन ब्राह्मणवादी धर्म के समानान्तर परम्परा के रूप में चल रहे थे, जो दलितों में भक्ति आन्दोलन के समय तक अधिक लोकप्रिय थे। (इंजीनियर, 1998)

रोचक तथ्य यह है कि इनमें से कई को सम्भ्रान्त धर्मवाले समुदाय द्वारा अंगीकार कर लिया गया था। जबकि साईंबाबा का व्यापक तौर पर ब्राह्मणीकरण किया गया। भगवान जगन्नाथ, जो उड़ीसा में आदिवासियों द्वारा पूजे जाते थे, अब अगड़ी श्रेणियों और जातियों के भगवान बन गए।

भारत में भक्ति और सूफी सन्त, जो विभिन्न धार्मिक समुदायों से सम्बन्धित थे, का समाज के एक बड़े वर्ग पर जबर्दस्त प्रभाव था। भारतीय धार्मिक इतिहास में भक्ति सम्भवतः सर्वाधिक लोकप्रिय परम्परा का उदाहरण है। भक्ति आन्दोलन तमिलनाडु में प्रारम्भ हुआ और उत्तर भारत में फैल गया। सन्त विभिन्न समुदायों से सम्बन्धित थे और उनमें से अनेक नीची जातियों से थे। भक्ति ने "धर्म को संस्थागत बनाए जाने का विरोध किया, इसके विकेन्द्रीकरण का प्रयास किया और घोषणा की कि यह एक निजी मामला है। इसने राजसत्ता और धर्म को एक-दूसरे से अलग किया और ज्ञान-प्राप्ति की प्रक्रिया से ईश्वर-पूजा की अवधारणा को जन्म दिया।" (भादू, 2003, पृ. 33)। महाराष्ट्र की 'वरकरी' परम्परा एक प्रमुख धारा थी। चोखामेला, जो नीची जाति से आनेवाले एक सन्तकवि थे और ईश्वर से विषमतामूलक समाज की मुक्ति की प्रार्थना करते थे, अपनी कविताओं में विश्व में गरीबों के प्रति बरती जा रही क्रूरता की निन्दा करते थे। इस परम्परा ने बलिदान को वैदिक कर्मकांड से अलग कर दिया और इसकी शिक्षाएँ वेद और उपनिषद् से भिन्न थीं। चोखामेला ने अपने एक अभंग में जो एक प्रकार का लोककाव्य है, कहा है कि "यद्यपि हमने पवित्र ग्रन्थों का अध्ययन नहीं किया है, हम लोग वेदान्त धर्म की व्याख्या में निष्णात नहीं हैं, विठोबा के रूप में निराकार ब्रह्म हमारे मार्गदर्शन के लिए खड़ा है, जो हमारी पहुँच के भीतर है।" (सरदार, 1999, पृ. 64)

तुकाराम महाराष्ट्र के सर्वाधिक लोकप्रिय सन्तों में से एक हैं। "उनका साहित्य ब्राह्मणों के समृद्ध संस्कृत साहित्य से मुक्त है, जो औसत पाठक को एक दूरी पर रखता है। ब्राह्मणवादी आभिजात्य से परे, तुकाराम का साहित्य विश्व को मानवतावादी दृष्टिकोण से देखने को बाध्य करता है। उनके साहित्य में गरीबों के प्रति गहरी सहानुभूति दिखाई पड़ती है, जिसके कारण उनकी साहित्यिक प्रतिष्ठा बढ़ जाती है।" (नेमाड़े, 1983, पृ. 9)। गरीबों का दुखपूर्ण जीवन उनकी रचनाओं का केन्द्र-बिन्दु है। इस भक्ति आधारित परम्परा ने कई निम्न जातियों एवं मुसलमानों को भी समादर प्रदान किया। इसके द्वारा इसने ब्राह्मणवाद को चुनौती दी।

भक्ति आन्दोलन की कुछ खास विशेषताएँ थीं। यह ब्राह्मणवाद, कर्मकांड एवं वेदों के एकाधिपत्य का विरोध करता था। इसने संस्कृत का समान रूप से विरोध किया और आम लोगों में प्रचलित भाषा को अपनाया। उन्होंने प्रचलित बहुदेववाद का विरोध किया और एकेश्वरवाद को मान्यता दी। भारत में, खासकर हिन्दू-मुस्लिम एकता अधिकांश सन्तों के मुख्य सरोकारों में से एक थी। तुकाराम का साहित्य बतलाता है :

> "अन्धविश्वास का साम्राज्य था एवं विवेकसम्मत विचार समाज के वर्चस्वशाली वर्ग द्वारा अस्वीकृत कर दिए गए थे। विश्वास, उपासना एवं ज्ञान के क्षेत्र में ब्राह्मणों का पूर्ण आधिपत्य था। भक्ति-परम्परा (नाथ, महानुभाव, गोस्वामी, वरकरी एवं दत्तासम्प्रदाय) ने ब्राह्मणवादी शोषण को चुनौती दी और इसका विरोध किया। आध्यात्मिक साधना के क्षेत्र में व्याप्त विषमता, जो शूद्रों और महिलाओं की विरोधी थी, को धार्मिक मान्यता प्राप्त थी। धार्मिक क्षेत्र में अपने एकाधिकार को बनाए रखने में ब्राह्मणों का निहित स्वार्थ था। इन ब्राह्मणों को मुस्लिम शासकों के अधीन निष्ठापूर्वक दीवान, देशपांडे एवं कुलकर्णी के रूप में सेवा करने में कोई समस्या नहीं हुई।" (वही, पृ. 18)

एक प्रकार से यह सिर्फ धार्मिक आन्दोलन नहीं था। उन्होंने सामाजिक बुराइयों को लक्ष्य बनाया और जमींदार-ब्राह्मण गठजोड़ का विरोध किया। उन्होंने सामाजिक समानता और भाईचारे का प्रचार किया।

सूफी सन्तों ने भी सामाजिक क्षेत्र में वैसी ही भूमिका निभाई। उन्होंने शक्तिशाली वर्ग के अत्याचारों का विरोध किया और धर्म के लोकप्रिय तत्त्वों को प्रस्तुत किया। सामाजिक विषमता को तोड़ते हुए उन्होंने लोगों को एकजुट किया और प्रचलित रूढ़िवाद तथा अन्धविश्वास के विरुद्ध संघर्ष किया। उनके अनुयायी समाज के निचले स्तर से आते थे, जो धर्म की सीमा से परे थे। मियाँ मीर, बाबा फरीद, गेसूदराज, शेख सलीम चिश्ती एवं निजामुद्दीन औलिया अपने मानवतावादी उपदेशों के कारण सभी के द्वारा समादृत थे। निजामुद्दीन औलिया के जीवन की एक घटना दर्शाती है कि कैसे उन्होंने सत्ता को चुनौती दी और जनसाधारण के जीवन के नजदीक आए। एक बार सम्राट् द्वारा उन्हें दरबार में उपस्थित होने का सन्देश प्राप्त हुआ। औलिया ने विनम्रतापूर्वक निमंत्रण ठुकरा दिया। सम्राट् ने उत्तर दिया कि वह औलिया की दरगाह पर खुद जाएँगे। औलिया ने सम्राट् से मिलने से इनकार कर दिया और एक सन्देश भेजा कि उनकी दरगाह में दो दरवाजे हैं, एक सामने और दूसरा पीछे की ओर। यदि सम्राट् सामने के दरवाजे से आते हैं, तो औलिया पिछले दरवाजे से बाहर चले जाएँगे।

सत्ताधारियों द्वारा समर्थित ब्राह्मणवादी धारा की पकड़ पूरे समाज पर थी। वैदिक कर्मकांड में इसकी अभिव्यक्ति मिलती है, इसके विपरीत लोकप्रिय भक्ति ने ब्राह्मणवादी कायदों से भिन्न उपासना की अपनी प्रणाली विकसित की। "बलिदान-सम्बन्धी कर्मकांड में वैदिक ब्राह्मणवाद में पुजारी की भूमिका पर बल दिए जाने में कमी हुई तथा उसके स्थान पर समर्पणकारी उपासना-भक्ति पौराणिक धर्म का व्यापक स्वरूप बन गया। वैदिक धर्म में सुपरिभाषित कर्मकांड थे और इसका सम्बन्ध खासकर समाज की ऊँची जातियों से था। पौराणिक धर्म का सन्देश काफी व्यापक था।" (थापर, 2002, पृ. 138)। "भारत में भक्ति-परम्परा विविध रूपों में प्रकट हुई। एक व्यापक आधार वाले धर्म के रूप में। अधिकांश धर्मों में (भक्ति) की भूमिका की अन्तःधारा के रूप में, स्थानीय प्रकार की सहमति-असहमति के रूप में।" (वही, पृ. 351)

भक्ति आन्दोलन ने लोगों में आशा और जागृति उत्पन्न की। ब्राह्मणों के आध्यात्मिक अत्याचारों से त्रस्त जन ने समाज में अपने महत्त्व का अनुभव किया। इस आन्दोलन ने देवभाषा (ईश्वर की भाषा) संस्कृत को अस्वीकार कर दिया और जनसाधारण में लोकप्रिय भाषा का प्रयोग किया, यथा—महाराष्ट्र में मराठी एवं उत्तर प्रदेश में अवधी। इसने लोगों को ब्राह्मणवाद की मजबूरी से बाहर आकर खुले में साँस लेने का मौका दिया। "भक्ति आन्दोलन का उभार मूर्तिपूजा के प्रति विद्रोह, कठिन कर्मकांड से मुक्ति और जाति-प्रथा का विरोध था।" (मुखर्जी, 1999, पृ. 70)। "यह आन्दोलन संन्यास की वेदान्ती धारणा के विरोध में था, जिसमें कोई कर्म न था। उन्होंने हिन्दू-मुसलमानों के बीच की खाई को पाटा।"(मंत्री, पृ. 70) इनमें समाज में महिलाओं के स्थान को लेकर बहुत प्रगतिशील रुख था।

समन्वयवादी विद्वानों ने बतलाया है कि बहुत सारी आधुनिक परम्पराएँ महादेश के अन्तर्गत हिन्दू-मुसलमान के कठोर विभाजन की निन्दा करती हैं, अतएव वे अपनी सामाजिक

अभिव्यक्ति में पूरी तरह भीतर से समान होती हैं। साधारणजन प्रचलित परम्पराओं को अपना लेते हैं, यदि वे उन्हें आध्यात्मिक एवं सामाजिक दृष्टि से अच्छी लगती हैं। "इस विशाल उपमहाद्वीप में फैले समुदाय अभी भी हिन्दू अथवा मुसलमान अथवा अन्य किसी भी रूप में श्रेणीकरण को स्वीकार नहीं करते और विभिन्न समुदायों से मुक्त रूप से बहुत कुछ लेते हुए दुनिया के बारे में अपनी समझदारी बनाते हैं।" (सिकन्द, 2003, पृ. 3)

धर्मगुरुओं और सत्ताधीशों को चुनौती देने में कबीर और नानक काफी ऊँचे दिखते हैं। एक धार्मिक भाषा तैयार करने का उनका प्रयास, जो जनसाधारण की पीड़ाओं को व्यक्त कर सके, उन्हें सत्ता-केन्द्रित ब्राह्मणों और मुल्लाओं से दूर ले गया। कबीर ने मूल्यों की एक पद्धति कायम की, जो वर्चस्वशाली अभिजात के विरुद्ध है और दोनों धर्मों के लोगों को एकजुट करने का प्रयास किया। उन्होंने जाति-प्रथा की निन्दा की। वे छुआछूत के विरोधी थे। "उन्होंने मनुष्य की आधारभूत एकता का समर्थन किया और मनुष्यों के बीच सभी प्रकार के भेदभाव का विरोध किया, चाहे वह जाति के आधार पर किया जाता हो अथवा धर्म, प्रजाति, परिवार अथवा सम्पत्ति के आधार पर। उनकी सहानुभूति गरीबों के प्रति थी, जिसकी पहचान उन्होंने स्वयं की।" (चन्द्रा, 1990, पृ. 127)

नानक रहस्यवादी थे। उन्होंने कविताएँ रचीं, जिन्हें वे रबाब, जो उनके एक शिष्य मरदान द्वारा बजाया जाता था, की संगत में गाया करते थे। ज्ञान की खोज में उन्होंने मक्का, मदीना, श्रीलंका एवं अन्य स्थानों का भ्रमण किया। कबीर की ही भाँति उन्होंने भी कर्मकांड, मूर्तिपूजा और औपचारिक उपासना की निन्दा की। उन्होंने हिन्दू-मुसलमानों के बीच की खाई को शान्ति, सद्भाव एवं आपसी सहयोग का वातावरण निर्मित करने के उद्देश्य से पाटने का प्रयास किया। "नानक और कबीर दोनों ने इस बात पर जोर दिया कि वे न तो हिन्दू थे, न मुसलमान। अन्य प्रमुख जातियों के साथ-साथ उन्होंने ब्राह्मण और मुल्लाओं की शक्ति का विरोध किया।" *(सिकन्द, 2003, पृ. 9)* इन दोनों प्रमुख सन्तों के अनुयायी समाज के गरीब और दलित जन थे। नानक की वह कहानी, जिसमें कहा गया है कि उन्होंने जमींदार का आतिथ्य स्वीकार करने के बजाय एक बुनकर भागो के घर भोजन करना पसन्द किया, साफ-साफ उनके सामाजिक लगाव को दर्शाती है। कहानी सांकेतिक ढंग से नानक का जमींदारों के प्रति विरोध-भाव दिखलाती है क्योंकि उनकी आय दलितों के खून से सनी होती है।

सूफी-परम्परा मूलतः इस्लाम की शिक्षाओं से निकली है। सूफी सन्तों में रहस्यवाद के प्रति झुकाव रहता है, जिसमें गहरी आध्यात्मिकता होती है। वे सम्पत्ति और अधिकार के भोंडे प्रदर्शन से ऊब चुके थे। अतएव वे राजकाज से परे रहते थे। सूफी सन्तों एवं हिन्दू भक्ति-सन्तों के विचारों में काफी साम्य था। उन्होंने हिन्दवी अथवा हिन्दी भाषा को लोगों तक अपनी बात पहुँचाने के उद्देश्य से अपनाया और उनके कई काव्य हिन्दी में रचे गए हैं।

### धर्मनिरपेक्षीकरण

औपचारिक स्तर पर राज्य और धर्म के सम्बन्ध आधुनिक राष्ट्रों में भिन्न-भिन्न हैं। इंग्लैंड में राज्य का धर्म एंग्लिकन ईसाई है और सम्राट् चर्च तथा राज्य दोनों का प्रधान होता है। किन्तु ब्रिटिश समाज काफी धर्मनिरपेक्ष है। "ब्रिटिश राज्य ईसाई मत से जुड़ा होने के बावजूद

कानूनों को धर्मनिरपेक्ष आधार पर लागू करता है और वह बड़ी मुश्किल से ही एंग्लिकन ईसाई धर्म से अनुप्रेरित होता है। दूसरी ओर भारतीय राज्य धर्मनिरपेक्ष है और किसी भी धार्मिक समुदाय से जुड़ा हुआ नहीं है और घोषित धर्मनिरपेक्षता और धर्मों के प्रति तटस्थता के बावजूद अक्सर वह किसी धर्म के प्रभाव में आ जाता है।" (इंजिनियर, 1998, पृ. 15)

औद्योगिकीकरण की शुरुआत के साथ विभिन्न परिवर्तनों का सिलसिला शुरू हुआ, जिसका मानवीय सोच एवं संस्थाओं पर गहरा और ठोस प्रभाव पड़ा। यूरोप में धर्मगुरुओं की सामाजिक और राजनीतिक विषयों पर पकड़ खत्म होने लगी। सामाजिक तौर-तरीके आधुनिक विवेकशीलता के आधार पर होने लगे।

> इसे 'विवेक युग' के रूप में तथा 'आस्था के युग' से पृथक् देखा गया। पहले वाले की जड़ विज्ञान और प्रौद्योगिकी में थी तथा बाद वाले की जड़ ईश्वरीय वाणी की व्याख्या में थी, धर्म के नाम पर इसकी विचारधारा का निर्माण हुआ तथा लोगों की भावनाओं को सामन्ती शोषण के अनुरूप बनाया गया। ऐतिहासिक तौर पर यह बदलाव सबसे पहले पश्चिम में सामने आया जो चर्च और राज्य के बीच संघर्ष के रूप में दिखा। (पुनियानी, 2003, पृ. 185)

यहाँ चर्च सामन्ती जमींदारों के घटते बल का प्रतिनिधित्व करता है, जबकि औद्योगिकीकरण से उभरता वर्ग, श्रमिक और महिलाएँ विवेकशीलता का परचम लहराते हुए आगे बढ़ रहे थे। रूढ़िवादिता और रहस्यमयता की बाधाओं से सामाजिक जीवन को मुक्त करते हुए। "इस प्रक्रिया ने धर्म के विभिन्न पक्षों को हटाने का काम खुले रूप में किया जो धर्मगुरुओं द्वारा निर्मित थी।" (वही)। सामाजिक जीवन में धर्म की भूमिका और स्थिति में यह एक बड़ा बदलाव था।

भारतीय परिप्रेक्ष्य में इस प्रक्रिया का बिलकुल भिन्न रूप में प्रकटन हुआ। एक धर्मनिरपेक्ष समाज की ओर रूपान्तरण काफी धीमा और कमजोर रहा। (ब्राह्मणवादी पकड़ से मुक्ति पाने हेतु) ज्योतिबा फुले, सावित्री बाई फुले, बाबासाहेब भीमराव अम्बेडकर, पेरियार रामास्वामी नायकर जैसों के प्रयास पूरे देश में फैल गए। मनुस्मृति को जलाया जाना इस प्रक्रिया की सर्वोच्च स्वीकृति थी। आज भी यह प्रक्रिया पूरी नहीं हुई है, जिसका परिणाम यह हुआ है कि ब्राह्मणवाद का वर्चस्व बरकरार है। जबकि वे सामाजिक वर्ग, जो धर्मगुरुओं के आतंक से मुक्ति पाना चाह रहे थे, तर्क, निम्न वर्गों की इस्लाम (मुस्लिम लीग) और हिन्दूवाद के ब्राह्मण संस्करण (हिन्दू महासभा–राष्ट्रीय स्वयंसेवक संघ) पर आधारित राजनीति से शक्ति प्राप्त की।

स्वतंत्रता आन्दोलन सर्वाधिक सशक्त आन्दोलन था, जो धर्मनिरपेक्षीकरण की दिशा में कुछ आगे बढ़ा। स्वतंत्रता के पश्चात् जातिगत एवं लैंगिक सम्बन्धों में आए क्रान्तिकारी बदलाव ने धर्मगुरुओं के वर्चस्व को तोड़ना प्रारम्भ कर दिया। तथापि 1980 के दशक के बाद यह प्रक्रिया पीछे मुड़ती प्रतीत हुई और प्रतिगामी शक्तियाँ सक्रिय हो उठीं। इसके समानान्तर आचार्यों, महन्तों और विभिन्न गुरुओं का प्रादुर्भाव हुआ जो आधुनिक भाषा में मनुस्मृति के महत्त्व पर उपदेश देने लगे, यहाँ तक कि कतिपय वैज्ञानिकों की बातों का भी अपने वर्चस्व को थोपने की नीयत से हवाला देने लगे। विश्व हिन्दू परिषद ने, जो एक प्रमुख प्रतिगामी शक्ति के रूप में प्रकट हुआ, साधु-सन्तों का राजनीतीकरण किया, सामाजिक प्रसंगों

का सम्प्रदायीकरण किया और अपने नए सामाजिक-राजनीतिक एजेंडे के रूप में नई संस्थाओं का सृजन करना आरम्भ कर दिया।

हमारे पड़ोसी पाकिस्तान के सबसे बुरे दिन आए। शुरू से ही वहाँ राज्य पर मुल्लाओं की पकड़ काफी मजबूत थी। जियाउल हक के शासन के आने के बाद यह और भी अधिक दिखने लगा। जबकि भारत को धर्मनिरपेक्षता से धार्मिक वर्चस्व की ओर धकेला जा रहा है, पाकिस्तान जिसमें पहले से ही गहरे धँसा हुआ है।

## आज का धर्म

पूर्व में कतिपय विद्वानों ने भविष्यवाणी की थी कि धर्मनिरपेक्षीकरण की प्रक्रिया के साथ ही धर्म या तो कमजोर पड़ जाएगा अथवा लुप्त हो जाएगा। विश्व के कई भागों में धर्मनिरपेक्षीकरण का कार्य अभी तक पूरा नहीं हो पाया है। सोवियत संघ में चर्चों पर पाबन्दी का साम्यवादी दलों का प्रयास कुछ अंशों में निष्फल रहा। समाजवादी राज्यों के ध्वस्त होने के साथ-साथ, लोग फिर चर्चों की ओर भागने लगे हैं। विकसित पश्चिमी देशों में भी धर्म की सामाजिक उपस्थिति विद्यमान है और कहीं-कहीं यह मजबूत होती जा रही है।

धर्म के नाम पर राजनीति का तात्कालिक उभार बहुत से धार्मिक व्यक्तियों के साथ जुड़ा है। उनमें से कई सन्त, आचार्य, गुरु की उपाधि धारण करते हैं। इनमें से प्रमुख हैं–आसाराम बापू, पांडुरंग शास्त्री अठवाले, जय गुरुदेव अनिरुद्ध बापू, माँ अमृतानन्दमयी, सुधांशु महाराज एंव श्री श्री रविशंकर। ये समाज में गहरी पैठ और मनुस्मृति के नूतन संस्करण के साथ पुनः कई भूमिकाओं में आ गए हैं। उनमें से कुछ पांडुरंग शास्त्री अठावले तथा आसाराम बापू की तरह भावनाओं को उभारते हैं तथा कुछ लोगों को दुख और निराशा से मुक्त कराने का प्रयास करते हैं। मध्ययुगीन सन्त सामन्ती ब्राह्मणवादी दुख और नैराश्य को व्यक्त करते थे। सन्तों की वर्तमान प्रजाति यथास्थितिवादी तथा समाज में प्रचलित प्रतिगामी राजनीति की समर्थक है। 'परम्परागत नागर ब्राह्मणवाद तथाकथित महर्षियों, ब्रह्मकुमारियों और ऐसे बहुत से लोगों के उपदेशों से पुनर्जीवन प्राप्त कर रहा है।' (भादू, 2003, पृ. 129)।

धर्म की ताजा अभिव्यक्ति हिन्दुत्व की राजनीति की संगिनी बन गई है जिसका उद्देश्य समाज में आधुनिक ढंग के कठोर सोपानक्रम को वापस लाना है। मध्यकालीन सन्त-परम्परा भारतीय इतिहास की सबसे अधिक महत्त्वपूर्ण बिन्दु थी। हिन्दुत्व की वर्तमान धारा में तथाकथित सन्तों की लोकप्रियता एक राजनीतिक-सामाजिक संरचना बन चुकी है।

## सन्दर्भ


1. *ए डिक्शनरी ऑफ बिलीवर्स एंड नॉन-बिलीवर्स* (मास्को, प्रोग्रेस पब्लिशर्स, 1985)
2. भादू, राजाराम, *धर्मशास्त्र और प्रतिरोध की संस्कृति* (नई दिल्ली, राजकमल, 2003)
3. चन्द्रा, सतीश, *मेडिएवल इंडिया* (नई दिल्ली, नेशनल कौंसिल ऑफ एजुकेशन रिसर्च एंड ट्रेनिंग, 1990)
4. चट्टोपाध्याय, देवीप्रसाद, *रिलीजन एंड सोसाइटी* (बैंगलोर, मा ली पब्लिशर्स, 1987)
5. मेहता, उदय, देसाई, ए.आर. (प्रस्तावना सं.) मॉडर्न गॉडमैन इन इंडिया (मुम्बई, पॉपुलर प्रकाशन, 1998)

6. एंजेल्स फ्रेडरिक, *दि पीजेंट वार इन जर्मनी* इन कार्ल मार्क्स एंड फ्रेडरिक एंजेल्स *ऑन रिलीजन* (मास्को, प्रोग्रेस पब्लिशर्स, 1972)
7. इंजीनियर, इरफान, ए.ए. इंजीनियर एंड यू. मेहता (सं.) *रिलीजन, स्टेट एंड सेक्युलरिज्म* (दिल्ली, अजन्ता प्रकाशन, 1998)
8. हबीब, इरफान, कुँवरपाल सिंह (सं.) *भक्ति आन्दोलन : इतिहास और संस्कृति* (वाणी, 1945)
9. हारालोम्बोस, एम. *सोशियोलॉजी : थीम्स एंड पर्सपेक्टिव्स* (दिल्ली, ओ.यू.पी., 1994)
10. जर्गेन्समेयर, मार्क, *रिलीजस नेशनलिज्म कन्फ्रॉण्ट्स सेक्युलर स्टेट,* (दिल्ली, ओ.यू.पी., 1994)
11. मंत्री, गणेश, *गांधी और अम्बेडकर* (दिल्ली, प्रभात प्रकाशन, 1999)
12. मार्क्स, कार्ल, *कांट्रिब्यूशन टू दि क्रिटिक ऑफ हेगेल्स फिलोसॉफी ऑफ राइट,* कार्ल मार्क्स, फ्रेडरिक एंजेल्स *ऑन रीलिजन* (मास्को, प्रोगेस पब्लिशर्स, 1972)
13. मेहता, उदय, *मॉडर्न गॉडमैन इन इंडिया* (मुम्बई, पॉपुलर प्रकाशन, 1998)
14. मेहता, उदय, *सेक्युलरिज्म, सेक्युलराइजेशन एंड मॉडर्निटी : ए सोशियोलॉजिकल पर्सपेक्टिव ऑफ द वेस्टर्न मॉडल,* ए.ए. इंजीनियर, *सेक्युलरिज्म, सेक्युलराइजेशन एंड रिलीजन : वेस्टर्न एंड इंडिया एक्सपीरिएंस* (दिल्ली, अजन्ता, 1998)
15. नेमाड़े, भालचन्द्र, *तुकाराम* (दिल्ली, साहित्य अकादमी, 1983)
16. पुनियानी, राम, *वन इंडिया वन पीपुल,* साइंस सोसाइटी एंड पोलिटिक्स, (मुम्बई, जनवरी, 2001)
17. पुनियानी, राम, *कम्युनल पॉलिटिक्स : फैक्ट्स वर्सेस मिथ्स,* (नई दिल्ली, सेज पब्लिकेशन, 2003)
18. सरदार, जी.बी. *सोशल इम्पैक्ट ऑफ सेंट लिटरेचर,* गणेश मंत्री (सं.) *गांधी एंड अम्बेडकर* (दिल्ली, प्रभात प्रकाशन, 1994)
19. सिकन्दर योगिन्दर, *सैक्रेड स्पेसेज : एक्सप्लोरिंग ट्रेडिशंस ऑफ शेयर्ड फेथ इन इंडिया* (नई दिल्ली, पेंगुइन, 2003)
20. स्मार्ट निनियन, *दि रिलीजंस एक्सपीरिएंस ऑफ मैनकाइंड,* सरल झिंग्रान (सं.) *सेक्युलरिज्म इन इंडिया* (नई दिल्ली, हरआनन्द पब्लिकेशन, 1995)
21. स्टीले, एलेक्जेंडर, *हिस्टोरियंस ट्रेस ऐन अनहोली एलाएंस : रिलीजन एंड नेशनलिज्म* न्यूयॉर्क टाइम्स, 31 मई 2003
22. थॉपर, रोमिला, *दि पेंगुइन टिस्ट्री ऑफ अर्ली इंडिया* (नई दिल्ली, पेंगुइन, 2001)
23. ठोकारे, सरगी, *हिस्ट्री ऑफ रीलिजन* (मास्को, प्रोग्रेस पब्लिशर्स, 1986)
24. वीर, पीटरवान डेर, *रिलीजस नेशनलिज्म* (दिल्ली, ओ.यू.पी., 1998)

# भूमंडलीकरण एवं साम्प्रदायिकता : उदारीकरण के परिप्रेक्ष्य में समकालीन राजनीतिक विमर्श की पड़ताल[1]

**–वी. कृष्णा अनन्त**

भारतीय शासक वर्ग द्वारा स्वाधीनता के उषःकाल से ही अभिगृहीत किए गए 'विकास के समाजवादी ढाँचे' (नेहरूवादी समाजवाद) और इससे सम्बद्ध अवधारणाओं के विचार को आधिकारिक तौर पर छोड़े हुए कई वर्ष हो चुके हैं। 21 जुलाई, 1991 को वित्त मंत्री मनमोहन सिंह ने अपनी आर्थिक नीतियों से सम्बन्धित प्रस्ताव पर संसद की स्वीकृति प्राप्त की।[2] उस दशक ने इस मुहावरे के प्रयोग में वृद्धि को परिलक्षित किया कि सामाजिक-आर्थिक व्यवस्था में विद्यमान विषमता को महत्त्व न दिया जाए, जिसका उपयोग भारत के सम्भ्रान्त वर्ग ने राज्य को एक उपकरण मानकर स्वतंत्रता के समय किया था। अतएव यह संयोग मात्र नहीं है कि देश का राजनीतिक विमर्श उस दिशा में घूमने लगा, जिसका प्रयास भारतीय गणराज्य के संविधान में निहित आधारभूत स्थापनाओं को नकारनेवाला था, कम से कम सिद्धान्त रूप में लोकतंत्र के सिद्धान्तों के स्तर पर इसके अभिन्न मूल्यों, यथा–कानून का शासन तथा समतामूलक मूल्यों के प्रति प्रतिबद्धता के रूप में। आवश्यक है कि इस प्रकृति के भीतर झाँका जाए, क्योंकि धार्मिक तथा अन्य ईसाई धर्म सम्बन्धी मुहावरे राजनीतिक विमर्श में स्थान पाने लगे हैं उस काल में जब बहुसंख्यक भारतीयों की जीवनदशा बद से बदतर अवस्था में पहुँच चुकी है।

## सुधारों की लहर

1991 के बाद आर्थिक नीतियों की प्राथमिकता में बदलाव के फलस्वरूप अर्थव्यवस्था को पुनर्जीवित करने में मदद मिली है–इस बड़े दावे के बावजूद उदारीकरण-निजीकरण-भूमंडलीकरण के अभियान ने भारत के गरीबों को कोई फायदा नहीं पहुँचाया है। इसका एक उदाहरण मोंटेक सिंह अहलूवालिया (संयोग से यह व्यक्ति उदारीकरण के एजेंडे को अपने अयोग्यतापूर्ण समर्थन के लिए जाना जाता है) को भारत के योजना आयोग द्वारा गठित एक कार्यदल की जिम्मेवारी सौंपी जाने के दौरान उनके एक विस्तृत अध्ययन में पाया जाता है।[3] प्रतिवेदन में इस बात की पुष्टि हुई है कि रोजगार-सृजन के क्षेत्र में लगातार गिरावट आई है और इसमें नकारात्मक वृद्धि भी देखी गई है। एक अरब की आबादी वाले देश में ये रुझान सिर्फ लोगों के जीवनयापन में गिरावट को दिखाते हैं।

उक्त प्रतिवेदन में निम्नांकित तथ्य व्यक्त हुए हैं। 1993-94 एवं 1999-2000 की अवधि में संगठित क्षेत्र में कुल मिलाकर रोजगार में 374.45 मिलियन से 397 मिलियन व्यक्ति के रूप में बिलकुल नाकाफी वृद्धि हुई तो भी पूरी अवधि में यह वृद्धि सिर्फ 22.55 मिलियन नौकरियों तक सिमटकर रह गई। लेकिन यह भी पूरी तस्वीर नहीं है। 1993-94 में 2.04 प्रतिशत वार्षिक वृद्धि-दर के विरुद्ध (जब सुधार कार्यक्रम ने तत्कालीन वित्तमंत्री के अनुसार आरम्भिक कठिनाइयों के बाद अपने सकारात्मक परिणाम दिखाना शुरू कर दिया था।) 1999-2000 में रोजगार में वार्षिक वृद्धि सिर्फ 0.98 प्रतिशत रही।[4]

प्रतिवेदन में प्रदर्शित आँकड़े भी कृषि, निर्माण, खनन एवं बिजली जैसे महत्त्वपूर्ण क्षेत्रों में उल्लेखनीय नकारात्मक वृद्धि दिखाते हैं, यहाँ तक कि वृद्धि के लिए सुधारों की हिमायत करनेवाले वित्तीय सेवाओं के क्षेत्र में भी पाया गया कि रोजगार में वृद्धि-दर गिर रही थी। यद्यपि इस क्षेत्र में नियोजित लोगों की कुल संख्या में 1993-94 में 3.52 मिलियन से 1999-2000 में 5.05 मिलियन की वृद्धि हुई (लगभग 1.5 मिलियन नौकरियों की पूरी अवधि में वृद्धि)। यहाँ यह भी उल्लेखनीय है कि वार्षिक वृद्धि-दर में यहाँ भी 7.18 प्रतिशत से 1993-94 की अपेक्षा 1999-2000 में 6.20 की कमी हुई है। जिस एकमात्र क्षेत्र में रोजगार बढ़ा (पहले की अपेक्षा तेजी से) वह था निर्माण, वाणिज्य एवं यातायात, भंडारण तथा संचारण।[5]

इसका सर्वाधिक महत्त्वपूर्ण पक्ष सार्वजनिक क्षेत्र के रोजगार में पाई जानेवाली नकारात्मक वृद्धि-दर थी। 1993-94 में 1.52 प्रतिशत की वार्षिक वृद्धि-दर की रोजगार वृद्धि-दर 1999-2000 में नकारात्मक हो गई।[6] इस तथ्य के बावजूद कि सार्वजनिक क्षेत्र में रोजगार के अवसरों में आई कमी से बाजार में निराशा का माहौल पैदा हुआ। इसके अलावा सार्वजनिक क्षेत्र के सिकुड़ते रोजगार अवसरों का सीधा सम्बन्ध उस धार्मिक मान्यता से था जो सत्तारूढ़ अभिजात वर्ग में प्रचलित था। सार्वजनिक क्षेत्र में नियोजित मध्य वर्ग वस्तुतः राष्ट्र निर्माण परियोजना के कार्य से जुड़ा था क्योंकि यह कार्य भारत में उत्तर-औपनिवेशिक सत्ताधर्मी आभिजात्य द्वारा लिया गया था।

अध्ययन में यह भी बतलाया गया है कि 1993-94 से लेकर 1999-2000 की अवधि में ग्रामीण क्षेत्रों में बेरोजगारी में काफी वृद्धि हुई। 1999-2000 में ग्रामीण भारत में बेरोजगार श्रमिक बल लगभग 1977 के समान था। 1987-88 में प्राप्त लक्ष्य के अनुरूप श्रमिक बल में बेरोजगार श्रमिकों के अनुपात में लगातार भारी सुधार आगे कायम नहीं रह पाया, उसके बदले इस दिशा में लगातार गिरावट हो रही थी। 1999-2000 में लगभग 7.2 प्रतिशत श्रमिक बल बेरोजगार रहा, जो 1993-94 एवं 1999-2000 के बीच कम-से-कम 1.6 प्रतिशत की वृद्धि थी (जिसे हम सुधार-युग का आधार-वर्ष कह सकते हैं) इसमें यह भी ध्यान देने योग्य है जिन्हें रोजगार की श्रेणी से बाहर रखा जाता है। (नियोजकों द्वारा जो बेरोजगार कर दिए गए) अथवा रोजगार पाने की कोशिशों से जिन्होंने स्वयं को अलग कर लिया था, खासकर महिलाओं द्वारा।

शहरी क्षेत्रों में भी स्थिति भिन्न न थी। अध्ययन में बेरोजगार पुरुषों की संख्या में मामूली वृद्धि दिखाई गई है, जबकि महिलाओं के मामले में, कुल श्रमिक बल के बरक्स बेरोजगारों के प्रतिशत में मामूली ही सही, गिरावट आई थी। इससे यह निष्कर्ष निकलता है कि नवीन निर्माण इकाइयों द्वारा (निर्यात के लिए) रोजगार के अवसर उपलब्ध कराए गए हैं और यह

कि वे पुरुषों के मुकाबले महिलाओं को काम देने को प्राथमिकता देते हैं। परन्तु, तब शहरी क्षेत्र की महिला बेरोजगारों की संख्या में आई इस गिरावट के बावजूद इस बात का कोई प्रमाण नहीं है कि रोजगारशुदा लोगों के पारिश्रमिक तथा कार्यदशा में कोई क्रान्तिकारी परिवर्तन आया हो। सुधारों के दौरान स्थापित किए गए निर्माणकारी क्षेत्रों के अनुभव, जो मुख्यतः शहरी क्षेत्रों पर आधारित थे, श्रमिक मापदंडों के अनुसार निराशाजनक थे। श्रमिक संघों को इस क्षेत्र में काम करने की अनुमति नहीं है। तथापि, इस बिन्दु पर किसी ठोस साक्ष्य के अभाव में कोई स्पष्ट वक्तव्य देना बुद्धिमानी नहीं होगी।

विगत दशकों की सुधार-प्रक्रिया से सम्बन्धित अनुभव निम्नवत् रहा :

- सुधार-प्रक्रिया अपेक्षानुरूप रोजगार-सृजन में विफल रही। यह 1993-94 से लेकर 1999-2000 के बीच रोजगार के क्षेत्र में वार्षिक वृद्धि-दर से स्पष्ट हो जाता है।
- इस अवधि में श्रमिक बल में बेरोजगारों का प्रतिशत बढ़ता गया।
- कृषि-क्षेत्र में बेरोजगारी अधिकतम थी। दूसरे शब्दों में, ग्रामीण भारत की बहुत बड़ी आबादी इस अवधि में आजीविकाविहीन हो गई।

## समाजवादी रास्ता

1970 के दशक के प्रारम्भ में, एक छोटे से संकट ने देश-भर में व्यापक अशान्ति को जन्म दिया तथा शासन के विरुद्ध एक बड़े राजनीतिक आन्दोलन का रूप ले लिया। वास्तव में, आर्थिक, सामाजिक एवं राजनीतिक क्षेत्र में व्याप्त संकट, जो 1970 में देखे गए तथा बीसवीं शताब्दी के अन्तिम दशक में उदारीकरण-निजीकरण-भूमंडलीकरण कार्यक्रम से उत्पन्न परिदृश्य, दोनों में साम्य था।

1960 के दशक का मध्य वह समय था, जब सत्तारूढ़ शासक दल का एक भाग आर्थिक मामलों में नेहरूवादी समाजवाद से हटने का प्रयास करता दिखाई पड़ा। रुपए का अवमूल्यन तथा कांग्रेस के एक धड़े द्वारा खुले बाजार के एजेंडे को इस स्थिति में आगे लाने के काम में इन्दिरा गांधी की कांग्रेस पर पकड़ के साथ नई जान आ गई।

इन्दिरा गांधी द्वारा आगे लाई गई सामाजिक कार्यावली के साथ अभिन्न रूप से जुड़ी दुर्बलताएँ तथा वह आधारभूमि जिस पर नेहरूवादी समाजवाद आधारित था, आर्थिक नीतियों के विमर्श के पतन के पीछे थीं। बदले में 1980 के अन्त एवं 1990 के प्रारम्भ में पैदा हुए संकट ने सत्तारूढ़ दल को राज्य को कल्याणकारी कार्यों से पीछे हटानेवाले नीतिगत उपायों को उचित ठहराने के लिए बाध्य कर दिया। कल्याणकारी राज्य का आदर्श वर्षों से लोकतांत्रिक एजेंडे का मुख्य तत्त्व था और राज्य द्वारा इसके प्रति प्रतिबद्धता को कम करनेवाले किसी भी प्रयास का लोकतांत्रिक मूल्यों पर प्रतिकूल प्रभाव पड़ता ही था।[7]

इस अध्याय में उन सामाजिक आधारों की सार्थकता को प्रतिपादित करने का प्रयास किया जाएगा, जो नेहरूकालीन समाजवाद के भीतर से उदारीकरण के एजेंडे को वैधता प्रदान करते हैं। इसके बाद वाले खंड में मैं यह बताना चाहूँगा कि किस प्रकार सत्तारूढ़ अभिजात वर्ग[8] के स्वार्थों ने मुख्यधारा की राजनीति के एजेंडे का मार्गदर्शन किया और कर रहे हैं और उस सम्बन्ध को दिखाने का प्रयास भी करूँगा जो इसके तथा राजनीतिक विमर्श में एक

दक्षिणपन्थी उभार के बीच बनता है ताकि उदारीकरण के एजेंडे को आगे ले जाया जा सके। इस दृष्टिकोण पर आधारित समझ भी हमें इस निष्कर्ष की ओर ले जाएगी कि 1991 की जुलाई में प्रारम्भ की गई आर्थिक नीति की अवधारणा में बदलाव, बजाय अतीत में किसी मौलिक बदलाव के, नेहरूकालीन समाजवाद की परिभाषा का परिणाम था।

## मध्य वर्ग का प्रादुर्भाव

स्वतंत्रता के फौरन बाद अपनाई गई आर्थिक नीति की व्यापक विशेषताओं का एक संक्षिप्त क्रमिक विवरण प्रस्तुत है। यह इतिहास में भली-भाँति दर्ज तथ्य है कि जिस राजनीतिक नेतृत्व के हाथों उपनिवेशवादी शासकों द्वारा 15 अगस्त, 1947 को सत्ता हस्तान्तरित की गई, उसमें ऐसे व्यक्ति शामिल थे जो कम्युनिस्ट क्रान्ति तो दूर की बात है किसी भी आमूल बदलाव को स्वीकार नहीं करते थे। कर्मचारी वर्ग के आन्दोलन की घटनाओं के प्रति अन्तरिम सरकार के रुख से स्पष्ट था, जब कभी भी श्रमिक संघों द्वारा हड़ताल आयोजित की जाती थी, प्रायः अधिकांश अवसरों पर बेहतर जीवन दशा (द्वितीय विश्वयुद्ध के बाद का समय) की माँग करने पर राजनीतिक सत्ता द्वारा, जो जवाहरलाल नेहरू के अधीन थी (अथवा कांग्रेस के सूबाई क्षत्रपों के अधीन), निरंकुश अत्याचार शुरू हो जाता था। वे एक-दूसरे से इस मामले में प्रतिस्पर्द्धा करते थे और पुलिस को किसी भी श्रमिक संघ अथवा कृषक संघ की व्यापक कार्रवाई के विरुद्ध कठोरता बरतने का आदेश देते थे, जो उस समय प्रायः कम्युनिस्टों द्वारा आयोजित किए जाते थे।[9]

भारतीय बुर्जुआ वर्ग को स्वतंत्रता के पूर्व ही द्वितीय विश्वयुद्ध के दौरान इस सम्बन्ध में आश्वस्त कर दिया गया था, जिसे बम्बई योजना, 1944[10] कहा जाता है। आर्थिक गतिविधियों में राजकीय हस्तक्षेप को मान्यता प्रदान करते हुए आधारभूत निर्माण के क्षेत्र में राजकीय निवेश पर बम्बई योजना का जोर था खासकर उन क्षेत्रों में, जिनमें बड़ी पूँजी की आवश्यकता थी, जिनकी योजना प्रक्रिया सामाजिक विषयों के अतिरिक्त काफी लम्बी थी। योजना की अन्य विशेषताएँ थीं—राज्य द्वारा गरीबी उन्मूलन के उपाय करना, घाटे की वित्त-व्यवस्था एवं उपभोक्ता सामग्रियों के उत्पादन के क्षेत्र में राज्य द्वारा निवेश किया जाना (उन क्षेत्रों में जिनकी योजनावधि काफी लम्बी थी)। इस रणनीति की अन्य विशेषता आयात द्वारा उत्पन्न की जानेवाली प्रतिस्पर्द्धा के विरुद्ध रक्षात्मक उपाय करना था।

व्यापक भूमि-सुधार एवं कृषि-क्षेत्र का सामन्ती शिकंजे से मुक्ति द्वारा भी उन्हीं उद्‌देश्यों को प्राप्त किया जा सकता था; अर्थात् जिस दिशा में चलकर पूर्वी एशियाई देशों में पूँजीवाद का निर्माण हुआ उसी का अनुसरण करते हुए घरेलू बाजार को उपभोक्ता सामग्रियों के लिए मुक्त किया जाना। परन्तु ऐसी रणनीति राष्ट्रीय बुर्जुआ वर्ग की दृष्टि से दुष्परिणामों के खतरों से भी परिपूर्ण थी। इसके स्थायित्व को एक उठान द्वारा (भले ही वह क्रान्तिकारी न हो), छोटे-छोटे किसानों एवं भूमिहीनों के लम्बी अवधि तक के जनजागरण द्वारा तथा देश के बहुत सारे भागों में किसान-सभाओं[11] के नेतृत्व में चुनौती दी जा सकती थी। कांग्रेस पार्टी पर राष्ट्रवादी मध्य वर्ग का प्रभाव इस समय तक इतना परिपूर्ण हो चुका था कि वे यह निश्चित रूप से कह सकते थे कि कांग्रेस ने ऐसा कुछ भी नहीं किया था जो ग्रामीण भारत की

सामाजिक-आर्थिक 'स्थिरता' को बाधित कर सके। नेहरू-काल ने बम्बई योजना का क्रियान्वयन देखा था, एक हद तक हस्तक्षेप करनेवाला राज्य तथा सार्वजनिक क्षेत्र के अधीन काफी हद तक आ चुकी अर्थव्यवस्था संविधान के दायरे में साथ-साथ चल रहे थे, जो बहुदलीय संसदीय व्यवस्था के लिए बना था, अपना काम कर रहा था।

इसी बीच, जवाहरलाल नेहरू के नेतृत्व में कांग्रेस पार्टी ने स्वयं को सत्ता-संरचना में अच्छी तरह व्यवस्थित कर लिया था, जिसका श्रेय स्वतंत्रता आन्दोलन की विरासत पर उसके निरन्तर दावों को जाता है।[12] इस मनोभाव के बूते कांग्रेस यह सुनिश्चित कर सकती थी कि ग्रामीण भारत के सत्ता केन्द्र जमींदार, अमीर किसान एवं अन्य सामाजिक सम्भ्रान्त—इसके साथ हो गए हैं। लोकप्रिय स्तर पर कांग्रेस मुस्लिम (तुरन्त हुए भारत-विभाजन के फलस्वरूप) तथा दलित (इस अवधारणा को धन्यवाद जिसके अनुसार यह मान लिया गया कि कांग्रेस गांधी की विरासत की उत्तराधिकारी है) के साथ अभिन्न रूप में दिखाई पड़ रही थी।

इन सभी कारकों का अर्थ था कि कांग्रेस एक दल के रूप में लोगों की स्वाभाविक पसन्द के रूप में उभर रही थी, अतएव एक सुनियोजित तरीके से गरीबी-उन्मूलन का कार्य महत्त्वपूर्ण नहीं रह गया था। आखिरकार कांग्रेस पार्टी हर प्रकार से समाज के निर्धन वर्ग के बेरोकटोक समर्थन के प्रति पूरी तरह आश्वस्त थी।

## वैचारिक दरिद्रता

शुरू की तीन पंचवर्षीय योजनाओं (1951-65) की प्रगति के अवलोकन से स्पष्ट होता है कि गरीबी से लड़ने की शायद ही कोई गम्भीर कोशिश की गई हो। इसके बजाय यह मान लिया गया कि बड़े पैमाने पर वृद्धि के फलस्वरूप गरीबी घटेगी। यह मानना पूरी तरह गलत नहीं था। भारत को अपनी व्यावसायिक फसलों को अब ब्रिटेन नहीं भेजना था जिसके कारण 15 अगस्त, 47 तक भारतीय सम्पत्ति का एक बड़ा हिस्सा बाहर गया। इससे खाद्यान्न की उपलब्धता सुनिश्चित हुई एवं आगे चलकर देश में प्रति व्यक्ति खाद्यान्न की खपत भी बढ़ी। ब्रिटिश मुद्रा की पर्याप्त उपलब्धता के कारण भारत ने युद्धकाल में काफी खाद्यान्न जमा कर लिया था, क्योंकि सुरक्षित भंडार को सन्तुलित रखने के नाम पर भी खाद्यान्न का निर्यात अनिवार्य नहीं था।

लेकिन इस रणनीति की अपनी दुर्बलताए थीं। यह नियमित मानसून तथा सामान्य उपज पर निर्भर थी। यह दुर्बलता स्वतंत्रता के बाद पहली बार 1964-65 में खराब फसल के कारण दिखाई पड़ी, जो तृतीय पंचवर्षीय योजना का अन्तिम वर्ष था। 1964-65 का खाद्यान्न संकट आंशिक रूप से पूर्व की अपेक्षा काफी बढ़ी हुई माँग के कारण भी था (इस समय निर्माण क्षेत्र एवं सेवा क्षेत्र की उच्च-वृद्धि-दर ने खाद्यान्न की मॉग को और बढ़ाया)। अगले दो वर्षों 1964-65 तथा 1965-66 की अवधि में लगातार खराब फसल के कारण इसमें और वृद्धि हुई। स्वतंत्रता के बाद पहली बार उत्तर भारत के हिस्सों, खासकर बिहार में, दुर्भिक्ष की स्थिति थी। इस संकट पर काबू पाने के लिए मिलियन लाख टन खाद्यान्न का आयात करना पड़ा।[13]

1970 आते-आते पंचवर्षीय योजनाओं में कटौती कर उनके स्थान पर वार्षिक योजनाओं को लागू किया गया। इस बार उर्वरकों के प्रयोग और सिंचाई परियोजनाओं के निर्माण पर

जोर दिया गया। खाद्यान्न-संग्रहण, उर्वरकों की रियायती दर पर आपूर्ति तथा सार्वजनिक वितरण प्रणाली (PDS) के साथ-साथ भारतीय खाद्यान्न निगम (FCI) की स्थापना इस दौर के नए प्रयास थे। तथापि, इन सभी उपायों ने किसी खास तरीके से खाद्यान्नों की कीमत में तेजी से हो रही वृद्धि को रोकने का कोई प्रयास नहीं किया (जो अन्य वस्तुओं के मूल्यों की अपेक्षा अधिक तेजी से बढ़ रही थी), जिसके कारण गाँवों तथा भारतीय शहरों के कामगारों के वास्तविक पारिश्रमिक में काफी कमी आ गई थी।[14]

## नियति की विपरीत गति

इसके परिणामस्वरूप कांग्रेस के लिए प्रतिकूल स्थिति 1967-68 में देश के नौ राज्यों की विधानसभाओं में देखने को मिली। स्वतंत्रता के बाद पहली बार सत्ता में बने रहने के दावे के समक्ष गम्भीर संकट उत्पन्न हुआ। इन्दिरा गांधी को राज्य विधान सभाओं में पराजय का मुँह देखना पड़ा, जो लालबहादुर शास्त्री के अल्पकालीन शासन में प्रारम्भ की गई योजनाओं के प्रति जनादेश था। शास्त्री-युग को नेहरूकालीन रास्ते से अलग दीखने के प्रयास के रूप में देखा गया, जिसमें स्वतंत्रताकालीन पुराने दिग्गजों के अतिरिक्त इन्दिरा गांधी के दलीय विरोधी भी शामिल थे। 1967 के आम चुनाव भी इस परिप्रेक्ष्य में महत्त्वपूर्ण थे। लोकसभा में कांग्रेस की शक्ति घट गई।[15] यह अधोगमन उत्तर प्रदेश एवं उड़ीसा जैसे प्रान्तों में देखा गया, जहाँ कांग्रेस पार्टी के नुकसान को समाजवादियों ने अपनी उपलब्धि माना।[16]

1967 के चुनाव परिणामों का एक भिन्न आयाम भी था। एस.के. पाटिल (बम्बई दक्षिण संसदीय निर्वाचन क्षेत्र से) जैसे दिग्गज एवं तत्कालीन पार्टी अध्यक्ष के. कामराज (विरुदुनगर विधानसभा निर्वाचन क्षेत्र, तमिलनाडु) की हार ने कांग्रेस पार्टी के संचालन को प्रभावित किया था। पाटिल की चौंकानेवाली हार ने कांग्रेस के अन्दर ही इन्दिरा विरोधी शक्तियों को काफी कमजोर कर दिया था, इसी प्रकार तमिलनाडु में प्रतिकूल परिणाम (तमिलनाडु राज्य विधानसभा निर्वाचन क्षेत्र) ने कांग्रेस के भीतर तथा इन्दिरा गांधी के समक्ष कामराज की स्थिति को कमजोर कर दिया।

एस.के. पाटिल ने अपनी पराजय के बाद भी कांग्रेस को ऐसी नई आर्थिक नीति की राह पर चलने की सलाह दी जो परम्परागत नेहरूवादी आर्थिक नीति से जुदा थी। नेहरूवादी आर्थिक नीति 1967 के चुनावों के पहले ही अपने समर्थकों को खोने लगी थी। कांग्रेस संसदीय दल इस सन्दर्भ में कोई ऐसा मंच नहीं रह गया, जहाँ से इन्दिरा गांधी स्वयं को पार्टी की सर्वोच्च नेता के रूप स्थापित कर पातीं। पाटिल के (कांग्रेस की हार के कारणों के सम्बन्ध में दिए गए) वक्तव्य को सरसरी तौर पर उनके द्वारा बिना किसी विरोध के अस्वीकार कर दिया गया।[17]

## समाजवादी शौक

वस्तुतः बैंकों के राष्ट्रीयकरण का कदम, शाही रियासतों की समाप्ति एवं ऐसे अन्य समाजवादी कार्य, यथा–सार्वजनिक वितरण प्रणाली को दुरुस्त करने का निश्चय एवं लोक-उपक्रमों के क्षेत्र को और बढ़ाना–ये कुछ ऐसे कार्य थे, जिन्हें समाजवाद के प्रति इन्दिरा गांधी की प्रतिबद्धता के स्थान पर कांग्रेस पर अपनी पकड़ मजबूत बनाने और स्वयं को 'सिंडिकेट'[18] के विरुद्ध

ठोस ढंग से स्थापित करने के रूप में देखा जा सकता है। इसे उनकी समाजवादी सिद्धान्तों के प्रति प्रतिबद्धता का संकेत नहीं माना जा सकता। अपने विरोधियों से निपटने की शक्ति प्रदान करने के अतिरिक्त यह समाजवादी एजेंडा उनके लिए आगे के वर्षों में कांग्रेस के पराभव में मददगार बना। डॉ. जाकिर हुसैन की मृत्यु और 1969 में राष्ट्रपति चुनाव और कांग्रेस पार्टी में औपचारिक विभाजन, जिसके तहत 62 कांग्रेसी सांसदों ने कांग्रेस (ओ) का गठन किया और विपक्षी बेंच पर बैठ गए, जिसके कारण सरकार अल्पमत में आ गई, इससे इन्दिरा गांधी को कांग्रेस पार्टी पर अपनी पकड़ मजबूत बनाने में मदद मिली।[19] 1971 में कांग्रेस की भारी जीत तथा कांग्रेस (ओ)[20] बनानेवाले अधिकांश नेताओं की हार ने इन्दिरा गांधी को पुनः समाजवादी कदमों के साथ आगे बढ़ने तथा उद्योग एवं कृषि दोनों क्षेत्रों में सरकारी खर्च बढ़ाने को प्रेरित किया।[21]

लेकिन, समाजवादी एजेंडा उनके लिए अपनी ही पार्टी के भीतर के दक्षिणपन्थियों के विरुद्ध एक रणनीति मात्र थी। ये उनके अन्दर के उत्साह में कमी को दर्शाता है, जो कार्यक्रमों को तार्किक परिणति अर्थात् सार्थक भूमि सुधार तक ले जाने हेतु अपेक्षित था। जबकि राज्यों को खाद्यान्न संग्रहण कर उनका भंडारण करना चाहिए था, क्योंकि इसको लेकर कहीं कोई समस्या नहीं थी, वह तो भला हो कृषि पैदावार में हुई भारी वृद्धि का, जो हरित क्रान्ति का नतीजा थी। खाद्यान्नों की कीमतों में हो रही वृद्धि को रोकने का कोई कारगर उपाय नहीं किया गया। 1972-73 में जबकि मानसून की विफलता के कारण खाद्यान्नों में मूल्य-वृद्धि देखी गई, अगले साल एवं 1973 में विश्वव्यापी महँगाई के फलस्वरूप मूल्य सूचकांक में तेजी से वृद्धि हुई। इससे इस लोकप्रिय धारणा को आधार मिला कि कांग्रेस सरकार लोगों की जरूरतों के प्रति गैर-जवाबदेह थी।[22] यहाँ सर्वप्रमुख बिन्दु यह है कि एक दशक पूर्व आई खाद्यान्नों के मूल्य में वृद्धि से भिन्न इस बार खाद्यान्न में कमी कई कारणों से हुई और मानसून की विफलता इनमें से केवल एक पक्ष था। 1974 का संकट खाद्यान्नों की उपलब्धता के बजाय मूल्यवृद्धि से सम्बन्धित अधिक था और देहात की अपेक्षा शहरी क्षेत्रों में इसके दुष्प्रभाव को अधिक महसूस किया गया। दूसरे शब्दों में, यह भारतीय राज्य का एक राजनीतिक संकट भी था, जिससे इन्दिरा गांधी साफ तौर पर जुड़ी थीं।

## विशाल मध्य वर्ग

इस अध्याय के परिप्रेक्ष्य में हमारे लिए भारतीय मध्य वर्ग का अस्तित्व में आना प्रासंगिक है, जो अनुमानतः शताब्दी के अन्त तक आबादी का 10 से 15 प्रतिशत होगा यानी लगभग एक बिलियन की कुल जनसंख्या में 150 मिलियन।[23] दूसरे शब्दों में, बैंकिंग एवं अन्य वित्तीय संस्थाओं के बड़े संजाल के साथ-साथ केन्द्र एवं राज्य स्तर पर बड़े पैमाने पर सार्वजनिक क्षेत्र की इकाइयों की स्थापना एवं केन्द्र तथा राज्यकर्मियों की भारी फौज की जरूरत पड़ेगी, जिनका सम्बन्ध मुख्य रूप से भारतीय मध्य वर्ग से होगा। कुल मिलाकर उनकी संख्या 1970 के मध्य में भी बहुत अधिक थी और वास्तव में यह एक प्रकार का पूरा आधिपत्य जैसा था।

जैसा कि पिछले दशक में स्पष्ट हो चुका है कि नई आर्थिक नीति को समर्थन की दृष्टि से इसका काफी महत्त्व है, जो इन सबको वैधता प्रदान करती है और इनके निहितार्थ

उदारीकरण-निजीकरण भूमंडलीकरण से भी जुड़े हैं। अब यह बिलकुल स्पष्ट है कि 1991 की आर्थिक नीति की एक मुख्य विशेषता के रूप में आयात व्यवस्था से शुरू की गई तब्दीली (इसे 1947 में ग्रहण किया था और विकास का समाजवादी ढाँचा नाम दिया गया था) एक आदर्श के रूप में है जिसके अनुसार अन्तरराष्ट्रीय बाजार की कसौटी पर ही भारतीय अर्थव्यवस्था को मापना उचित माना गया है। नीति-निर्धारकों की अत्यधिक चिन्ता एवं अर्थव्यवस्था के प्रबन्धकों की आर्थिक घाटे को रोकने की चिन्ता ब्रेटनवुड्स संस्थाओं द्वारा निर्धारित मानकों पर केन्द्रित विचार इस सन्दर्भ में महत्त्वपूर्ण हैं।

ऐसी चिन्ताओं में कुछ भी गलत नहीं हो सकता है कि वित्तीय घाटे को 2 से 3 प्रतिशत के बीच लाया जाना चाहिए। परन्तु 1980 के बाद से अपनाई गई रणनीतियों के साथ वास्तव में एक समस्या है, क्योंकि अपने मूल सिद्धान्त के[24] रूप में इसके साथ निहित है कल्याणकारी कार्यों में किए जानेवाले खर्चों में कटौती यथा, अनुदानित दर पर गरीबों को की जा रही खाद्यान्न आपूर्ति, इसके अतिरिक्त यह सुझाव कि राज्यों द्वारा स्वयं को शिक्षा, स्वास्थ्य आदि से अलग कर लेना चाहिए। इन कार्यक्रमों में अनुदान को हटा लेने जैसी कार्रवाई से इनका लाभ लक्ष्य वर्ग तक पहुँच सकता है (उदाहरणार्थ—खाद्यान्न पर दिए जानेवाले अनुदान गोदामों के रखरखाव और सम्बन्धित कर्मियों के वेतनादि पर खर्च कर दिए जाते हैं।), इस आधार पर दलील दी जाती है कि अनुदान की प्रथा बन्द कर दी जानी चाहिए।

## प्रचुरता का बोझ

इसमें काफी सच्चाई है। यह एक तथ्य है कि खाद्यान्न अनुदान के लिए आवंटित संसाधनों का आधे से अधिक भाग भंडारण तथा परिवहन पर ही खर्च हो जाता है। गोदामों में भंडारण एवं परिवहन का खर्च तेजी से बढ़ता जा रहा है और यह कुल भंडारित खाद्यान्नों के साथ बढ़ता जाता है। इस विशाल विडम्बना के कारणों में से एक है कि अधिकांश राज्य सार्वजनिक वितरण प्रणाली के तहत आवंटित खाद्यान्न को उठाना ही नहीं चाहते। हालाँकि स्पष्ट तौर पर सम्बन्धित लोग बहुत मामूली लग सकते हैं (वैसे अधिकांश लोग, जो 100-50 मिलियन मजबूत मध्य वर्ग के अन्तर्गत नहीं आते, जो प्रचलित विमर्शों में मुख्य भागीदार के रूप में परिगणित होते हैं और जो मानते हैं कि सार्वजनिक वितरण प्रणाली गरीबी दूर करने की दिशा में कोई कार्य नहीं कर रही है) जो गरीबी रेखा के नीचे के लोगों की सूची में काफी ऊपर हैं, अतएव उन्हें अनुदान की आवश्यकता नहीं है। तथ्य यह है कि कई राज्य सरकारें एफ.सी.आई. गोदामों से खाद्यान्नों का उठाव नहीं करतीं, क्योंकि अनुदानित दर पर दिए जाने पर भी गरीब उन्हें खरीद नहीं सकते हैं।[25] इस अर्थ में, अनुदान राशि का एक बड़ा भाग खाद्यान्नों के भंडारण पर खर्च हो जाता है, इसके बजाय कि इसे उन लोगों के फायदे के लिए खर्च किया जाता, जिनके लिए अनुदान का प्रावधान किया गया है।

संचार माध्यमों ने इस विडम्बना पर प्रकाश डाला है एवं प्रचुर खाद्यान्नों के बावजूद भुखमरी एक बार पुनः राजनीतिक बहस का मुद्दा बन गई।[26] किन्तु संकट के बड़े भाग को मीडिया द्वारा आत्मसात् नहीं किया गया। बाजार अर्थव्यवस्था के वैचारिक ढाँचे के भीतर इस संकट को पेश करने की दिशा में (कुल मिलाकर) कोई प्रयास नहीं किया गया। दूसरे

शब्दों में, अनावश्यक खर्चों में कटौती द्वारा वित्तीय घाटे को पूरा किया जा सकता है तथा काम के लिए अनाज तथा अन्नपूर्णा योजनाओं जैसे कार्यक्रमों के लिए आवंटित खाद्यान्न के उठाव के प्रभाव जैसी मान्यताओं के बीच मीडिया द्वारा कोई विस्तृत चर्चा नहीं की गई। ऐसी सतही चर्चा से भी इसको आधार मिला कि गरीबों को खिलाने की कोई आवश्यकता नहीं है (इसके बावजूद कि इससे खाद्यान्न के अत्यधिक जमाव में कमी आ सकती हैं और वह सड़ने से बच सकता है) क्योंकि इस प्रकार की कार्रवाई अतिरिक्त खाद्यान्न भंडार समाप्त हो जाने के बाद भी उन्हें मुफ्त भोजन पर आश्रित बना सकती है। यह भी तर्क दिया गया कि खाद्यान्नों का मुफ्त वितरण खाद्यान्नों के मूल्यों में भारी गिरावट का कारण बन सकता है और इसका कृषि उत्पादकता पर प्रतिकूल प्रभाव पड़ सकता है।

अतिरिक्त भंडार को कल्याणकारी उपायों तथा काम के बदले अनाज कार्यक्रम तथा प्रभावी सार्वजनिक वितरण प्रणाली के द्वारा समाप्त करने के विचार का एक दूसरी तरह से भी विरोध किया गया। तर्क इस प्रकार दिया जाता है : ऐसे कार्यक्रम चूँकि उच्च स्तर पर भ्रष्टाचार एवं अर्थव्यवस्था को जन्म देते हैं अतएव इनसे गरीबी दूर करने का कार्य सम्भव नहीं है। रोचक तथ्य यह है कि जो लोग ऐसे तर्क देते हैं, वे भी 100-50 मिलियन की भीड़ में से एक हो सकते हैं। इन योजनाओं में गड़बड़ी के लिए जिम्मेदार लोग भी इस भीड़ का हिस्सा हो सकते हैं।

## वास्तविक लाभार्थी

उदारीकरण के एजेंडे को (पूरे देश में बेरोकटोक) एक उदारीकृत व्यापार-व्यवस्था के रूप में देखा गया (और बहुसंख्यक भारतीयों द्वारा देखा जाना जारी है)। विस्तार में जाने के पूर्व, लाभार्थियों के हिसाब से उदारीकरण के एजेंडे के महत्त्वपूर्ण पक्ष पर संक्षेप में विचार किया जाना समीचीन होगा।

यहाँ महत्त्वपूर्ण बिन्दु यह है कि उदारीकरण (अथवा ढाँचागत समायोजन कार्यक्रम या भूमंडलीकरण एजेंडा) की घोषित विशेषताओं में से एक है आयात-विस्थापन–औद्योगिकीकरण मॉडल से उन व्यवस्थाओं की ओर बदलाव, जो बाहरी क्षेत्र से प्रतिस्पर्द्धा करने हेतु भारतीय उद्योग का खुलासा करें, खासकर निर्माण क्षेत्र में। 1980 के दशक में बुर्जुआ वर्ग का समर्थन, बाहरी प्रतिस्पर्द्धा से होड़ करने का अन्धविश्वास और उच्च उपयोग स्तर की उग्र लालसा से युक्त बुर्जुआ मध्य वर्ग भूमंडलीकृत[27] बाजार में प्रवेश करने लगे। इसका सर्वाधिक महत्त्वपूर्ण पक्ष है मध्य वर्ग का प्रभाव बढ़ जाना जो कुल आबादी का 10-15 प्रतिशत होता है। ये वे लोग हैं जो टिकाऊ सामानों के क्षेत्र में महत्त्वपूर्ण विस्तार लाते हुए उपभोक्ता क्षेत्र में बाढ़ लाते हैं, (1980 के दशक में) इस पूरे दशक में वार्षिक वृद्धि-दर 8 प्रतिशत से टिकाऊ वस्तुओं के क्षेत्र में (उपभोक्ता सामग्री) 22 प्रतिशत की वार्षिक वृद्धि-दर देखी गई।[28] यह वह समय था जब बाजार का विस्तार और बाजार की अर्थव्यवस्था एकमात्र व्यावहारिक मॉडल थे, जिसमें वैधता का अतिरिक्त भाव निहित था। सोवियत मॉडल का विघटन, जो समाजवादी ढाँचे से काफी जुड़ा था, इस प्रक्रिया से जुड़ गया।

दूसरे शब्दों में, मध्य वर्ग (खासकर वेतनभोगी वर्ग) अनुदानित खाद्यान्न तथा ऐसी ही अन्य कल्याणकारी योजनाओं, यथा–शिक्षा, स्वास्थ्य, सार्वजनिक परिवहन आदि पर निर्भर

नहीं था। इसके स्थान पर कल्याणकारी राज्य पर आश्रित जनों की अगली पीढ़ी का वह भाग, जो कुल जनसंख्या का 10-15 प्रतिशत था, उदारीकरण की व्यवस्था का सर्वाधिक मुखर समर्थक और कल्याणकारी राज्य का आलोचक बन गया। रोचक तथ्य है कि साम्प्रदायिक तत्त्व इस भाग को सर्वाधिक प्रभावित करते हैं।

**साम्प्रदायिक चुनौती**

देश-भर में जीवन-यापन के गिरते स्तर के बावजूद, केवल वे मुद्दे, जो आस्था से सम्बन्धित थे, समकालीन विमर्श में सबसे ऊपर हैं। मुख्य धारा के प्रचार माध्यम तथा जनभावना को प्रभावित करनेवाले समूह अपना अधिकांश प्रयास साम्प्रदायिकता को बढ़ावा देने के लिए करते हैं, जबकि बुद्धिजीवियों में उतने अधिक प्रगतिशील नहीं माने जानेवाले व्यक्ति नौकरशाही के गिरते स्तर को लेकर चिन्तित दिखते हैं, उस उपाय के कारण जो 8 अगस्त, 1990 को केन्द्रीय सरकार द्वारा सरकारी नौकरियों के एक भाग को अन्य पिछड़ा वर्ग (ओ.बी.सी) के सदस्यों के लिए सुरक्षित करने से उत्पन्न हुआ।[29] समकालीन विमर्श की एक अन्य विशेषता है 1999 में कारगिल संघर्ष के पश्चात् सैन्य परियोजनाओं को वैधता प्रदान किया जाना एवं भाजपा-नीत सरकार द्वारा मई 1998 में नाभिकीय विस्फोट सम्बन्धी निर्णय के प्रति अत्यधिक प्रसन्नता।[30] जिस समय भाजपा-नीत सरकार द्वारा राष्ट्रीय स्वयंसेवक संघ के अन्य साथियों के सहयोग से लोकतांत्रिक एजेंडे को घोषित तरीके से तहस-नहस किया जा रहा था, उस समय मुख्य विपक्षी दल कांग्रेस सहित किसी राजनीतिक दल द्वारा शायद ही किसी प्रकार का विरोध दिखाया गया। इस चुनौर्त। को केवल राष्ट्रीय स्वयंसेवक संघ के एक प्रयास के रूप में परिभाषित करना होगा, जिसका उद्देश्य राजनीतिक परिदृश्य एवं आस्था को विमर्श का विषय बनाकर विकृत करना था।

इस दृष्टिकोण के साथ कई गम्भीर समस्याएँ हैं। उदाहरणार्थ, यह इस बात को स्पष्ट नहीं कर सकता कि ऐसे नारे और मुहावरे विगत कुछ वर्षों से ही क्यों राजनीतिक महत्त्व प्राप्त करने लगे हैं, उसके पहले क्यों नहीं? हिन्दू-आस्था के लिए खतरे[31] और राजनीतिक क्षेत्र में हिन्दुत्व की समग्र पहचान को विभाजन के समय हिंसा के तत्काल बाद तो ज्यादा व्यापक प्रभाव के साथ प्रस्तुत किया जाना चाहिए था। यह वह समय था जब भारत में विस्थापित होने के क्रम में हिन्दू समुदाय को काफी नुकसान उठाना पड़ा था और अपनों की हत्या देखनी पड़ी थी अथवा अपनी सम्पदा वहीं छोड़ देनी पड़ी थी। उस अवस्था में राष्ट्रीय स्वयंसेवक संघ तथा जनसंघ को राजनीतिक विमर्श के भीतर बड़ी मुश्किल से कोई स्थान मिल सका, इस तथ्य के बावजूद कि उनके कार्यकर्ता उक्त सन्दर्भ में आयोजित आन्दोलनों में काफी बढ़-चढ़कर भाग लेते थे।[32] दूसरे शब्दों में, 1970 के दशक के आन्दोलन से जनसंघ अथवा भाजपा को उस समय कांग्रेस का विकल्प बनने में कोई मदद नहीं मिल सकी जबकि आपातकाल के बाद की स्थिति में कांग्रेस विरोधी शक्तियाँ केवल जयप्रकाश नारायण के व्यक्तित्व के इर्द-गिर्द घूमती रहीं, जो जे.पी. के रूप में लोकप्रिय थे और गांधीवादी समाजवाद के सिद्धान्तों के प्रति दृढ़प्रतिज्ञ थे।[33] जनता पार्टी के गठन के कुछ ही महीने के भीतर दोहरी सदस्यता का विवाद उत्पन्न करने सम्बन्धी घटनाएँ होने लगीं और लोहियावादी

समाजवादी जनसंघ के तत्त्वों[34] को परिदृश्य से बाहर करने लगे। 'जनता-प्रयोग' के भीतर की यह घटना इस सन्दर्भ में समाजवादी एजेंडे को उत्तर भारत के अधिकांश भागों, खासकर उत्तर प्रदेश में, यह समझने की दृष्टि से महत्त्वपूर्ण है कि किस प्रकार राजनीतिक विमर्श का सम्प्रदायीकरण होने लगा।

बड़ी संख्या में ब्राह्मणों (कुल जनसंख्या का 10 प्रतिशत) तथा वैदिक संस्कृति के अनुयायी, जो काफी मजबूत थे, के कारण अन्यत्र (कर्नाटक, महाराष्ट्र एवं गुजरात) की अपेक्षा कांग्रेस उत्तर प्रदेश में अप्रभावित रही, जहाँ नेतृत्व अन्य पिछड़ा वर्ग के नेताओं के पास चला गया। उत्तर प्रदेश के मामलों में प्रथम दो मुख्यमंत्री–जी.बी. पंत एवं सम्पूर्णानन्द–ब्राह्मण थे तथा अधिक महत्त्वपूर्ण बात यह है कि ये लोग मानते थे कि वैदिक संस्कृति भारत की राष्ट्रीय संस्कृति की शिरोमणि है। 1970 के दशक के बाद भी जब कांग्रेस में गैर-ब्राह्मण मुख्यमंत्री मनोनीत होने लगे तब भी संगठन पर ब्राह्मण नेताओं का वर्चस्व बना रहा।[35] कांग्रेस के भीतर इस बदलाव विरोधी (सामाजिक-राजनीतिक अर्थ में) मानसिकता के कारण समाजवादी विपक्ष को बढ़ावा मिला। शासन के क्षेत्र में कांग्रेस का इतिहास और कृषि क्षेत्र की अर्थव्यवस्था में आ रही बेरोजगारी पैदा करनेवाली गिरावट के साथ-साथ राजनीतिक ठेकेदारों द्वारा विभिन्न कल्याणकारी योजनाओं को तहस-नहस किए जाने के कारण इस क्षेत्र में कांग्रेस राजनीतिक शक्तियों को शिकस्त देने में सक्षम रही (केन्द्र एवं विभिन्न राज्यों के स्तर पर)। इसके पक्ष में कोई सकारात्मक जनादेश नहीं था, इसके बजाय, यह जनादेश जनता पार्टी एवं इसके नेताओं के विरोध में था।

1980 के दशक से प्रारम्भ होकर पूरे देश में लगातार बढ़ती हुई अल्पसंख्यक विरोधी हिंसा[36] और सत्ता में कांग्रेस की वापसी संयोग मात्र नहीं है। भिवंडी (महाराष्ट्र), सूरत (गुजरात), बिहारशरीफ (बिहार) और सर्वाधिक महत्त्वपूर्ण नवम्बर 1984 में सिक्ख विरोधी दंगा–इन सभी को हिन्दुत्व की सोच के साथ संगति बैठाने की कांग्रेसी कोशिश के रूप में साफ तौर पर देखा गया।[37] यह तथ्य भी उतना ही महत्त्वपूर्ण है कि वह ऐसा दौर था, जब इन्दिरा गांधी एवं उनकी पार्टी द्वारा समाजवादी ढाँचा जैसी कई चीजों को फालतू बताकर दरकिनार कर दिया गया। यह परिवर्तन वस्तुतः 1981 से ही ब्रेटनवुड्स संस्थाओं एवं सहायकों के सहयोग से लाया जा रहा था। 1986 का बजट इस बदलाव को स्पष्ट कर देता है।

## साम्प्रदायिकता का अर्थशास्त्र

आर्थिक नीति के बदलते सरोकारों के कारण मध्य वर्ग एवं निम्न मध्य वर्ग के समक्ष उत्पन्न निश्चित रोजगार के खो जाने के खतरों के मद्देनजर ध्यान दिए जाने की आवश्यकता है। 1980 के दशक के प्रारम्भ में औद्योगिक क्षेत्र में आई उथल-पुथल के कारण सत्तारूढ़ अभिजात वर्ग की यह प्राथमिकता बन गई। इसका प्रमाण संगठित क्षेत्र के कामगारों की संख्या में आई गिरावट में मिलता है। 1982-83 में बम्बई में कपड़ा उद्योग के कामगारों द्वारा आम हड़ताल[38] का आह्वान तथा आन्दोलन तो उदाहरण मात्र हैं। बम्बई कपड़ा उद्योग हड़ताल का मामला एक ऐसा उदाहरण है, जिसमें संकट के कारणों को काफी हद तक भारतीय पूँजीपति वर्ग के इस तर्क में जो नीतिगत बदलाव के लिए अभियान चला रहा था, जिससे चालू औद्योगिक

इकाइयों को बन्द करने और निर्माण क्षेत्र के बाहर पूँजी-निवेश के अवसर खोजने में सहूलियत हो सकती थी, ढूँढ़ा जा सकता है।

अर्थव्यवस्था में भागीदारी तथा कार्यरत कामगारों के अनुपात की दृष्टि से कपड़ा उद्योग का महत्त्व विशद विवेचन का विषय रहा है।[39] इस अर्थ में मुम्बई का काफी महत्त्व है और बम्बई के उद्योग एवं श्रमिकों के अनुभव को पूरे देश की स्थिति को प्रतिबिम्बित करनेवाला माना जा सकता है। उदाहरणार्थ यहाँ इंजीनियरिंग क्षेत्र, धात्विक कारखाने, रासायनिक संयंत्र एवं दवा कारखानों से जुड़ी इकाइयों के अतिरिक्त 60 से अधिक कपड़ा मिलें हैं। तथापि, यह अतीत की बात है। कपड़ा मिलें[40] संकट में थीं और 1976 तक बन्दी के कगार पर थीं। यह सब तब हो रहा था जब बेरोजगार श्रम-बल 7.7 प्रतिशत पर पहुँच चुका था। उस अवस्था में इस संकट के प्रति राज्य का रुख दोहरा था। एक ओर श्रम कानूनों में परिवर्तन किया गया, जिसके साथ औद्योगिक इकाइयों को बन्दी से बचाने का उद्‌देश्य जुड़ा हुआ था।[41] दूसरी ओर निजी क्षेत्र की रुग्ण इकाइयों का राष्ट्रीयकरण किया गया तथा सार्वजनिक क्षेत्र की इकाइयों की तर्ज पर दीर्घकालीन पुनर्वास के लिए कदम उठाए गए।[42] तत्कालीन सरकार के समक्ष नियमों में बदलाव सम्बन्धी बाध्यता उस समय समस्त राजनीतिक विमर्श की सभी दिशाओं में पाई गई। कई हजार श्रमिकों के बेरोजगार हो जाने तथा अर्थव्यवस्था में आई गिरावट निजी क्षेत्र की इकाइयों के राष्ट्रीयकरण की मुख्य प्रेरणा थी। इस प्रकार सार्वजनिक क्षेत्र की कुल इकाइयों की संख्या 244 हो गई।

1970 का दशक संगठित कांग्रेस-विरोध एवं विपक्ष के एकीकरण के समय के रूप में देखा गया। 2 से 28 मई, 1974 तक चली रेलवे की आम हड़ताल स्वातंत्र्योत्तर भारत का सम्भवतः अकेला उदाहरण था जब संगठित श्रमिक संघों का आन्दोलन[43] पराकाष्ठा पर था। इसी समय में इन्दिरा गांधी और उनकी सरकार के विरुद्ध समाज के सभी वर्गों का आन्दोलन चरम पर था और कांग्रेस सरकार द्वारा लोकतांत्रिक अधिकारों के स्थगन को चुनौती दी जा रही थी।

1980 के दशक में पूरा परिप्रेक्ष्य बदल गया। मध्य वर्ग राजनीतिक विमर्श के भीतर आ चुका था और अनेक नीतियों को काफी हद तक प्रभावित कर रहा था। वास्तव में, राजनीतिक जगत् 1970 के दशक के अनुभवों से सबक ले चुका था। अतएव, आनेवाले समय में वेतनभोगी वर्ग की सुधि ली जाने लगी, जिसका उद्‌देश्य आर्थिक सन्तुलन लाना था। इसलिए सरकारी कर्मचारियों को ठोस क्षतिपूर्ति दी गई, जिसके कारण (1986-87 में) रु. 4,175/ करोड़ का अतिरिक्त बोझ सरकारी खजाने पर पड़ा। रोचक तथ्य यह है कि उस वर्ष वित्तीय घाटा रु. 4,162/ करोड़ का था।[44] इससे सरकार की गरीबी उन्मूलन एवं अन्य कल्याणकारी योजनाओं में सरकारी व्यय पर प्रतिकूल प्रभाव पड़ा। यह अलग मामला है कि सत्तारूढ़ शासक दल, मध्य वर्ग को विश्वास में लेकर उसकी सहमति प्राप्त कर सकता था (इसमें सार्वजनिक क्षेत्र के कर्मचारी एवं वेतनभोगी शामिल थे) जिनकी स्वतंत्रता के बाद से राष्ट्र-निर्माण में निर्णायक भूमिका थी।

उक्त दलील का मुख्य भाव यह है कि इस समय तक बजटीय घाटा तथा आर्थिक लेखा सरकार द्वारा कल्याणकारी कार्यों में किए जानेवाले व्यय के प्रति गम्भीर रुकावट पैदा कर

रहा था। यह संकट 1991 से प्रारम्भ हुए दशक के साथ गम्भीरतम हो चुका था। ढाँचागत समायोजन कार्यक्रम (SAP) के एक अंग के रूप में आर्थिक घाटा को बनाए रखने के लिए ऋणदाता एजेंसियों द्वारा एक शर्त लगा दी गई थी। 1970 के उथल-पुथल की स्मृतियाँ, जो राजनीतिक-जगत् में अब तक ताजा थी, के कारण वे कोई ऐसी कठोर पहल नहीं करना चाहते थे, जो सम्बन्धित पक्षों को तितर-बितर कर दे। दूसरे शब्दों में, ढाँचागत समायोजन कार्यक्रम के तहत आवश्यक प्रतीत होनेवाले किसी कठोर कदम को उठाने के पहले मध्य वर्ग का अन्य तरीके से मार्गदर्शन किया जा सकता था।

संगठित कर्मचारियों[45] का अधिकांश भाग यह संकेत दे चुका था कि उसे सर्वानुमति निर्माण की प्रक्रिया से जोड़ा जाए तथा 1991 के पहले से वह समाजवादी कार्यक्रमों से अलग होने की प्रक्रिया का पक्ष लेने लगा था। यह सम्भवतः इस तथ्य से सुस्पष्ट है कि रेलवे, दूरसंचार तथा लोक उपक्रमों जैसे महत्त्वपूर्ण क्षेत्रों में श्रमिक संघ, बम्बई के वस्त्रोद्योग कर्मचारियों के समर्थन से अलग रहे, जब उन्होंने 1982 में दत्ता सामन्त को ठुकरा दिया और काम करना बन्द कर दिया।[46] परन्तु तब वेतनभोगी वर्ग ने कामगारों के आन्दोलन के सन्दर्भ में अर्थव्यवस्था को ठीक-ठाक बनाए रखने के लिए आन्दोलन में भाग नहीं लिया।

लेकिन पी.वी. नरसिंहराव एवं मनमोहन सिंह के कार्यकाल में जो ढाँचागत समायोजन कार्यक्रम से सहमत थे, उनके लिए नीति के स्तर पर सरोकारों में तब्दीली एक दबावकारी आवश्यकता के रूप में थी, साथ ही सरकार के लिए रोजगार-संरक्षण के विचार से जुड़े रहना बहुत अधिक सम्भव नहीं रह गया था। अब तक यह स्पष्ट हो चुका था कि ऐसे नीतिगत उपाय (जो 1976 में प्रारम्भ किए गए थे) वित्तीय दृष्टिकोण से अलाभकारी थे। नौकरियों के संरक्षण के लिए अब कोई गुंजाइश नहीं रह गई। इसके विपरीत सरकार के लिए अब 1976 के पूर्व की स्थिति[47] में रोजगार सम्बन्धी नियमों की वापसी आवश्यक थी। औद्योगिक विवाद अधिनियम, 1947 में संशोधन किया गया ताकि जब कभी भी नियोक्ता चाहें औद्योगिक इकाइयों की बन्दी तथा श्रमिकों की छँटनी की जा सके। भले ही इस नीति से श्रमिक तत्काल प्रभावित नहीं हुए पर यह तथ्य है कि सार्वजनिक क्षेत्र में नौकरियों को बनाए रखने के लिए आलसी कर्मियों को पारिश्रमिक भुगतान करने के 1970 के दशक के विचार को त्याग दिया गया। यह संगठित क्षेत्र में रोजगार में आई गिरावट को स्पष्ट करता है, जैसा कि इस अध्याय के प्रारम्भ में ही वर्णित है।

उदारीकरण-निजीकरण-भूमंडलीकरण की प्रक्रिया ने, निस्सन्देह, कामगार वर्ग, वेतनभोगी वर्ग एवं मध्य वर्ग में आनेवाले उच्च समूहों को लाभ (वास्तविक एवं सम्भावित) पहुँचाया है। 1970 के दशक में राज्य एवं उसकी संस्थाओं को जिस प्रकार के आन्दोलनों का सामना करना पड़ा था, उन्हें रोकने में यह सफल हुआ है। तथापि, सभी ओर शान्ति केवल तात्कालिक रूप में ही आ पाई। आगे बढ़ने के क्रम में, सत्तारूढ़ संभ्रान्त वर्ग खुले बाजार की व्यवस्था के तर्क की जरूरत महसूस करने लगा ताकि वे बाजार-सम्बन्धी प्रचलित धारणाओं तथा परिकल्पनाओं से जुड़े साधनों से भिन्न, अन्य साधनों के बारे में भी सोच सके। कुल मिलाकर 'सुपर बाजार' की संस्कृति, राज्य के विरुद्ध प्रतिरोध तथा राजनीतिक आन्दोलन को रोक पाने में सहायक नहीं हो सकती, खास करके तब जब रोजगार के अवसर सिकुड़ते जा रहे हों।

यही वह परिप्रेक्ष्य है जिसके माध्यम से राजनीतिक विमर्श की विचारधारा को धर्म तथा जाति के प्रति बढ़ते प्रतिरोध के रूप में देखा जा सकता है। सम्प्रदायीकरण के पूरे मामले को महज भाजपा और आर.एस.एस. के अन्य साथियों की दुरभिसन्धि का परिणाम न मानकर चला जाए। साम्प्रदायिक नारों के प्रतिरोध, सैन्यवाद पर जोर, अन्ध-देशभक्तिवाद जैसे तत्त्व जो 1990 के दशक में राजनीतिक विमर्शों में शामिल हो गए थे, इस अर्थ में न केवल साम्प्रदायिक एजेंडे को प्रदर्शित करनेवाले, बल्कि फासीवादी कब्जे के बहाने बन गए थे। यह इस बात का संकेत है कि सत्तारूढ़ सम्भ्रान्त वर्ग को इस दिशा में सफलता का एक मार्ग मिल गया था। श्रमिक संघ अब इस स्थिति में नहीं रह गए थे कि वे इस तरह हो रहे आक्रमणों का प्रतिरोध कर सकें। यह तथ्य है कि ढाँचागत समायोजन कार्यक्रम के दुष्प्रभावों के विरोध में काम कर रहे संगठनों की अग्रिम पंक्ति में आनेवाले राजनीतिक मंचों (खासकर वामपन्थी दल) एवं उदारीकरण-निजीकरण-भूमंडलीकरण के निहितार्थों के विरोधी इन मुद्दों को केन्द्रीय राजनीतिक-विमर्श का मसला बनाने में विफल रहे। इसके बरक्स केन्द्र में (सिर्फ भाजपा को सत्ता से बाहर रखने के उद्देश्य से) कांग्रेस-नीत सरकार को बनाए रखने हेतु समझौता कर लेने की प्रवृत्ति इसे पूरी तरह स्पष्ट कर देती है।

## सन्दर्भ एवं टिप्पणियाँ

1. यह अध्याय उस वक्त लिखा गया था जब भाजपा के नेतृत्व वाली राष्ट्रीय जनतांत्रिक गठबन्धन सरकार सत्ता में थी। यद्यपि कांग्रेस ने कुछ क्षेत्रीय दलों एवं वामपन्थी पार्टियों के साथ गठबन्धन करके सत्ता पुनः प्राप्त कर ली और मनमोहन सिंह के प्रधानमंत्रित्व में एक नई सरकार ने शपथ-ग्रहण की (22 मई, 2004 को)। कम-से-कम वैचारिक अर्थ में मैं इस बदलाव को खासकर इस अध्याय के अन्तर्गत अपना ध्यान केन्द्रित करने के सन्दर्भ में महत्त्वपूर्ण नहीं मानता।
2. इस प्रस्ताव पर संसद में हुई बहस एक ऐसा अवसर था, जब आर्थिक नीति में इस गुणात्मक परिवर्तन के लिए सत्तारूढ़ दल (कांग्रेस) ने मुख्य विपक्षी दल, भाजपा, से समर्थन प्राप्त किया। भाजपा के सदन के नेता के पास नेहरूवादी समाजवाद से अपने विचलन को उचित ठहराने के लिए केवल एक तर्क था। श्री जसवन्त सिंह का कहना था कि कांग्रेस (आई) ने भाजपा की आर्थिक नीतियों से सम्बन्धित एजेंडे को अपना लिया है।
3. *रिपोर्ट ऑफ दि टास्क फोर्स ऑन इम्प्लायमेंट अपरच्युनिटी*, योजना आयोग, भारत सरकार, जुलाई, 2001
4. वही, पृ. 22
5. वही
6. वही, पृ. 35
7. पहले के इस विषय से सम्बन्धित एक लेख में मैंने इसकी विस्तृत चर्चा की है। देखें, वी. कृष्णा अनन्त, 'पॉलिटिकल इकोनॉमी ऑफ कम्युनलिज्म : सम ऑबजर्वेशंस ऑन दी कन्टेपररी पॉलिटिकल डिसकोर्स', *सोशल साइंटिस्ट*, वॉल्यूम-29, अंक-7-8 (जुलाई-अगस्त), 2001
8. मैं 'वर्ग' के स्थान पर 'अभिजात' का प्रयोग कर रहा हूँ। मेरे विचार से, इससे उस सुविधा को पाने में मदद मिलेगी, जिससे राजनीतिक सत्ता इन सुधारों के पक्ष में आम राय बना सकेगी, उन वर्गों में भी जिसमें संगठित कार्यबल तथा वेतनभोगी वर्ग शामिल हैं। उदाहरणार्थ, रोजगार के क्षेत्र में धक्का-मुक्की, कल्याणकारी राज्य की वापसी और उदारीकरण के एजेंडे के और बहुत सारे नतीजों, जिन्होंने विगत दशक में मध्य वर्ग की जीवन-दशा को बड़े पैमाने पर प्रभावित किया है।

9. इस बिन्दु पर स्वाधीनता संग्राम के इतिहासकारों द्वारा विस्तारपूर्वक चर्चा की गई है। देखें, ए.आर. देसाई, *सोशल बैकग्राउंड ऑफ इंडियन नेशनलिज्म* (बाम्बे : पॉपुलर प्रकाशन, 1959), आर.पी. दत्त, *इंडिया टुडे* (बॉम्बे, 1949), सुमित सरकार, *मॉडर्न इंडिया* (दिल्ली, मैकमिलन, 1983)।
10. पुरुषोत्तमदास ठाकुरदास, *ए प्लान ऑफ इकोनॉमिक डेवलपमेंट फॉर इंडिया*, वॉल्यूम 1 एवं 2 (लन्दन, पेंगुइन, 1945)। इस प्लान के हस्ताक्षरियों में शामिल थे जे.आर. डी. टाटा, जी.डी. बिरला, आर्देशिर दलाल, श्रीराम, कस्तूरभाई लाला भाई, ए.डी. श्रॉफ तथा जॉन मलाई।
11. अन्ततः यह भारतीय स्वतंत्रता संग्राम की गतिशीलता को दर्शाता है और यह भारतीय इतिहास के उन कुछ क्षेत्रों में से एक है, जिसमें विद्वत्ता कूट-कूट कर भरी है। इस सम्बन्ध में मैं कुछ अधिक नहीं कहना चाहता।
12. यहाँ पर यह बतलाने की जरूरत है कि स्वाधीनता संघर्ष में महत्त्वपूर्ण भूमिका निभाने के बावजूद, समाजवादी खेमे से सम्बन्धित नेतागण और कम्युनिस्ट राष्ट्रीय राजनीतिक मंच पर स्वयं को जवाहरलाल नेहरू के अधीन कांग्रेस की तरह स्थापित नहीं कर सके। इसके कारणों में से एक यह तथ्य भी हो सकता है इन दो मतों के नेतागण जवाहरलाल नेहरू, मौलाना आजाद अथवा सरदार पटेल की तरह प्रेरक नहीं बन सके।
13. प्रभात पटनायक, द पोलिटिकल इकोनॉमी ऑफ अंडर डेवलपमेंट, प्रभात पटनायक द्वारा सम्पादित *ह्वाट एवर हैपेंड टू इम्पीरियलिज्म एंड अदर एसेज* (नई दिल्ली : तूलिका, 1995), पृ. 43-44
14. पटनायक, *रिसेंट फेज ऑफ इकोनॉमिक डेवलपमेंट*, वही, पृ. 166
15. 1967 के आम चुनावों में लोकसभा की कुल 516 सीटों में से कांग्रेस केवल 283 ही जीत सकी। तीसरी लोकसभा (1962-67) में इस पार्टी की सदस्य संख्या 488 में 361 थी। कांग्रेस पार्टी को प्राप्त वोटों का प्रतिशत भी 1962 के 44.7 प्रतिशत से गिरकर 1967 में 40.8 प्रतिशत हो गया। देखें, डेविड बटलर, अशोक लाहिरी और प्रणव रॉय, *इंडिया डिसाइड्स : इलेक्शन 1952-1995*, तृतीय संस्करण, 1995, पृ. 110-11
16. इस समय तक समाजवादी मंच 'प्रजा सोशलिस्ट पार्टी' और 'संयुक्त सोशलिस्ट पार्टी' के रूप में खंडित हो चुका था। इसके बावजूद इन दोनों पार्टियों के चौथी लोकसभा में 36 सांसद थे, जो अब तक की सबसे बड़ी संख्या थी। वही, पृ. 120-21
17. एस.के. पाटिल ने कांग्रेस पार्टी की सांसद संख्या में आई इस गिरावट को पार्टी के समाजवादी एजेंडे की अवनति बतलाया तथा दक्षिणपन्थ की ओर मुड़ने की प्रवृत्ति की ओर इशारा किया। 'हिन्दू', 26 फरवरी, 1967, पृ. 7
18. कांग्रेस में सिंडिकेट ने केवल बम्बई-योजना की दीर्घकालीन नीति की ओर संकेत किया था और इसके क्रियान्वयन पर जोर दिया था। इसका तात्पर्य था कि राज्य अब औद्योगिक क्षेत्र में अपनी भूमिका को खत्म कर रही है तथा अब इसे निजी क्षेत्र के हवाले किया जा रहा है। देखें, पुरुषोत्तमदास, ठाकुरदास, *ए प्लान ऑफ इकोनॉमिक डेवलपमेंट फॉर इंडिया*, वॉल्यूम 1 तथा 2 (लन्दन, पेंगुइन, 1945)
19. बैंकों के राष्ट्रीयकरण से सम्बन्धित बहस के बाद इन्दिरा गांधी द्वारा वी.वी. गिरि को कांग्रेस के अधिकृत उम्मीदवार एन. संजीव रेड्डी के खिलाफ 1969 के राष्ट्रपति चुनाव में उतारे जाने का निर्णय लिया गया और उस मामले में आगे जो कुछ हुआ वह काफी जानी-पहचानी घटना है इसलिए इसकी विस्तृत चर्चा की कोई आवश्यकता नहीं है। परन्तु वे सब इस अर्थ में महत्त्वपूर्ण हैं कि इन्दिरा गांधी का समाजवादी ऐजेंडा किसी अन्य की अपेक्षा इन कारकों से अधिक प्रभावित था।
20. चौथी लोकसभा (1967-70) के 65 संसद सदस्यों में से जिन्होंने कांग्रेस छोड़कर कांग्रेस (ओ) का गठन किया, 11 ही पाँचवीं लोकसभा के लिए चुने जा सके। देखें, सुभाष कश्यप, *दि टेन लोकसभा 1952-1991* (नई दिल्ली, शिप्रा, 1992), पृ. 113

21. आंशिक रूप से गरीबी उन्मूलन के कार्यों से सम्बन्धित अधिक बजटीय प्रावधान के कारण गरीबी में उल्लेखनीय गिरावट आई और उससे भी अधिक यह 1980 के दशक के तीव्र आर्थिक विकास और अंशतः क्षेत्रीय दलों के लोकप्रिय कार्यक्रमों के प्रति प्रतियोगितात्मक सक्रियता के उभार का परिणाम भी (मैं यहाँ लोकप्रियता शब्द का प्रयोग अपमानजनक अर्थ में नहीं कर रहा हूँ) था। काफी अधिक अनुदान देकर खाद्यान्न की आपूर्ति पर बल दिया गया और अगर इस अनुदान को अन्य विकास कार्यक्रमों में खर्च किया जाता तो ज्यादा संसाधन मुहैया कराए जा सकते थे जो गरीबी उन्मूलन में योगदान करते। उदाहरण के लिए, केरल और बंगाल में वामपन्थी सरकारों और आन्ध्र प्रदेश में तेलुगु देशम पार्टी द्वारा ऐसा किया गया। इसके कारण गरीबी रेखा (बी.पी.एल.) से नीचे जीवनयापन करनेवाले लोगों की संख्या में उल्लेखनीय गिरावट आई, इन राज्यों में और कुछ हद तक देश के दूसरे भागों में भी सार्वजनिक निवेश (जैसा कि सकल पूँजी निर्माण के रूप में मापा गया) 1980-81 के 8.4 प्रतिशत सकल घरेलू उत्पाद (जी.डी.पी.) के विरुद्ध 1986-87 में 11.2 प्रतिशत की वृद्धि देखी गई, जिसमें 1989-90 की अवधि में 9.5 प्रतिशत की गिरावट आई। देखें, *नेशनल एकाउंट स्टेटिस्टिक्स ऑफ इंडिया* (ई.पी.डब्ल्यू. रिसर्च फाउंडेशन, 2002), पृ. 72
22. 1972-73 तथा 1974-75 के मध्य (तब मानसून नहीं आया था) उपभोक्ता मूल्यों में 53 प्रतिशत की वृद्धि हो गई थी। देखें, *हैंडबुक ऑफ स्टेटिस्टिक्स ऑन इंडियन इकोनॉमी* (मुम्बई, भारतीय रिजर्व बैंक, 2001), पृ. 49
23. एस.एल. राव और आई. नटराजन, *इंडियन मार्केट डेमोग्राफिक रिपोर्ट*, 1996 (नई दिल्ली, एन.सी.ए.ई.आर.) आँकड़ों में थोड़ी अतिरंजना हो सकती है क्योंकि इस अध्ययन का उद्देश्य भारत में विनियोग की सम्भावना को विदेशी निवेशकों में बेचना था और उन्हें स्थिति के आकर्षक रूप में पेश करने की आवश्यकता थी। फिर भी सरसरी तौर पर इन आँकड़ों को खारिज करने का कोई कारण नहीं है और यह भी तथ्य है कि विदेशी निवेशकों के लिए भारत एक महत्त्वपूर्ण क्षेत्र के रूप में उभर रहा है, खासकर टिकाऊ उपभोक्ता वस्तुओं के मामले में।
24. 1991 की आर्थिक नीति के मूल को कम-से-कम एक दशक पूर्व खोजना अत्यन्त महत्त्वपूर्ण है जबकि इस नीति की औपचारिक तौर पर घोषणा हुई। किसी भी स्थिति में आर्थिक घाटे के प्रति चिन्ता और इसे कम करने की जरूरत को 1991 के पहले भी कई बार दुहराया गया।
25. इस विरोधाभास को पैदा करनेवाले कुछ अन्य कारक भी हैं, लोगों की उस असमर्थता के अलावा कि अनुदानित अनाज भी वे नहीं खरीद सकते। एक महत्त्वपूर्ण कारक कि राज्य सरकारों द्वारा बरती जा रही निर्ममता, खासकर उन राज्यों में जिन्हें मानव विकास सूचकांकों के मामले में उनके प्रदर्शन के आधार पर पिछड़े राज्य की श्रेणी में रखा गया था, बी.पी.एल. कोटि के लोगों की पहचान के कार्य की अपूर्णता, जिसे विशेष राशनकार्ड निर्गत करने हेतु किया जाना था, जैसा कि पी.डी.एस. के लक्ष्यों के बारे में कहा गया था (संयुक्त मोर्चा सरकार द्वारा प्रस्तुत एक अवधारणा)। बी.पी.एल. वर्ग की पहचान करने में इस विफलता ने उन्हें गोदामों से अनाज के उठाव के लिए अयोग्य ठहरा दिया। ऐसी आपराधिक उपेक्षा भावना के दोषी राज्यों में बिहार की धर्मनिरपेक्ष सरकार, उत्तर प्रदेश की साम्प्रदायिक सरकार और उड़ीसा सरकार जिन्हें सभी तरह से वैसे लोगों के नेतृत्व वाला बताया गया, जो किसी विचारधारा से सर्वथा अनभिज्ञ हैं।
26. स्टार न्यूज (जिसके लिए एन.डी.टी.वी. द्वारा उस समय समाचारों से सम्बन्धित सामग्री पहुँचाई जाती थी) द्वारा अदा की गई भूमिका भरपूर खाद्यान्न भंडार के बीच भूख और भुखमरी से सम्बन्धित स्थिति के स्पष्ट चित्रण और भारत के बुद्धिजीवी वर्ग के एक भाग के मस्तिष्क पर पड़नेवाले प्रभाव के चलते महत्त्वपूर्ण थी। तथापि यह अभियान लम्बे समय तक नहीं चला। भरपूर खाद्यान्न भंडार की मौजूदगी के बावजूद भुखमरी से होनेवाली मौतों के प्रति 11 सितम्बर, 2001 के बाद चिन्ता व्यक्त किया जाना बन्द हो गया।

27. 1991 की आर्थिक नीति की कुछ मौलिक विशेषताएँ उस दर्शन में पाई जा सकती हैं जिससे बजट-प्रस्तावों को मार्गदर्शन मिला, उसके एक दशक पूर्व भी। इस अर्थ में हमें आर्थिक नीति से सम्बन्धित किसी भी बदलाव के बारे में किसी चर्चा को सार्थकता प्रदान करने के लिए और वर्तमान के संकट को जानने के लिए कम-से-कम 1980 के दशक में जाना होना।
28. इसके अन्तर्गत जो टिकाऊ चीजें आती हैं उनमें शामिल हैं रेफ्रीजरेटर, दोपहिए वाहन, टेलीविजन, टेलीफोन। इन महत्त्वपूर्ण बदलावों को कोई भी व्यक्ति महज दो दशक पूर्व की बातों को याद कर जान और समझ सकता है कि इन उपकरणों का प्रयोग अब देश की चिन्तन-प्रक्रिया से जुड़ गया है। बड़े स्तर पर वस्तुओं के प्रति बढ़ती असंवेदनशीलता (खासकर गरीबों के एवं समाज के संगठित वर्गों के जीवन स्तर में आई गिरावट के प्रति) निश्चित रूप से इसका परिणाम है जो मध्यवर्गीय लोगों अर्थात् पेशेवर लोगों के व्यवहार को निर्धारित करता है।
29. सुकुमार मुरलीधरन, *मंडल, मन्दिर एंड मस्जिद : 'हिन्दू' कम्युनलिज्म एंड दि क्राइसिस ऑफ दि स्टेट* (मद्रास, इंडियन स्कूल ऑफ सोशल साइंसेज, 1990)।
30. 11-13 मई को पोखरन में सम्पन्न परमाणु-परीक्षण के बाद जो विमर्श प्रारम्भ हुआ, उसकी एक चौंकानेवाली विशेषता यह थी कि इस एजेंडे के प्रति सभी राजनीतिक दलों में व्यापक सर्वसम्मति थी और सभी धाराओं के नेता भाजपा-नीत एन.डी.ए. सरकार से दूरी बनाए रखने के बाद भी प्रदर्शित हताशा के स्थान पर अब परमाणु-विकल्प के इस्तेमाल का पक्ष लेते हुए देखे गए। देखें, वी कृष्णा अनन्त, *दि पॉलिटिक्स ऑफ दि बम्ब : सम ऑब्जर्वेशंस ऑन द पॉलिटिकल डिस्कोर्स इन इंडिया इन द कन्टेक्स्ट ऑफ पोखरन-II*, एम.वी. रमन्ना एवं सी. राममनोहर रेड्डी (सम्पादक) *'प्रिजनर्स ऑफ दि न्यूक्लीयर ड्रीम* (दिल्ली, ओरिएंटलांग मैन, 2003)
31. यह वास्तव में आर.एस.एस. के एजेंडे का मुख्य भाग है और भारतीय जनसंघ (1977 तक) एवं बी.जे.पी. ने (1980 में इसके प्रादुर्भाव के समय से) बिना किसी हेर-फेर के इसे अपना लिया था।
32. यह एक तथ्य है कि 1970 के दशक के मध्य में प्रतिरोध की बढ़ती लहर ने दक्षिणपन्थ को लोकतांत्रिक धारा में शामिल होने का एक अवसर प्रदान कर दिया था। परन्तु इस बिन्दु पर आकर यह बतला देना भी जरूरी है कि इन आन्दोलनों के नेतृत्व का श्रेय किसी भी सूरत में, दक्षिणपन्थ को नहीं दिया जा सकता। इसके बजाय, ये वैसे उदाहरण थे, जब मुख्यधारा के वामपन्थ ने अपनी कमजोरी दिखा दी थी और वैचारिक अपरिपक्वता को भरने के लिए दक्षिणपन्थ के लिए खाली रख छोड़ा था। उदाहरण के लिए, 1974 की व्यापक रेल-हड़ताल वामपन्थी यूनियनों द्वारा नहीं की गई थी, देखें, स्टीफेन शेरलॉक, *'दी इंडियन रेलवे स्ट्राइक ऑफ 1974'* (नई दिल्ली, रूपा, 2001), इसी प्रकार, वामपन्थ की भूमिका, भारतीय कम्युनिस्ट पार्टी (सी.पी.आई.) 1970 के दशक के आरम्भिक तथा मध्य के वर्षों में बिहार में चले भ्रष्टाचार विरोधी आन्दोलन में खासतौर पर सकारात्मक नहीं थी। जबकि कम्युनिस्ट पार्टी ऑफ इंडिया (मार्क्सिस्ट) को जे.पी. आन्दोलन का समर्थन करना था। आन्दोलन में इसके अपने कार्यकर्ताओं की भौतिक उपस्थिति काफी कम थी, खास करके हिन्दीभाषी क्षेत्रों में जहाँ यह आन्दोलन बहुत व्यापक बन गया था। देखें, मीनू मसानी, *'इज जे.पी. द ऑन्सर?'* (दिल्ली, मैकमिलन, 1975)
33. परम्परागत मार्क्सवाद के प्रति प्रतिबद्ध तथा पूर्व सोवियत संघ में कार्यशील समाजवादी ढाँचे की वकालत करनेवाले तथा बाद में उसके आलोचक बन चुके जे.पी. का विकास तथा गांधीवादी विचारों से जुड़ाव को मीनू मसानी द्वारा साफ-साफ संकेतित किया गया है। देखें, मसानी, *इज जेपी द ऑन्सर?* पृ. 6-35
34. दोहरी सदस्यता सम्बन्धी विवाद मधु लिमए द्वारा खड़ा किया गया था और इस विषय पर जनता पार्टी के भीतर के समर्थकों ने अभियान चलाया, यह माँग करते हुए कि केन्द्रीय मंत्रिमंडल के

दो सदस्य जो जनसंघ के खेमे से आते थे–अटल बिहारी वाजपेयी एवं एल.के. आडवाणी को कहा जाए कि वे राष्ट्रीय स्वयंसेवक संघ अथवा जनता पार्टी की सदस्यता में से किसी एक को चुनें और केन्द्रीय मंत्रिपरिषद में अपनी स्थिति को विस्तारित करें।

35. देखें, जोया हसन, 'कम्युनल मोबिलाइजेशन एंड चेंजिंग मेजोरिटी', डेविड लडेन (सम्पादक) '*मेकिंग इंडिया हिन्दू : रिलीजन, कम्युनिटी एंड दि पोलिटिक्स ऑफ डेमोक्रेसी इन इंडिया* (दिल्ली : ऑक्सफोर्ड यूनिवर्सिटी प्रेस, 1996)

36. फरवरी 1981 से 1987 के मध्य उत्तर प्रदेश में ग्रामीण क्षेत्रों सहित साम्प्रदायिक दंगों की अचानक बाढ़-सी आ गई। ज्यादा महत्त्वपूर्ण यह था कि फरवरी 1986 और जून 1987 के बीच उत्तर प्रदेश में ऐसी कम-से-कम 26 घटनाएँ देखी गईं, जिनमें 200 से अधिक लोग–जिनमें अधिकांश मुस्लिम थे–मारे गए तथा लगभग 1000 घायल हुए। इनमें से अधिकांश दंगे उन शहरों में हुए जहाँ मुसलमानों की संख्या अचानक बढ़ गई थी और खासकर इन स्थानों पर अलीगढ़, वाराणसी, मुरादाबाद और मेरठ जहाँ मुसलमानों ने अपने पुश्तैनी पेशे और उद्यमशीलता के बल पर अच्छी आर्थिक स्थिरता प्राप्त कर ली थी। देखें, हसन, 1996, पृ. 81-97

37. इन्दिरा गांधी की हत्या के उपरान्त हुई हिंसक घटना में निहित कांग्रेस का हिंसक अभियान जिसमें सीधे उनका साम्प्रदायिक एजेंडा था, पर काफी कुछ लिखा जा चुका है। देखें, मधु किश्वर, *रिलीजन इन द सर्विस ऑफ नेशनलिज्म* (दिल्ली, ऑक्सफोर्ड यूनिवर्सिटी प्रेस, 1998)

38. डॉ. दत्ता सामन्त के संघ द्वारा शुरू की गई आम हड़ताल अभी तक खत्म नहीं हो पाई थी। सामन्त ने बम्बई के कपड़ा उद्योगों में बड़े पैमाने पर स्थापित संघों का स्थान ले लिया था और राजनीतिक क्षेत्र में एक बहुत बड़ा शून्य पैदा कर दिया था। देखें, अचिन विनायक, *रेंडेजस ऐट मुम्बई, न्यू लेफ्ट रिव्यू* (दूसरी शृंखला), अंक-26, मार्च-अप्रैल, 2004

39. भारतीय अर्थव्यवस्था में कपड़ा उद्योग के महत्त्व का मूल्यांकन निम्नांकित तथ्यों के आधार पर किया जा सकता है। यदि मिलों, पावरलूम क्षेत्र तथा हैंडलूम क्षेत्र में कार्यरत सभी कार्यबल को एक साथ जोड़कर देखा जाए तो यह सबसे बड़े नियोक्ताओं में से एक था। इसके अतिरिक्त 1980 के दशक में वस्त्रोद्योग में विश्व बाजार के मद्देनजर इसकी वृहद् क्षमताओं के कारण बड़ी संख्या में देश-भर में लोगों को काम मिला।

40. इस संकट के कारणों में सर्वाधिक महत्त्वपूर्ण था मिल मालिकों की अदूरदर्शिता जिन्होंने मशीनों और मिलों के आधुनिकीकरण के लिए कुछ ठोस निवेश करने से इनकार कर दिया। इसका एक प्रत्यक्ष दुष्प्रभाव यह हुआ कि मिल उद्योग पावरलूम क्षेत्र की तुलना में पिछड़ने लगा, जो बम्बई के आसपास के उपनगरीय इलाकों (खासकर भिवंडी) में तेजी से विकसित हो रहा था। इस अवधि में यह पावरलूम क्षेत्र निर्यात बाजार में भी अपनी पैठ बनाने लगा और इसने मिलों को अव्यावहारिक बना दिया।

41. औद्योगिक विवाद अधिनियम, 1947 संशोधित किया गया और एक नया अध्याय (V-B) जोड़ा गया जिसके माध्यम से नियोक्ता पर कतिपय नियमों को लागू किया गया, जिसके प्रभाव से मजदूरों की छँटनी और ऐसे व्यावसायिक प्रतिष्ठानों की बन्दी जिनमें 100 से अधिक कामगार कार्यरत थे, पर नियंत्रण लगाया गया। औद्योगिक विवाद अधिनियम, 1947 के 1976 के संशोधन में कठोर दंडों को स्पष्ट किया गया, जिसमें राज्य सरकार की पूर्वानुमति के बिना जहाँ पर औद्योगिक इकाई स्थापित हो, की बन्दी की स्थिति में नियोक्ता को कारावास की सजा और छँटनी पर कार्रवाई करना शामिल था।

42. यह वास्तव में एन.टी.सी. (नेशनल टेक्स्टाइल्स कॉरपोरेशन) की कहानी है। जो आज 'अत्यन्त रुग्ण' इकाई की श्रेणी में आ पहुँचा है। अब यह देखने की आवश्यकता है कि इनमें से अधिकांश इकाइयाँ पी.एस.यू. बनने के पहले भी रुग्ण घोषित की जा चुकी थीं और उन इकाइयों में कार्यरत कर्मियों के संरक्षण हेतु इनका राष्ट्रीयकरण किया गया।

43. इस हड़ताल तथा इसके राजनीतिक परिणामों की विस्तृत जानकारी के लिए देखें, स्टीफेन शेरलॉक, *दि इंडियन रेलवेज स्ट्राइक ऑफ 1974* (नई दिल्ली, रूपा, 2001)।

44. *एट्थ प्लान : इश्यूज एंड पर्सपेक्टिव्स* (नई दिल्ली : प्लानिंग कमीशन ऑफ इंडिया, गवर्नमेंट ऑफ इंडिया, 1998)। यह दस्तावेज पूरे मुद्दे को निम्नांकित टिप्पणी के सन्दर्भ में प्रस्तुत करता है : सरकारी प्रशासन की बचत मजदूरी तथा वेतन में तब्दील हो चुकी है। 1980-81 से 1985-86 के दौरान सरकारी प्रशासन तथा सावर्जनिक सेवाओं से सम्बन्धित खर्च दुगुने हो गए थे। इन क्षेत्रों में यदि प्रति कर्मी औसत क्षतिपूर्ति उपभोक्ता मूल्य सूचकांक के बराबर भी बढ़ाई जाती है और यदि कर्मियों की संख्या यथावत् रहती है तो कुल पारिश्रमिक की राशि में रु. 4,500/ करोड़ की कमी हो जाएगी।

45. इस सन्दर्भ में मैं 'वर्कर्स' के स्थान पर 'इम्प्लाइज' शब्द का प्रयोग जान-बूझकर कर रहा हूँ।

46. यह बतलाना इस अध्याय के क्षेत्र के बाहर है कि रेलवे और दूरसंचार विभागों के मजदूर संघ क्यों दत्ता सामन्त के नेतृत्व में हुए बम्बई टेक्सटाइल कामकारों की तर्ज पर अपनी माँगों को पेश करने में विफल रहे। तथापि, इसे सीमित तौर पर स्पष्ट किया जा सकता है, यदि कोई इस बात का पता लगाना चाहे जिस ढंग से उदारीकरण-निजीकरण-वैश्वीकरण के एजेंडे को एक साथ संचालित किया जा रहा है और वे महत्त्वपूर्ण भूमिकाएँ जो इस कोशिश में सांस्कृतिक अवधारणाएँ अदा करती हैं। चयन की अवधारणा और भ्रान्ति थी जिन्हें नई नीतियों ने उन सुपरमार्केटों के जरिए, जो हमारे शहरों के विभिन्न कोनों में खुल गए हैं, मध्य वर्ग के भीतर पैदा करने में सफलता पा ली है, इस वर्ग के लोगों को इस बदलाव का शिकार बनाकर भी उसने बदलाव के प्रति सहमति बनाने में काफी मदद की है।

47. जुलाई 1991 के नीतिगत बदलाव के एक दशक बाद से ही, इस मामले का एक पक्ष, जिस पर चलने से सभी सरकारें बचती रही हैं—औद्योगिक विवाद अधिनियम, 1947 में संशोधन किया जाना। यह संशोधन जैसा कि सोचा गया था, इस अधिनियम के अध्याय V-B को रद्द करना था। हाल के दिनों में कुछ ऐसे संकेत मिले हैं कि सरकार इस बदलाव की दिशा में आगे बढ़ रही है। यशवन्त सिन्हा, भूतपूर्व वित्तमंत्री, ने इस सम्बन्ध में कुछ बतलाया था, जब वे सरकार की प्रतिबद्धता को रेखांकित करते (फरवरी, 2001 में) हुए इसे अगली पीढ़ी का सुधार कार्य बतला रहे थे। बदलाव के वास्तविक स्वरूप के सम्बन्ध में सरकार के भीतर कुछ मत-भिन्नता थी जबकि औद्योगिक पुनर्रचना के सम्बन्ध में काम करनेवाले मंत्रियों के समूह ने अनुशंसा की थी (1992 में) कि अध्याय V-B को बिलकुल समाप्त कर देना चाहिए। राजनीतिक नेतृत्व इस विचारधारा के इर्द-गिर्द बदलाव लाने की सोच रहा था कि संशोधन को इस ढंग से लागू किया जाए कि केवल वैसी औद्योगिक इकाइयों के लिए, जिनमें 1000 से अधिक कामगार कार्यरत हों, राज्य सरकार से पूर्वानुमति प्राप्त करना आवश्यक कर दिया जाए (वर्तमान अधिनियम में प्रावधानित 100 कामगार के स्थान पर)।

# आतंकवाद एवं साम्राज्यवाद : एक सिक्के के दो पहलू

**—थॉमस सेबेस्टियन**

9/11 की दुर्भाग्यपूर्ण घटनाओं के बाद समाचार सामग्रियों की बड़ी मात्रा और दृश्य एवं मुद्रित समाचार माध्यमों में होनेवाली चर्चा 'आतंकवाद से युद्ध' की धारणा के इर्द-गिर्द तैयार होती रही है। इस क्रम में दो युद्ध पहले ही लड़े जा चुके हैं और अफगानिस्तान तथा इराक के लाखों लोग उनके निशाने बनाए गए हैं। निकट भविष्य में ईरान एवं सीरिया के लोगों पर हमले का खतरा बना हुआ है। इसके अतिरिक्त विश्व की एकमात्र महाशक्ति संयुक्त राज्य अमेरिका अपनी विदेश नीति का औचित्य सिद्ध करने एवं शत्रु को परिभाषित करने के उद्देश्य से 'आतंकवाद के खिलाफ युद्ध' पर निर्भर रही है जिसके कारण कोई भी इस अवधारणा को हलके में नहीं ले सकता।

### आतंकवाद : अर्थ एवं प्रकार

संयुक्त राज्य की सैन्य नियमावली में आतंकवाद को इस प्रकार परिभाषित किया गया है, "...धमकी, जबर्दस्ती अथवा भयोत्पादन के द्वारा हिंसा अथवा हिंसा की धमकी का सोचा-समझा उपयोग जो राजनीतिक, धार्मिक अथवा वैचारिक उद्देश्यों के लिए किया गया हो।" (संयुक्त राज्य आर्मी ऑपरेशन कॉन्सेप्ट फॉर टेररिज्म काउंटर ऐक्शन, टी.आर.एडी.ओ.सी. पत्र सं. 527-37, 1984)। यह परिभाषा उस समय दी गई जब रीगन प्रशासन आतंकवाद पर अपने युद्ध को व्यापक रूप दे रहा था।

बाद में इसके प्रभाव-क्षेत्र को बढ़ा दिया गया है। पैट्रिऑट एक्ट के भाग 802 में कहा गया है कि यदि कोई व्यक्ति 'मानव-जीवन के लिए घातक' कार्य करता है तो उसे घरेलू आतंकवाद में लगा हुआ माना जाएगा अर्थात् किसी राज्य या संयुक्त राज्य के आधिकारिक कानूनों का उल्लंघन, यदि उस कार्य का उद्देश्य लगता हो (क) नागरिकों के साथ जोर-जबर्दस्ती अथवा धमकी, (ख) धमकी या जबर्दस्ती के बल पर सरकारी नीतियों को प्रभावित करना अथवा (ग) व्यापक विनाश, हत्या अथवा अपहरण के द्वारा सरकारी कामकाज को प्रभावित करना।

विदेश सम्बन्ध परिषद (सी.एफ.आर.) के अनुसार अमेरिकी आभिजात्य के विचारकों के अनुसार विभिन्न प्रकार के कुल छह आतंकवाद हैं : राष्ट्रवादी, धार्मिक, राज्य-प्रायोजित, वामपन्थ, दक्षिणपन्थ एवं अराजकतावादी। उनकी वेबसाइट्स पर आतंकवाद के इन विभिन्न प्रकारों को परिभाषित किया गया है। राष्ट्रवादी किस्म के आतंकवादी अपनी कौम

के लिए पृथक् राष्ट्र का निर्माण करना चाहते हैं। वे प्रायः 'राष्ट्रीय मुक्ति' के लिए संघर्ष करने हेतु दुनिया का ध्यान आकृष्ट करने के उद्देश्य से, जिसके सम्बन्ध में उन्हें लगता है कि दुनिया उसकी उपेक्षा कर रही है, आतंकवादी गतिविधियाँ करते हैं। राष्ट्रवादी आतंकवाद को परिभाषित करना कठिन है, क्योंकि ऐसा करनेवाले बहुत-से समूहों का कहना है कि वे आतंकवादी नहीं, अपितु स्वतंत्रता-सेनानी हैं। राज्य-प्रायोजित आतंकवाद को उन देशों के रूप में परिभाषित किया गया है जो इस रूप में सी.एफ.आर. के अनुसार आतंकवादियों और आतंकवादी संगठनों को प्रायोजित कर रहे हैं। इस मामले में सी.एफ. आर. राज्य विभाग पर निर्भर है। अमेरिकी गृह मंत्रालय के अनुसार आज ईरान में प्राथमिक रूप से राज्य-प्रायोजित आतंकवाद है। क्यूबा, इराक, लीबिया, नॉर्थ कोरिया, सूडान एवं सीरिया में भी इसे देखा जा सकता है।

राज्य-प्रायोजित आतंकवादी समूहों में हिजबुल्ला (ईरान द्वारा पोषित) अबु निडाल संगठन (जो उनके अनुसार सीरिया, लीबिया और इराक द्वारा पोषित है) और जापानी रेड आर्मी (जो अकसर लीबिया के लिए काम करती है), आदि शामिल हैं। वामपन्थी आतंकवाद वह है जो पूँजीवाद के विरुद्ध लड़ता है और इसके स्थान पर साम्यवादी अथवा समाजवादी व्यवस्था लाना चाहता है। दक्षिणपन्थी आतंकवादी सबसे कम संगठित समूहों में आते हैं और प्रायः नवनाजीवाद से जुड़े हैं जो खासकर 1980 के दशक में पश्चिमी यूरोप में दंगे करते थे। सी.एफ.आर. की दृष्टि से हाल में भूमंडलीकरण के विरुद्ध चल रहे आन्दोलनों में अराजकतावादी आतंकवाद को देखा जा सकता है।

ये परिभाषाएँ एवं वर्गीकरण वस्तुतः आतंकवाद की प्रकृति पर बहुत अधिक प्रकाश नहीं डालते। तथापि, वे संयुक्त राज्य के प्रशासन को, जो कोई भी उन्हें अथवा उनकी नीतियों का विरोध करता हो, उसे आतंकवादी कहने की अनुमति देते हैं। जॉर्ज पाफ्रे द्वारा दी गई परिभाषा और वर्गीकरण को मैं आतंकवादी और आतंकवादी गतिविधियों को समझने में ज्यादा सहायक मानता हूँ जैसा कि संयुक्त राज्य इस्लामी संगठनों के साथ करता रहा है। पाफ्रे के अनुसार तीन प्रकार के आतंकवाद हैं–'क्रान्तिकारी आतंकवाद' (जो आतंकवादी कार्रवाई के बाद हमारे मस्तिष्क में आता है), दोस्ताना आक्रमणवाला आतंकवाद एवं मिथ्या प्रदर्शनवाला आतंकवाद।[1]

## क्रान्तिकारी आतंकवाद

क्रान्तिकारी आतंकवाद वह है जिसका प्रयोग उन लोगों के द्वारा होता है जो सत्ता से बाहर होते हैं। वे न तो राज्य द्वारा प्रभावित होते हैं, न ही इसके किसी अंग द्वारा; ऐसे आतंकवादी स्वयं तय करते हैं कि कैसे, कब और कहाँ हमला करना है। वे मुख्य रूप से बुद्धिजीवी होते हैं, जो सुधारों के लिए चल रहे जन-आन्दोलनों की धीमी रफ्तार से अधीर होते हैं। वे जन-आन्दोलनों से अलग हो जाते हैं और प्रभावी हिंसा अपना लेते हैं, इस उम्मीद के साथ कि वे शासकों से कुछ सहूलियतें हासिल कर सकते हैं। क्रान्ति के छोटे मार्ग का उनका विचार इस भ्रान्ति पर आधारित होता है कि सत्तारूढ़ वर्ग को सत्ता छोड़ने के लिए विवश किया जा सकता है, ताकि वंचितों को सार्थक रियायतें मिल सकें।

इस प्रकार के आतंकवाद को राष्ट्रीय मुक्ति आन्दोलनों और उनकी गुरिल्ला गतिविधियों से अलग करके देखा जाना चाहिए जिन्हें वे सत्ताधारियों और विदेशी अधिग्रहण के विरुद्ध चलाते हैं। लोगों में इस मुद्दे पर स्पष्टता का अभाव होता है। संयुक्त राज्य के दुष्प्रचारकर्ताओं द्वारा इस भ्रम का उपयोग उन लोकप्रिय आन्दोलनों के दमन का औचित्य सिद्ध करने में सुविधापूर्वक किया गया जो कठपुतली सरकारों के विरुद्ध चल रहे थे और इसको आतंकवाद के विरुद्ध युद्ध कहा गया था। आतंकवाद तथा राष्ट्रीय मुक्ति संघर्ष के मध्य विभेदकारी बिन्दु यह है कि राष्ट्रीय मुक्ति संघर्ष सशक्त संघर्ष के रूप में संचालित होता है, उस स्थिति में यह तात्कालिक सामाजिक व्यवस्था के स्थान पर संगठित संरचना को नियंत्रित करता है। इसके विपरीत आतंकवाद के प्रति जनसमर्थन का अभाव होता है। इसके पास कोई व्यावहारिक सामाजिक संरचना नहीं होती जो इसको सुरक्षा और मजबूती देती हो। वस्तुतः क्रान्तिकारी आतंकवाद बिलकुल ही क्रान्तिकारी नहीं होता, क्योंकि इसकी कोशिश सत्तारूढ़ वर्ग से मात्र कुछ सार्थक बदलाव पाना होता है। सत्ता पाने की तथा सत्ता-वंचितों के पक्ष में क्रान्तिकारी बदलाव लाने की उसके पास कोई योजना नहीं होती।

आम धारणा यह है कि सभी प्रकार का आतंकवाद केवल वैसा ही होता है, जैसा कि वर्णित है। सापेक्षिक तौर पर, छोटे समूह, जो शक्तिशाली राज्य एवं उसके अंगों के विरुद्ध सामाजिक स्थिति में बदलाव की मंशा से सशस्त्र संघर्ष में लगे होते हैं, जब भी हम किसी 'आतंकवादी हमले' के बारे में सुनते हैं तब स्वतः हमारे मस्तिष्क में आते हैं। 11 सितम्बर, 2001 के हमले से सम्बन्धित अधिकृत बयान के अनुसार, बिन लादेन और अलकायदा इस प्रकार की हिंसा में संलग्न हैं। इसमें आगे कहा गया है कि फिरौती के बजाय बदले की भावना इस हमले के विरुद्ध मुख्य प्रेरणा थी। एक प्रेरणा के रूप में प्रतिशोध की भावना क्रान्तिकारी आन्दोलन की अनिवार्य विशेषता नहीं होती।

आम जन में व्याप्त 'क्रान्तिकारी आतंकवाद' की अवधारणा निर्मित करनेवाले तत्त्वों के सम्बन्ध में अनिश्चितता सत्तारूढ़ वर्ग और उसके प्रचारकों के लिए एक मौका उपलब्ध कराती है। राज्य के अंग, खासकर खुफिया विभाग, ने आतंकवादी हमले को मित्रवत् संघर्ष एवं प्रदर्शनकारी आतंकवाद के रूप में बनाए रखने का निर्णय ले रखा है। ऐसा ये विदेश नीति के मुद्दों को तय करने और अपने राजनीतिक विरोधियों से अवैध वसूली के लिए तथा देश के काम-काज में आम लोगों की भागीदारी बढ़ाने हेतु करते हैं।

आतंकवाद एक उच्चस्तरीय गोपनीय गतिविधि है, जिसे छोटे समूह में गठित लोगों, जिनका आपस में सीमित सम्बन्ध होता है, के संगठन की आवश्यकता होती है। इसे 'कॉमरेड' के रूप में बड़ी मात्रा में अन्धविश्वास की आवश्यकता भी होती है। इन पहलुओं के कारण भी आतंकवादी संगठनों को राज्य के तत्त्वों द्वारा बढ़ा-चढ़ाकर पेश किया जाता है। यह राज्यों के लिए भी यह सम्भव बनाता है कि वे ऐसे तत्त्वों को अपना एजेंट बना सकें।

घुसपैठ का एक अन्य तरीका है आतंकवादियों को एजेंट बनने के लिए खरीदा अथवा ब्लैकमेल किया जाए। कुछ आतंकवादी अपनी भूल समझ लेने के बाद भी कि उसका शिकार किया जा रहा है, आतंकवादी परिदृश्य में बने रहना चाहते हैं। इसके संगठन, हमले

की योजना आदि की सूचना देने के उद्देश्य से और अन्त में राज्य द्वारा आयोजित मित्रवत् हमलों में एजेंट बन जाते हैं। बदले में उन्हें कानूनी कार्रवाई से मुक्ति का वचन दिया जाता है, जब आतंकी संगठन के लोगों पर मुकदमे चलाए जाने होते हैं। जब राज्य का आतंकवादी संगठनों पर पूरा नियंत्रण हो जाता है, आतंकवाद मित्रवत् आतंकवाद के रूप में परिणत हो जाता है।

## दोस्ताना संघर्ष वाला आतंकवाद

दोस्ताना संघर्ष और मिथ्या आतंकवाद के उद्देश्य एक समान हैं। वे कहते हैं कि आतंकवादी घटनाएँ होती रहें ताकि एक तरफ ये लोगों के मस्तिष्क में भय पैदा कर सकें तथा दूसरी ओर वे सार्वजनिक शत्रु प्रतीत हो सकें। बदले में, यह 'हम लोग एक परिवार की तरह रहें' की भावना पैदा करेगा, ताकि लोगों के बीच के अपने साझा शत्रु से बच सकें। बदले में सरकार इस भावना का शोषण नागरिक अधिकारों को सीमित करने के लिए कर सके। लोग अपने भौतिक अधिकारों को यह सोचकर छोड़ते हैं कि इन प्रतिबन्धों से थोड़ी व्यक्तिगत सुरक्षा मिलेगी।

आतंकवाद में दोस्ताना संघर्ष से 'प्रत्येक व्यक्ति प्रभावित हो सकता है' जो कि असुरक्षा की भावना व्यापक पैमाने पर फैलाने में समर्थ है, केवल शासक वर्ग में ही नहीं, जैसा कि क्रान्तिकारी आतंकवाद के साथ होता है। सरकार इस मामले में तानाशाही अन्दाज में समाधान लेकर आती है। राज्य के सैन्य संगठन इसके लाभार्थी होते हैं। राज्य कार्यपालिका के अंग–पुलिस, खुफिया विभाग एवं सशस्त्र बल–समाज को चलानेवाले प्राथमिक बल बन जाते हैं, क्योंकि राष्ट्र फासीवाद की गिरफ्त में आ चुका होता है। नागरिक शासन का ढाँचा दरकिनार कर दिया जाता है। अभिव्यक्ति की स्वतंत्रता और विधायिका को धमकी के रूप में देखा जाता है। नागरिक सम्भावित शत्रु, सम्भावित आतंकवादी और सम्भावित आतंकवादियों के प्रबल मददगार बना दिए जाते हैं।

राज्य का प्रचार-तंत्र प्रसार माध्यमों के जरिए 'खतरनाक आतंकवादियों' की गिरफ्तारी का भ्रम फैलाता है और बाद में झूठे मुकदमे चलाए जाते हैं। इस तरीके से सरकार जनता और संसद दोनों को आश्वस्त करती है कि वह अधिक सुरक्षा के लिए अधिक मात्रा में लोकतांत्रिक अधिकारों का परित्याग करें। प्रभावी दोस्ताना संघर्ष वाले आतंकवाद के लिए सरकार द्वारा दो-तीन शीर्षस्थ आतंकवादियों पर नियंत्रण करना पर्याप्त होता है।

## दोस्ताना संघर्षवाले आतंकवाद के उदाहरण

**1993 का विश्व व्यापार केन्द्र (डब्ल्यू.टी.सी.) पर बमबारी** : विश्व व्यापार केन्द्र को ध्वस्त करने का प्रथम प्रयास 1993 में किया गया जब इसके तलघर में एक बम का विस्फोट कर दिया गया, जिसमें पाँच व्यक्ति मरे और 1000 से अधिक लोग घायल हो गए। इस मामले से जुड़ी तहकीकात संयुक्त राज्य के अधिकारियों की भूमिका, उनके प्रसार माध्यम तथा संयुक्त राज्य की भूमि पर कार्यरत विदेशी संगठनों के साथ उनके सम्बन्धों पर काफी प्रकाश डालती है।

जेम्स फॉक्स, जो फेडरल ब्यूरो ऑफ इन्वेस्टीगेशन (एफ.बी.आई.) के सहायक निदेशक थे, ने इस घटना के कुछ ही क्षण बाद घोषणा की कि मोहम्मद ए. सलामेह वह व्यक्ति था, जिसने बम रखा था, जिसके लिए 'फोर्ड इकोनोलाइन' की पीले रंग की एक वैन का इस्तेमाल किया गया था। उसकी जीवनी तैयार कर व्यापक तौर पर बाँट दी गई। *न्यूयॉर्क टाइम्स* ने उसे एक इस्लामी कट्टरपन्थी सम्प्रदाय का संदिग्ध घोषित किया।[2]

एक सूत्र के अनुसार यह आतंकी हमला एक इस्लामवादी 'जोसी' अथवा 'गूजी' हदास द्वारा प्रारम्भ किया गया था, जो 'इंटरनेशनल हेराल्ड ट्रिब्यून' के अनुसार लम्बे समय तक 'मोसाद' संगठन के रूप में जाना जाता था। उन्होंने दो अरब (जिन्हें बाद में गिरफ्तार कर लिया गया), मोहम्मद सलामेह, एक फिलिस्तीनी तथा निडाल अय्याद[3] को भाड़े पर ले रखा था।

सलामेह 'हदास' का ड्राइवर था। इस कार्रवाई में उसे 'हदास' द्वारा एक परिवहन वैन को भाड़े पर लेने के लिए निर्देशित किया गया था। सलामेह ने उक्त वैन को अपने नाम पर भाड़े पर लिया।[4] भाड़े के कागज पर जो टेलीफोन नम्बर अंकित थे, वे 'हदास' से सम्बन्धित थे।[5]

जिस व्यक्ति ने शेख उमर अब्दुल रहमान (एक मिस्रवासी विद्रोही) के आदमियों के समक्ष बमबारी का प्रस्ताव रखा था, वह था इमाम अली सलेम, एक ऊँचे दर्जे का एजेंट जो मिस्र के खुफिया विभाग के लिए काम करता था और एफ.बी.आई. का खबरी भी था। सलेम ने एफ.बी.आई. को बातचीत के टेप और दूसरे सभी साक्ष्य, जो मुकदमे के लिए जरूरी थे, प्रदान किए। यह सलेम ही था जिसने लिंकन तथा हॉलैंड की सुरंगों को उड़ाने की योजना बनाई थी, संयुक्त राष्ट्र संघ तथा अन्य को निशानों बनाया तथा अनेक हत्याओं को अंजाम दिया था।

एफ.बी.आई./मिस्री खुफिया संगठन ने 'वह सुरक्षित घर उपलब्ध कराया था, जहाँ बमों को तैयार किया गया था तथा आग्नेयास्त्र और हमले में प्रयुक्त होनेवाली सामग्रियों को खरीदने में मदद की।' (मुस्लिम वर्ल्ड मॉनीटर, 4 जुलाई, 1993)[6]

सलामेह द्वारा भाड़े पर लेने के तुरन्त बाद वैन गायब हो गई। सलामेह ने पुलिस में 'चोरी' की शिकायत दर्ज कराई, जिस पर उनकी कोई प्रतिक्रिया नहीं हुई। उसने दोबारा 'चोरी' का मामला दर्ज कराया। जब पुलिस ने चोरी का मामला दर्ज करने से इनकार कर दिया, वह खुद थाने चला गया यह कहने कि चोरी का मामला दर्ज कर लिया जाए। उसे गुस्सा आया कि औपचारिक आधार ढूँढ़ने के बहाने वे अभी भी ऐसा करने से इनकार कर रहे थे।

ठीक अगले दिन बम-विस्फोट हुआ। वैन के टुकड़े मलबे में से बरामद हुए। विस्फोट के अलगे दिन, सलामेह कार्यालय में आया और अपनी जमाराशि के बारे में पूछताछ की। उसको कुछ हिस्सा मिला और फिर बाद में दो ही घंटे में उसे गिरफ्तार कर लिया गया। एफ.बी.आई. ने 'हदास' के घर से औजार तथा लिखित सामग्री, विस्फोटक, बिजली के उपकरण और अन्य साजो-सामान बरामद किए। एक विशेषज्ञ ने इन चीजों को इस बात के सबूत के रूप में पेश किया कि घर में एक बम बनानेवाला व्यक्ति मौजूद था—ऐसा इसलिए कि 'विस्फोटकों के सम्बन्ध में प्रशिक्षित एक कुत्ते ने' चारों ओर सूँघा और 'सकारात्मक प्रतिक्रिया व्यक्त की'। तो भी दोषी हदास पर कभी मुकदमा नहीं चलाया

गया। इस समय वह कहाँ है, कोई नहीं जानता। लगता है, इस मामले में न्यायाधीश द्वारा भी कोई रुचि नहीं ली गई।

*टाइम* ने टिप्पणी की, "यदि सलामेह अपराधी है, तो यह पता लगाया जाना चाहिए कि कितनी ढिठाई के साथ न्यूयॉर्क के चालक की वैध अनुज्ञप्ति दिखाकर उसने अपने नाम पर वैन भाड़े पर ली जिस पर वास्तविक तथा ढूँढ़ लिये जाने योग्य टेलीफोन नम्बर अंकित था एवं विस्फोट के बाद गायब हो जाने के बजाय अपनी जमाराशि प्राप्त करते हुए वह अपनी ओर ध्यान आकृष्ट करा रहा था।[7]

4 जुलाई, 1998 के लॉस एंजिलस टाइम्स के अनुसार एफ.बी.आई. के पास 1990 से विश्व व्यापार केन्द्र, लिंकन तथा हॉलैंड सुरंग और अन्य को उड़ाने से सम्बन्धित सभी दस्तावेज मौजूद थे। दस्तावेजों से भरे 50 बक्से, जिसमें विश्व व्यापार केन्द्र को उड़ाए जाने से सम्बन्धित दस्तावेज भी थे, पुलिस और एफ.बी.आई. के कब्जे में थे। जितनी बार सलामेह अपने साथियों से विस्फोट की कार्रवाई के सम्बन्ध में मंत्रणा करने के लिए मिला करता था, एफ.बी.आई. के पास उसके सम्पर्क सूत्र थे और एफ.बी.आई. को पता था कि इस घटना के अन्तर्गत की गई सारी कार्रवाई सलेम के दिमाग की उपज थी।[8]

वास्तव में, *न्यूयॉर्क टाइम्स* के अनुसार, यह एफ.बी.आई. थी, जिसने बम विस्फोट कराने का निर्णय लिया था। 'कानून लागू करनेवाले पदाधिकारियों को कहा गया था कि आतंकवादी एक बम बना रहे हैं जिसका समय आने पर विश्व व्यापार केन्द्र को उड़ाने में इस्तेमाल हो सकता है।' एक खबरी ने घटना के बाद बतलाया कि एफ.बी.आई. ने योजना बनानेवाले षड्यंत्रकारियों को गुप्त तरीके से विस्फोटक तैयार करने के लिए कम नुकसानवाला पाउडर उपलब्ध कराया।[9]

दोस्ताना संघर्ष वाले आतंकवाद का यह एक अच्छा उदाहरण है। एफ.बी.आई. यह दिखाकर खुश है कि आतंकवाद संयुक्त राज्य के लिए भी एक चुनौती है और इसलिए कांग्रेस को अरब में दबाव की कार्रवाई को पूरा महत्त्व देना चाहिए।

**9/11 : एक दोस्ताना संघर्ष वाला आतंकवाद**[10] : बहुत बार मिथ्यावादी आतंकवाद में हमले की तैयारी करते समय साक्ष्यों की एक श्रृंखला छोड़ दी जाती है। ये साक्ष्य सफलतापूर्वक नजरअन्दाज कर दिए जाते हैं परन्तु हमले के बाद ढूँढ़ लिये जाते हैं। इससे किसी को बलि का बकरा बनाने के लिए आरोपों को विश्वसनीयता प्राप्त होती है। 11 सितम्बर के हमले के बारे में कांग्रेसी जाँच में कहा गया कि वहाँ सम्भावनाएँ मौजूद थीं, परन्तु विभिन्न खुफिया एजेंसियों ने सूचना देने में विलंब किया। इन साक्ष्यों का एक किस्सा मोहम्मद अता (अथवा उसके किसी साथी) का टेस्टामेंट था, जो एक वाहन में मिला था, जिसे बोस्टन हवाई अड्डे पर खड़ा किया गया था। टेस्टामेंट की बारीक जाँच से पता चला कि यह किसी मुस्लिम द्वारा नहीं, बल्कि किसी ऐसे व्यक्ति द्वारा लिखा गया था जो मुस्लिम की तरह दिखना चाहता था।[11]

उनके द्वारा छोड़ा गया एक अन्य महत्त्वपूर्ण साक्ष्य रेडियो सन्देश था, जिसे खुफिया तंत्र द्वारा हमले के लगभग ढाई माह पूर्व ढूँढ़ा गया था जिसमें संकेत था कि कोई योजना

बनाई जा रही है। *दि इंटरनेशनल हैराल्ड ट्रिब्यून* की रिपोर्ट है : '11 सितम्बर वाली घटना से सम्बन्धित प्रारम्भिक प्रयासों का पता लगाने के क्रम में अमेरिकी अधिकारी अब उस खुफिया सन्देश की ओर देखने लगे हैं, जो जून एवं जुलाई में प्राप्त हुआ था। खुफिया तंत्र से परिचित अधिकारियों ने कहा कि सी.आई.ए. को ऐसे सन्देशों तथा अन्य संकेतों की एक पूरी श्रृंखला प्राप्त हुई है कि अलकायदा एक बड़ी घटना को अंजाम देने की योजना बना रहा है। अपने कुछ सन्देशों में आतंकवादियों ने कूट शब्दों का प्रयोग किया था और अपनी योजना को छिपाने के लिए दोरंगी बातचीत का सहारा लिया था।' इसमें जो नहीं कहा गया था, वह था कि किसी अन्य खुफिया एजेंसी को बरगलाने की खुफिया एजेंसियों की यह पुरानी चाल थी। यह आश्चर्यजनक है कि कुछ खुफिया अधिकारी भी कितने भोले-भाले लगते हैं।

आस्ट्रोव्स्की 'ट्रोजन' रिले सिस्टम की चाल को मिथ्याभासी आतंकवादी कार्रवाई के सन्दर्भ में स्पष्ट करता है।[12] इजरायल ने ट्रोजन का इस्तेमाल बर्लिन के ला बिले डिस्कोथेक में विस्फोटक से सम्बन्धित आरोपों की कलई खोलने में किया, जिसके बाद संयुक्त राज्य ने इजरायल के शत्रुओं पर बमबारी शुरू कर दी। आस्ट्रोवस्की कहता है :

> ट्रोजन एक विशेष संचार उपकरण था, जो नौसेना के कमांडो द्वारा शत्रु की सीमा में काफी गहराई में लगाया जाता है। यह उपकरण एक रिले केन्द्र के रूप में काम करता है, जो मोसाद के गलत सूचना देनेवाली इकाई द्वारा तैयार भ्रामक सन्देश प्रसारित करता है, जिसे एल.ए.पी. कहा जाता है, जिसका उद्‌देश्य होता है अमेरिका और ब्रिटेन के श्रोता केन्द्रों को सन्देश पहुँचाना। एक आई.डी.एफ. नौसेना जहाज से प्रारम्भ होनेवाले पूर्व अंकित डिजिटल प्रसारण केवल ट्रोजन द्वारा ही ग्रहण किए जा सकते थे। उपकरण बाद में अन्य फ्रीक्वेंसी पर इसे पुनः प्रसारित करता था, जो शत्रु देश में आधिकारिक उपयोग के लिए होता था, जहाँ पहुँचने के बाद यह प्रसारण अन्तिम रूप से ब्रिटेन स्थित अमेरिकी श्रोताओं द्वारा सुना जाता था।...श्रोताओं को इसमें कोई सन्देह नहीं होता था कि उन्होंने एक सही सन्देश प्राप्त किया है, अतएव ट्रोजन नाम मिथकीय ट्रोजन घोड़े की भाँति विश्वसनीय लगता था। पुनः संवाद की धारा, एक बार प्रसारित हो जाने पर सूचना के अन्य केन्द्रों द्वारा भी पुष्ट कर दिया जाता था, जिसमें 'मोसाद' शामिल था।

इस बात से इनकार नहीं किया जा सकता है कि 'ट्रोजन ऑपरेशन' का उपयोग बिन लादेन जैसा 'बलि का बकरा' तैयार करने के लिए किया गया होगा।

## मिथ्याभासी आतंकवाद

जब राज्य आतंकवादियों के साथ मिलकर काम करने में स्वयं को असमर्थ पाता है, तो यह स्वयं पर ही हमला कर सकता है और काल्पनिक आतंकवादी पर दोषारोपण कर सकता है।

आत्मघाती बमबारी करनेवाले उक्त तीनों कोटियों में से किसी एक से सम्बन्धित हो सकते हैं। सम्भव है कि 'क्रान्तिकारी आतंकवादी अपना निर्णय स्वयं करते हों। सक्षम

आतंकवादियों को अपने जीवन का बलिदान करने हेतु बरगलाया जा सकता है और वे शहीद बन सकते हैं और इसे ही मिथ्याभासी आतंकवाद कहा जाता है। यह भी सम्भव है कि खुफिया तंत्र आतंकवादियों की योजनाओं को जान लेने के बावजूद उसे नजरअन्दाज अथवा प्रोत्साहित करे और घटना को हो जाने दे। इस बात की भी सम्भावना है कि बमबारी को आत्मघाती कार्रवाई का रूप दे दिया जाए।

हमले के निशाने की जाँच, अपेक्षित प्रत्युत्तर, कार्रवाई की व्यावसायिकता तथा संचार के विषय के आधार पर हम लोग आमतौर पर निर्णय कर सकते हैं कि किस प्रकार की आतंकवादी कार्रवाई की गई है। उदाहरणार्थ–विमानन प्रक्रिया को जानते हुए सामान्यजनों की हत्या को लक्ष्य बनाकर किए गए प्रतीकात्मक हमले के लिए कोई दावा न करे कि उसने यह कार्रवाई की है क्योंकि यह विश्वास करना कठिन हो जाएगा कि आतंकवाद की वह खास कार्रवाई 'क्रान्तिकारी' किस्म की थी।

अलकायदा द्वारा किए गए हमले 'दोस्ताना संघर्ष वाला आतंकवाद' था। यह विश्वास करने का एक मजबूत कारण है संदिग्ध आतंकवादी संगठन के साथ संयुक्त राज्य के अधिकारियों का निकट सम्पर्क।

**सम्पर्क :** संयुक्त राज्य के अधिकारी तथा वे संगठन, जिसे वे आतंकवादी मानते हैं, के बीच साफ तौर पर निकट सम्पर्क था। माइकेल चौशूदोव्स्की ने संयुक्त राज्य प्रशासन एवं इस्लामी आतंकवादी संगठन के बीच सम्बन्धों का खुलासा किया था। उनके निष्कर्षों को यहाँ सारणी 3.1 तथा 3.2 में दिया गया है।

सारणी 3.1 एवं 3.2 में प्रस्तुत साक्ष्य संयुक्त राज्य सरकार की एजेंसियों के अन्तरराष्ट्रीय आतंकवाद के साथ निकट सम्बन्ध को दर्शाते हैं। संयुक्त राज्य सरकार ने इस्लामी जेहाद को उकसाया एवं संयुक्त राज्य प्रायोजित आतंकवादियों को बाल्कन और पूर्ववर्ती सोवियत संघ में हथियार आदि की खरीद के लिए धन मुहैया कराया था।

सी.आई.ए. के सैनिक समर्थन एवं पाकिस्तानी आई.एस.आई. के सहयोग से 40 मुस्लिम देशों के लगभग 35000 मुस्लिम क्रान्तिकारियों ने 1982-1992 के बीच अफगानिस्तान संघर्ष में भाग लिया जो अफगानी जेहाद को सभी मुस्लिम देशों और सोवियत संघ के बीच विश्वयुद्ध में बदलना चाहते थे। हजारों से अधिक जेहादी पाकिस्तानी मदरसों में प्रशिक्षण प्राप्त करने आएँ। कुल मिलाकर 100,000 से अधिक विदेशी मुस्लिम क्रान्तिकारी अफगानी जेहाद से सीधे प्रभावित हुए।[13]

**राज्य प्रायोजित आतंकवाद :** संयुक्त राज्य प्रशासन दोस्ताना आतंकवाद प्रायोजित करने के अलावा विश्व के विभिन्न हिस्सों में सरकारों को उखाड़ फेंकने तथा अपनी कठपुतली सरकारें बनवाने के लिए आतंकवाद को प्रायोजित भी करता रहा है।

**रीगन का दमनात्मक युद्ध :** संयुक्त राज्य द्वारा प्रायोजित आतंकवाद का एक कुख्यात उदाहरण निकारागुआ के विरुद्ध रीगन का दमनात्मक युद्ध है। वहाँ सैंडिनिस्टों, जो बुर्जुआ समर्पित फर्जी क्रान्तिकारी बल था, ने 1979 में तानाशाह सोमोजा की सत्ता को उखाड़ फेंका। 1981 में सत्ता में आने पर रीगन ने बुर्जुआ प्रतिक्रिया का प्रतिनिधित्व करनेवाले भाड़े के सैनिकों के प्रतिरोधी दस्ते को सैंडिनिस्टों के विरुद्ध उत्प्रेरित करना शुरू किया। सी.

इस विनाशकारी कार्रवाई के नतीजे आज हमारे सामने हैं। मध्य अमेरिका गरीबी और राजनीतिक पिछड़ेपन के प्रति मूक दर्शक रहा है तथा प्रतिक्रियावादी, धनी और एकाधिकारी सत्ता में बने हुए हैं।

**आतंकियों का विद्यालय :** इसी बीच, संयुक्त राज्य द्वारा प्रायोजित आतंकवाद लैटिन अमेरिका में जारी रहा। कोलम्बिया में, जहाँ वामपन्थी छापामार दस्तों ने देश के महत्त्वपूर्ण भागों पर अपना कब्जा जमा लिया था, सरकारी सेना ने एक छापामार सेना बना ली थी, जो मारक दस्ते की कार्रवाइयों को अंजाम देती थी। कोलम्बिया के बहुत सारे सैन्य अधिकारी संयुक्त राज्य अमेरिका स्थित सैनिक स्कूलों में प्रशिक्षित हुए हैं। एक कुख्यात संस्था जो लैटिन अमेरिकन सैन्य अफसरों को निर्देश दिया करती थी कि अपने देश की अस्थिरतावादी ताकतों के विरुद्ध कैसे लड़ना है। लगभग 60,000 सैनिक पदाधिकारी वहाँ प्रशिक्षित किए गए थे, जिनमें लैटिन अमेरिका के कुछ कुख्यात तानाशाह भी शामिल थे। यह विद्यालय जो सम्प्रति फोर्ट बेनिंग जार्जिया में अवस्थित है, का नया नाम 'वेस्टर्न हेमिस्फेरिक इंस्टीट्यूट फॉर सिक्योरिटी को-ऑपरेशन है' अपने विद्यार्थियों को हत्या और अत्याचार की सूक्ष्म कला के सम्बन्ध में प्रशिक्षण देते हैं। राज्य-प्रायोजित आतंकवाद कोलम्बिया में प्रतिवर्ष आज सैकड़ों श्रमिक संघ तथा किसान नेताओं की हत्या कर रहा है। इसके बावजूद अभी तक वहाँ वामपन्थी आन्दोलन को कुचला नहीं जा सका है इसलिए संयुक्त राज्य की सरकार अब कोलम्बिया में अमेरिकी सेना का इस्तेमाल कर रही है। बुश इसे अपने आतंकविरोधी युद्ध के रूप में प्रचारित कर रहे हैं, परन्तु वास्तव में, यह व्यापक जनता के विरुद्ध राज्य-प्रायोजित आतंक का विस्तार है।

## संयुक्त राज्य अमेरिका : विश्व का नं. 1 आतंकवादी

संयुक्त राज्य का साम्राज्यवाद विश्व का नं. 1 आतंकवादी है। संयुक्त राज्य विश्व का एकमात्र ऐसा देश है जिसकी अन्तरराष्ट्रीय न्यायालय द्वारा अन्तरराष्ट्रीय आतंकवाद के लिए निन्दा की जा चुकी है। जिन शब्दों का उनके द्वारा प्रयोग किया गया वे थे निकारागुआ के विरुद्ध अपने युद्ध में 'ताकत का गैरकानूनी उपयोग'। यह अन्तरराष्ट्रीय आतंकवाद है। इस निर्णय को सुरक्षा परिषद के दो प्रस्तावों के माध्यम से समर्थन दिया गया।

## आतंकवाद के विरुद्ध युद्ध का वास्तविक उद्‌देश्य

यह समझने के लिए कि संयुक्त राज्य ने अपनी विदेश नीति के केन्द्रीय बिन्दु के रूप में आतंकवाद को क्यों अपनाया, हमें द्वितीय विश्वयुद्ध के समय से चली आ रही संयुक्त राज्य की अर्थव्यवस्था एवं साम्राज्यवादी प्रणाली को समझने की आवश्यकता है।

मूल्य की वैधता से पूँजीवाद का चरित्र निर्धारित होता है। व्यापारवाद, जो पूँजीवाद के पीछे-पीछे चलता है, उसमें लाभ का स्रोत विनिमय में प्राप्त होता था। जो लोग दूरस्थ क्षेत्रों में रहनेवाले थे और जो लोग मूल्यों का निर्धारण भिन्न तरीके से करते थे, बिचौलियों द्वारा एक साथ लाए गए। इस आदान-प्रदान में मुनाफा व्यवसायी अथवा बिचौलियों को होता था। पूँजीवाद में उत्पादन की प्रक्रिया से मुनाफे का सृजन होता है। पूँजीवादी अपने पास के धन को मशीनरी खरीदने में, कच्चे माल और मजदूरों पर पूँजी की तरह इस्तेमाल

**तालिका - 3.2**

**बुश प्रशासन के पदाधिकारी : अलकायदा एवं 9/11 के आतंकियों के साथ सम्बन्ध (आंशिक सूची)**

| पदाधिकारी का नाम | सम्बन्ध प्रकृति | सूचना का स्रोत |
|---|---|---|
| जॉर्ज डब्ल्यू. बुश | 1980 के दशक में जब वे टेक्सास तेल व्यवसाय में थे तो बिन लादेन के परिवार के साथ व्यावसायिक सम्बन्ध जिसमें सलेम बिन लादेन (ओसामा का भाई) भी शामिल था और खालिद बिन महफूज (ओसामा का बहनोई) भी, जो 9/11 की घटना का वित्तपोषक था। | इंटेलीजेंस न्यूजलेटर, 2 मार्च, 2000, ए.एफ.पी. लन्दन, 7 नवम्बर, 2001, सालोन.कॉम, 19 नवम्बर, 2001, बोस्टन हेराल्ड, 11 दिसम्बर, 2001, बुश वॉच 2001, इन डीज टाइम्स, 12 नवम्बर, 2001। |
| | बिन महफूज के सम्बन्ध में सन्देह था कि उसने अलकायदा को लाखों डॉलर की मदद की थी। | जॉर्ज बुश फाइनेंशियल स्कैम्स सी.आर.जी. सलेक्शन ऑफ आर्टिकल। |
| कॉलिन पावेल, राज्य सचिव | 9/11 के वित्तपोषक, पाकिस्तानी खुफिया एजेंसी आई.एस.आई. के प्रमुख जनरल महमूद अहमद के साथ आतंकवाद के विरुद्ध युद्ध में सहयोग सम्बन्धी समझौते की शर्तों पर बातचीत की। एफ.बी.आई. सहित कई साक्ष्यों के अनुसार जनरल पर आरोप था कि उसने 9/11 के नायक मोहम्मद अता को $ 100.000 उपलब्ध कराया था। | *मिआमी हेराल्ड*, 16 सितम्बर, 2001 *वाशिंगटन पोस्ट*, *ए.बी.सी. न्यूज*, 30 सितम्बर, 2001, *ए.एफ.पी.* 10 अक्टूबर, 2001, *दी टाइम्स ऑफ इंडिया*, 9 अक्टूबर, 2001। |
| | कॉलिन पॉवेल पर ईरान विरोधी मामलों (ईरानी गृहयुद्ध) में भी संलग्नतः आरोप था। मेजर जेनरल पॉवेल ने ईरान को गलत तरीके से हथियारों के हस्तान्तरण की अनुमति दी। | |
| रिचर्ड आर्मिटेज, उप-राज्य सचिव | इस्लामी सशस्त्र दस्ते के समर्थन में संलिप्त पाए गए, जो रीगन प्रशासन के समय से लागू था। ईरान-विरोधी षड्यंत्रों में भी संलिप्त पाए गए जिसमें निकारागुआ के विरोधियों के लिए हथियारों की अवैध बिक्री की गई। | *मियामी हेराल्ड*, 16 सितम्बर, 2001, *वाशिंगटन पोस्ट ए.बी.सी न्यूज*, 30 सितम्बर, 2001, *ए.एफ.पी.* 10 अक्टूबर, 2001, *दी टाइम्स ऑफ इंडिया*, 9 अक्टूबर, 2001। |
| | रिचर्ड आर्मिटेज 9/11 के वित्तपोषक जनरल महमूद अहमद से राज्य विभाग में 12 एवं 13 सितम्बर, 2001 को आयोजित बैठक में भी मिले। | *यूनाइटेड प्रेस इंटरनेशनल*, 18 जुलाई, 2001। |

| | | |
|---|---|---|
| मार्क ग्रॉसमैन, अवर राज्य सचिव | इंटर सर्विसेज इंटेलीजेंस (आई.एस.आई.) प्रमुख जनरल महमूद अहमद के साथ 9/11 से एक सप्ताह पहले बैठक की। | |
| जॉर्ज टेनेट, सी.आई.ए. निदेशक | 9/11 से एक सप्ताह पहले आई.एस.आई. प्रमुख जनरल महमूद अहमद के साथ बैठक की। | |
| सीनेटर बॉब अब्राहम एवं रिपब्लिकन. पोर्टर गॉस, सीनेट और हाउस के खुफिया समिति के अध्यक्ष | अगस्त 2001 के आखिर में आई.एस.आई. प्रमुख जनरल महमूद अहमद के साथ बैठक की और 11 सितम्बर की सुबह में कौंसिल ऑन फॉरेन रिलेशंस ने आई.एस.आई. को एक आतंकी संगठन घोषित किया। | *मियामी हेराल्ड*, 16 सितम्बर, 2001, *वाशिंगटन पोस्ट*, 18 मई, 2002, कौंसिल ऑन फॉरेन रिलेशंस। |
| जॉन प्वाइंट डेक्स्टर, टोटल इन्फॉर्मेशन अवेयरनेस प्रोग्राम के प्रमुख (टी.आई.ए) | ईरानगेट विरोधी षड्यंत्र में शामिल संयुक्त राज्य के रक्षा गोपनीय कोष की राशि ईरान को हस्तान्तरित करने सम्बन्धी धोखाधड़ी के षड्यंत्र के दोषी। | असंख्य प्रेस रिपोर्ट, देखें यू.पी.आई., 13 दिसम्बर, 1988, *न्यूयॉर्क टाइम्स*, 10 दिसम्बर, 1988। |
| जॉन निग्रोपांटे, संयुक्त राष्ट्र संघ में संयुक्त राज्य अमेरिका के स्थायी प्रतिनिधि | संयुक्त राज्य के अधिकारी, जॉन निग्रोपांटे, संयुक्त राष्ट्र संघ की सुरक्षा परिषद्, में ताजा समझौते में संलिप्त। 1980 के दशक में होंडुरास में संयुक्त राज्य के राजदूत रहते हुए विरोधी पैरामिलिटरी दस्ते को समर्थन देने में संलिप्त पाए गए।<br>बल्कि ईरान को बेचे गए हथियारों से प्राप्त सहायता से होंड्रास से बाहर गतिविधियों को सहायता कर रहा था।<br>मि. निग्रोपोंट जब होंड्रास में नवम्बर 1881 से जून 1985 तक अमेरिका के राजदूत थे। वह भी निकारागुआ के विद्रोहियों की सेना-निर्माण में संलिप्त थी। | *न्यूयॉर्क टाइम्स*, 13 दिसम्बर, 1988, सैन फ्रांसिस्को परीक्षक। |
| थॉमस कीन, 9/11 सम्बन्धी आयोग के अध्यक्ष | व्यावसायिक साझेदार हेसडेल्टा संयुक्त उपक्रम में खालिद बिन महफूज एवं मोहम्मद अल महमूदी के सी.आई.ए. के अनुसार बिन महफूज ओसामा बिन लादेन का बहनोई है। | *फार्च्यून मैग्जीन*, फरवरी, 2003, '*इनर्जी कम्पास*, 15 नवम्बर, 2002,<br>*ग्लोबल आउटलुक*, सं. 4, 2003। |

**स्रोत-** salon.com:http:/dir.salon.com/tech.feature/2001/11/19/bush_oil/index.html Bushwatch:http:/wwww.bushwatch.com bushmoney. htm http:/www.inthesetimes.com/site/mainarticle।

करता है और इन सभी का इस्तेमाल वह वस्तुओं के उत्पादन में करता है। एक बार जब वस्तुओं का उत्पादन हो जाता है, उन्हें बाजार में बेच दिया जाता है तो लागत खर्च मुनाफे सहित वापस मिल जाता है। इस उत्पादन-प्रक्रिया में, जिसमें श्रम के द्वारा कच्चे माल का निर्माण होता है, किसी वस्तु का मूल्य समाज में प्रचलित श्रम के लिए अपेक्षित समय के अनुसार होता है। सामाजिक दृष्टि से अपेक्षित श्रम का समय वह है जो किसी वस्तु के उत्पादन में लगता है। सामाजिक दृष्टि श्रम-समय की किसी वस्तु के उत्पादन हेतु आवश्यकता आपूर्ति एवं उपभोग सम्बन्धी बाजार की शक्तियों द्वारा प्रचलित प्रौद्योगिकी से निर्धारित होती है। कोई भी उत्पादक जो किसी वस्तु का उत्पादन सामाजिक दृष्टि से आवश्यक श्रम-समय के भीतर करने में समर्थ है, उसे मुनाफा पाने का अधिकार है। बाजार की प्रतियोगिता पूँजीपति को प्रभावित करनेवाला एक बाहुबल है, जिसके कारण सामाजिक अपेक्षा से कम श्रम-समय में उत्पादन कार्य सम्पादित करता है। पूँजीपति बाजार के समक्ष स्वयं को असहाय पाता है। वास्तव में, चूँकि यह बल उसके नियंत्रण से परे होता है, वह इसकी पूजा करने लगता है।

सामाजिक अपेक्षा से कम श्रम-समय में वस्तु के उत्पादन के क्रम में पूँजीपति उत्पादन की मात्रा को बढ़ाकर श्रम की उत्पादकता बढ़ाता है। इससे एक ऐसा समय भी आता है जब प्रतिष्ठान का आकार काफी बढ़ जाता है, जिससे वह बाजार में अपना वर्चस्व स्थापित करने में सफल हो जाता है और वस्तु की कीमत निर्धारित करने में बाजार को प्रभावित कर सकता है। यह पूँजीवादी व्यवस्था में एकाधिकार है। एकाधिकार का निर्माण मूल्य के नियमों से पलायन का प्रयास होता है। एकाधिकार आपूर्ति, उपभोग, मूल्य और लोगों के सोचने-विचारने के ढंग से सांस्कृतिक पुनर्निर्माण द्वारा स्वयं संगठित होता है।

तथापि, मूल्य की वैधता उसका पीछा नहीं छोड़ती। यह एक नए रूप में सामने आती है। याद रहे, पूँजीपति बाजार में बने रहने तथा फलने-फूलने में श्रम की उत्पादकता बढ़ाने की अपनी क्षमता के बल पर समर्थ रहता है। श्रम की उत्पादकता बढ़ाने का अर्थ है कम श्रम द्वारा अधिक उत्पादन करना। इसके साथ ही इसका अर्थ होता है अन्य लोगों के लाभ में कमी। विकसित देशों में 1800 से 1870 की अवधि का समय प्रतिस्पर्द्धात्मक पूँजीवाद का था। इस अवधि में इन देशों में पूँजीवाद प्रतिस्पर्द्धात्मक दौर से एकाधिकार की अवस्था में पहुँच गया। बेरोजगारी के कारण लोगों के लाभ में आई गिरावट का अर्थ है कि पूँजीपति किसी वस्तु में निहित उसकी महत्ता को समझ पाने में विफल रहा। इसकी परिणति अतिरिक्त उत्पादन में होती है। इसका समाधान है देशों की सीमा के बाहर की दुनिया में बाजार की तलाश करना। यूरोप के देश एवं संयुक्त राज्य ने ठीक ऐसा ही किया। इससे विश्व के पूँजीवादी देशों में आपस में होड़ लग गई। अपने तथा इन देशों के बीच युद्ध कराकर इन देशों ने स्वयं को बाँट लिया। इस प्रकार पूँजीवाद साम्राज्यवाद में परिणत हो गया। चूँकि वैधता का नियम बना रहा, समस्या पुनः सामने आ गई। विभिन्न पूँजीवादी देश विभिन्न स्तरों पर विकसित होने लगे अतएव उनकी बाजार सम्बन्धी आवश्यकता भी अलग-अलग हो गई। चूँकि 19वीं शताब्दी के अन्त तक विश्व विभिन्न पूँजीवादी देशों के बीच बँट चुका था, अब अधिक बाजार पाने का एकमात्र उपाय रह गया था कि विश्व को

पुनः विभाजित करो। चूँकि कोई भी साम्राज्यवादी देश खुद अपना बाजार दाँव पर लगाने को तैयार न था, तब पूँजीवाद की विडम्बनाओं का अन्तिम समाधान रह गया था युद्ध। यही कारण है कि लेनिन ने प्रशिया के युद्ध मंत्री क्लॉजविज को उद्धृत करते हुए कहा था, "एक तरह से युद्ध एक राजनीति है।"

साम्राज्यवादी सत्ता के बीच का लगातार तनाव, राष्ट्रवादी शक्तियों का बढ़ता प्रतिरोध एवं कुछ ऐसे देशों की सरकार को, जिन्होंने साम्राज्यवादी ताकत को समझा रखा था कि लाभ कमाने की दृष्टि से उपनिवेश-प्रणाली सक्षम पद्धति नहीं है, साम्यवादी दलों द्वारा उखाड़ फेंका गया था। अतएव द्वितीय विश्वयुद्ध के पश्चात् साम्राज्यवादी शक्तियों द्वारा पूर्ववर्ती उपनिवेशों को औपचारिक स्वतंत्रता प्रदान कर दी। इस प्रकार, उपनिवेश के बिना ही साम्राज्यवाद ने नया जीवन जीना शुरू कर दिया। वास्तव में, नव उपनिवेशवाद द्वारा शोषण का तरीका नया नहीं था। लैटिन अमेरिका का अधिकांश भाग पन्द्रहवीं और सोलहवीं सदी में स्पेनवासियों द्वारा उपनिवेश बनाया जा चुका था। नेपोलियन के युद्ध के बाद जब स्पेन राजनीतिक एवं सामाजिक दृष्टि से कमजोर पड़ने लगा, लैटिन अमेरिका के देश स्वतंत्र हो गए। तथापि वे फिर तुरन्त ब्रिटेन और बाद में अमेरिका के प्रभाव में आ गए। अमेरिका के पूँजीपति परोक्ष रूप से इन देशों का शोषण करने में समर्थ थे। इसके लिए जो तरीका उन्होंने अपनाया, वह था इनकी अर्थव्यवस्था में प्रत्यक्ष विदेशी निवेश के माध्यम से अपना प्रभुत्व स्थापित करना। जबकि राजनीतिक नियंत्रण लैटिन अमेरिकियों के हाथों में रहा, इन देशों में निवेश विदेशी पूँजी द्वारा नियंत्रित होता था। इस प्रकार संयुक्त राज्य अमेरिका का धन-लाभ का तरीका अधिक प्रभावी था। द्वितीय विश्वयुद्ध के पश्चात् साम्राज्यवादियों द्वारा जो किया गया, वह था इस प्रणाली को पूरे विश्व में फैलाना। इस प्रणाली का प्रबन्धन करनेवाली नई भूमंडलीय संस्थाओं, यथा–संयुक्त राष्ट्र संघ, विश्व मुद्रा कोष, विश्व बैंक, विश्व व्यापार संगठन इत्यादि का सृजन किया गया। तब उपनिवेशवादी प्रणाली के सृजन में संयुक्त राज्य ने पहलकदमी की थी। इन संस्थाओं के नियम-कायदे ऐसे थे जिनसे संयुक्त राज्य का इन पर सदा नियंत्रण बना रहेगा।

विगत 100 वर्षों के अपने अस्तित्व में रहने की अवधि में साम्राज्यवाद ने अपने अन्तरराष्ट्रीय सहयोगियों में बदलाव किया है। वह समाज का बँटवारा बहुसंख्यक श्रमिक वर्ग एवं एकाधिकार सम्पन्न पूँजीवादी अभिजात वर्ग के रूप में करता है। वर्ग-प्रणाली अब भी विश्व-विभाजन का आधार बनी रही। शक्तिशाली देशों तथा आर्थिक एकाधिकारवादियों, यथा–संयुक्त राज्य अमेरिका द्वारा अभी भी निर्धन और कमजोर देशों का शोषण जारी है। वे अब श्रमिक गतिविधियों को अधिक चाहते हैं। इसे ही आउटसोर्सिंग के रूप में जाना जाता है जो मूल्य के अन्तरण का–नवउपनिवेशों से साम्राज्यवादी देशों में–एक तरीका है। श्रम के विभाजन पर आधारित इस नई अन्तरराष्ट्रीय शोषण-प्रक्रिया को भूमंडलीकरण नाम दिया गया। नवउपनिवेशों से साम्राज्यवादी देशों को धन का अधिक हस्तान्तरण नवउपनिवेशों एवं साम्राज्यवादी देशों के लोगों के जीवनयापन में अन्तर के माध्यम से देखा जा सकता है। उत्तरोत्तर यह और बढ़ गया है। चूँकि नवउपनिवेशवाद अधिक घातक और शोषणपरक था, अतः इसे केवल अधिक ताकत से ही लागू किया जा सकता था। क्योंकि नव

उपनिवेशवाद के सफल संचालन हेतु राष्ट्रीय बुर्जुआ और उनके एजेंट, राजनीतिक दल, को परस्पर सहयोग करना होगा। किसी प्रकार का प्रतिरोध प्रदर्शित करनेवाला कोई भी व्यक्ति संगठित आतंकवाद अथवा बाहरी आक्रमण के जरिए हटा दिया जाएगा। संयुक्त राज्य प्रशासन इसे युग में बदलाव के रूप में पेश करता है।

वाशिंगटन के दृष्टिकोण में भूमंडलीकरण का उद्देश्य पूँजी के विश्वव्यापी उपभोग के लिए सभी प्रकार की बाधाओं को खत्म कर देना है। सरल अर्थ में यह कॉरपोरेट जगत् का वर्चस्व मात्र नहीं बल्कि अमेरिकी कॉरपोरेट जगत् का वर्चस्व है। इस वर्चस्व को प्राप्त करने के लिए सत्तासीन वर्ग प्रायः आर्थिक, राजनीतिक, कूटनीतिक एवं सैन्य संसाधनों का उपभोग एक एकीकृत रणनीति के तहत करता है, जैसा कि वे इराक और यूगोस्लाविया में कर चुके हैं। राष्ट्रपति फोर्ड के अधीन राज्य सचिव हेनरी किसिंगर ने 1999 में कहा है 'मूल चुनौती यह है कि जिसे भूमंडलीकरण कहा जाता है वह वास्तव में संयुक्त राज्य की वर्चस्व वाली भूमिका है।'[14]

वर्षों बाद अब संयुक्त राज्य द्वारा किया गया निवेश अधिक भूमंडलीकृत हो गया है। वे अब पहले से अधिक इन विषयों की सुरक्षा के लिए सैन्य शक्ति पर निर्भर हो गए हैं। 'न्यूयॉर्क टाइम्स' के स्तम्भकार थामस फ्रीडमैन ने उल्लेख किया है, "भूमंडलीकरण को कार्यशील बनाने में अमेरिका को सर्वशक्तिमान महाशक्ति बनने की कोई आवश्यकता नहीं है जैसा कि वह करता है। बाजार का छिपा हाथ बिना छिपी मुठ्ठी के कभी काम नहीं कर सकता। मैकडोनाल्ड्स, एफ-15 के डिजाइनर मैकडोनाल्ड-डगलस के बिना तरक्की नहीं कर सकता और छिपी हुई मुट्ठी जो सिलिकॉन वैली प्रौद्योगिकी से दुनिया की रक्षा करती है, उसका नाम संयुक्त राज्य की सेना, वायु सेना, जल सेना और नौवहन सेना है।"[15]

शोषण की नवउपनिवेशवादी प्रणाली के अधीन बहुराष्ट्रीय निगम (एमएनसी) नवउपनिवेशों को लूट रहे हैं और संयुक्त राज्य प्रशासन इस कार्य को सुगम बना रहा है। बाजार को जीत लेना एक बात है, इसे अपने शोषण के लिए सुरक्षित रख पाना दूसरी बात है। नवउपनिवेशों के संसाधनों पर नियंत्रण स्थापित करने हेतु साम्राज्यवादी देशों को अभी और सैन्य बल की आवश्यकता है। नौवहन सेनापति जनरल ए.एम. ग्रे ने इस कठिनाई को निम्नांकित शब्दों में व्यक्त किया है–

> विश्व के विकासशील देशों के बीच अमीर राष्ट्रों और गरीब राष्ट्रों के बीच की खाई को लेकर बढ़ता असन्तोष विद्रोही कार्रवाइयों के लिए उर्वर भूमि सृजित करेगा। इन विद्रोहों में क्षेत्रीय स्थिरता को तहस-नहस करने की क्षमता निहित है और महत्त्वपूर्ण आर्थिक तथा सैन्य संसाधनों तक हमारी पहुँच कमजोर पड़ सकती है। यह स्थिति और अधिक सोचनीय हो जाएगी, यदि हमारे राष्ट्र और सहयोगी और सम्भावित विरोधी इन रणनीतिक संसाधनों पर अधिक-से-अधिक निर्भर हो जाएँगे। यदि हम इन क्षेत्रों में स्थिरता चाहते हैं तो हमें उनके संसाधनों तक अपनी पहुँच बरकरार रखनी होगी, विदेशों में रहनेवाले अपने नागरिकों की सुरक्षा करनी होगी, अपने महत्त्वपूर्ण ठिकानों का बचाव करना होगा और संघर्षों को टालना होगा। हमें अपनी सैन्य शक्ति को विश्वसनीय सैन्य शक्ति के रूप में विकसित कर विश्व-भर में कहीं भी होनेवाली हिंसा का प्रतिकार करने में सक्षम बनाना होगा।[16]

भूमंडलीकरण को कार्यशील बनाने का यही तर्क है। साम्राज्यवादी देशों के लिए अपने विस्तार और संसाधनों को पूरी दुनिया में फैलाने की जरूरत है। बिना सैन्य बल के यह सम्भव नहीं है। किसी क्षेत्र में प्रवेश हेतु उनको कोई बहाना चाहिए। पूर्व में यह बहाना उन्हें समाजवाद के विरुद्ध संघर्ष के रूप में मिल जाया करता था। आज उन्हें यह आतंकवाद विरोधी युद्ध के रूप में मिलता है।

आज 40 देशों में संयुक्त राज्य के सैन्य ठिकाने हैं। अन्तरराष्ट्रीय व्यापार और वित्तीय संस्थाओं पर इनका नियंत्रण है। अमेरिका की लोकप्रिय संस्कृति और भाषा पूरे विश्व में फैलती जा रही है। इसमें कोई आश्चर्य नहीं कि जब कुछ लेखक इसकी तुलना रोमन साम्राज्य से करने लगें। किन्तु अमेरिकी 'साम्राज्य' शब्द के प्रयोग से सकुचाते हैं, इसके बजाय वे ऐतिहासिक रूप से बदनाम एक शब्द 'महाशक्ति' को पसन्द करते हैं तथा संयुक्त राज्य के वर्चस्व के लिए 'भूमंडलीकरण' की संज्ञा देना चाहते हैं। क्लिंटन प्रशासन के एक सत्तासम्पन्न बुद्धिजीवी लॉरेंस समर्स यह कहना पसन्द करते हैं कि संयुक्त राज्य दुनिया का पहला गैर-साम्राज्यवादी देश है। परन्तु सब के सब समर्स की भाँति संकोची नहीं हैं। वास्तव में उनमें से कुछ इतने ढीठ हैं कि वे अपना उद्देश्य छिपाना नहीं चाहते और ने उस तरीके को, जिससे अपने वर्चस्व को लागू करना चाहते हैं। विदेश नीति के मामले में बुश प्रशासन के भीतरी भाग में काम करनेवाले एस.आर. रोजेन ने कहा है, "एक राजनीतिक इकाई, जिसकी सैन्य शक्ति में आशातीत सर्वोच्चता होती है, और उस शक्ति का उपयोग वह राज्य के अन्य व्यावहारिक कार्यों में करता है, उसे साम्राज्य कहा जाता है।" वह लिखते हैं कि साम्राज्य की रणनीति का ध्यान मुख्य रूप से शक्तिशाली चुनौतियों को पैदा होने से रोकने की ओर होता है, यदि आवश्यक हो तो युद्ध के द्वारा भी, परन्तु जहाँ तक सम्भव हो, साम्राज्यवादी तरीके से ही।

सितम्बर 2000 में अमेरिकी राष्ट्रपति के रूप में बुश के चुने जाने के पूर्व और 11 सितम्बर को हुए विश्व व्यापार केन्द्र पर हमले के एक वर्ष पूर्व, एक नई अमेरिकी शताब्दी सम्बन्धी परियोजना (पी.एन.ए.सी.) (अमेरिका के कई बौद्धिक केन्द्रों में से एक) ने एक बयान प्रकाशित किया जिसे 'रिबिल्डिंग अमेरिका'ज डिफेंस : स्ट्रेटजी, फोर्सेज एंड रिसोर्सेज फॉर ए न्यू सेंचुरी' कहा गया। इस अभिलेख में कहा गया है कि "संयुक्त राज्य को—यदि वे बड़ी क्षेत्रीय अथवा भूमंडलीय भूमिका निभाना चाहते हों, तो निश्चित रूप से उन्नत औद्योगिक राष्ट्रों को हमारे नेतृत्व को चुनौती देने से रोकना होगा।" यहाँ मुख्य सहयोगियों यथा यू.के. का उल्लेख अमेरिकी भूमंडलीय नेतृत्व को लागू करने का सर्वाधिक प्रभावी और पर्याप्त साधन के रूप में किया गया है। "शान्ति कायम रखनेवाली कोशिशों का वर्णन इस रूप में किया गया है कि उन्हें संयुक्त राष्ट्रसंघ के नेतृत्व के बजाय अमेरिकी राजनीतिक नेतृत्व की आवश्यकता है।" वह युग परिवर्तन के लिए चीन को जिम्मेदार मानता है। यह कहते हुए कि "समय आ गया है कि अमेरिका को दक्षिण-पूर्व एशिया में अपनी उपस्थिति बढ़ा देनी चाहिए। यह संयुक्त राज्य द्वारा अन्तरिक्ष सेना बनाए जाने की भी माँग करता है, ताकि अन्तरिक्ष में उसका वर्चस्व कायम हो सके एवं संयुक्त राज्य के विरुद्ध इंटरनेट का उपयोग करने से शत्रुओं को रोकने हेतु वह 'साइबर' स्पेस पर नियंत्रण कर सके।" यह

इस बात का भी संकेत करता है कि ''आतंकवादी दुनिया से अपने लिए राजनीतिक रूप से उपयोगी औजार के लिए जैव हथियारों का हस्तान्तरण कर सके।''

बौद्धिक केन्द्र के एक अन्य सदस्य माइकेल लेदीन ने अमेरिकन इंटरप्राइज इंस्टीट्यूट (ए.ई.आइ) में एक लेख प्रकाशित किया, 'वी विल विन द वार'। ए.ई.आई. के ही अमेरिकन इंटरप्राइज में दिसम्बर 2001 में वह लिखता है–''हमें सभी क्रान्तिकारी युद्धों को आतंकवादी कार्रवाईयों के विरुद्ध लगा देना चाहिए तथा उन्हें सरकारों द्वारा हटा देना चाहिए ताकि वे अपनी जनता की राजनीतिक वैधता के सम्बन्ध में स्वतंत्रतापूर्वक व्यक्त किए जा रहे विचारों से विमुख हो सकें।''

संयुक्त राज्य के अभिजात वर्ग के विभिन्न प्रभावशाली लोगों द्वारा व्यक्त किए गए ये विचार 'नेशनल सिक्यूरिटी स्ट्रेटेजी' सितम्बर 2002 में प्रकाशित हुए। इस 25 पृष्ठोंवाले अभिलेख में निम्नांकित तत्त्व हैं :

1. सभी देशों और लोगों के लिए केवल एक ही स्थायी और सही मॉडल हो सकता है और वह स्वतंत्रता, लोकतंत्र और स्वतंत्र उन्नयन जो एक समझौता रहित माँग पर आधारित है जिससे किसी राष्ट्र को नहीं छोड़ा गया है।
2. संयुक्त राज्य सभी महादेशों में शान्ति कायम करेगा और अमेरिकी समुद्री सीमा से बाहर आर्थिक स्वतंत्रता को बढ़ावा देगा।
3. किसी भी धमकी पर संयुक्त राज्य उसके विरुद्ध कार्रवाई करेगा और यह मानकर कि शत्रु को पहले कार्रवाई करने का अवसर नहीं देना चाहिए, उसके विरुद्ध अकेले ही भिड़ जाएगा क्योंकि सर्वोत्तम प्रतिरक्षा आक्रमण करना है।
4. ऐसे शरारती राष्ट्र, जो संयुक्त राज्य और उन सभी चीजों से घृणा करते हैं जिनके पक्ष में यह कार्य करता है, को किसी भी कीमत पर रोकना है।
5. गरीबी आतंकवाद का कारण नहीं है।
6. संयुक्त राज्य की रणनीति विशिष्ट अमेरिकी अन्तरराष्ट्रीयवाद पर आधारित होगी।
7. जब समय आएगा, संयुक्त राज्य युग परिवर्तन को प्रोत्साहित करेगा।
8. संयुक्त राज्य बुराइयों से दुनिया को मुक्ति दिलाएगा।
9. संयुक्त राज्य भविष्य में हो सकनेवाली किसी भी सैन्य प्रतिस्पर्द्धा को रोकेगा और लम्बी दूरी तक अपनी सेना की तैनाती का इन्तजाम करेगा।
10. संयुक्त राज्य अपनी भूमंडलीय प्रतिबद्धताओं को पूरा करने के काम में लगे अपने अधिकारियों की अन्तरराष्ट्रीय आपराधिक न्यायालय में होनेवाली कार्रवाइयों का विरोध करना जारी रखेगा।

जिस बिन्दु पर मैं जोर देना चाहता हूँ, वह यह है कि संयुक्त राज्य प्रशासन के पास कॉरपोरेट के लिए साम्राज्यवादियों द्वारा दुनिया के शोषण को जारी रखने की एक सुनिश्चित योजना है। अपने वर्चस्व के माध्यम से नियंत्रित करने की अपनी नई रणनीति के बावजूद, साम्राज्यवाद अस्थायी तौर पर देशों का उपनिवेशीकरण चाहता है जैसा कि अफगानिस्तान और इराक के उदाहरण दर्शाते हैं। आमतौर पर आतंकवाद विरोधी युद्ध साम्राज्यवाद को थोपने की नीति है जिसके द्वारा संयुक्त राज्य सैन्य शक्ति का उपयोग

करके बहुत सारे विदेश नीति सम्बन्धी मामलों को सीधे निपटाना चाहता है। संयुक्त राज्य को इस सन्दर्भ में निर्णय करना है और तब अन्य देश इन निर्णयों पर मुहर लगाएँगे तथा संयुक्त राज्य को अपनी सैन्य कार्रवाइयों में मदद करेंगे।

### लोकतंत्र की स्थापन और आतंकवाद के खिलाफ युद्ध : एक चक्र

यद्यपि उपर्युक्त बातें आतंकवाद विरोधी युद्ध की सच्चाई हैं, संयुक्त राज्य की जनता को अमेरिकी चेतना का निर्माण करनेवालों की तरफ से एक भिन्न बात कही गई। आतंकवाद विरोधी युद्ध, जैसा कि अमेरिकी अवाम को बताया गया, स्वतंत्रता और लोकतंत्र की स्थापना करने तथा सुरक्षा सुनिश्चित करने के लिए किया जानेवाला संघर्ष है। अब भी इसमें कोई नई बात नहीं थी।

1898 में अमेरिकी साम्राज्यवाद ने समुद्र की सीमा पार की। उस वर्ष 60,000 से अधिक फिलिपीनियों को साम्राज्य में शामिल करने के प्रयास में मार डाला गया। उस समय संयुक्त राज्य के युद्ध मंत्री इलिहू रूट ने कहा, "अमेरिकी सैनिक किसी भी अन्य देश के सैनिक से भिन्न होते हैं, जबसे यह दुनिया है वह स्वतंत्रता, न्याय, कानून, शान्ति और खुशहाली का अग्रिम रक्षक है।"[17] जॉर्ज बुश ने अफगानिस्तान और इराक पर आक्रमण करते हुए भी अपनी भिन्न शब्दावली में ठीक यही बात कही है। 1898 से संयुक्त राज्य ने दुनिया के प्रत्येक हिस्से में 170 सैन्य हस्तक्षेपों का संचालन किया है। आन्तरिक तौर पर प्रत्येक हस्तक्षेप का लक्ष्य देश के लिए मुक्ति अभियान और इसे वास्तव में पूरे संसार में स्वतंत्रता और लोकतंत्र की स्थापना का प्रयास बताया गया।

11 सितम्बर, 2001 के बाद के सप्ताहों में जॉर्ज डब्ल्यू. बुश ने मध्यपूर्व के देशों के पुनर्निर्माण की बात नहीं कही। परन्तु रोज होनेवाले सम्बोधनों, स्वागत-भाषण, प्रेस सम्मेलनों एवं दूरदर्शन पर प्रसारित सन्देशों में बुश ने संयुक्त राज्य द्वारा इस पीड़ित क्षेत्र में किए गए अत्याचारों तथा स्वतंत्रता के अपहरण के कारण इसके प्रति अपने बढ़ते हुए विश्वास को व्यक्त किया। चूँकि जन-भावना को वांछित दिशा में ले जाना अब कठिन हो रहा था, स्वतंत्रता और लोकतंत्र की रट लगाए रखना जारी था।

अफगानिस्तान पर संयुक्त राज्य द्वारा हवाई हमले की घोषणा करते हुए बुश जूनियर ने कहा, "हम लोग एक शान्तिप्रिय देश हैं।" उन्होंने आगे कहा, "यह संयुक्त राज्य अमेरिका का आह्वान है, जो दुनिया का सर्वाधिक स्वतंत्र राष्ट्र है, जो बुनियादी आधारों पर निर्मित राष्ट्र, घृणा, हिंसा, हत्या और दुष्कर्मों का निषेध करता है; और हम थकेंगे नहीं।"

### साम्राज्यवाद और लोकतांत्रिक अधिकार

लेनिन ने उल्लेख किया था कि उनके समय के साम्राज्यवाद में मात्र दुनिया-भर के प्रतिद्वन्द्वियों को कुचल डालना शामिल नहीं है, बल्कि अपने देश के लोगों के लोकतांत्रिक अधिकारों को भी कुचल डालना है। 1916 में उन्होंने लिखा कि घरेलू राजनीति और विदेशी मामलों में भी, "साम्राज्यवाद लोकतंत्र एवं प्रतिक्रिया के उल्लंघन के लिए संघर्ष करता है।"

इसका अर्थ यह नहीं है कि साम्राज्यवाद के अधीन कोई चुनाव अथवा कोई लोकतांत्रिक अधिकार नहीं रह जाएँगे। यदि ऐसा होता तो न तो यह वर्तमान समय में लागू

होता, न लेनिन के समय में। उनका आशय साम्राज्यवाद में लोकतांत्रिक अधिकारों की अस्थिरता से था। यह वह बात थी, जिसे वास्तव में आज हम देख रहे हैं। बुश के 'आतंकवाद विरोधी युद्ध' ने दिखा दिया है कि कलम के एक हमले से सर्वाधिक प्रिय अधिकार लोगों के बीच से समाप्त हो जाएँगे। इससे यह पता चलता है कि संकट काल में किस प्रकार वर्षों से अधिकारों के लिए किया गया संघर्ष ठुकरा दिया जाता है।

संयुक्त राज्य सहित बहुत सी सरकारों ने घरेलू जनता को अनुशासन में रखने के लिए बहुत सारे उपाय किए और आतंक पर कब्जा करने के नाम पर अशान्त वातावरण तथा 'देशभक्ति' की भावना का फायदा उठाते हुए बहुत सारे अलोकप्रिय उपाय किए। बुश प्रशासन ने इस अवसर का उपयोग 'कॉरपोरेट के संकीर्ण स्वार्थों की पूर्ति' करने हेतु किया, जो प्रशासन पर वर्चस्व रखता था।

'एमनेस्टी इंटरनेशनल' की ग्रीष्म, 2002 से सम्बन्धित रिपोर्ट में कहा गया है कि ऑस्ट्रेलिया, बेलारूस, कनाडा, चीन, कोलम्बिया, क्यूबा, डेनमार्क, फ्रांस, जर्मनी, भारत, इंडोनेशिया, इटली, जॉर्डन, मलेशिया, मॉरीशस, नेपाल, न्यूजीलैंड, पाकिस्तान, फिलीपींस, दक्षिण अफ्रीका, दक्षिण कोरिया, स्पेन, यूगांडा, यू.के., यू.एस.ए., जिम्बाब्वे, यूरोपियन संघ एवं अरब लीग ने लोगों के जनतांत्रिक अधिकारों को कम करने के लिए पहले ही नया कानून अथवा पुराना कानून संशोधित कर दिया था। एमनेस्टी के शब्दों में, 'आस्ट्रेलिया से लेकर जिम्बाब्वे तक नए कानूनों तथा पुराने फैशन की क्रूर सेना का उपयोग करते हुए सरकारें आतंकवाद विरोध की बलिवेदी पर मानवाधिकारों की कुर्बानी दे रही हैं'।

## निष्कर्ष

अफगान और इराक युद्ध साम्राज्यवाद के कुछ मूलभूत तत्त्वों और साम्राज्यवाद तथा आतंकवाद के बीच के सम्बन्ध का भी प्रदर्शन करते हैं। जैसा कि हम देख चुके हैं, बुश का 'आतंकवाद विरोधी युद्ध' अधिकांशतः संयुक्त राज्य द्वारा प्रायोजित बलों से निर्देशित था। अधिकांश मामलों में संयुक्त राज्य के साम्राज्यवाद के मारक दस्तों का बार-बार प्रयोग गन्दे युद्ध, आतंकी हत्याओं, लोकप्रिय जनान्दोलनों तथा साम्राज्यवाद के प्रतिद्वन्द्वियों के विरुद्ध संघर्ष में किया गया। ऐसा करने में संयुक्त राज्य अकेला नहीं है। ऐसे तरीके अधिकांश यूरोपीय सरकारों और जापान और कुछ कम शक्तिशाली तथा भावी क्षत्रपों द्वारा भी अपनाए गए हैं। अतएव आमतौर पर साम्राज्यवादी ताकतें आतंकवाद के खिलाफ न लड़ केवल अपने प्रतिद्वन्द्वियों के आतंकवाद से लड़ती हैं और इसका इस्तेमाल लोगों के बीच उभरते असन्तोष पर हमला करने हेतु करती हैं। वे आतंकवाद को समाप्त करना नहीं बल्कि उन पर अपना एकाधिकार चाहती हैं।

## सन्दर्भ एवं टिप्पणियाँ

1. पम्फ्रे, 'टाइप्स ऑफ टेररिज्म एंड 9/11'
2. शोन्मान, 'रेसिस्ट यू.एस. एग्रेशन!'
3. 'पुलिस फोकस ऑन मास्क लिंक्स', *इंटरनेशनल हेराल्ड ट्रिब्यून*
4. वही

5. शोन्मान, 'रेसिस्ट यू.एस. एग्रेशन!'
6. वही
7. चर्च, जॉर्ज जे., *ए केस ऑफ डम्ब लक*
8. वही
9. ब्लूमेंथल, *टेप्स डिपिक्ट प्रोपोजल टू थ्वार्ट बॉम्ब*
10. इसका विस्तृत विवरण थॉमस के *वार अगेंस्ट पीपुल,* अध्याय-1 में है।
11. फिस्क, 'व्हाट मुस्लिम वुड राइट'।
12. आस्ट्रोव्स्की, *अदर साइड ऑफ डिसेप्शन,* पृ. 113, 115-16
13. राशिद, *दि तालिबान*
14. 12 अक्टूबर, 1999 को ट्रिनिटी कॉलेज, डब्लिन में दिया गया व्याख्यान, जिसका उल्लेख गिंडिन के *सोशल जस्टिस एंड ग्लोबलाइजेशन* में किया गया है।
15. थॉमस फ्रीडमैन, *न्यूयॉर्क टाइम्स,* 28 मार्च, 1999
16. ए.एम. ग्रे, डिफेंस पॉलिसी फॉर दि 1990 *मैरिन कोर गजेट,* वॉल्यूम-74 अंक-5 (मई 1990), पृ. 19, इस्माइल हसन जाडे के 'दी पर्सियन गल्फ वार इन द कान्टेक्स्ट ऑफ दी डिबेट ओवर पॉलिटिकल इकोनॉमी ऑफ यू.एस. मिलिटरिज्म, *कैम्ब्रिज जर्नल ऑफ इकोनॉमिक्स,* वॉल्यूम-17 (1993), पृ. 252
17. ससकिंड, 12 जुलाई, 2003, एडजस्टिंग टू इम्पायर

## सन्दर्भ


* एमनेस्टी इंटरनेशनल, चार्टिंग दि *वार ऑन टेररिज्म,* समर 2002, ऑन लाइन उपलब्ध : http:/www.amnestyusa.org/amnestynow/war_ terrorism.html.
* ब्लेचर, रॉबर्ट, इंटेलेक्चुअल्स, डेमोक्रेसी एंड अमेरिकन एम्पायर डेविड बार्समिया : एन इंटरव्यू, *मिडिल ईस्ट रिपोर्ट ऑन लाइन,* 1 अप्रैल, 2003
* ब्ल्यूमेंथल, राल्फ, टेप्स डिपिक्ट प्रोपोजल टू थ्वार्ट बॉम्ब यूज्ड इन ट्रेड सेंटर ब्लास्ट, *न्यूयॉर्क टाइम्स,* 28 अक्टूबर, 1993
* ब्राउनपीट, *नं. 1 टेररिस्ट* फ्रॉम कम्युनिस्ट वॉयस, 28 जनवरी, 2002, ऑन लाइन उपलब्ध : http:/www.flash.net~comvoice/TOC28.html.
* चॉम्स्की, नोम, हू *आर द ग्लोबल टेररिस्ट*? 19 मई, 2002, http:/www. chomsky.info/articles/200205-02.htmZnet.
* वही, 'वार्स ऑन टेरर', *न्यू पोलिटिकल साइंस,* वॉल्यूम-25, नं. 1 (2003), Znet http:/www.chomsky.info/articles/200303.html.
* चोसूदोव्स्की, माइकेल, '*एक्सपोज द लिंक्स बिट्वीन अलकायदा एंड द बुश एडमिनिस्ट्रेशन,* ऑन लाइन उपलब्ध : http:/www. globalresearch.ca/15March, 2003
* चर्च, जॉर्ज जे, 'ए केस ऑफ डम्ब लक', *टाइम,* 15 मार्च, 1993
* फिस्क, रॉबर्ट, व्हाट मुस्लिम कुड राइट : दि टाइम्स ऑफ फन एंड वेस्ट इज गॉन, *दि इंडिपेंडेंट,* 29 सितम्बर, 2001, ऑन लाइन उपलब्ध : http:/www.commondreams.org/views01/0920-07.htm
* गिंडिन, समीन, 'सोशल जस्टिस एंड ग्लोबलाइजेशन : आर दे कम्पैटिबुल?' *मंथली रिव्यू,* वॉल्यूम-54, नं. 2 (जून, 2002)
* गॉफ स्टैन, '*दि इन्फिनाइट वार एंड इट्स रूट्स* (दि विल्डरनेस पब्लिकेशन्स, 2000)। ऑन लाइन उपलब्ध : http:/www.copvcia.com.21August/aqut.

* ग्रीन जोसेफ, 'इम्पीरियलिज्म इन लाइट ऑफ दि अफगान वार', *कम्यूनिस्ट वॉयस,* वॉल्यूम-28, (जनवरी) 2002, ऑन लाइन उपलब्ध : http:/ www.flash.net~/~comvoice/28c Imperialism.html.
* आस्ट्रोव्स्की, विक्टर, *दि अदर साईड ऑफ डिसेप्शन,* (हार्पर कॉलिंस, 1994)
* फा, अन्ना, 'आउट ऑफ देयर ओन माउथ्स : मेंटेनिंग इम्पीरियल ऑर्डर', *गार्जियन,* 2 जुलाई, 2003
* पिल्गर जॉन, 'अमेरिका'ज बिड फॉर ग्लोबल डोमिनेंस, *दि न्यू स्टेट्समैन,* 12 दिसम्बर, 2002
* पिटनिक, मिशेल, *टेरर एंड हिस्ट्री,* 16 अक्टूबर, 2002
* पम्फ्रे जॉर्ज, *टाइम्स ऑफ टेररिज्म एंड 9/11,* http:/ www.globalresearch. ca/articles/ PUM306 A. html., 19 जून, 2003
* राशिद, अहमद, 'दि तालिबान : एक्सपोर्टिंग टेररिज्म, *फॉरेन अफेयर्स* (नवम्बर-दिसम्बर, 1999)
* रॉसेन, एस.आर. 'दि फ्यूचर ऑफ वार एंड अमेरिकन मिलिटरी' *हार्वर्ड मैग्जीन* (मई-जून, 2002)
* श्योमान, राल्फ, रेसिस्ट यू.एस. एग्रेसन! हू आर द रीयल टेररिस्ट?' ऑन लाइन उपलब्ध http:/ www.igc.org/workers/to/terror.htm
* सुसकिंड, यिफ्फत, 12 जुलाई, 2003, 'एडजस्टिंग टू अम्पायर।'
* थॉमस, सेबेस्टियन, *वॉर अगेंस्ट पीपुल* (मुम्बई, जे एंड पी पब्लिशर्स, 2002)

# इस्लाम, आतंकवाद और नई विश्व-व्यवस्था

–जावेद कुद्दुस

'आतंकवाद' शब्द की व्याख्या करना प्रायः असम्भव है। विभिन्न व्यक्तियों के लिए इसकी अलग-अलग अर्थवत्ता है। कुछ लोगों ने इसकी तुलना आजादी के लिए संघर्ष से की है और आतंकवादियों को स्वतंत्रता-सेनानी कहा है। एक अल्पसंख्यक धर्म और उसके अनुयायियों के बीच के अन्तर के बिना ही हाल के वर्षों में इसकी तुलना इस्लाम से की जाती है।

ब्रूस हॉफमैन के अनुसार, 'आतंकवाद' शब्द सर्वप्रथम फ्रांसीसी क्रान्ति के दौरान लोकप्रिय हुआ। उस समय इसका एक सकारात्मक अर्थ हुआ करता था। इसका प्रयोग 'रिजीम डी ला टेरर्‌योर' के अर्थ में होता था और यह सरकार द्वारा स्थापित शासन की एक ऐसी प्रणाली की विशेषता बतलाता था जिसका उद्‌देश्य सरकार विरोधी विपक्षी गतिविधियों को निष्क्रिय करना तथा क्रान्तिकारियों के विरुद्ध जवाबी कार्रवाई करना होता था। फ्रांसीसी क्रान्ति के दौरान 'सामान्य सुरक्षा समिति' (कमिटी ऑफ जनरल सिक्योरिटी) तथा रिवोल्यूशनरी ट्राइब्यूनल की शक्तियाँ क्रूर सत्ता में निहित थीं। जिस किसी पर भी राजद्रोह का अभियोग सिद्ध हो जाता था, उसकी वे हत्या कर सकते थे। इस 'रिजीम डी ला टेरर्‌योर' की तुलना काफी हद तक संयुक्त राज्य के ताजा 'पेट्रियाट कानून' अथवा भारत में लागू 'प्रिवेंशन ऑफ टेररिज्म एक्ट' (पोटा) से की जा सकती है। कश्मीर, फिलिस्तीन, अफगानिस्तान और इराक में हुई उथल-पुथल ऐसे 'रिजीम ऑफ टेरर्‌योर' के उदाहरण हो सकते हैं। सरकारें लोकतंत्र की स्थापना और पाप से मुक्ति के एक उपाय के रूप में इसे परिभाषित करते हुए अपनी आधुनिक मिसाइलें, युद्धक विमान एवं टैंकों का इस्तेमाल अपने एजेंडे को लागू करने के लिए करती हैं, जबकि आतंकवादी आत्मघाती बम तथा विस्फोटक उपकरणों का प्रयोग अपने एजेंडे को लागू करने के लिए करते हैं। तथ्य यह है कि दोनों ही गलत हैं। आतंकवाद का सामना करने के लिए आतंकवाद का प्रयोग करना, वृहत्तर आतंकवाद को आमंत्रित करना है।

न्यूयॉर्क में ट्विन टावर्स को ध्वस्त करना विश्व के सभी शान्तिप्रिय लोगों के लिए सदमा पहुँचाने वाला था। इजरायल एवं कश्मीर में अंजाम दी गई विमान अपहरण की घटनाओं, अफगानिस्तान में तालिबानियों का आतंकी शासन एवं पाकिस्तान के तालिबानीकरण के अतिरिक्त इस घटना में जो बात सामने आई, वह थी एक सामान्य कारक के रूप में इस्लाम का उदय। यह वह तथ्य है, जिसे हंटिंग्टन ने विश्वसनीय तरीके से 'सभ्यताओं की टक्कर' के रूप में पारिभाषित किया है। बहुतों की धारणा है कि इस्लाम न केवल आतंकवाद की

अनुमति देता है बल्कि आतंकियों को स्वर्ग का वादा करके तथा आध्यात्मिक दर्जा देकर पुरस्कृत भी करता है जो कि गलत है।

## इस्लाम धर्म : संक्षिप्त इतिहास एवं ऐतिहासिक सन्दर्भ

इस्लाम एक एकेश्वरवादी धर्म है, जिसे एक अरब से भी अधिक लोगों द्वारा अपनाया गया है। यह केवल अरबवासियों का धर्म नहीं है और केवल अरबवासी होने के आधार पर इस्लाम किसी को कोई वरीयता प्रदान नहीं करता। पैगम्बर मुहम्मद ने इस्लाम की भूमंडलीय प्रकृति को बहुत साफ-साफ बतलाया है। "किसी भी अरबवासी की किसी गैर-अरबवासी के ऊपर कोई वरीयता नहीं होगी, न तो किसी गैर-अरब की किसी अरबवासी पर कोई वरीयता होगी। न तो किसी श्वेत व्यक्ति की वरीयता किसी अश्वेत पर होगी, न किसी अश्वेत की श्वेत पर। तुम सभी आदम की सन्तान हो और आदम मिट्टी से बना था।"

'इस्लाम' का अर्थ है 'शान्ति' और यह अपने सभी अनुयायियों को शान्ति और न्याय की स्थापना के लिए एक सूत्र में जोड़ता है। यह आतंकवाद का स्रोत नहीं है, वस्तुतः यह आतंकवाद का एक समाधान है। 'कुरान' बहुत साफ-साफ कहता है, "हम लोगों ने इजरायली कबीले के लिए त्याग किया है अतः यदि कोई व्यक्ति किसी अन्य व्यक्ति की हत्या—यदि वह धरती पर अन्याय को मिटाने के निमित्त नहीं की गई हो, तो मानो उसने पूरी मानवता की हत्या कर दी हो। और यदि कोई व्यक्ति किसी अन्य को जीवनदान देता है तो यह ऐसा है, मानो उसने सारी मानवता को जीवनदान दे दिया है। हमारे दूत उनके पास स्पष्ट संकेत के साथ जाते हैं, परन्तु इसके बावजूद उनमें से कई धरती पर हिंसा फैलाते हैं।" (सूरा, अल-मा-इदा-32) कोई भी व्यक्ति जो इस प्रवृत्ति की निन्दा करता है, वह अल्लाह की निन्दा करता है। यद्यपि वह एक मुस्लिम हो सकता है तथापि उसके कार्य इस्लामी नहीं हो सकते।

इस्लाम का उदय मध्यपूर्व में सातवीं शताब्दी के आस-पास हुआ। इस्लाम के अतिरिक्त यह क्षेत्र दो अन्य एकेश्वरवादी धर्मों—यहूदी और ईसाई—का जन्मस्थान भी है। इस प्रकार इस्लाम, ईसाई तथा यहूदी धर्म एक ही उद्‌गम स्थान से सम्बन्धित हैं और इनका एक सामान्य इतिहास भी रहा है। साथ ही, इनके बीच आपस में प्रतिद्वन्द्विता भी रही है, जो उस उथल-पुथल में दिखाई पड़ती है, जिसे हम इन दिनों देख रहे हैं। इस्लाम के पैगम्बर मोहम्मद का जन्म मक्का में रबी-उल-अव्वल की बारहवीं तारीख को (सामान्य कैलेंडर का 571वाँ वर्ष) हुआ था। उनके पिता की मृत्यु उनके जन्म के कुछ सप्ताह पूर्व ही हो गई थी और वे जब मात्र छह वर्ष के थे, उनकी माँ का भी निधन हो गया था। उनके चाचा अबूतालिब ने उनकी परवरिश की और उन्हें भ्रमणकारी व्यवसायों की शिक्षा दी। मोहम्मद ने शीघ्र ही अल-अमीन (ईमानदार व्यक्ति) की उपाधि प्राप्त कर ली। उनकी ईमानदारी और चरित्र के बल पर मुस्लिम बनने के पूर्व भी, लोग उनके पास सलाह लेने के लिए आया करते थे। जनता उनकी बुद्धिमत्ता, न्यायशीलता और स्वच्छता के कारण उन पर विश्वास करती थी। अपनी साधना के क्रम में जब वे 'हीरा' नामक गुफा में गए, मोहम्मद, जो उस समय 40 वर्ष के थे, को गेब्रियल नामक दूत से अल्लाह का पहला सन्देश प्राप्त हुआ। ये दैवी सन्देश ही कुरान में संगृहीत हैं। 'हदीस' (पैगम्बर के कृत्य एवं वचन) के साथ 'कुरान' समूचे इस्लामी जगत् को शासित करती है।

पैगम्बर मुहम्मद ने 13 वर्षों तक इस आह्वान के साथ मक्का के लोगों को उपदेश दिया कि मेरे साथ आओ और अल्लाह के 'ऐक्य' में विश्वास करो। शुरुआत में कुछ ही लोगों ने उनके इस आह्वान को स्वीकार किया, परन्तु इस नवीन धर्म का काफी लोगों ने विरोध किया। ऐसा इसलिए हुआ क्योंकि मक्का निवासियों को इस्लाम अपने आर्थिक-सामाजिक ढाँचे के लिए खतरा प्रतीत हुआ। मक्का का समाज मानवता की अवधारणा अथवा स्वच्छ व्यवहार से रहित अत्यन्त भ्रष्ट समाज था। महिलाओं की दशा दयनीय थी एवं पति अथवा परिवार की सनक के कारण लड़कियों एवं महिलाओं को जिन्दा दफना दिया जाता था अथवा जन्म के समय ही मार डाला जाता था। इसके अलावा विभिन्न जनजातियों के बीच अन्तःसंघर्ष लगातार चलता रहता था। अधिकांश पुरुषों की एक से अधिक पत्नियाँ एवं दासियाँ होती थीं, जिन्हें अपने स्वामियों के साथ हमबिस्तर होने के लिए बाध्य कर दिया जाता था। पैगम्बर मोहम्मद इन सबको रोकने के लिए कटिबद्ध थे, इसलिए इनका विरोध करते थे। जिन लोगों ने इस्लाम को स्वीकार कर लिया था उनको दी जानेवाली हत्या की धमकी, लगातार विरोध, अत्याचार और हिंसा ने पैगम्बर को बाध्य किया कि वे अपने कुछ शिष्य अबीसिनिया भेजें, जहाँ उन्हें ईसाई राजा द्वारा सुरक्षा दी जाती थी। इसके तुरन्त बाद, अपने शिष्यों के साथ वे 'याथ्रिब' चले गए, वह शहर जो 622 ई. में मक्का के उत्तर में था। याथ्रिब (अब जिसे मदीना कहा जाता है) चले जाने के बाद से ही इस्लामी कैलेंडर (हिज्राह) प्रारम्भ होता है। 661 ई. तक मदीना खलीफा का स्थान बना रहा। इसके बाद दमिश्क ने यह स्थान ले लिया। मदीना के लोगों ने इस्लाम कबूल कर लिया तथा अनेक रक्षात्मक लड़ाइयों एवं कूटनीति के बाद मक्कावासियों को पराजित करने में सफल हुए। तब जाकर पैगम्बर ने अपने अनुयायियों के साथ मक्का में प्रवेश किया। मक्का वापसी पर उन्होंने अपने सभी पुराने शत्रुओं को क्षमा कर दिया और वहाँ विराजमान सभी मूर्तियों के स्थान पर 'काबा' की फिर से स्थापना की। इसके बाद वे मदीना लौटे। सन् 632 में मक्का की अपनी अन्तिम तीर्थयात्रा (जिआरत) के बाद पैगम्बर बीमार पड़ गए और अपने अनुयायियों को दिए इस अन्तिम उपदेश के बाद, कि 'मेरे चले जाने के बाद भी न्याय-पथ से कभी विचलित मत होना' उनका निधन हो गया।

इस समय तक अधिकांश अरबवासियों ने इस्लाम स्वीकार कर लिया था। इसका सन्देश उत्तरी अन्तरीप स्थित सीरिया, इराक, लेबनान, फिलिस्तीन एवं पर्सिया तक फैल चुका था। सन् 638 ई. में फिलिस्तीन पर रोमवासियों का यारमौक के खिलाफ युद्ध के बाद कब्जा हो गया था। फिलिस्तीन पर अपने आधिपत्य की अवधि में रोमवासियों ने यहूदी एवं ईसाई धर्म की उपासना बन्द कर दी थी तथा यहूदी धार्मिक प्रतिष्ठानों को विनष्ट कर दिया था। इसके अलावा, उन्होंने यहूदियों को येरुसलेम से सन् 70 ई. में खदेड़ बाहर कर दिया था। येरुसलेम में रोमवासियों की पराजय के बाद उमर इब्न अल-खतब ने (जो यारमौक में अपनी जीत के बाद द्वितीय खलीफा नियुक्त हुआ था) ईसाइयों के नेता 'बिशप सोफ्रोनियस' के साथ एक ऐतिहासिक 'कॉवनेंट' (अनुबन्ध) तैयार किया। इस 'कॉवनेंट' (अनुबन्ध) से यह स्पष्ट हो गया कि ईसाई अब अपने पूरे अधिकार के साथ अपने धर्म की उपासना कर सकते थे, अपने घरों का पूजा के लिए उपयोग कर सकते थे और आनेवाले समय में हमेशा अपने उपासना स्थलों तक जा सकते थे। इस समझौता-वार्ता की अवधि

सेनापतियों और सैनिकों की मुस्लिम सेना के सहयोग से अथवा बिना सहयोग मन्दिर तथा मस्जिद विध्वंस में भागीदारी स्पष्ट हो जाए, तो फिर यह तर्क, कि इस्लाम का विस्तार तलवार की ताकत से किया गया, कमजोर पड़ जाएगा। तब यह धारणा भी निष्प्रभावी हो जाएगी कि हिन्दुओं पर केवल मुसलमानों द्वारा अत्याचार किया गया। इसके कारण संघ परिवार का प्रचार-तंत्र बेकार हो जाएगा और हिन्दू राष्ट्र की स्थापना का उनका अभियान बाधित हो जाएगा। उनकी कहानी में केवल एक खलनायक होना चाहिए और खलनायक को अवश्य पराजित होना चाहिए।

आमतौर पर विश्वास किया जाता है कि 711 ई. में मुहम्मद बिन कासिम के आक्रमण के साथ ही भारत में इस्लाम का आगमन हुआ, जो इराक का एक युवा सेनापति था। यह आक्रमण उम्मायाद के शासक द्वारा सिन्धु के मुहाने पर पहुँचे एक अरबी मालवाहक पोत के कब्जे के जवाब में किया गया था। इस आक्रमण का परिणाम न तो सिन्ध पर स्थायी कब्जे के रूप में निकला और न ही इससे भारत के विभिन्न भागों में इस्लाम का विस्तार हुआ। 644 ई. में इस क्षेत्र पर धावा बोलने का विचार त्याग दिया गया था, क्योंकि इस नए इस्लामी बल के सेनापति के शब्दों में, "पानी दुर्लभ है, फल खराब है और लुटेरे प्रबल हैं, यदि सेना की कुछ टुकड़ियाँ भेजी गईं, तो उन्हें मार दिया जाएगा और बहुत सारे भूखे मर जाएँगे।" मूलतः उक्त कारणों से इस क्षेत्र में युद्ध के माध्यम से इस्लाम का विस्तार करनेवालों को कोई प्रोत्साहन-राशि नहीं दी जाती थी। इसके अलावा, किसी का इस्लाम में बलात् धर्मान्तरण उचित नहीं माना जाता, जैसा कि सूरा में संकेत किया गया है, "यदि तुम्हारे ईश्वर ने इच्छा की है, तब पृथ्वी के सारे लोग इस पर विश्वास करेंगे। क्या तुम सोचते हो कि लोगों को बलपूर्वक विश्वासी बना सकते हो!" (कुरान, 10-9)।

वस्तुतः भारत में इस्लाम अरबी व्यापारियों के माध्यम से आया। इस्लाम के आने के पहले से ही अरब के व्यापारी केरल प्रान्त के मालाबार में व्यापार करने आते थे। वास्तव में 'मालाबार' शब्द की व्युत्पत्ति भी अरबी भाषा के शब्द 'माबार' से हुई है, जिसका अर्थ है गलियारा। इन अरबवासियों में से अनेक, जिनमें से कई को बाद में इस्लाम में धर्मान्तरित कर लिया गया था, ने केरल में स्थानीय तौर पर विवाह कर लिये थे। सूफी सन्त जो अक्सर इन व्यापारियों के साथ आया करते थे, भारत और इसके बाहर इस्लाम के प्रसार में महत्त्वपूर्ण भूमिका निभाते थे।

मुहम्मद बिन कासिम के आक्रमण के बाद अधिकांशतः उत्तर भारत में शहाबुद्दीन गौरी एवं महमूद गजनवी द्वारा कई अन्य आक्रमण हुए। इन आक्रमणकारियों में से अनेक जो लुटेरों के रूप में आए, उन्होंने मन्दिरों को ध्वस्त किया, किन्तु इस्लाम के प्रसार में उनकी प्रत्यक्ष भूमिका नहीं थी। उनका मुख्य उद्देश्य इस्लाम नहीं बल्कि लूट था। इस्लाम किसी उपासना-स्थल के विनाश, लूट, बलात्कार अथवा लूटमार की इजाजत नहीं देता। यह निम्नांकित आदेश से स्पष्ट हो जाता है, "अल्लाह पर विश्वास करनेवाले बन्दो! अपने घर के सिवा, दूसरों के घरों में प्रवेश न करो, जब तक कि तुमने इसकी इजाजत नहीं ले ली है और इसमें रहनेवालों को शान्ति का भरोसा नहीं दिला दिया है, यह तुम्हारे लिए बेहतर है, तुम्हारे अपने विस्तार के लिए।" (सूरा, अल-नूर, 24-27)। इस्लाम के नाम पर इन आक्रमण करनेवालों

ने अपने कार्यकर्ताओं को केवल गैर-इस्लामी कार्यों को अंजाम देने के लिए उत्प्रेरित करने के लिए इस्लाम का उपयोग किया था ठीक वैसे ही जैसे बाबरी मस्जिद के विध्वंसकों द्वारा हिन्दुत्व का प्रयोग अराजक तत्त्वों को इसे गिराने हेतु उत्प्रेरित करने में किया गया था। इसके अलावा, इनमें से अनेक आक्रमणकारी वास्तव में हिन्दू शासकों द्वारा दूसरे शासकों को हराकर उनके राज्य को सुरक्षित बनाए रखने के लिए आमंत्रित किए गए थे। संघ परिवार का यह दावा कि हिन्दुओं को बलपूर्वक धर्मान्तरित कराया गया, उचित प्रतीत नहीं होता, यह विचार कर लेने के बाद कि अधिकांश मुस्लिम शासकों ने हिन्दू शासकों के साथ मिलकर काम किया था और यह कि उनकी सेना का एक बड़ा भाग हिन्दू सेनापतियों और सैनिकों का था। बलात् धर्मान्तरण की नीति उनकी सेना की संश्लिष्टता को कमजोर कर सकती थी, बजाय इसके कि पूरे भारत पर आधिपत्य स्थापित करने में इससे उन्हें कोई सहायता मिलती। यह भी कि यदि बलात् धर्मान्तरण की कहानी सत्य होती, तो दिल्ली की आबादी, जो कई वर्षों तक मुस्लिम साम्राज्य की राजधानी रही, मुस्लिम-बहुल होती, परन्तु ऐसा नहीं है। जो कोई भारत की जनसांख्यिकी के अध्ययन के प्रति पर्याप्त रुचि रखेगा, वह पाएगा कि बहुसंख्यक मुस्लिम आबादी वाले इलाके दिल्ली से बाहर थे, जहाँ अधिकांशतः मुसलमानों का प्रत्यक्ष शासन था। इस चौतरफा क्षेत्र में मुस्लिम शासन अधिकांशतः स्थानीय शासकों पर निर्भर था, जो हिन्दू वर्चस्व वाले थे। यदि इस्लाम बलपूर्वक लागू किया गया होता, तो क्या मुस्लिम नियंत्रित क्षेत्रों में, जहाँ मुस्लिम शासक थे, मुसलमानों की अधिक आबादी नहीं होती?

## इस्लाम और आतंकवाद

इस्लाम को आजकल आतंकवाद के समतुल्य देखा जाता है। 'कुरान' के उद्धरण, जो ऐतिहासिक सन्दर्भों से उद्धृत हैं, का प्रयोग इस धारणा को प्रमाणित करने के लिए किया जाता है कि इस्लाम प्रकृति से एक हिंसक धर्म है। निकट से दृष्टिपात करने पर पता चलता है कि दुष्प्रचार करने में माहिर ऐसा दिखाना चाहते हैं कि इस्लामी विद्वानों को इस्लाम की बहुत थोड़ी जानकारी है। इस्लाम के अध्ययन में उनकी पैठ बिलकुल सतही, दुराग्रहपूर्ण और समीक्षात्मक समझ से रहित है।

इस्लाम हिंसा को बढ़ावा नहीं देता, बल्कि अन्य धर्मों की भाँति यह आत्मरक्षा में विश्वास करता है। खासकर कुरान यह बतलाता है कि "लड़ने की इजाजत केवल उन्हें दी गई है, जिनके विरुद्ध कोई लड़ता है, क्योंकि उन्हें गलत बना दिया गया है—वस्तुतः ईश्वर केवल उनका समर्थन कर सकता है, जो सिर्फ यह कहने पर कि 'हमारा मालिक अल्लाह है' अपने घरों से बिना किसी अधिकार के निकाल बाहर कर दिए गए हैं (सूरा-अल-हज्ज, 39-40)। इससे विदित होता है कि मुसलमान केवल तभी युद्ध करने के लिए बाध्य किए जाते हैं, जब उनका दमन किया जाता है अथवा जब उनके विरुद्ध हिंसा की जाती है। आगे कुरान सीमाओं को भी परिभाषित करता है और युद्ध करने के सम्बन्ध में एक कठोर आचार संहिता निर्धारित करता है, "खुदा की राह में उनके खिलाफ लड़ो, जो तुमसे लड़े, परन्तु सीमाओं से आगे मत जाओ।" यहाँ सीमा का अभिप्राय युद्ध काल में मुसलमानों के व्यवहार से है, जो इस्लाम के अन्तर्गत युद्ध को अधिक मानवीय बनाने के उद्देश्य से बनाए गए हैं। इनमें शामिल

हैं : घायलों पर आक्रमण नहीं करना, जो लड़ने के काम में नहीं लगे हैं, यथा–वृद्ध, बच्चे अथवा महिला, पूजा-स्थलों के पुजारी अथवा पूजास्थलों पर प्रार्थनारत व्यक्ति इत्यादि पर हमला नहीं करना। इसके अतिरिक्त युद्धबन्दी की हत्या, लूटपाट में शामिल होना, गाँवों का विनाश, मवेशियों, फसल वाले खेत, पेड़ एवं उद्यान आदि को नुकसान पहुँचाने की सख्त मनाही की गई है। मुसलमानों को आम जनता से (यहाँ तक कि विजित देश के निवासियों से भी) बिना दाम चुकाए कुछ भी लेने से मना किया गया है। कहने की आवश्यकता नहीं कि मुसलमानों को शत्रुओं के शव को क्षत-विक्षत करने से भी मना किया गया है और कहा गया है कि मृत शत्रु-सैनिकों के शव को बिना किसी विलंब अथवा मुआवजे की माँग किए वापस कर देना चाहिए। यद्यपि इस्लाम समर्थक कभी-कभी इन कानूनों का उल्लंघन करते पाए गए हैं। ऐसा उन्होंने इस्लाम को मानने तथा न मानने के कारण भी किया है। इसमें इस अन्तर को साफ-साफ देखा जा सकता है।

संयुक्त राज्य अमेरिका में भयानक आत्मघाती हमले एवं हाल में अफगानिस्तान, इराक, इजरायल, टर्की और असंख्य अन्य स्थानों पर घटी घटनाएँ ऐसे व्यक्तियों द्वारा संचालित की गईं, जिन्हें इस्लाम धर्मावलम्बी माना जाता है। इसने अनेक गैर-मुसलमानों को इस्लाम धर्म को एक हिंसक धर्म के रूप में उल्लेखित करने के लिए प्रेरित किया। धारणा यह है कि इस्लाम धर्म सभी बुराइयों की जड़ है और इसमें सुधार की आवश्यकता है अथवा इसे धरती से समाप्त हो जाना चाहिए। मुसलमानों के प्रति नफरत पैदा करने के लिए कुरान से उद्धरण प्रस्तुत किए जाते हैं। इस चक्कर में जो चीज भुला दी जाती है, वह है कि आतंकवाद के अधिकांश शिकार मुस्लिम होते हैं। बोस्निया में सर्बिया के ईसाइयों द्वारा लगभग 2,00,000 मुसलमानों का कत्ल कर दिया गया, 9 से 82 वर्ष की 22000 मुस्लिम महिलाओं के साथ ईसाई सैन्य कर्मियों द्वारा बलात्कार किया गया, दस लाख से अधिक इराकी बच्चे संयुक्त राज्य द्वारा राष्ट्र संघ के प्रतिबन्धों के कारण मार डाले गए। इजरायली कब्जे के फिलिस्तीनी शरणार्थी शिविरों में लोगों का भूख से मरना जारी है। भारत में आतंकवाद एवं आतंकवाद विरोधी कार्रवाइयों में 60000 से अधिक मुसलमान और सैकड़ों हिन्दू कश्मीर में मार डाले गए। बाबरी मस्जिद विध्वंस में शामिल धर्मान्धों द्वारा अल्पसंख्यकों को अपना निशाना बनाए जाने के एजेंडे पर लगातार काम किया जा रहा है। इस मुसलमान विरोधी अभियान में 2000 से अधिक मुसलमानों को मार डाला गया है और 2,00,000 से अधिक को शरणार्थी शिविरों में शरण लेने के लिए बाध्य कर दिया है। इन विस्थापित मुसलमानों को हिन्दू आततायी अब वापस उनके घरों में नहीं लौटने दे रहे हैं और कह रहे हैं कि या तो वे हिन्दुत्व स्वीकार कर लें अथवा कहीं अन्यत्र चले जाएँ। 300 से अधिक मस्जिद, ऐतिहासिक इमारतों एवं दरगाहों को जला डाला गया है और उनमें से कुछ के ऊपर मन्दिर बना दिए गए हैं। मुसलमानों की हत्या के अभियुक्तों को झूठे साक्ष्यों के आधार पर दोषमुक्त कर दिया गया है। अनेक मुसलमानों को बिना किसी साक्ष्य अथवा कारण के, बदनाम **'पोटा'** कानून के तहत बन्दी बना लिया गया है जबकि गुजरात-नरसंहार के एक भी हिन्दू आततायी को इस कानून के तहत गिरफ्तार नहीं किया गया है। पाकिस्तान में शिया एवं सुन्नी जमातों द्वारा एक-दूसरे के विरुद्ध आतंकवादी कार्रवाइयों में अनेक निर्दोष लोगों की जानें गईं, जबकि फिलीपींस

और चेचन्या में मुसलमानों को नस्लीय हिंसा का शिकार बनाया जा रहा है। इससे मुसलमानों में निराशा, गुस्सा, असहायता और ऊब बढ़ती जा रही है। खुद आतंकवाद का शिकार होने के बावजूद विश्व के अधिकांश भागों में मुसलमान अपराधी के रूप में शिकार बनाए जा रहे हैं।

'इस्लामी' आतंकवादी महसूस कर सकते हैं कि 'लक्ष्य' साधनों का औचित्य निर्धारित करता है, तथापि इस्लाम इसे मना करता है। खासतौर पर कुरान संकेत करता है कि 'धरती पर दुष्टता करने का अवसर मत ढूँढ़ो, क्योंकि अल्लाह उनसे प्यार नहीं करता जो दुष्टता करते हैं।' (सूरा : 28:77)। इस्लाम उपासना-स्थलों के विनाश अथवा उनके प्रति हिंसा की मनाही करता है चाहे वे इस्लामी हों अथवा गैर-इस्लामी', "वे लोग एक बड़ी गलती करते हैं, जो प्रार्थना में विघ्न डालते हैं और जो जोश में आकर उपासना-स्थलों का विनाश करते हैं।" (सूरा-अल-बाकरा, 117)। इस्लाम आत्महत्या एवं आत्मघाती बमों की निन्दा करता है। पैगम्बर ने अनेक अवसरों पर इसे बहुत साफ-साफ कहा है। उनकी यह चेतावनी कि "जो कोई भी किसी वस्तु से अपनी हत्या करता है, अल्लाह नरक में उसे उसी कष्ट से तड़पाएगा।" एवं "किसी के किसी कृत्य से तब तक प्रसन्न मत हो जब तक यह मालूम न हो कि उसने ऐसा कैसे किया!" इससे स्पष्ट संकेत मिलता है कि इस विषय पर कोई भिन्न राय नहीं हो सकती।

इस्लाम के सम्बन्ध में कुछ लोगों के कृत्य के आधार पर निष्कर्ष निकालना भ्रामक हो सकता है जिसके अपने खतरे हो सकते हैं। यह बहुसंख्यक कानूनप्रिय लोगों को कलंकित करता है और उस धर्म को बदनाम करता है जो अमेरिका और विश्व के कई भागों में तेजी से फल-फूल रहा था, मुसलमानों के दिलों में गहरी नाराजगी पैदा करता है और उन्हें गैर-मुसलमानों का निशाना बना देता है। जब डेविड कोरेश ने वाको में अराजकता पैदा कर दी, राष्ट्रपति क्लिंटन ने उसे पागल करार दिया। टीमोथी मैकवे, ओकलाहोमा की मुरा बिल्डिंग में बम विस्फोट करनेवाले को उसके ईसाई सम्बन्धों के बावजूद कभी ईसाई आतंकवादी नहीं माना गया। इसी प्रकार बाबरी मस्जिद विध्वंस को लेकर हिन्दू आतंकवादियों पर अथवा मुम्बई, गुजरात के आतंकवादियों पर अथवा टोकियो में गैसीय हमले के कारण बौद्ध आतंकवादियों पर किसी ने दोषारोपण नहीं किया। निश्चित रूप से सभी आतंकवादी थे परन्तु क्या वे ईसाई मत, हिन्दुत्व अथवा बौद्धधर्म के प्रतिनिधि थे? कोई भी धर्म ऐसी अन्यायपूर्ण हिंसा की अनुमति नहीं देता है।

## आतंकवाद को प्रभावित करनेवाले कारक तथा उनके सम्भावित कारण

यह असम्भव नहीं, परन्तु आतंकवाद के कारणों को पूरी तरह स्पष्ट कर पाना अत्यन्त कठिन अवश्य है क्योंकि आतंकवाद जटिल एवं बहुआयामी है। इसकी कई सामान्य बातें बतलाई जा सकती हैं। आतंकवाद मिश्रित मानसिकता की परिणति है। यह मनुष्य की सक्रियता अथवा निष्क्रियता की अभिव्यक्ति हो सकती है जिसमें धार्मिक आततायी अथवा राष्ट्रीय मुक्ति के कार्य में लगे लोग शामिल हो सकते हैं। साथ ही अन्तर्द्वन्द्व, विश्ववर्चस्व, साम्राज्यवाद और भूमंडलीकरण भी इसके अन्तर्गत आते हैं।

**पाश्चात्य साम्राज्यवाद :** बीसवीं शताब्दी का पूर्वार्द्ध विश्व की आधी आबादी की उथल-पुथल का काल था, जो बाहरी आधिपत्य के अधीन था। 1900 के दशक में ब्रिटेन, फ्रांस और डच–तीन प्रमुख साम्राज्य थे। ब्रिटिश साम्राज्य के नियंत्रण में लगभग 350 मिलियन लोग, फ्रांस के नियंत्रण में 56 मिलियन एवं डच साम्राज्य के 35 मिलियन थे। संयुक्त राज्य तेजी से फैलनेवाला साम्राज्य था, जिसमें 10 मिलियन लोग थे। 1898 में संयुक्त राज्य की अधिकांश सम्पदा नौसेना बेड़े के रूप में थी जो उत्तरी अमेरिका महादेश में अवस्थित थी। इन स्थानों के बदले में सम्बन्धित निवासियों को राज्य का दर्जा और संयुक्त राज्य की नागरिकता दी जाती थी। 1898 में स्पेन युद्ध के बाद प्यूएर्टो रिको, गुआम एवं फिलीपींस भी इस सूची में शामिल हो गए। बाद में हवाई और वेक द्वीप भी इसमें जोड़ लिये गए एवं सामोआ पर भी आंशिक नियंत्रण स्थापित कर लिया गया। 1903 में संयुक्त राज्य ने पनामा नहर पर भी नियंत्रण कर लिया तथा डेनमार्क से 25 मिलियन डॉलर में वर्जिन द्वीप समूह खरीद लिया। देशों के नियंत्रण, जहाजरानी मार्गों के स्वामित्व तथा तेल एवं अन्य प्राकृतिक संसाधनों पर कब्जे की होड़ लग गई। 1900 आते-आते अफ्रीका, दक्षिणपूर्व एशिया और प्रशान्त क्षेत्र को उपनिवेशों में विभाजित कर दिया गया। सैन्य कार्रवाइयों, दंडात्मक उपायों तथा पुरस्कारों के द्वारा इन पर प्रभावी नियंत्रण कायम किया गया। यह कहना काफी होगा कि पूरा विश्व विभिन्न मालिकों द्वारा विभिन्न तरीकों से विभाजित कर दिया गया था।

पाश्चात्य साम्राज्यवाद विश्व वर्चस्व पर आधारित था और है ताकि नए बाजार, प्राकृतिक संसाधनों पर आधिपत्य, मध्यपूर्व के उपनिवेशों के लिए सुगम एवं सुरक्षित मार्ग खोजा जा सके। तेल की खोज के साथ नियंत्रण की यह बाध्यता और अधिक महत्त्वपूर्ण हो गई। दोस्ताना सम्बन्धों वाली सरकारों की स्थापना और समर्थन करने की नीति बनी जो अधिकांशतः अपने ही लोगों के लिए दमनकारी थी। इन देशों को तेल की बिक्री और पश्चिमी उत्पादों का आयात करने के लिए आश्रित बनाए रखने का विचार था। तेलों की बिक्री से प्राप्त धन अधिकांशतः शाही परिवारों और सम्भ्रान्त जनों के पास चला जाता था, कभी-कभी कुछ भाग आम लोगों को भी मिल जाता था। तेल की खरीद पर पश्चिमी देशों द्वारा किया गया खर्च पश्चिमी उत्पादों, खास करके अस्त्र-शस्त्र के निर्यात द्वारा कई गुना अधिक वसूल लिया जाता था।

अपने नापाक मंसूबों के लिए इस्लाम का उपयोग करनेवाले 'इस्लामी' आतंकवादियों की भाँति पश्चिमी देश विश्व पर अपना वर्चस्व स्थापित करने के लिए लोकतंत्र का उपयोग करते हैं। लोकतंत्र में उनकी रुचि नहीं है बल्कि उस पर नियंत्रण में है। कल्पना कीजिए, यदि सऊदी अरब एक लोकतांत्रिक देश बन जाएगा और एक राष्ट्रीय सहमति के बाद वह अपनी तेल-सम्पदा का केवल एक छोटा-सा भाग ही बेचना चाहेगा और वह भी केवल अपने पड़ोसी अरब देशों को, तब क्या होगा? सम्भावना यह है कि पश्चिमी देश ऐसे लोकतंत्र को स्वीकार न करें। एक अधिनायकवाद अथवा राजशाही (दोनों ही इस्लामी7 कानूनों के प्रतिकूल हैं) जो तेल-आपूर्ति की गारंटी देगा, निश्चित रूप से उस लोकतंत्र की अपेक्षा अधिक पसन्द किया जाएगा, जो ऐसी गारंटी नहीं देता। सऊदी अरब में इसीलिए एक दमनकारी सरकार को सत्ता में बनाए रखा गया, इस तथ्य के बावजूद कि जो आजादी वहाँ विद्यमान थी, वह केवल शाही घरानों के लिए सीमित थी। 1956 में ईरान के

प्रधानमंत्री मुहम्मद ओसादेग की हत्या सी.आई.ए. द्वारा कर दी गई और उनके स्थान पर रजाशाह पहलवी को कुर्सी पर बैठा दिया गया। पश्चिम के आर्थिक हितों की सुरक्षा के लिए ओसादेग, जो ईरान के तेल-कूपों का राष्ट्रीयकरण करनेवाले थे, को मार दिया गया और उनके स्थान पर एक कठपुतली को बैठा दिया गया। इसके ठीक विपरीत जब टर्की और अल्जीरिया में लोगों को अपना प्रतिनिधि चुनना था पश्चिमी दबाव के कारण लोकतंत्र की हत्या कर दी गई। रेफाह पार्टी और इस्लामिक फ्रंट को इस्लामिक कट्टरवाद के चलते प्रतिबन्धित कर दिया गया। इस बात को तवज्जो नहीं दी गई कि जनता क्या चाहती है? कम-से-कम अल्जीरिया में रक्तपात और उथल-पुथल को रोका जा सकता था जो अन्यायपूर्ण दखलन्दाजी के कारण अभी तक जारी है।

1948 में लगभग 8,00,000 अरबवासी इजरायल से निकाल बाहर किए गए। उस जनसंहार के बाद, जिसे उस वर्ष अप्रैल में देईहर यासीन में 250 से अधिक अरबवासी गाँव मेनचेम बेगीन के अधीन इरगुन आतंकियों ने अंजाम दिया था, ये शरणार्थी जिनकी संख्या अब लाखों में पहुँच चुकी है, अपनी सारी जमीन खाली करके यहूदी आक्रान्ताओं को सौंप चुके थे। इसके बाद इजरायल केवल उन्हीं आतंकवादियों तक सीमित नहीं रहा, जिन्हें संयुक्त राष्ट्र संघ की अनुमति प्राप्त थी। 1967 के युद्ध के पश्चात् इजरायल ने वेस्ट बैंक ऑफ जोर्डन एवं गोलान हाइट्स को साथ लेकर एक व्यापक उपनिवेश निर्माण योजना प्रारम्भ कर दी। इसके अलावा, 1970 के दशक में इसने दक्षिणी लेबनान की लिट्टानी नदी तक अपना नियंत्रण स्थापित कर लिया, एक ऐसा क्षेत्र जिसके सम्बन्ध में यहूदी हमेशा समझते थे कि यह उनका है। एक यहूदी राज्य की स्थापना तथा फिलिस्तीनियों के अधिकारों को पूरी तरह नकारने के कारण सभी प्रकार के आतंकवाद का जन्म हुआ, जो वर्तमान समय में पूरे संसार को परेशान कर रहा है। पश्चिमी देशों को बेगीन अथवा एरियल शेरोन, जो शतीला और सब्रा शरणार्थी शिविरों में हुए जनसंहार का कर्ताधर्ता था, के साथ समझौता करने में कोई दिक्कत नहीं हुई, वे उस समय प्रायः बगलें झाँकने लगते थे जब फिलिस्तीनियों के घरों पर बुलडोजर चलाए जाते थे और उन स्थानों पर यहूदी बस्तियाँ निर्मित कर दी जाती थीं। हमेशा उनकी एक ही रट रहती थी कि "फिलिस्तीनी आतंकवादी निर्दोष व्यक्तियों को मारते थे, जबकि इजरायली केवल आतंकवादियों को मारते थे।"

अफगानिस्तान पर रूस के प्रभाव के दिनों में ओसामा बिन लादेन सी.आई.ए. द्वारा समर्थित था। प्रारम्भ में तालिबान और सद्दाम हुसैन का भी सम्बन्ध संयुक्त राज्य से था। यह जानने के बावजूद कि उसने उन सैकड़ों ग्रामीणों को गैसीय हथियारों से मार डाला था, जो उसके शासन का विरोध करते थे, पश्चिमी देश सद्दाम हुसैन को हमेशा अस्त्र-शस्त्र की आपूर्ति किया करते थे। उसे क्यों अचानक कुवैत पर हमला करने से रोक दिया गया, इसके कारण साफ नहीं हैं। हुसैन ईरान के विरुद्ध लगभग एक दशक तक लड़ता रहा। उस दौरान किसी ने भी उसे वैसा करने से रोका नहीं, न अमेरिका द्वारा, न ब्रिटेन द्वारा, यहाँ तक कि संयुक्त राष्ट्र संघ द्वारा भी नहीं। उस समय उसके विरुद्ध कार्रवाई करने पर कहीं कोई बात नहीं हुई, सम्भवतः इस कारण कि वह ईरानियों की हत्या कर रहा था अथवा शायद पश्चिमी देशों को उस तेल की आवश्यकता थी, जिसे अब ईरान उन्हें नहीं दे रहा था। संयुक्त

राज्य, ब्रिटेन एवं अन्य स्वतंत्रता प्रिय देशों के सैनिक कुवैत की रक्षा करते हुए यह सुनिश्चित करने के लिए मारे गए कि कुवैत में एक कठपुतली शासक (सद्दाम की ही तरह) शासन करे। पश्चिम के आर्थिक हितों को प्रमुखता मिली और इराक के एक दशक तक चले युद्ध के परिणामस्वरूप लगभग एक लाख बच्चों की जानें चली गईं। यह संख्या उसके अतिरिक्त है जो कि खाड़ी-युद्धों में मारे गए।

इराक से मिलती-जुलती स्थिति अफगानिस्तान में भी उत्पन्न हो गई थी। दोनों देश दोस्ताना कब्जे के शिकार थे, जिसमें नागरिकों को कोई स्वाधीनता नहीं थी। अफगानिस्तान के पुनर्निर्माण में लगनेवाले खजाने का अत्यन्त छोटा-सा भाग ही करजई को मिला था। इतना ही नहीं, जब उन्होंने अमेरिका को इसकी याद दिलाई तो उन्हें फटकार ही मिली। फिलिस्तीनी और इराकी जनता की तरह अफगानी नागरिक भी क्रोध, भूख और निराशा के शिकार थे। करजई का नियंत्रण अफगानिस्तान के एक छोटे-से भाग तक सीमित था, बाकी पर जनजातीय जमींदारों का नियंत्रण था। सीमा पार से पाकिस्तानी राष्ट्रपति परवेज मुशर्रफ को अलकायदा के विरुद्ध लड़ाई में सहयोग करने के बदले में 3 अरब डॉलर दिया गया। जबकि तथ्य यह है कि उसने एक जनता द्वारा चुनी गई सरकार को बलपूर्वक उखाड़ फेंका था तथा अपने विरोधियों को या तो निर्वासित कर दिया था अथवा जेल में डाल दिया था और एक ऐसी सरकार की स्थापना की, जिसकी सत्ता लम्बी अवधि तक बनी रह सकती थी।

## भूमंडलीकरण

भूमंडलीकरण के माध्यम से पश्चिमी साम्राज्यवाद एक विश्व-अर्थव्यवस्था को जन्म दे रही है, जिसका फायदा केवल कुछ ही प्रमुख देशों को होता है और यह उनके द्वारा नियंत्रित भी होता है। इसके विरोधी विश्वास करते हैं कि भूमंडलीकरण और कुछ नहीं बल्कि एक भिन्न परिप्रेक्ष्य में साम्राज्यवाद ही है। यद्यपि भूमंडलीकरण के पूर्ण प्रभाव का अनुभव किया जाना अभी बाकी है, मार्क विसब्रोट और उनके साथियों द्वारा हाल में किए गए एक विश्लेषण से यह संकेत मिलता है कि भूमंडलीकरण का प्रभाव आमतौर पर नकारात्मक होता है। आर्थिक विकास, आय, शिशु मृत्यु-दर, स्वास्थ्य में सुधार सहित सभी मापदंडों को इस अध्ययन में शामिल किया गया और इनमें गिरावट पाई गई है।

इससे सर्वाधिक पीड़ित किसान हैं। पश्चिम के प्रत्यक्ष नियंत्रण में संचालित विश्व व्यापार संगठन की राय है कि गरीब देशों को अपने कृषि-बाजार को अमीर देशों के लिए खोल देना चाहिए और किसानों को दी जा रही सहायता में कटौती करनी चाहिए। इसके परिणामस्वरूप अनेक किसान बेरोजगार हो गए हैं तथा कुछ आत्महत्याएँ तक कर रहे हैं। यह बहुराष्ट्रीय कृषि कम्पनियों को विभिन्न पौधों एवं पशुओं के पेटेंट अधिकार देने की अनुमति दे रहा है। यह नीति गरीब देशों को अपने ही उत्पादों पर नियंत्रण रखने से रोक रही है। बासमती चावल पर राइस-टेक का पेटेंट इसका एक उदाहरण हो सकता है। अन्य वस्तुओं के मामले में भी, जैसे–दुग्ध-उत्पाद, गेहूँ, चीनी, सोया, मक्का एवं कॉफी की स्थिति एक जैसी है। बहुराष्ट्रीय कम्पनियों के हाथों कीमतें तय कर दिए जाने के कारण कृषि के अलावा छोटे-छोटे व्यापारी भी अपना बाजार खोते जा रहे हैं। बहुराष्ट्रीय कम्पनियाँ विश्व के किसी भी भाग से सामान

खरीद सकती हैं और स्थानीय व्यापारियों की तुलना में कम कीमत पर उसे बेच देती हैं। इस प्रकार भूमंडलीकरण गरीबों के हितों की कीमत पर आमतौर से अमीरों एवं शिक्षित लोगों को लाभ पहुँचाता है। असन्तुलित आर्थिक वास्तविकता से समाज का ध्रुवीकरण होता जा रहा है। इस भरपूर सम्भावना के साथ कि विश्व में असाधारण सामाजिक अन्तराल उत्पन्न हो गया है। अकिंडेल के अनुसार, भूमंडलीकरण 'विश्व पर पूँजी की अन्तिम विजय है।' तथा इस पूरी प्रक्रिया में निहित नियमों के एकतरफापन के कारण अफ्रीका और उसके लोगों को लाभ नहीं पहुँचा सकता है। स्थिति इसलिए ऐसी है और ऐसी ही बनी रह सकती है, क्योंकि नवउपनिवेशवादी चलन के अन्तर्गत हाशिए पर धकेलने और उपनिवेशीकरण की एक नई व्यवस्था का नाम ही भूमंडलीकरण है (2002)।"

## धार्मिक आतंकवाद

धार्मिक आतंकवाद जैसी कोई चीज नहीं होती, यद्यपि हम अतीत में देख चुके हैं कि आतंकवाद के लिए धर्म का इस्तेमाल होता रहा है। यह तथ्य है कि अपराधियों ने धर्म का इस्तेमाल अपने हितों के लिए किया है फिर भी हम लोग धार्मिक आतंकवाद की भ्रामक धारणा में विश्वास करते जा रहे हैं। तथाकथित धार्मिक आतंकवादी, अपने इरादों को पूरा करने की अन्धी दौड़ में, धार्मिक शिक्षाओं का असम्मान करते हैं और इसके प्रतिकूल काम करते हैं, जिसका अनुयायी होने का वे दावा करते हैं। उनमें से कुछ आम अपराधी होते हैं, जो स्वयं को धनी बनाने के लिए किसी भी अवसर का लाभ उठा सकते हैं, दूसरे लोग धर्म के माध्यम से धन कमाने के क्रम में अपराधी बन जाते हैं। क्योंकि अधिकांश के लिए लक्ष्य के औचित्य से साधन की पवित्रता निर्धारित होती है और नैतिकता, नीतिवाद एवं धार्मिक आस्था आदि का इनके लिए कोई अर्थ नहीं रह जाता। यही चीज फिलिस्तीन, कश्मीर, पाकिस्तान, चेचन्या तथा विश्व के अन्य देशों में देखी जा सकती है।

धर्मयोद्धाओं ने अपने पवित्र स्थानों की मुक्ति के क्रम में येरुसलेम के मन्दिरों को लूटा एवं मुसलमानों और यहूदियों का क्रूर संहार किया। वे बाइबिल के किसी ईसाई कानून का पालन नहीं कर रहे थे। आयरलैंड में कैथोलिकों पर अपने वर्चस्व के लिए संघर्ष में शामिल प्रोटेस्टेंट अलस्टर फ्रीडम फाइटर्स अथवा अलस्टर वॉलंटियर फोर्स और न ही कैथोलिक किसी ईसाई नियम का पालन कर रहे थे। संयुक्त राज्य में श्वेत सर्वशक्तिमान सेना-समूह एवं क्रिश्चियन पैट्रिआट अर्धसैनिक बल जैसे घृणाजनक समूह ईसाइयत का झंडा ऊँचा नहीं कर रहे थे बल्कि वे इसे अपमानित कर रहे थे। रॉबिन का हत्यारा इत्जहाक जो अति कट्टरपन्थी था, का दावा था कि राबिन को मारने का आदेश उसे ईश्वर से प्राप्त हुआ था। यह आतंकी कार्रवाई यहूदी धर्म के नियमों के अनुरूप नहीं हो सकता था। तालिबान जिन्होंने अफगानिस्तान के बामियान में बुद्ध प्रतिमा को विनष्ट किया एवं हिन्दूवादी तालिबान, जिन्होंने बाबरी मस्जिद गिराई, वे निश्चित रूप से आतंकवादी थे, धार्मिक आतंकी नहीं। गुजरात में मुस्लिम आबादी के विरुद्ध संचालित ताजा अभियान, जो राज्य सरकार द्वारा प्रायोजित और प्रोत्साहित है और जिसकी केन्द्रीय सरकार द्वारा लीपापोती की गई, को राज्य आतंकवाद की श्रेणी में रखा जा सकता है, परन्तु धार्मिक आतंकवाद इसे नहीं कहा जा सकता। जैसे कि पहले ही चर्चा की

जा चुकी है फिलिस्तीन, कश्मीर, पाकिस्तान, चेचन्या एवं अन्यत्र कहीं के भी आतंकवादी जेहाद नहीं कर रहे हैं, जैसा कि इस्लाम में पारिभाषित है।

## निष्कर्ष

इस्लाम की अवधारणा को लेकर विश्वव्यापी संकट विद्यमान है। यह मुसलमानों का दायित्व है कि वे विश्व को आश्वस्त करें कि इस्लाम उन कुछेक लोगों के अधिकार की वस्तु नहीं है जो निर्दोष लोगों के विरुद्ध हिंसक कार्रवाइयों में संलिप्त हैं। प्रसार माध्यमों द्वारा इस्लाम के विरुद्ध किए जा रहे दुष्प्रचार के जवाब में ऐसा किया जा सकता है और अपना जीवन पैगम्बर के इन उपदेशों के अनुरूप बिताया जा सकता है–"तीन प्रकार के व्यक्ति इस्लाम को बर्बाद करते हैं : विद्वानों का दुर्व्यवहार, कुरान के सन्दर्भ में पाखंडियों द्वारा की जानेवाली व्याख्या एवं इमामों द्वारा गुमराह किया जाना।" (अल-फिराबी, सिफत अन-निफाक)

यूरोप जब अपनी मध्ययुगीन अवस्था में था, चीन और भारत के बाद इस्लाम को सर्वाधिक विकसित सभ्यता के रूप में पेश किया जा रहा था। मुसलमान कला और विज्ञान सभी क्षेत्रों में काफी अच्छी प्रगति कर रहे थे। विज्ञान और गणित के क्षेत्र में अपनी खोजों, विस्तार एवं विकास की दृष्टि से भारतीयों, चीनियों और यूनानियों से भी आगे निकलकर प्रबल स्थान पर पहुँच गए थे। उदाहरण के तौर पर मुहम्मद बिन मूसा अल-ख्वारिज्मी ने बीजगणित के अन्तर्गत अंकगणित को विस्तार दिया। क्रेमोना के गिरार्ड ने ख्वारिज्मी की थीसिस का लैटिन में अनुवाद किया। सोलहवीं शताब्दी तक यूरोपीय विश्वविद्यालयों ने ख्वारिज्मी के इस अनूदित शोधग्रन्थ की गणित को अपनी मुख्य पाठ्यपुस्तक के रूप में इस्तेमाल किया। इसी प्रकार, रासायनिक शोध के क्षेत्र में हुई प्रगति (जाबिर हब्द हैयन) भौतिकी एवं त्रिकोणमिति (इब्न हाईदम), वनस्पति विज्ञान (इब्न अल-बैतार), शरीर विज्ञान (अब्द अल-मालिक इब्न कुरैब अल-अस्मायी) ने विज्ञान के क्षेत्र में क्रान्ति ला दी। उमय्याद खलीफा अल-वहद ने 706 ई. में दमास्क में प्रथम चिकित्सा विद्यालय की स्थापना की। टीपू सुल्तान (1783-99) ने प्रथम (युद्ध) रॉकेट का आविष्कार और उसका डिजाइन तैयार किया, जिनमें से दो को लन्दन के वुलविच सैन्य संग्रहालय में प्रदर्शित किया गया। विज्ञान के क्षेत्र में हुई इस प्रगति के अतिरिक्त मुसलमानों ने स्थापत्य और कला के क्षेत्र में भी अच्छा प्रदर्शन किया, जिसके उदाहरण दुनिया भर में देखे जा सकते हैं। ताजमहल एवं हमजनमा इसके विशिष्ट उदाहरण हैं। भौतिकीविद् एवं इंग्लैंड के कवि रॉबर्ट ब्रिफॉल्ट के शब्दों में, "इस बात की पूरी सम्भावना है कि आधुनिक यूरोपीय सभ्यता के बिना अरब का अस्तित्व जरूर होता, परन्तु इस बात पर पूरा यकीन है कि बिना अरब के आधुनिक यूरोपीय सभ्यता अपने वर्तमान स्वरूप में नहीं होती।" (1919)

वृहत् मुस्लिम साम्राज्य–उम्मा–एक अरबी शब्द है जिसका अर्थ समुदाय या राष्ट्र होता है। इसका प्रयोग आमतौर पर वृहत् अरब जगत् के परिप्रेक्ष्य में किया जाता है। इस्लाम के परिप्रेक्ष्य में, उम्मा का अर्थ विश्वासियों के समुदाय (उम्मत-अल-मुमिनिन से है) के पतन का मुख्य कारण मुसलमानों द्वारा सच्चे धर्म का परित्याग है। विशाल ऑटोमन साम्राज्य के पतन का भी यह एक सुस्पष्ट कारण है। तब से आज तक निरंकुश शासकों द्वारा अपनी सत्ता को बनाए रखने के लिए इसी उम्मा (वृहत् मुस्लिम साम्राज्य) का हवाला दिया जाता

है। अमेरिकी उपनिवेशवादी अथवा नवउपनिवेशवादी नीतियों की विरासत एवं यूरोपीय देशों द्वारा ऐसी जन प्रतिनिधित्वविहीन सरकारों के समर्थन का परिणाम पश्चिम के प्रति ठोस नाराजगी के रूप में सामने आया। इजरायली आधिपत्य के अन्धसमर्थन से भी कोई फायदा नहीं हुआ। इस गुस्से को दमनकारी ताकतों के विरुद्ध जेहाद करने के लिए निहित स्वार्थों द्वारा भी बढ़ावा दिया गया, यथा–'हमास' अथवा 'अलकायदा' या 'हिजबुल्ला'। इस क्रम में निरीह नागरिकों को असहाय छोड़ दिया गया, जो आतंकवादियों एवं आतंकवादियों के विरुद्ध कार्रवाई करनेवाले पश्चिमी देशों द्वारा उत्पीड़ित किए गए। इस दुष्चक्र ने और अधिक आतंकवादी पैदा किए। व्यापक जनहानि के लिए विकसित प्रौद्योगिकी द्वारा पीड़ित जनसमुदाय की मुक्ति का कोई मार्ग नहीं दिया गया जिसके परिणाम विध्वंसक हैं।

आज इस्लामी जगत् अशान्त है। मुसलमानों को अपने भीतर देखना चाहिए और इस्लामी नैतिकता के अनुरूप समाज-निर्माण हेतु ठोस कदम उठाना चाहिए। दूसरों पर दोषारोपण करने से समस्या हल नहीं होगी, न हिंसा कम होगी। उन्हें एक ऐसे समाज के लिए संघर्ष करना चाहिए जो 'जाहिलिया' (कुरान के दिशा-निर्देशों से हटना) से मुक्त हो। यह 'जाहिलिया' ही हिंसा का मूल कारण है। जेहाद निर्ममता के खिलाफ, गरीबी के खिलाफ, महिलाओं के दमन के खिलाफ, स्वास्थ्य सुविधाओं के अभाव के खिलाफ, स्कूलों के अभाव के खिलाफ, शिक्षित मुल्लाओं के अभाव के खिलाफ एवं लोकतांत्रिक विमर्शों के पक्ष में होना चाहिए। मुस्लिम युवाओं को कठमुल्लाओं का विरोध करने हेतु प्रेरित किया जाना चाहिए (इस्लाम के साथ भ्रम न हो) तथा उन्हें सामाजिक कार्यों एवं राष्ट्र-निर्माण के काम में लगाया जाना चाहिए। इसके अलावा आक्रामक इस्लामवादियों को इस्लाम के बलात् अपहरण से रोकने हेतु मुसलमानों में उद्देश्यों को लेकर एकता होनी चाहिए। ये सभी तथा और भी बहुत-कुछ किया जा सकता है, यदि सभी के लिए समानता, आधुनिक शिक्षा, गरीबी हटाने एवं स्वतंत्रता कायम करके एक लोकतांत्रिक समाज की स्थापना हो जाए। दुनिया-भर के निरंकुश शासकों के नियंत्रण में चलनेवाली पश्चिमी देशों की सरकारों के विरुद्ध लड़े बिना ऐसा कैसे किया जा सकता है, इसका कोई भी सहज ही अनुमान कर सकता है। इस्लामी सम्राट् एवं शासक निश्चित रूप से अपनी गद्दी केवल इसलिए नहीं छोड़ सकते कि इस्लाम में सम्राट् की व्यवस्था की मनाही है। इसके अतिरिक्त कुछ जातीय समूहों को अधीनस्थ बनाए रखनेवाली सरकारों द्वारा अनुचित दुराग्रह एवं उनको हिंसा का शिकार एवं भेदभाव का शिकार बनाए जाने की समस्या, जैसा कि भारत, बांग्लादेश और पाकिस्तान में हो रहा है, को बिना दिल में कोई बदलाव लाए हल नहीं किया जा सकता। जो आवश्यक है, वह है न्याय तथा कानून के शासन के प्रति प्रतिबद्धता। इसके बिना आतंकवाद तब तक जारी रहेगा, जब तक अत्याचार रहेगा।

**सन्दर्भ**


* अकिंडेल, एस.टी., टी.ओ. गिडाडो एवं ओ.आर. ओलाओपा, ग्लोब्लाइजेशन, इट्स इम्प्लीकेशंस एंड कॉन्सीक्वेंसेज फॉर अफ्रीका, *ग्लोबलाइजेशन*, खंड-2, अंक 1 (2002) ऑन लाइन उपलब्ध : http://www.globlization. iclp.org/content/v2.1/01akindelo etc.html
* ब्रिफॉल्ट, रॉबर्ट, *दि मेकिंग ऑफ ह्यूमेनिटी* (लन्दन : जॉर्ज एलेन एंड उन्विन लिमिटेड, 1919)

* ईटन, रिचर्ड एम. 'टेम्पल डिसक्रेशन इन प्री-मॉडर्न इंडिया, '*फ्रंटलाइन,* वॉल्यूम-17, नं.-25 एवं 26 (2000 एवं 2001)।
* 'गौरवगाथा' *चतुर्थ वर्ग के लिए* (आर.एस.एस. शिशु मन्दिर)
* हॉफमैन, ब्रूस, *इनसाइड टेररिज्म* (न्यूयॉर्क, कोलम्बिया यूनिवर्सिटी प्रेस, 1998)
* 'इन दि नेम ऑफ हिस्टरी : एक्जाम्पल्स फ्रॉम हिन्दुत्व-इंसपायर्ड स्कूल बुक्स इन इंडिया, साउथ एशिया डॉक्यूमेंट्स ऑन लाइन : http://www.indowindow.com/akhhar
* *इतिहास गा रहा है वर्ग 5 के लिए* (आर.एस.एस. शिशु मन्दिर)
* लेविस, बर्नार्ड *इस्लाम एंड दी वेस्ट* (न्यूयॉर्क, ऑक्सफोर्ड यूनीवर्सिटी, प्रेस, 1993)
* मन्दर, हर्ष, 'काउंटरफिट पीस : दी सेटिल्ड इनजस्टिसेज इन गुजरात', *दी टाइम्स ऑफ इंडिया,* 17 जुलाई, 2003
* माथुर, सोमेश के., 'ग्लोबलाइजेशन एंड डेवलपमेंट : सम इश्यूज एंड इम्पीरिकल फैक्ट्स', 2002 ऑन लाइन उपलब्ध : http://www.cid.harvUrd.edu/cidtrade/issues/developmentpaper.html
* मौदूदी, अबुल ए., *ह्यूमन राइट्स इन इस्लाम* (लेसिस्टर : दी इस्लामिक फाउंडेशन, 1983)
* पोइंटिंग, क्लाइव, *दी ट्वेंटीथ सेंचुरी : ए वर्ल्ड हिस्ट्री* (न्यूयॉर्क, हेनरी हॉल्टन कम्पनी, 1999)
* पुनियानी, राम, *कम्युनल पॉलिटिक्स : फैक्ट्स वर्सेज मिथ्स,* (न्यू दिल्ली, सेज पब्लिकेशन्स, 2003)
* वार्ष्णेय, आशुतोष, *'एथनिक कन्फ्लीट',* सेकेंड एडिशन (न्यू हेवेन एंड लन्दन : येल यूनीवर्सिटी प्रेस, 2003)
* 'वी हैव नो आर्डर्स टू सेव यू', स्टेट पार्टीसिपेशन एंड कम्प्लीसिटी इन कम्युनल वायलेंस इन गुजरात, ह्यूमन राइट्स वाच पब्लिकेशन (अप्रैल) 2002, वॉल्यूम 14, नं. 3 (सी)। ऑन लाइन उपलब्ध : http://www.hrw.org/reports/2002/india/gujrat.pdf
* वेसब्रॉट, मार्क, 'दी स्कोरकार्ड ऑफ ग्लोबलाइजेशन 1980-2000', सेंटर फॉर इकोनोमिक एंड पॉलिसी रिसर्च, 2001 ऑन लाइन उपलब्ध : http://www.cepr.net/globlization/scorecard_on_globlization.htm
* जहूर, अकरम, *'मुस्लिम हिस्ट्री' : 570-1950 सी.ई.* (गीथर्सबर्ग : जेड.एम.डी. कॉरपोरेशन, 2000)
* जहूर, अकरम, *मुस्लिम इन इंडियन, सबकॉन्टिनेंट* (गीथर्सबर्ग : जेड.एम.डी. कॉरपोरेशन, 2000)

# बंगाल में समन्वयवाद एवं साम्प्रदायिक सद्भावना

**–जे.जे. रॉय बर्मन**

भारत में हिन्दू-मुस्लिम दंगे एक आम परिघटना है। कुछ मुस्लिम नेताओं के अनुसार प्रतिवर्ष लगभग 3000 दंगे देश के विभिन्न हिस्सों में होते हैं। किन्तु इस संख्या को दूसरी तरह से भी देखा जा सकता है। एक अरब से अधिक की आबादी वाले इस देश में, जिसमें मुसलमानों की आबादी लगभग 12 प्रतिशत है, 3000 की संख्या महत्त्वपूर्ण प्रतीत होने के बजाय बहुत मामूली लगती है। गौर करने लायक बात यह है कि ग्रामीण क्षेत्रों में हिन्दू-मुसलमानों का साम्प्रदायिक टकराव बहुत कम है। यह मुख्य रूप से कस्बों और शहरों में है, जहाँ प्रवासी मजदूर मुसलमानों और छोटे-छोटे व्यापारियों की संख्या अधिक है जिनमें साम्प्रदायिक तनाव काफी अधिक होता है। धार्मिक पिछड़ेपन, गुँथे हुए आर्थिक सम्बन्ध और परस्पर निर्भरता प्रायः साम्प्रदायिक सद्भाव को बनाए रखती है। एक अन्य धारणा यह है कि अन्तर-धार्मिक आदान-प्रदान एवं मिश्रित संस्कृति के धरातल पर ही भारत में सद्भावपूर्ण जीवन-यापन का आधार टिका हुआ है। पश्चिम बंगाल के मामले में यह स्थिति कुछ अधिक प्रभावी होती है। अन्य राज्यों की तुलना में इस राज्य में साम्प्रदायिक टकराव की घटनाएँ कम हुई हैं।

मिश्रित संस्कृति भारत की एक महत्त्वपूर्ण विशेषता है, जिसमें हिन्दुस्तानी और इस्लामी संगीत, नृत्य, कला एवं भाषा का प्रभाव महत्त्वपूर्ण स्थान रखता है लेकिन इसका असर ज्यादातर उत्तर भारत एवं पाकिस्तान तक ही सीमित है। इसके अतिरिक्त किसी को इस्लामी बतलाना एक प्रकार की गलतफहमी पैदा करना है क्योंकि जिसे इस्लामी कहा जाता है वह मूलतः मध्य एवं पश्चिमी एशिया की एक सांस्कृतिक धारा है जिसकी जड़ें पूर्व इस्लामी युग में निहित हैं। प्रायः इसे भुला दिया जाता है कि दक्षिण और दक्षिण-पूर्व एशिया में रहनेवाले बहुसंख्यक मुसलमान मध्य एवं पश्चिमी एशिया में रहनेवाले मुसलमानों से भिन्न सांस्कृतिक पहचान लिये होते हैं। उदाहरणार्थ, मणिपुर के मुसलमान, सऊदी अरब के मुसलमानों से भिन्न होते हैं, उनमें चचेरे-मौसेरे के बीच विवाह सम्बन्ध नहीं होते। केरल के मापीला मध्य एशिया के मुसलमानों से भिन्न मातृवंशीय वैवाहिक परम्पराओं का पालन करते हैं।

कुछ सिद्धान्तकारों की मान्यता है कि (रॉय बर्मन 2002) हिन्दू एवं मुस्लिम धर्म के बीच जो समन्वय है वही धरातल पर साम्प्रदायिक सद्भाव बनाए रखने में महत्त्वपूर्ण भूमिका निभाता है। समन्वयवाद की अवधारणा का सम्बन्ध युगों पुरानी बात है, जिस पर नृतत्त्वशास्त्र एवं समाजशास्त्र में बहुत कम ध्यान दिया गया है। इसमें देवताओं की पहचान के मामले में मिश्रण

पर जोर दिया जाता है जो ध्यानपूर्वक देखने पर पता चलता है कि दोनों के अन्दर विद्यमान अच्छाई का सम्बल है। प्रायः इसका सम्बन्ध दोनों धर्मों के आस-पास रहने के कारण भी होता है। *दि डिक्शनरी ऑफ रिलीजन* (1944) में समन्वयवाद की परिभाषा देते हुए कहा गया है कि यह संस्कृतियों के द्वन्द्वात्मक तत्त्वों के एकीकरण की प्रक्रिया है। अधिक स्पष्ट शब्दों में विजातीय तत्त्वों का सम्मिलन है। विजातीय तत्त्व उस समय गायब हो जाते हैं जब अल्पसंख्यकों के अन्दर बहुसंख्यकों के मनोवैज्ञानिक एवं सांस्कृतिक पहचान के तत्त्व विलीन हो जाते हैं और बहुसंख्यक अल्पसंख्यकों की व्यक्तिगत और सांस्कृतिक धारा को अपने अन्दर समाहित कर लेते हैं। इसमें बहुत सारे सत्ता सिद्धान्त भी निहित होते हैं। ऑक्सफोर्ड इंग्लिश डिक्शनरी द्वारा दी गई परिभाषा में इसे काफी स्पष्ट कर दिया गया है, "दार्शनिक समूहों के बीच मतान्तरों को समाहित करना एवं उनमें एकता की स्थापना का प्रयास समन्वयवाद है–इस प्रकार यह द्वन्द्व को कम करने और सहिष्णुता को बढ़ावा देने की रणनीति है।" असद (1983) समन्वयवाद को 'प्राकृतिक धर्म' की अवधारणा के विकास से जोड़ना चाहते हैं जो सर्वमान्य सत्ता की उपासना के प्रति आस्था से जुड़ा होता है जो सभी मनुष्यों में पाई जाती है।

## इस्लाम की अवधारणा

हिन्दू-मुस्लिम समन्वयवाद पर विचार करते समय यह नितान्त आवश्यक है कि हम इस्लाम और हिन्दुत्व की अवधारणा का संक्षेप में विश्लेषण करें। रॉय वर्मन (2000) का उल्लेख करते हुए स्टीटाइट कहते हैं, "इस्लाम का अनिवार्य तत्त्व अल्लाह की निरपेक्ष सत्ता के प्रति आस्था है, जो विश्व का स्रष्टा है जिसका कोई पिता नहीं है, जिससे मिलती-जुलती कोई भी चीज नहीं हो सकती। अल्लाह अपनी पूर्वकृत योजनानुसार मनुष्य के सभी कार्यों और संसार की सभी क्रियाओं का संचालन करता है। इसी प्रकार मनुष्य स्वतंत्र कार्य के लिए सक्षम है, जिसके लिए उसे पुरस्कृत अथवा दंडित किया जाता है। जिन पैगम्बरों को चमत्कारी शक्तियाँ दी गई हैं, उनमें सबसे अन्तिम पैगम्बर मुहम्मद थे।" ट्रिमिंधम (1971) एवं अहमद (1992) कहते हैं कि इस्लामी समाज बहुत ही वैविध्यपूर्ण है और यह मुस्लिम जगत् के विभिन्न भागों में अलग-अलग है।

लोखंडवाला (1987, पृ. 104-6) कहते हैं कि इस्लाम स्वयं में ही काफी समन्वयकारी है : इस्लाम के आरम्भिक चरण में, अरब के स्थानीय जनजातीय सांस्कृतिक तत्त्व काफी अधिक यहूदी एवं ईसाई परम्परा के बहुत-सारे तत्त्वों से एकीकृत थे।" वह यह भी कहते हैं कि आध्यात्मिक स्तर पर कुछ क्षेत्रीय अन्तर थे, तथापि वे बहुत कम थे। प्रत्येक क्षेत्र की कुरान के सम्बन्ध में अपनी आधिकारिक व्याख्या, पैगम्बर की परम्परा एवं आधिकारिक कानून मौजूद थे।

इसी प्रकार मिलर (2000) कहते हैं कि इस्लामी तौर-तरीके स्थानीय संस्कृति और परम्परा के अनुरूप होते हैं। 80 प्रतिशत से अधिक मुसलमान अरबी क्षेत्र के बाहर विश्व के विभिन्न भागों में रहते हैं। वे कहते हैं कि यद्यपि इस्लाम को एकेश्वरवादी धर्म माना जाता है, फिर भी इसमें पराशक्तियों–फरिश्ता एवं शैतान–की अवधारणा आम है। वास्तव में इस्लाम के अन्तर्गत अरबियाई जीवनधारा के बहुत सारे पूर्व इस्लामी तत्त्वों को शामिल कर लिया गया

है। पैगम्बर मुहम्मद ने खुद कभी काबा को नष्ट नहीं किया जो मक्का में स्थित एक पूर्व इस्लामी तीर्थ था, बल्कि उन्होंने इसकी सफाई की। हज के तीर्थयात्री भी काबा के निकट अवस्थित काले पत्थर को चूमते हैं, जो एक पूर्व इस्लामी इबादत स्थल है। शैतानों के प्रतीक पत्थरों से बनी प्रतिमाओं को वे पत्थर भी मारते हैं, जो मक्का के निकट मीना में अवस्थित है। मुस्लिम समुदाय का पुरुष वर्ग भी पूर्व इस्लामी कर्मकांड से अलग होता है और पशु-बलि के मामले में भी ऐसा ही है, जैसा कि हम आज देखते हैं। लेविस (1984) ने भी बहुत सारे पूर्व इस्लामी जनजातीय चिह्नों को दिखाया है जो सोमालिया की मुस्लिम जनजातियों में दिखाई पड़ते हैं।

## हिन्दुत्व की अवधारणा

ठीक इसी प्रकार, हिन्दुत्व के सम्बन्ध में भी यह अवश्य कहा जाना चाहिए कि 'हिन्दू' शब्द भ्रामक है। जवाहरलाल नेहरू ने इसे स्वीकार किया था और कहा कि हिन्दुत्व की अवधारणा भ्रामक, अस्पष्ट और बहुअर्थी है, जो अलग-अलग व्यक्तियों को अलग-अलग अर्थ देती है। इसे परिभाषित कर पाना लगभग असम्भव है। इस्लाम से भिन्न, हिन्दुत्व मुख्यतः भारत तक सीमित है। हिन्दुत्व नेपाल, इंडोनेशिया, मलेशिया, जावा, सुमात्रा और बँगलादेश में विद्यमान है। नेपाल में हिन्दुत्व बौद्धधर्म से मिश्रित है। नेवार और तमांग समुदाय इसके दो अच्छे उदाहरण हैं। दक्षिण-पूर्व एशिया में लोगों के पास रामायण के अपने संस्करण हैं।

हबीब (1999) कहते हैं, "हिन्दुत्व, जो 'हिन्द' से बना है, एक ईरानी शब्द है। 'हिन्दुत्व' संस्कृत शब्द है, जिसका अर्थ 'हिन्दुओं का देश' से अभिप्रेरित है तो यह लिखने की एक आधुनिक शैली है। शास्त्रीय संस्कृत के लिए यह शब्द अज्ञात है। अरबवासियों तथा मुसलमानों द्वारा आमतौर पर इसे ईरानियों से ग्रहण किया गया। अलबरूनी के समय तक भारतवासियों और भारत में रहनेवाले गैर-मुस्लिम धार्मिक सम्प्रदायों के लोगों के बीच अन्तर कर पाना थोड़ा मुश्किल था। 13वीं शताब्दी के बाद जब मुसलमानों ने स्वयं को भारत के बड़े भाग में स्थापित कर लिया, इस शब्द का सीमित अर्थ विस्तार पाने लगा और 'हिन्दू' शब्द से एक खास धार्मिक समुदाय का बोध होने लगा। परन्तु स्वयं हिन्दुओं के द्वारा चौदहवीं सदी के पूर्वार्द्ध तक यह नाम स्वीकार नहीं किया जाता था, जब विजयनगर का राजा और उसके बाद मेवाड़ के शासक ने स्वयं को 'हिन्दू सुल्तान' कहलाना पसन्द किया।

फ्राइकेनबर्ग (1997, पृ. 83) हिन्दुत्व के अखिल भारतीय चरित्र को पूरी तरह नकारते हैं, "पूरे भारत में एकल 'हिन्दुत्व' अथवा एकल 'हिन्दू समुदाय' जैसी कोई चीज कभी नहीं रही है। सामाजिक-सांस्कृतिक क्षेत्र में भी कोई एकल 'हिन्दू' अथवा 'हिन्दू समुदाय' जैसी चीज इस पूरे महादेश में नहीं रही है। उससे भी आगे एक धर्म अथवा धार्मिक प्रणाली के रूप में 'हिन्दू' शब्द का प्रयोग नहीं किया गया है। फ्राइकेनबर्ग 'हिन्दुत्व' के कई रूपों की पहचान करते हैं, यथा–'लोकप्रिय हिन्दुत्व', 'मन्दिर हिन्दुत्व', 'भक्ति हिन्दुत्व', 'ग्राम हिन्दुत्व' एवं 'जनजातीय हिन्दुत्व'।

फ्राइकेनबर्ग रोमिला थापर को उद्धृत करते हुए कहते हैं कि आधुनिक हिन्दुत्व नियमित और संगठित धर्म का रूप है, उदाहरणार्थ दक्षिण भारत में औपनिवेशिक काल में प्रभावशाली

ब्राह्मणों एवं दूसरी ऊँची जातियों की वृद्धि के फलस्वरूप इसका विकास हुआ। मद्रास में भी सरकार ने इस प्रक्रिया को प्रोत्साहित किया। महत्त्वपूर्ण यह कि मद्रास की बहुतेरी दलित जातियाँ ब्राह्मणों और ऊँची जाति के गैर-ब्राह्मणों को शक्ति प्रदान किए जाने के विचार के विरोधी थीं। थापर (1997) कहती हैं कि हिन्दू धर्म का प्रयोग करनेवाले वर्तमान राजनीतिज्ञ हिन्दुत्व को इस्लाम और ईसाई धर्म की राह पर स्थापित करना चाहते हैं और तथाकथित पिछड़ी जातियों, दलित एवं अनुसूचित जनजातियों को धर्मान्तरित करना चाहते हैं। इस प्रकार के हिन्दुत्व का आधार ब्राह्मणवादी हिन्दुत्व है। वे इसे 'सिंडिकेटेड हिन्दुत्व' कहती हैं।

रशीदुद्दीन खान (1987) हिन्दू धर्म की अवधारणा को एक अपभ्रंश मानते हैं। उनके अनुसार, इस शब्द में विभिन्न धार्मिक मार्गों पर चलनेवाले लोग समाहित हैं जो हिन्दुत्व को लचक एवं प्रत्यास्थता प्रदान करते हैं और एक ऐसी परम्परा के रूप में प्रस्तुत करते हैं, जो भारत की सांस्कृतिक पहचान को अन्तर्भुक्त करने के लिए पर्याप्त व्यापक है। हिन्दुत्व की धार्मिक विषयवस्तु को आमतौर पर ब्राह्मणवाद के रूप में सन्दर्भित किया जाता है, जबकि 'हिन्दू' शब्द, जिसका प्रयोग प्राचीन पर्सियन, यूनानी और बाद में अरबियों तथा मध्य एशिया के लोगों द्वारा किया जाता था, अनिवार्यतः सिन्धु घाटी में और उसके आसपास के क्षेत्रों के निवासियों की भौगोलिक पहचान के रूप में सन्दर्भित किया जाता था।" खान आगे कहते हैं कि 'हिन्दू' शब्द हमारे प्राचीन साहित्य में कहीं नहीं मिलता, इसका प्रथम उल्लेख आठवीं शताब्दी में लिखित एक तांत्रिक पुस्तक में मिलता है।

स्टाइटेनक्रोन (1997) का विचार है कि हिन्दुत्व की धारणा पश्चिम की उपज है। पन्द्रहवीं शताब्दी के नवजागरण काल में, जब ईसाई मिशनरियाँ औपनिवेशिक विस्तार का हिस्सा बनीं तब धर्मान्तरण के उद्देश्य से कुछ अप्रसिद्ध 'प्राकृतिक धर्मों' के अध्ययन के प्रति रुचि जागृत् हुई। मिशनरियों और प्राच्यविद् भारत के ऐसे विभिन्न छिपे धर्मों के पारस्परिक अन्तर को नहीं समझ सके और उन्हें एक साथ रखकर देखा। स्टाइटेनक्रोन यह भी कहते हैं कि भारत की परतंत्र सरकार हिन्दुत्व के कारण कई धर्मों को एक ही समझ गई। यह एक नकारात्मक सोच थी, जिसके कारण यदि कोई व्यक्ति मुस्लिम अथवा ईसाई होता, तो वह जनगणना में हिन्दू के रूप में गिना जाता।

मोहिउद्दीन (1987) लिखते हैं कि ब्रिटिश सरकार ने अपनी 'फूट डालो और राज करो' की नीति के तहत तथ्यों को तोड़-मरोड़कर एक नई पहचान निर्मित की। 'ब्रिटेनवासियों के आगमन के पूर्व भारतीय शासकों को हिन्दू अथवा मुस्लिम शासक के रूप में नहीं जाना जाता था, बल्कि उन्हें उनके प्राचीन नामों, यथा—चोल, लालुक्य, राजपूत अथवा पठान, तुर्क, मुगल आदि के रूप में पहचाना जाता था। जेम्स मिल भारतीय इतिहास का पहला लेखक था, जिसने इतिहास की पुस्तक *हिस्ट्री ऑफ ब्रिटिश इंडिया* में भारतीय इतिहास का काल-विभाजन, यथा—हिन्दू काल, मुस्लिम काल तथा ब्रिटिश काल धार्मिक आधार पर किया।

पार्थ चटर्जी (1995) भी इसी तरह हिन्दुत्व को एक आधुनिक विकास के रूप में देखते हैं, परन्तु स्टाइटेनक्रोन के विपरीत तर्क देते हैं कि 'हिन्दू' शब्द एक राष्ट्रीय उपज है। जो राष्ट्रवाद भारत में उदित हुआ, वह 'हिन्दू राष्ट्रवाद' था।" यह विचार कि 'भारतीय राष्ट्रवाद' 'हिन्दू राष्ट्रवाद' का पर्यायवाची है," इसका स्वर धार्मिक नहीं बल्कि राजनीतिक है। वर्तमान

**तालिका-3.1**

**ऐतिहासिक पृष्ठभूमि : संयुक्त राज्य के अधिकारियों की अलकायदा एवं अन्य आतंकवादी संगठनों के साथ 'सम्बद्धता' (सूची)**

| अधिकारी | परिस्थितियाँ | अभिलेख अथवा स्रोत |
|---|---|---|
| जिम्मी कार्टर | 1979 में अफगानिस्तान में इस्लामी सशक्त दलों के संजाल को समर्थन देने सम्बन्धी पहली मार्गदर्शिका पर हस्ताक्षर किया। | झिंग्न्यू ब्रेजजिंस्की का साक्षात्कार : *नौवेल ऑब्जर्वेटर,* 15-21 जनवरी, 1998। |
| झिंग्न्यू ब्रोजजिंस्की | जिम्मी कार्टर के राष्ट ्रीय सुरक्षा सलाहकार के रूप में ब्रेजजिंस्की सोवियत-अफगानिस्तान युद्ध के समय इस्लामी सशस्त्र दल के संजाल को समर्थन देने की योजना का मुख्य सूत्रधार था। | 15-21 जनवरी, 1998 को *नौवेल आब्जर्वेटर* में दिया गया झिंग्न्यू ब्रेजजिंस्की का साक्षात्कार। |
| रोनाल्ड रीगन | राष्ट्रीय सुरक्षा निर्णय निर्देशिका 166 (1985) हस्ताक्षरित किया जिसके माध्यम से इस्लामी सेनापतियों को सोवियत-अफगानिस्तान युद्ध के समय सहयोग प्रदान करने की अनुमति दी गई। | *वाशिंगटन पोस्ट* 19 जुलाई, 1992। |
| जॉर्ज एच. डब्ल्यू. बुश | कार्टर एवं रीगन के राष्ट्रपतित्व काल में प्रारम्भ की गई इस्लामी सशस्त्र दस्ते को सहायता जारी रखी। ईरान-विरोधी पदाधिकारियों को उनके उपराष्ट्रपतित्व काल में समर्थन दिया गया। | *वालस्ट्रीट जर्नल* 27 सितम्बर, 2001, '*फॉर्च्यून,* 8 मार्च, 2002। *दी न्यूयॉर्क टाइम्स,* 12 फरवरी, 1989, सालोन. कॉम, नवम्बर, |
| | कार्लाइल-समूह के माध्यम से बिन लादेन के परिवार के साथ व्यावसायिक समझौते किए। | 2001 *फॉरेन पॉलिसी इन फोकस* 30 अप्रैल, 2002। |
| बिल क्लिंटन | बोस्निया में हुए गृहयुद्ध के समय अलकायदा की कार्रवाइयों के साथ सहयोग हेतु संयुक्त राज्य की सेना को आदेश दिया। के. एल.ए. का समर्थन किया, जो अलकायदा समर्थक था। | संयुक्त राज्य कांग्रेस की रिपब्लिकन पार्टी समिति, 1997। |
| एंथानी लेक, (राष्ट्रपति क्लिंटन के राष्ट्रीय सुरक्षा सलाहकार) | बोस्निया (1993-95) में युद्धरत इस्लामिक आतंकवादी संगठनों को सहयोग का आदेश। | संयुक्त राज्य कांग्रेस की रिपब्लिकन पार्टी समिति, 1997। |

आई.ए. द्वारा गठित दमनकारी सेना सैंडिनिस्टा सेनाओं का सामना नहीं कर सकती थी, इसलिए उन्होंने निकारागुआ के किसानों पर आतंकी कार्रवाई शुरू कर दी। रीगन की इस अशोभनीय लड़ाई में निकारागुआ के बन्दरगाह वाले भी शामिल थे, जो बहिष्कार के माध्यम से इसकी अर्थव्यवस्था को तहस-नहस करने लगे और मालवाहक जहाज पड़ोसी देश होंडुरास पर आक्रमण करने लगे।

निकारागुआ के विरुद्ध रीगन की आतंकवादी नीति को संयुक्त राज्य के सत्तारूढ़ और प्रतिपक्षी दोनों दलों का समर्थन प्राप्त था। 1984 में उदारवादी लिबरल डेमोक्रेटों ने बोलैंड सुधारों को पारित कर दिया जिसके माध्यम से दमनकारी सेना को दिए जा रहे प्रत्यक्ष सैन्य समर्थन पर रोक लगा दी गई। परन्तु ठीक उसी समय उन्होंने निजी सहायता जारी रहने दी, जिसके द्वारा संयुक्त राज्य की सेना के वाहनों का दमनकारी सेना उपयोग कर सकती थी। उन्होंने रीगन को निजी क्षेत्र से दमनकारी सेना को सहायता भेजने की अनुमति दे दी तथा इजरायल जैसे देश से भी उन्होंने मानवीय आधार पर दमनकारी सेना को करोड़ों डॉलर की धनराशि दिए जाने की स्वीकृति दे दी, जिसे घोषित तौर पर शरणार्थियों के लिए राहत बताया गया। रीगन द्वारा दमनकारी सेना के लिए धन की उगाही के लिए ईरान को अमेरिकी सैन्य उपकरण भी दिए गए। दमनकारी सेना द्वारा संयुक्त राज्य में ड्रग की तस्करी के माध्यम से भी धन इकठ्ठा किया गया। उनके विमान फ्लोरिडा से तोप लेकर होंडुरास जाते थे और होंडुरास से ड्रग लेकर वापस आते थे।

**अल-सल्वाडोर के मारक दस्ते :** उसी अवधि में रीगन ने आतंकवादियों द्वारा समर्थित अल-सल्वाडोर की दक्षिणपन्थी सरकार की भी मदद की। सल्वाडोर के क्रान्तिकारी दल ने सशक्त छापामार दस्ता गठित कर कुछ क्षेत्रों में अपना नियंत्रण स्थापित कर लिया था। रीगन ने इस छापामार दस्ते के विरुद्ध सरकार की मदद की। परन्तु सरकार छापामारों की मदद करनेवालों को सबक सिखाने के लिए मारक दस्ते (जो अनधिकृत दस्ता था) के माध्यम से आतंकित कर किसान एवं मजदूर संगठन के नेताओं का अपहरण तथा उनकी हत्या कराने लगी। सरकार के विरुद्ध कार्य करनेवाला कोई भी संदिग्ध व्यक्ति मार दिया जाता था। इसमें कैथोलिक आर्कबिशप रोमेरो भी शामिल थे, जिन्होंने सिर्फ इतना कहा था कि सरकार को ऐसे लोगों के प्रति इतना क्रूर नहीं होना चाहिए। इसके अतिरिक्त मेरीनॉल नन /संन्यासिनों के एक समूह को सिर्फ इस अपराध की सजा दी गई कि वे गरीबों/वंचितों के बीच सामाजिक कार्य करती थीं। यह मारक दस्ता यद्यपि गोपनीय ढंग से कार्य करता था लेकिन अपने कारनामों से जुड़े किस्से लोगों में फैला देता था। ये लोगों को आतंकित करने के लिए मारे गए लोगों की क्षत-विक्षत लाशें खुलेआम छोड़ देते थे। राज्य-प्रायोजित आतंकवाद का यह एक परम्परागत तरीका था। राज्य के पास इस सम्बन्ध में अपने कानून थे, अतएव राज्य ऐसे सभी नियमों का उल्लंघन करता था, जिसकी सरकारी नीति की तरह निन्दा नहीं की जा सकती थी। एक बार पुनः संयुक्त राज्य एवं सी.आई.ए. इसके बड़े समर्थक रहे। कांग्रेस में डेमोक्रेटों ने रीगन को सल्वाडोरीय मारक दस्ते को नजरअन्दाज करते हुए सल्वाडोर सरकार को मुहैया कराने के लिए करोड़ों डॉलर सहायता की अनुमति दी।

में ही जब प्रार्थना का समय आया तो सोफ्रोनियस ने खलीफा को गिरिजाघर में प्रार्थना के लिए आमंत्रित किया, जिसे उन्होंने विनम्रतापूर्वक अस्वीकार कर दिया। उनके इस अस्वीकार का कारण मुसलमानों को रोकना था जो उत्साहवश इस आयोजन के अवसर पर चर्च को ध्वस्त कर वहाँ मस्जिद का निर्माण कर सकते थे क्योंकि ऐसे काम से इस्लाम के निर्देशों का उल्लंघन होता था।

इस्लाम का फैलाव पहले 641 ई. तक मिस्र में और इसके बाद फिर 654 ई. तक पूरे उत्तरी अफ्रीका में जारी रहा। मध्ययुग तक आते-आते इस्लाम पूरे विश्व में फैल गया था। इस्लाम को इसकी अलग सोच के कारण स्वीकार किया गया। इसने इसमें विश्वास करनेवालों और न करनेवालों के अधिकारों को सुरक्षा दी, जो कि इसके पहले किसी अन्य धर्म अथवा शासन द्वारा समझा नहीं गया था। इन अधिकारों में शामिल थे–

- जीने का अधिकार,
- स्त्रियों की पवित्रता के प्रति आदर-भाव,
- एक आधारभूत जीवनयापन का अधिकार,
- व्यक्ति की स्वतंत्रता का अधिकार,
- न्याय पाने का अधिकार,
- जीवन की सुरक्षा का अधिकार,
- सभी मनुष्यों के साथ समानता का अधिकार,
- शासक कानून से ऊपर नहीं,
- सहयोग करने अथवा न करने का अधिकार,
- युद्ध में भाग न लेने का अधिकार,
- घायलों की सुरक्षा,
- धन की पवित्रता,
- शत्रु के शवों की वापसी,
- समझौतों को तोड़ने की मनाही।

उपर्युक्त सुरक्षा इस्लाम की अर्थवत्ता का एक भाग है। इस्लाम के बुनियादी विश्वासों के अन्तर्गत पाँच स्तम्भ आते हैं, जिसमें शामिल हैं–(क) इस आस्था के प्रति स्वीकृति कि 'अल्लाह' के अतिरिक्त और कोई ईश्वर नहीं है और मुहम्मद अल्लाह के सन्देशवाहक हैं। (ख) प्रतिदिन पाँच बार प्रार्थना (नमाज), (ग) रमजान के महीने में रोजा (उपवास), (घ) जीवन में सिर्फ एक बार और वह भी तब जब परिवार, सम्बन्धी एवं मित्रों के प्रति जिम्मेवारी पूरी कर ली गई हो और वित्तीय दृष्टि से सम्भव हो हज (मक्का की यात्रा) एवं (ङ) जकात–अपनी पूरी सम्पत्ति का ढाई प्रतिशत कर के रूप में प्रतिवर्ष गरीबों को चुकाना।

**भारत में इस्लाम का विस्तार**

भारत में इस्लाम का विस्तार मुख्यतः तलवार के बल पर हुआ। इस बात पर संघ परिवार सभी को विश्वास दिलाना चाहता है। इसके लिए ऐसे असत्यों का सहारा लिया जाता है जैसे कि ये बातें इतिहास-ग्रन्थों में वर्णित हैं। संघ परिवार द्वारा रचित इतिहास में कहा गया है

कि 'मुस्लिम भारत में एक हाथ में तलवार दूसरे हाथ में कुरान लेकर आए थे' एवं 'तलवार की नोक पर असंख्य हिन्दुओं को मुसलमान बनाया गया। स्वतंत्रता का यह संघर्ष धार्मिक युद्ध बन गया। धर्म के नाम पर असंख्य कुर्बानियाँ दी गईं। हम लोग एक युद्ध के बाद दूसरे युद्ध जीतते गए। हम लोगों ने विदेशी शासकों को शान्तिपूर्वक शासन करने नहीं दिया, परन्तु मुसलमान बन चुके अपने हिन्दू भाइयों को हम अपने धर्म में वापस नहीं ला सके।' (इतिहास गा रहा है) उनके अनुसार, 'अरबवासी (जंगली/असभ्य) लोगों को अपने धर्म में अन्तरित करने के उद्देश्य से आए थे। जहाँ कहीं भी वे गए, उनके हाथ में एक तलवार होती थी। चारों दिशाओं में उनके सैनिक तूफान की तरह छा गए थे। जो कोई भी उनकी राह में पड़ा, विनष्ट हो गया। उपासना गृहों और विश्वविद्यालयों को नष्ट कर दिया गया। ग्रन्थागारों को जला दिया गया तथा धार्मिक पुस्तकें नष्ट कर दी गई। माँ-बहनों को अपमानित किया गया। दया और न्याय से वे अनजान थे।' (गौरवगाथा, पृ. 52-53) अद्भुत बात यह कि उनके इतिहास ग्रन्थ में कश्मीर के राजा हर्ष का कहीं उल्लेख नहीं है, जिसने ग्यारहवीं शताब्दी में एक विशेष पदाधिकारी नियुक्त किया, जिसका नाम था 'देवोत्पातन नायक' (देवताओं को उखाड़नेवाला अधिकारी) था। उसका कार्य, जब कभी शाही खजाने में कोष की कमी हो, मन्दिरों को लूटना था। परमार वंशीय राजा (शुभवर्मन, 1193-1210 ई.) जिसने कम्बे, डाभोई और अन्य स्थानों में असंख्य जैन मन्दिरों को विनष्ट किया, उनका भी उल्लेख नहीं है। यद्यपि औरंगजेब द्वारा मन्दिरों को ध्वस्त किए जाने की बात सही है, फिर भी औरंगजेब द्वारा मस्जिदों (गोलकुंडा का जामा मस्जिद) के ध्वंस तथा कई मन्दिरों को जागीर दिए जाने की बात का भी उल्लेख नहीं किया गया है। शिवाजी को एक महान हिन्दू राजा के रूप में पारिभाषित किया जाता है जबकि तथ्य यह है कि उन्होंने अपने राजमहल के सम्मुख एक मस्जिद का निर्माण कराया और अपनी सेना में मुस्लिम सेनापतियों और सैनिकों को शामिल किया। यह उनके इतिहास में शामिल नहीं है। इन तथ्यों का भी उल्लेख नहीं मिलता कि शिवाजी की नौसेना का नायक सिद्धि सम्बाल, उनके मुख्य सेनापति दौलत खाँ एवं सिद्दी मिस्त्री तथा उनके विदेश सचिव मुल्ला हैदर—सभी मुस्लिम थे। शिवाजी का सर्वाधिक विश्वस्त नौकर मदारी मेहतर एक मुस्लिम था, जिसने शिवाजी को आगरा से भाग निकलने में मदद करके उनकी प्राण रक्षा की—इसका उल्लेख भी संघ परिवार के इतिहास से गायब है। सम्भव है, संघ परिवार इन तथ्यों से अनभिज्ञ हो अथवा वह इस बात से अत्यन्त भयभीत हो कि ऐसी बातों के आधार पर कहीं बाल ठाकरे शिवाजी को विश्वासघाती अथवा मुसलमानों को तुष्टि प्रदान करनेवाले व्यक्ति के रूप में उल्लेख करते हुए उन्हें हिन्दू नायकों की सूची से हटा न दें।

आक्रांता महमूद गजनवी, जिसने सोमनाथ मन्दिर ध्वस्त किया, को निश्चित रूप से हिन्दुत्व के सर्मथकों के इतिहास में स्थान प्राप्त हो जाता है। तथापि, इस तथ्य को आसानी से छोड़ दिया गया कि गजनी सोमनाथ पहुँचने के क्रम में पहले मुहम्मद फतेह दाऊद से लड़ा और मुल्तान की मस्जिद को तोड़ा। इस तथ्य को भी छोड़ दिया गया है कि गजनी के बहुत सारे सेनापति (तिलक, सोंढी, राय, हिन्द एवं हरजान) और सैनिक हिन्दू थे। संघ परिवार की दृष्टि में ऐसे अकाट्य और सुस्पष्ट तथ्यों का कोई ऐतिहासिक महत्त्व नहीं है। क्योंकि यदि हिन्दू

परिप्रेक्ष्य में हिन्दू राष्ट्रवादियों की अधिकांश राजनीति हिन्दुत्व को एक बदले हुए अर्थ में प्रस्तुत करती है।

सोन्थीमर (1995) का विचार है कि भारत में लोकधर्म व्यापक रूप में पाए जाते हैं। परन्तु आधुनिक हिन्दू इसे हिन्दुत्व के रूप में स्वीकार नहीं कर सकते। वे उदाहरणार्थ 'जात्रा' को लेते हैं, जो महाराष्ट्र के ग्रामीण क्षेत्रों की एक वार्षिक गतिविधि है। इसका आयोजन फसल चक्र के अनुसार होता है, ब्राह्मणीय पंचांग के अनुसार नहीं। बहुत सारे 'जात्रा' आयोजनों का समापन एक देवता के जुलूस द्वारा होता है, जो एक माध्यम की सहायता से वर्षा और फसल की सम्भावनाओं के बारे में घोषणाएँ करता है, यह पहले युद्ध की सम्भावना भी बतलाता था।

कांचा इलैया (1996) एक भिन्न विचारधारा प्रस्तुत करते हैं, जो हिन्दुत्व के सम्बन्ध में दलित बहुजन की विचारधारा है। वह कहते हैं कि उसके माता-पिता कुमाटूलु बंजारा थे। वे पीरिला पर्व (मुहर्रम) तुरूकुलुस (मुस्लिम) के साथ मिलकर समान रूप से मनाते थे। परन्तु वर्तमान में हिन्दुत्व के उभार के साथ उन्हें अचानक कहा जाने लगा कि वे हिन्दू हैं। इलैया जो कहना चाहते हैं, वह यह है कि अधिकांश दलित बहुजन लोग अनुसूचित जाति (एस.सी.), अन्य पिछड़ी जाति (ओ.बी.सी.) एवं अनुसूचित जनजाति (एस.टी.) को केवल इस आधार पर हिन्दू नहीं माना जा सकता कि वे समान रूप के एक ही प्रस्तर-प्रतिमा की पूजा करते हैं, यद्यपि कि वे जजमानी-प्रथा से भी जुड़े हैं।

भारत में समन्वयवाद का तत्त्व काफी पुराना और गहरा बैठा हुआ है। कबीरपन्थी सन्त कबीर के शिष्यों के एक पुराने सम्प्रदाय का नाम है। कबीर के सम्बन्ध में मान्यता है कि उनका जन्म एक हिन्दू परिवार में हुआ था और वे एक मुस्लिम बुनकर द्वारा गोद ले लिये गए थे। कबीर लोगों के बीच घूमते थे और उस दर्शन की शिक्षा देते थे, जिसमें सभी धर्मों की समानताओं पर जोर दिया जाता था। उन्होंने जनसमूह में साम्प्रदायिक सद्भाव का सन्देश फैलाया था। हिन्दू और मुसलमान दोनों कबीर को अपने धर्म का मानते थे।

कबीरपन्थियों के अलावा भारत में एक अन्य समन्वयवादी धर्म को भी देखा गया है—सिक्ख धर्म। गुरुनानक, जो इस धर्म के संस्थापक थे, हिन्दू-मुस्लिम संघर्ष से दुखी थे। उन्होंने दोनों धर्मों के समन्वयकारी तत्त्वों को लिया और उसे सिक्ख धर्म के रूप में विकसित किया।

मोहिउद्दीन (1987) कहते हैं कि भारत में 'सूफी सन्तों के प्रभाव से इस्लाम का तेजी से विस्तार हुआ। ये सन्त सादा जीवन बिताते थे और इस्लाम के उदार रूप को अपनाते थे। ''वे औपचारिक इबादत और रोजे पर कोई खास ध्यान नहीं देते थे, जो इस्लाम के अनिवार्य तत्त्व कहलाते थे। वे 'वाहदूत-उल-वजूद' (एक प्रकार का मार्ग) तथा 'सुलहे-कुल' (सबकी शान्ति) में विश्वास करते थे। सूफीवाद भारत में ईरान से आया और बौद्धधर्म वेदान्त और योग से काफी प्रभावित था। असगर अली इंजीनियर भी भारत में इस्लाम के सम्बन्ध में ऐसा ही कहते हैं और बताते हैं कि सूफी सन्त नकारवादी के विपरीत स्वीकारवादी थे। इस प्रकार, वेदान्त की परम्परा के बहुत सारे लोग, जो जीवन के सन्दर्भ में विभिन्न राय रखते हैं, भारतीय इस्लाम का हिस्सा बनना चाहते हैं। (खिजर, 1990)

असंख्य सूफी सम्प्रदाय जिसमें कुछ स्थानीय और कुछ व्यापक संजाल युक्त थे, बारहवीं और पन्द्रहवीं शताब्दी के मध्य पल्लवित-पुष्पित हुए। इन्होंने स्थानीय संस्कृतियों के साथ

मिलकर रहने का सन्देश दिया और समाज पर इसका बहुत महत्त्वपूर्ण प्रभाव पड़ा। पीर और सन्तों के इर्द-गिर्द विकसित होती सूफी संस्कृति को शासक वर्ग और जन सामान्य दोनों का समर्थन प्राप्त था। सूफी मजारें, जहाँ सालाना उर्स (संस्थापक पीर की पुण्यतिथि) मनाया जाता था, बड़े सामाजिक और राजनीतिक संस्थाओं के रूप में विकसित हुईं।

एम.एस. गोर (1995) इस सम्बन्ध में कहते हैं कि इस्लाम और भक्ति-परम्परा दोनों की एक-दूसरे के लिए प्रतीकात्मक भूमिका थी :

''ऐसा प्रतीत होता है कि इस्लाम ने हिन्दुत्व के कर्मकांड के बन्धन को खत्म करने और समतावादी प्रवृत्ति को सशक्त बनाने का कार्य किया, जबकि हिन्दू-दर्शन ने मुस्लिम धार्मिक विचारधारा में रहस्यवादी, अध्यात्मवादी महत्त्व को बल दिया है। यह महज एक संयोग नहीं हो सकता है कि मुस्लिम शासन की लम्बी अवधि में इस्लाम के भीतर भक्ति आन्दोलन ने गहरी पैठ बना ली थी। इन दोनों धार्मिक समूहों के मध्य यह नहीं कहा जा सकता कि किसका मूल किसमें है। भक्ति-आन्दोलन, जिसने परोक्ष रूप से मठाधीशी की पकड़ को कमजोर किया और धार्मिक कर्मकांडों का विरोध किया और अनुयायियों के बीच बड़े-छोटे के भेद को कम किया, इस्लामिक काल में ज्यादा मजबूती प्राप्त की। इसी प्रकार इस्लाम के अन्तर्गत रहस्यवादी और समर्पणकारी धारा ने भारतीय मुसलमानों के बीच एक सकारात्मक महत्त्व प्राप्त किया। 12वीं और 16वीं शताब्दी में भक्ति आन्दोलन के सन्तों ने दक्षिण और उत्तर भारत की मध्यम एवं निम्न जातियों के बीच पर्याप्त समर्थन प्राप्त किया जो मुस्लिम वर्चस्व के लिहाज से एक महत्त्वपूर्ण काल था। चिश्ती सन्तों के माध्यम से भारत में सूफीवाद के विस्तार का भी यही काल था।''

भारत में, हिन्दू-मुस्लिम समन्वयवादी प्रवृत्तियाँ केवल सूफीवाद और भक्ति तक सीमित नहीं थीं। कुछ ऐसे सम्प्रदाय भी थे, जिन्होंने अपनी विचारधारा में स्थानीय प्रणाली को अपना लिया था। इस्माइली एक ऐसा ही सम्प्रदाय है। लोखंडवाला (1987) कहते हैं :

''इस्लाम को सशक्त बनाने, समर्थन देने और नव जीवन प्रदान करने के लिए इस्माइली सम्प्रदाय ने बिना किसी राजनीतिक क्षमा-याचना या बहाने के सभी धर्मों की सच्चाइयों को स्वीकार किया तथा उन्होंने इस पुरातन सत्य को, जो मनुष्यता से गायब हो चुका था, संरक्षक के रूप में व्याख्यायित किया है। उन्होंने इस बात पर भी जोर दिया कि प्रत्येक समुदाय एवं ग्रन्थ की कुछ अपनी सच्चाइयाँ होती हैं तथा सत्य और ज्ञान की खोज करनेवाले को ऐसे किसी भी ग्रन्थ की अनदेखी नहीं करनी चाहिए।...मुख्य रूप से इस्माइली धर्म के खोजा समुदाय ने इस्लाम की चयनित परम्परा का उपयोग भारतीय विश्वासों, प्रवृत्तियों और परम्पराओं के अध्ययन के लिए किया तथा इस्लामी अवधारणाओं की व्याख्या पुरानी आस्थाओं के जारी रहनेवाले धर्म के रूप में की।...इस्लामी (पैगम्बर) महापुरुषों और हिन्दू अवतारों के बीच बहुत सारे समान तत्त्वों की खोज की जा सकती है। संस्कृत में लिखित 'ओऽम्' शब्द का साम्य अरबी भाषा में लिखित 'अली' के समान बतलाया गया है एवं दोनों के बीच की समानताओं पर जोर दिया गया। ऐसा दोनों आस्थाओं में सम्बन्ध तथा साम्य प्रदर्शित करने के लिए किया गया। हिन्दू मतानुसार नौ अवतारों की बात की जा रही है और दसवाँ अवतार 'कल्कि अवतार' जिसकी अभी प्रतीक्षा की जा रही है, के सम्बन्ध में दावा है कि

यह अरबिया में घटित हो चुका है। 'कल्कि' शब्द यहाँ 'नकलंकी' के रूप में परिवर्तित हो गया है, जिसका अर्थ है, बेदाग, पवित्र। इसमें इमाम और पैगम्बर के विचारों को साथ लेते हुए, जो पाप रहित और पवित्र (मासूम) माना जाता है, 'कुरान' को 'अथर्ववेद' के तौर पर पसन्द किया गया और पाँच पांडव की समानता पाँच पवित्र शरीर (पंचतन) के साथ की गई थी। मुहम्मद को किसी समय महादेव के समानान्तर रखा गया था और अली को विष्णु के रूप में देखा गया।''

## बंगाल में समन्वयवाद

भारतीय उपमहाद्वीप में बंगाल में मुस्लिम आबादी का घनत्व सर्वाधिक पाया गया है (1980 में लगभग 34 मिलियन) और वर्तमान में अविभाजित बंगाल (बँगलादेश और पश्चिम बंगाल को मिलाकर) में मुसलमानों की कुल आबादी उनकी दूसरी सबसे बड़ी आबादी (लगभग 100 मिलियन) हो जाती है, जो इंडोनेशिया के बाद (140 मिलियन) है। बंगाल में हिन्दुत्व और इस्लाम के मध्य समन्वयवाद लगभग सर्वव्यापी रहा है। इस क्षेत्र में समन्वयवाद की बातचीत तेरहवीं शताब्दी से मुस्लिम शासन के सूत्रपात के समय से की जा रही है।

मुसलमानों एवं बंगाल के बीच सम्बन्ध का उल्लेख अठारहवीं शताब्दी से अरब के व्यापारियों के आगमन के साथ मिलता है। बंगाल में मुस्लिम शासन का प्रारम्भ 1204 में बख्तियार खिलजी के साथ हुआ। यह शासन 1765 तक जारी रहा, जब प्लासी के युद्ध में सिराजुद्दौला पराजित हो गया। यह शासन लगभग 562 वर्षों तक बरकरार रहा। इस धर्म के प्रत्येक अंग में सूफीवाद के प्रभाव का समावेश होने के साथ ही समन्वयवादी प्रवृत्ति का प्रवेश सम्भव हुआ। शेख लिखता है कि सूफीवाद का प्रवेश न केवल बड़े शहरों और कस्बों में, बल्कि गाँवों और बस्तियों में भी हुआ। बंगाली समाज की खास बुनावट की विशेषता के रूप में अत्यधिक गरीब अछूत जातियाँ, बौद्ध धर्म का घटता प्रभाव, समुद्री व्यापार का पतन और मुस्लिम सत्ता के उभार को चिह्नित किया जा सकता है।

बंगाल में इस्लाम का प्रवेश विभिन्न सम्प्रदायों से सम्बन्धित सूफी सन्तों, यथा—कादरिया, चिश्तिया, नक्शबन्दी, सत्तारी, मदारी एवं कलन्दरी के सहयोग से हुआ। यह भी एक तथ्य है कि इस क्षेत्र के ऊँची जाति के बंगालियों में भी सूफीमत के प्रति स्वीकार्यता दिखाई पड़ती है, जो अपने धार्मिक गीतों में इनकी प्रशंसा करते थे। बंगाल में इस्लामी सत्ता के विभिन्न रूपों, समारोहों, उत्सवों और प्रयोगों में बहुतों ने मुस्लिमों के साथ अच्छे सम्बन्धों के बारे में लिखा है। सत्यनारायण के धार्मिक मंत्रों में सत्या पीर की प्रशंसा शामिल है। सत्यनारायण की पूजा अधिकांशतः ग्रामीणों के कल्याण को सुनिश्चित करने हेतु की जाती है।

इतिहास के अनुसार, गौड़ पंडुवा (मालदा के निकट) के राजा गणेश इस्लामी सेना के कड़े विरोधी थे और उन्होंने सूफी सन्तों के लिए मुसीबतें खड़ी कर दी थीं। परन्तु उनके पुत्र सुल्तान जलालुद्दीन ने इस्लाम ग्रहण किया और सूफीमत को संरक्षण प्रदान किया जो धर्मान्तरण में सक्रिय थे। वे पंडुवा के चिश्ती सन्त शेख नूर कुतुब आलम के साथ निकटतापूर्वक जुड़ गए। तब से बंगाल में इराक, ईरान, अरब और पश्चिम एशिया से बड़ी संख्या में सूफी सन्त प्रविष्ट हो गए और इस्लाम के सन्देशों का प्रचार किया। परन्तु इन सूफी सन्तों ने

अपने अभियान के क्रम में एक बहुत उदार और गतिशील दृष्टिकोण अपनाया, जिसके द्वारा वे धर्मान्तरित व्यक्तियों द्वारा अपने मूल धर्म के कई तत्त्वों को अपनाए रखने की अनुमति देने में कोई बुराई नहीं देखते थे। सूफियों के इन दृष्टिकोणों ने उनके प्रभाव का तेजी से विस्तार किया। यहाँ तक कि धर्मान्तरण नहीं करनेवाले हिन्दू आबादी में भी। इसमें भी कोई आश्चर्य नहीं कि पीरवाद बंगाली समाज में व्यापक रूप से स्वीकार कर लिया गया, चाहे वे हिन्दू हों अथवा मुस्लिम। मुसलमानों में यह खास करके इसलिए सम्भव हो सका क्योंकि धर्मान्तरितों में से अधिकांश ने सुन्नी मत की 'हनाफी' आस्था को अपना लिया था।

इस उदारता के अलावा सूफीवाद सक्रिय रूप से वैष्णव आन्दोलन से भी जुड़ गया, जो हिन्दू धर्म की वर्ण-व्यवस्था के विरुद्ध था। असीम राय (1983) के अनुसार बहुत-सी मुस्लिम पद रचनाएँ हिन्दू वैष्णवों के साथ काफी अधिक समीपता स्थापित करती थीं। बहुत से ऐसे मुस्लिम लेखक स्वयं को वैष्णव कहा करते थे। इतिहास के मुताबिक बहुत से मुस्लिम शासकों ने भी वैष्णव लेखकों को संरक्षण दिया। उदाहरणार्थ, कायस्थ कवि मालाधर बसु के सम्बन्ध में माना जाता है कि उन्हें उनकी रचना *श्रीकृष्णविजय* के कारण सुल्तान रुक्न-अल-दीन बार्बक (1459-74) का संरक्षण प्राप्त था।

हालाँकि मुस्लिम तेरहवीं और चौदहवीं शताब्दी के आसपास बंगाल में प्रविष्ट हुए पर मुस्लिम शासकों ने तलवार के बल पर इस्लाम का विस्तार नहीं किया। वास्तव में, मुगल कुल मिलाकर धर्मान्तरण के खिलाफ थे। ईटन (2000) लिखते हैं, "इस्लाम खान, जो बंगाल में मुस्लिम शासक था, के बारे में समझा जाता है कि उसने बंगाली हिन्दुओं के धर्मान्तरण को हतोत्साहित किया था और एक अवसर पर उसने वास्तव में अपने एक पदाधिकारी को ऐसा करने के कारण दंडित कर दिया था।

रॉय (1983) कहते हैं कि बंगाल में इस्लाम की लोकप्रियता के कई कारक थे। उनमें से एक है ब्राह्मणों के अनवरत अत्याचारों के कारण बड़ी संख्या में बौद्ध धर्मावलम्बियों द्वारा इस्लाम स्वीकार कर लिया जाना। इसी के साथ रॉय यह भी कहते हैं कि इतने बड़े पैमाने पर धर्मान्तरण का यह एकमात्र कारण नहीं हो सकता। उन्होंने इस क्षेत्र में हिन्दुत्व की अस्पष्ट संरचना एवं दमनकारी जाति-व्यवस्था को भी इसका एक कारण माना है। इस्लाम में धर्मान्तरण से आए व्यक्तियों को मुहम्मदी श्रेणी में नहीं रखा जाता था, किन्तु वे हिन्दू वर्ण-व्यवस्था द्वारा थोपी गई निम्न स्तरीय श्रेणी से बच सकते थे।

ईटन (1994) बंगाली समाज के एक बड़े विरोधाभास की ओर संकेत करते हैं, हालाँकि तेरहवीं शताब्दी के प्रारम्भ से ही बंगाल में मुस्लिम शासन प्रारम्भ हो गया था, फिर भी मुस्लिम समुदाय में किसानों का उदय सोलहवीं शताब्दी तक भी नहीं हो पाया था। एक ऐसे शासन के अधीन, जिसने बंगालियों के इस्लाम में धर्मान्तरण को कभी प्रोत्साहित नहीं किया और वास्तव में ऐसे धर्मान्तरण का विरोध किया। ढाका क्षेत्र में मुसलमानों द्वारा किसानी किए जाने का उल्लेख 1599 में उस समय मिलता है जबकि मुगल पहली बार मुगल साम्राज्य के पदाधिकारियों के पक्ष में स्थानीय जमींदारों के बीच अपनी पकड़ खोते जा रहे थे। मुस्लिम किसान क्रमशः 1630 एवं 1660 के दशक में नोआखाली और रंगपुर क्षेत्र में विकसित होने लगे।

ईटन का विचार है कि पीर अथवा सन्तों ने इन क्षेत्रों के औपनिवेशीकरण में बहुत महत्त्वपूर्ण भूमिका निभाई। किसानों की नियुक्ति और उनको नियंत्रित करने में उन लोगों के धार्मिक प्रयास काफी हद तक जिम्मेवार थे :

"ये अग्रदूत (पीर अथवा सन्त) इस क्षेत्र के धार्मिक विकास में निर्णायक भूमिका निभाते थे, क्योंकि अनुदान पाने की एक प्रमुख शर्त थी कि किसानों को उस भूमि से प्राप्त होनेवाले धन की सहायता से अपनी जमीन पर मस्जिद अथवा मन्दिर का निर्माण करना था। उन हिन्दू-संस्थाओं को अनुदान दिया जाता था, जो स्थानीय समुदायों को हिन्दू-पद्धति के सांस्कृतिक संसार में एकताबद्ध करते थे, जबकि मस्जिद अथवा मजार के निर्माण हेतु अनुदान देने का निर्णय ऐसे समुदायों को मुस्लिम-पद्धति के अन्तर्गत एकताबद्ध करने के आधार पर लिया जाता था। सम्बन्धित जन सांख्यिकीय संरचना इन पूर्ववर्ती प्रक्रियाओं के आधार पर तैयार की जाती थी। चूँकि अधिकांश प्रवर्तक/पीर मुस्लिम थे इसीलिए स्थापित होनेवाली संस्थाओं में मस्जिदों की संख्या अधिक होती थी, जिसका परिणाम यह हुआ कि पूर्व बंगाल में विकसित आर्थिक मोर्चे पर इस्लामी प्रभाव अधिक था।"

इन मस्जिदों में पश्चिम एशिया की शैली का अभाव होता था। वे मिट्टी एवं बाँस से निर्मित एक सादगीपूर्ण संरचना होती थी। बहुत से विनम्र पीरों ने आगे चलकर शक्तिशाली पीर का दर्जा प्राप्त कर लिया।

सत्य पीर, मानिक और पंच पीर आदि पौराणिक कथाओं के नायक हो गए, साथ ही कई अग्रदूतों ने अतुलनीय शक्ति से पीर का स्थान प्राप्त किया। अब भी कुछ पीर जीवित हैं जबकि कुछ की पूजा की जाती है। हम लोग कुछ पौराणिक पीरों की चर्चा करेंगे जिनके बारे में समझा जाता है कि वे वास्तविक हैं।

## सत्य पीर

पूरे पश्चिम बंगाल में सत्य पीर का सम्प्रदाय अत्यन्त लोकप्रिय है। सत्य पीर स्पष्ट तौर पर एक काल्पनिक चरित्र है और उनके सम्बन्ध में बहुत-सी धारणाएँ प्रचलित हैं। राय (1983) कहते हैं, 'सत्य पीर की पहचान वास्तव में दूसरों से अधिक अपेक्षाकृत धुँधली प्रतीत होती है। एक तो इस नाम के बहुत कम मजार पाए जाते हैं, दूसरे प्रासंगिक साहित्य के अवलोकन और पीर की परम्परा को देखने के बाद इस पीर की ऐतिहासिकता संदिग्ध है। कुछ परम्पराएँ बिलकुल मनमाने तौर पर पन्द्रहवीं शताब्दी के एक बंगाली सुल्तान हुसैन शाह को इस सम्प्रदाय से प्रारम्भिक अवस्था से ही जोड़ देती हैं।' एक कथा के अनुसार, एक देवता द्वारा एक ब्राह्मण को मुस्लिम साधक के रूप में सत्य पीर की पूजा करने का परामर्श दिया गया। देवता फिर कृष्ण के रूप में उनके सामने प्रकट हो गए और पुनः सुझाव दिया कि उसे पीर की पूजा करनी चाहिए और वह ब्राह्मण ऐसा करने के प्रति आश्वस्त हो गया।

एक अन्य वृत्तान्त के अनुसार, एक हिन्दू समुद्री व्यापारी और उसका दामाद सत्य पीर के प्रति अपनी प्रारम्भिक अल्प श्रद्धा के बावजूद, एक तूफान से अपने बेड़े को बचा पाने में समर्थ हो गए (सत्य पीर के प्रति उसकी पुत्री की भक्ति के कारण)। उच्च श्रेणी के हिन्दुओं द्वारा सत्य पीर के सम्प्रदाय को अपनाए जाने के पीछे इन दोनों ही कथाओं को आधार समझा

जाता है। ईटन (1994) दूसरी तरफ लिखते हैं कि सत्य पीर की प्रशंसा में रचित पूर्व के साहित्य में हिन्दुत्व पर पीरवाद के प्रभाव को समझा जा सकता है। यह लोक जीवन का नियंत्रण करता है, जो कठोर साम्प्रदायिक घेरेबन्दी से अलग है और जिसमें विभिन्न विचारधाराओं का स्वतंत्र मेल किया गया है, जो पूर्व आधुनिक काल में बंगाल के परिवेश में विद्यमान थे। यद्यपि अब माहौल बदल चुका है, परन्तु विषयवस्तु में कोई महत्त्वपूर्ण बदलाव नहीं आया है। सत्य पीर के प्रति लोगों का रुझान अब सत्यनारायण की कथा में समाविष्ट हो गया है। सत्यनारायण के बारे में 'पंचाली' के एक प्राचीन संस्करण (धार्मिक पद्य) में कहा गया है कि सत्यनारायण ने पीर का रूप धारण कर लिया एवं एक गरीब ब्राह्मण को आशीर्वाद देते हुए कहा कि तुम अपनी कामनाओं की पूर्ति के लिए उसकी पूजा करो। किन्तु उस ब्राह्मण के मुखमंडल पर अनिश्चितता विद्यमान थी। उसे गौर से देखते हुए पीर ने कहा कि वेद और कुरान में कोई अन्तर नहीं है। यह आश्चर्यजनक नहीं है कि पूरे बंगाल में सत्य पीर की दरगाहें बहुतायत में विद्यमान हैं। कलकत्ता के मध्य में स्थित राजा बाजार के मुख्य मार्ग पर उनकी एक बड़ी दरगाह है।

## मानिक पीर

सत्य पीर की भाँति, जो पीर हिन्दुओं और मुसलमान दोनों द्वारा समान रूप से पूजे जाते हैं, वे हैं मानिक पीर। वे एक पीर समझे जाते हैं जो बीमारी से बचाते हैं, पशुओं से रक्षा करते हुए उर्वरता सुनिश्चित करते हैं। मुस्लिम साधक और ग्रामीण कलाकार पीर की शान में लोकगीत गाते हैं। मानिक पीर की पहचान कर पाना आसान नहीं है। हिन्दू देवता शिव के गुणों पर विचार करते समय उन्हें गोरखनाथ के समरूप भी माना गया है। शिव के साथ सम्बन्ध इसलिए स्थापित किया जाता है क्योंकि प्रचलित विश्वास के अनुसार कालू घोष के मकान में मानिक पीर 'बोल बम' का उच्चारण करते हुए प्रविष्ट हुए थे, जो कि लोग शिव की उपासना में करते हैं। कालू की माँ ने उन्हें पंचपीर को स्मरण करते हुए पाँच सिक्के दिए, परन्तु मानिक पीर ने वह लेने से इनकार किया और दूध की माँग की। परन्तु कालू की माँ ने एक चाल चली और मानिक पीर ने प्रतिरोध में उसके सभी पशुओं को मार डाला। इस महिला ने फिर पीर से क्षमा-याचना की कि उसकी सभी खोई वस्तुएँ वापस मिल जाएँ।

हिन्दू-मुस्लिम समन्वयवादी सम्बन्ध और साम्प्रदायिक सद्भावना दरगाहों एवं मजारों के साथ सर्वाधिक जुड़ी हुई है, जहाँ दोनों समुदायों के लोग बार-बार जाते हैं। यहाँ हम उनमें से कुछ का उल्लेख करेंगे।

## घुटियारी शरीफ : गाजी साहेब की दरगाह

बंगाल के सन्दर्भ में पूर्व वर्णित परिवेश के आलोक में यह आश्चर्यजनक नहीं है कि सूफी सन्त हजरत गाजी मुबारक अली शाह सुन्दरवन इलाके में इतने लोकप्रिय हैं कि लोगों में आमतौर पर गाजी साहेब के रूप में जाने जाते हैं। वे आमतौर पर लकड़हारों और मधु एकत्र करनेवाले क्षेत्रीय लोगों के द्वारा बोन बीबी एवं शाह जंगली के सम्प्रदाय के साथ प्रस्तुत किए जाते हैं। गाजी साहेब का पहले का वृत्तान्त मालूम नहीं है, परन्तु विश्वास किया जाता है

कि वे अरब से आए थे और इस क्षेत्र में लगभग 300 वर्ष पूर्व रहते थे। उनकी मृत्यु के पश्चात् घुटियारी शरीफ में उनकी दरगाह बनाई गई।

हजरत गाजी लोगों में विभिन्न नामों से जाने जाते हैं, यथा—गाजी बाबा, बरखान गाजी, गाजी साहेब, मुबारक शाह गाजी इत्यादि। गाजी के सम्बन्ध में बहुत सी धारणाएँ प्रचलित हैं, पर दक्षिण राय, जो एक वन देवता था, के साथ उनका युद्ध काफी प्राचीन है। विश्वास किया जाता है कि दोनों के बीच युद्ध निर्जन वन-प्रदेश पर नियंत्रण के लिए हुआ था। लोमहर्षक युद्ध में गाजी ने सात हजार बाघों को मार डाला था और अन्त में उन्होंने अपनी तलवार से दक्षिण राय का सिर काट लिया था और उसे मुहम्मद साहब को भेंट कर दिया था। परन्तु दक्षिण राय के पास भी अलौकिक शक्ति थी। उसका सिर जब भी कटकर गिरता पुनः जीवित हो उठता था। युद्ध के कारण लोगों में भारी गरीबी आ गई और देवता पैगम्बर और कृष्ण के रूप में उतर आए और गाजी साहेब तथा दक्षिण राय के बीच समझौता किया। युद्ध-विराम के द्वारा तय किया गया कि बरकत गाजी का सुन्दर वन-क्षेत्र के तटीय भाग पर कब्जा होगा और शेष पर दक्षिण राय का शासन होगा। तब से कृष्ण पैगम्बर सम्प्रदाय को भी इस क्षेत्र में लोकप्रियता प्राप्त हो गई।

उपर्युक्त विवेचन से स्पष्ट हो जाता है कि इस क्षेत्र में समन्वयवादी धर्म का विशेष राजनीतिक एवं आर्थिक अभिप्राय रहा है और सुन्दरवन की बन्दोबस्ती में इसे अधिक पाया जाता है, जहाँ हिन्दू-मुसलमान दोनों के द्वारा वनों के तेजी से किए गए सफाए के कारण मानव-बसाव उन्नीसवीं सदी के प्रारम्भ में शुरू हुआ। प्रतिद्वन्द्वी समूहों में भी इस क्रम में संघर्ष अवश्य हुआ होगा। परन्तु इन बस्तियों के समक्ष बंजर भूमि, तेजी से रास्ता बदलती नदियों के अपशिष्ट, मुहाने, शार्क और घड़ियालों से भरे नाले, गहरे घने जंगल एवं बाघों से भरी झाड़ियों आदि के कारण निश्चित रूप से अप्रीतिकर स्थिति निर्मित हो जाती थी। कोई आश्चर्य नहीं कि इसके कारण सभी निवासियों के बीच मजबूत पारस्परिक सहयोग की आवश्यकता उत्पन्न हो गई। राय (1983) लिखते हैं कि 'कुल मिलाकर, प्रकृति की भयावहता और डेल्टा में भयावह स्थितियों ने सामाजिक एवं सांस्कृतिक क्षेत्र में संस्थाओं की स्थिति को अस्त-व्यस्त कर दिया, जिसका मुख्य विषय सशक्त शासन बल, स्थायित्व और एक बड़े अस्थिर भौतिक एवं सामाजिक स्थिति के प्रति आश्वस्ति भाव की जबर्दस्त माँग थी। देवता के रूप में मान्य पशु-आत्माओं, यथा—सिंह देवता, नागदेवता एवं घड़ियाल देवी आदि के रूप में किसानों, लकड़हारों, मछुआरों और डेल्टा के नाविकों की समस्याओं के मनोवैज्ञानिक समाधान बन पाते थे।' इसके अतिरिक्त किसी केन्द्रीय सत्ता के अभाव में पारस्परिक सहयोग एक राजनीतिक प्रणाली के रूप में विकसित हो गया, जिसने नैतिक मूल्यों और पारस्परिक हितों को प्राथमिकता प्रदान की। इसके कारण गाजी साहेब और इलाके के जमींदार मदन रॉय चौधरी के बीच लम्बे समय तक लोगों में विश्वसनीयता बनी रही।

एक पुरानी कथा के अनुसार, एक बार मदन रॉय चौधरी ढाका के नवाब मुर्शीद कुली खान द्वारा 303,000 रु. का कर चुकाने के लिए तलब किए गए, जिसे चुकाने में वह असमर्थ थे। उस संकट की घड़ी में गाजी साहेब ने उनकी मदद की तथा नवाब के महल में कीड़े के रूप में प्रवेश कर रोकड़ पंजी को मिटा दिया। साथ ही उन्होंने दस्तावेजों में ऐसी हेराफेरी

कर दी कि नवाब को आधा पैसा जमींदार को वापस करना पड़ा। कृतज्ञतावश मदन रॉय चौधरी ने गाजी साहेब को 1,356 बीघा जमीन दी तथा घुटियारी शरीफ में हुए मस्जिद निर्माण में भी सहयोग किया। इसके अलावा जहाँ कहीं भी उनकी जमींदारी थी, मसलन—कुराली और पयाली गाँवों में उन्होंने गाजी साहेब के असंख्य मजार बनवाए। ये मजार माना जाता है कि गाजी साहेब के 'बैठकखाने' के रूप में जानी जाती हैं (वह स्थान जहाँ उन्होंने विश्राम किया था)। राजनीतिक हलकों में इन्हें जमींदारों द्वारा अपनी प्रजा (हिन्दू और मुसलमान किसान दोनों के) के स्वस्थ मनोरंजन के लिए बनाया गया, ऐसा माना जाता है। गाजी साहेब की दरगाह पर आषाढ़ माह की सत्रहवीं तारीख (30 जून) को होनेवाले सालाना उर्स पर अमुबाची मेला लगता है। अभी भी यहाँ पहली शीरनी (मीठा प्रसाद) मदन रॉय चौधरी के वंशजों द्वारा चढ़ाई जाती है।

इस दरगाह पर अपनी श्रद्धा अर्पित करने दूर-दराज के क्षेत्रों से भारी संख्या में लोग आते हैं। बहुत से लोग यहाँ मन्नत पूरी होने का वरदान माँगने भी आते हैं। मन्नत में मिठाई, मुर्गा आदि चढ़ाना, यहाँ तक कि प्रतीकात्मक रूप से शिशुओं को दरगाह के पास के तालाब में पीपे में बहाना (खासकर बन्ध्या महिलाओं को वरदान-स्वरूप बच्चा प्राप्त होने पर) आदि शामिल हैं। बहुत से भक्त तालाब में फूल बहाते हैं। मन्नत के रूप में कभी-कभी टेराकोटा से निर्मित घोड़े भी चढ़ाए जाते हैं। पारिवारिक समस्याओं से तंग आ चुके व्यक्ति भी प्रायः दरगाह पर आते हैं। यहाँ तक कि मानसिक रूप से विकलांग व्यक्ति भी आरोग्य हेतु यहाँ लाए जाते हैं। खासकर पगला बाबा की मजार पर, जो दरगाह परिसर में ही अवस्थित है।

### समन्वयवाद और प्रकृति-उपासना

सुन्दरवन के जंगलों में बोन बीबी (बंगला भाषा में बोन का अर्थ है जंगल, और बोन बीबी का अर्थ है वनदेवी) और दक्षिण राय, दो लोकप्रिय समन्वयकारी देवता हैं, जो हिन्दू और मुस्लिम दोनों धर्मों के लकड़हारों और शिकारियों द्वारा जंगल में प्रवेश करने के पूर्व पूजे जाते हैं। अनेक गाँवों में बोन बीबी अभिभावक देवी के रूप में पूजी जाती हैं। तथापि, इस देवी की मूर्तियाँ दो प्रकार की होती हैं। मुस्लिम-बहुल गाँवों में वे झाड़ियों की टोपी और गूँथे हुए बाल, नेकलेस, कुर्ता-पाजामा और एक भगवा दुपट्टा धारण करती हैं। वे मोजे और जूते भी पहनती हैं। सभी मूर्तियों में एक जादू की छड़ी होती है। मुर्गा या शेर उनका वाहन होता है। हिन्दू क्षेत्रों में देवियाँ मुकुट, नेकलेस और अन्य गहने पहनती हैं। परन्तु उनके हाथ में जादू की छड़ी नहीं होती।

हिन्दू तथा मुसलमान दोनों द्वारा प्रकृति की उपासना गंगा-पूजा में भी दिखाई पड़ती है, जिसके द्वारा गंगा नदी की पूजा की जाती है। उत्तरी बंगाल में हिन्दू और मुसलमान दोनों धर्मों के नाविक और मछुआरे गंगा की पूजा करते हैं। यह पूजा खेती करनेवाले जनसमुदाय द्वारा भी की जाती है, जो प्रकृति के प्रकोप से पूरे समुदाय की रक्षा के लिए की जाती है। पूजा के दिन शाम को भक्तगण सामूहिक रूप से नाव द्वारा गंगा पार करते हैं। दीप जलाकर नावों में सजाए जाते हैं।

## हिन्दू-मुसलमानों के समन्वयकारी समुदाय

समन्वयवादी धार्मिक धाराओं के अतिरिक्त पश्चिम बंगाल में कुछ समन्वयकारी समुदाय भी हैं। घूम-घूमकर लोकगीत गानेवाले 'बाउल' की संख्या भी काफी अधिक है। अतीत में कुछ प्रसिद्ध 'बाउल' हो चुके हैं, परन्तु उनमें लल्लन फकीर अधिक विख्यात थे। लल्लन की जीवनी के सम्बन्ध में बहुत अधिक जानकारी नहीं है, परन्तु हिन्दू-मुसलमान दोनों ही उन्हें अपने धर्म का होने का दावा करते हैं। जब कोई लल्लन से उनकी जाति और धर्म के सम्बन्ध में कुछ जानना चाहता, तो उन्हें अच्छा नहीं लगता। इस जानकारी के आधार पर लल्लन ने स्वयं अपने सम्बन्ध में एक गीत रचा था–

*सब लोके के ललन की जात संगसारे*
सभी पूछते हैं, ललन, दुनिया में तुम्हारा धर्म क्या है?
ललन उत्तर देता है, धर्म देखने में कैसा होता है?
मैंने कभी इस पर नजर नहीं डाली है।
कुछ लोग अपने गले में माला पहनते हैं (हिन्दू भक्त)
कुछ ताबीज (मुस्लिम भक्त) और इसलिए लोग कहते हैं
वे विभिन्न धर्मों से सम्बन्धित हैं
परन्तु क्या तुमने अपने धर्म का चिह्न धारण कर रखा?
जब तुम आए अथवा जब तुम जाओगे?

## निष्कर्ष

पूरे पश्चिम बंगाल में समन्वयकारी समाधियाँ विद्यमान हैं। वे इस राज्य के मध्य और दक्षिण भाग के ग्रामीण और शहरी दोनों इलाकों में अधिक देखी जा सकती हैं। राज्य के उत्तरी जिलों में, यथा–जलपाईगुड़ी और कूचबिहार में ग्रामीण और शहरी दोनों क्षेत्रों में बहुत कम दरगाह पाए जाते हैं। इसका अर्थ यह नहीं है कि शेष राज्यों की अपेक्षा उत्तरी बंगाल कुछ ज्यादा साम्प्रदायिक है। वास्तव में, यह क्षेत्र भी अधिक उदार प्रतीत होता है, क्योंकि इस क्षेत्र में बड़ी संख्या में राजवंशी, रभस और कूच लोग निवास करते हैं। वे सभी जनजातियों जैसे हैं और ब्राह्मणवादी व्यवस्था के साथ बहुत मामूली ढंग से जुड़े हैं। वे अन्य हिन्दू जातियों द्वारा बहुत ज्यादा दमित नहीं किए गए हैं। ईटन (1994) ठीक ही कहते हैं कि इस क्षेत्र के पूर्वी भाग में इस समुदाय के अधिकांश लोग इस्लाम में धर्मान्तरित हो चुके हैं। इस सम्बन्ध में निश्चित रूप से कुछ कह पाना कठिन है क्योंकि जिन क्षेत्रों के सम्बन्ध में कहा जा चुका है, वे सभी बँगलादेश के अन्तर्गत आते हैं।

हिन्दू-मुस्लिम समन्वय के बहुत सारे कारण दिए जा सकते हैं। तथापि, सर्वाधिक महत्त्वपूर्ण है राज्य की शक्तियों की वास्तविक जनता के बीच पहुँच का अभाव। पश्चिम बंगाल के लोग अधिकतर गाँवों में रहते हैं, जहाँ प्रशासन का प्रभाव बहुत कम होता है। कुछ परम्परागत नियम हैं जो यहाँ अधिक प्रचलित और मान्य हैं। वैसे स्थानों में जहाँ सड़कें अथवा यातायात के प्रभावी साधन नहीं हैं, लोग केवल आपसी सहयोग पर जीवित हैं। धार्मिक आदान-प्रदान

किसानों के बीच आम बात है और ग्रामीण जन इसे अपवाद जैसा नहीं मानते। जब सत्य पीर एवं मानिक पीर जैसे पीर धार्मिक पुस्तकों में प्रशंसित हो सकते हैं, यथा–लक्ष्मी ठाकुरेर पंचाली, जिसका हिन्दू गृहिणियों द्वारा प्रतिदिन पाठ किया जाता है, तब समन्वयवाद के और अधिक प्रमाणों की क्या आवश्यकता रह जाती है?

## सन्दर्भ


* अहमद, ए.एस., *पोस्टमॉडर्निज्म एंड इस्लाम* (लन्दन एवं न्यूयॉर्क : रूटलेज, 1992)।
* असद, टी. अन्थ्रोपोलॉजिकल कन्सेप्सन ऑफ रिजीजन : रिफ्लेक्शन ऑन गीटर्ज, *मैन* (एन.एस.) वॉल्यूम-18 (1983), पृ. 237-59
* चटर्जी, पी. 'हिस्ट्री एंड दी नेशनलाइजेशन ऑफ हिन्दुइज्म, वी डालमिया एवं एच. वॉन स्टीटेनक्रॉन (सं.), *दी कन्स्ट्रक्शन ऑफ रिलीजस ट्रेडीशंस एंड नेशनल आइडेंटिटी* (नई दिल्ली, सेज पब्लिकेशन, 1995)
* ईटन, आर.एम., *दी राइज ऑफ इस्लाम एंड दी बंगाल फ्रंटियर 1204-1760* (नई दिल्ली, ऑक्सफोर्ड यूनिवर्सिटी प्रेस, 1994)
* ईटन, आर.एम. *एसेज ऑन इस्लाम एंड इंडियन हिस्ट्री* (ऑक्सफोर्ड, ऑक्सफोर्ड यूनिवर्सिटी, प्रेस, 2000)
* फ्राइकेनबर्ग, आर.ई., दी इमर्जेंस ऑफ मॉडर्न हिन्दुइज्म, जी.डी. सोन्थोमर एवं एच. कुल्के (सं.) *हिन्दुइज्म रीकंसीडर्ड* (नई दिल्ली, मनोहर, 1994)
* गेल्नर, ई. डॉक्टर एंड सैंट, ए.एस. अहमद एवं डी.एम. हार्ट (सं.) *इस्लाम इन ट्राइबल सोसाइटीज : फ्रॉम दी एटलस टू इंडस,* (लन्दन, रूटलेज एवं केगन पॉल, 1984)
* गोर, एम.एस. *यूनिटी इन डाइवर्सिटी,* डॉ. जाकिर हुसैन मेमोरियल लेक्चर, 5 सितम्बर, 1995 को जवाहरलाल नेहरू विश्वविद्यालय, नई दिल्ली में दिया गया।
* हबीब, आई., दी इन्विजनिंग ऑफ ए नेशन : ए डिफेंस ऑफ द आइडिया ऑफ इंडिया, *सोशल साइंटिस्ट* (सितम्बर-अक्टूबर, 1999)
* इलैया, के. *व्हाई आई एम नॉट ए हिन्दू* (कलकत्ता, समय, 1996)
* झा, एस.एन., सिंक्रिटिज्म, बाउल-फकीर्स एंड इंडियन सेक्युलरिज्म, *इंडियन जर्नल ऑफ सेक्युलरिज्म,* वॉल्यूम-3, नं. 1 (अप्रैल-जून, 1999)
* खान, रशीदुदीन, कम्पोजिट कल्चर ऑफ इंडिया ऐज ए न्यू नेशनल आइडेंटिटी, आर. खान, (सं.), *कम्पोजिट कल्चर एंड नेशनल इंटीग्रेशन* (दिल्ली, एलायड पब्लिशर्स, 1987)
* खिजर, एम., *दि आयोडियोलॉजी ऑफ यूनिवर्सल ब्द्ररहुड एंड सोशल इंटीग्रेशन ऑफ सूफीज* 28-30 दिसम्बर, 1990 को कोलकाता में आयोजित इंडियन सोशियोलॉजिकल कांग्रेस में पढ़ा गया आलेख।
* लेविस, आई.एम., सूफिज्म इन सोमालीलैंड, ए स्टडी इन ट्राइबल इस्लाम, ए.एस. अहमद एवं डी.एम. हार्ट (सं.) *इस्लाम इन ट्राईबल सोसाइटीज, फ्रॉम द एटलस टू इंडस* (लन्दन, रूटलेज एंड के. जन पॉल, 1984)
* लोखंडवाला, एस.टी., इंडियन इस्लाम, कम्पोजिट कल्चर एंड इंटीग्रेशन, आर. खान (सं.), *कम्पोजिट कल्चर एंड नेशनल इंटीग्रेशन* (शिमला, इंडियन इंस्टीट्यूट ऑफ एडवांस्ड स्टडीज, 1987)
* मिलर, आर.ई., *मुस्लिम फ्रेंड्स–देयर फेथ एंड फीलिंग : ए इंट्रोडक्शन टू इस्लाम,* (चेन्नई, ओरिएंट लागमैन, 2000)
* मोहिउदीन, एम., 'दि एलीमेंट्स ऑफ कम्पोजिट कल्चर', आर. खान (सं.) *कम्पोजिट कल्चर एंड नेशनल इंटीग्रेशन* (शिमला : इंडियन इंस्टीट्यूट ऑफ एडवांस्ड स्टडीज, 1987)

* मोसे, डी. 'दि पॉलिटिक्स ऑफ रिलीजियस सिंथेसिस : रोमन कैथोलिसिज्म एंड हिन्दू विलेज सोसाइटी इन तमिलनाडु, इंडिया, सी स्टीवार्ड एवं आर शॉ (सं.) *सिंक्रेटिज्म एंटी सिंक्रेटिज्म* (लन्दन, रूटलेज, 1994)
* रॉय, ए.के., *दि इस्लामिक ट्रेडिशन इन बंगाल* (न्यू जर्सी, प्रिस्टेन यूनिवर्सिटी प्रेस, 1983)
* रॉय, बर्मन, जे.जे., हिन्दू-मुस्लिम सिंक्रेटिक ट्रेंड्स इन वेस्ट बंगाल, *इंडियन जर्नल ऑफ सेक्युलरिज्म*, वॉल्यूम-3 नं.1 (1999)
* रॉय, बर्मन, जे.जे., *हिन्दू-मुस्लिम सिंक्रेटिक श्राईंस एंड कम्युनिकेशन*, 2000 टाटा इंस्टीट्यूट ऑफ सोशल साइंस में प्रस्तुत प्रतिवेदन।
* रॉय, बर्मन जे.जे., *हिन्दू-मुस्लिम सिंक्रेटिक श्राईंस एंड कम्युनिकेशन*, (नई दिल्ली, मित्तल पब्लिकेशन्स, 2002)
* सोन्थेमर, जी.डी., 'दि फोक फेस्टिवल (जात्रा) इन दी रिलीजस ट्रेडिशंस ऑफ महाराष्ट्र : दि केस ऑफ खंडाबा, जी.डी. सोन्थेमर (सं.) '*फोक कल्चर, फोक रिलीजन एंड ओरल ट्रेडिशंस ए कम्पोनेंट ऑफ महाराष्ट्रियन कल्चर* (नई दिल्ली, मनोहर, 1995)
* स्टीटेनक्रॉन, एच.वॉन, हिन्दुइज्म : ऑफ दी प्रॉपर यूज ऑफ ए डिसेप्टिव टर्म, जी.डी. सोन्थेमर एवं एच. कुल्के (सं.) *हिन्दुइज्म रीकंसीडर्ड* (नई दिल्ली : मनोहर, 1997)
* थापर, आर., सिंडीकेटेड हिन्दुइज्म, जी.डी. सोन्थेमर एवं एच. कुल्के (सं.) *हिन्दुइज्म रीकंसीडर्ड* (नई दिल्ली, मनोहर, 1997)
* ट्रिमिंघन, जे.एस. *दि सूफी ऑडर्स इन इस्लाम* (ऑक्सफोर्ड, क्लारेंडन, 1971)

# राष्ट्रीय स्वयंसेवक संघ एवं राज

**—शम्सुल इस्लाम**

1925 में अपनी स्थापना के बाद से आर.एस.एस. ने स्वाधीनता संग्राम में क्या भूमिका निभाई, इस पर 1999 में भारत के प्रधानमंत्री के रूप में आर.एस.एस. के एक वयोवृद्ध एवं परिपक्व स्वयंसेवक अटल बिहारी वाजपेयी के चुने जाने तक कोई वृहद् चर्चा नहीं हुई। वास्तव में, राष्ट्रीय स्वयंसेवक संघ ने स्वयं भी कभी उपनिवेशवाद विरोधी कोई भूमिका अदा किए जाने के सम्बन्ध में कोई दावा नहीं किया, जैसा कि इसके साहित्य/अभिलेखों के अवलोकन से पता चलता है।[1] ऐसा किसी अन्य कारण से नहीं हो सकता था, क्योंकि वैचारिक रूप से आर.एस.एस. भारत में ब्रिटिश शासन के विरुद्ध संघर्ष की सम्पूर्ण अवधारणा का विरोधी था। इसे अन्य किसी के द्वारा नहीं, बल्कि एम.एस. गोलवलकर (गुरुजी) द्वारा स्पष्ट कर दिया गया था, जिन्हें आर.एस.एस. के संस्थापक के.बी. हेडगेवार (डॉक्टर साहब) ने 1940 में नेतृत्व सौंप दिया था और जिन्हें आज तक राष्ट्रीय स्वयंसेवक संघ का दार्शनिक एवं मार्गदर्शक माना जाता है। ब्रिटेन विरोधी संघर्ष से अलग-थलग रहने के कारणों पर प्रकाश डालते हुए और राष्ट्रवाद को ब्रिटेन विरोधी अथवा साम्राज्यवाद विरोधी विचारधारा से भिन्न रखते हुए गोलवलकर ने कहा था, "क्षेत्रीय राष्ट्रवाद और समान शत्रु के सिद्धान्त, जो हमारी 'राष्ट्र' की अवधारणा का निर्माण करते हैं, हमें हमारे वास्तविक 'हिन्दू राष्ट्रवाद' के सकारात्मक और प्रेरणास्पद विचार से वंचित करते हैं और बहुत सारे स्वाधीनता संग्रामों को 'ब्रिटेन-विरोधी' आन्दोलन बना देते हैं। ब्रिटिशवाद-विरोध को देशभक्ति और राष्ट्रवाद के समकक्ष देखा जाता है। यह प्रतिक्रियावादी विचार पूरे स्वाधीनता संग्राम, इसके नेताओं और जनसाधारण पर विध्वंसक प्रभाव रखता था।"[2]

इस प्रकार, गोलवलकर के अनुसार, ब्रिटिश विरोधी देशभक्ति एवं राष्ट्रीयता अपने चरित्र में प्रतिक्रियावादी थी, जिसने सकारात्मक हिन्दू राष्ट्रवाद को छिपा लिया था। सचमुच, राष्ट्रीय स्वयंसेवक संघ 'हिन्दू राष्ट्रवाद' सम्बन्धी आन्दोलन के वाहक के रूप में ब्रिटिश शासन को उखाड़ फेंकने के उद्देश्य से संचालित स्वाधीनता-संग्राम का हिस्सा नहीं हो सकता था।

## स्वाधीनता-संग्राम के अन्तर्गत भूमिका 'निर्माण' की आवश्यकता

तथापि, स्वाधीनता के पश्चात् पहली बार भारत का शासक बनने की राष्ट्रीय स्वयंसेवक संघ के कार्यकर्ताओं की होड़ के सन्दर्भ में उनके लिए वैधानिकता की एक कठिन समस्या

उत्पन्न हो गई। भारत एक ऐसे समूह द्वारा शासित हो रहा था, जिसने अपनी साम्राज्यवाद-विरोधी और धर्मनिरपेक्ष विरासत को किसी के साथ साझा नहीं किया। इसे बहुत पहले ही तैयार कर लिया जाना चाहिए था और प्रक्रिया को प्रारम्भ करने में बहुत समय नहीं लगाना चाहिए था।

पूर्व प्रधानमंत्री अटल बिहारी वाजपेयी ने नई दिल्ली में 18 मार्च, 1999 को 'स्वतंत्रता सेनानी' एवं राष्ट्रीय स्वयंसेवक संघ के संस्थापक डॉ. के. बी. हेडगेवार की 110वीं जयन्ती पर एक स्मारक डाक टिकट जारी किया। भारत की स्वाधीनता के पश्चात् यह प्रथम उदाहरण था, जिसमें राष्ट्रीय स्वयंसेवक संघ के संस्थापक अथवा इस संगठन के किसी भी अन्य नेता की जयन्ती के अवसर पर कोई डाक टिकट जारी किया गया था। इस अवसर पर प्रधानमंत्री ने विशेष तौर पर राष्ट्रीय स्वयंसेवक संघ के कार्यकर्ताओं की एक सभा को सम्बोधित करते हुए इस बात का श्रेय लिया कि डाक टिकट जारी करके उनकी सरकार ने उस अन्याय को ठीक किया, जिसके तहत महान स्वतंत्रता-सेनानी और देशभक्त हेडगेवार को वंचित रखा गया था। राष्ट्रीय स्वयंसेवक संघ के तत्कालीन प्रमुख राजेन्द्र सिंह एवं केन्द्रीय गृहमंत्री एल.के. आडवाणी ने समारोह में भाग लिया और डॉ. हेडगेवार को महान क्रान्तिकारी बताया।[3]

स्वाधीनता-संग्राम में राष्ट्रीय स्वयंसेवक संघ के लिए सम्मानजनक स्थान तलाशने के क्रम में प्रधानमंत्री द्वारा 7 अप्रैल, 2003 को नई दिल्ली में डॉ. के.बी. हेडगेवार की जीवनी[4] का विमोचन किया गया। इसमें राष्ट्रीय स्वयंसेवक संघ के तत्कालीन प्रमुख अथवा 'सरसंघ चालक' के.एस. सुदर्शन विशिष्ट अतिथि और उपप्रधानमंत्री एल.के. आडवाणी मुख्य अतिथि के रूप में उपस्थित थे। इस तथ्य से पूर्णतः अवगत होने पर कि एक स्वतंत्रता-सेनानी के रूप में हेडगेवार की विश्वसनीयता को स्थापित कर पाना एक दुष्कर कार्य था, वाजपेयी ने जीवनी विमोचित करते हुए स्वीकार किया, "मैं लोगों को इस बात का दोषी नहीं कह सकता कि वे डॉ. हेडगेवार को बहुत अधिक नहीं जानते, यहाँ तक कि संघ के स्वयंसेवकों के पास भी उनके सम्बन्ध में जानकारी छनकर आई है। वह भी आलोचकों के माध्यम से ही, जो नकारात्मक और सच्चाई के साथ समझौतापूर्ण है।[5] "राष्ट्रीय स्वयंसेवक संघ के मुखपत्र *'ऑर्गनाइजर'* की एक रपट के अनुसार उन्होंने यहाँ तक दावा किया कि 'डॉ. हेडगेवार के पास साम्राज्यवाद की व्याख्या करने के लिए केवल एक भाषा थी; वह थी संघर्ष की भाषा–हिंसा अथवा अहिंसा के माध्यम से। साम्राज्यवाद से लड़ने के क्रम में संघ को राष्ट्रवाद की भूमि पर स्थापित करने के काम में डॉ. हेडगेवार एक योगी की भाँति पूर्णतः समर्पित थे।[6] महान स्वतंत्रता-सेनानी के रूप में हेडगेवार और गोलवलकर के नाम सूची में सम्मिलित करने के क्रम में कुछ समय पूर्व राष्ट्रीय स्वयंसेवक संघ के एक वरिष्ठ विचारक डी.बी. ठेंगड़ी ने भारत सरकार द्वारा प्रदत्त पद्मविभूषण सम्मान लेने से इनकार कर दिया था। राष्ट्रपति को सम्बोधित एक पत्र में उन्होंने लिखा था–"जब तक सम्मानित डॉ. हेडगेवार तथा गोलवलकर को 'भारत रत्न' सम्मान नहीं दिया जाता तब तक मेरे लिए इस पुरस्कार को स्वीकार करना उचित नहीं होगा।"[7]

यह स्थान इस विषय के विस्तार में जाने के लिए ठीक नहीं है कि उन क्रान्तिकारियों और स्वतंत्रता-सेनानियों को, जिन्होंने ब्रिटिश शासकों को चुनौती दी, इस सरकार अथवा

किसी भी अन्य सरकार द्वारा दिए जानेवाले सम्मान की आवश्यकता है अथवा नहीं। तथापि, इस विषय में तथ्य इतना ही है कि प्रधानमंत्री, गृहमंत्री और राष्ट्रीय स्वयंसेवक संघ के प्रमुख गलत बातें कर रहे थे। वे लोग एक स्वतंत्रता-पूर्व की राजनीतिक प्रवृत्ति को, जो राष्ट्रीय स्वयंसेवक संघ द्वारा अपनाई जा रही थी, सहमति प्रदान करने का प्रयास कर रहे थे, जबकि वास्तव में राष्ट्रीय स्वयंसेवक संघ कभी भी साम्राज्यवाद विरोधी संघर्ष का हिस्सा नहीं रहा था। इसके विपरीत 1925 में अपने स्थापना-काल से ही राष्ट्रीय स्वयंसेवक संघ साम्प्रदायिकता को उभारकर केवल संगठित साम्राज्यवाद विरोधी संघर्ष को, जो भारतीय लोगों द्वारा ब्रिटेन की उपनिवेशवादी सरकार के विरुद्ध संचालित किया जा रहा था, बाधित करने की कोशिश कर रहा था।

## राष्ट्रीय स्वयंसेवक संघ के अभिलेख क्या कहते हैं?

राष्ट्रीय स्वयंसेवक संघ आज स्वयं को देश के राष्ट्रवाद का सबसे बड़ा हिस्सेदार होने का दावा करता है। इस बात की अनवरत कोशिश की जा रही है कि भारत में इसे देशभक्ति के रूप में प्रचारित किया जाय। यद्यपि यह भी एक वास्तविकता है कि इस सम्बन्ध में राष्ट्रीय स्वयंसेवक संघ के दावों को उन व्यक्तियों और संगठनों द्वारा सदा चुनौती दी जाती रही है, जो स्वतंत्रता-संग्राम की मुख्य धारा में थे। स्वतंत्रता-संग्राम के दौरान राष्ट्रीय स्वयंसेवक संघ की नकारात्मक भूमिका से सम्बन्धित अभिलेखों का अभाव नहीं है। तथापि स्वयं राष्ट्रीय स्वयंसेवक संघ के अभिलेखों के माध्यम से स्वतंत्रता-संग्राम के दिनों के तथ्यों को संकलित करने का यहाँ प्रयास किया गया है। यहाँ अभिप्राय यह रहा है कि राष्ट्रीय स्वयंसेवक संघ के दस्तावेजों से स्वतः ही बातें सामने आएँ। निष्कर्ष निश्चित रूप से लोगों के सम्भ्रम का निवारण करेगा जो यह विश्वास करते हैं कि राष्ट्रीय स्वयंसेवक संघ की स्वतंत्रता-प्राप्ति में कोई भूमिका थी। हम उनके ही मुख से सुनेंगे कि उनके द्वारा न केवल विदेशी शासन की बुराइयों के प्रति मौन बरता गया, बल्कि यह भी कि ब्रिटिश साम्राज्यवाद के विरुद्ध चल रहे संघर्ष को नाकाम करने का अनवरत प्रयास भी किया जा रहा था।

राष्ट्रीय स्वयंसेवक संघ के अभिलेखों में छिपी सच्चाई को ढूँढ़ निकालने के क्रम में वस्तुपरक विश्लेषण की पद्धति अपनाई गई है, जिसके तहत स्वतंत्रता आन्दोलन की अवधि से सम्बन्धित राष्ट्रीय स्वयंसेवक संघ के उपलब्ध साहित्य की पड़ताल इस अध्ययन से सम्बन्धित प्रासंगिकता को ध्यान में रखते हुए की गई। उदाहरणार्थ, हमने इसका सन्दर्भ जानना चाहा है कि क्या कभी राष्ट्रीय स्वयंसेवक संघ ने ब्रिटिश हुकूमत के विरुद्ध भारत छोड़ने का आह्वान किया था अथवा जालियाँवाला बाग कांड, भगतसिंह, राजगुरु, सुखदेव, चन्द्रशेखर आजाद, ऊधम सिंह और अन्य क्रान्तिकारियों की शहादत जैसी स्वतंत्रता-संघर्ष से सम्बन्धित घटनाओं के सम्बन्ध में कोई ऐसी सामग्री लिखी थी, जो मील का पत्थर साबित हुई हो। विषय-आधारित पड़ताल से सम्बन्धित कोशिशें यह दर्शाने के लिए की गई थीं कि उनसे खिलाफत आन्दोलन, असहयोग आन्दोलन, भारत छोड़ो आन्दोलन, भारतीय नौसेना विद्रोह और नेताजी सुभाषचन्द्र बोस के भारतीय राष्ट्रीय सेना के विद्रोह आदि के

प्रति राष्ट्रीय स्वयंसेवक संघ का वास्तविक रुख क्या था। इस प्रयास के अन्तिम निष्कर्ष को चौंकानेवाले परिणामों के साथ नीचे प्रस्तुत किया जा रहा है।

## हेडगेवार एक कांग्रेसी के रूप में जेल गए

आमतौर पर यह नहीं पता है कि स्वतंत्रता संघर्ष में जिस 'योगदान' के लिए वाजपेयी के नेतृत्व वाली सरकार ने डॉ. हेडगेवार को सम्मानित किया, वह उन्होंने एक कांग्रेसी के नाते किया न कि राष्ट्रीय स्वयंसेवक संघ के किसी आह्वान के कारण। राष्ट्रीय स्वयंसेवक संघ की स्थापना के काफी पहले खिलाफत आन्दोलन (1920-21) के समर्थन में उत्तेजक भाषण देने के कारण उन्हें पहली बार जेल में डाला गया। यह भी एक रहस्य है कि वे किन कारणों से खिलाफत आन्दोलन में शामिल हुए। राष्ट्रीय स्वयंसेवक संघ का एक प्रकाशन हमें बतलाता है कि डॉ. साहब ने खिलाफत के एक प्रमुख अंग के रूप में गांधीजी द्वारा असहयोग आन्दोलन प्रारम्भ किए जाने का विरोध किया था। डॉ. साहब का तर्क था कि खिलाफत आन्दोलन का लक्ष्य टर्की में खलीफा के शासन की वापसी सुनिश्चित करना था जो यहाँ के मुस्लिमों में केवल अतिरिक्त क्षेत्रीय धार्मिक उन्माद उत्पन्न करेगा। किन्तु वे स्वतंत्रता आन्दोलन के दौरान एक निष्क्रिय दर्शक बनकर[8] निरपेक्ष रहनेवाले पहले व्यक्ति नहीं थे, वह भी सिर्फ इसलिए कि स्वतंत्रता-संघर्ष सभी बिन्दुओं पर उनकी अपेक्षा के अनुरूप नहीं था। यह देखना भी दिलचस्प है कि हेडगेवार जैसे व्यक्ति ने जिसने कभी भी अपने सिद्धान्तों के साथ समझौता नहीं किया, खिलाफत आन्दोलन के पक्ष में उत्तेजक भाषण दिया।

परिणामस्वरूप उन्हें एक वर्ष के सश्रम कारावास की सजा दी गई। दो अन्य महत्त्वपूर्ण घटनाएँ भी इस प्रसंग से सम्बन्धित थीं, जिन पर ध्यान दिया जाना आवश्यक है। उन्होंने अपने बचाव में एक विख्यात अधिवक्ता की सेवा ली[9], यह गांधीजी और कांग्रेस के इस निर्देश का खुला उल्लंघन था कि इस आन्दोलन में पकड़े जानेवाले सभी लोग किसी वकील की सेवा नहीं लेंगे अथवा कोई कानूनी बचाव नहीं करेंगे। डॉ. हेडगेवार, जो एक कठोर अनुशासनप्रिय व्यक्ति माने जाते थे, ने इस महत्त्वपूर्ण निर्देश का उल्लंघन किया। यह एक कायरतापूर्ण सोच की परिणति भी मानी जा सकती है। राष्ट्रीय स्वयंसेवक संघ ने इसका निम्नांकित स्पष्टीकरण दिया है : "डॉ. साहब ने महसूस किया कि स्वतंत्रता के प्रचार-प्रसार का कोई अवसर चूकना नहीं चाहिए। तदनुसार उन्होंने बचाव हेतु एक वकील की सेवा ली।" दूसरी बात, अजनी जेल में एक वर्ष के कठिन श्रमसहित कारावास की सजा के बावजूद 12 जुलाई, 1922 को अपनी मुक्ति के दिन जब उन्होंने जेल का कपड़ा छोड़ा और अपने पुराने वस्त्र पहनने की कोशिश की, उनकी पुरानी कमीज और कोट काफी चुस्त हो गए थे। उनके वजन में कठिन श्रम के बावजूद 25 पौंड (11 कि. ग्राम)[10] की बढ़ोतरी हो गई थी। 'ऐसा सम्भवतः इसलिए हुआ कि अंग्रेज जेलर के साथ उनका दोस्ताना सम्बन्ध था। राष्ट्रीय स्वयंसेवक संघ के प्रकाशन के अनुसार, 'जब डॉक्टरजी जेल में प्रविष्ट हुए जेलर सर जठार की वहाँ नई-नई नियुक्ति हुई थी और वे डॉक्टरजी के कारण ही जेल नियमावली को पूरी तरह समझने में सफल हो सके थे। जठार डॉक्टरजी की विनम्रता और मनोहारी व्यवहार से इतना प्रभावित हुआ कि उसने कहा, "डॉक्टरजी के सुन्दर स्वभाव के

कारण हम लोग उनके प्रति इतने आकर्षित हो गए थे कि उनकी रिहाई के बाद, जब कभी वे शहर (नागपुर) आते, हमारे पाँव स्वतः उनके घर की ओर मुड़ जाते।"[11] यह वाकई दुखद है कि भारत में स्वतंत्रता-संघर्ष के अन्य सभी कैदियों की विनम्रता और सुमधुर व्यवहार की उपेक्षा कर दी गई और नतीजतन अंग्रेज जेलरों के हाथों उन्हें काफी पीड़ा झेलनी पड़ी।

राष्ट्रीय स्वयंसेवक संघ द्वारा प्रकाशित हेडगेवार की जीवनियों में से एक के अनुसार, "अभी तक स्वतंत्रता आन्दोलन में प्राप्त अनुभवों से उनके मस्तिष्क में असंख्य प्रश्न उत्पन्न हो गए। उन्होंने अनुभव किया कि कोई अन्य उपाय ढूँढ़ना चाहिए।"[12] उसी पुस्तक में अंकित किया गया है कि 1925 तक डॉ. हेडगेवार 'हिन्दुत्व' से आकर्षित हो गए थे और अपनी प्रतिभा के बल पर शाखा की एक नई विधि वे जान गए थे जो उस समय की विधि से भिन्न थी, 'पहले सामाजिक काम करो, तब स्वतंत्रता-प्राप्ति के लिए काम करो।'[13] सच यह है कि उस समय तक डॉ. हेडगेवार खुलकर उस रास्ते पर चल पड़े थे, जिस पर मुहम्मद अली जिन्ना बाद में चले जो ब्रिटिश शासकों के विरुद्ध भारतीय जनता के संघर्ष को तोड़कर और इसे धार्मिक राह पर ले जाता था।

## परवर्ती उद्‌देश्य

डॉ. हेडगेवार को दूसरी बार ब्रिटिश सरकार द्वारा जेल की सजा दी गई। यह अन्तिम समय था, जब वे जेल गए। उन्हें दूसरी बार जेल भेजे जाने का वर्णन उनकी उसी जीवनी में निम्नांकित शब्दों में वर्णित है : "(1930 में) महात्मा गांधी ने सरकार के विभिन्न कानूनों को तोड़ने का आह्वान लोगों से किया था। गांधीजी ने दांडी यात्रा के माध्यम से स्वयं भी नमक-सत्याग्रह प्रारम्भ किया। डॉ. साहब (हेडगेवार) ने सभी जगह यह सूचना भेज दी कि संघ इस सत्याग्रह में भाग नहीं लेगा। तथापि, जो लोग इसमें व्यक्तिगत रूप से भाग लेना चाहते थे, उन्हें मना भी नहीं किया गया। इसका अर्थ यह था कि संघ का कोई भी जिम्मेवार सदस्य सत्याग्रह में भाग नहीं लेगा।"[14] तथापि, आश्चर्यजनक रूप से, डॉ. हेडगेवार ने गांधीजी के दांडी नमक सत्याग्रह में व्यक्तिगत रूप से भाग लिया। सचमुच, उनका इसमें कोई परवर्ती उद्‌देश्य निहित था। इसकी जानकारी हमें संघ द्वारा प्रकाशित उसी जीवनी से मिलती है। "डॉ. साहब को विश्वास था कि संघ के अन्दर के उनके स्वतंत्रता-प्रिय, आत्मबलिदानी एवं प्रतिष्ठित समूह के लोगों के साथ वे संघ से इस विषय पर चर्चा करेंगे और उन्हें इस काम के लिए अपने पक्ष में कर लेंगे।"[15] इस परिप्रेक्ष्य में जीवनी में आगे और कहा गया है : "डॉ. साहब ने अपनी कैद के दिनों में भी संघ के काम को अपने दिमाग से निकाल नहीं दिया था (आँखों से ओझल नहीं होने दिया)। उन्होंने इस आन्दोलन के उन सभी कार्यकर्ताओं (कांग्रेस के) के साथ निकट सम्बन्ध स्थापित किया जो जेल में थे। उन्हें संघ के कार्यों से अवगत कराया और भविष्य में इसमें सहयोग करने सम्बन्धी वचन उनसे लिया। व्यापक कार्य-योजना बना लेने के बाद ही वे जेल से बाहर आए।"[16] यह स्पष्ट है कि डॉ. हेडगेवार ने इस बार जेल जाना इसलिए नहीं चुना क्योंकि वे इसके कारणों के प्रति आश्वस्त थे, बल्कि वे कांग्रेस के कार्यकर्ताओं की कतार को तोड़ने के लिए जेल गए। ये कार्यकर्ता असहयोग आन्दोलन में भाग ले रहे थे और देश के सभी धर्मों को माननेवाले

लोगों के संयुक्त संघर्ष का बैनर लिये जेल भी गए। वास्तव में कांग्रेस नेतृत्व तुरन्त समझ गया कि साम्प्रदायिक और संकुचित विचारधारा वाले संगठन अपने कलुषित उद्‌देश्यों की प्राप्ति के लिए कांग्रेसी कार्यकर्ताओं का इस्तेमाल करने पर तुले थे। 1934 में अखिल भारतीय कांग्रेस ने कांग्रेस के सदस्यों को राष्ट्रीय स्वयंसेवक संघ, हिन्दू महासभा और मुस्लिम लीग का सदस्य बनने से मना करते हुए एक प्रस्ताव परित किया।

यहाँ इस बात को रेखांकित करना आवश्यक है कि डॉ. हेडगेवार दोनों बार कांग्रेस के आह्वान पर जेल गए। यदि यह सत्य है कि वाजपेयी सरकार ने किसी कांग्रेस-नीत आन्दोलन में भाग लेने के लिए हेडगेवार को सम्मानित किया तो इसका साफ-साफ उल्लेख किया जाना चाहिए था। दूसरी ओर, यदि उन्हें राष्ट्रीय स्वयंसेवक संघ का संस्थापक होने के कारण सम्मानित किया गया, तब केवल एक योगदान का श्रेय उन्हें दिया जा सकता है कि उन्होंने 'हिन्दू राष्ट्र' की साम्प्रदायिक और विध्वंसक विचारधारा का प्रचार किया। एक ऐसी विचारधारा, जिसने स्वतंत्रता आन्दोलन को विभाजित किया और लोगों का ध्यान उसकी ओर से हटाने का प्रयास किया।

इस देश के लोग जानना चाहेंगे कि भारत को ब्रिटिश साम्राज्यवाद से मुक्त करने के लिए 1947 के पूर्व राष्ट्रीय स्वयंसेवक संघ द्वारा कौन-कौन-से आन्दोलन किए गए? उपनिवेशवादी शासन के अधीन किन नेताओं और कार्यकर्ताओं ने यातनाएँ सहीं? उनमें से कौन-कौन जेल गए अथवा देश के लिए शहीद हुए?

सच्चाई यह है कि साम्राज्यवाद विरोधी एकता की नींव, विशेषकर हिन्दू और मुस्लिम एकता की आधारशिला, 1857 के स्वतंत्रता सेनानियों ने रखी, जिससे आगे चलकर भारत के स्वतंत्रता संघर्ष में गुणात्मक बदलाव आया। प्रथम विश्वयुद्ध के पश्चात् एक बड़ा तात्कालिक प्रभाव सामने आया, वह था—व्यापक जनान्दोलन, जिसे गांधीजी ने प्रारम्भ किया। असहयोग आन्दोलन के पश्चात श्रमिकों और किसानों के आन्दोलन में वृद्धि, जिसने साम्राज्यवाद विरोधी आन्दोलन को मजबूत किया।

## साम्राज्यवाद विरोधी संयुक्त संघर्ष को कमजोर करने के उद्‌देश्य से संचालित साम्प्रदायिक आन्दोलन

1920 के दशक के मध्य में राष्ट्रीय आन्दोलन का एक दुर्भाग्यपूर्ण स्वरूप विकसित हुआ, जिसके चलते कुछ प्रमुख नेताओं ने साम्प्रदायिकता की राह पकड़ ली। यह एक ऐसी घटना थी, जो ब्रिटिश शासन के लिए ठीक थी और साम्राज्यवादी शासकों ने इस प्रवृत्ति को बढ़ावा देने में कोई कोर-कसर नहीं छोड़ी। हिन्दू और मुसलमान अन्ध-देशभक्तों ने असहयोग आन्दोलन के दौरान बनी एकता को भुला दिया। हिन्दू महासभा, जिसे कांग्रेस का समर्थन प्राप्त था, के साम्प्रदायिक कृत्य ने साम्प्रदायिक सद्‌भाव के लिए कठिनाई पैदा कर दी। मुस्लिम अन्ध-देशभक्तों ने, खास करके उनमें जो अधिक मुखर और प्रतिक्रियावादी थे, खिलाफत- आन्दोलन को केवल मुस्लिम हितों से सम्बन्धित आन्दोलन के रूप में पेश किया। इस मुद्‌दे के धार्मिक पक्ष पर विशेष जोर देते हुए उन्होंने आन्दोलन के राजनीतिक और साम्राज्यवाद विरोधी पक्ष को कमजोर कर दिया। असहयोग आन्दोलन के बाद कुछ

लोग साम्प्रदायिक राजनीति से जुड़ गए जबकि अन्य बहुत सारे लोग, जैसे कि मौलाना आजाद और सैफुद्दीन किचलू जो हिन्दू-मुस्लिम एकता के लिए समर्पित थे, कांग्रेस नेतृत्व का हिस्सा बन गए। इस प्रकार, हिन्दू और मुस्लिम साम्प्रदायिकतावादियों ने एक-दूसरे का अनुगमन किया और ब्रिटिश साम्राज्यवाद ने दोनों का पोषण किया।

इस पृष्ठभूमि में तथ्य यह भी है कि 1925 में डॉ. हेडगेवार ने राष्ट्रीय स्वयंसेवक संघ की स्थापना की। डॉ. हेडगेवार का जन्म 1881 में नागपुर में हुआ था। अपनी स्कूली शिक्षा पूरी करने के पश्चात चिकित्सा विज्ञान की पढ़ाई करने कलकत्ता गए (1910-15)। यद्यपि राष्ट्रीय स्वयंसेवक संघ के प्रकाशनों का दावा है कि वहाँ वे क्रान्तिकारी आतंकवादियों के सम्पर्क में थे, इसकी स्वतंत्र पुष्टि कहीं से भी नहीं होती। 1915 में नागपुर लौटने के बाद पाँच वर्षों की उनकी राजनीतिक गतिविधियों के सम्बन्ध में लगभग कुछ भी पता नहीं चलता। ऐसा प्रतीत होता हैं कि डॉ. हेडगेवार ने चिकित्सक का कार्य प्रारम्भ नहीं किया। उनके राजनीतिक जीवन के निर्माण काल से सम्बन्धित विस्तृत जानकारियाँ भ्रामक हैं। वे कुछ समय के लिए कांग्रेस से जुड़े रहे और जैसा कि हम देख चुके हैं; वे असहयोग आन्दोलन के दौरान जेल भी गए थे।

कांग्रेस में, डॉ. हेडगेवार का निकट सम्बन्ध हिन्दू महासभा के घोर दक्षिणपन्थी नेता डॉ. बी.एस. मुंजे के साथ था। डॉ. मुंजे उस समय कांग्रेस में थे, यद्यपि वे गांधीजी द्वारा हिन्दू-मुस्लिम एकता के विरोधी थे और एक सीमित हद तक ब्रिटिश शासन से भी सहयोग करना चाहते थे।

जेल से बाहर आने के बाद डॉ. हेडगेवार ने गांधीजी की हिन्दू-मुस्लिम एकता सम्बन्धी उनके विचारों के कारण आलोचना की और राष्ट्रवाद की तुलना 'हिन्दू राष्ट्र' से की। अपनी स्थापना के समय से ही राष्ट्रीय स्वयंसेवक संघ की एक प्रमुख अवधारणा थी मुस्लिम एवं अन्य अल्पसंख्यकों की राष्ट्र के प्रति निष्ठाहीनता। डॉ. हेडगेवार के अनुसार, महात्मा गांधी के असहयोग आन्दोलन के कारण देश में लोगों का उत्साह कम होने लगा और उस आन्दोलन के दौरान जो बुराइयाँ पैदा हो गई थीं, वे सिर उठाने लगीं। ...यवनसर्प (अर्थात् मुस्लिम) असहयोग आन्दोलन का दूध पीकर अपने विषैले फुफकार द्वारा दंगा फैलाने लगा।'[17]

युवकों, खासकर किशोरों में अपने इन विचारों के प्रचार के उद्देश्य से उन्होंने 1925 में राष्ट्रीय स्वयंसेवक संघ की स्थापना की। राष्ट्रीय स्वयंसेवक संघ युवकों में डॉ. हेडगेवार के हिन्दू राष्ट्र के विचारों का प्रचार-प्रसार करने लगा। इस संगठन ने ब्रिटिश शासन के विरुद्ध कोई भी संघर्ष अथवा आन्दोलन शुरू नहीं किया। जहाँ एक तरफ भगतसिंह और उनके साथियों की क्रान्तिकारी गतिविधियाँ ब्रिटिश हुकूमत की नींव को हिला रही थीं, वही दूसरी ओर 1920 के दशक के अन्तिम दिनों के अभिलेख राष्ट्रीय स्वयंसेवक संघ द्वारा कोई भी ब्रिटिश विरोधी गतिविधि अपनाए जाने का कोई भी सन्दर्भ प्रस्तुत नहीं करते। संघ का मुख्य कार्य था अल्पसंख्यकों के विरुद्ध घृणा का अभियान चलाना। इसने मध्यवर्गीय शहरी एवं महाराष्ट्र के ब्राह्मण युवकों को अपने लक्ष्य के रूप में चुना, जो शुरुआती वर्षों में इस संगठन का मुख्य आधार बना रहा। स्पष्ट है कि 1927 में नागपुर दंगे के बाद इस संगठन की सदस्यता में भारी वृद्धि हुई।

जिस समय राष्ट्रीय स्वयंसेवक संघ अपने घृणा अभियान में लगा हुआ था, स्वतंत्रता-संघर्ष एक नए चरण (1927-28 तक ) में प्रवेश हेतु तैयार था। 1920 के दशक में समाजवादी समूहों के निर्माण एवं कम्युनिष्ट पार्टी की स्थापना के साथ भारत में एक वामपन्थी आन्दोलन दिखाई पड़ रहा था। एक सशक्त श्रमिक संघ आन्दोलन भी अस्तित्व में आ चुका था। 1920 के दशक के अन्त तक पूरे देश में कामगारों की हड़ताल हो चुकी थी। 1927 में एक अन्य घटना भी देखी गई। यह थी ब्रिटिश सरकार द्वारा संवैधानिक सुधारों के लिए एक अन्य आयोग (साइमन कमीशन) की उद्घोषणा जिसका राष्ट्रवादियों ने विरोध किया और कांग्रेस ने इसके बहिष्कार का आह्वान किया। साइमन कमीशन का बहिष्कार एक बड़े जनान्दोलन के रूप में परिणत हो गया। 1920 के दशक के अन्त में उत्पन्न इस जनाक्रोश को रोकने के प्रति हिन्दू-मुस्लिम साम्प्रदायिकतावादियों के बढ़ते आक्रामक रुख पर ब्रिटिश शासन भरोसा कर रहा था और उम्मीद कर रहा था कि इससे उन्हें एक ऐसी संवैधानिक व्यवस्था लागू करने में मदद मिलेगी, जो ब्रिटिश हितों की हिफाजत करेगी।

साम्राज्यवाद विरोधी संघर्ष से जुड़ी कई अभिलेखीय सामग्री एवं दस्तावेज भारी मात्रा में उपलब्ध हैं, जो कांग्रेस, क्रान्तिकारियों और विभिन्न अन्य समूहों की गतिविधियों के बारे में विस्तृत जानकारी देते हैं। साम्यवादी, जो इस पूरी अवधि में गुप्त ढंग से कार्य करते थे और साम्राज्यवादियों के गम्भीर दमन के कारण भूमिगत रहते थे, इस काल की अपनी गतिविधियों से सम्बन्धित प्रचुर स्रोत-सामग्री पहले ही प्रकाशित कर चुके हैं। यह स्रोत-सामग्री सरकारी अभिलेखों में भी सन्दर्भित हैं, जिनके साथ सरलतापूर्वक इनका मिलान किया जा सकता है। क्रान्तिकारी भी, जो अत्यन्त गोपनीय ढंग से काम करते थे, इस सम्बन्ध में अपने पीछे व्यापक साक्ष्य छोड़ गए हैं। तथापि, राष्ट्रीय स्वयंसेवक संघ द्वारा ऐसी कोई भी सामग्री सामने नहीं लाई जा सकी है। न तो यह पता करना ही सम्भव है और न ही समकालीन अभिलेखों में उसे ढूँढ़ा जा सकता है, जो इस संगठन की ब्रिटिश विरोधी गतिविधियों पर प्रकाश डालता हो। हमें सिर्फ उन्हीं बातों पर निर्भर रहना पड़ता है, जो इसके प्रचारक अपने प्रकाशनों के माध्यम से सामने लाते हैं। क्या राष्ट्रीय स्वयंसेवक संघ इस स्थिति में नहीं है कि वह इस सम्बन्ध में प्रामाणिक सामग्री सामने लाए जो स्वतंत्रता-संघर्ष में इसकी भूमिका को स्पष्ट कर सके?

## हेडगेवार और गोलवलकर को अपनी धोखेबाजी स्वीकार करनी पड़ी

राष्ट्रीय स्वयंसेवक संघ के नेताओं के समकालीन लेखों एवं भाषणों से एक दूसरी ही कहानी सामने आती है। इन नेताओं ने ब्रिटिश विरोधी संघर्ष के प्रति बहुत कम उत्साह दिखाया। गोलवलकर के शब्दों में यह और कुछ नहीं बल्कि स्वतंत्रता संघर्ष से बिलकुल अलग रहने के सम्बन्ध में स्वीकारोक्ति मात्र है–

> हमेशा दैनिक कार्यों में लगे रहने की जरूरत भी एक अन्य कारण है। समय-समय पर देश में उत्पन्न हो रही स्थिति के कारण मस्तिष्क में थोड़ी अशान्ति है। ऐसी ही अशान्ति 1942 में भी थी। उसके पहले 1930-31 में एक आन्दोलन हुआ था। उस

समय कई अन्य व्यक्ति डॉक्टरजी के पास गए थे। इस 'शिष्टमंडल' ने डॉक्टरजी से अनुरोध किया था कि यह आन्दोलन देश को स्वाधीनता दिलाएगा और संघ को इसमें पीछे नहीं हटना चाहिए। उस समय जब एक सज्जन ने डॉक्टरजी से कहा कि वह जेल जाने को तैयार हैं, तो डॉक्टरजी ने कहा था, 'निश्चित रूप से जाओ। परन्तु तब तुम्हारे परिवार की देखभाल कौन करेगा?' उस सज्जन ने उत्तर दिया, 'उन्होंने न केवल परिवार के दो वर्षों के खर्चों का भरपूर इन्तजाम कर रखा है, बल्कि आवश्यकतानुसार अर्थदंड चुकाने का भी।' तब डॉक्टर जी ने उनसे कहा- यदि आपने अपने संसाधनों का पूरा इन्तजाम कर रखा है, तब दो वर्षों तक संघ की सेवा के लिए आ जाओ।' घर वापस आने पर वह सज्जन न तो जेल गए न संघ के काम के लिए निकले।'[18] यह घटना साफ-साफ दर्शाती है कि राष्ट्रीय स्वयंसेवक संघ का नेतृत्व ईमानदार देशभक्त व्यक्तियों को किस तरह स्वतंत्रता आन्दोलन से विमुख करने पर तुला हुआ था।

'भारत छोड़ो आन्दोलन' के समय गोलवलकर ने कहा था, 'संघर्ष के दुष्परिणाम सामने आ रहे हैं। 1920-21 के आन्दोलन के पश्चात् लड़के लड़ाका हो गए हैं। यह समय नेताओं पर कीचड़ उछालने का नहीं है। बल्कि संघर्ष के बाद के ये अपरिहार्य उत्पाद हैं। बात यह है कि हम लोग इन परिणामों को नियंत्रित नहीं कर सके। 1942 के पश्चात् लोग यह सोचने लगे थे कि कानून की परवाह करने की आवश्यकता नहीं है।'[19] 'भारत छोड़ो आन्दोलन के प्रति राष्ट्रीय स्वयंसेवक संघ के नेताओं की अन्यमनस्कता के कारण इसके कार्यकर्ताओं में रोष उत्पन्न हो गया, जिसे गोलवलकर द्वारा भी ज्यों-का-त्यों स्वीकार कर लिया गया है।' 1942 में बहुतों के हृदय में उग्र विचार भी थे। उस समय भी संघ का नित्य प्रति का कार्य जारी रहा। संघ ने प्रत्यक्ष तौर पर कुछ करने का निर्णय नहीं लिया। परन्तु संघ के स्वयंसेवक भारी ऊहापोह में थे। संघ निष्क्रिय लोगों का संगठन है, उनकी बातों में कुछ भी सार नहीं है, ऐसे विचार न केवल बाहरी लोगों द्वारा व्यक्त किए जा रहे थे, बल्कि हमारे अपने स्वयंसेवकों द्वारा भी।' वे भयानक रूप से गुस्से में भी थे।[20] तथापि संघ का ऐसा कोई प्रकाशन अथवा अभिलेख नहीं है, जो 'भारत छोड़ो आन्दोलन' के दरमियान परोक्ष रूप से किए गए संघ के महान कार्यों पर प्रकाश डालता हो।

जैसा कि हम देख चुके है; डॉ. हेडगेवार ने नमक-सत्याग्रह में व्यक्तिगत तौर पर भाग लिया और वह भी एक परवर्ती उद्देश्य से। राष्ट्रीय स्वयंसेवक संघ ने पूरी सतर्कता के साथ ऐसी राजनीतिक गतिविधियों की उपेक्षा की जो शायद ब्रिटिश सत्ता के भय से हुआ हो; 'संघ की स्थापना करने के पश्चात् डॉक्टर साहेब अपने भाषणों में केवल हिन्दू संगठनों के बारे में बातें करते थे। सरकार के प्रति प्रत्यक्ष टिप्पणी शून्य हुआ करती थी।'[21] हम लोग राष्ट्रीय स्वयंसेवक संघ के हवाले से प्राप्त इस सामग्री की तुलना वाजपेयी जी के इस दावे से करना चाहेंगे कि हेडगेवार साम्राज्यवाद के विरुद्ध केवल एक भाषा जानते थे– 'संघर्ष' की भाषा!

यद्यपि उस समय के व्यापक जन-रोष को देखते हुए सम्भव हैं कि राष्ट्रीय स्वयंसेवक संघ के कुछ सदस्यों ने व्यक्तिगत रूप से ब्रिटिश विरोधी आन्दोलन में भाग लिया हो।

ब्रिटेन के उपनिवेशवादी शासन के विरुद्ध अभियान या उत्पीड़ित लोगों के अधिकारों के पक्ष में राष्ट्रीय स्वयंसेवक संघ ने कोई पहल नहीं की थी और न ही राष्ट्रीय स्वयंसेवक संघ के शीर्षस्थ नेतागण कभी स्वतंत्रता-संघर्ष के हिस्से थे। गोलवलकर की राजनीतिक पृष्ठभूमि, जिन्होंने 1940 में डॉ. हेडगेवार की मृत्यु के पश्चात् राष्ट्रीय स्वयंसेवक संघ का नेतृत्व किया, दर्शाती है कि वे स्वयं भी इस राष्ट्रीय आन्दोलन से सम्बद्ध नहीं थे।

गोलवलकर ने 1940 में ऐसे समय में राष्ट्रीय स्वयंसेवक संघ का नेतृत्व सँभाला जबकि मुस्लिम लीग के पाकिस्तान सम्बन्धी प्रस्ताव ने उच्च स्तर के साम्प्रदायिक दुष्प्रचार के लिए उपजाऊ जमीन तैयार कर ली थी। उनके नेतृत्व में भी राष्ट्रीय स्वयंसेवक संघ ने 'हिन्दू राष्ट्र' के पक्ष में बढ़-चढ़कर प्रचार किया परन्तु ब्रिटिश विरोधी संघर्ष से अलग-थलग रहे। वस्तुतः गोलवलकर ने स्पष्ट कर दिया था कि राष्ट्रीय स्वयंसेवक संघ जिस किस्म के राष्ट्रवाद की बात कर रहा है, उसमें ब्रिटिश-विरोधी अथवा साम्राज्यवाद विरोधी कुछ भी नहीं है।

हिन्दू-मुस्लिम एकता के कटु विरोध एवं एक संगठित जनान्दोलन को ब्रिटिश-विरोधी आन्दोलन के विरोध के कार्यक्रम पर राष्ट्रीय स्वयंसेवक संघ 1940 के दशक में काम करता रहा। गांधीजी को एक ऐसे खलनायक के रूप में पेश किया गया, जो 'हिन्दू राष्ट्र' की स्थापना के मार्ग की बाधा थे। महत्त्वपूर्ण यह कि ब्रिटिश लोग, जिन्होंने जिन्ना की साम्प्रदायिक राजनीति को प्रोत्साहित किया और मुस्लिम लीग का एक सुविधाजनक हथियार के रूप में इस्तेमाल किया, भारतीय उपमहाद्वीप पर विभाजन थोपने के उद्देश्य से उनकी राष्ट्रीय स्वयंसेवक संघ द्वारा कभी आलोचना नहीं की गई, जबकि गांधीजी को, जो लगातार विभाजन का विरोध कर रहे थे, शैतान के तौर पर पेश किया गया। गांधीजी के इस शैतानीकरण की चरम परिणति 1948 में उनकी हत्या के रूप में हुई। राष्ट्रीय स्वयंसेवक संघ ने कभी भी इस आरोप को नकारने की चेष्टा नहीं की कि महात्मा गांधी की हत्या में उसकी संलिप्तता थी।

इस प्रकार राष्ट्रीय स्वयंसेवक संघ पूरे स्वतंत्रता संघर्ष के पश्चात् दोहरी भूमिका निभाता दिखाई पड़ता है। सभी तथ्य उसकी विध्वंसकता और इस तथ्य को कि यह संगठन और इसके नेता कभी भी स्वतंत्रता संघर्ष का हिस्सा नहीं थे, प्रमाणित करते हैं। राष्ट्रीय स्वयंसेवक संघ का एकमात्र सर्वाधिक महत्त्वपूर्ण योगदान था अपने विशिष्ट अतिवादी नारे 'हिन्दू राष्ट्र' के माध्यम से संगठित भारतीयों के ब्रिटिश-विरोधी संघर्ष को लगातार बाधित करते रहना।

गुरु गोलवलकर के प्रति पूरी ईमानदारी से कहना होगा कि उन्होंने कभी यह दावा नहीं किया कि राष्ट्रीय स्वयंसेवक संघ ब्रिटिश शासन के विरुद्ध है। 1960 में इंदौर में दिए गए अपने एक भाषण में उन्होंने कहा, "बहुत से लोग इस प्रेरणा से कार्य कर रहे थे कि ब्रिटिशों को निकाल बाहर करके देश को स्वतंत्र करा लिया जाएगा। ब्रिटिशों के औपचारिक रूप से चले जाने के बाद यह प्रेरणा कमजोर पड़ गई। वास्तव में, ऐसी अति प्रेरणा की कोई आवश्यकता नहीं थी। हम लोगों को याद करना चाहिए कि अपनी प्रतिज्ञा में हम लोगों ने

देश की स्वाधीनता की बात धर्म और संस्कृति की रक्षा के आधार पर की थी। उसमें ब्रिटिशों के प्रस्थान के बारे में कुछ नहीं कहा गया था।''[22]

राष्ट्रीय स्वयंसेवक संघ के सरसंघ चालक गोलवलकर ने ब्रिटिश शासन के विरुद्ध चल रहे किसी भी आन्दोलन के प्रति अपने विरोध को कभी छिपाया नहीं। मार्च 1947 में जब ब्रिटिशों ने भारत से चले जाने का निर्णय ले लिया था, तब दिल्ली में राष्ट्रीय स्वयंसेवक संघ के वार्षिकोत्सव को सम्बोधित करते हुए उन्होंने कहा था कि संकीर्ण मानसिकतावाले नेतागण ब्रिटिश सत्ता का विरोध करने की चेष्टा कर रहे हैं। इसके विस्तार में जाते हुए उन्होंने कहा था कि अपनी बुराइयों के लिए शक्तिशाली विदेशी शासकों को जिम्मेदार ठहराना गलत था। उन्होंने अपने विजेताओं के विरुद्ध घृणा के प्रचार के आधार पर राजनीतिक आन्दोलन चलाने की प्रवृत्ति की घोर निन्दा की।[23] अपने भाषण के क्रम में एक घटना का जिक्र करते समय उन्होंने कुछ अधिक मौलिकता का परिचय दिया :

> एक बार एक सम्मानित सज्जन हमारी शाखा में आए। उनके पास राष्ट्रीय स्वयंसेवक संघ के स्वयंसेवकों के लिए एक नया सन्देश था। उस शाखा के स्वयंसेवकों को सम्बोधित करने का अवसर दिए जाने पर उन्होंने बड़े प्रभावशाली स्वर में कहा, 'अब केवल एक ही काम करो। ब्रिटिशों को पकड़ो और उन्हें निकाल बाहर करो। जो कुछ भी होगा हम लोग बाद में देख लेंगे।' इतना कहकर वे बैठ गए। इस विचारधारा के पीछे क्रोध और राज्यसत्ता के प्रति दुख और घृणा पर आधारित प्रतिक्रियावादी प्रवृत्ति थी। आज की भावुकतापूर्ण राजनीति की बुराई यह है कि इसका आधार भिन्नता को भूलकर प्रतिक्रिया, दुख, क्रोध और विजेताओं के प्रति विरोध है।'[24]

राष्ट्रीय स्वयंसेवक संघ तो औपनिवेशिक वर्चस्व को अन्याय मानने तक को तैयार नहीं था। 8 जून, 1942 को कांग्रेस द्वारा भारत छोड़ो आन्दोलन का आह्वान किए जाने के ठीक पूर्व दिए गए अपने भाषण में गोलवलकर ने घोषणा की : 'संघ समाज की वर्तमान अधोगति के लिए अन्य किसी को दोष नहीं देता। लोग जब दूसरों को दोष देने लगते हैं तो वास्तव में कमजोरी उनके अन्दर होती है। कमजोरों के साथ शक्तिशालियों द्वारा अन्याय बरते जाने सम्बन्धी बातें करना आज आम हो गया है। संघ अपना बहुमूल्य समय दूसरों को गाली देने अथवा उनकी आलोचना करने में बर्बाद करना नहीं चाहता। यदि हम जानते हैं कि बड़ी मछली छोटी मछली को खाती है, तो फिर बड़ी मछली को दोष देना पूरी तरह से पागलपन है। प्रकृति का नियम, चाहे अच्छा हो या बुरा, सदा सही होता है। इसे अन्याय कहकर इस नियम को बदला नहीं जा सकता।'[25]

## क्रान्तिकारी परम्परा के प्रति घृणा

तथ्यों को 'तोड़ने-मरोड़ने' में राष्ट्रीय स्वयंसेवक संघ को कोई हरा नहीं सकता। हाल ही में इसने एक साहित्य पेश किया है जिसमें दावा किया गया है कि हेडगेवार भगतसिंह, राजगुरु और सुखदेव से 1925 में मिले थे और इन क्रान्तिकारियों के साथ बैठकों में लगातार शामिल होते रहे और 1927 में राजगुरु को शरण भी दी, जब वे सैंडर्स की हत्या के बाद भूमिगत हो गए थे।[26] आवश्यकता इन दावों की तुलना बाबासाहेब देवरस (वास्तविक नाम मधुकर

दत्तात्रेय देवरस, जो राष्ट्रीय स्वयंसेवक संघ के तीसरे प्रमुख थे) के संस्मरण के साथ करने की है जिसमें उन्होंने एक घटना का वर्णन किया है कि जब हेडगेवार ने उन्हें और कई अन्य लोगों को भगतसिंह की राह पर जाने से बचाया था। दिलचस्प बात यह है कि ये संस्मरण स्वयं राष्ट्रीय स्वयंसेवक संघ के प्रकाशनों में हैं :

> "कॉलेज में पढ़ते समय (हम) नौजवान अक्सर भगतसिंह जैसे क्रान्तिकारियों के विचारों के प्रति आकर्षित हो जाते थे। भगतसिंह की भाँति हमें वीरतापूर्ण कोई अन्य कारनामा करना चाहिए। यह विचार अक्सर हमारे मस्तिष्क में आया करता था। चूँकि तात्कालिक राजनीति, क्रान्ति आदि युवकों के दिलों को विशेष रूप से आकर्षित करते थे, पर संघ के भीतर इनके बारे में बहुत कम चर्चा होने के कारण, संघ के प्रति हम लोग कम आकृष्ट होते थे। जब भगतसिंह और उनके साथियों को मृत्यु-दंड दिया गया, उस समय हम इतने उत्तेजित थे कि (हम लोग) कुछ मित्रों ने शपथ ली कि हम प्रत्यक्ष रूप से अवश्य कुछ करेंगे। इसके लिए कुछ भयानक योजनाएँ बनाईं और इसे सफल बनाने के लिए घर से भाग जाना था। परन्तु अपने डॉक्टरजी को बताए बिना भाग जाना उचित नहीं होता। डॉक्टरजी को यह जानकारी देने की जिम्मेवारी मित्रों के समूह द्वारा मुझे दी गई थी।
>
> हम लोग एक साथ डॉक्टरजी के पास गए और बहुत हिम्मत करके उनके सामने मैंने अपनी भावना रखी। हमारी योजना को सुन लेने के बाद डॉक्टरजी ने इस मूर्खतापूर्ण योजना को समाप्त करने और हम लोगों को यह समझाने के लिए कि संघ का कार्य सबसे बढ़कर है, हम लोगों की एक बैठक बुलाई।
>
> बैठक सात दिनों तक चली। प्रतिदिन रात में दस बजे से तीन बजे भोर तक। डॉक्टरजी के तेजोमय विचार और उनके बहुमूल्य नेतृत्व से हमारे विचारों में मौलिक बदलाव आया। उस दिन से बिना दिमाग लगाए योजना बनाना छोड़ दिया और हमारे जीवन को एक नई दिशा मिली और हमारा मस्तिष्क संघ के कार्यों के प्रति स्थिर हो गया।"[27]

इतना ही नहीं राष्ट्रीय स्वयंसेवक संघ के अभिलेखों में इस बात के प्रचुर प्रमाण हैं, जो इस तथ्य को निष्कर्ष के रूप में स्थापित करते हैं कि राष्ट्रीय स्वयंसेवक संघ भगतसिंह, चन्द्रशेखर आजाद और उनके साथियों के नेतृत्व में संचालित आन्दोलनों की हमेशा निन्दा करता था।

*बंच ऑफ थॉट्स* से यहाँ एक उद्धरण प्रस्तुत किया जा रहा है, जिसमें शहीदों की पूरी परम्परा की कटु अलोचना की गई है : 'इसमें कोई सन्देह नहीं है कि जो लोग शहादत अपनाते हैं, वे महान नायक हैं और उनका दर्शन भी सुविख्यात है। वे औसत लोगों से काफी ऊपर होते हैं, जो कायरतापूर्वक भाग्य के भरोसे रहते हैं और भय और निष्क्रियता का जीवन बिताते हैं। साथ ही, हमारे समाज में ऐसे लोगों को आदर्श नहीं माना जाता। हम लोगों ने उनकी शहादत को सर्वोच्च महानता का बिन्दु नहीं माना, जिसकी मनुष्य कामना करता है। क्योंकि सबके बावजूद, वे अपने आदर्शों को पाने में असफल रहे और इस असफलता ने उन्हें मौत की ओर धकेला।'[28] भारतीय स्वतंत्रता आन्दोलन के बलिदानियों का क्या इससे भी अधिक अपमान और अवमानना हो सकती है!

यह जानना किसी भी भारतीय के लिए जो स्वतंत्रता आन्दोलन के बलिदानियों से प्यार करते हैं, चकित करनेवाली बात होगी कि डॉ. हेडगेवार और राष्ट्रीय स्वयंसेवक संघ ने ब्रिटिश के विरुद्ध लड़नेवालों के सम्बन्ध में ऐसा अनुभव किया। राष्ट्रीय स्वयंसेवक संघ द्वारा प्रकाशित उनकी जीवनी के अनुसार, 'केवल जेल जाना ही देशभक्ति नहीं है। ऐसी सतही देशभक्ति में बह जाना सही नहीं होगा। वे तर्क दिया करते थे कि समय आने पर देश के लिए कुछ करने का निर्णय करने के पूर्व यह बहुत अवश्यक है कि देश की स्वतंत्रता के लिए लोगों को संगठित करते समय जीवित रहा जाय।'[29] वास्तव में यह करुणास्पद है कि भगतसिंह, राजगुरु, सुखदेव, अशफाक उल्लाह, चन्द्रशेखर आजाद जैसे 'मूर्ख' इस महान देशभक्त चिन्तक के सम्पर्क में नहीं आए। यदि उन्हें इनसे मिलने का महान अवसर मिला होता ये बलिदानी 'सतही देशभक्ति' के लिए अपना बलिदान देने से बच गए होते। निश्चित रूप से यह भी एक कारण रहा होगा जिसके चलते राष्ट्रीय स्वयंसेवक संघ ने स्वतंत्रता आन्दोलन के दरमियान कोई बलिदानी तैयार नहीं किया।

राष्ट्रीय स्वयंसेवक संघ की इस प्रवृत्ति की निन्दा के लिए 'शर्मनाक' शब्द भी पर्याप्त नहीं होगा, जो उन्होंने उन क्रान्तिकारियों के प्रति प्रदर्शित की, जिन्होंने ब्रिटिश शासकों के विरुद्ध संघर्ष में अपना सर्वस्व न्योछावर कर दिया। अन्तिम मुगल शासक बहादुर शाह जफर 1857 के महान स्वतंत्रता-संग्राम के एक प्रतीक बन गए थे। गोलवलकर ने उनका उपहास करते हुए कहा था : 1857 में भारत के तथाकथित अन्तिम बादशाह ने सिंहनाद किया था–

*'गाजियों में बू रहेगी जब तलक ईमान की,*
*तख्ते-लन्दन तक चलेगी तेग हिन्दुस्तान की।*

परन्तु अन्त में क्या हुआ? यह प्रत्येक व्यक्ति जानता है।[30] देश के प्रति अपनी जान न्योछावर करनेवालों के प्रति गोलवलकर की क्या भावना थी, वह निम्नांकित शब्दों से भी स्पष्ट हो जाता है। उन्होंने देश के लिए अपनी जान न्योछावर करनेवालों के प्रति दुस्साहस के साथ यह प्रश्न किया, मानो वे ब्रिटिशों में से एक थे : 'परन्तु हमें सोचना चाहिए कि क्या ऐसा करने से देश का पूरा हित सधता है? बलिदान का यह अर्थ नहीं है कि देशहित के लिए सर्वस्व न्योछावर कर दिया जाए। अभी तक के अनुभवों से यह स्पष्ट हो गया है कि आम लोगों के लिए दिलों की यह आग असहनीय हो गई है।'[31]

### हिटलर के आदर्शों पर आधारित हिन्दू राष्ट्रवाद ने केवल ब्रिटिश हुक्मरानों को मदद पहुँचाई

हिन्दू-धर्म और भारतीय राष्ट्रवाद के समीकरण की प्रायः कई हिन्दुओं द्वारा आलोचना की जाती रही है, जैसा कि राष्ट्रीय स्वयंसेवक संघ के प्रकाशन में वर्णित एक घटना से स्पष्ट है। यह घटना 1929-30 में बनारस हिन्दू यूनिवर्सिटी में घटी जिसमें हेडगेवार और गोलवलकर दोनों उपस्थित थे :

> "डॉक्टरजी ने भीड़ को 'शपथ' का अर्थ समझाया और पूछा कि कौन-कौन से व्यक्ति शपथ लेने के उद्‌देश्य से सहमत हैं? डॉक्टरजी हमेशा एक लौहनिर्मित हनुमान-प्रतिमा और एक भगवा झंडा अपने पास रखा करते थे। सभा के बाद

हनुमानजी की मूर्ति और भगवा ध्वज की उपस्थिति में वे इच्छुक व्यक्तियों द्वारा शपथ-ग्रहण की प्रक्रिया प्रारम्भ करते थे। उसी दिन वे संघचालक और कार्यवाहक दोनों को नियुक्त करते थे।

जब शपथ-ग्रहण का समय आया, कुछ व्यक्ति अधीर हो उठे। सभा में कुछ कॉलेज प्रोफेसर और विद्वान उपस्थित थे। उन्होंने कहा कि संघ निस्सन्देह अच्छा है किन्तु वे हिन्दू-राष्ट्र के उल्लेख से सहमत नहीं हो सकते। डॉक्टरजी ने शपथ में कोई भी परिवर्तन नहीं किया। जब सभा में उपस्थित लोगों ने शपथ के पाठ में संशोधन पर जोर दिया तथा कहा कि वे तभी शपथ-ग्रहण करेंगे जब ये परिवर्तन स्वीकार किए जाएँ। तब गोलवलकर ने हस्तक्षेप किया और कहा, 'डॉक्टरजी ने हम लोगों के समक्ष एक निश्चित कार्य और कार्यक्रम प्रस्तुत किया है। जो इसे अच्छा समझते हैं, उन्हें इसे स्वीकार करना चाहिए अन्यथा उन्हें अस्वीकार कर देना चाहिए। किन्तु डॉक्टर जी को कोई शिक्षा देने की जरूरत नहीं है। यदि वे सभी सुझावों को, जो वे देश-भ्रमण के दौरान प्राप्त करते हैं, लागू करना प्रारम्भ कर दें, तब संगठन का अस्तित्व में बने रहना असम्भव हो जाएगा।''[32]

सभा के बाद गोलवलकर को काशी हिन्दू विश्वविद्यालय की शाखा का संघ चालक नियुक्त किया गया। 1925 से 1947 तक के राष्ट्रीय स्वयंसेवक संघ के साहित्य में कहीं भी ऐसा प्रतीत नहीं होता है कि उसे ब्रिटिश हुक्मरानों की अमानवीय सत्ता को चुनौती देना है, उसकी कलई खोलनी है, आलोचना करनी है अथवा उनसे टकरानेवाली पंक्ति खड़ी करनी है। ऐसा प्रतीत होता है कि इसका केवल एक ही कार्य अल्पसंख्यकों अथवा खासकर मुस्लिमों को प्रताड़ित करना था।

राष्ट्रीय स्वयंसेवक संघ ने 1939 में गोलवलकर की पुस्तक 'वी ऑर आवर नेशनहुड डिफाइंड' का प्रकाशन किया, जिसमें राष्ट्र की अवधारणा को रेखांकित किया गया। इस विवादास्पद पुस्तक में राष्ट्रीय स्वयंसेवक संघ की विचारधारा को पहली बार विस्तारपूर्वक बतलाया गया। इस पुस्तक में गोलवलकर ने भारतीय राष्ट्र के सिद्धान्त को प्रस्तुत करते हुए (हिन्दू राष्ट्र के तुल्य) निम्नांकित शब्दों में हिटलर के नाजी सांस्कृतिक राष्ट्रवाद का आदर्शीकरण किया : 'आज जर्मन जातीय गर्व चर्चा का विषय बन गया है। जाति और इसकी संस्कृति की शुद्धता को बनाए रखने के लिए जर्मनी ने विश्व को अपने देश को सिमेटिक जातियों—यहूदी—से मुक्त करके चकित कर दिया। जातीय गर्व यहाँ अपनी उच्चतम अवस्था में मौजूद है। जर्मनी ने यह भी दिखा दिया कि अपने मतभेदों को भुलाकर एकीकरण के रूप में वह किस प्रकार अपनी जाति और संस्कृति के लिए कटिबद्ध है; जो हमारे हिन्दुस्तान के लिए भी सीखने की बात है।'[33]

निस्संकोच गोलवलकर की 'हिन्दू राष्ट्र' की संकल्पना हिटलर की सम्पूर्णतावादी और फासीवादी पद्धति पर आधारित थी। यह बात उसी पुस्तक में अंकित उनके इन शब्दों से स्पष्ट हो जाती है :

'यह बात दिमाग में बिलकुल बैठा लेने योग्य है कि ये पुराने राष्ट्र अपनी अल्पसंख्यक समस्याओं को किस तरह हल करते थे। वे अपने विचारों में किसी विजातीय तत्त्व को स्थान नहीं देते थे। अल्पसंख्यकों के लिए स्वभावतः इसकी

संस्कृति और भाषा को अपनाकर और इसकी आकांक्षाओं में शामिल होकर, अपने पृथक् अस्तित्व को खोकर और अपने विदेशी भूत को भुलाकर स्वयं को जनसंख्या के बड़े भाग (राष्ट्रीय जाति) के साथ मिला देना पड़ता था। यदि वे ऐसा नहीं करते थे, तो सभी संहिताओं और परम्पराओं से बँधकर, राष्ट्र की सहिष्णुता की कीमत पर और किसी विशेष सुरक्षा की अपेक्षा नहीं करते हुए, किसी अधिकार अथवा विशेषाधिकार से सर्वथा दूर रहते हुए वे केवल बाहरी बनकर जीवित रह सकते थे। विदेशी तत्त्वों के लिए केवल दो मार्ग बच जाते थे, या तो वे राष्ट्रीय जाति में विलीन हो जाएँ अथवा राष्ट्रीय जाति जब तक चाहे तब तक वे उनकी कृपा पर रहें और राष्ट्रीय जाति की इच्छा पर देश छोड़ दें। अल्पसंख्यक समस्याओं के सन्दर्भ में यह एकमात्र व्यवस्था थी। यही एकमात्र तार्किक और सही समाधान था। केवल इसी से राष्ट्रीय जीवन स्वस्थ और अबाधित रह पाता है। केवल इसी से राष्ट्र के शरीर को उस कैंसर के खतरे से दूर रखा जा सकता है, जिसकी चरम परिणति राज्य के अन्दर एक अन्य राज्य के सृजन में होती है।

'इस समझ के तहत, जो चतुर राष्ट्रों के अनुभवों से प्राप्त हुआ है, हिन्दुस्तान के अन्दर रहनेवाली विदेशी जातियों को अपने पृथक् अस्तित्व को हिन्दू जाति में विलीन करते हुए हिन्दू-संस्कृति और भाषा को अपना लेना चाहिए। हिन्दू धर्म का आदर करना सीखना चाहिए या किसी अन्य विचार से प्रभावित नहीं होते हुए हिन्दू जाति और संस्कृति अर्थात् हिन्दू राष्ट्र का गौरव बढ़ाना चाहिए। वही देश में रह सकती है जो पूरी तरह हिन्दू राष्ट्र के अधीनस्थ बनकर बिना कोई दावा किए, किसी विशेषाधिकार की उम्मीद रखे बिना, किसी भी तरह की प्राथमिकता यहाँ तक कि नागरिक अधिकारों से दूर रहते हुए और कम-से-कम इसके सिवा उनके लिए अन्य कोई भी उपाय नहीं होना चाहिए। हम लोग एक प्राचीन राष्ट्र हैं : हमें एक पुराने राष्ट्र की तरह विदेशी जातियों से निपटना चाहिए जिन्होंने हमारे राष्ट्र में रहना स्वीकार किया है।[34]

यहाँ उन ब्रिटिश शासकों के प्रति एक शब्द भी नहीं कहा गया है, जो भारतीय लोगों और राष्ट्र को लूटने में व्यस्त थे। पुस्तक में केवल एक कार्यक्रम को रेखांकित किया गया है—अल्पसंख्यकों को निशाना बनाना, जो न तो राज्य को शासित कर रहे थे, न किसी राजनीतिक अथवा आर्थिक सत्ता के भागीदार थे। उनमें से 95 प्रतिशत से अधिक कारीगर, गरीब किसान, भूमिहीन कृषि मजदूर और दैनिक श्रमिक थे। गोलवलकर की उच्च हिन्दू जाति की संकल्पना ब्रिटिश हुक्मरानों से कोई विरोध करती नहीं दिखती जो सही अर्थों में विदेशी थे और जिन्होंने केवल दीनता, भूख, गरीबी और असंख्य भारतीयों की मौत की भेंट दी, जिनमें बड़ी संख्या हिन्दुओं की भी थी।

## ध्वज के प्रति घृणा जो स्वतंत्रता संघर्ष को प्रतीकित करता था

स्वतंत्रता संघर्ष के दरमियान राष्ट्रीय स्वयंसेवक संघ वैसी किसी भी चीज से घृणा करता था, जो भारतीय लोगों के ब्रिटिश हुकूमत के विरोध/संघर्ष को प्रतीकित करता था। ध्वज

(तिरंगा) का मामला इस दृष्टि से विशेष रूप से प्रासंगिक है। 1929 में कांग्रेस ने अपने लाहौर अधिवेशन में पूर्ण स्वराज्य को राष्ट्रीय लक्ष्य के रूप में अपनाया और लोगों से आह्वान किया कि 26 जनवरी, 1930 को स्वतत्रंता दिवस के रूप में तिरंगा फहराकर और उसे सम्मानित कर मनाएँ। (उस समय तक राष्ट्रीय आन्दोलन का ध्वज (तिरंगा ध्वज) बन चुका था)। देश के सभी नागरिकों के प्रति इस ऐतिहासिक संयुक्त आह्वान के प्रत्युत्तर में डॉ. हेडगेवार ने सरसंघ चालक के रूप में एक परिपत्र जारी किया कि राष्ट्रीय स्वयंसेवक संघ की सभी शाखाएँ '*भगवा ध्वज*' की पूजा करेंगी। परिपत्र में कहा गया थाः 'राष्ट्रीय स्वयंसेवक संघ की सभी शाखाएँ अपने संघ स्थान में (वह स्थान जहाँ संघ की बैठकें होती थीं) 26 जनवरी, 1930, रविवार की संध्या 6 बजे स्वयंसेवकों का एक समागम आयोजित करेंगी और राष्ट्रीय ध्वज का अभिवादन करेंगी, जो भगवा ध्वज है। स्वतंत्रता की सही अवधारणा को समझाने के लिए व्याख्यान आयोजित किए जाने चाहिए...'।[35] यह परिपत्र बिलकुल साफ कर देता है कि जब पूरा राष्ट्र संयुक्त संघर्ष के प्रतीक के रूप में ध्वज (तिरंगा) को प्रणाम कर रहा था, राष्ट्रीय स्वयंसेवक संघ धर्म के नाम पर लोगों को विभाजित करने के लिए अलगाववादी आह्वान कर रहा था। राष्ट्रीय स्वयंसेवक संघ इस परिपत्र को अक्सर स्वतंत्रता संघर्ष में अपनी भागीदारी के प्रमाण के रूप में पेश करता है। इसके विपरीत यह केवल उसके विदेशी शासन का विरोध करने से भाग खड़े होने को प्रदर्शित करता है। उससे भी ज्यादा, इसने अग्रणी कार्यकर्ताओं को निर्देश दिया था कि 'स्वतंत्रता की वास्तविक अवधारणा को समझाओ' जिसका अर्थ था एक हिन्दू राज्य का सृजन। इसका लक्ष्य धर्मनिरपेक्ष भारत का लक्ष्य नहीं था, जिसके लिए कांग्रेस प्रयत्न कर रही थी।

14 जुलाई, 1946 को नागपुर में गुरुपूर्णिमा के अवसर पर आयोजित जनसभा को सम्बोधित करते हुए गोलवलकर ने कहा कि भगवा ध्वज ही पूरी तरह उनकी संस्कृति का प्रतिनिधित्व कर रहा था। यह ईश्वर का अवतार था : 'हम लोग दृढ़तापूर्वक विश्वास करते हैं कि अन्त में पूरा देश इस भगवा ध्वज के प्रति नतमस्तक होगा।'[36] स्वतंत्रता-प्राप्ति के पश्चात् भी, जब तिरंगा राष्ट्रीय ध्वज बना, यह राष्ट्रीय स्वयंसेवक संघ था, जिसने इसे राष्ट्रीय ध्वज के रूप में स्वीकार करने से इनकार कर दिया था। 'बंच ऑफ थॉट्स' में 'डिफ्टिंग एंड ड्रिफ्टिंग' शीर्षक एक निबन्ध में इस मुद्दे पर चर्चा करते हुए गोलवलकर कहते हैं : 'हमारे नेताओं ने देश के लिए एक नया राष्ट्रध्वज नियत किया है। ऐसा उन्होंने किसलिए किया? यह केवल हवा के साथ बह जाने और नकल करने का मामला है। हम लोगों का देश एक गौरवमय अतीतवाला प्राचीन देश है। तब क्या हम लोगों का स्वयं का ध्वज नहीं होना चाहिए? हजारों वर्षों के बाद क्या हम लोगों का कोई अपना राष्ट्रीय प्रतीक नहीं होना चाहिए? निस्सन्देह ऐसा है। तब हम लोगों के मस्तिष्क में इस विषय के सम्बन्ध में शून्यता क्यों है?'[37]

ब्रिटिश शासन के विरुद्ध यह दलील देते हुए कि उनका संगठन एक संस्कृतिक संगठन है और सम्भवतः इसी कारण इसने किसी राजनीतिक मुद्दे पर विचार नहीं किया है राष्ट्रीय स्वयंसेवक संघ नेतृत्व सदा अपनी निष्क्रियता का बचाव करने की

कोशिश करता रहा है। प्रसार माध्यमों में राष्ट्रीय स्वयंसेवक संघ समर्थित लोग इस आशय को मजबूत करने के लिए अतिरिक्त मेहनत करते हैं। अपनी राजनीतिक सुविधा के हिसाब से राष्ट्रीय स्वयंसेवक संघ सदा अपना चेहरा बदलता रहा है। अल्पसंख्यक, धर्मनिरपेक्षता और हिन्दू राष्ट्रवाद के मुद्दे पर वे अतिशय राजनीतिक होते हैं। किन्तु जैसे ही, अमानवीय ब्रिटिश राज का मामला आता है, वे एक सांस्कृतिक संगठन के रूप में बदल जाते हैं। राष्ट्रीय स्वयंसेवक संघ नेतृत्व की जनछवि के परे राजनीतिक गतिविधियों में भागीदारी के सम्बन्ध में गोलवलकर का विचार जानने योग्य है। एक प्रशिक्षण शिविर में संघ के वरीय सदस्यों को सम्बोधित करते हुए उन्होंने कहा, 'हम लोग यह भी जानते हैं कि हमारे कुछ स्वयंसेवक राजनीति में काम करते हैं वहाँ आवश्यकतानुसार उन्हें सभाएँ आयोजित करनी पड़ती हैं; जुलूस निकालने पड़ते हैं, नारे लगाने पड़ते हैं तथा इन सब चीजों के लिए हमारे काम में कोई स्थान नहीं है। तथापि, कार्यकर्ता को दिए गए चरित्र को यथासम्भव ठीक-ठीक उतारना चाहिए। परन्तु कभी-कभी कार्यकर्ता दी गई भूमिका से परे चले जाते हैं 'क्योंकि उनके अन्दर अति उत्साह उत्पन्न हो जाता है, इतना कि इस काम के लिए अनुपयोगी हो जाते हैं। यह ठीक नहीं है।'[38]

## राष्ट्रीय स्वयंसेवक संघ की दुविधा

एक औसत भारतीय देशभक्त के लिए ब्रिटिश शासन का क्या अर्थ था? यह दमन, लूट, और देशवासियों को दरिद्र बनाने का प्रतीक है। इसका अर्थ विदेशी शासकों की 'फूट डालो और राज करो' की नीति है, जिसके माध्यम से उन्होंने भारतीय समाज में साम्प्रदायिकता और संकीर्णता को प्रोत्साहित किया। ऐसे ब्रिटिश शासन के विरुद्ध संघर्ष का सार-तत्त्व क्या हो सकता था? यह सभी लोगों की एकता और ब्रिटिश शासन को उखाड़ फेंकने के आह्वान के सिवा अन्य कुछ भी नहीं हो सकता था।

भाजपा नेतृत्व राष्ट्रीय स्वयंसेवक संघ को स्वतंत्रता संघर्ष के एक हिस्से के रूप में पेश करने में बहुत प्रयत्नशील है। यह महान सम्मान एवं व्यापक स्वीकार्यता प्राप्त करने में हुई विफलता से उपजी हताशा का परिणाम हो सकता है। एक ऐसा दल जो स्वयं को देशभक्ति की कसौटी पर खरा होने का दावा करता है, उसके लिए इतिहास में काफी कुछ वर्णित है, जिसे झुठलाया नहीं जा सकता। भाजपा को यह अत्यन्त असमंजसपूर्ण लगता है कि राष्ट्रीय स्वयंसेवक संघ जिसके साथ उच्च नेतृत्व और कार्यकर्ताओं का बड़ा समूह जुड़ा है, वह स्वाधीनता आन्दोलन का हिस्सा नहीं था। यह राष्ट्रीय स्वयंसेवक संघ जैसे संगठन के लिए वास्तव में शर्मनाक है, जो बराबर गौरवपूर्ण अतीत की दुहाई देता है। उसके पास औपनिवेशिक शासन के विरुद्ध संघर्ष की कोई परम्परा नहीं है, जो विगत शताब्दी का सबसे बड़ा संघर्ष था। राष्ट्रीय स्वयंसेवक संघ में स्पष्टतया यह बताने के साहस का अभाव है कि उन्होंने स्वतंत्रता संघर्ष में इसलिए भाग नहीं लिया क्योंकि इसकी विचारधारा ने इसको वैसा करने से रोका। वास्तव में, हिन्दू दक्षिण पन्थ की राजनीतिक धारा के पास इतिहास को झुठलाने के असंख्य

अनुभव हैं। शायद ही इस पर आश्चर्य हो कि स्वाधीनता संघर्ष के इतिहास को नष्ट-भ्रष्ट करने के लिए सभी प्रकार की धूर्तताओं का सहारा लिया गया। क्या एक महान राष्ट्र, जिसका साम्राज्यवाद विरोधी संघर्ष की अपनी गौरवपूर्ण परम्परा रही हो, ऐसे प्रयासों का शिकार हो सकता है?

## सन्दर्भ

1. उदाहरणार्थ, राष्ट्रीय स्वयंसेवक संघ के संग्रह में हाल तक इस विषय से सम्बन्धित दो छोटी-छोटी पुस्तकें थीं जिनके शीर्षक थे, 'आर.एस.एस. : ए स्टूज ऑफ ब्रिटिश' (बैंगलोर, जागरण प्रकाशन, 1972) एवं 'राष्ट्रीय आन्दोलन एवं संघ' (नई दिल्ली, सुरुचि प्रकाशन, 2000)। रोचक बात यह कि इन दोनों ही पुस्तिकाओं में दो-तिहाई से अधिक स्थान स्वातंत्र्योत्तर काल की घटनाओं को दिया गया है और स्वाधीनता आन्दोलन में भागीदारी से सम्बन्धित केवल अस्पष्ट और महत्त्वहीन दावे किए गए हैं।
2. एम.एस. गोलवलकर, *बंच ऑफ थॉट्स* (बैंगलोर, साहित्य सिन्धु प्रकाशन, 1996), पृ. 138। यह गोलवलकर के लेखों/व्याख्यानों का संकलन है और यह आर.एस.एस. के कार्यकर्ताओं की गीता मानी जाती है। इस संकलन के साथ समस्या यह है कि अधिकांश बातों के स्रोत या दिनांक नहीं दिए गए हैं।
3. *द हिन्दू*, 19 मार्च, 1999
4. राकेश सिन्हा, *डॉ. केशव बलिराम हेडगेवार* (नई दिल्ली, प्रकाशन विभाग, सूचना एवं प्रसारण मंत्रालय, 2003)। हिन्दी में लिखित इस जीवनी को 'बिल्डर्स ऑफ इंडिया' शृंखला के अन्तर्गत प्रकाशित किया गया।
5. जैसा कि '*ऑर्गनाइजर*' में उद्धृत किया गया है, 20 अप्रैल, 2003, पृ. 7
6. वही
7. जैसा कि *ऑर्गनाइजर* में उद्धृत किया गया है, 2 मार्च, 2003, पृ. 3
8. एच.वी. शेषाद्रि (सम्पादक) *डॉ. हेडगेवार द इपोक मेकर* (बैंगलोर : साहित्य सिन्धु, 1981), पृ. 50
9. वही, पृ. 51
10. वही, पृ. 57
11. वही, पृ. 56
12. सी.पी. भिशिकर 'संघ परिवार के बीज', *डॉ. केशव राव हेडगेवार* (नई दिल्ली, सुरुचि प्रकाशन, 1994), पृ. 9, लेखक द्वारा अंग्रेजी में अनूदित।
13. वही, पृ. 11
14. वही, पृ. 20
15. वही,
16. वही, पृ. 021
17. तपन बसु, प्रदीप दत्ता, सुमित सरकार, तनिका सरकार एवं सनबुध सेन द्वारा रचित *'खाकी शॉर्ट्स सैफ्रॉन फ्लैग्स'* (हैदराबाद, नई दिल्ली : ओरिएंट लांगमैन, 1993), पृ. 14
18. *श्री गुरुजी समग्र दर्शन* (हिन्दी में गोलवलकर की रचनाओं का संकलन, आगे एस.जी.एस.डी. के रूप में सन्दर्भित), वॉल्यूम-4 (नागपुर, भारतीय विचार-साधना, 1974), पृ. 39-40 लेखक द्वारा अंग्रेजी में अनूदित।
19. वही, पृ. 41
20. वही, पृ. 40

21. भिशिकर, *'संघ वृक्ष के बीज'*, पृ. 24
22. एस.जी.एस.डी., वॉल्यूम-4, पृ. 2
23. वही, वॉल्यूम-1, पृ. 109
24. वही, पृ. 109-10
25. वही, पृ. 11-12
26. राकेश सिन्हा, *डॉ. केशव बलराम हेडगेवार* (नई दिल्ली, प्रकाशन विभाग, सूचना एवं प्रसारण मंत्रालय, 2003), पृ. 160
27. एच.वी. पिंगले (सम्पादित), *'स्मृतिकण-परम पूजनीय डॉ. हेडगेवार के जीवन की विभिन्न घटनाओं का संकलन'* (नागपुर, आर.एस.एस. प्रकाशन विभाग, 1962) पृ. 47-48, लेखक द्वारा अंग्रेजी में अनूदित।
28. गोलवलकर, *बंच ऑफ थॉट्स*, पृ. 283
29. भिशिकर, *संघ वृक्ष के बीज*, पृ. 21
30. *एस.जी.एस.डी.*, वॉल्यूम-1, पृ. 121
31. वही, पृ. 61-62
32. *एस.जी.एस.डी.*, पृ. 173-74
33. गोलवलकर,एम.एस., *वी ऑर ऑवर नेशनहुड डिफाइंड*, नागपुर, भारत पब्लिकेशंस, 1939, पृ. 35
34. वही, पृ. 47-48
35. जैसा कि आर.एस.एस. : 'ए स्टूज ऑफ ब्रिटिश' में कहा गया है।
36. *एस.जी.एस.डी.*, वॉल्यूम-1, पृ. 98
37. गोलवलकर, *बंच ऑफ थॉट्स*, पृ. 237-38
38. *एस.जी.एस.डी.*, वॉल्यूम-4, पृ. 4-5

# हिन्दुत्व एवं भारतीय आप्रवासी

**—जावेद कुद्दुस**

भारतीय आप्रवासी किससे परिभाषित होता है? लोग अप्रवास क्यों करते हैं? वह कौन-सी शक्ति है जो लोगों को—कभी-कभी जीवन, सम्पत्ति और जीवन-पद्धति को—गम्भीर संकट में डालकर भी अप्रवास की आवश्यकता या उसकी बाध्यता उत्पन्न करती है?

संस्कृतियों की विविधता, धार्मिक और जैव विशेषताओं की दृष्टि से भारत एक समृद्ध देश है। भारत की जैव विविधता का आधार इसका अफ्रीकी, उत्तरी यूरेशियाई और पौर्वात्य समूह के त्रि-युग्म पर अवस्थित होना है। भाषायी तथा नृशास्त्रीय आधार पर 101 भारतीयों की भौगोलिक-सांस्कृतिक पृष्ठभूमि और क्रम के विश्लेषण के आधार पर किए गए एक अध्ययन से संकेत मिलता है कि भारतीय उपमहाद्वीप में अप्रवासियों की एक पूरी शृंखला का निवास रहा है। इसमें आस्ट्रेलियाई, द्रविड़, यूरोपीय तथा चीनी तिब्बती भाषाएँ बोलनेवाले लोग शामिल हैं। इस प्रकार, भारत अपनी भौगोलिक अवस्थिति एवं जैव विविधता के कारण हुए अप्रवास के चलते सांस्कृतिक एवं पुरातात्त्विक पदाथो का एक सम्मिश्रण बन गया है। भारत में विभिन्न दिशाओं से जनसमूह का अप्रवास होता रहा है और इसने इस देश को विश्व का सबसे बड़ा जैव एवं सांस्कृतिक विविधता से भरपूर देश बना दिया है। भारतीय विज्ञान संस्थान, बैंगलोर के पारिस्थितिक विज्ञान केन्द्र के गाडगिल का सुझाव है कि भारतीय जनसंख्या को एकात्म बनाने के पीछे विभिन्न धाराओं से आए लोगों, जो अन्ततः गैर-अफ्रीकी देशों के विस्तार के कारण आए, का हाथ रहा है। हालिया अनुमान के अनुसार ऐसे लोग अनुमानतः पचास हजार वर्ष पूर्व देश की मुख्यधारा में विलीन हो चुके हैं।

## भारत से बाहर अप्रवास

भारतीय अप्रवास विश्व में इंग्लैंड और चीन के बाद तीसरा सबसे बड़ा अप्रवास है। इसका विस्तार विश्व के प्रत्येक भाग में हुआ है। यह मानने के ठोस साक्ष्य उपलब्ध हैं कि भारत का यूरोपीय देशों के साथ सम्बन्ध ईसा पूर्व दस शताब्दी पुराना है। इस बात के अभिलेख उपलब्ध हैं, जो बतलाते हैं कि हाथीदाँत से निर्मित वस्तुओं और मसालों का व्यापार राजा सोलोमन के समय में काफी उन्नत अवस्था में था। इसके अलावा भारत सोना, कपास, वस्त्र, माला और अन्य निर्मित वस्तुओं का भी एक महत्त्वपूर्ण बाजार था। सम्राट् अशोक (268-39 ई. पू.) एवं राजा कनिष्क ने (ईसा की प्रथम शताब्दी) दक्षिण भारत, पूर्वी ईरान, मध्य एशिया, चीन, यूनान, कांधार, दक्षिण-पूर्व एशिया और इंडोनेशिया में बौद्ध-धर्म के प्रसार

के लिए महत्त्वपूर्ण भूमिका निभाई। सिकन्दर महान (356-23 ई. पू.) के समय में उत्तर-पूर्वी अफ्रीका में भारतीय बस्तियों का भी अस्तित्व था। अरब व्यापारियों के साथ मोगादिशु एवं मोंबास के व्यापारिक केन्द्रों में महत्त्वपूर्ण व्यावसायिक साझेदारी भी थी। हिन्दू भारतीय व्यापारियों और इस्माइलिस तथा बोहरा मुसलमानों की भी जंजीबार में अच्छी आबादी थी। इसके अलावा दक्षिण-पूर्व एशियाई देशों के साथ भी भारत का महत्त्वपूर्ण व्यावसायिक सम्बन्ध था। जावा उपनिवेश का निर्माण कई जावावासियों के हिन्दू बन जाने के साथ प्रथम और सातवीं शताब्दी के बीच हुआ। इंडोनेशिया और अफगानिस्तान का कुछ भाग भी हिन्दुत्व के प्रभाव में आ गया। तथापि, शुरुआती दिनों में हुए अप्रवास के बावजूद कोई महत्त्वपूर्ण स्थायी उपनिवेश नहीं बन सका।

**हालिया अप्रवास**

आधुनिक युग में तीन प्रकार के अप्रवास हुए; 1830 के दशक में ब्रिटेन, फ्रेंच और डच उपनिवेशों में हुआ अप्रवास, द्वितीय विश्वयुद्ध के बाद की अवधि में औद्योगिक रूप से विकसित देशों में हुआ अप्रवास और पश्चिम एशिया में अन्तिम अप्रवास। 1846-1932 की अवधि में लगभग 28 मिलियन भारतीय अधिकांश ब्रिटिश नियंत्रित भू-भागों में अप्रवासित हुए। उनमें से एक बड़ी संख्या, यद्यपि घर वापस आ गई। 1834 में ब्रिटिश साम्राज्य द्वारा, 1846 में फ्रांस द्वारा तथा 1873 में डच द्वारा दासों के व्यापार को बन्द कर दिए जाने के बाद गन्ना, कॉफी, चाय, कोकोआ, चावल, रबर की खेती करनेवाले श्रमिकों का गम्भीर अभाव उत्पन्न हो गया। इसके कारण ब्रिटेन द्वारा कलकत्ता और मद्रास से गिरमिटिया भारतीयों का अप्रवास कराया गया। ये श्रमिक पाँच वर्षों की संविदा के आधार पर काम करते थे। वे पैसा, रहने के लिए घर, खाद्यान्न और चिकित्सकीय सुविधा के लिए काम करते थे। संविदा के अन्त में श्रमिक फिर से किसी अन्य से संविदा करने अथवा देश के अन्य भाग में काम करने के लिए स्वतंत्र होता था। दस वर्ष बीत जाने पर, यदि संविदा के तहत ऐसा हुआ हो, इन्हें भारत वापसी के लिए निःशुल्क पास दिए जाते थे अथवा जहाज-भाड़ा के एवज में जमीन का एक टुकड़ा दिया जाता था। काम बहुत मेहनतवाला होता था, जिसमें युवा लोगों को अनुचित तरीके से अर्थात् बहला-फुसलाकर अथवा बलपूर्वक काम में लगाया जाता था। चूँकि वे अधिकांशतः पुरुष होते थे, अतएव इससे वैधानिक वेश्यावृत्ति को भी बढ़ावा मिला और उनमें से कई ने अफ्रीकी महिलाओं के साथ शादी भी कर ली।

लगभग डेढ़ लाख लोगों ने इस प्रणाली के तहत अप्रवास किया, जिसमें अधिकांशतः बिहार एवं उत्तर प्रदेश से थे। इनमें से 16 प्रतिशत उच्च जाति के साथ 86 प्रतिशत हिन्दू और 14 प्रतिशत मुस्लिम थे। 1917 में इस प्रथा के समाप्त हो जाने के बाद भी इनमें से अधिकांश वापस घर नहीं लौटे। जहाँ तक सिखों का सम्बन्ध है, वे आरम्भ में केन्या-युगांडा रेल लाइन बिछाने के लिए पूर्वी अफ्रीका में गिरमिटिया मजदूर के रूप में गए और फिर बाद में व्यापारी, पुलिस और सैनिक के रूप में दक्षिण भारत के श्रमिक भी 'कंगनी' (समुद्रपार के मजदूरों के लिए प्रयुक्त तमिल शब्द) कार्यक्रम के तहत सिलोन (आज का श्रीलंका) के चाय-बागानों में काम करने के लिए गए।

**सबसे ताजा अप्रवास**

हाल के वर्षों में सबसे अधिक भारतीय अप्रवास खाड़ी देशों में हुआ। उसके बाद संयुक्त राज्य अमेरिका, इंग्लैंड और उसके बाहर हुआ है। यह समूह, जिसकी संख्या बीस मिलियन से अधिक है, जातीय, सामाजिक, धार्मिक तथा शैक्षणिक पृष्ठभूमि की दृष्टि से अत्यधिक वैविध्यपूर्ण है। इन अप्रवासों के पीछे मुख्य कारण आर्थिक लाभ था। खाड़ी देशों में जानेवालों में सबसे अधिक संख्या उन लोगों की है जो शिक्षा और आधुनिक कौशल की दृष्टि से पिछड़े हुए हैं, जहाँ तेल व्यापार में आई अचानक तेजी के कारण निर्माण कार्यों से सम्बन्धित मजदूरों और अन्य लघुकालीन अर्द्धकुशल एवं अकुशल श्रमिकों की भारी माँग हो उठी है। अधिक आधुनिक कौशल शिक्षा और विदेशी विश्वविद्यालयों में अपनी आगे की शिक्षा पूरी करने की आकांक्षा रखनेवाले लोगों ने संयुक्त राज्य अमेरिका, कनाडा, इंग्लैंड और कुछ हद तक फ्रांस और जर्मनी का प्रवास करना अधिक पसन्द किया। कनाडा में कुशल और पेशेवर अप्रवासियों के अतिरिक्त शुरू में हजारों की संख्या में अकुशल और अर्द्धकुशल लोगों ने भी अप्रवास किया। उनमें बड़ी संख्या पंजाब के सिख किसानों की थी।

भारतीयों के लिए अपने देश को छोड़ने के पीछे सबसे बड़ा आकर्षण वित्तीय था। विदेश में अर्जित आमदनी का अधिकांश भाग वे स्वदेश में रह रहे अपने पारिवारिक सदस्यों के भरण-पोषण पर खर्च करते थे। विदेश में स्थायी रूप से बसने की अवधारणा उनके मस्तिष्क में सबसे अन्त में आती थी। जो लोग अपने परिवार को अपने साथ नहीं ले जा सकते थे (चाहे वित्तीय कारणों से अथवा वीसा प्रतिबन्ध के कारण), उनका उद्देश्य होता था 10-15 वर्षों तक काम करना और भारत में अपने परिवार के लिए घर खरीदना और वापस आकर अपने बेटे-बेटियों का विवाह करना। जो भाग्यशाली लोग अपनी पत्नी अथवा परिवार के साथ भारत से जाते थे, उनकी बात बिलकुल अलग थी। यद्यपि घर वापस लौटने का आकर्षण अब भी काफी प्रबल था, अधिकांश समझते थे कि यह महज उनका भ्रम है। भ्रम इसलिए कि वे समझते थे कि स्वदेश लौटने पर अच्छे स्कूल, पौष्टिक भोजन की सहज उपलब्धता, स्वास्थ्य सुविधाएँ और बच्चों के बेहतर जीवन की सम्भावनाएँ असम्भव थीं।

संयुक्त राज्य अमेरिका में, 1907 से 1924 के बीच सिखों एवं मुस्लिमों की संख्या में हुई भारी वृद्धि के बाद विद्यार्थियों और तकनीशियनों के अप्रवासन की बाढ़-सी आ गई, जो आज तक जारी है। कनाडा जानेवालों में सबसे पहले सिख ही थे, जिनके बाद भारत के अन्य हिस्सों, जैसे—गुजरात, बम्बई और दिल्ली से हिन्दू और केरल से ईसाई, बम्बई से पारसी और भारत और पाकिस्तान, बाँगलादेश के विभिन्न भागों से मुस्लिम गए। इंग्लैंड और अन्य यूरोपीय देशों में 1950 एवं 1960 के दशक में कारखाना श्रमिकों की संख्या में हुई भारी वृद्धि के फलस्वरूप अप्रवासन प्रारम्भ हुआ। 1980 के दशक तक दक्षिण एशियाई आप्रवासियों की संख्या इंग्लैंड की आधी आबादी के बराबर हो गई।

अप्रवास से कई मामलों में अप्रवासियों के जीवन में बेहतरी आई, परन्तु इससे कई समस्याएँ भी उत्पन्न हो गईं। इनकी संख्या जिस तेजी के साथ बढ़नी जारी रही, उसी रफ्तार से शत्रुता की भावना भी बढ़ी। एकान्त और अलगाव की भावना नए अप्रवासियों में आ जाती थी। अलगाव के कारण भारतीयों में झुंड में रहने की प्रकृति उत्पन्न हो गई, जैसे संयुक्त राज्य

के लगभग सभी विश्वविद्यालयों में भारतीय छात्रों का अपना संघ, जिन्हें अधिकतर विश्वविद्यालयों द्वारा अन्तरराष्ट्रीय छात्र कार्यक्रम के तहत निधि उपलब्ध कराई जाती थी। ये संघ अपने लोगों को परस्पर मिल-जुलकर होली, दिवाली, ईद और अन्य भारतीय त्योहारों को मनाने और भारतीय फिल्में देखने का भी अवसर प्रदान करते थे। आरम्भ में ये समारोह बहुत ठीक-ठाक ढंग से मनाए जाते थे, जिसमें विविध धार्मिक, जातीय और क्षेत्रीय सम्बन्ध होते थे। धीरे-धीरे अलग-अलग समूहों के लोग संघ बनाने लगे। इस प्रकार बंगाली अपना अलग संघ बनाते थे, वैसे ही बिहारी, पंजाबी, केरलायी, गुजराती इत्यादि भी। जिसके बाद विविध धर्म आधारित संगठन बनाने लगे जिनमें हिन्दू, मुस्लिम, बौद्ध और ईसाई भारतीय शामिल थे।

इस बनी-बनाई अवधारणा के साथ, कि उनके मेजबान देश का नैतिक स्तर इस बात के गम्भीर खतरे को दर्शाता है कि आगे आनेवाली कई पीढ़ियों तक यह उनके बाल-बच्चों की उचित परवरिश नहीं करने देगा, के मद्देनजर इन संगठनों ने खास करके भविष्य में जन्म लेनेवालों की आध्यात्मिक आवश्यकता के अनुरूप स्वयं को तैयार किया। यह सभी के लिए स्पष्ट था कि डेटिंग, विवाहपूर्व यौन-सम्बन्ध एवं अश्लील साहित्य को बढ़ावा देनेवाली संस्कृति का सामना करने के लिए धार्मिक आधार पर बच्चों की परवरिश का ढाँचा तैयार किया जाए। मन्दिर, मस्जिद, गुरुद्वारा एवं चर्च की स्थापना पहले व्यक्तिगत स्तर पर की गई, बाद में सामूहिक रूप में हुई। स्पष्टतः विभिन्न धार्मिक संस्थान, जो भारतीय अप्रवासियों ने बनाए, वे उन संगठनों से अधिक धार्मिक नहीं थे, जो वे अपने पीछे छोड़ गए थे। तथापि वे अपने जीवन के धार्मिक पहलुओं के प्रति केन्द्रित होने के लिए उन लोगों की अपेक्षा अधिक जरूरतमन्द थे, जो भारत में रह रहे थे। सम्भव है, विदेश में रहने का चुनाव उन्होंने स्वयं किया हो, तथापि, वे अपने भारतीय तौर-तरीके त्यागने के अभी भी इच्छुक नहीं थे।

## हिन्दू कट्टरपन्थ का उदय

कश्मीर में लगातार जारी विद्रोह, जो काफी हद तक पाकिस्तान द्वारा प्रायोजित था, रूसी कब्जे के विरुद्ध अफगान स्वतंत्रता-सेनानियों एवं विभिन्न अन्य संघर्षों, यथा—चेचन्या, बोस्निया, मध्यपूर्व एवं फिलीपींस आदि ने सम्भवतः संसार-भर के ऐसे समूहों को प्रोत्साहित किया, जो अपना जवाब हिंसक साधनों में ढूँढ़ते थे। हाल के वर्षों में विश्व के प्रमुख धर्मों में कट्टरता बढ़ी है। भारत में हिन्दुत्व नव-फासीवाद धर्म के वेश में, दक्षिणपन्थ की राजनीति और राष्ट्रवाद आदि लोगों पर थोपे जा रहे हैं। उन लोगों ने स्वयं को प्रतिरोधक शक्ति के रूप में पेश किया है जो पाकिस्तानी जेहाद के उग्र कट्टरवाद से प्रेरित हैं।

## संघ परिवार की समुद्र पार गतिविधियाँ

अमेरिका के विश्व हिन्दू परिषद (वी.एच.पी.ए.) एवं अन्य सम्बन्धित हिन्दू संगठन, जैसे की हिन्दू स्टूटेंड काउंसिल (एच.एस.सी.) ने पूरी दुनिया में हिन्दुत्व का सक्रिय प्रचार किया है। वे ऐसे कार्य को सफलतापूर्वक विदेशों में रहनेवाले हिन्दुओं की भावनाओं से खिलवाड़ करते हुए तथा युवा-शिविरों के आयोजन एवं इतिहास और संस्कृति के विकृत रूप को प्रस्तुत करते हुए कर पाए हैं, जिसके सम्बन्ध में उनकी राय है कि यही भारतीयता है। बाबरी मस्जिद

के विध्वंस तथा राम मन्दिर के निर्माण तथा मुसलमानों और ईसाइयों के प्रति घृणा का मुद्दा भारतीय मुख्यधारा के केन्द्र में आ गया। विदेशों में रह रही भारतीयों की नई पीढ़ी तक सन्देश पहुँचाने की यह एक साफ कोशिश है कि भारत के विरुद्ध जेहादियों द्वारा खतरा उत्पन्न किया जा रहा है। यहाँ अन्तर्निहित यह है कि 800 मिलियन अथवा इससे भी अधिक की संख्या में भारतीय हिन्दुओं का जीवन खतरे में है, क्योंकि भारतीय मुसलमानों सहित 120 मिलियन मुसलमान केवल भारत को बर्बाद करने के लिए जिन्दा हैं। यह तथ्य कि कश्मीर, भारतीय संसद एवं अक्षरधाम पर हुए हमले में भी एक भी भारतीय मुसलमान शामिल नहीं था, इस सन्दर्भ में अप्रासंगिक हो जाता है। यह तथ्य कि अफगानिस्तान और गुआंतनामो जेल क्यूबा में भी संयुक्त राज्य की सेना द्वारा एक भी भारतीय मुसलमान आतंकी नहीं पकड़ा गया, अप्रासंगिक हो जाता है। इस बात का भी कोई अर्थ नहीं रह जाता कि भारत के विरुद्ध जासूसी करने के आरोप में गिरफ्तार लोगों में सभी हिन्दू हैं। तथापि, सिर्फ इस आधार पर कि जब किसी क्रिकेट मैच में पाकिस्तान विजयी होता है तो कुछ वेबकूफ मुसलमान पटाखे छोड़ते हैं, सभी को विश्वासघाती मानकर फाँसी पर लटका देने के लिए पर्याप्त साक्ष्य माना जाता है।

विश्व हिन्दू परिषद के द्वारा धर्म का उपयोग आम हिन्दुओं को स्वयंसेवकों के रूप में परिवर्तित करने में किया जाता है। विश्व हिन्दू परिषद का घोषित लक्ष्य हिन्दू-धर्म को बढ़ावा देना और भारत में हिन्दू राष्ट्र की स्थापना करना है। बड़ी संख्या में हिन्दू, अपने धर्म का निष्ठापूर्वक पालन करते हुए, नासमझी अथवा उपेक्षा के कारण विश्व हिन्दू परिषद की चालों को समझ नहीं पाते हैं। विश्व हिन्दू परिषद एवं अन्य सम्बन्धित संगठन कुछ भावनात्मक एवं निरर्थक मुद्दों का उपयोग हिन्दुओं को भड़काने के लिए करते हैं। उदाहरणार्थ 1900 के आरम्भ में मॉरिशस में हिन्दी को लागू करवाने के लिए आर्यसमाज और हिन्दू महासभा जैसे अन्य संगठनों ने, जो स्वतंत्रता के पश्चात् देश की राजनीति और सत्ता-संरचना में सम्भ्रान्त हिन्दू वर्ग का प्रतिनिधित्व करते थे, आन्दोलन चलाया। इस प्रकार हिन्दी की घोषणा 'पूर्वजों की भाषा' के संरक्षण से जुड़ गई, यद्यपि मॉरिशस में रहनेवाले बहुसंख्य भारतीय 'भोजपुरी' और 'क्रेओल' बोलते हैं। इस प्रकार, हिन्दी का सम्बन्ध 'हिन्दी माँ' से हो गया और हिन्दुओं की विद्यादेवी सरस्वती बन गईं। एक भाषा, एक संस्कृति और एक धर्म की घोषणा को लागू करने के लिए भाषा का उपयोग किया गया, जिसके पीछे यह सन्देश निहित था कि भारत, हिन्दी और हिन्दू एक ही अस्मिता वाले हैं।

बाबरी मस्जिद के विध्वंस से संघ परिवार के कार्यकर्ताओं को विश्व-भर में हिन्दू राष्ट्र का प्रचार करने में बड़ा बल मिला। बाबरी मस्जिद भगवान राम का वास्तव में जन्म-स्थल हो अथवा नहीं, यह प्रश्न अप्रासंगिक हो गया। उन्हें विश्वास था कि राममन्दिर के निर्माण का मुद्दा उस गलती का परिमार्जन करने के लिए, जो आज के जेहादियों के पूर्वजों द्वारा की गई थी, पर्याप्त रूप से उचित है। लोगों में हिन्दू धर्म की समावेशी अवधारणा के बरक्स विश्व हिन्दू परिषद वाली विशिष्ट/अलगाववादी अवधारणा को अपनाए जाने हेतु धनराशि एवं सोने की ईंटों के संग्रहण हेतु अभियान चलाया गया। अशोक सिंहल जैसे विश्व हिन्दू परिषद के प्रवक्ता विभिन्न विश्व मंचों से हिन्दू अप्रवास, कल्पित भारतीय इतिहास, भारतीय संस्कृति और धर्म पर आधारित भारतीय राष्ट्रवाद के सम्बन्ध में बात करने लगे।

विश्व हिन्दू परिषद द्वारा संचालित विदेश में निर्मित मन्दिरों के द्वारा अयोध्या में राममन्दिर के निर्माण हेतु असंख्य अभियान चलाए गए। हिन्दू-धर्म के प्रचार के लिए विदेशों में किया गया दान-संग्रहण एवं राजनीतिक रूप से उच्च पदस्थ मित्रों को प्रभावित करके गुरु-दक्षिणा दिवस एवं विश्व हिन्दू सम्मेलनों का आयोजन किया गया। विश्व हिन्दू परिषद अमेरिका (वी.एच.पी.ए.) संयुक्त राज्य अमेरिका का एक कर-मुक्त संगठन है। वहाँ का कानून किसी कर-मुक्त संगठन को राजनीति में भाग लेने अथवा राजनीतिक गुटबन्दी की अनुमति नहीं देता। तथापि, यह कानून विश्व हिन्दू परिषद को ऐसा करने से नहीं रोक सका। असंख्य हिन्दू संगठनों की आड़ में वे ऐसा करते रहे, जिन्हें उन्होंने इसी उद्देश्य से बनाया था। उदाहरणार्थ, दक्षिणी कैलीफोर्निया में *फेडरेशन ऑफ हिन्दू एसोशिएशन* नामक एक संगठन का निर्माण आर्टेशिया में किया गया। कई अन्य संगठन, जैसे–*ओवरसीज फ्रेंड्स ऑफ बीजेपी, फ्रेंड्स ऑफ इंडिया सोसाइटी इंटरनेशनल* आदि दुनिया भर में मौजूद हैं और संघ परिवार के प्रत्यक्ष नियंत्रण में काम करते हैं। सभी विश्व हिन्दू परिषद के राजनीतिक अंग के रूप में काम करते हैं। इनका काम लोगों को प्रभावित करना तथा भारत में हिन्दू राष्ट्र के लिए विश्व जनमत तैयार कर अमेरिका में हिन्दुओं के राजनीतिक हितों को सुनिश्चित करना है।

## पाखंड और हिन्दुत्व

इन अग्रणी संस्थाओं के सदस्य प्रायः धनी तकनीकि पेशेवर होते हैं, जो संघ परिवार के हिन्दुत्व के सक्रिय एजेंडे के लिए लिए करोड़ों डॉलर की निधि तैयार करते हैं। वे भारत में संघ के हिन्दू राष्ट्र के एजेंडे का समर्थन करते हैं। किन्तु इसमें पाखंडपूर्ण विरोधाभास यह है कि इस दर्शन का समर्थन करने के बावजूद वे अभी भी पाश्चात्य धर्मनिरपेक्ष लोकतंत्र में जीवन बिताना पसन्द करते हैं। यद्यपि उन्हें अपने अंगीकृत देश में अपने धर्म का प्रचार करने के लिए मन्दिर-निर्माण की माँग करने में संकोच नहीं होता फिर भी वे भारत में उन मुसलमानों और ईसाइयों को ऐसा करने से रोकते हैं जो जन्मजात भारतीय होते हैं और ऐसा करने का उन्हें अधिकार प्राप्त है। एक नए देश में वे अपनी पसन्द के उम्मीदवारों को वोट देते हैं, परन्तु वे भारत में ऐसे संगठनों का समर्थन करते हैं, जो अल्पसंख्यकों को ऐसे अधिकार दिए जाने के विरोधी होते हैं, जो जन्म से ही भारतीय हैं। ऐसा इसलिए है क्योंकि वे संघ परिवार की इस अवधारणा से बँधे होते हैं कि भारत में अल्पसंख्यक, जो पीढ़ियों से कानूनप्रिय भारतीय हैं, विदेशी या जेहादी हैं। बर्गर-प्रेमी ये बाहरी लोग, जो जीन्स और स्कर्ट पहनते हैं, गर्वपूर्वक अपनी जोशीली गाड़ियाँ चलाते हैं, पश्चिमी अथवा पाश्चात्यीकृत भारतीयों के साथ डेटिंग करते हैं, अक्सर मयखानों तथा डांस क्लबों में जाते हैं, वे भी भारत में ऐसी संस्थाओं का समर्थन करते हैं, जो हिंसा द्वारा गोहत्या एवं डेटिंग, पार्कों में रोमांस के अधिकार, वेलेंटाइन डे, अथवा नववर्ष समारोह जैसे सामाजिक मुद्दों पर विरोध प्रदर्शन करते है। वे औषधीय विशेषताओं के कारण स्वमूत्रपान का प्रचार करते हैं, पर जब उनके परिवार में कोई बीमार पड़ता है तो वे अत्याधुनिक अस्पतालों में ही इलाज कराते हैं। कुछ लोग, जो भारत में हिन्दू राष्ट्र के विचार का समर्थन करते हैं, संयुक्त राज्य एवं ब्रिटेन जैसे धर्मनिरपेक्ष देश में रहना और काम करना अधिक पसन्द करते हैं। उनमें से वैसे लोग, जो अपने पैसे

को ईश्वर से भी अधिक प्यार करते हैं, भी खाड़ी के मुस्लिम देशों में रहना अधिक पसन्द करते हैं। उनका पाखंड यह है कि वे जेहादियों की निन्दा करते हैं लेकिन हिन्दुओं के कट्टरपन्थियों से कतई परहेज नहीं करते।

शुक्ला (2003) ने अत्यन्त प्रभावशाली ढंग से हिन्दू तालिबानियों का इतिहास प्रस्तुत किया है। वे अपने कामों में जेहादियों की नकल करते हैं। इन छद्म धर्मवादियों, हिन्दू तालिबान एवं मुस्लिम जेहादी, दोनों एक ही थैले के चट्टे-बट्टे हैं। यद्यपि वे एक-दूसरे की निन्दा करते हैं और एक-दूसरे से घृणा करने का दावा करते हैं; तथ्य यह है कि वे एक-दूसरे के काफी समान हैं। वे एक-दूसरे की शक्ति बढ़ाते हैं। अपने एजेंडे को लागू करने के लिए अपने मनोराज्य को स्थापित करने का तथा अपने कार्यों को उचित ठहराने के लिए वातावरण का निर्माण करते हैं। यह मामला बाबरी मस्जिद विध्वंस, अक्षरधाम पर आक्रमण अथवा बामियान की बुद्ध मूर्ति के विध्वंस का हो सकता है। झूठ पर आधारित घृणा की संस्कृति और पारस्परिक सन्देह, गुप्त संकेतों और इतिहास को तोड़ने-मरोड़ने का काम किया जाता है और दुष्प्रचार किया जाता है। मानव को प्रेत के रूप में पेश किया जाता है, जैसा कि हाल में गुजरात में देखने को मिला है, जो हत्या, सामूहिक बलात्कार और अन्य अकथनीय अत्याचारों को अंजाम देते हैं।

## हिन्दू अधिकारों के लिए धन की व्यवस्था

न्यूयॉर्क टाइम्स (14 मई, 2003) में प्रकाशित एक रिपोर्ट में मेरील लिंच के अनुसार केवल संयुक्त राज्य में 2,00,000 ऐसे अनिवासी भारतीय (एन.आर.आइ) हैं, जो अरबपति हैं। इंडियन एक्सप्रेस (3 अप्रैल, 2003) की एक रिपोर्ट के अनुसार, 2001 में विदेशों में रहनेवाले भारतीयों ने भारत को 10 अरब डॉलर भेजा। इसका अधिकांश भाग संयुक्त राज्य और सऊदी अरब से आया। हाल ही में, कुछ समूहों ने संघ परिवार के विरुद्ध अपनी स्वीकारोक्ति में फ्रांस और संयुक्त राज्य के संघ परिवारों द्वारा विदेशियों से संघ परिवार के हिन्दुत्व के एजेंडे के लिए धन की व्यवस्था करने की बात कही है। ऐसा प्रतीत होता है कि हिन्दू आप्रवासियों से प्राप्त यह धन भारत के अल्पसंख्यकों के विरुद्ध घृणा-प्रचार के लिए खर्च किया गया। यद्यपि, संघ परिवार इससे इनकार करता है और दावा करता हैं कि ये आरोप धर्म-निरपेक्षतावादियों द्वारा लगाए जा रहे हैं, जबकि इसके सम्बन्ध में साक्ष्य बहुत ठोस हैं।

एक सामान्य तथ्य पर विचार करें। विश्व हिन्दू परिषद के महासचिव प्रवीण तोगड़िया का दावा है कि उन्होंने गुजरात में 5000 त्रिशूल बाँटे हैं और अन्य 5000 दिल्ली में। उन्होंने 2003 के अन्त तक लगभग 5,00,000 त्रिशूल बाँटे। यदि हम मान लें कि उन्होंने केवल 10000 त्रिशूल बाँटे हैं और एक त्रिशूल की न्यूनतम कीमत रु. 20/- है तो दस हजार त्रिशूलों का कुल मूल्य रु. 2,00,000/- होगा और पाँच लाख त्रिशूलों की कीमत रु. 10,000,000/- होगी। यह सारा धन कहाँ से आता है? निश्चित रूप से यह तोगड़िया की जेब से नहीं आता है। तो भी, एक बात तय है कि इसका हमें कभी पता नहीं लग सकता। आयकर पदाधिकारियों द्वारा इसका लेखा-जोखा कभी नहीं लिया गया है, न ही किसी अन्य सरकारी अभिकरण द्वारा ही इस वित्त-व्यवस्था और इसके स्रोत की जानकारी ली गई है कि यह पैसा कहाँ से आता

है। इस बात का भी लेखा-जोखा नहीं लिया गया है कि संघ परिवार द्वारा किन और कैसी परियोजनाओं के लिए धन मुहैया कराया जाता है।

विश्व हिन्दू परिषद के अंकेक्षित एक रिपोर्ट के आधार पर श्री कपिल सिब्बल ने संकेत किया था कि जब 1999 में विश्व हिन्दू परिषद ने 2.70 करोड़ प्राप्त किए, केवल रु. 10,101/- ही विभिन्न धमार्थ कार्यों में खर्च किए गए (द हिन्दू, 17 अगस्त, 1999)। श्री सिब्बल की माँग यह थी कि सरकार सी.बी.आई. से इस बात की जाँच कराए कि प्राप्त धन का उपभोग सम्बन्धित कार्य में किया गया अथवा नहीं, पर इस पर कोई ध्यान नहीं दिया गया। अभी तक इस बात की कोई जाँच नहीं की गई है कि इन संगठनों ने आयकर अधिनियम की धारा 11 एवं 12 की शर्तों का अनुपालन किया है अथवा नहीं। भारतीय और विश्व-भर के लोग यह जानना चाहते हैं उदाहरणार्थ, गुजरात में जातीय-संहार के लिए धन किसने दिया अथवा बाबरी विध्वंस के सन्दर्भ में महीनों चले प्रशिक्षण शिविर के लिए पैसे किसने दिए। गुजरात में प्रत्यक्षदर्शियों के अनुसार दंगाई ट्रकों में आए तथा अल्पसंख्यकों की पहचान के लिए कम्प्यूटर पर तैयार मतदाता सूची एवं सेलफोन का उपयोग किया। हजारों कुकिंग गैस सिलिंडरों के लिए पैसे किसने दिए, जिनका इस्तेमाल बम के रूप में किया गया? कैसे और कहाँ यह पूरी कार्य-योजना तैयार की गई और किसने इन अपराधियों को कुकिंग गैस सिलिंडर को बम के रूप में इस्तेमाल करने की तकनीक का प्रशिक्षण दिया? यह सम्भव है कि विदेशों में रहनेवाले भारतीयों द्वारा गुजरात के इस कांड के लिए धन जुटाया गया हो या यह भी हो सकता है कि आप्रवासी गुजरातियों द्वारा भूकम्प के लिए दी गई धनराशि का उपयोग नरसंहार के लिए किया गया।

22 जुलाई, 2002 के *आउटलुक* के अंक में प्रकाशित एक लेख जिसका शीर्षक था *डिफ्लेक्शंस टु द राइट* में ए.के. सेन ने हिन्दुत्व-समूहों को धन उपलब्ध करानेवाले विभिन्न समूहों के बारे में पाठकों को बताया है। इन समूहों में इंडिया डेवलपमेंट एंड रिलीफ फंड (आई.डी.आर.एफ.) को चिह्नित किया गया है, जिसने राष्ट्रीय स्वयंसेवक संघ और सेवा इंटरनेशनल जैसे संगठनों के लिए संयुक्त राज्य में धन की व्यवस्था की। इस रिपोर्ट और हाल के *दि फॉरेन एक्सचेंज ऑफ हेट* शीर्षक खुलासे का, जिसमें भारत में हिन्दुत्व सम्बन्धी गतिविधियों के लिए विदेशों से आर्थिक मदद दिए जाने का विस्तृत ब्योरा है, का सभी सम्बन्धित व्यक्तियों/संगठनों द्वारा जमकर विरोध किया गया है। तथापि राष्ट्रीय स्वयसेवक संघ के संयोजक श्री शंकर तलवंडी (विदेश प्रकोष्ठ) ने माना है कि समय-समय पर प्राकृतिक आपदा में भारतीयों की मदद के लिए इंग्लैंड का सेवा इंटरनेशनल और संयुक्त राज्य का आई.डी.आर.एफ. दोनों ने अतीत में हिन्दुओं से दान प्राप्त किया है। उन्होंने इसकी भी पुष्टि की है कि सेवा इंटरनेशनल ने भारत के 2,500 गरीब बच्चों की शिक्षा के लिए भी धन उपलब्ध कराया है (*दी टाइम्स ऑफ इंडिया, 12 जून, 2000*)। निश्चित रूप से भूकम्प पीड़ितों की मदद करना और गरीब बच्चों को शिक्षित बनाना पुण्य का कार्य है। जो पुण्य का कार्य नहीं है, वह यह तथ्य है कि एकत्र किए गए धन का उपयोग आबादी के एक विशेष भाग पर निहित स्वार्थवश खर्च किया गया।

सेवा इंटरनेशनल, इंग्लैंड में सबसे बड़ा भारतीय धमार्थ संगठन है। यह हिन्दू स्वयंसेवक संघ की उपज है जो वास्तव में राष्ट्रीय स्वयंसेवक संघ की अन्तरराष्ट्रीय शाखा है। सेवा

इंटरनेशनल द्वारा इंग्लैंड में संगृहीत किए गए करोड़ों पौंड सेवा-भारती, वनवासी कल्याण आश्रम ट्रस्ट और हिन्दू विवेक-केन्द्र आदि के खजाने में चले गए। ये सभी संघ परिवार से सम्बद्ध हैं। यद्यपि कोष-संग्रहण सम्बन्धी सेवा इंटरनेशनल के विज्ञापन इस बात का संकेत नहीं देते हैं कि यह संघ परिवार के किसी भी संगठन से जुड़ा है। आई.डी.आर.एफ. ने भी संघ परिवार के साथ अपने सम्बन्धों से इनकार किया है। तथापि विभिन्न अमेरिकी अभिकरणों को कर-मुक्ति के लिए दिए जानेवाले आवेदन बहुत साफ-साफ दर्शाते हैं कि ये वैसे संगठन हैं, जिन्हें आई.डी.आर.एफ. ने कोष-संग्रहण हेतु स्थापित किया है। आई.डी.आर.एफ. द्वारा सूचीबद्ध ऐसी 75 सहायक संस्थाओं में से 60 संघ परिवार के संगठन हैं। इसके अतिरिक्त वेद प्रकाश और भीष्म अग्निहोत्री जैसे आई.डी.आर.एफ. के संस्थापकों में शामिल हैं एवं आई.आर.डी.एफ के बहुत सारे उच्च पदाधिकारी या तो संघ परिवार के सदस्य हैं अथवा इससे सम्बद्ध रहे हैं। इन आरोपों को झुठलाने एवं काफी उलटा-पुलटा करने के बावजूद तथ्य अपनी जगह दुरुस्त हैं।

इंग्लैंड में *साउथ एशिया सॉलिडरिटी ग्रुप* ने भी संघ परिवार की आय के स्रोतों का खुलासा करने का अभियान चला रखा है। उनके एवं ब्रिटेन की अन्य संस्थाओं के प्रयत्नों के परिणामस्वरूप *'ब्रिटिश चैरिटी कमीशन'* अब हिन्दू सेवा संघ एवं विश्व हिन्दू परिषद (इंग्लैंड) की गतिविधियों की जाँच कर रहा है। सेवा इंटरनेशनल ने 2000 में 748,355 एवं 2002 में 217, 571 पौंड की राशि गुजरात-भूकम्प से सम्बन्धित राहत-कार्य के लिए एकत्र की। *'द हिन्दू'* (23 मार्च, 2002) में प्रकाशित एक लेख में कल्पना विल्सन ने उल्लेख किया है कि बी.बी.सी. के चैनल 4 ने गुजरात की हिंसा पर 12 दिसम्बर, 2002 को एक रिपोर्ट प्रसारित की, जिसमें इन संगठनों में से एक 'वनवासी कल्याण आश्रम' को गुजरात कांड में लिप्त पाया गया है। यह संगठन सेवा इंटरनेशनल से सीधे धन प्राप्त करनेवाला है और इसके नेतागण गुजरात के जातीय नरसंहार में सक्रिय रूप से शामिल रहे हैं। उल्लेखनीय यह है कि इन संगठनों में से किसी भी संगठन ने न तो गुजरात हिंसा के विस्थापित शरणार्थियों के लिए कभी भी कोष-संग्रहण का अभियान चलाया, न ही उनके घर बनाने के लिए एक भी पैसा खर्च किया, और न ही उन ऐतिहासिक मजारों का पुनर्निर्माण करवाया जिन्हें हिन्दुत्व के फौजियों ने बर्बाद कर दिया था।

## निष्कर्ष

हिन्दुत्व हिन्दूवाद नहीं है। यह एक फासीवादी राजनीतिक प्रणाली है जो ऊँची जाति के हिन्दुओं को पूरी आबादी में सबसे ऊपर रखता है तथा जो मनुस्मृति द्वारा शासित होता है, जिसके अनुसार *विश्व में जो कुछ भी है, वह ब्राह्मणों की सम्पत्ति है। अपनी जन्मगत विशिष्टता के द्वारा वास्तव में ब्राह्मण का ही इन सब पर अधिकार है।* संघ परिवार की दुनिया में सहिष्णुता, विविधता अथवा बहुवाचकता को मनु द्वारा निर्मित नियमों के आलोक में फिर से परिभाषित करने की आवश्यकता है, जिसका अस्तित्व केवल ब्राह्मणों की सेवा करने के लिए है।

भारत की छवि को खराब करने और मनमाने रूप में प्रस्तुत करने के लिए इतिहास को बदला जा रहा है। भगवा राष्ट्रवादियों के दर्शनों में हमें 1930 के दशक के यूरोपीय फासीवादियों की झलक मिलती है। उनकी विचारधारा बिलकुल वही है। उनकी इच्छा हिन्दूवाद

को महिमामंडित करने अथवा हिन्दुओं को एकजुट करने की नहीं, बल्कि गैर-हिन्दुओं के शैतानीकरण और उनके शब्दों में हिन्दू राष्ट्र के रूप में परिवर्तित करने की रही है। गुजरात का जातीय जनसंहार एक प्रयोग मात्र था, जिसका क्रियान्वयन पूरे भारत में किया जाएगा। विश्व हिन्दू परिषद ने 'भावी तूफान, जो गुजरात तक सीमित नहीं रहेगा' की चेतावनी दी है (*द हिन्दू*, 18 दिसम्बर, 2002)। गुजरात की हाल की घटनाओं से संकेतित होता है कि उन लोगों ने स्वयं को हिटलर के तूफानी दस्ते के रूप में संगठित किया है। अपनी गौरव-यात्रा द्वारा उन्होंने यह कार्य काफी सफलतापूर्वक किया है। फासीवादी विचारधारा 'एक देश, एक धर्म, एक भाषा एवं एक संस्कृति' का विरोध करनेवाले का लूटपाट, हत्या, बलात्कार द्वारा समूल नाश कर दिया जाएगा। तब वे हिन्दू तालिबानी अपने हिन्दूवाद के लिए भव्य राममन्दिर का निर्माण करके धर्म को महिमामंडित करेंगे तथा उन दलितों, मुसलमानों और ईसाइयों, जिन्होंने अपनी जीवन-शैली की गलतियों को स्वीकार कर लिया है और 'अपने घर' हिन्दू धर्म में वापस आ चुके हैं, के लिए कम लागत वाले स्वस्तिक मन्दिरों का निर्माण कराएँगे।

ऐसा प्रतीत होता है कि भारत बर्बादी के कगार पर है। इसे अवश्य ही सम्पूर्णतावादियों और उनके फासीवादी एजेंडे को अस्वीकार कर देना चाहिए तथा सांस्कृतिक बहुलतावाद और सहिष्णुता की जो सदा से गौरवशाली परम्परा रही है, उसे अपना लेना चाहिए। हम लोगों द्वारा हमारे देश तथा हमारे लोगों के प्रति संघ के षड्यंत्र को पूरी तरह से नकार दिया जाना चाहिए। पिछला राष्ट्रीय चुनाव, जिसमें भाजपा की भारी पराजय हुई है, से यह स्पष्ट हो जाता है कि अन्ततः भारतीय जनमानस यह समझ चुका है कि गांधी के हत्यारे हिन्दुत्ववादियों को भारत में आग लगाने की इजाजत नहीं दी जानी चाहिए। अब यह वर्तमान सरकार का दायित्व है कि हमारी शिक्षा-प्रणाली को भगवाकरण से मुक्त करे और इसे वास्तव में धर्मनिरपेक्ष बनाए। हिंसा के सौदागरों को अवश्य दंडित किया जाना चाहिए और हमारे समाज के सभी लोगों, चाहे फिर उनका धर्म, जाति आदि कुछ भी हो, को संविधान प्रदत्त सुविधाएँ सुनिश्चित की जानी चाहिए। भारत केवल तभी भारत 'महान' हो सकता है और 'चमकदार' भी!

## सन्दर्भ


- भट्ट, चन्द्रशेखर, *इंडिया एंड की इंडियन डायस्पोरा : ए पॉलिसी ईश्यू* (यूनिवर्सिटी ऑफ हैदराबाद, डिपार्टमेंट ऑफ सोशियोलॉजी, 1986)
- 'बीजेपी फॉर बेटर कंट्रोल ऑफ ओवरसीज फ्रेंड्स', *द हिन्दू*, 13 मार्च, 2002
- 'कांग्रेस (आई) डिमांड्स सीबीआई प्रोब इन टू वीएचपी फंड्स', *द हिन्दू*, 17 अगस्त, 1999
- आइसेनलोर, पैट्रिक, *एडिएटिंग डायस्पोरा एक्रॉस दि इंडियन ओसन : कांफ्लिक्टिंग प्रोजेक्ट्स ऑफ इथिनो लिंग्विस्टिक प्यूरीफिकेशन इन मॉरिशस*, 'कल्चरल एक्सचेंज एंड ट्रांसफॉर्मेशन इन दि इंडियन ओसन वर्ल्ड' विषय पर आयोजित सम्मेलन में पढ़ा गया पर्चा, यू.सी.एल.ए., 5-6 अप्रैल, 2000.
- इलियट, जॉन, 'इंडिया मूव्स टू 'तालिबनाइज हिस्ट्री', *न्यू स्टेट्समैन*, 17 दिसम्बर, 2001
- इंजीनियर, असगर अली, *दि रोल ऑफ माइनोरिटीज इन फ्रीडम स्ट्रगल* (दिल्ली, अजन्ता पब्लिकेशन्स, 1986),

- गाडगिल, एन.वी., यू.वी. जोशी, शम्भू प्रसाद एंड सुरेश पटेल, *दि पीपुलिंग ऑफ इंडिया, डेमोग्राफिक हिस्ट्री, ग्लोबल, जेनिटिक हिस्ट्री, माइटोकोंड्रियल डी.एन.ए. बेस सिक्वेंसेज : इन दि इंडियन ह्यूमन हेरिटेज* (हैदराबाद यूनिवर्सिटी प्रेस, 1994)
- इस्लाम, शम्सुल, *दि फ्रीडम मूवमेंट एंड दि आर.एस.एस. : ए स्टोरी ऑफ बिट्रेयल* (नई दिल्ली, जोशी अधिकारी इंस्टीट्यूट ऑफ सोशल स्टडीज, 2000)
- इस्लाम, शम्सुल, *नो द आर.एस.एस.* (नई दिल्ली, मिडिया हाउस, 2002)
- कन्दार, मीरा, 'दि स्ट्रगल फॉर इंडियाज सोल', *वर्ल्ड पॉलिसी जर्नल* : वॉल्यूम, xix सं. 3 (2002)
- महाजन, रोमी, *मैलिन मनी एंड मिसगाइडेड मल्टीकल्चरलिज्म*, 5 दिसम्बर, 2002, ऑन लाइन उपलब्ध : http://counterpunch.org/mahajan 1205. html
- मन्दर, हर्ष, *क्राई दि बिलव्ड कंट्री : रिफलेक्शंस ऑन दि गुजरात मैसेक्रेस*, साउथ एशिया सिटीजन्स वेब, ऑनलाईन उपलब्ध : http://www.mnet.for/aiindex/sSARKAR on SANGHPARIVAR.html.1993.
- मोदी, अंजली, 'यू.एस. कॉरपोरेशंस फंडिंग हेट', 'द हिन्दू', 21 नवम्बर, 2002,
- नारायण, के. लक्ष्मी, *इंडियन डायस्पोरा : ए डिमोग्राफिक पर्सपेक्टिव* (यूनिवर्सिटी ऑफ हैदराबाद : सेंटर फार स्टडी ऑफ इंडियन डायस्पोरा). ऑन लाइन उपलब्ध : http://www.uohyd.ernet.in/sss/cinddiaspora/occ 3. html.
- पुनियानी, राम, *दि अदर चीक : माइनॉरिटीज अंडर थ्रेट* (नई दिल्ली, मीडिया हाउस, 2000)
- पुनियानी, राम, *कम्युनल पोलिटिक्स : एन इल्ट्रेटेड प्राइमर* (नई दिल्ली, सफदर हाशमी मेमोरियल ट्रस्ट, 2001).
- पुनियानी, राम, *कम्युनल पोलिटिक्स* (नई दिल्ली, सेज पब्लिकेशन्स, 2003)
- *रिपोर्ट ऑफ दि हाईलेवल कमिटी ऑन दि इंडियन डायस्पोरा*, मिनिस्ट्री ऑफ एक्सटर्नल अफेयर्स, फॉरेन सेक्रेट्रीज ऑफिस, 18 अगस्त, 2000
- सरकार, तनिका, *इथनिक क्लिंजिंग इन गुजरात, एन एनालिसिस ऑफ ए फिउ एस्पेक्ट्स*, ऑन लाइन उपलब्ध : http://www.indowindow.com/akhalUr जुलाई 2002
- शुक्ला, आई, के; *हिन्दुत्व : एन ऑटोप्सी ऑफ फासिज्म एज ए थियोटेरिस्ट कल्ट एंड अदर एसेज* (दिल्ली, मीडिया हाउस, 2003)
- सिंह, के.एस. एवं एस. मनोहरन, *पीपुल ऑफ इंडिया, नेशनल सिरीज*, वॉल्यूम-9, लैंग्वेजेज एंड स्क्रिप्ट्स (नई दिल्ली, ऑक्सफोर्ड यूनिवर्सिटी प्रेस, 1997)
- तनेजा, नलिनी, 'हिन्दू राष्ट्र इन एक्शन', साउथ एशिया सिटिजंस वेब, ऑन लाइन उपलब्ध : http://www.indowindow.com/akhbar 2, 2002
- थरूर, शशि, 'इंडिया फार इंडियंस', द *हिन्दू* ऑन लाइन, 28 अप्रैल, 2002
- *दि फॉरेन एक्सचेंज ऑफ हेट : आई.डी.आर.एफ. एंड दि अमेरिकन फंडिंग ऑफ हिन्दुत्व* (सबरंग कम्युनिकेशंस प्रा.लि. मुम्बई एंड दि साउथ एशिया सिटिजंस वेब फ्रांस, 2002
- वोल्पर्ट, स्टैनले, *न्यू हिस्ट्री ऑफ इंडिया* (न्यूयॉर्क, ऑक्सफोर्ड यूनिवर्सिटी प्रेस, 2000)

# हिन्दुत्व और निर्बल वर्ग : वर्चस्व एवं प्रतिरोध के मध्य का संघर्ष

**–प्रकाश लुइस**

धार्मिक कट्टरता आज पूरे विश्व की एक उभरती प्रवृत्ति बन गई है, किन्तु विभिन्न सामाजिक-राजनीतिक परिवेशों में इसके अलग-अलग रूप होते हैं। धार्मिक कट्टरता की एक सामान्य प्रवृत्ति यह होती है कि प्रायः सभी मामलों में प्रकृति के लिहाज से यह फासीवादी हुआ करती है। दक्षिण-एशियाई सन्दर्भ लें तो भारत में हिन्दुत्ववादी शक्तियाँ, पाकिस्तान में इस्लामीकरण के प्रयास, श्रीलंका में बौद्ध धर्म का सिंहलीकरण आदि सभी इस तथ्य को व्यक्त करते हैं कि बहुत सारे देश साम्प्रदायिक, यथास्थितिवादी एवं फासीवादी शक्तियों के मकड़जाल में फँस चुके हैं।[1] ये उभरते हुए यथास्थितिवादी तत्त्व किसी देश में रह रहे अल्पसंख्यकों के अस्तित्व को ही चुनौती देते हैं और इस प्रकार उस देश के लिए खतरा उत्पन्न करते हैं। महत्त्वपूर्ण बात यह है कि इन यथास्थितिवादियों में से अनेक राष्ट्रीय हितों का संरक्षक होने का दावा करते हैं परन्तु उनकी विचारधारा और गतिविधियाँ राष्ट्रीय हितों के प्रतिकूल होती हैं। कट्टरपन्थ की उभरती प्रवृत्ति के गहरे अध्ययन से स्पष्ट हो जाता है कि वास्तव में वे यथास्थिति और आबादी के वर्चस्वशाली वर्ग के एकाधिपत्य को बनाए रखना चाहते हैं।

हाल के वर्षों में भारत भी साम्प्रदायिक, कट्टरवादी और फासीवादी ताकतों के उभार का साक्षी रहा है। बहुसंख्यक हिन्दू-समाज में कट्टरवादी धारा आमतौर पर हिन्दुत्ववादी शक्तियों के रूप में जानी जाती रही है। चूँकि 'हिन्दुत्ववादी शक्ति' पद को अभी पूरी तरह परिभाषित किया जाना बाकी है, हम संक्षेप में उन कुछ विशेषताओं पर चर्चा करेंगे, जो हिन्दुत्व की विचारधारा से जुड़ी हैं। जो हिन्दुत्व का प्रचार करते हैं, उनका तर्क है कि 'हिन्दुत्व' का अर्थ है 'हिन्दूवाद' अर्थात् हिन्दूपन के सभी पक्ष। 'हिन्दुत्व' शब्द का लगातार प्रयोग करके इस विचारधारा के समर्थक उन बहुसंख्यक हिन्दुओं के बीच लहर उत्पन्न करना चाहते हैं जो हिन्दू-आस्था और उपासना से सम्बद्ध हैं।[2] तथापि, आज हिन्दुत्ववादी शक्तियों की पहचान धार्मिक और कट्टरवादी से बदलकर सांस्कृतिक-राष्ट्रवादी हो गई है। जो इस दर्शन में विश्वास करते हैं, वे स्वयं को सांस्कृतिक राष्ट्रवादी कहते हैं; परन्तु यथार्थतः उनके कामों का हिन्दूवाद अथवा राष्ट्रवाद से कोई लेना-देना नहीं है। दूसरी तरफ, ये धर्म का उपयोग अपने राजनीतिक एजेंडे को लागू करने के लिए करते हैं।

जिन्होंने हिन्दुत्ववादी शक्तियों को कमजोर करनेवाले परिणामों की सतर्कतापूर्वक पड़ताल की है, वे मानते हैं कि हिन्दुत्व हिन्दू-अभिजात की राजनीति है, जो ब्राह्मणवादी हिन्दूवाद की उपज है। आमतौर पर हिन्दूवाद बहुलतावादी परम्पराओं का मिलन है, जबकि 'हिन्दुत्व' हिन्दू राष्ट्र बनाने का एक प्रयास है। हिन्दूवाद जो सिद्धान्ततः सहिष्णुता और अहिंसा पर आधारित है, वहीं हिन्दुत्ववादी शक्तियाँ अपने कार्यों एवं प्रकृति को लेकर अनिवार्यतः फासीवादी होती हैं।[3] यदि कोई भारत में हिन्दुत्ववादी शक्तियों के उभार के पीछे के कारकों को जानने की कोशिश करता है, तो वह समझ सकता है कि हिन्दुत्ववादी शक्तियों की बनावट आमतौर पर उच्च जातियों का नेतृत्व, वर्चस्व, नियंत्रण एवं एकाधिकार तथा खासतौर पर ब्राह्मणवादी वर्ण-व्यवस्था को शोषित और दलित लोगों पर थोपने का प्रयास है। दूसरे शब्दों में, हिन्दुत्ववादी शक्तियों के उभार के पीछे धार्मिक विचारधारा, खासकर धार्मिक प्रतीकों और नारों के माध्यम से सामाजिक-राजनीतिक-आर्थिक विचारधारा को प्रस्तुत करने की योजना रही है।

रोमिला थापर हिन्दुत्ववादी शक्तियों की अपनी व्याख्या के सन्दर्भ में तर्क देती हैं कि यह नया हिन्दूवाद, जो तात्कालिक तौर पर संघों, परिषदों और समाजों द्वारा प्रचारित किया जा रहा है, वह एक पुराने धर्म को एकलवादी धर्म के रूप में फिर से तैयार करना है, बजाय इसके कि इसे कुछ अन्य पुरातन धर्मों के समानान्तर प्रस्तुत किया जाए। यह सनातन हिन्दू धर्म को कट्टरवाद की ओर ले जाया जाना प्रतीत होता है। इसका स्वरूप न केवल प्राचीन भारतीय संस्कृति से भिन्न है, बल्कि अधिक दुखदायी बात यह है कि यह हिन्दू धर्म के विविधतावादी स्वरूप के ऊपर एकरूपता थोपने की कोशिश है।[4]

## निर्बल वर्ग

भारतीय परिप्रेक्ष्य में, दलित[5], जनजाति एवं महिलाएँ निर्बल श्रेणी में आती हैं। रोचक बात यह है कि संविधान 'निर्बल वर्ग' शब्द को परिभाषित नहीं करता, बल्कि स्पष्ट शब्दों में बतलाता है कि जो लोग निर्बल वर्ग के अन्तर्गत आते हैं, उनके लिए क्या कुछ करने की आवश्यकता है। इस तरह वह निर्बल वर्गों की पहचान करता है। 'राज्य निर्बल वर्गों खास करके अनुसूचित जातियों एवं अनुसूचित जनजातियों की शैक्षणिक एवं आर्थिक आवश्यकताओं पर खास ध्यान देगा और सामाजिक अन्याय और सभी तरह के शोषणों से उनकी रक्षा करेगा (अनुच्छेद 46)।' संविधान-निर्माताओं की दृष्टि में खास करके अनुसूचित जाति और अनुसूचित जनजाति हाशिए का जीवन बितानेवाले और भेदभाव के शिकार समुदाय के रूप में चिह्नित हैं।

भारतीय संविधान ने स्पष्ट शब्दों में माँग की है कि सभी नागरिकों को मूलभूत न्यूनतम सुविधाएँ प्रदान की जानी चाहिए और उनके अधिकारों की रक्षा होनी चाहिए। संविधान के अनुच्छेद 14 में कानून के समक्ष समानता की बात कही गई है। राज्य कानून के समक्ष किसी के भी समानता के अधिकार अथवा भारतीय भूमि पर समान कानूनी संरक्षण से इनकार नहीं कर सकता। उसी पंक्ति में अनुच्छेद 15 में कहा गया है, 'राज्य किसी भी नागरिक के प्रति धर्म, नस्ल, जाति, लिंग, जन्मस्थान अथवा इनमें से किसी एक के आधार पर भी भेदभाव नहीं कर सकता।' संविधान-निर्माता यहीं तक नहीं रहे, बल्कि आगे भी गए और निर्बल वर्ग के प्रति अपने विचारों को संशोधनों के माध्यम से पुनर्निर्धारित किया।

अनुच्छेद 15 (4) में घोषणा की गई है : 'इस अनुच्छेद का कोई भाग राज्य को सामाजिक एवं शैक्षणिक रूप से पिछड़े वर्गों अथवा अनुसूचित जाति और अनुसूचित जनजाति की बेहतरी के लिए कोई विशेष प्रावधान करने से नहीं रोकेगा।[6] संवैधानिक ढाँचे के भीतर निर्बल वर्गों की स्थिति दर्शाते हुए हम उनके सामाजिक विवरण पर नजर डालेंगे एवं हिन्दुत्ववादी शक्तियों के उभार के साथ उनके संघर्षों और आकांक्षाओं को रखकर विचार करेंगे।

## अनुसूचित जाति : एक विवरण

1991 की जनगणना के अनुसार अनुसूचित जातियों की जनसंख्या लगभग 14 करोड़ है, अर्थात् ये कुल आबादी के 16.48 प्रतिशत हैं। यह एक स्थापित तथ्य है कि अनुसूचित जाति भारतीय आबादी का सर्वाधिक उपेक्षित वर्ग है। वे लगातार सामाजिक बहिष्कार, आर्थिक अभिवंचना, राजनीतिक उपेक्षा और जातीय भेदभाव के शिकार होते रहे हैं। इस सामाजिक वास्तविकता ने हमारे राष्ट्र निर्माताओं को कतिपय सकारात्मक कदम उठाने के लिए बाध्य कर दिया था, यथा—अत्याचार विरोधी अधिनियम जैसे कठोर कानून का निर्माण, अनुसूचित जातियों एवं अनुसूचित जनजातियों के लिए राष्ट्रीय आयोग इत्यादि। परन्तु ये सभी प्रावधान अपेक्षित प्रभाव नहीं डाल सके। इस उपेक्षित समुदाय से सम्बन्धित कुछ सामाजिक संकेतकों के विवेचन से इस धारणा पर प्रकाश पड़ता है। शिक्षा और साक्षरता, ये दो ऐसे संकेतक हैं, जिनसे राष्ट्रीय विकास में किसी समुदाय की सहभागिता को मापा जा सकता है। अनुसूचित जातियों के मामले में स्वतंत्रता के पाँच दशक के बाद भी, उनकी साक्षरता दर मात्र 37.82 प्रतिशत है। यद्यपि अनुसूचित जातियों में पुरुष साक्षरता-दर उल्लेखनीय है, वहीं महिला साक्षरता-दर मात्र 23.76 प्रतिशत है, जो काफी निम्न है। पिछले चार दशकों में अनुसूचित जातियों की साक्षरता-दर इस बात को साफ कर देती है कि आबादी के इस हिस्से का साक्षरता स्तर सुई की नोक के बराबर भी आगे नहीं बढ़ा है (तालिका 8.1)। अनुसूचित जातियों के साक्षरता एवं शिक्षा सम्बन्धी संकेतकों से सम्बन्धित महत्त्वपूर्ण तथ्य यह है कि इस समुदाय के सभी बच्चे विद्यालयों में नामांकित नहीं हैं। जो नामांकित हैं, उनमें से 79.88 प्रतिशत उच्च विद्यालय तक पहुँचते-पहुँचते पढ़ाई छोड़ देते हैं। निर्बल वर्गों में अल्प साक्षरता-दर का यह भी एक कारक है।

**तालिका 8.1**

**भारत में अनुसूचित जाति, अनु. जनजाति और सकल जनसंख्या में लिंग-आधारित साक्षरता-दर**

| वर्ष | कुल | | | अनु. जाति | | | अनु. जनजाति | | |
|---|---|---|---|---|---|---|---|---|---|
| | पुरुष | स्त्री | कुल | पुरुष | स्त्री | कुल | पुरुष | स्त्री | कुल |
| 1961 | 34.44 | 12.95 | 24.02 | 16.96 | 3.29 | 10.27 | 13.83 | 3.16 | 8.54 |
| 1971 | 39.45 | 39.45 | 29.46 | 22.36 | 6.44 | 14.67 | 17.63 | 4.85 | 11.39 |
| 1981 | 65.60 | 65.50 | 43.67 | 31.12 | 10.93 | 21.38 | 24.52 | 8.05 | 16.35 |
| 1991 | 64.13 | 64.13 | 52.21 | 49.91 | 23.76 | 37.41 | 40.65 | 18.19 | 29.10 |

स्रोत : नेशनल कमीशन फॉर शेड्यूल कास्ट्स एंड शेल्यूल्ड ट्राइब्स, फिफ्थ रिपोर्ट, 1998-99, वॉल्यूम-1, पृ. 66

अनुसूचित जातियों में निम्न साक्षरता स्तर बने रहने के लिए उत्तरदायी कुछ कारकों पर प्रकाश डालना आवश्यक है। एक जाँच दल, जिसने इस विषय की जाँच-पड़ताल की, के अनुसार : "किसी इच्छुक बच्चे को विद्यालय तक पहुँचने से रोकनेवाली विभिन्न रुकावटों को देखते हुए सबसे पहले जिस पर विचार किया जाना चाहिए, वह भौतिक दूरी नहीं, 'बल्कि सामाजिक दूरी है'। उदाहरण के तौर पर अनेक क्षेत्रों में गाँव कई छोटे-छोटे टोलों में विभक्त होते हैं और कोई बच्चा सम्भवतः जातिगत तनाव के कारण किसी एक टोले में जाकर पढ़ने से हिचकिचाता है अथवा असमर्थ है। भारत के कुल टोलों में से केवल आधे में ही सरकारी विद्यालय हैं तथा उत्तर प्रदेश जैसे राज्य में ऐसे टोलों की संख्या 30 प्रतिशत मात्र है। इसी के साथ लड़कियों के मामले में घूमने-फिरने की स्वतंत्रता पर रोक के कारण भी सामाजिक दूरी बढ़ जाती है।[7] इस प्रकार बालिकाएँ दोहरे भेदभाव का शिकार होती हैं। एक तरफ जहाँ दलित एवं उत्पीड़ित जातियाँ साक्षरता के लिए संघर्ष कर रही हैं, हिन्दुत्ववादी शक्तियाँ शिक्षा के भगवाकरण में व्यस्त हैं, जो इन वर्गों में सामाजिक गतिशीलता को और भी अवरुद्ध करेगा।

आर्थिक मोर्चे पर भी चूँकि अनुसूचित जातियों के लिए रोजगार के अवसर सीमित हैं, वे अभी भी ग्रामीण क्षेत्रों में रह रहे हैं। उच्चवर्गीय भूस्वामी भी इन वर्गों को लाभ पहुँचानेवाले तमाम कार्यक्रमों को उन तक पहुँचने नहीं देते हैं ताकि वे उनके लिए कृषि-मजदूर के रूप में काम करते रहें और सबसे बढ़कर यह कि उनके ऊपर निर्भर बने रहें। यद्यपि 1991 की जनगणना के अनुसार अनुसूचित जाति की आबादी का 50 प्रतिशत कृषि-मजदूर के रूप में कार्यरत था परन्तु वास्तविकता यह है कि इस आबादी का दो-तिहाई (76.22 प्रतिशत) खेती और इससे सम्बन्धित कार्यों में लगा हुआ है। पुनः आन्ध्रप्रदेश और बिहार में 72 प्रतिशत से अधिक अनुसूचित जाति आबादी भूमिहीन कृषि-मजदूर है। संसाधनों की उपलब्धता, श्रम पर नियंत्रण, राजनीतिक प्रक्रिया में सहभागिता आदि दलितों की केन्द्रीय माँग है। इसलिए ये हिन्दुत्ववादियों के एजेंडे में शामिल नहीं हैं।

**अनुसूचित जनजाति : एक विवरण**

भारत में लगभग 6.78 करोड़ अनुसूचित जनजाति है, जो कुल जनसंख्या का 8.08 प्रतिशत है (जनगणना 1991)। इस बात का बार-बार उल्लेख किया जाता है कि वे भारत के मूल वासी हैं। इस ऐतिहासिक तथ्य को ध्यान में रखते हुए संविधान-निर्माताओं ने उन्हें अधिसूचित क्षेत्र के अन्तर्गत रखा। गैर-जनजातीय लोगों द्वारा किए जा रहे शोषण से बचाने तथा उनकी सामाजिक-सांस्कृतिक पहचान को बनाए रखने का यह एक अन्य मार्ग था। यह संरक्षणात्मक भेदभाव भी अनुसूचित जनजातियों को विस्थापित होने और हाशिए पर चले जाने से नहीं रोक सका।

प्राकृतिक संसाधन जनजातीय आबादी के जीवन-धारण के मुख्य साधन हैं। इन्हीं संसाधनों से जनजातीय समुदाय के आर्थिक, सामाजिक, सांस्कृतिक, राजनीतिक एवं धार्मिक जगत् का निर्माण होता है। विकासमूलक विस्थापन के अस्तित्व में आने के बाद जनजातीय समुदाय का बड़ा भाग अपने प्राकृतिक निवास-स्थानों से विस्थापित हो गया है और विभिन्न प्रकार के शोषणों का शिकार बन गया है। यद्यपि भूवंचना और विस्थापन जनजातीय इतिहास का

आन्तरिक हिस्सा बन गया है, ऐसा प्रतीत होता है कि पुनर्वास अभी तक राष्ट्रीय एजेंडा नहीं बन सका है। तालिका 8.2 से इस बात का पता चलता है कि केवल झारखंड में विकास के नाम पर हुए विस्थापन के कारण 74.10 लाख से भी अधिक जनजातीय लोगों का विस्थापन हो चुका है।[8] उनमें से केवल 18.45 लाख व्यक्ति ही पुनर्वासित हो पाए हैं और 76 प्रतिशत से भी अधिक विस्थापित 'नो मैन्स लैंड' में छोड़ दिए गए हैं। इस प्रकार जनजातीय लोग, जो प्रकृति के बीच साहचर्यपूर्वक रहते थे, अपनी ही भूमि पर अलग-थलग कर दिए गए हैं। महिलाओं का संसाधनों पर से नियंत्रण खत्म हो चुका है और ईंधन, चारे और भोजन में उनकी कठिनाइयाँ बढ़ गई हैं।

**तालिका 8.2**

**भारत में विभिन्न विकास परियोजनाओं में विस्थापित और पुनर्वासित होनेवाले लोगों और आदिवासियों का अनुमान (1951-90) संख्या लाख में**

| परियोजना का प्रकार | कुल विस्थापित | आदिवासी विस्थापन | आदिवासी विस्थापित का प्रतिशत | कुल पुनर्वासन | पुनर्वसित प्रतिशत | आदिवासी पुनर्वासित | पुनवर्सन प्रतिशत |
|---|---|---|---|---|---|---|---|
| बाँध | 164.0 | 63.2 | 38.2 | 41.0 | 25.0 | 15.8 | 25.0 |
| खदान | 25.5 | 13.3 | 52.2 | 6.5 | 25.4 | 3.3 | 24.8 |
| उद्योग | 12.5 | 3.1 | 25.0 | 3.8 | 30.4 | 0.8 | 25.8 |
| अभयारण | 6.0 | 4.5 | 75.0 | 1.3 | 21.6 | 1.0 | 22.2 |
| अन्य | 5.0 | 1.3 | 25.0 | 1.5 | 30.0 | 0.3 | 23.0 |
| कुल | 213.0 | 85.4 | 40.1 | 54.0 | 25.4 | 21.2 | 24.8 |

स्रोत : वार्षिक रिपोर्ट, 1991-92, ग्रामीण विकास मंत्रालय, नई दिल्ली, भारत सरकार, 1991

विकासपरक विस्थापनों के सम्बन्ध में एक अन्य अवधारणा भी है। विस्थापितों के लिए इन विकास परियोजनाओं का आशातीत नकारात्मक परिणाम होता है जिसके फलस्वरूप सामाजिक और मनोवैज्ञानिक अवरोध और प्रायः दीर्घकालीन आर्थिक बदहाली उत्पन्न हो जाती है। इस प्रकार मुख्यधारा की नजर में ये वे लोग हैं जो 'विकास की राह' में बाधा हैं तथा हमें जिस प्रकार की आधारभूत संरचनात्मक विकास की आवश्यकता है, उसके लिए इन्हें कष्ट उठाते हुए अपनी मूल जगह से हट जाना चाहिए। मुख्यधारा की नजर में यह दुर्भाग्यपूर्ण है परन्तु आमतौर पर ये इस भाषा का प्रयोग करते हैं कि 'राष्ट्र के लिए' कुछ लोगों को कुर्बानियाँ देनी ही पड़ती हैं।[9] जो लोग विकासात्मक दृष्टिकोण के पक्षधर हैं, वे जनजातीय लोगों के हाशिए पर धकेल दिए जानेवाली बात की अनेदखी कर देते हैं। इस प्रकार, भूमि-वंचना और विस्थापन जनजातीय लोगों के ज्वलन्त मुद्दे बन गए हैं। परन्तु हिन्दुत्ववादी शक्तियाँ 'घर वापसी' कार्यक्रम अर्थात् उन्हें अन्य धर्मों से अन्तरित कराने में व्यस्त हैं।

### महिलाएँ : एक विवरण

1991 की जनगणना के अनुसार भारत की कुल जनसंख्या में महिलाओं की संख्या 40. 78 करोड़ है। चूँकि महिलाएँ भी हाशिए पर डाल दी गई हैं और भेदभाव की शिकार रही

हैं; इसलिए संविधान में उनके लिए भी विशेष प्रावधान किया जाना आवश्यक था। संविधान के अनुच्छेद 15 (3) में सरकार को महिलाओं के सशक्तीकरण हेतु पर्याप्त कानून निर्मित करने को कहा गया है। 'इस अनुच्छेद में राज्य को महिलाओं के लिए विशेष प्रावधान करने से कोई मनाही नहीं की गई है।' अन्य निर्बल वर्गों की भाँति एक बार पुनः महिलाएँ भी नियोजित विकास का शिकार रही हैं। एक तरफ कानूनी प्रावधान तेजी से बढ़ते जा रहे हैं, अधिकांश महिलाओं की दशा अत्यन्त दयनीय बनी हुई है। महत्त्वपूर्ण बात यह है कि महिला सशक्तीकरण नौवीं पंचवर्षीय योजना का प्राथमिक उद्देश्य था।

यहाँ यह बताने की आवश्यकता है कि महिलाओं के सशक्तीकरण के सम्बन्ध में कुछ भी कहने पर उनके दोषों को गिनाया जाने लगता है। अपने बजट-भाषण के बीच में वित्त मंत्री द्वारा यह घोषित किया जाना कि वर्ष 2001 'महिला सशक्तीकरण वर्ष' होगा, के प्रति आम जनता की शायद ही कोई उत्साहजनक प्रतिक्रिया हुई हो और अधिकांश महिला-समूहों ने भी इसके प्रति अविश्वास जताया। यह कतई आश्चर्यजनक नहीं था कि इस तरह की घोषणाएँ जिनसे कुछ आशा भी जगी, तत्सम्बन्धी बजट में किसी वित्तीय प्रावधान के अभाव में समाप्त हो गईं।[10]

यहाँ तक कि मूलभूत मानवीय आवश्यकताएँ, यथा–स्वच्छता और स्वास्थ्य से भी निर्बल वर्गों को वंचित रखा गया।

> भारत की आबादी के एक बड़े हिस्से के लिए शौचालय की व्यवस्था नहीं है और उनके यहाँ स्वच्छता-सुविधाओं का भी अभाव है तथा गन्दे जल के निकास की भी समस्या है। सुरक्षित पेयजल की उपलब्धता के अलावा, स्वच्छता का अभाव, खासकर मलनिकासी व्यवस्था और कूड़े के निष्पादन की व्यवस्था को वर्तमान कुस्वास्थ्य और देश में रुग्णता के स्तर के लिए उत्तरदायी माना गया है। 1991 की जनगणना के अनुसार देश में एक चौथाई से भी कम घरों में शौचालय की सुविधा है। ग्रामीण घरों में यह अनुपात 10 प्रतिशत और शहरी घरों में 64 प्रतिशत है। जनसंख्या के विभिन्न घटकों में अनुसूचित जाति और अनुसूचित जनजाति के घरों में शौचालय की उपलब्धता अन्य सभी जातियों से सभी राज्यों में कम रही है।[11]

## हिन्दुत्ववादी शक्तियों का निर्बल वर्गों पर हमला

भाजपा, जो संघ परिवार का राजनीतिक मुखौटा है, के 1996 के चुनाव घोषणापत्र में 'एक मजबूत और समृद्ध भारत' के लिए काम करने का वादा किया गया था। इस घोषणापत्र में हिन्दुत्ववादियों के एजेंडे को स्पष्ट शब्दों में प्रस्तुत किया गया है। 'हिन्दुत्व' अथवा 'सांस्कृतिक राष्ट्रवाद', एक इन्द्रधनुष होगा, जो हमारे वर्तमान को हमारे गौरवमय अतीत से जोड़ेगा और उसी तरह के गौरवमय भविष्य के लिए मार्ग प्रशस्त करेगा। यह स्वराज्य अर्थात् स्वशासन को सुराज्य अर्थात् सुशासन तक ले जाएगा। ...हिन्दुत्व एक एकताकारी सिद्धान्त है, वही देश की एकता और अखंडता की रक्षा करेगा। अगली सहस्राब्दी में देश को एक मजबूत और समृद्ध राष्ट्र के रूप में ले जाने का तथा इसमें पुनः ऊर्जा का संचार

करने का यह एक सामूहिक प्रयास है।[12] इस तरह की राजनीतिक अभिव्यक्ति हिन्दुत्ववादी शक्तियों के मंसूबों को साफ-साफ प्रदर्शित करती है। यद्यपि स्वशासन और सुशासन को इच्छित लक्ष्य के रूप में व्यक्त किया जाता है, इसका अन्तिम लक्ष्य एक एकलवादी, सोपानबद्ध और असमान हिन्दू राष्ट्र बनाना है।

जयन्त लेले के अनुसार, हिन्दुत्व परियोजना की तीन अनिवार्य विशेषताएँ हैं। पहली है नेतृत्वकारी, इस अर्थ में कि यह एक राजनीतिक निर्वाचन क्षेत्र बनाना चाहता है। इस निर्वाचन क्षेत्र को बनाने के पीछे उद्देश्य है कि इसके माध्यम से चुनाव एवं अन्य राजनीतिक गतिविधियों को लगातार समर्थन दिया जाता रहेगा। जो लोग हिन्दुत्व की परियोजना में सोच-समझकर लगे हैं, खासकर भाजपा के नेतागण, वे जानते हैं कि विश्व-अर्थव्यवस्था की प्रबन्धक संस्थाएँ हिन्दू राष्ट्र के साथ तभी सक्रिय सहयोग करेंगी जब वे कुछ मूलभूत आवश्यकताएँ पूरी करें। दूसरी विशेषता है एकरूपीकरण। जो राजनीतिक समुदाय गांधीजी के अधीन उभरा और नेहरू द्वारा पोषित हुआ, उसने उभरते भारत की विविधता पर विचार किया है। परन्तु इसे बहुलतावादी हिन्दू तत्त्वों ने चुनौती दी है। औपनिवेशिक शासन द्वारा ऐसे सभी तत्त्वों का पोषण राजनीतिक दृष्टि से समान हित वाले समूहों के रूप में किया गया। परन्तु 1980 के दशक के बाद से हिन्दुत्ववादी शक्तियों द्वारा एक नए नेतृत्व को उत्पन्न करने का प्रयास किया गया। इसका लक्ष्य एक समांगी हिन्दू पहचान के आधार पर राष्ट्रीय सहमति बनाना है। यह पहले के ब्राह्मणीकरण के समान है अर्थात् वैविध्यपूर्ण रचनात्मक और आलोचनात्मक अन्तःप्रेरणा का भारतीय संस्कृति में समांगीकरण।

तीसरी विशेषता है, हिन्दुत्ववादी शक्तियों के प्रतीकों और देवी-देवताओं को अपनाने और प्रसरित करने की शक्ति से सम्बन्धित विद्या का दोहरे स्तर पर—अखिल भारतीय एवं स्थानीय जन-स्मृतियों और आकांक्षाओं के अस्तित्व के स्तर पर—अनुसरण करना। इस शिल्प का उद्देश्य सुरक्षा एवं विश्वास के प्रति भ्रामक स्थिति उत्पन्न करना तथा ऐतिहासिक काल से चली आ रही एकजुटता को ऐसी दुनिया में पहुँचा देना जहाँ चिन्ता, अनिश्चय और अव्यवस्था है। इन प्रतीकों, घटनाओं और कारकों के चयन और उपयोग का सम्बन्ध भी सुविचारित हिंसा से है।[13] इस प्रकार अन्तिम विश्लेषण में हिन्दुत्ववादी शक्तियों के एजेंडे का उद्देश्य जाति एवं वर्ग की दृष्टि से सम्भ्रान्त लोगों के वर्चस्व को जारी रखना और उसे मजबूत बनाना है। पुनः जिन लोगों पर शताब्दियों से वर्चस्व बना हुआ है, उनकी ओर से किए जानेवाले किसी भी प्रतिरोध का दमन इसका सर्वोपरि लक्ष्य है।

यहाँ एक अन्य सामाजिक तथ्य पर भी ध्यान देना आवश्यक है। राष्ट्रीय स्वयंसेवक संघ का अभ्युदय और भाजपा का प्रादुर्भाव, दोनों का मूल ब्राह्मणवाद के उत्थान में निहित है। एक समय में सामाजिक, राजनीतिक और आर्थिक रूप से शक्तिशाली ब्राह्मण समुदाय अन्य जाति-समूहों के समक्ष कमजोर पड़ रहा था। वे लोग न केवल अतीत के शासकों के बौद्धिक कार्यों को निष्पादित करते थे बल्कि आवश्यकता पड़ने पर सैन्य शक्ति के कामों में भी लग जाते थे। धीरे-धीरे वे समझ गए कि उनका भाग्य अब खराब हो चला है। गांधीजी के राजनीतिक आन्दोलनों ने भी ब्राह्मणवादी मूल्यों को चुनौती दे रखी थी। देश

के पश्चिमी भाग में मराठा और गुजराती बनिया आगे बढ़ने लगे और ब्राह्मण इन सामाजिक रूप से गतिशील लोगों के सामने कमजोर पड़ने लगे। इसी परिदृश्य में राष्ट्रीय स्वयंसेवक संघ उभरा। कहा जाता है कि राष्ट्रीय स्वयंसेवक संघ ने बहुत सारे महाराष्ट्रीय ब्राह्मणों को आकृष्ट किया, क्योंकि इसमें उनकी विशिष्ट संस्कृति शामिल थी, जिसमें ब्राह्मणवादी एवं सैन्य दोनों प्रकार की विशेषताएँ समाहित थीं। अतीत में, उन लोगों ने खास करके शिवाजी की सेना में काम करके क्षत्रिय सुलभ कार्य किए थे। तथापि, धीरे-धीरे वे समझ गए कि उनका भाग्य अब पतन की ओर है।[14] इसलिए ब्राह्मणवादी सामाजिक तबका तुरन्त सक्रिय हुआ और राष्ट्रीय स्वयंसेवक संघ का गठन किया। जिस जहर से संघ परिवार ने दलितों, जनजातियों, स्त्रियों, पिछड़ी जातियों और अल्पसंखकों पर हमला किया, वह थी धमकी, जो ऊँची जाति की शक्तियों द्वारा शिकार बनाई जा रही जातियों और समुदायों के प्रतिकार में व्यक्त होती थी और ब्राह्मणवादी सर्वोच्चता के प्रति विद्रोह करती थी।

## दलित और हिन्दुत्ववादी शक्तियाँ

हिन्दुत्ववादी शक्तियाँ एवं दलित देश में दो स्पष्ट विरोधी विचारधाराएँ, जीवन-पद्धतियाँ एवं प्रक्रियाएँ हैं। जैसा कि कहा जा चुका है, हिन्दुत्ववादी शक्तियाँ नेतृत्वकारी, समांगीवादी, काल्पनिक एवं विनाशकारी हैं। इसके विपरीत, दलित, रचनात्मक, धनविहीन परन्तु उत्पादक वर्ग हैं। इस तथ्य से परे कि दलित अभूतपूर्व एवं कल्पनातीत क्रूरता और दमन के शिकार बनाए जाते हैं; वे भारतीय शासनतंत्र और समाज के आधार हैं। चाहे चकवारा की घटना हो, जहाँ दलितों को अपनी बस्ती के तालाब में जाने से रोक दिया गया था, चाहे झज्जर की घटना हो, जहाँ पाँच दलितों को पीट-पीटकर मार डाला गया था, जब वे पशुओं के शिकार से सम्बन्धित अपना परम्परागत कार्य कर रहे थे—सभी घटनाओं से यही व्यक्त होता है कि वर्चस्वशाली वर्ग द्वारा दलितों का उत्पीड़न किया जा सकता है। यद्यपि यह एक ऐतिहासिक वास्तविकता है परन्तु सर्वाधिक चिन्ताजनक यह है कि हिन्दुत्ववादी शक्तियों ने इन घटनाओं से लाभ उठाया और इस क्षेत्र में अपनी पैठ बनाई।[15]

दलितों के प्रति वर्चस्वशाली जातियों द्वारा जो हिन्दुत्व की समर्थक थीं, बरती गई बर्बर एवं शैतानी मनमानी को हिन्दुत्व के प्रचारकों द्वारा जाति को महिमामंडित करने की प्रवृत्ति से ठीक-ठाक समझा जा सकता है। सावरकर के जाति सम्बन्धी विचार इसे इस तरह व्याख्यायित बताते हैं—

> और इस प्रकार हम पाते हैं कि जो संस्थाएँ हमारे राष्ट्र के लिए कुछ अजीबो-गरीब थीं, उन्हें पुनः जीवित किया गया। चतुर्वर्णों की प्रणाली, जो बौद्ध धर्म के प्रचार के बावजूद खत्म नहीं की जा सकीं; की लोकप्रियता इतनी बढ़ी कि राजाओं और सम्राटों को चार वर्गों की रचना करनेवालों के प्रति विशेष श्रद्धा प्रकट करनी पड़ी। विदेशी और हम लोगों में अन्तर स्थापित करनेवाली परिभाषाओं को देख लेना जरूरी है। वह स्थान, जहाँ इन चार वर्गों का अस्तित्व नहीं है, उसे म्लेच्छ (अपवित्र) देश माना जाना चाहिए। आर्यावर्त का स्थान इससे बिलकुल अलग है।[16]

विस्तार में जाते हुए यह कहना आवश्यक है कि हिन्दुत्ववादी शक्तियाँ न केवल अमानवीय, शोषणपरक और दमनकारी जाति-व्यवस्था को धारण करती हैं, बल्कि निर्बल वर्गों के सांस्कृतिक अवमूल्यन में लगी हुई हैं। यहाँ यह बता देना आवश्यक है कि दलितों पर अपना दबदबा बनाए रखने के लिए संघ परिवार कौन-कौन से खेल खेलता है। उदाहरण के लिए राष्ट्रीय स्वयंसेवक संघ ने चेन्नई की झुग्गी झोपड़ी एवं गरीब बस्तियों में विभिन्न शैक्षणिक एवं विकासात्मक गतिविधियों को प्रारम्भ किया। चेन्नई के मुन्नू स्वामीनगर के एक युवा ने कहा कि हमारी मलिन बस्तियों में 'राष्ट्रीय स्वयंसेवक संघ' ने यह दिखाने के लिए कि 'हम सभी भारतीय हैं, उत्तर भारतीय समारोह प्रारम्भ कर दिए, जैसे–*रक्षाबन्धन* एवं *रामनवमी।* हमारे अम्बेडकर रात्रि विद्यालय का नामकरण 'हिन्दू साम्राज्य स्कूल' कर दिया गया, जहाँ कक्षाएँ 'जयभीम' के नारे से प्रारम्भ होती थीं और मुसलमानों को गाली देने के साथ समाप्त होती थीं। उन लोगों ने हमें यह कहना सिखाया कि अम्बेडकर राष्ट्रीय स्वयंसेवक संघ के कार्यकर्ता थे और हमारे बीच अम्बेडकर की फोटोयुक्त चाबी की चेन बाँटी।'[17]

दलित और पिछड़े उस चालबाजी को साफ-साफ देख सकते हैं जो एक सशक्त और समृद्ध राष्ट्र के निर्माण के नाम पर की जा रही है। चेन्नई के ट्रिप्लीकेन की एक अन्य मलिन बस्ती के एक दलित युवा ने स्वीकार किया कि ब्राह्मणवादी दमन सभी क्षेत्रों में किए जा रहे हैं। वे कर्नाटक संगीत जैसे सांस्कृतिक मामलों को भी नियंत्रित कर रहे हैं। परन्तु सबसे बड़ी बात यह कि दलितों को विभाजित करने के लिए उन लोगों ने हमारे नेताओं को भ्रष्ट बना दिया है। राजनीतिक मतभेदों के बावजूद, ब्राह्मणों की जातीय एकता अक्षुण्ण है। हमारी मुख्यमंत्री विधानसभा में अपनी जाति बताने में गर्व का अनुभव करती हैं। यह उनकी एकता और ऊँची जाति के होने का फल है कि जो उन्हें सत्ता पर काबिज होने की शक्ति देता है और हमें एकजुट होने से रोकता है।[18] चूँकि दलित आर्थिक, राजनीतिक, सामाजिक और सांस्कृतिक दृष्टि से अभिवंचित हैं, वे हिन्दुत्ववादी शक्तियों का ठीक से मुकाबला नहीं कर पाते।

दलितों को हिन्दू-धारा में लाने के लिए संघ परिवार द्वारा किए जा रहे खेल को विश्व हिन्दू परिषद के नेता अशोक सिंघल द्वारा स्पष्ट शब्दों में व्यक्त किया गया है, 'हम लोगों के लिए 'हिन्दू' का अर्थ है, वे सभी धर्म जो इस हिन्दुस्तान की धरती पर पनपे हैं। डॉ. अम्बेडकर इस देश की आत्मा को धारण करते हैं, जब उन्होंने बौद्ध धर्म के आदर्शों का प्रचार-प्रसार करके दलितों को ईसाइयत और इस्लाम जैसे विदेशी धर्म की ओर जाने से रोका। इस तरह से उन्होंने हिन्दू धर्म के प्रति काफी योगदान किया और यही कारण है कि हम उन्हें अपनी विचारधारा और आन्दोलन का अग्रदूत मानते हैं।'[19] इस वक्तव्य से विश्व हिन्दू परिषद के नेताओं ने कम-से-कम एक लक्ष्य अवश्य प्राप्त कर लिया है। उन्होंने अम्बेडकर को भी ब्राह्मणवादी जमात में शामिल कर लिया है। इसे ब्राह्मणीकरण की प्रक्रिया कहा जा सकता है।[20] सबसे बढ़कर उन लोगों ने इस धारणा को स्थापित कर दिया है कि ईसाइयों और मुसलमानों को छोड़कर शेष सभी हिन्दू धारा में आते हैं। मुस्लिम और ईसाइयों को आगे करके संघ परिवार के नेताओं ने अपने सीमित वोट-बैंक को भी अक्षुण्ण रखा है।

अपनी अवधारणात्मक प्रस्तुति में प्रलय कानूनगो उन कारणों के बारे में बतलाते हैं कि क्यों नागपुर राष्ट्रीय स्वयंसेवक संघ का केन्द्र बन गया। नागपुर में बहुत सारी शिक्षण संस्थाएँ हैं, जिनका काफी प्रभाव है। *हितवाद* एवं *महाराष्ट्र* जैसे समाचार-पत्र यहाँ से प्रकाशित होते हैं। राज्य के एक-चौथाई से अधिक विद्यार्थी नागपुर के होते हैं और वे सभी महाराष्ट्रियन ब्राह्मण होते हैं। भोंसलों के समय में नागपुर सत्ता का गढ़ था, जिसमें ब्राह्मणों का वर्चस्व था। गैर-ब्राह्मणों पर उन्होंने अपनी सर्वोच्चता ब्रिटिश काल में भी बनाए रखी। परन्तु उनके वर्चस्व को गैर-ब्राह्मणों द्वारा चुनौती दी गई। नागपुर गैर-ब्राह्मणों के संकेन्द्रण-स्थल के रूप में उभर रहा था। 30 अप्रैल-1 मई, 1920 को नागपुर में अखिल भारतीय दलित वर्ग सम्मेलन आयोजित हुआ तथा डॉ. अम्बेडकर एक उच्च जाति के नेता वि.आर. शिन्दे को चुनौती देनेवाले समुदाय के नेता बन गए जो दलित वर्ग के लोगों के लिए समर्पित थे। इस पृष्ठभूमि में, एक महाराष्ट्रियन ब्राह्मण हेडगेवार ने नागपुर में राष्ट्रीय स्वयंसेवक संघ की स्थापना की।[21] इस प्रकार यह कहा जा सकता है कि सांस्कृतिक राष्ट्रवाद सांस्कृतिक वर्चस्व को बनाए रखने का ही दूसरा नाम है।

## जनजातीय एवं हिन्दुत्ववादी शक्तियाँ

प्रभाकर तिर्की झारखंड की अवधारणा को वनांचल में परिवर्तित किए जाने की प्रवृत्ति का विश्लेषण करते हुए शोषणकारी शक्तियों को बेनकाब करते हैं। झारखंड संघर्ष अपनी जड़ 1950 से ही 'झारखंड' की अवधारणा में पाता है। यद्यपि आत्म-निर्धारण का संघर्ष शताब्दियों पुराना है। परन्तु जब हिन्दुत्ववादी शक्तियों ने समझा कि झारखंड संघर्ष और खुद झारखंड उनके हाथों से निकलता जा रहा है, 1990 से उन्होंने 'वनांचल' का राग अलापना शुरू किया। वनांचल आन्दोलन का मुख्य सामाजिक आधार बड़ी-बड़ी व्यापारिक कम्पनियाँ थीं। परन्तु वे छोटे-छोटे व्यवसायी-समूह (तेली, साहू, बनिया) को वनांचल की अवधारणा के इर्द-गिर्द संगठित करने लगे। ये वैसे छोटे व्यापारी-समूह थे, जो ग्रामीण क्षेत्रों के जनजातीय लोगों के शोषक थे। इन्हें एकजुट करने की पहल राष्ट्रीय स्वयंसेवक संघ द्वारा की गई। छोटे-छोटे व्यापारी समूहों के लिए 'वनांचल' का प्रस्ताव वरदान बनकर आया, जिनकी गतिविधियाँ अखिल झारखंड स्टूडेंट यूनियन (अ.जे.एस.यू.) के आविर्भाव के कारण प्रतिबन्धित हो गई थीं। वनांचल के हथियार से इन शक्तियों ने जनजातियों के बीच में जनजाति एवं ईसाई जनजाति के नाम पर विभाजन पैदा कर दिया।[22]

संघ परिवार ने सावधानीपूर्वक एवं लगातार इन विरोधी स्वरों को मजबूत किया और गैर-जनजातियों और सरना जनजातीय समुदायों को झारखंड में अपनी राजनीति के मुख्य आधार के रूप में अपनाया। इसी सामाजिक यथार्थ के द्वारा भाजपा को एक राजनीतिक मंच प्राप्त हुआ, जिससे झारखंड में वह अपनी जड़ जमा पाया। हिन्दुत्ववादी शक्तियों ने भी हिन्दूकरण की प्रक्रिया का औचित्य सिद्ध करने में सफलता पाई। इस प्रक्रिया ने भी प्रच्छन्न रूप से संघ परिवार को अपनी सदस्यता बढ़ाने के लिए उर्वर भूमि प्रदान की।

रोचक बात यह है कि झारखंड क्षेत्र का सूखाग्रस्त और गरीबी से त्रस्त वह पलामू जिला था, जहाँ से अयोध्या के लिए सबसे अधिक दलित और जनजातीय 'कारसेवक' के रूप में गए थे।[23]

इसके आधार पर आदिवासी जनजातियों के बीच तो तथ्य उजागर होते हैं उसे देखते हुए जॉन लकड़ा कहते हैं कि कुछ ही वर्ष पूर्व हिन्दू नायकों ने पूरे देश में दीवारों पर लिखना प्रारम्भ किया 'गर्व से कहो हम हिन्दू हैं'। इस नारे के जवाब में राँची के आदिवासी जनजातीय लोगों ने कहना शुरू किया, 'गर्व से कहो हम सरना हैं'। सरना समाज के बुद्धिजीवियों ने मार्च 1997 में एक कदम आगे बढ़कर कहा कि 'सरना आदिवासी न तो हिन्दू होता है, न तो सिख, न ईसाई ही और न तो मुसलमान।' इस प्रकार उपर्युक्त प्रस्तुति से यह स्पष्ट हो जाता है कि जनजातीय लोग हिन्दू नहीं हैं। जनजातियों पर ईसाई मिशनरियों के प्रभाव के विरुद्ध 'जनजाति हिन्दू हैं' की उद्घोषणा हिन्दुओं द्वारा की जाती है। तो भी यह अन्ततः उनके विरुद्ध जाता है, क्योंकि जनजातियों पर अपने आदर्शों को थोपकर हिन्दू उनकी अपनी विशिष्ट पहचान और धर्म को नकारता है।[24]

## महिलाएँ एवं हिन्दुत्ववादी शक्तियाँ

चाहे 'चिपको आन्दोलन' की बात हो अथवा पहाड़ी क्षेत्रों के उत्तरांचल आन्दोलन की, चाहे तटीय क्षेत्र के मछुआरों का आन्दोलन हो या झारंखड आन्दोलन, किसान आन्दोलन, नक्सलवादी आन्दोलन, नशा-विरोधी आन्दोलन, महिलाओं का स्वतःस्फूर्त आन्दोलन हो या महिला-आन्दोलन, ही क्यों न हो—महिलाएँ अल्पकालिक राजनीतिक हितों से काफी आगे निकल चुकी हैं ताकि लैंगिक असमानता पर आधारित पितृसत्तात्मक प्रणाली को चुनौती दी जा सके। इसने महिला-आन्दोलनों को सत्ता के साथ संघर्ष के लिए उत्प्रेरित किया है। पितृसत्तात्मक प्रणाली अपनी जिजीविषा पुरुष वर्चस्व वाले धार्मिक विश्वासों, धार्मिक परम्पराओं और साहित्य से प्राप्त करती है। रूढ़िवाद के अभ्युदय से पुरुष वर्चस्व को नया जीवन मिला है, जो हाल के महिला-आन्दोलनों से कमजोर पड़ गया था। परन्तु हिन्दुत्ववादी शक्तियों का जोर एक बार पुनः महिलाओं को घरों के भीतर धकेल देने पर है। संघ परिवार अथवा प्रतिक्रियावादी दक्षिणपन्थी हिन्दू शक्तियों के इस वर्ग के प्रति महिला एवं महिला आन्दोलन के भय पर नजर डालना समीचीन हो गया है।

महिला आन्दोलन और हिन्दुत्ववादी शक्तियों के मध्य चल रहे संघर्ष को समझने के लिए हमें हिन्दुत्ववादी शक्तियों की मानसिकता पर विचार करना आवश्यक है। भाजपा के महिला-मोर्चा की पूर्व अध्यक्ष मृदुला सिन्हा ने एक साक्षात्कार में कहा है कि (क) जब तक किसी महिला का परिवार वित्तीय रूप से बहुत अभिवंचित न हो, महिलाओं को घर से बाहर काम नहीं करना चाहिए। (ख) मैंने दहेज दिया है और लिया भी है, (ग) मैं महिला स्वतंत्रता का विरोधी हूँ क्योंकि यह चरित्रहीनता का ही दूसरा नाम है, (घ) दोनों लिंगों के लिए समान अधिकार का हम विरोध करते हैं, (ङ) महिलाओं के विरुद्ध घरेलू हिंसा में कोई खराबी नहीं है, क्योंकि अक्सर इसमें महिला की ही गलती होती है। हम लोग

महिलाओं को सलाह देते हैं कि सामंजस्य के लिए प्रयास करो, महिलाओं का भविष्य वर्तमान स्थिति को समृद्ध करने में ही है क्योंकि भारत के अतिरिक्त महिलाओं को कहीं भी इस तरह से पूजा नहीं जाता। (छ) महिलाओं की मुक्ति का अर्थ हमारे लिए अत्याचारों से मुक्ति है। इसका अर्थ यह नहीं होना चाहिए कि महिलाएँ पत्नी एवं माँ के अपने दायित्वों से मुक्त हो जाएँ।[25]

महिलाएँ हिन्दुत्ववादी शक्तियों से क्यों भयभीत हैं, इसके बारे में वीणा पोनांचा कहती हैं :

> असंख्य देवियों की पूजा होती है, परन्तु धार्मिक विमर्श महिलाओं के सन्दर्भ में पुरानी मान्यता से आगे नहीं बढ़ता, बल्कि पुरुष वर्चस्ववाली विचारधारा पर आधारित होता है। विवाह से सम्बन्धित 'सप्तपद' और 'कन्यादान' की रस्में महिलाओं का अवमूल्यन करती हैं। 'गर्भाधान' संस्कार महिलाओं को पुरुषों द्वारा किए जानेवाले बीजारोपण की प्राप्तकर्त्री मात्र बनाते हैं और इस प्रकार वह बच्चे का अभिभावक बन जाता है और सम्पत्ति पिता से पुत्र की ओर अन्तरित होती है।
>
> विरोधाभास यह है कि मातृत्व की विचारधारा बच्चे पर बिना किसी वास्तविक अधिकार के माता को कर्तव्य और गुण प्रदान करती है। देवराला में 'सती' का पुनर्जीवन अधिक-से-अधिक राजपूत-विचारधारा को सहमति प्रदान करता है और कोई धार्मिक भावना पैदा करने के बजाय केवल राजनीतिक बहस का मुद्दा बनाता है। यह 'स्त्री-धर्म' पर आधारित है। रामायण धारावाहिक की प्रस्तुति एकलवादी हिन्दू पहचान को प्रक्षेपित करने में सहायक सिद्ध हुई है, इसने महिलाओं को निचले स्तर पर ला दिया है। हिन्दू-धर्म के सभी रूपों में हिन्दू जीवन-पद्धति को एकांगी बनाने के लिए किए जा रहे वर्तमान प्रयास ने महिलाओं की मुक्ति की सम्भावना को काफी कम कर दिया है।[26]

उपर्युक्त बहस से यह स्पष्ट हो जाता है कि दलित, जनजाति एवं महिलाएँ भारतीय समाज का हिस्सा नहीं रही हैं। हिन्दूवादी शक्तियों के उभार के साथ-साथ इन निर्बल वर्गों को हिन्दू-राष्ट्र की सदस्यता देने का वायदा किया जा रहा है, परन्तु यथार्थ में इन दमनकारी कृत्यों को बनाए रखने के लिए ही उन्हें नामित किया जाता है। सुमन्त बनर्जी ने हिन्दुत्व के विभिन्न रूपों को समझने के लिए निम्नवत् विश्लेषण किया है :

> 'भाजपा, राष्ट्रीय स्वयंसेवक संघ, विश्व हिन्दू परिषद तथा शिवसेना के पदाधिकारियों एवं कार्यकर्ताओं के मध्य विभिन्न मतभेदों के बावजूद हिन्दुत्व की परिभाषा को लेकर एक आम राय यह है कि हिन्दुत्व एक उच्चकोटि की विश्वास प्रणाली है जिसमें अतीत की व्याख्याएँ भी शामिल हैं तथा वर्तमान का विश्लेषण और भविष्य की सम्भावनाएँ भी। इसके अन्तर्गत वे हिन्दू-धर्म की आदि-धारा पर जोर देते हुए राम, हनुमान, अयोध्या के काल्पनिक अस्तित्व का महिमामंडन करते हैं और बौद्ध, इस्लाम और ईसाई धर्म, जो भारतीय परम्परा के अंश रहे हैं, को अस्वीकृत एवं उसकी निन्दा करते हैं। इसे आधिकारिक रूप देने या इसे विशाल हिन्दू समाज में एकता थोपने के लिए अनेक रूपकों के माध्यम से व्यक्त किया जाता है और भावुकता से ओत-प्रोत बनाया जाता है।[27]

इसी तर्क को आगे बढ़ाते हुए अजीत रॉय कहते हैं :

> मुस्लिम-लीग को छोड़कर पारम्परिक साम्प्रदायिकता विद्यमान प्रणाली के भीतर अधिक लाभ के लिए सौदेबाजी करने की राजनीति पर आधारित है। इसके बरक्स हिन्दुत्व का लक्ष्य रूढ़िवाद के माध्यम से राजनीति का चरित्र सहभागिता-आधारित लोकतंत्र के स्थान पर उच्च जातियों के नेतृत्व वाले अधिनायकवादी शासन को लाने के लिए विद्रोह द्वारा सत्ता हथियाना है। इस प्रकार यह बी-3ब्राह्मण, बनिया एवं भूमिहार का शासन प्रारम्भ कर देगा। सच्चाई पर पर्दा डालनेवाले संघ परिवार और अत्याधुनिकतावादी व्यावसायिक घरानों का एक अन्य मिलन-बिन्दु भी है और दोनों एक-दूसरे से लाभ उठाने वाले हैं। अतएव संघ परिवार के मौजूदा आक्रामक रवैए में निहित राजनीति को बेनकाब करना और उसे नियंत्रित करना अत्यावश्यक हो गया है, अर्थात् परम्परागत ढंग की साम्प्रदायिकता के विरुद्ध संघर्ष की प्रचलित विधि से परे जाकर काम करना होगा। संघ परिवार के प्रवक्ता की घोषणाओं से यह स्पष्ट हो गया है कि राजनीति से सम्बन्धित उनके तर्क में न केवल अल्पसंख्यकों के अधिकारों का दमन निहित है, बल्कि हिन्दू-समाज के निर्बल वर्गों, खासकर महिलाओं का दमन भी।[28]

यहाँ यह बताना बुनियादी महत्त्व का है कि गुजरात-प्रकरण, जिसने न केवल गुजरात और पूरे देश को हिलाकर रख दिया, बल्कि पूरे विश्व को भी झकझोर दिया, वास्तव में हिन्दुत्ववादी शक्तियों की सतर्क योजना का परिणाम था। यह बात 2000 में ही स्पष्ट हो चुकी थी कि राष्ट्रीय स्वयंसेवक संघ का नारा 'एक गाँव, एक शाखा' का उद्देश्य 2005 तक पूरे गुजरात प्रान्त को भगवाकृत कर देना है। राष्ट्रीय स्वयंसेवक संघ के विस्तार से सम्बन्धित नए मंत्र की व्याख्या अहमदाबाद जिले के काठवाड़ा में आयोजित त्रिदिवसीय 'संकल्प-शिविर' में की जाएगी। आयोजकों का अनुमान है कि इस शिविर में लगभग 27,000 स्वयंसेवक भाग लेंगे। इसने राज्य में साम्प्रदायिक तनाव बढ़ा दिया है।[29] इसके विनाशकारी परिणाम हत्या तथा विध्वंस के रूप में आशंकित हैं, जैसा कि पूर्व में गुजरात में मुस्लिम-समुदाय के साथ हो चुका है।

## राष्ट्र-निर्माण सम्बन्धी अम्बेडकर की वैकल्पिक योजना

साम्प्रदायिक एवं फासीवादी ताकतों के खिलाफ डॉ. अम्बेडकर ने राष्ट्र-निर्माण की एक वैकल्पिक योजना प्रस्तुत की है। डॉ. अम्बेडकर ने अपने सामाजिक एवं राजनीतिक विचारों को 'व्यक्ति और उसके अधिकारों' के इर्द-गिर्द तैयार किया है। उन्होंने कहा है कि 'व्यक्ति के अपने कतिपय अपरिहार्य अधिकार होते हैं। उनकी दृष्टि में व्यक्ति, न कि राज्य; सर्वोच्च महत्त्व का अधिकारी है और राज्य केवल व्यक्ति के कल्याण को बढ़ावा देनेवाला मानवीय संगठन है। वे लिखते हैं, 'स्वयं की बाह्य आक्रमण से रक्षा करने, आन्तरिक अशान्ति के विरुद्ध विधि-व्यवस्था बनाए रखने और अपने निवासियों को न्यूनतम स्तर के प्रशासन और कल्याण की गारंटी आधुनिक राज्य के अपेक्षित कार्य हैं।'[30] वे इस बात पर जोर देते हैं कि लोगों के बीच शान्ति और समृद्धि बनाए रखने के लिए किसी-न-किसी प्रकार की

सरकार अनिवार्य है, खासकर जब लोग कानून-व्यवस्था का अनुपालन करने में विफल हो गए हों। उनके अनुसार, एक अच्छी सरकार का यही लक्ष्य होना चाहिए।

भारतीय समाज-व्यवस्था पर जाति की पकड़ को डॉ. अम्बेडकर साफ-साफ समझ चुके थे। उन्होंने तर्क दिया कि 'हिन्दुओं की नैतिकता पर जाति का प्रभाव अत्यन्त दयनीय है। जाति ने जन-भावना की हत्या कर दी है। जाति ने सार्वजनिक उदारता की भावना को नष्ट कर दिया है। जाति ने जनभावना को असम्भव बना दिया है। किसी हिन्दू की पहचान उसकी जाति है। उसकी जवाबदेही केवल उसकी जाति के प्रति है। उसकी निष्ठा उसकी जाति तक सीमित है। गुण भी जाति-आधारित हो गए हैं तथा नैतिकता जाति से बँध गई है। सुपात्र लोगों के प्रति कोई सहानुभूति नहीं है। प्रतिभाशालियों को कोई प्रशंसा नहीं मिलती। जरूरतमंदों के प्रति कोई उदारता नहीं है। इनकी पीड़ा भी किसी को प्रभावित नहीं करती। जो उदारता है, वह जाति से प्रारम्भ होती है और जाति के साथ ही समाप्त हो जाती है। सद्गुणों की प्रशंसा की जाती है, यदि व्यक्ति अपनी ही जाति का हो।'[31] समाज-व्यवस्था पर जाति की पकड़ को बेनकाब करते हुए डॉ. अम्बेडकर ने एक महत्त्वपूर्ण सवाल उठाया है, जो आज भी प्रासंगिक है। 'क्या हिन्दुओं ने अपनी जाति के हित में देश के साथ गद्दारी नहीं की है?

इसके बावजूद अम्बेडकर ने लोकतंत्र को चुना क्योंकि उन्होंने अपने अनुभव और अध्ययन से सीखा था कि व्यक्ति की स्वतंत्रता केवल लोकतांत्रिक प्रणाली की सरकार में ही सुरक्षित है। वे आगे तर्क देते हैं कि एक लोकतांत्रिक प्रणाली की सरकार की पूर्व अपेक्षा होती है एक लोकतांत्रिक समाज की। लोकतंत्र के औपचारिक ढाँचे का कोई मूल्य नहीं है और यदि सामाजिक लोकतंत्र नहीं है तो वास्तव में यह बढ़ेगा नहीं।[32] अम्बेडकर यह तथ्य भी समझ चुके थे कि जाति-व्यवस्था के साथ लोकतंत्र कभी नहीं चल सकता, अतएव उनका नारा 'पढ़ो, लड़ो और संगठित हो' भी बिलकुल सही है। अपने लक्ष्यों को साकार करने, शिक्षा को प्रोत्साहन देने, आर्थिक दशा को सुधारने तथा दलित-वर्गों की शिकायतों का प्रतिनिधित्व करने के लिए उन्होंने निम्नांकित संगठनों की स्थापना की—बहिष्कृत हितकारिणी सभा, समाज समता मंडल, स्वतंत्र मजदूर पार्टी, एस.सी. फेडरेशन, रिपब्लिकन पार्टी ऑफ इंडिया, पीपुल्स एजुकेशन सोसाइटी इत्यादि।

अम्बेडकर ने समाज के अधिक गरीब तबके के आर्थिक कल्याण पर जोर दिया और आर्थिक मूल्यों को साधन मात्र माना, साध्य नहीं। अतएव, उन्होंने घोषणा की कि 'यदि यंत्र और आधुनिक सभ्यता ने सभी को लाभान्वित नहीं किया है, तो इसका उपचार यंत्रों और सभ्यता की निन्दा करना नहीं, बल्कि समाज के संगठन को परिवर्तित करना है, ताकि लाभ को मुठ्ठी-भर लोग हड़प न जाएँ, बल्कि इसकी पहुँच सभी लोगों तक हो जाए।[33] उन्होंने आगे तर्क दिया कि जो समाज लोकतंत्र में विश्वास नहीं करता वह मानवता के विवेकसंगत सम्बन्धों के प्रति उदासीन हो सकता है। उन्होंने कहा कि एक गैर-प्रजातांत्रिक समाज खुद में कुछ लोगों के भोग-विलास और बहुतों के लिए कठिन और नीरस जीवन को लेकर सन्तुष्ट हो सकता है, परन्तु यथार्थ में एक लोकतांत्रिक समाज को निश्चित रूप से सभी के लिए आराम और सांस्कृतिक जीवन के प्रति आश्वस्त करना चाहिए।

डॉ. अम्बेडकर ने इस तथ्य पर जोर दिया कि स्वतंत्रता, समानता और बन्धुता पर आधारित विवेकसंगत व्यवस्था ही हमें ठोस सामाजिक व्यवस्था प्रदान कर सकती है। स्वतंत्रता के सम्बन्ध में उन्होंने तर्क दिया कि सभी को अभाव और भय से मुक्त होना चाहिए। मस्तिष्क में ऐसी स्पष्ट विचारधारा आ जाने पर वह संविधान में निहित मौलिक अधिकारों का हृदय से समर्थन करेगा। उन्होंने सम्पत्ति के अधिकार के अर्थ में स्वतंत्रता की माँग की ताकि जीविकोपार्जन हेतु आवश्यक साधनों की स्वतंत्रता हो। प्रत्येक व्यक्ति की इच्छाओं की पूर्ति की स्वतंत्रता अम्बेडकर की समाज-व्यवस्था का मुख्य तत्त्व है। राज्य के नीति-निर्देशक तत्त्वों में यह स्पष्ट वर्णित है कि 'एक ऐसी समाज-व्यवस्था का संरक्षण करके जिसमें सामाजिक, आर्थिक एवं राजनीतिक न्याय सभी राष्ट्रीय संस्थाओं में सुनिश्चित हो, राज्य को लोगों के कल्याण को बढ़ावा देने का प्रयास करना चाहिए।'

अम्बेडकर इस तथ्य को जानते थे कि यांत्रिक समानता की कोई सम्भावना नहीं है। बल्कि उन्होंने सामाजिक व राजनीतिक समानता पर जोर दिया। उन्होंने मौलिक अधिकार के रूप में सभी के लिए वयस्क मताधिकार की माँग की, क्योंकि उनका विश्वास था कि गरीब लोग शिक्षित हो जाएँगे और अपने अधिकारों के प्रति जागरूक हो जाएँगे, ताकि धनी लोग उनके उत्पादक श्रम को हड़प न पाएँ। समानता से उनका अभिप्राय था अवसर की समानता। बन्धुता के सम्बन्ध में उनका तर्क था कि यदि यह काम करने लगे, तो यह लोगों की गतिशीलता को बढ़ावा देगा तथा विचारों और घटनाओं और मानव सम्बन्धों की सभी कठिनाइयों को समाप्त कर देगा।[34] एक तरफ जहाँ डॉ. अम्बेडकर ने समतावादी, लोकतांत्रिक, बहुलतावादी सामाजिक व्यवस्था के लिए काम किया, हिन्दुत्ववादी शक्तियाँ निर्बल वर्गों की कब्र पर एक हिन्दू राष्ट्र के निर्माण पर आमादा हैं।

इस बहस को बहुलवादी भारतीय दर्शन की प्रस्तुति के साथ समाप्त करना समीचीन होगा।

> छेदीलाल और मोहम्मद मतीन के लिए उनकी मित्रता, उस तमाम साम्प्रदायिक घृणा से, जिसका उनके शहरों ने साक्षात्कार किया था, अधिक महत्त्वपूर्ण थी। पचास वर्षों से अधिक समय तक मित्र बने रहे अयोध्या में रहनेवाले छेदीलाल हिन्दू थे और फैजाबाद में रहनेवाले मतीन मुसलमान थे। एक दिन शुक्रवार को जब मतीन की बीमारी की खबर छेदीलाल को मिली, छेदीलाल उनके घर की ओर चल पड़े। जब तक वह पहुँचे उनके यह पुराने मित्र मर चुके थे। अपने मित्र का शव देखकर छेदीलाल को सदमा लगा और कुछ ही घंटों के बाद वे भी मर गए। अगले दिन रकाबगंज चौराहे पर दोनों मित्रों की शवयात्रा एक साथ पहुँची और शव को वहाँ थोड़ी देर के लिए रख दिया गया। बाद में मतीन की लाश एक कब्रगाह में दफना दी गई और छेदीलाल का शव एक श्मशान घाट पर जला दिया गया।[35]

हिन्दुत्ववादी शक्तियाँ उन लोगों को शिकार बनाने के लिए संकट और संघर्ष उत्पन्न करने पर आमादा हैं जिन्हें उनके एजेंडे की जानकारी नहीं है। इस देश का आम जन एक समतावादी, लोकतांत्रिक और बहुलतावादी राजनीति और समाज के निर्माण के लिए सतत

संघर्ष कर रहा है। यह नागरिक समाज का दायित्व है कि आमजन के अधिकारों की रक्षा हो, जिससे सभी के लिए एक बेहतर भारत के निर्माण का उनका एजेंडा साकार हो सके।

## सन्दर्भ एवं टिप्पणियाँ

1. हिन्दुत्ववादी शक्तियाँ एक सामान्य शब्द है, जिसका प्रयोग भारत की दक्षिणपन्थी यथास्थितिवादी अथवा फासीवादी प्रवृत्ति का वर्णन करने के लिए किया गया है। 'संघ परिवार' जैसे शब्द का प्रयोग भी आर.एस.एस. से सम्बन्धित समूहों के लिए किया जाता है जिसका सम्बन्ध भी इसी अवधारणा से है। 'संघ परिवार' का तात्पर्य उन विभिन्न ताकतों से है, जो समान दक्षिणपन्थी यथास्थितिवादी विचारधारा से सम्बन्धित है, जिन्हें हिन्दू धर्म पर आधारित माना जाता है।
2. प्रकाश लुइस, *दि इमर्जिंग हिन्दुत्व फोर्सेज : दि एजेंट ऑफ हिन्दू नेशनलाइजेशन* (नई दिल्ली, इंडियन-सोशल इंस्ट्टीटयूट, 2000)।
3. राम पुनियानी, *फासिज्म ऑफ संघ परिवार* (बम्बई, एकता, 1999)
4. रोमिला थापर, सिंडीकेटेड मोक्ष?, *सेमिनार*, 1987, पृ. 14
5. 'दलित' पद को व्यापक तथा गहन दोनों रूप में परिभाषित किया गया है/किया जाता रहा है। कुछ ऐसे दलित और गैर-दलित हैं जिसमें व्यापक परिभाषा के तहत केवल अनुसूचित जातियाँ अथवा पूर्ववर्ती अछूत जातियाँ आती हैं। अन्य दलित और गैर-दलित जातियों का एक समूह है, जिसमें अनुसूचित जातियाँ तथा अनुसूचित जनजातियाँ दलित श्रेणी में आती हैं। इस प्रकार 160 मिलियन अनुसूचित जातियों तथा 80 मिलियन अनुसूचित जनजातियों को एक साथ मिला दिया जाता है और उन्हें दलित कहा जाता है। इन समूहों के लोगों में किसी समय व्यापक तौर पर शोषित जनवर्ग शामिल था। इस पुस्तक में 'दलित' पद का प्रयोग केवल एक विशेष अर्थ में किया गया है।
6. संविधान और सांविधानिक संशोधनों के लिए देखें, 'दि कंस्टीट्यूशन ऑफ इंडिया' (1 जून, 1996 के अनुसार) भारत सरकार विधि एवं न्याय मंत्रालय, 1996
7. राष्ट्रीय अनुसूचित जाति एवं अनुसूचित जनजाति आयोग का प्रतिवेदन, नई दिल्ली, 1991
8. प्रकाश लुइस, झारखंड : मार्जिनलाइजेशन ऑफ ट्राइबल्स *इकोनॉमिक एंड पोलिटिकल वीकली*, वॉल्यूम-35, अंक-47 (18 नवम्बर, 2000), पृ. 4087-91
9. क्रिस डे वेट, इकोनॉमिक डेवलपमेंट एंड पोपुलेशन डिस्प्लेसमेंट : कैन एवरीबॉडी विन, *इकोनॉमिक एंड पॉलिटिकल वीकली*, वॉल्यूम-36, अंक-50 (2001), पृ. 4637-46
10. कल्याणी मेनन-सेन, 'टुवड्र्स इक्वालिटी', *सेमिनार*, वॉल्यूम-505 (सितम्बर, 2001), पृ. 12-15
11. नेशनल ह्यूमन डेवलपमेंट रिपोर्ट (नई दिल्ली, योजना आयोग, भारत सरकार, 2001)
12. टी.बी. हंसेन एवं सी. जैफ्रेलॉट, *दि बी.जे.पी. एंड द कम्पल्संस ऑफ पॉलिटिक्स इन इंडिया* (नई दिल्ली, ऑक्सफोर्ड यूनिवर्सिटी प्रेस, 1998)
13. जयन्त लेले, *हिन्दुस्तान : दि इमर्जेंस ऑफ दी राइट* (मद्रास अर्थवॉर्म बुक्स, 1995), पृ. xvii
14. क्रिस्टोफ जैफ्रेलॉट, *दी हिन्दू नेशनलिस्ट मूवमेंट एंड इंडियन पॉलिटिक्स, 1925 टू दी 1990* (नई दिल्ली, वाइकिंग, 1993), पृ. 47
15. प्रकाश लुइस, 'दलित उत्पीड़न : चकवारा से झज्जर तक, *हिन्दुस्तान*, 29 अक्टूबर, 2002
16. वी.डीरु सावरकर, *हिन्दुत्व* (मुम्बई, वीर सावरकर प्रकाशन, 1989), पृ. 27
17. एस. आनन्दी, *कटेंडिंग आइडेंटिटीज : दलित एंड सेक्युलर पॉलिटिक्स इन मॉडर्न स्लम्स* (नई दिल्ली, इंडियन सोशल इंस्टीट्यूट, 1995), पृ. 37
18. वही, पृ. 45
19. अशोक सिंघल, *फ्रंटलाइन* में साक्षात्कार, 31 दिसम्बर, 1993

20. ब्राह्मणीकरण से संकेतित होता है ब्राह्मणवादी शक्तियों द्वारा किसी भी ऐसे नेता को अपना लेने का प्रयास, जो समाज-व्यवस्था के बिलकुल विपरीत छोर पर हो और जिससे सोपानबद्ध ब्राह्मणवादी व्यवस्था के लिए कोई खतरा हो। ब्राह्मणवादी शक्तियाँ उन लोगों को मुख्यधारा में लाने के लिए, वैसे नेताओं को अपना लेती हैं जो उनका अनुसरण करते हैं। ऐसा रविदास और डॉ. अम्बेडकर के साथ भी होता है।
21. प्रलय कानूनगो, *आर.एस.एस. ट्रायस्ट विथ पॉलिटिक्स : फ्रॉम हेडगेवार टू सुदर्शन* (नई दिल्ली, मनोहर, 2002)
22. प्रभाकर तिर्की, *इन ट्राइबल यूनिटी : ए पॉलिटिकल पर्सपेक्टिव* (राँची : आर.टी.सी, 1999), पृ. 30
23. ऐसा एक भाजपा नेता द्वारा बतलाया गया, जो पलामू से जनजातियों और दलितों के एक समूह को बाबरी मस्जिद विध्वंस के लिए ले गया।
24. वही
25. *'दी टेलीग्राफ'*, 27 दिसम्बर, 1992
26. वीणा पोनाचा, 'हिन्दुत्व हिडन एजेंडा, व्हाई वीमेन फीयर रिलिजस फंडामेंटलिज्म', *इकोनॉमिक एंड पॉलिटिकल वीकली* (13 मार्च, 1993), पृ. 438
27. सुमन्त बनर्जी, हिन्दुत्व आइडियोलॉजी एंड सोशल सायकोलॉजी, *इकोनॉमिक एंड पोलिटिकल वीकली* (19 जनवरी, 1991), पृ. 97-10100
28. अजित रॉय, हिन्दुत्व, पॉलिटिकल एजेंडा, *इकोनॉमिक एंड पोलिटिकल वीकली* (20 मार्च, 1993) पृ. 499-500
29. *एशियन एज,* 7 जनवरी, 2000
30. बी.आर. अम्बेडकर, *राइटिंग एंड स्पीचेज,* वॉल्यूम-1 (महाराष्ट्र सरकार, शिक्षा विभाग, 1990), पृ. 381
31. वही, पृ. 56-57
32. बी.आर. अम्बेडकर, *रानाडे, गांधी, एंड जिन्ना,* (जालन्धर : भीम पत्रिका पब्लिकेशंस), पृ. 30
33. वही, खंड-9
34. वही, पृ. 23
35. *द हिन्दू* नई दिल्ली, 14 अप्रैल, 1997, पार्थ एस. घोष के *बी.जे.पी. एंड दि इवोल्यूशन ऑफ हिन्दू नेशनलिज्म : फ्रॉम पेरिफेरी टू सेंटर* (नई दिल्ली, मनोहर, 1999)

# हिन्दुत्व के लिए आन्दोलन

**–मंजरी काट्जू**

विगत दो दशकों से आक्रामक, साम्प्रदायिक तथा अधिकारवादी झुकाव रखनेवालों द्वारा निरूपित हिन्दुत्व ने भारतीय राजनीति में अपना प्रभावशाली स्थान बना लिया है। अल्पसंख्यकों के प्रति घृणात्मक अभियान और धर्मनिरेक्षता तथा बहुलवादी मूल्यों के प्रति निन्दात्मक प्रचार ने हिन्दुत्व की शक्ल अख्तियार कर ली। धर्मनिरपेक्ष लोकतांत्रिक व्यवस्था एवं धार्मिक-सांस्कृतिक राष्ट्रवाद के विरुद्ध इसे लोगों का कोई स्वतःस्फूर्त विस्फोट समझना गलत होगा। इसकी पहचान है पूरे इतिहास को हिन्दू राष्ट्र की दिशा में जान-बूझकर विकृत रूप से पेश करना (बसु, 1993, पृ. 1)। किसी आकस्मिक उभार के बजाय हिन्दुत्व के विचार का विस्तार करना क्रमिक एवं विकृत ढंग से किया जानेवाला कार्य है, जिसमें विविध आयामी रणनीतियाँ होती हैं, जो सन्दर्भ एवं सामाजिक भिन्नताओं के अनुरूप होती हैं।

एक आन्दोलन और एक विचार दोनों रूप में आज के हिन्दुत्व का अपना एक अतीत है, जो औपनिवेशिक युग से जुड़ा है। एक राजनीतिक आन्दोलन के रूप में इसका इतिहास बीसवीं सदी से सम्बन्धित है, जब हिन्दू महासभा एवं राष्ट्रीय स्वयंसेवक संघ की स्थापना हुई थी। एक विचार के रूप में इसका अस्तित्व उन्नीसवीं सदी के साहित्य से जुड़ा है, जिसमें विवेकानन्द, तिलक और सावरकर जैसे सामाजिक-धार्मिक महापुरुष आते हैं। परन्तु यह राष्ट्रीय स्वयंसेवक संघ था, जिसने स्वातंत्र्योत्तर भारत में हिन्दुत्व को व्यापक लोक अवधारणा बनाया। स्वातंत्र्योत्तर भारत में हिन्दुत्व का फैलाव/प्रसार राष्ट्रीय स्वयंसेवक संघ के वर्षों के सघन नियोजन, संगठन एवं आन्दोलनात्मक गतिविधि की परिणति है। हिन्दुत्व की लोक-व्यापकता के लिए बहुत सारे कार्य किए गए हैं और इस अध्याय में इस 'कठिन कार्य' के निष्पादन के अध्ययन का प्रयास किया जाएगा।

## राष्ट्रीय स्वयंसेवक संघ एवं इसकी शाखाएँ

राष्ट्रीय स्वयंसेवक संघ द्वारा अंगीकृत विचारों के विस्तार हेतु अग्रणी संस्थाओं का निर्माण किया जाना एक महत्त्वपूर्ण कार्य था। तद्नुसार, राष्ट्रीय सेविका समिति (1936), अखिल भारतीय विद्यार्थी परिषद (ए.बी.वी.पी.) (1948), भारतीय जनसंघ (1951, जो आगे चलकर भाजपा बन गया), भारतीय मजदूर संघ (1955), विश्व हिन्दू परिषद (1964), बजरंग दल (1980) इत्यादि का गठन किया गया। लोगों के बीच काम करने एवं विचारों के विस्तार के लिए इन संगठनों को प्रारम्भ किया जाना एक प्रभावशाली कदम था।

ये संस्थाएँ आपस में तालमेल करके काम करती हैं, परन्तु इन सभी के अपने विशिष्ट लक्ष्य होते हैं, जिनकी इन्हें पूर्ति करनी होती है। उदाहरणार्थ, राष्ट्रीय सेविका समिति का गठन महिलाओं के लिए काम करने हेतु किया गया था। अखिल भारतीय विद्यार्थी परिषद का गठन कॉलेजों में साम्यवाद के प्रभाव को कम करने तथा राष्ट्रीय स्वयंसेवक संघ के लिए कार्यकर्ता तैयार करने के लिए किया गया था। मजदूर इकाई का गठन भी श्रमिक संघों पर साम्यवाद का प्रभाव रोकने के लिए किया गया था। विश्व हिन्दू परिषद की स्थापना व्यापक जन आन्दोलन तथा हिन्दू आप्रवासियों को संगठित करने के लिए की गई थी। राज्य की संस्थाओं के स्तर पर 'हिन्दुत्व' की प्रतिष्ठा के लिए एक राजनीतिक पार्टी की स्थापना भी अपरिहार्य थी और इसलिए भारतीय जनसंघ चुनावी मंच बन गया। 1980 में आपातकाल के बाद बने गठबन्धन की विफलता के परिणामस्वरूप इसे भारतीय जनता पार्टी के रूप में पुनर्जीवित किया गया। 1980 के दशक के आरम्भ में बजरंग दल का गठन युवकों को रामजन्मभूमि आन्दोलन के लिए संगठित करने के लिए हुआ।

इन संगठनों की सदस्यता काफी लचीली है अर्थात् इनकी सदस्यता अपनी सुविधानुसार चलती रहती है। उदाहरण के लिए राष्ट्रीय स्वयंसेवक संघ का सदस्य विश्व हिन्दू परिषद और भाजपा का भी सदस्य हो सकता है। केवल एक ही अपवाद है कि महिलाएँ राष्ट्रीय स्वयंसेवक संघ का हिस्सा नहीं बन सकतीं, जिसकी सदस्यता केवल पुरुषों तक सीमित है। ये संगठन अपने पैतृक संगठन राष्ट्रीय स्वयंसेवक संघ के तत्त्वावधान में कार्य करते हैं, जो हिन्दू धर्म के नाम पर लोकमत तैयार करता है।

राष्ट्रीय स्वयंसेवक संघ स्वयं को एक सांस्कृतिक संगठन कहता है, जो हिन्दू राष्ट्र के लिए चरित्र निर्माण और कार्यकर्ता तैयार करने के काम में लगा है।[1] ये संगठन सामूहिक रूप से संघ परिवार के नाम से जाने जाते हैं और ये सब मिलकर घोर दक्षिणपन्थी विचारधारा का निर्माण करते हैं, जो हिन्दुत्व कहलाता है, जिसने उन दिनों बड़ी संख्या में नागरिकों का समूह तैयार कर लिया था, जबकि आर्थिक और सामाजिक सम्बन्धों में एक बड़ा बदलाव आ रहा था। भारत की राजनीति एकल पार्टी वर्चस्वशाली अवस्था से गठबन्धन की व्यवस्था में बदल चुकी है। न केवल केन्द्र एवं राज्यों में अनेक दलों की सरकारें चल रही हैं, बल्कि केन्द्रीय सरकार के स्तर पर एकल व्यवस्था खत्म हो चुकी है। किसी एक पार्टी को संसद में स्पष्ट बहुमत नहीं मिलने के कारण यह सभी दलों के लिए अनिवार्य हो गया है कि विभिन्न विचारधाराओं, हितों और क्षेत्रों का प्रतिनिधित्व करनेवाले दलों को सरकार चलाने के लिए एक साथ आना पड़ रहा है। यह वह समय भी है जब भारतीय राज्य अपनी लोककल्याणकारी स्थिति, जिसे उसने स्वतंत्रता के साथ ही प्राप्त की थी, से पीछे हटते हुए न्यूनतावादी स्थिति में आ गया है। यह वह समय भी है, जब वैश्वीकरण जैसी घटनाओं के कारण आन्तरिक अर्थव्यवस्था विश्व व्यापार और मूल्यनिर्धारण के कारण अनिश्चितता से ग्रस्त हो चुकी है, साथ ही अन्तरराष्ट्रीय वित्तीय संस्थाओं द्वारा राज्य संचालित कतिपय कल्याणकारी कार्यक्रमों को हटाने जैसी कठोर कार्रवाईयाँ भी की जा रही हैं। इस पतनशील अवस्था में बहुसंख्यक मध्य वर्ग के बीच हिन्दुत्व के लिए स्थान बन गया है, जिसमें ऊँचे और नीचे दोनों तबकों के लोग शामिल हैं।

## इतिहास की व्याख्या

सम्प्रदायवाद इतिहास की व्यवस्था एक खास ढंग से करता है, जिसका उद्देश्य साम्प्रदायिक राजनीति को बढ़ावा देना है। सम्प्रदायवाद के लिए किसी वस्तुनिष्ठ विचार के बजाय धार्मिक पूर्वग्रह ऐतिहासिक विवेचन का आधार बन गया है। इसमें धर्म और धार्मिक द्वन्द्व को केन्द्रीयता प्राप्त हो जाती है और उनकी भूमिका इतनी बढ़ जाती है कि धर्मनिरपेक्ष मुद्दों पर कोई छोटी-सी टकराहट भी धार्मिक अलगाववाद की दृष्टि से देखी जाती है। धार्मिक समुदायों को इतिहास का प्रारम्भिक एजेंट माना जाता है और समझा जाता है कि आन्तरिक तौर पर ये विभेद रहित हैं। समुदायों की ऐतिहासिक सोच और स्मृतियाँ विध्वंसक और असन्दर्भीकरण से जुड़ी मानी जाती हैं। यह स्वीकार करना सम्भव है कि हिन्दुत्व की ऐतिहासिक स्मृति में तथ्यों का सोचा-समझा चयन और अर्द्धसत्यों को अपने विश्व विचारों के अनुरूप सजाकर प्रस्तुत किया गया है। ऐसी साम्प्रदायिक व्याख्या का उपयोग साम्प्रदायिक एकजुटता के लिए एक सशक्त विचारधारा के लिए होता है (पनिक्कर, 1991, पृ. 2)।

अतीत की संकीर्ण दृष्टि हिन्दू साम्प्रदायिकता का भारतीय पुरातत्त्व पर अधिकतम दावा करके वैधीकरण प्राप्त करती है। (थापर 1991, पृ. 5)। इतिहास की यह व्याख्या राजनीतिक दृष्टि से हिन्दुत्व को सुदृढ़ करने हेतु भारतीय इतिहास को हिन्दू इतिहास के रूप में चित्रित करती है। इसी के साथ हिन्दू धर्म एवं हिन्दू समुदाय को अतीतकालीन तत्त्व के रूप में चिह्नित किया जाता है (पनिक्कर, 1991, पृ. 2)। इन्हें एक प्राचीन सहजीविता प्रदान की जाती है, जो उस समय सर्वोच्च शक्ति के रूप में पेश की जाती थी और इस प्रकार भारतीय भूमि पर विशेष दावा किया जाता है। इस प्रकार भारत हिन्दुओं का देश बन जाता है तथा इसकी नागरिकता पर वे विशेष दावा रखते हैं। इस व्याख्या के अनुसार हिन्दू एक अतीतजीवी जाति है और इसी प्रकार मौलिक निवासी। इसके साथ ही मुस्लिम और ईसाई बाहरी अथवा विदेशी बन जाते हैं।

भारतीय इतिहास ऐतिहासिक कालों में विभाजित है, जो शासकों के धर्म पर आधारित था। यह एक ऐसा इतिहास है, जिसमें ऐतिहासिक प्रक्रियाओं के निर्माण वाली जटिल धाराओं पर विचार नहीं किया जाता। हिन्दू, मुस्लिम एवं ब्रिटिश के रूप में इतिहास का यह काल-विभाजन जेम्स मिल्स के *'हिस्ट्री ऑफ ब्रिटिश इंडिया'* से उधार लिया गया है।[2] इतिहास के इस विभाजन में प्राचीन भारत का चित्रण 'हिन्दू', मध्यकालीन भारत का 'मुस्लिम' तथा औपनिवेशिक भारत का 'ब्रिटिश' के रूप में किया जाता है। इसके अतिरिक्त, ब्रिटिशकालीन काल निर्धारण धार्मिक समुदायों को एकलता प्रदान करती है, जो उन्हें सहजीविता के अनुपयुक्त बनाती है।

हिन्दुत्व के उपासक हिन्दुओं और अल्पसंख्यकों (मुसलमानों) के लिए क्रमशः भीतरी और बाहरी का विभाजन करते हैं। यह विधि हिन्दुओं को राष्ट्र का सदस्य बताने के लिए भी प्रयुक्त की जाती है और मुस्लिम/ईसाइयों को इस राष्ट्र से बाहर कर दिया जाता है। इस प्रकार 'हिन्दू' का अर्थ भारतीय हो जाता है और मुस्लिम एवं ईसाई का अर्थ गैर-भारतीय। धार्मिक अल्पसंख्यकों को घिसे-पिटे ढंग से पेटू, काल्पनिक हिंसक और एक से अधिक राष्ट्रों

के प्रति निष्ठावान बताया जाता है। हिन्दुत्व का प्रचार मुस्लिम पुरुषों को खासकर अपना लक्ष्य बनाता है, जिन पर आरोप है कि वे चार-चार शादियाँ करते हैं, उनके अनगिनत बच्चे होते हैं और वे हिन्दू लड़कियों का अपहरण करके उनसे विवाह करते हैं। इस सभी का गलत उद्‌देश्य हिन्दू आबादी को अपने कब्जे में लेना है। इतिहास का उपयोग ऐसे ही घिसे-पिटे इरादों और घृणा फैलाने के लिए किया जाता है, जो वर्तमान समय में अल्पसंख्यकों में भय उत्पन्न करता है।

## सन्देशों की सादगी और सांस्कृतिक प्रतीकों का सावधानीपूर्वक चयन

यह उल्लेखनीय है कि यद्यपि संघ परिवार धर्म का उपयोग राजनीतिक आन्दोलन के लिए करता है, इसके विश्वव्यापी विचारों को समझने के लिए किसी असाधारण विद्वत्ता की आवश्यकता नहीं है। यहाँ तक कि संघ परिवार के कार्यक्रम भी उत्साहपूर्ण और बेहिचक भागीदारी उत्पन्न करने के उद्‌देश्य से नियोजित किए जाते हैं। इसकी अपीलों के आकर्षक बन जाने के कारणों में से एक है–इसमें वैचारिक सन्देशों की सादगी, जिसमें जटिलता और विवाद को जान-बूझकर टाल दिया जाता है (बसु, 1993, पृ. 36)। इसके सन्देशों को समझने के लिए किसी विश्लेषणात्मक अथवा आलोचनात्मक विद्वत्ता की जरूरत नहीं है। सादगी एक रणनीति है जिसका उपयोग संघ परिवार द्वारा हिन्दुत्व को आगे बढ़ाने के लिए किया जाता है जिसमें सांस्कृतिक प्रतीकों का सतर्क चयन शामिल है। हरेक महापुरुष जो चुने जाते हैं वे न केवल आदर के पात्र होते हैं बल्कि आसानी से पहचाने जाने योग्य भी होते हैं। ये महापुरुष श्रद्धा योग्य होते हैं तथा स्थानीय तौर पर सम्माननीय होते हैं जिनके साथ पौराणिकता और लोकतत्व भी जुड़े होते हैं। साथ ही उनकी स्वीकार्यता क्षेत्रीय एवं जातिगत सीमा से बाहर भी होती है। यह उन लोगों के लिए शक्तिशाली बन जाते हैं, जो इसका इस्तेमाल राजनीतिक आन्दोलनों के लिए करना चाहते हैं। इन प्रतीकों के इर्द-गिर्द बनाई गई अवधारणाएँ लोगों तक पहुँचाए जाने के पूर्व साम्प्रदायिकता से आवृत कर दी जाती हैं। गऊमाता, गंगामाता, भारतमाता, राम, कृष्ण एवं शिव इत्यादि कुछ प्रतीकों का उपयोग संघ परिवार द्वारा आम लोगों को संगठित करने के लिए किया जाता है। ये हिन्दू प्रतीक और अवधारणाएँ जब साम्प्रदायिक सन्देशों से युक्त हो जाते हैं, तब सामाजिक रूप से विनाशकारी हो जाते हैं। यही वह विधि है, जिससे घृणा पैदा की जाती है और हिन्दुत्व अपनी पकड़ मजबूत बनाता है।

'गऊमाता' अथवा गायमाता, एक ऐसा हिन्दू प्रतीक है जो पोषण, उदारता, देखभाल और समृद्धि को प्रतिबिम्बित करती है। अब यह गोरक्षा आन्दोलन का प्रतीक बन गया है, जो 1966 में जनसंघ और हिन्दू महासभा द्वारा संचालित किया गया था। इस गोरक्षा आन्दोलन का एक तात्कालिक राजनीतिक अर्थ था। आनेवाले चुनाव में, खासकर उत्तर भारत के हिन्दी भाषी राज्यों में, यह जनसंघ के लिए एक तैयार फसल बन गया। इसने लोकसभा चुनाव में अपनी शक्ति दुगुनी कर ली। 1962 के चुनाव में प्राप्त 14 सीटों के स्थान पर 1967 के लोकसभा चुनावों में इसे 35 स्थान की प्राप्ति हुई। इस आन्दोलन की एक प्रमुख विशेषता थी भाला और त्रिशूलधारी महात्माओं की सक्रिय भागीदारी, जिसका बाद में होनेवाले संघ

परिवार के आन्दोलनों में भरपूर राजनीतिक लाभ मिला। गोरक्षा आन्दोलन का महत्त्व उत्तर भारत के सामाजिक रूप से रूढ़िवादी हिन्दुओं के बीच जनसंघ के प्रसार के लिए था।[3]

तीन प्रतीकों–भारतमाता (जिसका चित्रण प्रायः हिन्दुओं की देवी दुर्गा/काली के रूप में किया जाता है), गंगामाता (गंगावादी) और कुछ हद तक गोमाता का प्रयोग एकात्मता यात्रा कार्यक्रम (1983) में व्यापक तौर पर हुआ। ये तीन मातृ प्रतीक बन गए, जिस पर राष्ट्रीय स्वयंसेवक संघ ने अपनी एक शाखा विश्व हिन्दू परिषद के माध्यम से व्यापक जन अभियान चलाया। एक माह तक चली इस यात्रा का प्रत्यक्ष उद्‌देश्य पूरे देश में एकता की भावना उत्पन्न करना था ताकि विश्व हिन्दू परिषद अपने सामाजिक आधार का विस्तार कर सके और इसके शहरी उच्च वर्ग से सम्बन्धित होने की छाप को मिटाया जा सके। तीनों मातृ प्रतीकों का उपयोग हिन्दू एकता के रूप में किया गया, दूसरे शब्दों में, राष्ट्रीय एकता के लिए किया गया। इस प्रकार 'हिन्दू' का 'राष्ट्र' के साथ घालमेल किया गया। इस यात्रा का स्पष्ट उद्‌देश्य क्षेत्रीयतावादी और दलित उभार वाले आन्दोलनों के बरक्स संगठित हिन्दू समाज की अवधारणा को लोकप्रिय बनाना था।

इस यात्रा ने बड़े पैमाने पर जन अभियानों को संगठित करने के लिए धार्मिक भावनाओं का उपयोग किया। लोकव्यापी समर्पित भागीदारी की परिणति एक राजनीतिक सन्देशवाले धार्मिक आन्दोलन के रूप में हुई। यात्राओं को अपने रास्तों पर व्यापक जनसमर्थन मिला।[4]

अपनी एकात्मता यात्रा के प्रति भारी जनसमर्थन से प्रोत्साहित होकर 1984 से विश्व हिन्दू परिषद एवं राष्ट्रीय स्वयंसेवक संघ ने रामजन्मभूमि मुक्ति अभियान प्रारम्भ किया। व्यापक रूप से यह जाना जाता था कि यह मुद्‌दा साम्प्रदायिक दृष्टि से संवेदनशील है। इसने अतीत में गम्भीर साम्प्रदायिक तनाव उत्पन्न कर दिया था और यह संकीर्ण हिन्दू राष्ट्रवादी सोच से भी मिलता-जुलता है।

उत्तर भारत के एक प्रमुख देवता राम गोलबन्दी के महत्त्वपूर्ण प्रतीक थे। कुछ कारकों के कारण ऐसा प्रतीत होता है कि विश्व हिन्दू परिषद द्वारा एक प्रतीक चुनने के क्रम में यह कोई निराधार चयन नहीं था। राम की तथाकथित जन्मभूमि से सम्बन्धित विवाद आरम्भ में एक स्थानीय मुद्‌दा था, जो विश्व हिन्दू परिषद द्वारा एकता का प्रतीक ग्रहण कर लेने के बाद रामजन्मभूमि मुक्ति के रूप में एक महत्त्वपूर्ण मुद्‌दा बन गया। राम भारत में, खासतौर पर उत्तर भारत में एक सुपरिचित नाम है और हिन्दुओं की लोकप्रिय परम्परा में वे सर्वाधिक महत्त्वपूर्ण देवता हैं। दक्षिण के कुछ हिस्सों को छोड़कर भारत के बड़े भाग के लिए राम और उनके प्रतिद्वन्द्वी पौराणिक अवधारणा के अंग बन गए। स्थानीय गीत, कहानियाँ और इतिहास को राम के जीवन के साथ जोड़ दिया गया है और पौराणिक रामायण धारावाहिक द्वारा भारत का प्रत्येक क्षेत्र इससे जुड़ गया है। वाल्मीकि और तुलसीदास के रूढ़िवादी संस्करणों के अतिरिक्त अन्य विविध जीवित परम्पराओं ने राम को व्यापक रूप से विख्यात देवता बना दिया है।

अन्य कारक, जिसने विश्व हिन्दू परिषद के राम के प्रति लगाव को और भी सुविधाजनक बना दिया, वह था 1980 के दशक में मध्य भारत में इलेक्ट्रॉनिक मीडिया की असाधारण वृद्धि। यद्यपि यह राज्य के नियंत्रण और देख-रेख में ही हुआ। 1987-88 में रामायण के टेलीविजन पर धारावाहिक के रूप में प्रसारण ने विश्व हिन्दू परिषद को राम को हिन्दुओं

के लिए सर्वोच्च नैतिक आदर्श के रूप में परिणत करने सम्बन्धी अभियान को तेज करने हेतु प्रोत्साहित किया। विश्व हिन्दू परिषद द्वारा राम को 'राष्ट्रपुरुष' और 'मर्यादा पुरुषोत्तम' के रूप में प्रस्तुत किया किया। शान्त रस, जिसके साथ राम परम्परागत रूप से जुड़े थे, के स्थान पर उन्हें आक्रामक भाव अथवा 'उग्रभाव' के रूप में प्रस्तुत किया (कपूर, 1993, पृ. 85)। राम के शान्त एवं सौम्य चरित्र को एक हस्तक्षेपकारी योद्धा के रूप में बदल दिया गया। (कपूर, 1992, पृ. 48)।

विश्व हिन्दू परिषद ने स्वयं स्वीकार किया कि राम का नाम केवल समर्पण का प्रतीक नहीं है, बल्कि शक्ति का भी प्रतीक है तथा हिन्दुओं की एकजुटता तथा उसे प्रेरित करने के लिए अधिक भरोसेमन्द मार्ग था।[5] विश्व हिन्दू परिषद द्वारा मातृभूमि की रक्षा के लिए पुरुषोचित दर्प का बारम्बार किए जानेवाले आह्वान के साथ 'राष्ट्रपुरुष' के रूप में राम का चरित्र बिलकुल उपयुक्त बैठता था, जो पवित्र भारतमाता की मुस्लिमों के अमंगल से ठीक उसी तरह रक्षा कर सकते थे जैसे उन्होंने अपनी पत्नी सीता की रक्षा रावण से की। प्रत्येक हिन्दू को राम जैसा बनने और भारतमाता की रक्षा करने को कहा गया। विश्व हिन्दू परिषद द्वारा राम के नाम पर चले आन्दोलन से दिसम्बर, 1992 में बाबरी मस्जिद का विध्वंस किया गया। 1980 के दशक के आखिर में भाजपा की चुनावी विजय और इसकी मुख्यधारा की पार्टी बन जाने में रामजन्मभूमि आन्दोलन का बड़ा हाथ था।

इसके साथ ही हिन्दुत्व को आगे बढ़ाने के लिए विश्व हिन्दू परिषद द्वारा मथुरा में कृष्ण मन्दिर, वाराणसी में काशी-विश्वनाथ मन्दिर और कर्नाटक प्रान्त के चिकमंगलूर में बाबा बूढ़न दरगाह के निर्माण का प्रयास किया गया जो साम्प्रदायिक दृष्टि से लोगों को एकजुट करने और साम्प्रदायिकता को और भड़कानेवाले बिन्दु हैं। संघ परिवार इन स्थलों के बारे में साम्प्रदायिक दुष्प्रचार करके लोगों में मुस्लिम-विरोधी भावना फैलाना चाहती है।

## एक सशक्त सामाजिक-आर्थिक एजेंडे का अभाव

सामाजिक रूढ़िवादी और आर्थिक दृष्टि से आधुनिकतावादी शहरी ऊँची जातियों से हिन्दुत्व को समर्थन मिलता है, क्योंकि यह ऐसी विचारधारा है जो मजबूत जातियों एवं वर्गों की शृंखला को बाधित नहीं करती। यह गैर-अनिष्टकरण इसके प्रति ऊँची जातियों में समर्थन को आकर्षित करती है जो मध्यवर्गीय हैं। महत्त्वपूर्ण यह है कि हिन्दुत्व का अन्य पिछड़ी जातियों पर अच्छा प्रभाव है और यह दलितों में भी बढ़ रहा है। इसका कारण है ऊर्ध्वमुखी गतिशीलता की अवधारणा जिसके द्वारा हिन्दुत्व सामाजिक प्रतिष्ठा और ऐसी राजनीतिक स्थिति है जो उनके आर्थिक आत्मविश्वास को भी जगाता है।

यद्यपि हिन्दुत्व विचारधारा में अन्तर्निहित सामाजिक उच्चावचक्रम और आर्थिक विशेषाधिकारों के सामीप्य की अवधारणा ने संघ परिवार के लिए एक सामाजिक-आर्थिक एजेंडा बनाने की राह में मुश्किलें पैदा कर दी हैं, जो वास्तव में व्यापक जनमानस को संगठित कर सकता है।

ऐसे मुद्दों के अभाव में, जो लोगों को प्रभावशाली ढंग से संगठित कर सकते हैं, संघ परिवार को ऐसे मुद्दों की तलाश के लिए मजबूर कर दिया है, जो लोगों को एकजुट कर

सकें। यह एजेंडा धार्मिक मुद्‌दों को उठाने से बनता है, जो लोगों की भावनात्मक प्रेरणा का हिस्सा होते हैं और अत्यन्त संकुचित स्तर पर उठाए जाते हैं। ये धार्मिक मुद्‌दें साम्प्रदायिक विभाजन को तेज करते हैं, हिन्दू समुदाय के भीतर भी विभाजन करते हैं और सामाजिक दमन को बढ़ावा देते हैं। ये मुद्‌दे व्यापक जन आन्दोलन के औजार बन जाते हैं, क्योंकि वे लोगों को संघ परिवार से जोड़ते हैं और सत्ता में आने के लिए इसकी मदद करते हैं।

संघ परिवार के राजनीतिक संगठन भाजपा को सत्ता में लाने के लिए 'हिन्दू धर्म खतरे में है', 'हिन्दुओं की एकता और भाईचारा','रामजन्मभूमि मुक्ति', 'अल्पसंख्यकों की संख्या बढ़ रही है', 'अवैध धर्मान्तरण' इत्यादि साम्प्रदायिक नारे हैं, जो मुस्लिम-विरोधी और ईसाई-विराधी भावना को बढ़ावा देने में सहायक हैं, इसके कारण अब प्रश्न उठता है कि क्या लोगों को आन्दोलित करनेवाले ये संकुचित नारे संघ परिवार के लिए उस समय फालतू हो जाते हैं, जब भाजपा सत्ता में आ जाती है? क्या अब वे परिवार के लिए उपयोगी नहीं रह जाते? ऐसा प्रतीत होता है कि यह मुद्‌दा अभी तक संघ परिवार के भीतर भी तय नहीं हो पाया है। यह 2004 के आम चुनावों में भाजपा की हार के कारणों के सम्बन्ध में भाजपा और इसके सहयोगी संगठनों के बीच चली गरमागरम बहस से संकेतित होता है।

इन प्रश्नों के सन्दर्भ में मेरा उत्तर यह है कि ऐसे मुद्‌दों का संघ परिवार के लिए महत्त्व कभी कम नहीं होगा। हिन्दुत्व अपने आपमें सामाजिक-आर्थिक बदलाव की कोई योजना नहीं है। यह समाज की वह भावना है जो धर्मनिरपेक्ष, लोकतंत्रिक और बहुलवादी मूल्यों को हटाकर, जो स्वतंत्रता आन्दोलन के मुख्य आदर्श रहे हैं और जो तभी से भारतीय राज्य की आधारभूमि रही हैं, भारत में हिन्दू राष्ट्र की स्थापना का एक संकल्प है। यह नहीं कहा जा सकता कि संघ परिवार सामाजिक उत्पीड़न अथवा आर्थिक शोषण की बात नहीं करता, नहीं कर सकता। एक समय में ऐसा था, परन्तु आज ये मुद्‌दे इसकी विचारधारा का निर्माण नहीं करते, यहाँ तक कि इसका मुख्य राजनीतिक एजेंडा भी नहीं है। ऐसे मुद्‌दे मुख्य रूप से पूरक मुद्‌दों के रूप में चुनावों के समय में उठाए जाते हैं। दूसरे शब्दों में, ये केवल चुनावी उद्‌देश्य की पूर्ति करते हैं। अतः उनके लिए इन मुद्‌दों को लेकर दीर्घकालिक आन्दोलन चलाना काफी कठिन हो जाता है, तथापि चुनावों में वे अपने एजेंडे के रूप में 'विकास' की बात काफी करते हैं।

भाजपा के सत्ता में बने रहने के बावजूद हिन्दू साम्प्रदायिक नारों में अन्तर्निहित राजनीतिक आन्दोलन की सम्भावनाएँ बनी रहेंगी। इसके अतिरिक्त, ऐसे मुद्‌दों की आवश्यकता रहती है :

- स्थानीय कार्यकर्ताओं की ऊर्जा को बनाए रखने के लिए। जैसे बजरंग दल और विश्व हिन्दू परिषद करते हैं। कार्यकर्ताओं की शक्ति, जिससे सामाजिक शक्ति और सामाजिक उपस्थिति सुनिश्चित होती है, को लगातार बनाए रखने की आवश्यकता होती है, ताकि संस्था को शिथिल होने और बिखरने से बचाया जा सके।
- हिन्दुत्व को एक जीवित आन्दोलन के रूप में बनाए रखने के लिए, अन्यथा यह लोगों के ध्यान से तिरोहित हो जाएगा। इसके नेपथ्य में चले जाने का अर्थ होगा संघ की विचारधारा की हवा निकल जाना। साम्प्रदायिक मुद्‌दों

को जीवित बनाए रखना होगा, क्योंकि इससे समर्थक जनाधार को अक्षुण्ण बनाए रखा जा सके तथा लोगों को संकीर्ण धार्मिक विचारधारा के साथ बनाए रखा जा सके ताकि वोट बढ़ाने में यह सहायक हो।

- प्रतिद्वन्द्वी राजनीतिक दलों का मुकाबला करने के लिए भावनात्मक धार्मिक साम्प्रदायिक-राष्ट्रवादी अभिमान के नारों की आवश्यकता चुनावों में पड़ती है और ऐसे नारों को आन्दोलनकारी के रूप में अधिक प्रभावशाली बनाए रखना होगा। यदि विपक्ष सामाजिक-आर्थिक मुद्दों को उछाल रहा हो, जो लोगों को प्रभावित कर सकते हैं अथवा जो राजनीतिक रूप से भयानक हो जाते हैं, तब इसकी जरूरत पड़ेगी।

## गोलबन्दी की राजनीति के रूप धार्मिक अल्पसंख्यकों के विरुद्ध हिंसा

ईसाइयों के विरुद्ध हिंसा, खासकर 1998 में और उसके बाद, को इसी दृष्टि से देखा जाना चाहिए। ईसाइयों के प्रति विश्व हिन्दू परिषद और बजरंग दल का रोष उन सभी बातों का प्रतिनिधित्व करता है, जिनकी हमने अभी चर्चा की है। यह धर्मान्तरण का मामला था, जो ईसाई समुदाय को शिकार बनाने का बहाना बन गया। अल्पसंख्यक धार्मिक समुदायों (इस बार खास ईसाइयों) द्वारा किए गए धर्मान्तरण का साम्प्रदायिक आधार पर व्याख्या की गई और इसे राष्ट्र-विरोधी बतलाया गया। इस प्रकार ईसाई विश्व हिन्दू परिषद के बैनर तले ठीक उसी तरह हिंसा के शिकार बने जैसा कि 1960 एवं 1970 के दशक में विश्व हिन्दू परिषद के शुरुआती समय में वे इसके शिकार बने थे। अतएव, ईसाइयों द्वारा धर्मान्तरण का सवाल विश्व हिन्दू परिषद के लिए कोई नया मुद्दा नहीं रह गया था, बल्कि इसके साथ एक नवीन जुझारू स्वरूप जुड़ गया था। ऐसा जुझारूपन जो मौखिक से अधिक शारीरिक था।

भाजपा की चुनावी जीत ने संघ से जुड़े संगठनों पर निश्चित रूप से प्रभाव छोड़ा। यह इस अर्थ में कि भावनाओं का उभार जोरों पर था जो अल्पसंख्यकों के विरुद्ध दुष्प्रचार और साम्प्रदायिक गतिविधियों के रूप में सामने आया। 1990 के दशक के अन्तिम दिनों में ईसाई समुदाय को लगातार लक्ष्य बनाया गया। इसके विरुद्ध नाराजगी और अविश्वास की अभिव्यक्ति का पता उस अल्प प्रभाववाली हिंसा से चलता है, जिसके लिए वे लोग खुलकर इतरा रहे थे। भारत में ईसाई मिशनरियों द्वारा जनजातीय समुदाय के लिए किए गए टिकाऊ निःशुल्क कार्यों से हिन्दू लड़ाका समूहों का गुस्सा भड़क उठा और वे शहरी मध्य वर्ग को आन्दोलित करने के माध्यम बन गए।

जो बिलकुल स्पष्ट था, वह यह था कि ये आक्रमण जितने वैचारिक थे, उतने ही राजनीतिक भी। केन्द्रीय एजेंडा, जिसके आधार पर भाजपा ने 1999 में अपना चुनाव अभियान चलाया, वह था सोनिया गांधी का इटली में ईसाई धर्म में जन्म लेना। जनजातीय क्षेत्रों में ईसाइयों पर हुई घातक हिंसा की राजनीतिक प्रकृति से यह स्पष्ट हो गया कि यह केवल हिन्दू बनाम ईसाई का मामला नहीं था। कांग्रेस के विरुद्ध यह प्रचार कि इसका नेतृत्व एक बाहरी ईसाई द्वारा किया जा रहा है और ईसाई को राष्ट्र-विरोधी बतलाने का उद्देश्य जनजातीय क्षेत्रों में कांग्रेस के प्रभाव को रोकना और हिन्दू वोटों को भाजपा के पक्ष में करना था। सोनिया

गांधी को निशाना बनाकर एक राजनीतिक लक्ष्य को पूरा किया गया। उनको कांग्रेस पार्टी के एक नेता के बजाय बाहरी ईसाई के रूप में अधिक निशाना बनाया गया।

ईसाइयों के विरुद्ध विनाशलीला प्रारम्भ करने में हिन्दू जागरण मंच, विश्व हिन्दू परिषद और बजरंग दल की संलिप्तता को नकारने की यह प्रकृति अद्भुत थी। इस इनकार के पीछे कारण सम्भवतः इस मुद्दे के प्रति जनसमर्थन के प्रति सन्देह का था। राममन्दिर से भिन्न, जिसके प्रति विश्व हिन्दू परिषद को व्यापक जन समर्थन की उम्मीद थी, ईसाई धर्मान्तरण मुद्दे का महत्त्व विश्व हिन्दू परिषद को अपने कार्यकर्ताओं की ऊर्जा को बनाए रखने की दृष्टि से था, साथ ही उसे जनभावना के प्रति भी सावधानीपूर्वक आगे बढ़ना था। आधुनिक भारत खास करके मध्य वर्ग के बीच शिक्षा के क्षेत्र में ईसाई मिशनरियों के योगदान और गरीबों के लिए किए गए कार्यों की मान्यता ने इस अनिश्चय का निर्माण किया और जनसमर्थन के प्रति सन्देह को वास्तविक बना दिया। प्रतिकूल परिणाम की स्थिति में संघ परिवार की सहयोगी संस्था को खासकर अपने सहयोगी भाजपा के राजनीतिक सशक्तीकरण के समय में यह सुनिश्चित करना था कि उन्हें मध्य वर्ग के समर्थन को खोना नहीं चाहिए।

भाजपा के केन्द्र में सत्तारूढ़ होने का अर्थ था कि इसे अल्पसंख्यकों के सवाल पर अपने गठबन्धन और संसद में किसी प्रकार की अनहोनी[6] का सामना न करना पड़े जो इसके अस्तित्व को एक सतारूढ़ दल के रूप में क्षति पहुँचा सकती थी। गठबन्धन के साथ मिलकर सरकार चलाने के एजेंडा ने भी भाजपा को अल्पसंख्यकों के साथ दुर्व्यवहार करनेवालों का खुलकर साथ देने से रोका। उससे भी अधिक अन्तरराष्ट्रीय मीडिया का भारत पर ईसाई-विरोधी हिंसा के आधार पर और 1999 में पोप की भारत यात्रा ने विश्व हिन्दू परिषद और बजरंग दल को ईसाई समुदाय के विरुद्ध हिंसा के सम्बन्ध में अपनी संलग्नता से नीचा दिखाने की प्रवृत्ति को छोड़ना पड़ा, खास करके वैश्वीकरण के दौर में आर्थिक सुधारों के कारण।

किसी भी स्थिति में, यह दिलचस्प है कि ईसाई विरोधी हिंसा में संलग्नता से इनकार कतिपय द्वन्द्वात्मक वक्तव्यों एवं अल्पसंख्यकों के प्रति कार्रवाइयों के साथ चला। इनके साथ वे वक्तव्य भी संलग्न थे जिसमें अल्पसंख्यक समुदायों को शैतानी और प्रचंडता के साथ पेश किया गया। यह बताना जारी रहा कि ईसाई और मुस्लिम समुदायों में वह बात पाई जाती है जो विश्व हिन्दू परिषद को हिंसा के लिए भड़काती है। तथापि हथियारों का यह प्रयोग सदा आत्मरक्षार्थ और हिन्दू धर्म की रक्षा के लिए बताया जाता रहा है। इन वक्तव्यों के साथ गम्भीर आरोप जुड़े थे कि ईसाई 'भारत को विभाजित करने के अन्तरराष्ट्रीय षड्यंत्र' से जुड़े थे। वे 'राष्ट्र-विरोधी भावना' और 'अलगाववादी भावना' का पोषण कर रहे थे।[7]

शिकार बनाए गए ईसाइयों पर यह दोषारोपण करना कि उन्होंने अपने ही चर्चों में आग लगाई, ईसाई संन्यासिनों को अपमानित किया, यह तर्क मजाक लगता है परन्तु इसने इस धारणा को मजबूत बनाया कि पहले से ही दुखी और धमकी का सामना कर रहे हिन्दू समुदाय को धार्मिक अल्पसंख्यक समुदाय ने पुनः खतरे में डाल दिया है, खास करके जब-जब ये समुदाय 'राष्ट्र-विरोधी'-अलगाववादी' हो गए हों, ये आरोप तनावपूर्ण भारत-पाक सम्बन्धों के मद्देनजर और भी गम्भीर अर्थवाले हो जाते हैं। इसके बिना यह सम्भव नहीं है कि राष्ट्रीय स्वयंसेवक संघ और इसके सहयोगी संगठन स्वयं को राष्ट्रीय सुरक्षा के रक्षक बतलाएँ। जब

'राष्ट्रीय सुरक्षा' शब्द और कार्य दोनों रूपों में मुस्लिम व ईसाई बनाम हिन्दू व्याख्या से सम्बन्धित हो जाते हैं। राष्ट्र-विरोधी/हिन्दू-विरोधी तत्त्व बनाम निर्दोष हिन्दू पीड़ित। राष्ट्रीय स्वयंसेवक संघ ने इस उद्देश्य के साथ अपना 75वाँ स्थापना दिवस मनाते हुए अक्टूबर, 2000 में एक शिविर आयोजित किया कि इसमें यह दावा किया जाएगा कि यह हिन्दुओं का एक बड़ा संगठन है, और रोचक तथ्य यह कि शिविर को 'राष्ट्रीय रक्षा महाशिविर' कहा गया था। इसके कुछ माह पूर्व बजरंग दल को विश्व हिन्दू परिषद का पर्यायवाची बताया गया, जबकि यह हिन्दू-विरोधियों के लिए एक आतंकी संगठन हैं।[8]

यह उल्लेखनीय है कि अल्पसंख्यकों पर आक्रमण व्यक्तिगत आक्रमण नहीं थे बल्कि कुछ खास अल्पसंख्यक समूहों पर पहचान को लेकर हुए आक्रमण थे। अल्पसंख्यक-विरोधी हिंसा का लक्ष्य ईसाई मिशनरी या जनजातीय अथवा कोई मुस्लिम मौलवी या गन्दी बस्तियों में रहनेवाला एक गरीब मुस्लिम हो सकता था, किन्तु जिस पर अधिक ध्यान दिया जाना चाहिए वह यह है कि इन सारे अपमानों के माध्यम से अल्पसंख्यक समुदायों को ही लक्ष्य बनाया गया, जो संघ परिवार का लक्ष्य है।[9] वस्तुतः एक कदम आगे बढ़कर यह भी कहा जा सकता है कि अल्पसंख्यक समुदाय जो भारत का एक विशिष्ट भाग है, उसका अस्तित्व संघ परिवार के विरुद्ध है। एक ईसाई अथवा मुसलमान से, जो अपने समुदाय के सदस्य के रूप में आस्था रखता हो, जिसे भारतीय नागरिक के अधिकार प्राप्त हों, संघ परिवार सहमत नहीं हो सकता। एक गलत धारणा कि अल्पंसख्यक समुदाय एकल राजनीतिक शक्ति है, इस विमुखता से जुड़ जाती है। दूसरे शब्दों में, बहुलतावाद संघ परिवार की विश्व-दृष्टि के अनुकूल नहीं बैठता। अशोक सिंघल के शब्दों में, 'इस्लाम का भारत में भविष्य तभी है, जब यह अन्य सैकड़ों सम्प्रदायों में स्वयं को विलीन कर दे।'[10] साथ ही यह भी कि 'कुरान की व्याख्या इस देश में ठीक से की जानी चाहिए। इसे (कुरान) भारत की महान परम्परा के अनुकूल बन जाना चाहिए।'[11] ये वक्तव्य इस बात को स्पष्ट कर देते हैं कि सामुदायिक पहचान का त्याग करना एक ऐसी माँग है जो संघ परिवार अल्पसंख्यक समुदायों से करता है।

गोधरा कांड ने गुजरात की राजनीतिक धारा को बदल दिया। इस घटना के बाद संघ परिवार के सदस्यों और समर्थकों के हाथों हुई मुस्लिम-विरोधी हिंसा ने दिसम्बर 2002 के विधानसभा चुनावों में भाजपा को सत्ता में वापस ला दिया। पार्टी ने अपने चुनाव अभियान को जनभावना के साथ जोड़ दिया, जिसने हिन्दुत्व को सुरक्षा का समानार्थी बना दिया और आतंकवाद को मुस्लिम समुदाय का एक और नाम। राष्ट्रीय सुरक्षा के बैनर तले संघ परिवार के सहयोगियों ने गुजरात में भाजपा के लिए अभियान चलाया।

राजनीतिक आन्दोलन के अनुसरण में एक व्यापक जनसंहार हुआ जिसे विभाजन के पश्चात् हुए दंगे के तुल्य क्रूर और कष्टकारी माना जा सकता है। अन्तर इतना ही है कि इस बार मुस्लिम थे, जिन्हें निर्ममतापूर्वक शिकार बनाया गया, जिसकी तुलना जातीय संहार के साथ की जा सकती है। हिन्दुत्व (और हिन्दुत्व के लिए हिंसा) ने चुनावों में असरदार भूमिका निभाई और भाजपा की वैसे समय में आशातीत बहुमत प्राप्त करने में मदद की, जिस समय विकास और पुनर्वास के स्थानीय मुद्दों (भूकम्प एवं दंगा पीड़ितों के) ने इसके विरुद्ध बड़ा झुकाव ला दिया था। 2000 में स्थानीय निकायों के चुनाव में भाजपा को भारी

पराजय का मुँह देखना पड़ा था। 1995 में प्राप्त 82 प्रतिशत मत के विरुद्ध इसे केवल 27 प्रतिशत जिला पंचायत की सीटों पर जीत हासिल हो पाई। सर्वाधिक महत्त्वपूर्ण यह है कि यह अहमदाबाद और राजकोट नगरपालिका चुनाव हार गई और फिर कुछ उपचुनावों में भी इसे हार का सामना करना पड़ा।

संघ के सहयोगी संगठनों ने अपनी शक्ति आक्रामक साम्प्रदायिक अभियान में झोंक दी और गोधरा में रेलगाड़ी जलाए जाने, संसद और अक्षरधाम पर हमले को 'मुस्लिम आतंकवाद' के रूप में प्रचारित किया। मुख्यमंत्री नरेन्द्र मोदी के नेतृत्व में भाजपा ने गुजरात में 'सुरक्षा-भावना' का जमकर सम्प्रदायीकरण किया, जिसे वे विकास से भी अधिक महत्त्व देते थे। बार-बार यही कहा जाता था कि केवल 'सुरक्षा' सुनिश्चित होने पर ही 'विकास' सम्भव है।

2002 के गुजरात विधानसभा चुनावों के परिणाम दर्शाते हैं कि भाजपा को गुजरात प्रकरण के चलते बहुत फायदा हुआ।[12] भाजपा का वोट प्रतिशत 1998 के 44.81 प्रतिशत से बढ़कर इन चुनावों में 51 प्रतिशत हो गया। सर्वाधित दंगाग्रस्त क्षेत्रों–पंचमहाल (जिसमें गोधरा आता है), दाहोद, बड़ोदरा-गुजरात के मध्यवर्ती जिलों में–भाजपा ने सारी की सारी सीटें जीत लीं। इसने मध्य गुजरात की 50 में से 42 सीटों पर जीत हासिल की, जो सर्वाधिक प्रभावित क्षेत्र था, जो इस दृष्टि से एक बड़ी उपलब्धि थी कि इस क्षेत्र में 1998 में इसे केवल 15 सीटों पर विजय मिली थी। 1998 में कांग्रेस और इसके सहयोगी दल आर.जे.पी. का मध्य गुजरात में वर्चस्व था। अहमदाबाद, जहाँ मुसलमान बड़ी निर्दयता के साथ मारे गए थे, कुल 19 सीटों में से भाजपा को 17 स्थानों पर विजय मिली तथा कांग्रेस केवल 2 सीटों पर सिमट गई। 65 दंगाग्रस्त निर्वाचन क्षेत्रों में से 52 पर भाजपा को सफलता मिली और कांग्रेस को 13 स्थानों पर। 116 अप्रभावित क्षेत्रों में भी भाजपा का प्रदर्शन कांग्रेस से आगे रहा और इसे 74 सीटें प्राप्त हुईं, जबकि कांग्रेस ने 38 सीटें और अन्य ने 4 सीटें जीतीं। तथापि दंगाग्रस्त क्षेत्रों में भाजपा का वोट प्रतिशत अप्रभावित क्षेत्रों की अपेक्षा अधिक रहा। जिन 52 क्षेत्रों में इसे सफलता मिली थी, उनमें इसका वोट प्रतिशत 56.4 था और जिन 74 अप्रभावित क्षेत्रों में इसे सफलता मिली थी, उनमें यह 45.6 प्रतिशत था। यह मतदाताओं के सम्प्रदायीकरण के फलस्वरूप प्राप्त हुआ संकेतित होता है। दूसरी ओर कांग्रेस का वोट प्रतिशत प्रभावित और अप्रभावित क्षेत्रों में क्रमशः 37.6 प्रतिशत एवं 40.4 प्रतिशत था।

यद्यपि गुजरात 1969 से ही कई गम्भीर जातीय तथा साम्प्रदायिक हिंसा का साक्षी रहा है, तथापि 1980 के दशक तक ऊँची जातियों एवं वर्गों का बार-बार हिंसक संघर्ष गुजराती राजनीति का सामान्य अंग नहीं बना था। (देसाई, 2002)। क्षत्रिय, हरिजन, आदिवासी और मुस्लिम (खाम) गठबन्धन की सफलता का यहाँ काफी असर हुआ। 1980 में कांग्रेस के 'खाम' फार्मूले ने वर्चस्वशाली संस्कृति की ऊँची जातियों के लिए चुनौती पेश कर दी, जिन्होंने उस समय गुजराती संस्कृति के हिन्दुत्ववादी आधार को बहुत प्रभावशाली विकल्प के रूप में स्वीकार किया (पारेख, 2002, पृ. 29)। हिन्दुत्व की विचारधारा ने उच्चवर्गीय उद्यमियों अथवा मध्य वर्ग को अपने महान राजनीतिक, आर्थिक और सामाजिक नियंत्रण वाले एजेंडे के साथ चलने की स्वीकृति प्रदान की' (याज्ञनिक, 2002 पृ. 21)। इसने शायद ही अपने समर्थकों के लिए कोई नैतिक सवाल उठाया (वही)। इस प्रकार, गोधरा में हिन्दुत्व के

कार्यकर्ताओं पर हमले, जिसके सम्बन्ध में आरोप है कि ये मुस्लिमों द्वारा किए गए, से इन वर्गों में इतना अधिक क्रोध उत्पन्न हुआ कि मुस्लिमों के विरुद्ध हुई क्रूर हिंसा का खुलकर समर्थन किया गया और इसे उचित ठहराया गया। इस हिंसा में दलितों और आदिवासियों की भागीदारी अभूतपूर्व थी, जिसका कारण आर्थिक संकट और सामाजिक पहचान में भी ढूँढ़ा जा सकता है। 1980 के दशक से विश्व हिन्दू परिषद का गुजरात के दलित और आदिवासी समुदायों के बीच किए गए धरातलीय कार्यों से भी 2002 के मुस्लिम-विरोधी हमले में उनकी संलग्नता स्पष्ट होती है।

2004 के आम चुनावों में गुजरात में कांग्रेस की चौंकानेवाली वापसी भी इस बात का प्रमाण है कि भाजपा और इसके साथी संगठनों के लिए 'विकास' और आर्थिक मुद्दे हिन्दुत्व को शक्तिशाली बनाने का कभी विकल्प नहीं हो सकते।

## निष्कर्ष

दिसम्बर 2002 के आम चुनावों के विपरीत 2004 के चुनावों में, जिनमें भाजपा ने कांग्रेस को फरवरी-मार्च 2002 के जनसंहारों के कारण पीछे धकेल दिया और संघ परिवार के लिए आन्दोलन की सफल रणनीति बना दिया। ये रणनीतियाँ आन्तरिक तौर पर सहजीवितावादी हिन्दुओं पर थोपी गईं, जिसके प्रतिक्रियास्वरूप उनमें 'बाहरी लोगों के विरुद्ध भय और घृणा उत्पन्न कर दी, जिन्हें हिन्दुत्व के अस्तित्व के लिए चुनौती के रूप में चित्रित किया गया। यह लोक मनोविज्ञान स्वयं इतिहास की साम्प्रदायिक व्याख्या, धार्मिक नारों के उपयोग, और उन सामाजिक प्रतीकों द्वारा, जिसने हिन्दू-समुदाय को समाजीकृत किया, जिसमें जातीय श्रेष्ठता को न केवल ज्यों का त्यों छोड़ दिया गया, बल्कि उसे और अधिक उभारा गया पर आधारित है।

अल्पसंख्यक विरोधी शाब्दिक और शारीरिक हिंसा, हिन्दुत्व आन्दोलन की रणनीति के अविभाज्य अंग हैं। हिन्दुओं और अल्पसंख्यक धार्मिक समुदायों के विरुद्ध घृणा उत्पन्न करने के प्रयास किए जाते हैं जिसके तहत अल्पसंख्यकों को विदेशी के रूप में चित्रित किया जाता है, जिनका भारतीय नागरिता का दावा झूठा है। यह हिंसा आगे चलकर अल्पसंख्यकों के खलनायकीकरण से जुड़ जाती है, जिन्हें दुराग्रही, असहिष्णु, राष्ट्र-विरोधी और आतंकी के रूप में चित्रित किया जाता है।

सर्वाधिक दुखद है हाशिए का जीवन बिता रहे लोगों में हिन्दुत्व के प्रति बढ़ती स्वीकार्यता। जैसे कि दलित और आदिवासी और अन्य उत्पीड़ित वर्गों, यथा—महिलाओं एवं शहरी कामकाजी वर्गों में बढ़ती लोकप्रियता। इन समूहों के बड़ी संख्या में लोगों को आन्दोलित किया जाना एक ऐसी प्रवृत्ति है, जिसके गहन अध्ययन और तत्काल कार्रवाई की जरूरत है।

## सन्दर्भ एवं टिप्पणियाँ

1. आर.एस.एस. के बारे में विस्तृत जानकारी हेतु गोयल (1979) तथा एंडरसन (1987) को देखें।
2. सम्पूर्ण विवेचन हेतु देखें, पनिक्कर (1991) एवं थापर (1991)
3. इस आन्दोलन की विस्तृत जानकारी के लिए देखें 'ग्राहम' (1993)
4. अधिक जानकारी के लिए देखें काट्जू (2003)

5. कोटिया, 1990, पृ. 7, यह लेख पहली बार 5 नवम्बर, 1989 को *राजस्थान पत्रिका* में प्रकाशित हुआ।
6. गुजरात की घटना के समय इस भावना को भुला दिया गया।
7. कंग, 1999, पृ. 25
8. जोशी, 2000, पृ. 25
9. इस अन्तर्दृष्टि के लिए मैं प्रोफेसर जावीद आलम के प्रति कृतज्ञ हूँ।
10. राजेश जोशी, अशोक सिंघल के साथ एक साक्षात्कार, *आउटलुक,* 22 फरवरी, 1999, पृ. 16
11. वही, पृ. 17
12. चुनाव आँकडे से सम्बन्धित स्रोत : *इंडिया टुडे,* 30 दिसम्बर, 2002 एवं *फ्रंटलाइन* 3 जनवरी, 2003

## सन्दर्भ


➢ एंडरसन, वाल्टर के. एवं श्रीधर डी. डामले, *ब्रदर हुड इन सैफ्रॉन : दि राष्ट्रीय स्वयंसेवक संघ एंड हिन्दू रिवाइवलिज्म* (बोल्डर, वेस्टव्यू प्रेस, 1987)

➢ बसु, तपन, प्रदीप दत्ता, सुमित सरकार, तनिका सरकार एवं सम्बुध सेन, *खाकी शॉर्ट्स एंड सैफ्रॉन फ्लैग्स* (हैदराबादः ओरियंट लांगमैन, 1993)

➢ देसाई राधिका, 'ब्लेजिंग गुजरात : 'दी इमेज ऑफ इंडियाज फ्यूचर' (*द हिन्दू,* 6 मार्च, 2002 को प्रकाशित लघु संस्करण)

➢ गोयल, डी.आर. *राष्ट्रीय स्वयंसेवक संघ* (नई दिल्ली, राधाकृष्ण प्रकाशन, 1979)

➢ ग्राहन, बूस, *हिन्दू नेशनलिज्म एंड इंडियन पॉलिटिक्स : दि ओरिजिंस एंड डेवलपमेंट्स ऑफ भारतीय जनसंघ* (कैम्ब्रिज, कैम्ब्रिज यूविर्सिटी प्रेस, 1993)

➢ जोशी, राजेश, 'लुक देलही, ऐम रोम', *आउटलुक,* 10 जुलाई, 2000

➢ कंग, भवदी, 'मेथड इन मैडनेस', *आउटलुक,* 18 जनवरी, 1999

➢ कपूर, अनुराधा, 'मिलिटेंट इमेजेज ऑफ ए ट्रेन्क्विल गॉड' असगर अली इंजीनियर (सम्पा.) *पॉलिटिक्स ऑफ कन्फ्रन्टेशन : दि बाबरी मस्जिद रामजन्मभूमि कन्ट्रोवर्सी रन्स-रॉइट* (नई दिल्ली, अजन्ता पब्लिकेशन, 1992)

➢ कपूर, अनुराधा, 'डेयटी ट्र क्रूसेडर : द चेंजिग आइकोनोग्राफी ऑफ राम, ज्ञानेन्द्र पांडेय (सम्पा.), *हिन्दूज एंड अदर्स : दि क्वेशन्स ऑफ आईडेंटिटी इन इंडिया टुडे* (नई दिल्ली, वाइकिंग, 1993)

➢ काट्जू, मंजरी, *विश्व हिन्दू परिषद एंड इंडियन पॉलिटिक्स* (हैदराबाद, ओरिएंट लांगमैन, 2003)

➢ कोटिया, कैलाशचन्द्र, *रामशिला से राम मन्दिर तक* (फ्रॉम रामाज ब्रिकटू रामाज टेंपुल), *हिन्दू विश्व* (जनवरी, 1990)

➢ पनिक्कर, के.एन., (सम्पादित) *कम्युनलिज्म इन इंडिया : हिस्ट्री पोलिटिक्स एंड कल्चर* (नई दिल्ली, मनोहर, 1991)

➢ पारिख, भीखू, 'मेकिंग सेंस ऑफ गुजरात', *सेमिनार,* नं. 513 (मई 2002)

➢ थापर, रोमिला, *कम्युनलिज्म एंड दि हिस्टोरिकल लिगेसी : सम फेसेट्स,* के.एन. पनिक्कर द्वारा सम्पादित '*कम्युनिलिज्म इन इंडियाः हिस्ट्री, पोलिटिक्स एंड कल्चर*' (नई दिल्ली, मनोहर, 1991).

➢ व्यास, एच.के. *विश्व हिन्दू परिषद : द आर.एस.एस. ब्रॉड आउटफिट फॉर स्प्रेडिंग मिलिटेंट अग्रेसिव हिन्दू कम्युनल पाइजन* (नई दिल्ली, कम्युनिस्ट पार्टी ऑफ इंडिया पब्लिकेशन, 1983)

➢ याज्ञनिक, अच्युत, 'दी पैथोलॉजी ऑफ गुजरात', *सेमिनार* नं. 513 (मई 2002)

# रूढ़िवाद, साम्प्रदायिकता एवं लैंगिक न्याय

—विभूति पटेल

**प्रस्तावना**

मेरा यह दृढ़ विश्वास है कि यदि हम रूढ़िवाद एवं साम्प्रदायिकता सम्बन्धी अपनी समझ को नहीं बढ़ा पाते हैं तो महिलाओं का जीवन खतरे में पड़ जाएगा। भारतीय संविधान का अनुच्छेद 14 एवं 15 महिलाओं को जाति, वर्ग, धर्म, प्रजाति और पन्थ से परे स्वतंत्रता और समानता का अधिकार देता है। परन्तु रूढ़िवादी शक्तियाँ इसे भारतीय महिलाओं के जीवन में प्रवेश से वंचित रखती हैं। नागरिक समाज में साम्प्रदायिक संघर्ष से महिलाओं के मानस पर स्थायी छाप पड़ जाती है और लैंगिक न्याय को पाने की उनकी सम्मिलित कोशिश को व्यक्तिगत अथवा सार्वजनिक क्षेत्र में रोक देती है।

रूढ़िवाद के पास धार्मिक हठधर्मिता की धारणा होती है, जो परम्परागत विश्वासों और उपासनाओं, जिनमें पितृसत्तात्मक लैंगिक (जेंडर) भूमिकाएँ भी शामिल हैं, को बढ़ावा ही नहीं देती बल्कि थोपती भी है। (क्रामेरी एवं स्पेंडर, 2000) यह दमनात्मक है, क्योंकि यह मानता है कि महिलाओं को केवल घर और बच्चों की देखभाल तक सीमित रहना चाहिए और हमेशा पुरुषों द्वारा बनाए गए नियम-कायदों का पालन करना चाहिए। यह इस बात पर जोर देता है कि महिलाओं की यौनिकता, प्रजनन क्षमता और श्रम पर पितृसत्तात्मक नियंत्रण ईश्वर-प्रदत्त है और इसका विरोध नहीं होना चाहिए। यह अपनी विचारधारा से परिवार और वंशवाद को पुनर्बलित करता है। इस अर्थ में रूढ़िवाद आधुनिकीकरण, सामाजिक-आर्थिक परिवर्तन, जनसांख्यिकीय बदलाव और बहुसंस्कृतिवाद का प्रतिकार है।

दो शताब्दी पूर्व, साम्प्रदायिकता की धारणा समुदाय आधारित पहचान से जुड़ी हुई थी। उत्तर-औपनिवेशिक विमर्श में साम्प्रदायिकता को प्रतिरोधी (विरोधमूलक) सामूहिक अभियान समझा जाता है जो धर्म आधारित है तथा जिसके कारण इस उपमहाद्वीप का भारत और पाकिस्तान के रूप में विभाजन हुआ और बार-बार होनेवाले साम्प्रदायिक संघर्ष का कारण भी बना। (माहेश्वरी, 2000)

**पृष्ठभूमि**

विश्व-भर में और भारत में भी रूढ़िवाद, साम्प्रदायिकता और लैंगिक न्याय के मुद्दों को 1980 के दशक के राजनीतिक एजेंडे में प्रमुखता मिली। राष्ट्र संघ महिला दशक (1975-85) अधिवेशन, जो नैरोबी में सम्पन्न हुआ, ने रूढ़िवादियों द्वारा किए जा रहे भेदभाव की प्रत्यक्ष

भुक्तभोगी महिलाओं के अनुभव को पहली बार सबके सामने प्रस्तुत किया। लैटिन अमेरिका के बहुत सारे देशों, फिलीपींस, स्पेन एवं इटली में ईसाई रूढ़िवादियों ने उन महिलाओं को दंडित किया, जो गर्भनिरोधकों का प्रयोग करती थीं अथवा जिन्होंने गर्भपात करा लिया था। बहुत से मुस्लिम देशों में मुस्लिम कट्टरपन्थियों ने महिलाओं को ऊँची शिक्षा देने से मना करने की माँग की। कुवैत में महिला अधिकार कार्यकर्ताओं की उच्च शिक्षा के अधिकारों को कुचल डाला गया क्योंकि रूढ़िवादी ताकतें महसूस कर रही थीं कि उच्च शिक्षा महिलाओं को अनियंत्रित बना देती है। अल्जीरिया में उन घरों को जला दिया गया जिनमें महिलाएँ प्रमुख थीं। रूढ़िवादियों के मतानुसार तलाकशुदा, विधवा, परित्यक्त और एकल महिलाएँ एवं अल्प वयस्काएँ कैसे पुरुष संरक्षण के बिना रह सकती हैं। उत्तरी अफ्रीकी देशों में उन महिला-समूहों को, जो अफ्रीकी बालिकाओं के बन्ध्याकरण का विरोध करते थे, डायन कहकर मार डाला गया। डॉ. नवल सदावी, जिन्होंने एक चिकित्सक के रूप में, बन्ध्याकरण से इनकार कर दिया और इस विषय पर बेस्ट सेलर पुस्तकें लिखीं, को जेल में डाल दिया गया। (सदावी, 1982)। महिला विदुषियों, लेखिकाओं, उपन्यासकारों और पेशेवरों को अपना देश छोड़ना पड़ा और रूढ़िवादी फतवों के कारण निर्वासित जीवन बिताना पड़ा। डॉ. तस्लीमा नसरीन को अभी भी रूढ़िवादियों के उनकी जान के पीछे पड़े रहने के कारण खानाबदोश जीवन बिताना पड़ रहा है। बहुत से एशियाई देशों में महिला अधिकारों के कार्यकर्ता, जिन्होंने लैंगिक न्याय के लिए पारिवारिक नियमों की माँग की, को दंडित किया गया और राजद्रोह के आरोप में झूठे मुकदमों में फँसाया गया। दक्षिण एशिया में हिन्दू, सिख और मुस्लिम रूढ़िवादियों ने कठोर पोशाक प्रतिबन्ध लागू किए। उन्होंने उन महिलाओं पर एसिड फेंककर शारीरिक अपमान और सामाजिक बहिष्कार के रूप में दंडित किया, जिन्होंने अपने बाल कटा लिये थे। पुरातन विचार, अत्याचार, मध्ययुगीन और महिला विरोधी पारिवारिक कानून को विवाह, तलाक, बच्चों के अभिरक्षण, अलगाव, गुजारा, ससुराल अथवा मायके में रहने सम्बन्धी अनेक महत्त्वपूर्ण विषयों के निष्पादन में लागू किया गया। यह सूची अनन्त है।

इसी परिप्रेक्ष्य में यह उल्लेखनीय है कि महिलाओं की गरिमा में रुचि रखनेवाले सभी व्यक्तियों को अस्मिता की राजनीति में लैंगिक प्रश्नों को तलाशने के लिए बाध्य किया गया। विगत दो दशकों से, यह महिला आन्दोलनों का एक केन्द्रीय विषय रहा है। बीसवीं शताब्दी के अन्तिम 25 वर्षों में केवल दो आन्दोलनों को एक साथ शक्ति प्राप्त हुई। वे थे—स्त्रीवाद और रूढ़िवाद।

संगठित कामकाजी मजदूरों के संघर्ष के बिखराव ने गरीबों को एक नई पहचान के लिए बाध्य किया है। कॉरपोरेट पूँजीवाद के समरूपकारी प्रभाव को आर्थिक वैश्वीकरण का सहयोग मिला जिसने धर्म, नस्लीयता और जाति आधारित पहचान को आक्रामक रूप से दृढ़ता प्रदान की। सभी पितृसत्तात्मक शक्तियाँ महिलाओं को अपने सम्मान और पहचान के साधन के रूप में स्वीकार करती हैं। अतएव महिलाएँ पहचान की राजनीति में अपनी भागीदारी से अलग हो जाती हैं। पहचान की राजनीति से सम्बन्धित सत्ता-संघर्ष की उपलब्धियाँ महिलाओं के शरीर पर नियंत्रण (पोशाक-नियम, घूमने-फिरने पर पाबन्दी, नस्ली शुद्धता का नियम और अन्तरजातीय, अन्तरधार्मिक एवं अन्तर्नस्लीय मिश्रित विवाहों के लिए दंड), हिंसा (बलात्कार

एवं अपमान), बलात् प्रजनन (जातीय विनाश) और मनोवैज्ञानिक क्षति (आतंकित करके, अपमानित करके और महिलाओं को लगातार बन्धक बनाकर) द्वारा निर्धारित किए जाते हैं।

## पहचान की राजनीति से जुड़ा लैंगिक प्रश्न

साम्प्रदायिक शक्तियों ने राज्य एवं समाज के महत्त्वपूर्ण मामलों में अपनी पकड़ बना ली है जिसमें संविधान और न्यायपालिका के अवमूल्यन और संस्कृति प्रसार माध्यम, धर्म और जीवन-शैली के सम्प्रदायीकरण आदि शामिल हैं। इस सौदेबाजी में महिलाएँ बराबर नुकसान उठाती रही हैं। साम्प्रदायिक राजनीति की महिलाओं के अधिकारों और मर्यादाओं के निर्धारण में सदा महत्त्वपूर्ण भूमिका रही है। संवैधानिक विवादों के प्रारम्भ से ही व्यक्तिगत कानूनों का प्रश्न, जो स्त्री पुरुष सम्बन्धों के महत्त्वपूर्ण क्षेत्रों को शासित करता है, यथा–विवाह, तलाक, बच्चों का अभिरक्षण, अभिभावकत्व का अधिकार, निर्वहन, अलगाव और सम्पत्ति–हमेशा विवादास्पद रहे हैं। एक ओर भारतीय संविधान अपने सभी नागरिकों को जाति, वर्ग, धर्म और लिंग से परे समानता का अधिकार देता है, जबकि दूसरी ओर, सभी धर्मों का समादर करने के नाम पर इसमें विभिन्न धर्मों की महिलाओं से सम्बन्धित पारिवारिक कानूनों में भेदभाव करता है। बहुसंख्यक साम्प्रदायिकतावादी हिन्दुत्व के नजरिए से समान नागरिक संहिता की माँग करते हैं। शाहबानो प्रकरण में भारतीय जनता पार्टी की चिन्ता और इसके प्रति आपराधिक चिन्ता और रूपकँवर मामले में सती-प्रथा के समर्थन को समान नागरिक संहिता के लोकतांत्रिक बिन्दुओं के हिन्दूकरण के परिप्रेक्ष्य में देखा जाना चाहिए। साथ ही, यह अल्पसंख्यक समुदायों के मन-मस्तिष्क में भय भी उत्पन्न करता है जो कट्टरता बढ़ाने और उन महिलाओं पर प्रतिबन्ध लगाने में भी सहायक होते हैं जो व्यक्तिगत मामले में लैंगिक न्याय की माँग करती हैं।

कोई भी रूढ़िवादी दुष्प्रचार, जिसका सम्बन्ध इसकी पहचान से है, लैंगिक सवालों का उपयोग उन महिलाओं पर कठोर कानून लागू करने में करता है, जो संस्कृति और परम्परा की वाहक मानी जाती हैं। ये कानून इनमें पुत्रों के प्रति विशेषाधिकार और कन्या भ्रूण-हत्या (हिन्दू साहित्य से उद्धरण : तुम एक सौ पुत्रों की माता बनो, क्या रामायण और महाभारत के किसी वाचक को पुत्री थी, जैसे प्रश्न, जिससे पता चलता है कि कन्याएँ अपवित्र हैं) के रूप में प्रकट होते हैं। सती (विधवा-दहन)–पूरे भारत में सैकड़ों सती-मन्दिर हैं और विश्व सती महिमामंडन संघ का मुख्यालय शिकागो में है। विधवाओं के मामले में डायन प्रथा क्योंकि वे अपवित्र मानी जाती हैं, पोशाक-प्रतिबन्ध, आम दुर्व्यवहार और आदर्श महिला की सामाजिक छवि जो पितृसत्तात्मक नियमों को सहर्ष स्वीकार कर लेती है, आदि को रूढ़िवादी एजेंडे के तहत महिलाओं पर थोपा जाता है। पिछले कुम्भ मेले में 60,000 महिला तीर्थ यात्रीगण अपने भाई, बेटे और सम्बन्धियों से बिछुड़ गए। इलाहाबाद पुलिस ने उन्हें उनके परिवारों से मिलवाने की भरपूर कोशिश की परन्तु परिजनों ने उन्हें स्वीकार करने से इनकार कर दिया। अब सरकार ने तीर्थों एवं कठिन परिस्थितियों में पड़ी हुई महिलाओं, परित्यक्त विधवाओं के लिए विशेष बजटीय प्रावधान किया है।

सिखों में सम्पत्ति के बँटवारे को रोकने के लिए रूढ़िवादी विश्वास के तहत विधवाओं को उनके देवरों के साथ (जिसे चादर-नवाजी कहा जाता है) बलपूर्वक भी विवाहित कर दिया जाता है। मुस्लिमों में रूढ़िवादी ताकतें (काजी और दलाल) मुत्ता (अस्थायी) विवाहों का व्यापार

करते हैं जिसमें निकाहनामा और तलाकनामा पहले से ही तैयार होता है। जवान लड़कियों को उनके गरीब, अशिक्षित, आश्रित और बेरोजगार सम्बन्धियों द्वारा इस प्रकार के विवाह में ढकेला जाता है। इन विवाहों का पंजीकरण नहीं किया जाता अतएव उनकी कोई कानूनी मान्यता नहीं होती। ऐसे संविदा विवाहों का मुख्य आकर्षण 'मेहर' की राशि होती है (नकद एवं सामान दोनों रूपों में)। अधिकांश मामलों में लड़कियों के साथ धोखाधड़ी होती है और उनका यौन शोषण होता है। (जावडेकर, 2003) इस प्रकार वेश्यावृत्ति धार्मिक अनुष्ठानों के माध्यम से थोप दी जाती है। माँग करनेवाले देशों और आपूर्ति करनेवाले देशों की आपराधिक न्याय प्रणाली इस मामले में कोई कठोर उपाय नहीं करती, क्योंकि धर्म आधारित इस देह-व्यापार से सम्बन्धित पर्यटन से प्राप्त धन का मामला अधिक महत्त्वपूर्ण होता है। रूढ़िवादी शक्तियों द्वारा नातेदारी तंत्र का उपयोग महिलाओं के अन्तरराष्ट्रीय व्यापार के लिए किया जाता है। युवा, कमजोर, रोती हुई और भूख की मारी लड़कियों को बुर्के में ढँककर दक्षिणी एशियाई देशों (भारत, पाकिस्तान, श्रीलंका और बँगलादेश) से खाड़ी देशों में भेजा जाता है। इस प्रक्रिया में बहुत-सी लड़कियाँ मर जाती हैं अथवा गायब हो जाती हैं। भयंकर प्रताड़ना के इस माहौल में जो जीवित बच जाती हैं, वे उसी तंत्र द्वारा अपने मूल देश में वापस भेज दी जाती हैं जब वे शारीरिक तौर पर यौन रोगों के कारण अथवा एच.आई.वी.-एड्स से संक्रमित हो जाने के कारण अनुपयोगी हो जाती हैं।

### अल्पसंख्यक समुदाय की महिलाओं के प्रति हिंसक व्यवहार करनेवालों को वीरत्व प्रदान किया जाना

बाबरी मस्जिद के विध्वंस के पश्चात् हुए सूरत दंगों में सेना एवं अर्द्धसैनिक बलों की उपस्थिति में मुस्लिम महिलाओं के बलात्कार के रक्तरंजित दृश्य को कैमरे में कैद किया गया। यह नागरिक समाज के सर्वाधिक अमानवीय पक्षों को प्रदर्शित करता है। उपहास उड़ाने वाली भीड़ के समक्ष इसके प्रदर्शन ने अल्पसंख्यक समुदाय की महिलाओं और बच्चों पर स्थायी छाप छोड़ी। इसने उन्हें पूरी तरह शर्मिन्दा कर दिया। सोमालिया में भी रूढ़िवादी शक्तियों ने रोती-बिलखती, नग्न, उपेक्षित बलात्कृत महिलाओं को आतंकित, अपमानित और धमकाने तथा उन्हें उनकी औकात बताने के लिए वीडियो टेपों का उपयोग किया। भोपाल (1992) और गुजरात दंगों (28 फरवरी, 2002 के बाद) के माध्यम से मुस्लिम सफाया अभियान ने महिलाओं के लिए भयावह स्थिति उत्पन्न कर दी जिन्होंने सबसे खराब यौन-हिंसा देखी। (इंजीनियर, 2003)। वैसे बलात्कार एक ऐसा अपराध है, जो साम्प्रदायिक दंगों के दौरान किया जाता है। परन्तु मीडिया बलात्कार की घटनाओं को रिकॉर्ड करना, उसकी प्रतियाँ तैयार करना और यहाँ तक कि बलात्कार के टेप मीडिया द्वारा बेचना अत्यन्त शर्मनाक है। यह अभूतपूर्व है और मीडिया के खतरनाक उपयोग को स्पष्ट करता है। इसके अतिरिक्त, हरेक दंगे के बाद उत्पन्न संकीर्ण अनुभवों का परिणाम यह होता है कि महिलाओं और बालिकाओं की गतिशीलता कम हो जाती है।

विश्व के सभी राष्ट्र-राज्य अल्पसंख्यकों के प्रति निर्मम साबित हुए हैं। इंग्लैंड में उपद्रवी शक्तियों द्वारा जब मन्दिरों और मस्जिदों को ध्वस्त किया जाता है, तो राज्य तंत्र इन मामलों में हस्तक्षेप नहीं करना चाहता। ब्रिटेन के 'बहुसंस्कृतिवाद' और भारत के 'सभी धर्मों के प्रति समादर-भाव' को इसी दृष्टि से देखा जाना चाहिए। अल्पसंख्यकों तथा आप्रवासी समुदायों

की पितृसत्तात्मक व्यवस्था को खुश करके राज्यों का पितृसत्तात्मक पूर्वग्रह हमेशा ही महिला-हितों के साथ समझौता करता है ताकि सत्तारूढ़ दल को थोक में वोट प्राप्त हो सकें। जब परिजनों द्वारा वयस्क लड़कियों को घरों में बन्द करके रखा जाता है, ताकि वे अपने युवा मित्रों के साथ भाग न जाएँ तथा आनन-फानन में उनका विवाह कर दिया जाता है, तब राज्यों के 'अ-हस्तक्षेप' का कारण इसी खेल के हिस्से के रूप में देखा जा सकता है।

### अल्पसंख्यकों के सम्प्रदायीकरण का मूल

विगत दो दशकों से 'सैप', ट्रांसनेशनल कॉरपोरेशन तथा बहुराष्ट्रीय कम्पनियों की तरफ से किए जा रहे आर्थिक वैश्वीकरण ने कामकाजी महिलाओं के अत्यधिक शोषण और मूलभूत आजीविकाओं और शहरी, ग्रामीण तथा जनजातीय गरीब लोगों के अधिकांश लोगों पर हमला करके भयानक मानव दुर्दशा को जन्म दिया है। दैनिक जीवनयापन के क्षेत्र में व्याप्त असुरक्षा ने धार्मिक संकीर्णतावादियों को 'कुत्ते की तरह काटने और श्वान संस्कृति' (गलाकाट प्रतिस्पर्द्धा) को बढ़ाने का अवसर प्रदान कर दिया है। कानून के संरक्षकों द्वारा ही 'पकड़ो, मारो और उनका बलात्कार करो' की नीति ने गुजरात में राज्य प्रशासन और कानूनी व्यवस्था पर से लोगों के विश्वास को बिलकुल समाप्त कर दिया है। अल्पसंख्यक महिलाओं के अत्यधिक शोषण के लिए श्रम, उत्पाद एवं बाजार की जगह को अलग-अलग क्षेत्रों में संकुचित कर दिया गया है जिसके कारण मजदूरों की स्थिति बदतर हुई है। रूढ़िवादियों, साम्प्रदायिकतावादियों द्वारा लिंग, जाति, भाषा और आप्रवासी प्रकृति के कामकाजियों के ऊपर दोहरी आर्थिक जिम्मेदारी डालकर उनके साथ भेदभाव किया गया। (पटेल, 2003) कामकाजी वर्ग के क्रान्तिकारी जन आन्दोलनों में नेतृत्व का भारी संकट है। इसने फासीवाद ताकतों के फलने-फूलने का सुअवसर प्रदान कर दिया है।

यह धारणा अब वैश्विक बन गई है जिसे सोमालिया, बोस्निया और मध्यपूर्व के बिगड़ते हालात से स्पष्ट समझा जा सकता है। इस एकध्रुवीय विश्व में बड़े भाई की भूमिका ने संयुक्त राज्य अमेरिका को ऐसी आर्थिक और विदेशी नीतियाँ अपनाने को प्रेरित किया है, जिससे उसे नेतृत्वकारी शक्ति प्राप्त होती है। यह फासीवादी ताकतों के लिए उपयुक्त है। काबुल से मुजाहिदीनों को निकाल बाहर कर दिए जाने के बाद स्त्री-मुक्ति एक प्रमुख मुद्दा बना। ठीक इसी समय संयुक्त राज्य ने रूढ़िवादियों को सत्ता में आने का अवसर दिया। अमेरिका ने इराक के इस्लामी क्रान्ति के लिए सुप्रीम कौंसिल से हाथ मिलाया, जो ईरान के मुल्लाओं से सम्बन्धित एक रूढ़िवादी इस्लामी समूह है। पेंटागन की पितृसत्तावादी सोच ने इराक के पुनर्निर्माण के लिए कानूनी संहिता तैयार करने के लिए केवल पुरुष वकीलों और न्यायाधीशों की नियुक्ति की है। (बसु, 2003)। इराक की शिक्षित महिलाओं ने उम्मीद जताई थी कि सद्दाम के पतन के बाद उत्पन्न शून्य को शिया मुसलमानों के राजनीतिक नेताओं द्वारा भरा जा सकेगा, जो रूढ़िवादी नैतिक मूल्यों, यथा—'हिजाब', यौन नैतिकता के सम्बन्ध में दोहरी मान्यता को खत्म करने का प्रयास करेंगे जिसने महिला को सार्वजनिक जीवन से बहिष्कृत कर दिया था। (किंग, 2003)

नस्लवादी, जातीय एवं धार्मिक सभी प्रकार की उपद्रवी ताकतों की अन्तरराष्ट्रीय नेटवर्किंग ने सभी धर्मनिरपेक्ष ताकतों के लिए खतरा उत्पन्न कर दिया है, जो सामाजिक, सांस्कृतिक, शैक्षणिक और राजनीतिक व्यवस्था में बहुमतवाद के सिद्धान्त को समर्पित है। ये मीडिया और

इंटरनेट का व्यापक प्रयोग कर रहे हैं। ये युवा-मानस को विदेशियों के प्रति भय की भावना से विषाक्त कर रहे हैं। 'बचपन पर हमला' की कट्टरवादियों की नीति बच्चों से दूध, पुस्तकें छीन रही है और उन्हें बन्दूक चलाना सिखाकर आतंकी बना रही है। विज्ञान और प्रौद्योगिकी का इस्तेमाल उन्हें मौत और विनाश का पाठ पढ़ाने हेतु किया जा रहा है। इस विनाशकारी खेल में सर्वाधिक नुकसान महिलाओं को हो रहा है। उनके घृणा-अभियान ने मानवता के समक्ष अनेक प्रकार की परेशानियाँ उत्पन्न कर रखी हैं। हजारों महिलाएँ विधवा हो चुकी हैं और हजारों बच्चे अनाथ हो गए हैं। आर्थिक स्वतंत्रता के अभाव में (क्योंकि रूढ़िवादी महिलाओं को काम करने नहीं देते) महिलाएँ पहले से ही शादीशुदा पुरुषों से विवाह करने को बाध्य की जाती हैं। प्रत्येक युद्ध/दंगा/जनसंहार के बाद पक्षपाती धार्मिक कठमुल्लाओं के कारण बहुविवाह में बढ़ोतरी हो जाती है। ऐसा अफगानिस्तान में पिछले दशक में हो चुका है। (चेनॉय, 2001) वर्तमान में यह इराक में हो रहा है। पहचान की राजनीति, प्राकृतिक विपदाओं (यथा, लातूर और कच्छ) एवं मानवकृत विध्वंस के समय में राहत मुहैया कराने में 'हम' और 'वे' के साम्प्रदायिक विचारधारा के हथियार अल्पसंख्यकों को कोई लाभ प्राप्त करने से रोकते हैं। आर्थिक एवं राजनीतिक रूप से वर्चस्वशाली समूहों की पूंजी को द्विगुणित करने हेतु प्रत्येक विध्वंस के बाद अल्पसंख्यक पुनः दरकिनार कर दिए जाते हैं और सस्ते श्रम बाजार में धकेल दिए जाते हैं।

### कट्टरतावाद, साम्प्रदायिकता और महिलाओं के विरुद्ध हिंसा

संविधान प्रदत्त मानवाधिकारों और मौलिक अधिकारों को कट्टरपन्थियों द्वारा पोशाक प्रतिबन्ध लगाकर, काम करने का अधिकार न देकर और महिलाओं की प्रधानता वाले परिवारों पर हमला करके वंचित किया जाता है, जिसके प्रति महिला अधिकार समूहों द्वारा आपत्ति की जाती है। कट्टरपन्थियों द्वारा महिलाओं को पत्थर मारकर मृत कर देना उन्हें दी जानेवाली अतिशय क्रूर सजा है। स्व-नियुक्त नैतिकता के संरक्षकों द्वारा की जानेवाली हिंसा से विगत दशक में कई देशों की असंख्य महिलाएँ अत्यन्त कष्टदायी और अपमानजनक ढंग से अपनी जान गँवा चुकी हैं। एशिया, अफ्रीका और मध्यपूर्व में न केवल जनजातीय अपितु तथाकथित सभ्य समूहों में भी 'प्रतिष्ठा के लिए हत्या' कट्टरपन्थियों और साम्प्रदायिक तत्त्वों के बीच प्रचलित हो चुकी हैं। हाल ही में, नाइजीरिया का एक शरीयत न्यायालय अमीना लोवाल नामक एक बच्चे की माँ को व्यभिचार के आरोप में पत्थर मारकर जान लेने की सजा दे चुका है। इस निर्णय के प्रति विश्व-भर में शोर हुआ। परिणामतः, पहली बार, राज्य ने शरीयत के फैसले को क्रियान्वित नहीं किया।

### यौन-बहिष्कार

कट्टरवादी ताकतों ने ईरान, अल्बेनिया, दक्षिण अफ्रीका के साहेल, पख्तून, मलेशिया, और टर्की में यौन बहिष्कार का कानून लागू करने हेतु राज्यों को बाध्य कर दिया है। (हजर्पे, 1983) 'सऊदी अरब में महिलाएँ जटिल जीवन बिताती हैं, जिसमें एक तरफ कठोर परम्पराएँ और आचार संहिताएँ हैं वहीं दूसरी ओर शिक्षा और स्वतंत्रता की आधुनिक माँगें शामिल होती हैं, (मेगाली, 2002) कई पुरातनपन्थी देशों में स्टेडियमों और खेल परिसरों में महिलाओं

के प्रवेश पर रोक लगा दी गई है। 22 जनवरी, 2003 को अफगास्तिान के मुख्य न्यायाधीश ने आदेश देकर केबल टेलीविजन और सहशिक्षा पर राष्ट्रव्यापी प्रतिबन्ध लगा दिया। (डब्ल्यू. एल.यू.एम.एल., 2003) अल-बदर मुजाहिदीन और लश्करे जब्बार, जो लश्करे तोएबा का सहयोगी संगठन है, ने कश्मीर के सरकारी माध्यमिक विद्यालय के बाहर एक पोस्टर लगाया हैं जिसमें कहा गया था कि 19 दिसम्बर, 2002 से लड़कियाँ अपनी पढ़ाई समाप्त कर दें।

## पोशाक-प्रतिबन्ध

कश्मीरी संघर्ष ने महिलाओं के जीवन के लिए अत्यन्त भय और असुरक्षा की स्थिति उत्पन्न कर दी है। (दीवान, 2002) कश्मीरी मिलिटेंट द्वारा बुरका थोपे जाने का जिन्होंने विरोध किया, उन्हें भयानक परिणाम भुगतने पड़े। तालिबानी हुकूमत में अफगानिस्तान इस्लामी कानूनों को लागू करने में काफी आगे बढ़ गया, जिनके कारण महिलाओं का जीवन कभी न समाप्त होनेवाली सजा जैसा हो गया। इसने सभी प्रकार के वाहन चालकों को ऐसी महिलाओं को लाने-ले जाने से मना कर दिया, जिसने चादर अथवा चादरी न ओढ़ी हो। इसने महिलाओं को किसी नदी अथवा रेगिस्तान में अपने वस्त्र धोने से भी मना कर दिया। (पेवरिन, 1997) शिवसेना के एक वरिष्ठ सदस्य नानक राम थावनी ने केन्द्र और राज्य सरकार से अनुरोध किया है कि सभी विद्यालयों, महाविद्यालयों में पढ़नेवाली लड़कियों के लिए ड्रेसकोड निर्धारित किया जाए। (डब्लू.एल.यू.एम.एल., 2003)

20 दिसम्बर, 2002 की सुबह राजौरी जिला के थानामंडी तहसील के अन्तर्गत आनेवाले हैसियत नामक गाँव में मुस्लिम महिलाओं और लड़कियों को बुरका धारण करने के लिए निर्धारित अन्तिम तिथि बीत जाने के कुछ घंटे बाद कश्मीरी कट्टरपन्थी मिलिटेंटों ने तीन महिलाओं को मार डाला, जिनमें दो छात्राएँ और एक शिक्षिका थी। (*दि इंडियन एक्सप्रेस,* 27 दिसम्बर, 2002)

## काम करने का अधिकार

पुरातनपन्थी राज्यों में नव-उपविनेशवाद के दौर में और मध्य-पूर्वी क्षेत्र में स्वातंत्र्योत्तर काल में महिलाओं को सबसे पहले निशाना बनाया गया। इन सभी देशों में साम्राज्यवादी ताकतों के विरुद्ध अपने पुरुष साथियों के साथ महिलाओं ने बहादुरीपूर्वक लड़ाई लड़ी। परन्तु 'क्रान्ति' अथवा 'राष्ट्रीय मुक्ति' के सफल हो जाने के बाद कट्टरपन्थी ताकतों ने घरों की चारदीवारी के भीतर महिलाओं को धकेल दिया। 'अरब न्यूज' जो सऊदी का अंग्रेजी दैनिक है, लिखता है कि सऊदी महिलाएँ घूँघट में रहने के बजाय कठिन क्षेत्रों में अच्छा काम पाने के प्रति अधिक चिन्तित हैं। कश्मीरी मिलिटेंट समूह, लश्करे-जब्बार ने मुस्लिम महिलाओं को अपनी नौकरी छोड़कर घरों में रहने को अथवा दंड भोगने को कहा है, जिसमें मौत तक शामिल है। (*दि टाइम्स ऑफ इंडिया,* 21 जनवरी, 2003)

कट्टरपन्थियों की धमकियों के बावजूद पुरातनपन्थी देशों में भी महिलाएँ पुरुषों के क्षेत्र में प्रवेश कर चुकी हैं, यथा–विदेश सेवा, कूटनीतिक मिशन, न्यायपालिका, सेना, पुलिस, फुटबॉल जैसे खेल, राजनीतिक संस्थाएँ, अकादमिक संस्थान, औद्योगिक चैम्बर्स इत्यादि।

### महिलाओं की प्रधानतावाले परिवार

महिलाओं की प्रधानतावाले परिवार कट्टरपन्थियों की आँखों की किरकिरी होते हैं। स्वतंत्र और आर्थिक रूप से आत्मनिर्भर होकर अपने बच्चों अथवा बुजुर्गों सहित जीवन बिता रही महिलाओं को सताने, लांछित करने, दरकिनार करने, परित्यक्त करने, तलाकशुदा बनाने, एकल और अलग महिलाओं को परेशान करने का भरपूर प्रयास किया जाता है। वे महिलाओं को परिवार के मुखिया के रूप में स्वीकार नहीं करते। जहाँ कहीं भी कट्टरपन्थी ताकतें शक्तिशाली हो गई हैं, महिला प्रधानता वाले परिवारों का सताया जाना और शिकार बनाया जाना शुरू हो गया है।

### साम्प्रदायिक शिक्षा

'इंडियन एसोशिएसन ऑफ वीमेंस स्टडीज' के दसवें राष्ट्रीय सम्मेलन में विद्यालयों-महाविद्यालयों की पाठ्यपुस्तकों के सम्प्रदायीकरण के मुद्दे पर गम्भीर विचार-विमर्श हुआ। इसमें विभिन्न राज्य प्रतिनिधियों ने प्रतिवेदित किया कि संघ परिवार द्वारा युवा और बुजुर्गों को विद्यालयों, शाखाओं, मन्दिरों, सत्संग आदि के द्वारा' शिक्षित' करने का सुनियोजित प्रयास किया जा रहा है। ऐसी शिक्षा के द्वारा जिसमें संस्थाओं की एक पूरी शृंखला है, संघ परिवार ने अपने साथ बड़ी संख्या में महिलाओं को शामिल करने का उपाय कर लिया है, जो आगे चलकर अपने बच्चों में घृणा फैला रही हैं। (आई.ए.डब्ल्यू.एस., 2003)

'नेशनल करिकुलम फ्रेमवर्क' और 'एन.सी.ई.आर.टी.' (नेशनल कौंसिल ऑफ एजुकेशनल रिसर्च एंड ट्रेनिंग) की नई पुस्तकों के माध्यम से जो शिक्षा दी जा रही है, उनमें महिलाओं का परिवारिक जीवन सर्वथा पितृसत्तात्मक शर्तों के अधीन जीवन व्यतीत करते हुए चित्रित किया गया है। इसमें महिला आन्दोलनों को परिवारों को तोड़ने के लिए जिम्मेदार ठहराया गया है। बहुत से स्त्री अध्ययनकर्ता विद्वानों ने गुजरात की दुखद घटना को शिक्षा की विफलता के रूप में व्याख्यायित किया है, जिसने क्रूर मर्दानगी को जन्म दिया है।

कश्मीर के हालात ने महिलाओं की शिक्षा को संकट में डाल दिया है। 'यूनाइटेड लिबरेशन फ्रंट ऑफ असम' (यू.एल.एफ.ए.) प्रभावित इलाके में भी ऐसा ही हुआ और लिबरेशन टाइगर्स ऑफ तमिल ईलम (एल.टी.टी.ई.) के प्रमुखतावाले क्षेत्र जाफना (श्रीलंका) में भी यही हुआ। लैटिन अमेरिका के ईसाई कट्टरपन्थी भी इनसे भिन्न नहीं हैं। ये सभी अपने बर्बर एजेंडे के पोषण के उद्देश्य के लिए महिलाओं का उपयोग आत्मघाती दस्ते के रूप में करते हैं। विश्व हिन्दू परिषद के शिविरों में पहले लड़कियों का दिमाग साम्प्रदायिक शिक्षा से विकृत किया जाता है ('मुस्लिमों की आबादी हिन्दुओं से अधिक हो जाएगी', 'मुस्लिम पुरुष कामुक होते हैं', 'मुस्लिम महिलाएँ अधिक बच्चे पैदा करनेवाली', 'मुस्लिम पैदायशी अपराधी होते हैं', 'जातीय शुद्धता के लिए जाति प्रथा अत्यावश्यक है', 'शूद्र और अतिशूद्र प्रदूषणकारी हैं') और इसके साथ ही उन्हें हथियार (लाठी, तलवार, और चाकू) चलाने का प्रशिक्षण भी दिया जाता है।

हिन्दुत्ववादी शक्तियों द्वारा पैदा की गई मानसिकता कितनी सशक्त होती है इसका उदाहरण विल्सन कॉलेज के युवा छात्रों को प्राप्त एक हास्यपूर्ण लेख से जाना जा सकता है जिसके अनुसार देश में मुसलमानों को हत्यारा, नशाविक्रेता, क्रिकेट में धोखाधड़ी करनेवाला, अपहर्ता, आतंकी बताया गया है। इसका शीर्षक है, 'पकिस्तानी मैथ क्यूश्चन पेपर'। इसका

पहला ही प्रश्न मुस्लिम समाज में पुरुष-महिला सम्बन्धों के बारे में है। यह इस प्रकार है : अब्दुल हत्या के जुर्म में जेल गया। उसकी सात पत्नियाँ थीं। अब्दुल ने अपनी पत्नियों में पैसे इस तरह बाँटे कि प्रत्येक पत्नी को अपने पिछले प्रतिद्वन्द्वी से दुगुना मिला। इसके बाद अब्दुल ने घर पर 1700 रुपए छोड़े। अब्दुल की सबसे बूढ़ी पत्नी को कम से कम रु. 25 प्रतिमाह की आवश्यकता थी। वह समय बताएँ कि अब्दुल को कब जेल तोड़कर बाहर आना पड़ेगा ताकि उसकी सबसे बूढ़ी पत्नी को भूखों मरना न पड़े।' इस किस्म के और भी कई वेबसाइट्स हैं जो मुस्लिम पुरुषों का शैतानीकरण करते हैं।

साध्वी ऋतम्भरा के सर्वाधिक बिक्री वाले भाषणों और नारों के कैसेट्स, जो हिन्दुत्ववादी विचारधारा के सबसे ठेठ संस्करण हैं, में रामकेन्द्रित और राष्ट्रीय स्वयंसेवक संघ-नीत यह परिप्रेक्ष्य निहित है कि महिलाओं के लिए अग्नि-परीक्षा के अलावा कुछ भी नहीं है (अर्थात् अपना सतीत्व और पवित्रता प्रमाणित करने के लिए अग्नि में प्रवेश करो')। हिन्दुत्ववादी शक्ति द्वारा 1986 से 1990 में आयोजित रामजन्मभूमि अभियान के दौरान दिए गए साध्वी ऋतम्भरा के भाषणों और उनके प्रिय नारे 'यदि रक्तपात होता है तो इसे सदा के लिए हो जाने दो' ने 1992 के दंगों में भारी भूमिका निभाई (सरकार, 2001)।

### अन्तरजातीय, अन्तरधार्मिक एवं अन्तरप्रजातीय विवाहों पर प्रतिबन्ध

प्रजातीय, जातीय और धार्मिक शुद्धता की बात कट्टरपन्थियों के मस्तिष्क में बहुत गहरे तक समाई होती है जो विभिन्न जाति-समूहों, धार्मिक समुदायों एवं प्रजातीय पृष्ठभूमिवालों के अन्तरसम्बन्धों और अन्तरविवाहों से सख्त नफरत करते हैं। भिन्न जातिवाले नव-विवाहित दम्पतियों की हत्या, उन्हें सताए जाने, अपहरण, जबरन गर्भपात, बिना मुकदमा चलाए मार देने आदि के समाचारों से समाचार-पत्र भरे पड़े होते हैं। यहाँ तक कि राज्य और आपराधिक न्याय प्रणाली भी बड़ी मुश्किल से ऐसे प्रेम विवाहों को संरक्षण दे पाती है। ऐसे दम्पतियों को सामाजिक बहिष्कार, नौकरी मिलने, आवास सुविधा और उनके बच्चे के स्कूल में नामांकन आदि में भारी दिक्कत होती है। पति अथवा पत्नी द्वारा धर्मान्तरण की शर्त का पालन करने के बाद दम्पतियों को विवाह की अनुमति प्रदान किया जाना भी रूढ़िवादी मानसिकता का ही विस्तार है, जो कट्टरपन्थी मानसिकता द्वारा पैदा की जाती है।

### महिलाओं के विरुद्ध साम्प्रदायिक हिंसा

गुजरात में महिलाओं के विरुद्ध साम्प्रदायिक हिंसा राज्य की जवाबदेही के हिसाब से अभूतपूर्व है। अभिवंचना को बेशर्मी के साथ शौर्य के रूप में प्रस्तुत करनेवालों में महिलाओं की हिंसा की भयानक स्थिति थी, जिसने घृणा की एक दुर्लभ दीवार खड़ी कर दी, जो इसके बार-बार होनेवाले दुष्प्रभाव का कारण और उसका औचित्य सिद्ध करनेवाली है। विभाजन के समय हुई महिलाओं के प्रति हिंसा और अत्याचारों का दस्तावेज तैयार करने में पचासों वर्ष लग गए। आश्चर्य है, अभी इसमें और कितना समय लगेगा!

लारा जेसानी की निम्नांकित कविता कट्टरपन्थी हमलों और साम्प्रदायिक जनसंहारों की लपेट में आई महिला की भी पीड़ा का स्पष्ट बयान करती है, चाहे वे 1992-93 के मुम्बई

दंगों की शिकार महिलाएँ हों, चाहे उसके दस वर्ष बाद 2002-03 में गुजरात के शरणार्थी-शिविरों में शिकार हुई महिलाएँ :

*आँखें बरस रहीं, अनियंत्रित,*
*धर्मभीरुता चोट पहुँचाती, इसलिए ओस की बूँदें लुढ़क रही हैं।*
*प्रकाशित, पारदर्शी, तथापि वेदनामयी*
*सदा के लिए अविश्वास में जीती।*
*हदय पिघल रहा, रक्षा असम्भव*
*घायल संवेदना, सभी ओर*
*अपलक क्षण, अनन्त दुख के*
*दागों को गहरा कर देती है, जो कोई नहीं ले सकता।*
*बाधाओं में गम्भीर, दुख से परिपूर्ण,*
*खुशी के स्थान पर शुद्ध उदासी।*
*प्यार का अवसान छटपटानेवाली वेदना,*
*एक दिन के विराम के उपरान्त शुरू हो जाता पुनः।* (भावानुवाद)

बढ़ती हिंसा के प्रत्युत्तर में गुजरात के दंगा प्रभावित ग्रामीण, शहरी और जनजातीय क्षेत्रों से सम्बन्धित तथ्यान्वेषी समिति के प्रतिवेदन के आधार पर राहत और पुनर्वास सम्बन्धी कार्यों में समन्वय स्थापित करने के लिए मुम्बई की कई महिला संगठनों ने एक संयुक्त मोर्चा बनाया। यौन अपमान, पीटा जाना, बलात्कार एवं महिलाओं और बच्चों को जलाए जाने, गर्भवती महिलाओं के वक्ष काटे जाने और उनके गर्भस्थ शिशु की हत्या किए जाने तथा बच्चों को जलाए जाने के विरोध में आवाज-ए-निशवाँ, अक्षरा, आल इंडिया डेमोक्रेटिक वीमेंस एसोशिएसन, डॉक्यूमेंटेशन, रिसर्च एंड ट्रेनिंग सेंटर—जस्टिस एंड पीस कमीशन, फोरम अगेंस्ट ऑप्रेशन ऑफ वीमेन, फोरम फॉर वीमेंस हेल्थ, महाराष्ट्र महिला परिषद्, महाराष्ट्र स्त्री अभ्यास व्यास पीठ, महिला दक्षता समिति, मजलिस, एन.एफ.आई.डब्ल्यू., साख्य, स्पेशल सेल फॉर वीमेन एंड चिल्ड्रेन, स्त्री मंच, स्त्री-मुक्ति संगठन, स्त्री संगम, स्वाधार, वाचा, वीमेंस सेंटर, यंग वीमेन क्रिश्चियन एसोसिएशन आदि ने 13 मई, 2002 को राष्ट्रीय प्रतिरोध दिवस मनाते हुए समारोह में भाग लिया। उन्होंने खासकर यौन हिंसा के मामलों और महिलाओं के विरुद्ध हिंसा के सम्बन्ध में प्राथमिकी दर्ज किए जाने की माँग करते हुए इसकी निन्दा की। उनके जीवित बचे सगे-सम्बन्धियों को गवाह के रूप में स्वीकार करने हेतु सभी थानों में दी गई अर्जियों की प्रतियाँ सभी सार्वजनिक समूहों को उपलब्ध कराई गईं। राज्य एवं केन्द्र सरकार की मिली भगत के कारण महिला-समूहों ने अनुभव किया कि एक स्वतंत्र महिला मानवाधिकार आयोग के समक्ष गुजरात नरसंहार के मामले की विशेष सुनवाई किए जाने की आवश्यकता है। (नयनार एवं उमा, 2003)

महिलाओं के विरुद्ध हिंसा से निपटने के लिए एक विपदा केन्द्र 'दिलासा', जिसका कार्यालय बम्बई म्युनिसिपल कॉरपोरेशन हॉस्पिटल में है, ने गुजरात जनसंहार की महिला पीड़ितों के राहत शिविरों का भ्रमण किया और अनुशंसा की कि इन पीड़ितों के लिए त्वरित परामर्शी सेवा शुरू की जाए। (भुर्त्ते, 2003)।

## वैश्विक पहल

विश्व-भर में फैले उन स्थानीय लोगों के लिए, जो अपनी घरेलू न्यायपालिका से सन्तुष्ट न हो पाए हों और अन्तरराष्ट्रीय स्तर पर न्याय पाना चाहते हैं, मार्च, 2003 में अन्तरराष्ट्रीय अपराध न्यायालय स्थापित किया गया।

अधिकांश शिष्टमंडलों को उस समय एक नाटकीय घटनाक्रम ने चौंका दिया जब राष्ट्र संघ की महिलाओं की स्थिति से सम्बन्धित आयोग की सैंतालीसवें सत्र के अन्तिम दिन की समाप्ति के केवल आधा घंटे पूर्व ईरान के प्रतिनिधि, जो मिस्र और सूडान के प्रतिनिधियों से समर्थित थे, अनुच्छेद (ओ) के प्रति अपनी सरकार की आपत्ति को दर्ज कराने के लिए उठे। इसमें कहा गया था, 'महिलाओं के विरोध में होनेवाली हिंसा की निन्दा की जाए और ऐसे कामों में उनके सहयोग की सम्भावना को बनाए रखने के लिए किसी भी प्रथा, परम्परा अथवा धर्म का हवाला देने से बचा जाए।' इस बात के लिए तैयार नहीं थे कि सम्बन्धित अनुच्छेद आम सहमति के साथ पूर्ण रूप से स्वीकार कर लिए जाने के बाद उनकी राय को रिकॉर्ड किया जाए। महिलाओं के मानवाधिकारों एवं महिलाओं के विरुद्ध की जा रही सभी प्रकार की हिंसा के उन्मूलन से सम्बन्धित 'आपसी सहमति प्राप्त निष्कर्षों' आम सहमति के अभाव में वह सत्र स्थगित कर दिया गया। प्रतिनिधियों को कहा गया कि कार्रवाई पुनः प्रारम्भ करने सम्बन्धी ताजा तिथि की सूचना उन्हें बाद में दी जाएगी। यह संकट एक अल्पसंख्यक समूह द्वारा उत्पन्न किया गया और कुछ पर्यवेक्षकों ने अनुभव किया कि महिलाओं के प्रति की जानेवाली हिंसा के उन्मूलन को कतिपय पुरुषों के अहं की बलिवेदी पर कुर्बान कर दिया गया।

जब सत्र पुनः शुरू हुआ तब तक (अमेरिका के शिष्टमंडलों और गैर-सरकारी संगठनों के प्रतिनिधि जो *महिलाओं की स्थिति सम्बन्धी आयोग* (सी.एस.डब्ल्यू.) के लिए आए थे, इस पक्ष में नहीं थे कि दस्तावेजों की निगरानी की जाए। *महिलाओं की स्थिति सम्बन्धी आयोग* से उभरकर जो निष्कर्ष सामने आया, वह यह था कि राष्ट्रीय और अन्तरराष्ट्रीय स्तर पर महिला मानवाधिकारों को बढ़ावा देने के लिए नीति और कार्यक्रमों का क्रियान्वयन किया जाए।

आयोग द्वारा उस वर्ष सम्बोधित किए गए दो मुख्य विषय महिला मानवाधिकार और सभी प्रकार की महिला विरोधी हिंसा थे। तथापि, अन्तिम दस्तावेज, जो अनुमानतः स्वीकार किया जाएगा (विवादास्पद अनुच्छेद सहित अथवा रहित) उसमें बहुत-सी महत्त्वपूर्ण बातें निहित हैं; यथा–

1. आर्थिक एवं सामाजिक क्षेत्र की नीतियाँ, जो देशों में और उनके बीच आर्थिक असमानता बढ़ाती हैं, वे लिंग-आधारित असमानता और हिंसा को भी बढ़ाएँगी।
2. महिला विरोधी हिंसा अन्दर से लिंग आधारित भेदभाव से सम्बन्धित है। तथा
3. पुरुष महिला विरोधी हिंसा को रोकने में अहम भूमिका निभा सकते हैं, यदि वे शिक्षा एवं संवेदना को जगाकर इसके प्रति सचेत हो जाएँ।

## ताजा बहस

महिलाएँ केवल अपने लिंग (जेंडर) को लेकर ही शिकार नहीं होती हैं। वे पितृसत्तात्मक व्यवस्था, जो समुदाय के स्तर पर कार्य करती है, के लिए भी खतरा हैं। यहाँ तक कि घेरेबन्दी में

पड़े समुदाय के स्तर पर भी। वही समुदाय अपने अस्तित्व के लिए आक्रांत होकर महिलाओं की ओर से पीठ फेर लेता है जब उन पर शत्रुओं का हमला होता है। महिला अधिकारों से जुड़ी कार्यकर्ताओं द्वारा इस पूर्वग्रह को पहले की कार्रवाइयों में भी देखा जा चुका है और यह आश्चर्यजनक नहीं हो सकता। तो भी, यह अधिक दुर्भाग्यपूर्ण प्रतीत होता है कि किसी समुदाय को बड़े पैमाने पर होनेवाले उल्लंघनों की आन्तरिक सूचना रहती है फिर भी यह महिलाओं को दरकिनार करने में संकोच नहीं करते। अतएव महिलाओं के लिए सुरक्षा संजाल बनाने में यह एक जटिल स्थिति है, इसके लिए महिलाओं द्वारा स्वतंत्र रूप से व्यवस्थित सुरक्षा संजाल तैयार किया जाना महत्त्वपूर्ण हो जाता है।

महिला समूह, यथा–मजलिस (मुम्बई) एवं मासूम (पुणे) आगे आ रहे हैं। संयुक्त राज्य द्वारा भारत में संकीर्णतावादी घृणा-प्रचार में लगी संस्थाओं को इलेक्ट्रॉनिक अन्तरण के माध्यम से राशि अन्तरित किए जाने की व्यवस्था को समाप्त करने हेतु स्टॉप फंडिंग हेतु अभियान संचालित किया जा रहा है। (http://www.stopfundinghate.org)।

## महिलाएँ और पारिवारिक कानून

विगत दो दशकों से पीड़ित महिलाओं को समर्थन प्रदान करनेवाले महिला समूहों द्वारा एशियाई, अफ्रीकी तथा लैटिन अमेरीकी देशों में लैंगिक न्याय पर आधारित पारिवारिक कानूनों की माँग की जाती रही है। (अख्तर, 1989) विकासशील देशों की प्रवासी-महिलाएँ, जो औद्योगीकृत विश्व में बस गई हैं, को भी लैंगिक न्याय आधारित पारिवारिक कानूनों से शोषित किए जाने की वकालत की जा रही है।

भारत में विभिन्न धार्मिक समूहों की महिलाओं को लैंगिक न्याय प्रदान किए जाने हेतु धर्मनिरपेक्ष महिला समूहों का बहुमत पारिवारिक कानूनों में सुधार का हिमायती है (एग्नेस, 2003)। हिन्दू साम्प्रदायिक संगठन समान नागरिक संहिता की माँग कर रहे हैं। महिला समूहों के दबाव के कारण, पुराने ईसाई तलाक अधिनियम में सुधार किए गए हैं। हिन्दू अविभाजित सम्पत्ति अधिनियम में बेटियों को पैतृक सम्पत्ति में हिस्सा देने के लिए सुधार किया गया है। आन्ध्रप्रदेश में महिलाओं को भूमि का अधिकार दिया है। स्वतंत्र्योत्तर भारत में मुस्लिमों के जीवन से सीधे सम्बन्धित एकमात्र अधिनियम जो पारित हुआ है, वह है–कुख्यात *मुस्लिम वीमेन (प्रोटेक्शन ऑफ राइट्स ऑन डाइवोर्स) एक्ट, 1986*। यह अधिनियम मुस्लिम महिलाओं को क्रिमिनल प्रोसीजर कोड की धारा 125 से मुक्त करता है, जो तलाकशुदा महिलाओं को निर्वहन भत्ता दिए जाने से सम्बन्धित है। 1986 का अधिनियम दंडाधिकारी को इद्दत (तलाक के 3 माह बाद तक) की अवधि में निर्वहन भत्ता 'मेहर' के भुगतान करने सम्बन्धी आदेश देने का अधिकार देता है और बिलकुल स्पष्ट प्रावधान है कि भुगतान आवेदन करने के एक माह के भीतर हो जाना चाहिए। इस भुगतान के बाद पति को किसी भी तरह की आर्थिक जवाबदेही से मुक्त कर दिया जाता है और इस औरत के आगे के निर्वहन की जिम्मेदारी उसके पैतृक परिवार की हो जाती है अथवा अन्तिम उपाय के रूप में 'वक्फ बोर्ड' की हो जाती है। (डब्ल्यू.आर.ए.जी., 1997) इसलिए धर्मनिरपेक्ष महिला अधिकार समूहों ने एक नारा दिया है कि 'सभी महिलाएँ हिन्दू हैं; सभी अल्पसंख्यक पुरुष हैं परन्तु हममें कुछ लोग

बहादुर हैं'। यह नारा 'पितृसत्ता के दोहरे चरित्र पर एक चोट है जो एक ओर महिलाओं की यौनिकता, प्रजनन-क्षमता और श्रम को नियंत्रित करता है, वहीं दूसरी ओर साम्प्रदायिकता के द्वारा अल्पसंख्यकों और दलित महिलाओं के प्रति क्रूर व्यवहार करता है। जिसके साथ पहचान की राजनीति से जुड़ी महिलाएँ भी शामिल होती हैं'।

6 जनवरी, 2003 को बहरीन में महिला-समूहों ने एक ऐसे नागरिक न्यायालय की स्थापना के लिए दबाव डालने हेतु न्यायाधीश और इस्लामी मामलों के मंत्रालय के समक्ष प्रदर्शन किया जो तलाक और पारिवारिक मामलों को देखेगा। (*जॉर्डन टाइम्स*, 6 जनवरी, 2003)

हिन्दुत्व और समानता के विमर्श हाल के दिनों में तेजी से उभरे हैं। *घरेलू हिंसा कानून, 2002* ने इस विषय के सम्बन्ध में गरमागरम बहस छेड़ दी कि आकस्मिक सामान्य पिटाई को 'घरेलू हिंसा' माना जाए। (कपूर एवं कौस्मैन, 1996)

सेंटर फॉर वीमेंस डेवलपमेंट स्टडीज (दिल्ली) एवं मजलिस (मुम्बई) ने महिला कार्यकर्ताओं के लिए 6-7 मई, 2001 को दिल्ली में एक राष्ट्रीय सेमिनार आयोजित किया, जिसका विषय था, 'मुस्लिम महिलाओं के निर्वहन का अधिकार : मुद्दे और चिन्ताएँ'। सेमिनार तीन मुख्य वक्तव्यों के साथ सम्पन्न हुआ :

1. अधिक लैंगिक न्याय के लिए सभी समुदायों के वैयक्तिक कानून मजबूत किए जाने चाहिए ताकि लैंगिक भेदभाव समाप्त किए जा सकें।
2. मुस्लिम महिला (तलाक के अधिकार का संरक्षण) अधिनियम, 1926 को सकारात्मक एवं लैंगिक न्याय की अवधारणा को बनाए रखने के लिए निश्चित रूप से सशक्त बनाया जाना चाहिए।
3. धारा 125 पर से अधिकतम सीमा का प्रतिबन्ध समाप्त किया जाना चाहिए।

## सारांश और निष्कर्ष

वैश्वीकरण ने नागरिक समाज को अधिक अन्तर्मुखी बना दिया है। कट्टरपन्थी और साम्प्रदायिक तत्त्व जाति, धर्म और नातेदारी के संजाल का उपयोग अपने संकीर्णतावादी, अल्पकालिक और सीमित उद्देश्यों के लिए कर रहे हैं। उपद्रवी तत्त्वों को पूरी दुनिया में पुरुष और महिलाओं द्वारा बराबरी के साथ समर्थन मिलता है (पटेल, 1998)। सभी विश्व सम्पर्क वाले संजाल विदेशियों/अजनबियों के प्रति मन की भावना को क्रियान्वित कर रहे हैं। शिक्षा, क्षमता-निर्माण कार्यक्रम, रोजगार और आर्थिक आत्मनिर्भरता, महिलाओं के राजनीतिक और कानूनी अधिकारों को बढ़ावा देकर महिला सशक्तीकरण के लिए उत्प्रेरक की भूमिका महत्त्वपूर्ण ढंग से निभा सकते हैं। बिना महिला अधिकारों को सुनिश्चित किए किसी भी सभ्यता का चेहरा मानवीय नहीं हो सकता। हमें यह नहीं भूलना चाहिए कि वैश्वीकरण ने गरीब देशों और धनी देशों के बीच के अन्तराल को बढ़ा दिया है। बाजार की शक्तियों के खुले खेल ने बहुसंख्यक भारतीय महिलाओं को अधिक असुरक्षित बना दिया है। राज्य के उपकरण, राजनीतिक ढाँचे तथा राजनीतिक अर्थव्यवस्था में वितरणात्मक न्याय और नागरिक समाज में लैंगिक न्याय दोनों की हमें जरूरत है। गैर-सरकारी संगठनों ने कतिपय क्षेत्रों में असुरक्षा के द्वीप बना दिए हैं। मोहल्ला कमेटी आन्दोलन, जिनमें जनता और पुलिस साम्प्रदायिक सद्भाव

के लिए मिलकर काम करते हैं, के अनुभवों को दुहराया जाना चाहिए। (दि मूवमेंट, 2003) इस स्थिति में लोकतांत्रिक संस्थाओं द्वारा विधेयात्मक कार्रवाइयों एवं राष्ट्र राज्यों द्वारा मानव सुशासन के कार्य धर्मनिरपेक्ष क्षेत्रों में किया जाना एक मात्र उपाय है। चूँकि महिलाएँ संस्कृति की सशक्त वाहक मानी जाती हैं, महिलाओं को पहचान की राजनीति के सम्बन्ध में रचनात्मक तरीका विकसित करना चाहिए। कट्टरपन्थी एवं साम्प्रदायिक ताकतों का मुकाबला करने के लिए नए प्रतीक, महापुरुष, बहुसांस्कृतिक अवधारणाओं को प्रस्तुत करनेवाले काल्पनिक बिम्ब और लैंगिक न्याय की अवधारणा को सक्रिय रूप से बढ़ावा दिया जाना चाहिए।

एकजुटता स्थापित करने एवं सहभागिता बनाए रखने के लिए धार्मिक अवरोधों से पार पाना एक बड़ी चुनौती है। अन्तरराष्ट्रीय स्तर पर विद्यालयों, कार्यालयों, समुदायों, रेस्तराओं में बहुवादी भोजन, पोशाक और मनोरंजक गतिविधियाँ सामने आ चुकी हैं। परन्तु धर्म का राजनीतिक इस्तेमाल कृत्रिम अवरोध पैदा करता है। जरूरत इस बात पर जोर देने की है कि 'धार्मिक और बहुलतावादी' कोई भी हो सकता है। धर्म के मुक्तिवाची पक्ष को उभारा जाना चाहिए और भक्ति आन्दोलन, सूफीवाद, और ईसाई धर्म में मुक्ति वाहिनी विचारधारा हमारे द्वारा लोकप्रिय बनाई जा सकती है। धर्मनिरपेक्षता के प्रति आम धारणा को मिटाना परिहार्य हो गया है। हमें अपनी सामाजिक संरचनाओं, अपने समारोहों और सर्वोपरि अपनी जीवन शैली में वैकल्पिक तत्त्वों को उत्पन्न करने की आवश्यकता है। (पटेल, 1995)

## सन्दर्भ सूची

एग्नेस, फ्लेविया, *फेमिनिस्ट ज्यूरिसप्रूडेंस-कंटेम्पोररी कंसर्न्स* (मुम्बई, मजलिस, 2003)

अख्तर, फरीदा, 'फैमिली लॉज एंड वीमेंस मूवमेंट्स : पर्सपेक्टिव्स फ्रॉम बँगलादेश क्लाउडिया वोन ब्रॉनल (सम्पादित), *टुवर्ड्स प्रोग्रेस इन वीमेंस राइट्स एंड सोशल स्टेट्टस इन डेवलपिंग कंट्रीज* (बर्लिन, जर्मन फाउंडेशन फॉर इंटरनेशनल डेवलपमेंट, 1989)

बसु, आर. 'इराकी वीमेन ऑन एज', *दि एशियन एज,* मुम्बई, 17 जून, 2003

भुर्ते अरुणा, 'कुदेसिया कंट्रैक्टर एंड लॉरिन कोएलो, कीपिंग होप एलाइव', *ऊर्ध्वमूल,* वॉल्यूम-1, अंक-1 (नवम्बर, 2002)।

चिनॉय, अनुराधा, 'फॉर इवर विक्टिम्स : नो पोस्ट वार रोल फॉर अफगान वीमेन, *दि टाइम्स ऑफ इंडिया,* 7 दिसम्बर, 2001

दिवान, ऋतु, व्हाट डज आजादी मीन टू यू, उर्वशी बुटालिया द्वारा सम्पादित *स्पीकिंग पीस–वीमेंस वायसेज फ्रॉम कश्मीर* (दिल्ली, काली फॉर वीमेन, 2002)

इंजीनियर, असगर अली (सम्पा.) *दि गुजरात कारनेज* (दिल्ली, ओरिएंट लांगमैन, 2003)

हजर्पे, जैन, 'एटीट्यूड्स ऑफ इस्लामिक फंडामेंटलिस्ट्स टुवर्ड्स द क्वेश्चन ऑफ वीमेन इन इस्लाम, बो उतास द्वारा सम्पादित, *वीमेन इन इस्लामिक सोसाइटीज–सोशल एटीट्यूड्स एंड हिस्टोरिकल पर्सपेक्टिव्स* (लन्दन, कर्जन प्रेस, 1983)

इंडियन एसोसिएशन ऑफ वीमेंस स्टडीज, (आई.ए.डब्ल्यू.एस.) *न्यूजलेटर,* पुणे, अप्रैल, 2003।

जावडेकर, प्राची, विवाह नाउ, तलाक लैटर : टूरिस्ट मैरेज फ्लॉरिश, *दि एशियन एज* मुम्बई, 27 अप्रैल, 2003

कपूर, रत्ना और ब्रेन्द्रा कॉसमैन, *फेमिनिस्ट इंगेजमेंट विथ लॉ इन इंडिया* (नई दिल्ली, सेज पब्लिकेशन, 1996)

किंग, लौरा, 'फ्रीडम टू वी वेल्ड', *दि इंडियन एक्सप्रेस*, मुम्बई, 3 मई, 2003

क्रेमारे, सी. एंड डी स्पेंडर, *रूटलेज इंटरनेशनल इनसाइक्लोपीडिया ऑफ वीमेन–ग्लोबल वीमेंस इश्यूज एंड नॉलेज*, वॉल्यूम-1 एवं 2 (न्यूयॉर्क, रूटलेज, 2000)

माहेश्वरी, ए.पी. *कम्युनलिज्म-हैंडिल्ड वीथ ए डिफरेंस* (दिल्ली, अजन्ता बुक्स इंटरनेशनल, 2000)

मेगाली, मोना, सऊदी वीमेन फेस कम्प्लेक्स च्वाइसेज, ऑन लाइन उपलब्ध : www.amanjorden.org 19.11.2002

नयनार, वहीदा एवं सौम्या उमा, *कम्बैटिंग इम्प्यूनिटी–ए कम्पाइलेशन ऑफ आर्टिकल्स ऑन दि इंटरनेशनल क्रिमिनल कोर्ट एंड इट्स रिलिवेंस इन इंडिया*, (मुम्बई, वीमेंस रिसर्च एंड एक्शन नेटवर्क, 2003)

पटेल, विभूति, 'दि शाहबानो कंट्रोवर्सी एंड दि चैलेंजेज फेस्ड बाइ वीमेंस मूवमेंट इन इंडिया, असगर अली इंजीनियर द्वारा सम्पादित, '*प्रॉब्लम्स ऑफ मुस्लिम वीमेन इन इंडिया* (बम्बई, आरिएंट लॉगमैन, 1995)।

पटेल, विभूति, 'कैम्पेंस अगेंस्ट जेंडर वायलेंस, 1977-93, शिरीन कुदचेतकर और सबीहा-अल-ईस्सा (सम्पादक), *वायलेंस अगेंस्ट वीमेन, वीमेन अगेंस्ट वायलेंस* (दिल्ली, पेनक्राफ्ट इंटरनेशनल, 1998)

पटेल, विभूति, *वीमेंस चैलेंजर्स ऑफ दि न्यू मिलेनियम* (नई दिल्ली, ज्ञान पब्लिकेशन, 2002)

पटेल, विभूति, इनएविटेबुल ट्रेंड्स ऑफ इकोनॉमिक ग्लोबलाइजेशन, *पीपुल्स रिपोर्टर*, मुम्बई, 25 मार्च, 10 अप्रैल, 2003

पेवरिन, जीन पीयरे, अफगानिस्तान गोज टू एब्सर्ड लेंथ्स टू इम्प्लीमेंट इस्लामिक लॉज, वीमेन लिविंग अंडर मुस्लिम लॉ, *डोसियर* 17, पेरिस, जून, 1997, पृ. 106-10

साध्वी, एन. '*दि हिडेन फेस ऑफ ईव-वीमेन इन अरब वर्ल्ड* (लन्दन, जेड प्रेस, 1982)

सरकार, तनिका, *हिन्दू वाइफ, हिन्दू नेशन–कम्युनिटी, रिलीजन एंड कल्चरल नेशनलिज्म* (नई दिल्ली, परमानेंट ब्लैक, 2001)

*दि मूवमेंट*, न्यूजलेटर ऑफ मोहल्ला कमिटी मूवमेंट, मुम्बई, जनवरी-मार्च, 2003

वाज, हबर्ट, दि वी.एच.पी. बैक इन ट्रेनिंग, *दि इंडियन एक्सप्रेस*, मुम्बई न्यूजलाइन, 19 मई, 2003

वीमेन लीविंग अंडर मुस्लिम लॉ (डब्ल्यू.एल.यू.एम.एल.), न्यूजशीट, शिवसेना काल्स फार, ड्रेस कोड फॉर गर्ल्स, शिरकत शाह वीमेंस रिसोर्स सेंटर, वॉल्यूम-15, अंक-1, 2003, पृ. 19

डब्ल्यू.आर.ए.जी., *वीमेन, लॉ एंड कस्टमरी प्रैक्टिस*, (मुम्बई, वीमेंस रीसर्च एंड एक्शन नेटवर्क, 1997)

# हिन्दुत्व एजेंडा एवं दलित

**—आनन्द तेलतुम्बडे**

## परिचय

इस तथ्य ने कि दलित और जनजातीय लोग गुजरात के घृणित मुस्लिम संहार को अंजाम देनेवाले दल के जमीनी योद्धा थे, धर्मनिरपेक्ष भारत में सभी जगह सनसनी फैला दी। अनेक लोगों ने इस दुर्भाग्यपूर्ण घटना के प्रति ऐसा शोक व्यक्त किया कि उसमें वह पीड़ा तिरोहित हो गई, जो इन रक्तरंजित दिनों में स्वयं दलितों को भुगतनी पड़ी। अब यह स्पष्ट हो गया है कि गुजरात के जनसंहार में मुसलमानों के साथ-साथ कुछ दलितों का भी रक्त बहा। गुजरात में कुल 108 दलितों की जानें गईं, जिनमें 38 हत्याएँ अकेले अहमदाबाद शहर में हुईं, जो अधिकृत तौर पर मारे गए मुसलमानों की संख्या में सम्मिलित नहीं हैं।[1] मुस्लिमों द्वारा भोगे गए इस हृदय-विदारक जनसंहार में दलित भी शामिल थे, चाहे उनकी संख्या कम ही क्यों न रही हो। असीम वेदना, आँसू, मुसीबत, दर्द की टीस, जिसे मुसलमानों ने झेला, ने दलित समुदाय को भी अपने आगोश में ले लिया था। इन दोनों समुदायों के लिए संचालित शिविरों में भी यही दयनीय दशा परिलक्षित हो रही थी। इनके शिविरों की स्थिति, सम्बन्धित व्यक्तियों के दौरों के बावजूद, मुस्लिमों के उन शिविरों से जरा भी बेहतर नहीं थी, जिन्हें स्वयंसेवकों द्वारा संचालित किया जा रहा था। इन शिविरों में दलितों की दशा इस ठोस वास्तविकता को दर्शा रही थी कि दलित, चाहे उन्हें जो भी कहा जाता रहा हो, हिन्दुत्व के विशेषाधिकारों का हिस्सा नहीं थे। मुस्लिम पड़ोसियों से उनका चाहे जो भी विरोधाभास रहा हो, वे अपने दुर्भाग्य से बच नहीं सके थे। गुजरात की हिंसा ने इस सच्चाई को बयान किया कि पीड़ित की कोई जाति या धर्म नहीं होता।

गुजरात की साम्प्रदायिक ज्वाला के कारण बहुत सारे महत्त्वपूर्ण मुद्दे सामने आ गए हैं। इनमें दलितों की भागीदारी एक खास मुद्दा है। यह न केवल इसलिए कि यह साम्प्रदायिकता की विभीषिका को बढ़ा-चढ़ाकर दिखाता है, बल्कि यह विरोध की सम्भावना का भी विनाश कर देता है। इस तथ्य से इसे तर्कसंगत ढंग से रखा जा सकता है कि गुजरात के दलितों में वह दलित चेतना नहीं थी, जो अन्यत्र अम्बेडकरी आन्दोलनों के द्वारा पैदा की जा चुकी थी। परन्तु हाल में जब महाराष्ट्र के मुम्बई और औरंगाबाद के अम्बेडकरवादी आन्दोलनों से सम्बन्धित भीम-शक्ति, शिव-शक्ति के गठजोड़ की रपटें आने लगीं तो इसने वैसे लोगों को चेतना-शून्य कर दिया, जिनमें धर्मनिरपेक्ष भारत के प्रति थोड़ी-बहुत आशा बची थी।

कुछ लोगों ने सोचा कि नेतृत्वकारी हिन्दू राष्ट्रवाद कतिपय सही सांस्कृतिक सरोकारों को विकसित करेगा और इसकी परिणति वर्ण-व्यवस्था को कम करने में हो सकती है। 'हिन्दू धर्म में एक नया उभरता हुआ संगठन और अर्द्ध-ईसाई संरचना हमारी जरूरतें पूरी करने का एक प्रयास है।'[2] गुजरात-नरसंहार के बाद हुई घटनाओं की एक पूरी शृंखला ने इसे गलत साबित कर दिया जिनमें सर्वाधिक कुख्यात है हरियाणा के झज्जर में दिन-दहाड़े पाँच दलितों को पीट-पीटकर मार डाले जाने की घटना। हिन्दुत्व ब्रिगेड, जिसने अम्बेडकर को चुपके से अपनी पवित्र बिरादरी में शामिल कर लिया था, उन्हें झूठा ईश्वर[3] बताने में संकोच नहीं करते और वे तो इतना नीचे गिर चुके हैं कि उन्हें वे मुस्लिम-विरोधी बताने लगे हैं। एक तरफ, हिन्दुत्व दलितों को अपनी तरफ खींचता प्रतीत होता है, वहीं दूसरी ओर वह इनके शोषण की सारी सीमाएँ पार कर रहा है।

यह अध्याय दलितों के सन्दर्भ में हिन्दुत्व के एजेंडे का वास्तविक रूप दिखाना चाहता है तथा अपने बन्धनों से मुक्त करनेवाले कार्यक्रमों के प्रभाव का विस्तारपूर्वक वर्णन करता है। इसका पहला भाग हिन्दुत्व के साथ जातिगत सम्बन्धों को दर्शाता है कि यह हिन्दू नेताओं के चिन्तन का परिणाम है, जो हिन्दू धर्म के हाशिए पर जी रहे लोगों को आहत करना चाहते हैं। इसका दूसरा भाग समसामयिक हिन्दुत्व के पुरोधाओं के फासीवादी चेहरे और इसके पूर्व परिचित फासीवादी चरित्र को बेनकाब करता है। तीसरे भाग में हिन्दुत्व की विचारधारा को नवब्राह्मणवाद के रूप में प्रस्तुत किया गया है। चौथे भाग में इसके दुष्प्रभावों के मूल्यांकन के आधार पर यह दिखाने की कोशिश की गई है कि हिन्दुत्व दलित हितों के लिए कितना घातक है। पाँचवें भाग में हिन्दुत्व के प्रति दलित प्रतिरोध का विवरण प्रस्तुत किया गया है। अन्तिम भाग हिन्दुत्व के विरुद्ध दलितों की अगुआई में आन्दोलन चलाकर इसके प्रति जन प्रतिरोध की आवश्यकता पर जोर देता है तथा इस सम्बन्ध में इतिहास के अनुभवों के आधार पर कुछ उपाय भी सुझाता है।

### हिन्दुत्व का जातिगत सम्बन्ध

हिन्दुत्व के मूल में हिन्दू पुनर्जागरण आन्दोलन निहित है, जो उन्नीसवीं शताब्दी में घटित हुआ था। लगभग आठ शताब्दियों का मुस्लिम-शासन हिन्दू धर्म के लिए दमघोंटू बन गया था। यद्यपि यह इस्लाम के आक्रमण के बाद भी जीवित रहा, जो अद्‌भुत है, मुख्य रूप से अपने जातिगत संगठन के कारण तथापि यह निन्दित और अपमानित होने से नहीं बच सका था। इस्लाम निचली जातियों, खासकर दलितों के लिए, समानता का पैगाम बनकर आया।[4] दमनकारी हिन्दुत्व से इसने मुक्ति का मार्ग दिखाया।[5] वे बड़ी संख्या में इस्लाम में धर्मान्तरित हो गए। इस प्रक्रिया में हिन्दू-समाज का लगभग पाँचवाँ भाग इस्लाम में धर्मान्तरित हो गया।[6] यह प्रक्रिया तब जाकर धीमी पड़ी जब समानता में विश्वास रखनेवाले इस्लाम धर्म के अन्दर धर्मान्तरित निचली जातियों के धर्मान्तरण से इस्लाम के अन्दर ऊँची जातिवाले हिन्दुओं के धर्मान्तरण के कारण जातिगत असमानता की भावना उत्पन्न होने लगी, जो बड़ी तेजी से मुस्लिम शासक-वर्ग में शामिल होने लगे थे। जो हिन्दू के रूप में बने रहे, वे भी इस्लाम के प्रति सांस्कृतिक तौर पर या सूफीवाद, मुस्लिम-समाज का वह रहस्यवादी सम्प्रदाय जो समानता

और विश्वबन्धुत्व का प्रचार करता था, के कारण आकर्षित रहे। इसका प्रभाव, खासकर दलित वर्ग में, काफी गहरा और व्यापक था। हिन्दू नेताओं के आहत मानस को पहली बार ब्रिटिश शासन में रुचि के अनुकूल वातावरण मिला।

ब्रिटिश शासन के आगमन के साथ ही ईसाई धर्म में धर्मान्तरण के रूप में हिन्दू-धर्म पर एक दूसरा आक्रमण आरम्भ हो गया। ईसाई मिशनरियों के मानवतावादी कार्यों ने जनजाति और दलितों को बड़ी संख्या में आकर्षित किया।[7] यह दलितों और जनजातियों का इस्लाम और फिर ईसाइयत से साफ-साफ दिखाई पड़नेवाला बिलगाव था जिसने हिन्दुओं को हिन्दू-संगठन प्रारम्भ करने के लिए प्रेरित किया।

हिन्दू 'संगठन' आन्दोलन, जो स्वभाव में मूलतः पुनरुत्थानवादी चरित्र का था, ने अपने आपको हिन्दू राष्ट्रवादी के रूप में प्रस्तुत किया। इनका राष्ट्रवाद, तथापि, ब्रिटिश नियंत्रण के विरुद्ध नहीं था। केशवचन्द्र सेन, जो हिन्दू राष्ट्रवाद के प्रथम प्रवक्ता माने जाते हैं, से लेकर श्री बंकिमचन्द्र चटर्जी और महाराष्ट्र में राष्ट्रीय स्वयंसेवक संघ और इसके वर्तमान सहयोगियों तक सभी साम्राज्यवाद के साथ समझौता करते देखे जा सकते हैं। हिन्दू धर्म में दलितों एवं जनजातियों की शोचनीय दुर्दशा हिन्दू राष्ट्रवाद का महत्त्वपूर्ण विमर्श बन गया, जिसने हमेशा हिन्दू होने के असली अर्थ को स्पष्ट करना चाहा, जबकि ठीक उसी समय सामाजिक-राजनीतिक शक्ति के रूप में उनकी सीमान्तता को बनाए रखा गया। हिन्दू राष्ट्रवादियों का मानस इन समूहों की कमजोरी के प्रति सदा अतिसंवेदनशील रहा है, जो उनके द्वारा परिभाषित समाज के सीमान्त पर रहते थे। किसी स्वतंत्र संगठन पर ऐसे समूहों के किसी भी प्रयास–धार्मिक, सामाजिक, राजनीतिक–का हिन्दू राष्ट्रवादियों द्वारा लगातार विरोध किया जाता रहा है। इस प्रकार हम कह सकते हैं कि दलित एवं जनजातीय हिन्दू अस्मिता के भीतर एक महत्त्वपूर्ण स्थान रखते हैं।[8]

सामान्यतः हिन्दुत्व के उद्‌भव का श्रेय वी.डी. सावरकर को दिया जाता है, जिन्होंने इस शब्द को गढ़ा है और इसकी परिभाषा दी है। परन्तु अवधारणात्मक स्तर पर यह श्रेय बाल गंगाधर तिलक को जाता है, जिन्होंने न केवल राजनीतिक आन्दोलनों में धार्मिक भावना की ही सम्भाव्यता देखी, बल्कि इसके प्रभाव का विस्तार गणेशोत्सव और शिवाजी जयन्ती के माध्यम से किया, जिसमें शिवाजी को गाय और ब्राह्मणों का संरक्षक बताया गया। इसके लिए मूल अभिप्रेरणा उत्सवप्रिय निचली जातियों पर विजय पाना था जिन्होंने सूफी प्रभाव में आकर मुहर्रम आदि इस्लामी पर्वों को अपना लिया था। तिलक ने बौद्धिक रूप से कैशोर्य को प्राप्त 'प्रजाति के आर्य सिद्धान्त' का भी प्रतिपादन किया, जिसका दावा था कि यह भारत की ऊँची जाति के लोगों के हित में है और तदनुसार वेद को अपने आधार-ग्रन्थ के रूप में स्वीकार किया। तिलक ने ब्राह्मणवाद की खोई हुई गरिमा को पुनः प्राप्त करने के लिए अपने समकालीन चितपावन संघर्ष का प्रतिनिधित्व किया, जिसमें निचली जातियों के लिए अपनी जातीय यथास्थिति को ढोते रहने के सिवा कुछ भी नहीं था। ब्रिटिशों के विरुद्ध चलनेवाले 'चितपावन संघर्ष' के पीछे वह सैन्य-भावना निहित थी, जिसने बहुतों को इसे वर्ग-संघर्ष मानने के लिए बाध्य किया, ताकि वे पेशवाई के रूप में अपने खोए हुए राज्य को पुनः पा सकें, जो जातियों के अवमूल्यन और प्रतिक्रियावादी चरित्र को बनाए रखना था। 'पेशवाई' में दलितों

का अपमान और उत्पीड़न काफी अधिक बढ़ गया था। दलित प्रातः 9 बजे के पूर्व और 3 बजे के बाद सार्वजनिक मार्ग का उपयोग नहीं कर सकते थे क्योंकि उनकी दीर्घछाया इस अवधि में रास्ते पर चलते हुए ब्राह्मणों का स्पर्श कर उन्हें दूषित कर सकती थी। उनसे अपेक्षा की जाती थी कि वे अपने गले में घड़ा बाँधकर चलेंगे और उसी में थूका करेंगे और अपनी कमर पर एक झाड़ू बाँधकर चलेंगे, ताकि उनके पद्चिह्न मिटते जाएँ। जब हम दलितों के सन्दर्भ में हिन्दुत्व की बातें करते हैं तो इस पुनरुत्थानवादी परिप्रेक्ष्य की कदापि उपेक्षा नहीं की जा सकेगी।

### फासीवादी एजेंडा

हिन्दुत्व के फासीवादी विषदन्त वस्तुतः कभी भी छिपे नहीं रहे। हिन्दुत्व बहुसंख्यक हिन्दुओं की साम्प्रदायिकता और इटली तथा जर्मनी से आयातित फासीवाद की मिश्रित उपज है। भारतीय राजनीति पर शोध करनेवाले इटलीवासी मर्जिया कैसोलारी अग्रणी व्यक्ति हैं जिन्होंने राष्ट्रीय स्वयंसेवक संघ के संस्थापकों तथा फासीवाद और नाजीवाद के प्रवर्तकों के बीच आपसी सम्बन्धों की खोज की। 1904 में सावरकर गठित गुप्त संगठन *अभिनव भारत* की स्थापना के सन्दर्भ में यह जग-जाहिर है कि इटली के फासीवादी गियूसेपे मैजिनी से प्रभावित थे। यह संगठन मैजिनी के 'यंग इटली' का भारतीयकरण मात्र था। हिटलर के नाजीवाद और मुसोलिनी के फासीवाद के साथ भी उनका काफी निकट सम्बन्ध था जो द्वितीय विश्वयुद्ध के समय मुखर हो गया था। हिटलर के यहूदी विरोधी अभियान का उनके द्वारा औचित्य प्रतिपादित किया जाना लगभग भारत में मुस्लिम-समस्या पर भी लागू होता है, जब वे कहते हैं, 'राष्ट्र का निर्माण उसके रहनेवाले बहुसंख्यक लोगों द्वारा होता है।' *जर्मनी में यहूदी क्या कर रहे हैं? वे अल्पमत में रहने के कारण जर्मनी से भगा दिए गए हैं।*[9]

डॉ. के.बी. हेडगेवार, जिन्होंने राष्ट्रीय स्वयंसेवक संघ की स्थापना की, हिन्दू महासभा के प्रसिद्ध बी.एस. मुंजे के अनुयायी थे, जो तिलक के सहयोगी थे। मुंजे ने फासीवाद का अध्ययन करने के लिए खासतौर पर इटली का भ्रमण किया था और 19 मार्च, 1931 को उन्होंने मुसोलिनी से बातचीत की थी। उनके इस भ्रमण का वृतान्त साफ-साफ बतलाता है कि वे मुसोलिनी के फासीवादी संगठन से कितना अधिक प्रभावित थे। अपनी वापसी के बाद उन्होंने हिन्दू समाज का सैन्यीकरण करना प्रारम्भ कर दिया। हेडगेवार के पश्चात् राष्ट्रीय स्वयंसेवक संघ के प्रमुख एम. एस. गोलवलकर भी हिटलर के प्रशंसक के रूप में जाने जाते हैं। वे अक्सर हिटलर के नस्ली सफाए का प्रशस्ति गायन किया करते थे और इसे उन्होंने बिलकुल अपना बना लिया था। वे अपने *हिन्दू राष्ट्र* को निःसंकोच हिटलर के एकाधिकारवाद और फासीवादी ढाँचे पर खड़ा करना चाहते थे। उनकी पुस्तक '*वी ऑर ऑवर नेशनहुड डिफाइंड*' में हिटलर के नाजी-संस्कृति वाले राष्ट्रवाद (यह शब्दावली हाल तक भाजपा द्वारा साम्प्रदायिकता की रणनीति को स्पष्ट करने हेतु प्रयुक्त की जाती रही है) के आदर्शीकरण की पुरजोर कोशिश की गई है। यह महज संयोग नहीं है कि संघ परिवार का नारा 'एक राष्ट्र, एक संस्कृति, एक धर्म, एक भाषा' वस्तुतः नाजी नारे 'इन वोल्क, इन रेच, इन फ्यूरर (एक लोग, एक राज्य और एक नेता) की नकल मात्र है। यहाँ तक कि नेहरूजी ने भी

1947 में उल्लेख किया था कि राष्ट्रीय स्वयंसेवक संघ एक निजी सेना थी, जो बिलकुल नाजियों की तरह काम कर रही थी।[10]

राष्ट्रीय स्वयंसेवक संघ ने स्वाधीनता के बाद कई बड़े संगठनों के माध्यम से अपने तंत्र का विस्तार किया और एक संघ परिवार की स्थापना की जो अलग-अलग ढंग से फासीवादी अवधारणा पर काम कर रहा था।[11] अपने सख्त साम्प्रदायिक, 'आन्तरिक शत्रुओं के प्रति' (जर्मनी में यहूदियों की तरह भारत में मुस्लिम के रूप में) संगठित आतंक, अफवाह और व्यापक जनोन्माद फैलाकर संघ परिवार का फासीवाद इसके पुनरुत्थानवादी (वैदिक गरिमा का पुनरुत्थान, जातीय परम्पराओं के फासीवादी पुनरुत्थान की भाँति), पूर्ण राज्यवाद, विस्तारवादी विदेश नीति (अखंड भारत में न केवल अफगानिस्तान, पाकिस्तान व दक्षिण एशिया शामिल हैं, बल्कि थाईलैंड, वियतनाम, इंडोनेशिया इत्यादि सुदूर पूर्व के देश भी आते हैं) में भी परिलक्षित होता है। चूँकि नाजीवादी नारों ने सर्वाधिक अमानुषिक किस्म के विध्वंस को प्रोत्साहित किया, हिन्दुत्व के नारे ने भी प्रतीकात्मक ढंग से बाबरी मस्जिद विध्वंस एवं गुजरात के मुस्लिम जनसंहार के रूप में भारतीय राज्य की कमजोरी को सामने ला दिया। फासीवादी जर्मनी की तरह संघ परिवार ने प्रभावशाली ढंग से हिन्दू परम्पराओं पर आधारित स्वत्व-बोध को पैदा किया और पराए की सोच, जिसमें मुस्लिम, ईसाई, साम्यवादी और जो उनसे साफ-साफ असहमति रखते थे, यथा—अम्बेडकरवादी दलितों को बढ़ावा दिया।

फासीवादी ताकतें लोकतांत्रिक क्रान्ति को अवरुद्ध कर सकती हैं, फासीवाद कामगार वर्ग के प्रति एक अत्यन्त भयानक हमला था; फासीवाद उत्पातियों के लिए एक बेलगाम हथियार बन जाता है। फाँसीवाद एक उग्र प्रतिक्रिया और प्रतिक्रान्ति है, फासीवाद कामकाजी लोगों और सभी कामगार लोगों के लिए सर्वाधिक दुष्ट शत्रु है।[12] इससे दलितों को काफी नुकसान होता है।

### नवब्राह्मणवाद की विचारधारा

हिन्दुत्व की विचारधारा दलित वर्ग के लोगों की लोकतांत्रिक आकांक्षाओं के विरुद्ध ब्राह्मणवादी प्रतिक्रान्ति को जन्म देती है। यह ब्राह्मणवाद संसदीय लोकतंत्र के साथ एक नए रूप में सामंजस्य स्थापित करते हुए हिन्दूवाद पर आधारित है। इस व्यवस्था का केन्द्रीय भाव ऊँची जातियों की सर्वोच्चता है जिसके साथ हिन्दू राष्ट्रीय समुदाय की बहुलतावादी अवधारणा जुड़ी है। दलित और आदिवासी यद्यपि सामाजिक तौर पर बहिष्कृत कर दिए गए हैं, लेकिन वे इसके हिस्से बना दिए गए हैं। यद्यपि हिन्दुत्व जोरदार शब्दों में 'एक लोग' की बात करता है, पर यह न तो अपने पुराने दमनकारी आचरण के प्रति खेद व्यक्त करता है और न वर्तमान में इस आचरण को खत्म करना चाहता है। यह केवल अपने 'गौरवशाली अतीत' पर गर्व करता है और वर्तमान की समस्याओं से आँखें चुराना चाहता है। हकीकत यह है कि हिन्दू एकता का 'कुहरा' वस्तुतः दलितों को शिकार बनानेवाले नवब्राह्मणवादी पुनरुत्थानवादी एजेंडे को छिपा नहीं सकता।

संघ परिवार के इन विचारधारात्मक प्रयासों की झलक लोगों को समय-समय पर मिलती रहती है। अखिल भारतीय विद्यार्थी परिषद (ए.बी.वी.पी.) ने हिन्दू राष्ट्र के शासन के सन्दर्भ

में अपनी दृष्टि को व्यक्त किया था। इसने हमारी मौजूद संवैधानिक संसद के स्थान पर 'गुरुसभा'[13] का प्रस्ताव किया था। इस सन्दर्भ में इनके द्वारा प्रतिपादित पंचसूत्री योजना में संघ परिवार की विचारधारा के संकेत निहित हैं। ये पाँच सूत्र हैं (क) एक ब्राह्मणवादी समाज व्यवस्था की स्थापना, (ख) बहुसंख्यक लोगों (गरीबों) को मताधिकार नहीं होगा, (ग) आरक्षण केवल अभिजातों के लिए होगा, (घ) अल्पसंख्यक दोयम दर्जे के नागरिक हो जाएँगे एवं (ङ) सर्वोच्च न्यायालय गुरुसभा के अधीन होगा। परिवार का घोषित लक्ष्य हिन्दू राष्ट्र का निर्माण करना है, जो आवश्यक नहीं कि धार्मिक राज्य ही हो, जैसा कि श्री आडवाणी हमें आश्वस्त करते हैं। आधुनिकता के वेश में यह ब्राह्मणवादी सोचवाला होगा तथा पूर्व-आधुनिक सामाजिक पदक्रम के साथ समाज के सभी भागों पर आरोपित होगा। यह स्पष्ट तौर पर मनु की संहिता के बिलकुल अनुरूप हिटलरवादी आर्य शासन भारत में भी स्थापित करेगा।

नेतृत्ववादी, समांगकारी और शास्त्रीयतावादी हिन्दुत्व निश्चित रूप से फासीवादी[14] विचारधारा को प्रतिबिम्बित करता है, नवब्राह्मणवाद जिसकी विशिष्टता है। वास्तव में, इटली, जर्मनी और स्पेन के जिस फासीवाद से हम परिचित हो चुके हैं, हिन्दुत्व गुणों की दृष्टि से उन सभी से बुरा होगा। इन देशों से भिन्न इसके पास जाति-आधारित सुस्थापित और पदक्रम निर्धारित सामाजिक सुप्रमाणित उत्पीड़नात्मक विचाराधारा का अस्तित्व है। हमारे अर्द्धसामन्ती, अर्द्धऔपनिवेशिक समाज में फासीवाद निश्चित रूप से एक लोकतंत्र विरोधी एजेंडा है, जिसे कतिपय धारणाओं के आधार पर निर्मित जनोन्माद के माध्यम से क्रियान्वित किया जाता है। हिन्दुओं की एकता की अवधारणा और हिन्दुत्व के जाति-व्यवस्था के प्रति रुख से सम्बन्धित समस्या केवल दलितों को बरगलाने का एक उपाय है, जिन्हें अभी भारतीय संविधान में थोड़ी-बहुत जगह प्राप्त है। यह समूचे दलित-इतिहास, दलित-संस्कृति और दलितों के मुक्ति-संघर्ष को विकृत कर देना चाहता है।

## दलितों पर हिन्दुत्व का प्रभाव

फासीवादी, पुनरुत्थानवादी, नवब्राह्मणवादी हिन्दुत्व के दलितों पर पड़नेवाले प्रभावों को निम्नांकित रूपों में देखा जा सकता है :

**क. दलितों के सामाजिक एजेंडे का समापन :** 'हिन्दू राष्ट्र' से सम्बन्धित अभियान ने सफलतापूर्वक दलितों के एजेंडे का अपहरण कर लिया है, जिसमें शामिल हैं—छुआछूत, गरीबी, असमानता एवं भेदभाव की समाप्ति। इसके साथ ही, संविधान-प्रदत्त अधिकारों और गरिमा की अवधारणा को ब्राह्मणवादी व्यवस्था के प्रति कर्तव्य की अवधारणा से बदल दिया गया है। जिस अमानवीय दशा में दलित जी रहे हैं, उससे उनका दूर-दूर तक कोई सम्बन्ध नहीं है। सबसे खराब बात है कि इन सभी बुराइयों का छद्‌म धर्मनिरपेक्षतावादियों द्वारा किए जा रहे प्रचार के बावजूद बना हुआ है। जहाँ तक जातियों की बात है 'वर्णाश्रम धर्म' के प्रति निहित समर्थन का भाव इसमें छिप नहीं पाता, जो श्रम विभाजन को एक 'वैज्ञानिक' संस्था मानती है और इसके पुनरुत्थान की बात करती है। संघ परिवार के सैकड़ों अनुषंगी संगठनों की असंख्य ध्वनियों में 'क्षमा' का कोई स्वर नहीं मिलता। इसके विपरीत तथाकथित

बुराइयों के लिए 'दूसरों को' दोषी मानने की इनके द्वारा जोरदार वकालत की जाती है। हाल ही में शंकराचार्य ने हिन्दुत्व में धर्मान्तरण से सम्बन्धित प्रयासों को समझने में हमारी मदद की है। नवधर्मान्तरित हिन्दुओं में स्थान से सम्बन्धित समस्या का समाधान प्रस्तुत करते हुए गोवर्द्धन पीठ पुरी के शंकराचार्य ने कहा था कि दलितों और जनजातियों के लिए कम लागतवाले मन्दिरों का निर्माण किया जाना चाहिए, जो ईसाई और इस्लाम से धर्मान्तरित हुए हैं। उन्होंने इस बात की वकालत की है कि वे मौजूदा हिन्दू मन्दिरों में प्रवेश नहीं कर सकते तथा वे अन्य हिन्दुओं के साथ विवाह नहीं कर सकते।[15] अम्बेडकर ने कितना सही कहा था कि जाति के बिना हिन्दूवाद नहीं टिक सकता!

हिन्दुत्ववादियों की ओर से समाज के ब्राह्मणीकरण का शिकार दलित हो जाते हैं और इस तरह दलितों के एजेंडे को ग्रहण लग जाता है।

**ख. दलित पहचान पर आक्रमण :** मूलतः पुनरुत्थानवादी ब्राह्मणों का आन्दोलन होते हुए भी, जो दलित हितों के सर्वथा प्रतिकूल है, हिन्दुत्व अपने एजेंडे को दलितों और जनजातियों की उपेक्षा करके क्रियान्वित नहीं कर सकता था जिनकी संख्या देश की कुल जनसंख्या का लगभग एक-चौथाई है। न तो चुनावी दृष्टि से ऐसा करना व्यवहार्य हो सकता है, न ही सड़कों पर जनोन्माद उत्पन्न करने का फासीवादी लक्ष्य पूरा हो सकता है। इस समझ के चलते संघ परिवार ने दलितों के बीच काम करना प्रारम्भ कर दिया है और वह सफलतापूर्वक उनकी पहचान का हिन्दूकरण कर रहा है। इस रूपान्तरण के माध्यम से अभीष्ट लक्ष्य की प्राप्ति की क्षमता गुजरात-प्रयोग में सामने आ चुकी है।

आत्मसातीकरण की प्रक्रिया महान दलित नायक बाबा साहेब अम्बेडकर को विधिवत् संघ परिवार के नायकों में शामिल करके प्रारम्भ की जा चुकी है। उन लोगों ने उन्हें प्रातःस्मरणीय बनाया और नाना प्रकार से यह प्रचारित किया कि वे एक प्रचंड हिन्दुत्ववादी हैं। उन लोगों ने इनकी जयन्ती मनाना शुरू कर दी, उत्सव और सेमिनार आयोजित किए और उनका विधिवत् भगवाकरण करते हुए उन पर पुस्तकें लिखीं। यद्यपि उन्होंने बाबा साहेब की पुण्यतिथि को बाबरी मस्जिद के विध्वंस के लिए चुना, विध्वंस दिवस वे राम और अम्बेडकर की मूर्तियों को एक साथ रखकर मनाते हैं। चूँकि अम्बेडकर के पश्चात् भोले-भाले दलित जनों को नेतृत्व के मामले में काफी कम महत्त्व दिया गया था, अम्बेडकर को अपने में शामिल करने का अर्थ था ब्राह्मण खेमे के रुख में परिवर्तन। यदि अम्बेडकर को दलित सरोकारों के प्रतीक के रूप में लिया गया तो संघ परिवार ने इस सरोकार के प्रति दिखावे के लिए अपने संसाधनों का अवश्य इस्तेमाल किया। इससे कुछ उत्सुक दलित अभिजन संघ परिवार के समरसता मंच के माध्यम से इनके साथ आ गए। यद्यपि, दलितों ने इन अवसरवादी दलित अभिजनों का अनुसरण नहीं किया, इससे संघ परिवार को अपनी दलित विरोधी छवि को नरम करने तथा दलित पहचान को धुँधला करने में भी मदद मिली। इन दिनों दलितों और हिन्दुत्व के बीच विभिन्न रूपों में बन रहे गठजोड़ के सन्दर्भ में इस प्रक्रिया की अभीष्ट प्राप्ति की क्षमता को देखा जा सकता है।

**ग. दलित-संस्कृति का दमन :** जन-समाज पर हमला करने के लिए फासीवाद के पास सर्वाधिक शक्तिशाली हथियार है संस्कृति। फासीवाद अपनी संस्कृति की निसृति प्राचीन

परम्पराओं, शासक वर्ग के नियम-कायदों, जिन पर प्रगतिशील संस्कृति के कारण ग्रहण लग गया है तथा आधुनिकता का पुरावशेष जो सुविधासम्पन्न जीवन के लिए अहम है, पर करती है। हिन्दुत्व ने अपनी सांस्कृतिक पहचान का निर्माण चुनिन्दा ब्राह्मणवादी परम्पराओं और साम्राज्यवाद-दीक्षित आधुनिकता के मिश्रण से किया और इसे राष्ट्रीय संस्कृति के रूप में बढ़ावा दिया। नागरिक समाज के स्तर पर कुम्भ मेलों, वैष्णो देवी, सन्तोषी माँ इत्यादि तथा नए-पुराने आविष्कृत पर्वों के माध्यम से लोगों के उत्साह का नवीकरण किया जा रहा है। उनमें से कुछ का आयोजन लोगों को धर्मनिरपेक्षता से विमुख करने के लिए भी किया जा रहा है। उदाहरण के तौर पर मुम्बई में इधर कुछ वर्षों से सार्वजनिक तौर पर गणतंत्र-दिवस के अवसर पर सत्यनारायण पूजा का आयोजन किया जाता है। रथयात्रा और कार सेवा का आयोजन भी भोले-भाले लोगों को फुसलाने और उनमें हिन्दुत्व का विष घोलने के लिए किया जा रहा है। संघ परिवार द्वारा हजारों स्कूलों का संचालन अपनी रुचि के हिसाब से लोगों के संस्कृतीकरण के लिए किया जा रहा है। जनजातीय क्षेत्रों में संचालित उनके वनवासी विद्यालय गुजरात-प्रयोग के माध्यम से सांस्कृतिक अन्तरण का एक अच्छा उदाहरण हैं। सत्ता की बागडोर अपने हाथों में आ जाने के बाद उन लोगों ने बड़े साहस के साथ सम्पूर्ण विद्यालयी पाठ्यक्रम का भगवाकरण किया है।

दलित और जनजाति समाज, कामकाजी वर्ग के रूप में, परोपजीवी द्विज जातियों से भिन्न संस्कृतिवाला समूह रहा है, जिसके चलते उन्हें अपने अमानुषीकरण के विरुद्ध संघर्ष करने की प्रेरणा मिली है। हिन्दुत्व सांस्कृतिक विविधता को सहन नहीं कर सकता।[16] दलित संस्कृति के दमन का अर्थ है मुक्ति की इच्छा पर रोक लगाना।

**घ. हिन्दुत्व के वाहक के रूप में दलित** : हिन्दुत्व की संरचना मुख्यतः ऊँची जातियों, धनी वर्ग, व्यवसायी वर्ग, उद्योगपतियों और मध्य वर्ग के बहुत सारे समुदायों, जिनमें नौकरशाह तकनीकी वर्ग, व्यापारी इत्यादि आते हैं, जिनका बड़ी पूँजी पर कब्जा होता है, से मिलकर होती है। तथापि ये वे लोग नहीं हैं, जो वर्चस्वशाली सामाजिक-आर्थिक एवं राजनीतिक एजेंडे को क्रियान्वित करते हैं। फासीवाद अपना काम भौतिक ताकत के बल पर करता है, जिसके लिए समाज के निचले वर्ग के लोगों की आवश्यकता कार्यकर्ता के रूप में पड़ती है। 'हिन्दू एकता' के नाम पर दलितों और जनजातियों की सोच को प्रभावित किया जाता है और उन्हें इस काम के लिए तैयार किया जाता है। इस तरह वे किसी भी साम्प्रदायिक जनसंहार को अंजाम देने के लिए अपरिहार्यतः हिन्दुत्व के ध्वजवाहक बन जाते हैं जैसा कि गुजरात में देखा जा चुका है।

**ङ. दासता की प्रेतच्छाया :** दलित एवं ऊँची जाति के हिन्दुओं के मध्य विद्यमान विरोधाभास को, जो मुख्य रूप से हिन्दुत्व की रचना करता है, केवल 'हिन्दू एकता' के भावनात्मक नारे से ही पाटा जा सकता है। 'हमारे' और 'उनके' बीच लोगों के ध्रुवीकरण को विद्यमान राजनीतिक ढाँचे के भीतर सत्ता-प्राप्ति की प्रक्रिया के तहत प्रोत्साहित किया जाता है। एक बार जब इस लक्ष्य की प्राप्ति हो जाती है तो कठोर पादानुक्रम युक्त सामाजिक ढाँचे को लागू करने के लिए हिन्दुत्व का एजेंडा अगले सोपान की ओर अग्रसर हो जाता है। बिलकुल कठोरता के साथ नहीं, लोग सोचते हैं वर्णाश्रम-धर्म के अन्तर्गत प्राप्त जाति के आधार पर, जो बाह्य

तौर पर धर्मनिरपेक्ष विचारों पर आधारित होता है परन्तु आन्तरिक तौर पर जिसका आधार युगों पुरानी जाति-व्यवस्था होती है। वैश्वीकरण के नाम पर आज साधारणतः यही हो रहा है कि केवल कुछ ही चुनिन्दा लोगों की पहुँच उच्च शिक्षा तक हो पाती है जैसा कि शैक्षणिक सुधार से सम्बन्धित अम्बानी-बिरला ढाँचे में प्रस्तावित किया गया है। इसमें दलितों को खासतौर से उच्च शिक्षा की परिधि से बाहर करने का प्रस्ताव है ताकि बिना बताए ही मनु की मान्यताओं के अधीन उनका स्थान सुनिश्चित हो जाए।

## बढ़ते अत्याचार

पुनरुत्थानवादी सोच का प्रसार दलितों एवं गैर-दलितों के बीच विरोधाभास बढ़ाता है। इन पर होनेवाले अत्याचार इन विरोधाभासों की अभिव्यक्ति मात्र हैं। वर्तमान आँकड़ों पर नजर डालें तो सभी प्रकार के अत्याचारों में नाटकीय वृद्धि दिखाई देती है जिसे 1990 के दशक में हिन्दुत्व के उभार में देखा जा सकता है।

## प्रतिरोध की स्थिति

दुर्भाग्यवश, इस फासीवादी उभार का दलितों की ओर से कोई प्रतिरोध दिखाई नहीं पड़ रहा है। हाल के वर्षों में लोक-जीवन के वास्तविक मुद्दे दलित राजनीति में निषिद्ध रहे हैं जो इसके आत्म-केन्द्रित नेताओं के भावनात्मक विस्फोट से संचालित होता है; जबकि दलित मुद्दों की प्रशस्ति ने दलित आन्दोलन को अनगिनत अंगों-उपांगों में विखंडित कर दिया है। इसने बहुजन समाज पार्टी की विचारधारा को भी बढ़ावा दिया है, जिसने एक दलित महिला को भारत के एक अत्यन्त जातिवादी और रूढ़िवादी प्रदेश की गद्दी पर बिठा दिया। भारत के राजनीतिक 'सुपर बाजार' में दलित-हितों के लिए काम करनेवाली असंख्य दुकानें खुल गई हैं। दृष्टिकोण (निश्चित रूप से इसने अन्यों की तुलना में सत्ता-प्राप्ति की दीर्घकालिक दृष्टि प्राप्त कर ली है), सांगठनिक ढांचा (बहुजन समाज पार्टी में संगठन को राष्ट्रीय स्वयंसेवक संघ की तर्ज पर ढाल दिया है।) घोर अवसरवादिता से सर्वथा अभिन्न पूर्ण यथार्थवाद (इसने अवसरवादिता का उन्नयन दलित-हितों की विचारधारा के रूप में कर लिया है) और विमर्शों की नवीनता (यह ब्राह्मणों, क्षत्रिय एवं वैश्वों के विरुद्ध दलितों, जनजातियों, अल्पसंख्यकों और पिछड़ी जातियों को गोलबन्द कर रखा है।) के मामले में बहुजन समाज पार्टी ने स्वयं को सापेक्षिक रूप से भिन्न बना लिया है। इसने दलितों में भारी आशा का संचार किया है। परन्तु बढ़ती दलित उम्मीदों के प्रति हिन्दुत्व के पूर्ण समर्थन को पाकर इस विचारधारा के साथ भी धोखा हुआ। गुजरात में नरेन्द्र मोदी के पक्ष में मायावती का चुनाव-प्रचार आशान्वित दलितों के लिए अन्तिम झटका था।

दलितों में कुछ प्रगतिशील समूहों ने गुजरात नरसंहार के चलते संघर्ष करना जारी रखा, परन्तु वे दलित मानस पर हिन्दुत्व की छाप को खरोच सकने में नाकाम रहे। यहाँ तक कि झज्जर की घटना भी दलित संगठनों को एक खास बिन्दु से आगे हिला नहीं पाई।[17] इसके प्रत्युत्तर में उदितराज के नेतृत्व में भगवान बुद्ध क्लब द्वारा आयोजित धर्मान्तरण हुए। वे काफी हद तक राजनीतिक परिधि में हिन्दुत्व विरोधी दलित आवाज थे। भ्रामक

तौर पर उदितराज ने कम जोखिम और अधिक लाभ का कांशीराम वाला मॉडल अपनाया। उन्होंने दो मामलों में एक बाबा साहेब द्वारा दिखाए गए बौद्ध धर्म के मार्ग को अपनाकर और दूसरा, समकालीन मुद्दों के प्रति सापेक्षिक रूप से क्रान्तिकारी रुख अपनाकर अपनी भिन्नता दिखाई। यद्यपि उन्होंने एक राजनीतिक दल बनाने का अपरिहार्य कदम उठा लिया है। उन्होंने स्वराज पार्टी बनाई और स्वयं को चुनावी महासमर में झोंक दिया है। उन्हें इस बात का श्रेय दिया जा सकता है कि अभी तक उन्होंने हिन्दुत्व के प्रति असमझौतावादी रुख अपना रखा है।

संघ परिवार से आ रही आवाजों से इस बात की पुष्टि हो जाती है कि यह दलितों को हिन्दुत्व के दायरे में लाना चाहता है। हाल ही में, बजरंग दल के पूर्व महासचिव तथा सम्प्रति उत्तर प्रदेश भाजपा के अध्यक्ष श्री विनय कटियार ने अपनी यात्रा के माध्यम से यह दुष्प्रचार किया कि डॉ. अम्बेडकर मुस्लिम-विरोधी थे और उन्होंने मुसलमानों को आतंकवादी कहा। कोई भी, जिसका डॉ. अम्बेडकर के लेखन से कामचलाऊ परिचय भी होगा, कह सकता है कि यह सब बिलकुल असत्य है। परन्तु तब यह भी माना जाएगा कि हिन्दुत्व की पूरी अवधारणा ही असत्य पर आधारित है। यद्यपि ये बातें गैर-दलित धर्मनिरपेक्ष लोगों को विस्मित करनेवाली हैं लेकिन विरोधाभास यह है कि दलित राजनीति करनेवाले हिन्दुत्व के उभार के प्रति ग्रहणशील प्रतीत होते हैं। अम्बेडकर आन्दोलन के केन्द्र महाराष्ट्र में भीम-शक्ति, शिव-शक्ति सम्बन्धी ताजा विमर्श इस रुझान को काफी हद तक व्यक्त कर देता है। चाहे सभी दलित पार्टियाँ शिवसेना के साथ हों अथवा नहीं, विमर्श के दौरान दलित राजनीति का दुखद पराभव स्वतः स्पष्ट हो जाएगा।

यद्यपि यह उदासीनतापूर्ण रवैया दलित आन्दोलन की एक वास्तविकता बन चुका है, फिर भी इसके लिए अकेले इसे जिम्मेवार ठहराना गलत होगा। वास्तव में, देश में किसी भी तरफ से हिन्दुत्व का कोई प्रतिरोध नहीं हो रहा है। प्रतिरोध की गतिविधियाँ सिर्फ कतिपय प्रगतिशील बुद्धिजीवियों और उनके वामपन्थी संगठनों तक सिमटकर रह गई हैं। वे भी लोगों को प्रभावित कर सकनेवाले प्रतिरोध को नहीं दर्ज करा पा रही हैं। यह विघ्नकारी उदासीनता सम्भवतः इतिहास के हालिया समय की विशेषता को बतला रहे हैं। साम्राज्यवादी वैश्वीकरण की ताकतों ने सफलतापूर्वक समाज को व्यापक व्यक्तिवाद के रूप में टुकड़ों में बाँट दिया है, जिसके अन्तर्गत भविष्य में दीर्घकालीन बलिदान की भावना के साथ तत्काल जीने को छोड़ दिया गया है। वैश्वीकरण के सांस्कृतिक उभार के नाम पर उनके मानस को ऐसी सम्भावनाओं से विमुख बनाया जा रहा है और उन्हें उपभोग की वस्तु में तब्दील कर दिया गया है। यह देखना दिलचस्प है कि वैश्वीकरण का विस्तार सर्वत्र दक्षिणपन्थी और फासीवादी आन्दोलन के रूप में धार्मिक कट्टरपन्थ से सम्बन्धित रहा है। यहाँ तक कि हिन्दुत्व के उत्थान को इन्दिरा गांधी के दोबारा सत्ता में आने, राजीव गांधी के शासन काल तथा 1991 के दौरान नवउदारवादी वैश्वीकरण के मूल रूप से स्वीकार एवं उसके क्रियान्वयन की प्रक्रिया से जोड़ा जा सकता है। जब हमारे सामने फासीवादी शासन की भयानक वास्तविकता आती है तो इस सशक्त अन्तःसम्बन्ध की उपेक्षा नहीं की जा सकती।

**सारांशतः**

हिन्दुत्व के विरुद्ध युद्ध में अम्बेडकर के विचारों से बढ़कर और कोई भी हथियार महत्त्वपूर्ण और प्रामाणिक नहीं है। दलित इसके स्वाभाविक उत्तराधिकारी रहे हैं। यह निन्दनीय है कि उन लोगों ने इसकी ताकत को कभी नहीं समझा है और निहित स्वार्थों के हाथ इसका दुरुपयोग होने दिया है। अम्बेडकर के प्रति भक्ति प्रदर्शित करते समय वे पूरी तरह उनकी विचारधारा के क्रान्तिकारी आयाम को भूल गए हैं। इतिहास के कई विरोधाभासों में यह एक है कि अम्बेडकर के तथाकथित शिष्य उन ताकतों से हाथ मिला रहे हैं, जो अम्बेडकर के विचारों से सर्वथा भिन्न मत रखते हैं और यह कि इन्हें उनकी पैदल सेना बनने की इच्छा है, जिन्हें अम्बेडकर ने अपना शत्रु घोषित कर रखा था और उनके विरुद्ध अनवरत लड़ते रहे।

दलितों को यह अवश्य समझ लेना चाहिए कि उन ताकतों के साथ उनका मौलिक और प्रतिकूल विरोधाभास है जिनका हिन्दुत्व प्रतिनिधित्व करता है। उन्हें स्मरण रखना चाहिए कि अम्बेडकर ने ब्राह्मणवाद एवं पूँजीवाद को अपना शत्रु माना था। उन लोगों ने इन शत्रुओं को फासीवाद एवं साम्राज्यवादी वैश्वीकरण के रूप में बढ़ने का अवसर दिया है। ये दोनों ही लोगों के जीवन को तेजी से नष्ट करते जा रहे हैं। यह सोचना कि ये दैत्य उन्हें उनके प्रयासों में मदद करेंगे, न केवल थोथी कल्पना है बल्कि सर्वथा आत्मघाती है। दलितों को यह अवश्य समझ लेना चाहिए कि उनकी अपवर्गी दासता से मुक्ति का रास्ता इन दैत्यों की लाश पर से होकर गुजरता है।

तथापि, उनसे निपट पाना अकेले उनके वश की बात नहीं है। उन्हें उन अन्य लोगों को भी अपने साथ लेना होगा, जो कठिनाई और पीड़ा के मामले में समान धरातल पर हैं। यह समझने की आवश्यकता है कि यह सम्बन्ध जातीय विभाजन की सीमाओं से परे होगा। हिन्दुत्व का प्रतिरोध और उस पर विजय केवल इसके विरुद्ध प्रभावी आन्दोलन से ही सम्भव है।

इस आन्दोलन के निर्माण के क्रम में इतिहास के कुछ महत्त्वपूर्ण सबक याद कर लेने होंगे जो निम्नवत् हैं :

1. हिन्दुत्व एक मिथक है। कतिपय कल्पना से परे की घटनाओं के रूप में मिथक यथार्थ की प्रतीकात्मक व्याख्या मात्र होते हैं, यह कभी भी कोई विवेक आधारित परियोजना नहीं होते। मिथक कल्पना है, अवधारणा नहीं। इसलिए मिथक का मुकाबला किसी अन्य मिथक से नहीं किया जा सकता चाहे वह धर्मनिरपेक्षता से ही सम्बन्धित क्यों न हो। यथार्थ यह है कि हिन्दुत्व हत्यारा है, यह लोगों का प्राण-हरण करनेवाला है, यह लोगों के मस्तिष्क में जहर घोलनेवाला है। लोगों को वास्तविकता से अवगत कराया जाना चाहिए, उन्हें स्वयं को मदहोशी से मुक्त करना होगा, उन्हें अपने जीवन्त अनुभवों पर भरोसा करना होगा।

2. हिन्दुत्व एक राजनीतिक जनान्दोलन है और इसका प्रभावशाली मुकाबला केवल इसी प्रकार के जनान्दोलन से किया जा सकता है। ऐसे आन्दोलन के लिए दलित कामकाजी समूहों, जनजातियों और मुस्लिमों, ईसाइयों, सिखों आदि धार्मिक अल्पसंख्यकों इत्यादि को जागरूक बनाना होगा, खास करके उनकी महिलाओं को, जिनमें हिन्दुत्व के अन्तर्विरोधों से मुकाबला करने की क्षमता होती है।

3. हिन्दुत्व कोई धार्मिक आन्दोलन नहीं है बल्कि यह एक राजनीतिक आन्दोलन है, अतएव इसका प्रभावी प्रतिरोध केवल राजनीतिक जनान्दोलन द्वारा ही किया जा सकता है। हिन्दू और मुसलमान दोनों ही समुदाय यह मानते हैं कि धार्मिक दुष्प्रचार साम्प्रदायिक भावना पैदा करने के लिए जिम्मेदार हैं। उनकी राय है कि सम्बन्धित धर्मों की शिक्षाओं को सही रूप में प्रचारित करने के लिए आन्दोलन प्रारम्भ किया जाय। दुर्भाग्यवश, यह गलत है, ठीक वैसे ही, दलितों का धर्मान्तरण, जो हिन्दुत्व के विरोध में किया जाता है, वो भी गलत कहा जा सकता है। यहाँ यह याद दिलाना समीचीन है कि भीम-शक्ति, शिव-शक्ति की भावना हिन्दू दलितों द्वारा नहीं, बल्कि अम्बेडकरवादी बौद्ध मतावलंबियों द्वारा प्रचारित की जा रही है।

4. हिन्दुत्व एक फासीवादी मिथक है। जैसा कि दिमित्रोव बताता है, 'फासीवाद दुर्गति झेल रहे राष्ट्र के शुभचिन्तक के वेश में साम्राज्यवादियों के हित में काम करता है और यह लोगों में राष्ट्रीयता का उन्माद पैदा करता है।'[18] फासीवाद असत्य पर आश्रित होता है, क्योंकि सत्य कभी उसका साथ नहीं दे सकता। एक तरफ वह लोगों को अपने स्वदेशी के नारे के माध्यम से भ्रम की स्थिति में बनाए रखता है, वहीं दूसरी ओर वह साम्राज्यवादियों के फायदे के लिए वैश्वकीरण को बढ़ावा देता है। इस प्रकार हिन्दुत्व विरोधी आन्दोलन केवल हिन्दुत्व के प्रति ही नहीं बल्कि साम्राज्यवादी वैश्वीकरण के विरुद्ध भी जातियों/वर्गों की एकता पर आधारित होना चाहिए।

5. हिन्दुत्व और वैश्वीकरण एक-दूसरे के पूरक हैं और परस्पर सम्बद्ध भी। नव-उदारीकरण, जो साम्राज्यवादी वैश्वीकरण को दार्शनिक आधार प्रदान करता है, अपने क्रियान्वयन में कट्टरपन्थी एवं फासीवादी ताकतों को व्यक्तियों तथा बाजार के आत्मकेन्द्रण के माध्यम से बढ़ावा दिया है, जिसका कोई नैतिक पक्ष नहीं होता। इस प्रकार वैश्वीकरण बेरोजगारी को बढ़ावा देने और युवाओं की अनुशासनहीनता को प्रोत्साहित करने के लिए, जिसके कारण मोदियों और जदाफियाओं का जन्म होता है, सीधे जिम्मेदार है। यह महज इत्तेफाक नहीं है कि हिन्दुत्व का उभार (इसमें कांग्रेस भी शामिल है जब नरसिंह राव के रूप में दूसरी बार इन्दिरा गांधी की वापसी होती है) उदारीकरण, निजीकरण एवं वैश्वीकरण के साथ होता है। 1984 में अपने दो सांसदों तक सीमित रहनेवाली भाजपा के पास 1999 में 182 सांसद हो जाते हैं और वह सत्तारूढ़ हो जाती है। हिन्दुत्व के प्रतिरोध में वैश्वीकरण को भी एक शत्रु मानकर चलना होगा।

6. हिन्दुत्व सत्तारूढ़ वर्ग की विचारधारा है, अतएव मुख्यधारा की राजनीति से इसका समाधान सोचना फिजूल होगा। गुजरात के विगत चुनावों ने यह साफ दिखलाया कि भाजपा के कट्टर हिन्दुत्व का मुकाबला कांग्रेस के कोमल हिन्दुत्व से नहीं किया जा सकता। यह निश्चित रूप से याद रखना होगा कि इस दैत्य का अंकुरण इन्दिरा गांधी के शासन में ही हो चुका था और राजीव गांधी के युग में आकर इसने अपने पूर्ण आकार को प्राप्त किया। संघ परिवार ने केवल इतना किया कि इसका अपहरण कर इसे एक दैत्य का रूप दे दिया जिसे आज हम देख रहे हैं। अतएव, फासीवाद का प्रभावशाली ढंग से मुकाबला केवल पारम्परिक संसदीय व्यवस्था के भीतर नहीं किया जा सकता।

7. हिन्दुत्व एक फासीवादी आन्दोलन है। फासीवाद जनोन्माद पर निर्भर होता है, जो कतिपय मिथकों पर आधारित होता है। इसमें विवेक के लिए कोई गुंजाइश नहीं होती। इतिहास दर्शाता है कि फासीवाद का प्रभावशाली मुकाबला केवल सड़कों पर किया जा सकता है। फासीवाद के विरुद्ध जनान्दोलन निश्चित रूप से सड़कों पर किया जा सकता है। यह सड़क युद्ध, सम्भव है कि हमारी संसदीय प्रक्रियाओं को प्रभावित करे, परन्तु यह तुरन्त हो जानेवाला नहीं है।

8. हिन्दुत्व का प्रतिरोध केवल उन लोगों के द्वारा किया जा सकता है, जो इसके लिए सड़कों पर उतर सकते हैं। इसका सहयोगी साम्राज्यवाद इसके समर्थन में राज्य को खड़ा करता है। हिन्दुत्व के प्रतिरोध में इन मिली-जुली ताकतों को भी शामिल करना होगा। इसके लिए एक व्यवहार्य प्रतिरक्षात्मक रणनीति की आवश्यकता होगी जो साम्राज्यवाद के सैनिक दमन का मुकाबला कर सके। यह रणनीति वास्तविक व्यापक जनसंगठन, स्थिति की गम्भीरता और संसाधनों की उपलब्धता पर निर्भर हो सकती है।

9. हिन्दुत्व का मूल कारण इस देश में वामपन्थ की कमजोरी हो सकती है। वामपन्थी शक्तियाँ इतिहास से सबक लेने से लगातार इनकार करती रही हैं। उनके सैद्धान्तिक दृष्टिकोण में ब्राह्मणवाद के विभिन्न तत्त्व निहित हैं, जो उस सिद्धान्त के विपरीत है, जिससे वे जुड़ना चाहते हैं। अर्द्धसामन्ती, अर्द्धऔपनिवेशिक देश में कृषक, मजदूरों और भूस्वामियों के बीच का विरोधाभास जाति-व्यवस्था के कारण और भी बढ़ जाता है। इसका दिखाई पड़नेवाला रूप हमेशा 'दलित' बनाम 'अन्य' का होता है, इसे दलितों पर होनेवाले अत्याचारों से स्पष्ट समझा जा सकता है। अतएव वामपन्थ के लिए यह आवश्यक है कि जाति को नियंत्रित करने का एक सचेत कार्यक्रम उनके पास हो, जो वर्ग-संघर्ष पर आधारित हो। भारत में वर्ग-संघर्ष के साथ जाति-संघर्ष स्वतः जुड़ जाता है। उन लोगों को बिना किसी अपवाद के दलितों के समर्थन में ऊँची जातियों के विरुद्ध खुलकर सामने आना पड़ेगा। केवल तभी दलितों का विश्वास अर्जित किया जा सकता है, केवल तभी हिन्दुत्व विरोधी संघर्ष का भविष्य तय हो सकता है।

## सन्दर्भ एवं टिप्पणियाँ

1. आनन्द तेलतुम्बडे, *डैमनिंग द दलित्स फॉर दी बनिया-ब्राह्मण क्राइम्स इन गुजरात,* ऑन लाइन उपलब्ध : http:/www.ambedkar.org
2. एस. कप्पैन, हिन्दुत्व, इमर्जेंट फासिज्म, एम. मुरलीधरन (सम्पादक) *अंडरस्टैंडिंग कम्युनलिज्म* (बैंगलोर, विस्तार, 1993), पृ. 60-67
3. अरुण शौरी, '*वर्शिपिंग फाल्स गॉड्स* (नई दिल्ली, बिब्लिल्या इम्पेक्स, 1997)
4. स्वामी विवेकानन्द, *दि कम्प्लीट वर्क्स ऑफ स्वामी विवेकानन्द,* वॉल्यूम-1, इक्कीसवाँ पुनर्मुद्रण (कलकत्ता, अद्वैत आश्रम, 1995), पृ. 483·
5. वही, वॉल्यूम-3, सत्रहवाँ पुनर्मुद्रण (कलकत्ता : अद्वैत आश्रम, 1997) पृ. 294
6. स्वामी विवेकानन्द ने लिखा था—यह सोचना पागलपन की पराकाष्ठा होगी कि यह सारा काम तलवार और आग का था। *वही*
7. 1860 के दशक के बाद से भारत के विभिन्न भागों में मिशन निचली जातियों और जनजाति समूहों के धर्मान्तरण सम्बन्धी अपनी कोशिशों पर जोर देने लगा। इनके समूह थोक भाव से धर्मान्तरित किए जाते थे जाति अथवा जनजाति के बड़े लोगों द्वारा निर्णय ले लिये जाने के

बाद (डी.बी. फॉरेस्टर, *कास्ट एंड क्रिश्चियनिटी : एटीट्यूड्स एंड पॉलिटिक्स ऑन कास्ट ऑफ ऐंग्लो-सैक्शन प्रोटेस्टेंट मिशंस इन इंडिया* (लन्दन, कर्जन प्रेस, 1970), पृ. 69। इस प्रवृत्ति को जन आन्दोलन की संज्ञा दी गई है। जनगणना के आँकड़े 1871 से 1901 के बीच ईसाई जनसंख्या में तीव्र वृद्धि की पुष्टि करते हैं और अधिकांश रिपोर्ट निचली जातियों की उसमें बहुतायत दिखलाते हैं और जनजातीय धर्मान्तरितों की इस वृद्धि की विशेषता के तौर पर (भारत की जनगणना, 1901 वॉल्यूम-1, इंडिया, पार्ट-1 रिपोर्ट कलकत्ता : गवर्नमेंट प्रिटिंग ऑफिस, 1903), पृ. 387-92

8. जॉन जावोस, 'कन्वर्सन एंड दी एसर्टिव मार्जिन्स : एन एनालिसिस ऑफ हिन्दू नेशलिस्ट डिस्कोर्स एंड दि रिसेंट अटैक्स ऑन इंडियन क्रिश्चियंस', *साउथ एशिया,* वॉल्यूम-24, अंक-2 (2001), पृ. 73-89
9. आर.ए. रविशंकर 'दि रीयल सावरकर, *फ्रंटलाइन,* वॉल्यूम-19, अंक-15 (20 जुलाई-2 अगस्त, 2002) ऑन लाइन उपलब्ध : http:/www.flonnet.com/Fl1915/19151160.htm
10. क्रिस्टोफर जैफ्रेलेट, *दि हिन्दू नेशनलिस्ट मूवमेंट एंड इंडियन पॉलिटिक्स* (नई दिल्ली, वाइकिंग, 1996), पृ. 87
11. लुइस प्रकाश द्वारा 75 संगठनों की सूची उपलब्ध कराई गई है। *दि इमर्जिंग हिन्दुत्व फोर्स : दि एसेंट ऑफ हिन्दू नेशनलिज्म* (नई दिल्ली, इंडियन सोशल इंस्टीट्यूट, 2000), पृ. 298-301, परन्तु कई कारणों से वास्तविक संख्या इस संख्या से काफी अधिक है।
12. सी.पी.आई. (एम.एल.) रेड फ्लैग इम्पीरियलिज्म एंड दि ग्रोथ ऑफ फासिज्म : ए केस स्टडी ऑफ इंडिया, 'इम्पीरियलिज्म, फासीवादीकरण और फासीवाद विषयक इंटरनेशनल कम्युनिस्ट' सेमिनार में प्रस्तुत आलेख, बुसेल्स, 2-4 मई, 2002 ऑन लाइन उपलब्ध : http:/www.wpb.be/icm/00en/seminar/india_rf.html
13. *दि इंडियन एक्सप्रेस,* 20 अगस्त, 2000, लेजर थम्जराज स्टैनिसलॉस के *दि हिन्दुत्व एंड दि मार्जिनलाइज्ड, ए क्रिश्चियन रिस्पांस* : ऑन लाइन उपलब्ध : http:/www.missionstudies.org/IACM/Papers/Hindutva% 20 and % 20 Marginalized doc. accesed on 9 February, 2005, राजेश रामचन्द्रम, दि कांस्टीट्यूशन ऐज ए.बी.वी.पी. वुड हैव इट, *दि टाइम्स ऑफ इंडिया,* 7 अगस्त, 2000.
14. प्रकाश लुइस, *दि इमर्जिंग हिन्दुत्व फोर्स* (2000) पृ. 76-77
15. ए.जे. फिलिप, 'लो कास्ट फॉर लो कास्ट : लेटिंग दि कैट ऑउट ऑफ दि बैग' दी इंडियन एक्सप्रेस, 9 जून, 2000
16. जैसा कि गोलवलकर अपने 'अन्य' के सन्दर्भ में इसे प्रस्तुत करते हैं। या तो राष्ट्रीय प्रजाति में स्वयं को विलीन कर देना तथा उसकी संस्कृति को अपना लेना अथवा इसकी कृपा पर जीवित रहना। एम.एस गोलवलकर : *वी ऑर ऑवर नेशनहुड डिफाइंड,* चतुर्थ संस्करण (नागपुर, भारत प्रकाशन, 1947)
17. सम्पादकीय, ए डास्टर्डली किलिंग, *वर्किंग क्लास,* नवम्बर, 2002, ऑन लाइन उपलब्ध : http://citu.org.in/wclass no.02_ed.htm
18. जार्जी, डिमित्रोव, *दी फासिस्ट आफेंसिव एंड टास्क्स ऑफ दी कम्युनिस्ट इंटरनेशनल इन दि स्ट्रगल ऑफ दि वर्किंग क्लास अगेंस्ट फासिज्म* (2 अगस्त, 1935) ऑन लाइन उपलब्ध : http:/www.ex.ac.uk/projects/meia/dimitrov/1935_rep.htm.अन्तिम रूप से 9 फरवरी, 2005 को संपर्कित।

# सर्वोच्च न्यायालय, मीडिया तथा समान नागरिक संहिता की बहस

—फ्लाविया एग्नेस

**परिचय**

सर्वोच्च न्यायालय द्वारा समान नागरिक संहिता (यू.सी.सी.) को लागू करने सम्बन्धी निर्णय की ऐतिहासिक घोषणा को प्रसार माध्यमों में काफी प्रचार मिला। समान नागरिक संहिता के समर्थन में जो अधिकांश विचार व्यक्त किए गए, वे मुख्यतः तीन बातों पर आधारित थे—लैंगिक (जेंडर) समानता, राष्ट्रीय अखंडता और आधुनिकता की अवधारणा जो मध्यवर्गीय नैतिकता से जुड़ी है।

समग्र एवं समरूप संहिता की माँग, जो आमतौर पर सभी भारतीय महिलाओं तथा खासतौर पर मुस्लिम महिलाओं से सम्बन्धित है, की मान्यता है कि लैंगिक (जेंडर) चिन्ताएँ जादू की छड़ी के रूप में महिलाओं की दुर्दशा और पीड़ा को छूमन्तर कर देंगी। समसामयिक राजनीतिक प्रक्रियाओं से सर्वथा भिन्न यह चिन्ता लैंगिकता को एक स्वतंत्र मुद्दे के रूप में पेश करती है। इस दृष्टिकोण से समुदायों के भीतर का बदलाव काफी सन्दिग्ध हो उठता है। अल्पसंख्यक महिलाएँ इस तरह पेश की जाती हैं मानो अपने समुदाय में वे गूँगी हों और एक अभिकरण के रूप में हों अथवा कानूनी कार्रवाई के तहत विद्यमान ढाँचे के भीतर अपने अधिकारों का दावा करती हों अथवा ऐसे परिवर्तन तथा लाभ चाहती हों जो समतावादी तथा लैंगिक न्याय से युक्त हों। यह समान नागरिक संहिता लागू करने की राज्य की कार्रवाइयों को अल्पसंख्यक महिलाओं को लैंगिक न्याय प्रदान करनेवाले एकमात्र विकल्प के रूप में देखती हैं।

एक दूसरे स्तर पर उदार, आधुनिक, अंग्रेजी पढ़े-लिखे, मध्य वर्ग (बहुसंख्यक एवं अल्पसंख्यक दोनों समुदायों के) द्वारा बहुविवाह और अन्य असभ्य 'रिवाज' के खात्मे के प्रति नैतिक आग्रह से युक्त और उनके लिए 'प्रबुद्ध बहुसंख्यक' की भाँति समतावादी संहिता की माँग करती है। यह स्थिति पश्चिम के राष्ट्र-राज्य की अवधारणा एवं उदार लोकतंत्र और आधुनिकता के नाम पर बहुविवाहों की स्थिति में समान यौन-सम्बन्ध को ठुकरा देती है परन्तु इसके साथ ही, यह तलाक के बाद अनेक विवाहों और यौन-सम्बन्धों (बार-बार के तलाक के माध्यम से) और इससे भी अधिक अनौपचारिक साहचर्य के प्रति सहमति देता है जिसे पश्चिम में वैधता प्राप्त हो चुकी है।

साम्प्रदायिकता से दूषित राजनीतिक वातावरण के भीतर 'राष्ट्रीय अखंडता एवं साम्प्रदायिक सौहार्द' की माँग भी सुनाई पड़ती है, जो हिन्दू और राष्ट्र दोनों के परिप्रेक्ष्य में मुस्लिमों को 'अन्य' के रूप में पेश करती है। जिस समय इन दोनों के बीच का विभेद समाप्त हो जाएगा, वे एक-दूसरे का स्थान लेने लगेंगे। यह भी बताया जाता है कि एक देश, एक राष्ट्र बनने के लिए नागरिकों के साथ समान बर्ताव हो और सभी एक ही कानून से शासित हों, आवश्यक हो जाता है।

वास्तव में यह एक गम्भीर चिन्ता का विषय है कि हिन्दू दक्षिणपन्थियों द्वारा समर्थित इस स्थिति को एक धर्मनिरपेक्ष राज्य के सर्वोच्च न्यायालय द्वारा दिए गए निर्णयों से बढ़ावा मिलता है और कई बार मुख्य न्यायाधीश की अध्यक्षता में न्यायमूर्तियों द्वारा ऐसे-ऐसे अनुमान एवं निष्कर्ष निकाल लिये जाते हैं, जो न्यायालय के समक्ष विचाराधीन मामले से बिलकुल अप्रासंगिक होते हैं। यहाँ यह जानना दिलचस्प होगा कि इससे कोई मतलब नहीं है कि सर्वोच्च न्यायालय के समक्ष कौन-सा मामला विचारार्थ लाया गया है, समान नागरिक संहिता लागू किए जाने की बात हमेशा राष्ट्र की अखंडता अथवा मुस्लिम कानूनों के प्रति प्रत्यक्ष अथवा परोक्ष ढंग से दोषारोपण के सन्दर्भ में कही जाती है जिससे इस मिथक का निर्माण होता है कि हिन्दू धर्मनिरपेक्ष, समानतावादी एवं लैंगिक न्याय वाले पारिवारिक संहिता से शासित होते हैं और इस संहिता का विस्तार मुस्लिमों को आधुनिकता और लैंगिक समानता की परिधि में लाने के उद्देश्य से किया जाना चाहिए। सर्वोच्च न्यायालय का यह रुख तब सुस्पष्ट हो जाता है, जब हम हिन्दू कानूनों के तहत किए गए प्रावधानों के प्रति संवैधानिक चुनौती पर नजर डालते हैं। उदाहरण के लिए 1984 में जब दिल्ली उच्च न्यायालय ने विवाह सम्बन्धी पुरातन प्रावधान की पुष्टि की जो हिन्दू विवाह-कानून के तहत प्रदत्त थी जिसे इस आधार पर चुनौती दी गई कि यह संविधान के अनुच्छेद 14 के तहत दिए गए समानता के अधिकार और अनुच्छेद 21 के तहत दिए गए स्वतंत्रता के अधिकार का उल्लंघन करता है। इस सन्दर्भ में न्यायालय द्वारा न केवल समान नागरिक संहिता की ओर कोई ध्यान दिया गया बल्कि 'राष्ट्रीय अखंडता' की ओर भी कोई ध्यान नहीं दिया गया बल्कि आगे बढ़कर न्यायालय ने कहा कि आन्तरिक मामलों में संवैधानिक कानूनों को लागू करना सर्वथा अनुपयुक्त है। यह चीनी-मिट्टी की दुकान में सांड़ को घुसा देने के समान है। यह विवाह-संस्था को निर्ममतापूर्वक बर्बाद करनेवाला प्रमाणित होगा। आन्तरिक एवं विवाहित जीवन की निजता में अनुच्छेद 21 अथवा 14 का कोई स्थान नहीं है।'[1] बाद में उसी वर्ष सर्वोच्च न्यायालय ने इस निर्णय की पुष्टि सरोज रानी केस[2] में की थी और आन्ध्र प्रदेश के इस आदेश को अमान्य कर दिया था जिसने इस प्रावधान को असंवैधानिक बताकर ठुकरा दिया गया था।[3]

इस विवाद को धधकाने का दोषारोपण प्राथमिक तौर पर सर्वोच्च न्यायालय पर किया जाता है, परन्तु इसे बार-बार हवा देने और लोगों के बीच इस मुद्दे को जीवित रखने का दोष प्रसार माध्यमों पर जाना चाहिए जो इस विवाद को एक अच्छा मसाला बनाकर पेश कर रहे हैं। शाहबानो-निर्णय[4] ने पहली बार दोनों ही पक्षों के प्रति लोगों की सहमति प्राप्त की। एक तरफ वे लोग थे जो आधुनिक, धर्मनिरपेक्ष, विवेकसम्मत और लैंगिक न्याय के

अनुरूप होने के नाते समान नागरिक संहिता का समर्थन कर रहे थे और दूसरी ओर वे लोग थे जो इसे कट्टरपन्थी, रूढ़िवादी, पुरुष-वर्चस्व को बढ़ावा देनेवाला, साम्प्रदायिक और दुर्बोध बताकर इसका विरोध कर रहे थे। इसने इस मुद्दे को इन घेरों के भीतर रखने की कोशिश तब भी जारी रखी जब इन दोनों के बीच की रेखा अस्पष्ट हो गई थी। शाहबानो फैसले के दो दशकों में जमीनी यथार्थ में ठोस बदलाव आया है। बाबरी मस्जिद विध्वंस, हिन्दू दक्षिणपन्थ का उदय, ईसाई एवं मुस्लिम समुदायों पर हमले, गुजरात-जनसंहार में मुस्लिम महिलाओं के प्रति किए गए घृणित यौन-अपराध, सर्वोच्च न्यायालय द्वारा डेनियल[5] लतीफी के मामले में दिए गए निर्णय, के बाद मुस्लिम महिलाओं के बदले हुए आर्थिक अधिकार–ये सभी कारक हैं, जिनके चलते समान नागरिक संहिता के लिए पूर्व में की गई माँग की फिर से समीक्षा आवश्यक जान पड़ती है, सबसे ज्यादा अल्पसंख्यक महिलाओं के अधिकारों की रक्षा को लेकर। कई प्रगतिशील समूह और महिला-संगठन अब इस माँग का सर्मथन नहीं कर रहे हैं। यहाँ तक कि मुस्लिम बुद्धिजीवी भी, जिन्होंने शाहबानो प्रकरण में समान नागरिक संहिता के पक्ष में अपना मत रखा था, उन्होंने भी चुनौतीपूर्ण मुस्लिम पहचान को ध्यान में रखते हुए अपनी स्थिति बदल दी है। तो भी जो सर्वाधिक प्रासंगिक है वह यह है कि राष्ट्रीय जनतांत्रिक गठबन्धन के प्रमुख हिस्से भाजपा ने अपने पाँच वर्षों के शासन काल में अपनी ओर से इस बहस को कोई महत्त्व नहीं दिया, हालाँकि यह उनका एक प्रमुख चुनावी मुद्दा था (अयोध्या में मन्दिर-निर्माण, अनुच्छेद 370 की समाप्ति और एक सांस्कृतिक त्रिशूल-मुस्लिमों के विरुद्ध तीन तरफा)। विगत चुनाव में इस माँग को राजग के चुनाव घोषणा-पत्र में शामिल नहीं किया गया जिसके कारण राजग सत्ता से बेदखल हो गया। इससे ऐसा प्रतीत हुआ कि राजग के साथ अपने गठबन्धन को बनाए रखने के लिए भाजपा अपने हिन्दुत्व-कार्ड को कमजोर कर रही है।

इसके बावजूद, प्रसार-माध्यमों में ध्रुवीकरण के साथ विवाद को बार-बार उभारकर तथा अंग्रेजी बोलनेवाले शहरी, उदार मध्य वर्ग द्वारा चटपटे ढंग से इसे प्रस्तुत किया जाता रहा। यह वर्ग, जो देश की राजनीतिक प्रक्रिया से थोड़ा उदासीन है, अब समान नागरिक संहिता की जोरदार माँग करनेवाला बन गया है। सर्वोच्च न्यायालय हमेशा जब इस विषय पर टिप्पणी करता है तो प्रसार माध्यमों में दो चेहरे दिखाई पड़ते हैं, एक–पर्दानशीं मुस्लिम महिला और दूसरा–मुस्लिम धार्मिक नेता, जो इस माँग का विरोध कर रहे होते हैं। कई बार मीडिया की रिपोर्टों में बताया जाता है कि सर्वोच्च न्यायालय के समक्ष विचारार्थ समान नागरिक संहिता की माँग को धुँधले रूप में प्रस्तुत किया जाता है। साथ ही इसे मुस्लिम महिला के विरुद्ध आधिकारिक घोषणा के रूप में भी पेश किया जाता है।

इस अध्याय में मेरी चिन्ता, ऐसे मामलों में उठाए गए मुख्य विषयों और समान नागरिक संहिता की माँग के साथ उसके सम्बन्ध को लेकर है। साथ ही, उन मामलों को जिस तरह से मीडिया द्वारा पेश किया जाता है, जिनमें न्यायिक फैसलों को मुस्लिम-विरोधी घोषणा बना दिया जाता है, से भी है। इनमें से पहला और सर्वाधिक व्यापक तौर पर जिसकी चर्चा होती है वह है शाहबानो-फैसला[6], जिसकी घोषणा 1985 में एक संवैधानिक पीठ द्वारा की गई, इसकी अध्यक्षता तत्कालीन मुख्य न्यायाधीश वाई.वी. चन्द्रचूड़ द्वारा की गई थी। दूसरा मामला

1995 में न्यायमूर्ति कुलदीप सिंह की खंडपीठ द्वारा सरला मुद्गल[7] के केस में दिए गए निर्णय से सम्बन्धित है। सर्वाधिक नया मामला मुख्य न्यायाधीश वी.एन. खरे की अध्यक्षता वाली खंडपीठ का जॉन वालामत्तोम के मामले में 2003 में दिए गए फैसले से सम्बन्धित है। इन फैसलों का विश्लेषण न केवल उनकी न्यायिक समग्रता में, बल्कि उनके सामाजिक-राजनीतिक और आर्थिक परिप्रेक्ष्य में लैंगिक समानता और अल्पसंख्यक पहचान को सुनिश्चित करने के सन्दर्भ में किया गया है।

## ईसाइयों द्वारा धर्मार्थ प्रयोजनों के लिए वसीयतशुदा मनोभावना के सन्दर्भ में जॉन वालामत्तम सम्बन्धी न्यायादेश

इस प्रसंग को मैं 21 अगस्त, 2003 के सर्वोच्च न्यायालय के फैसले से आरम्भ करना चाहती हूँ जब मुख्य न्यायाधीश वी.एस. खरे ने समान नागरिक संहिता को लागू करने के सम्बन्ध में एक आदेश दिया। समान नागरिक संहिता को लागू करने सम्बन्धी टिप्पणी उस न्यायादेश का भाग था, जिसमें भारतीय उत्तराधिकार अधिनियम 118 को असंवैधानिक और भेदभावमूलक बताया गया था। न्यायालय के सम्मुख जिसने यह याचिका दायर की थी, उसका मुख्य विषय क्या था? लैंगिक न्याय अथवा राष्ट्रीय अखंडता से इसका कोई सम्बन्ध है अथवा नहीं, ये सारी बातें उस समय महत्त्वहीन हो गईं जब समान नागरिक संहिता से सम्बन्धित बहस को इसके माध्यम से पुनः शुरू किया गया। समाचार-पत्र-पत्रिकाओं ने दो परस्पर विशिष्ट समूहों के मुस्लिम धार्मिक नेतृत्व एवं महिला अधिकार कार्यकर्ताओं के प्रवक्ताओं से प्रतिक्रिया आमंत्रित की। किन्तु समान नागरिक संहिता की लोकप्रिय बहस में कूदने से पूर्व कुछ पत्रकारों और विशेषज्ञों ने सर्वोच्च न्यायालय के फैसले, जेंडर न्याय, राष्ट्रीय अखंडता एवं समान नागरिक संहिता के बीच अन्तर्संबन्ध पर प्रकाश डालने की कोशिश की।

आवेदक, जो एक रोमन कैथोलिक पुजारी था, ने भारतीय उत्तराधिकार अधिनियम 118 को चुनौती दी थी, जो इस प्रकार है : 'धार्मिक अथवा धर्मार्थ प्रयोजनों के लिए कोई भी व्यक्ति, जिसका कोई भतीजा-भतीजी अथवा कोई निकट सम्बन्धी न हो, उसे अपनी किसी भी सम्पत्ति को धार्मिक अथवा दातव्य प्रयोजनों के लिए दान करने का अधिकार है, सिवा इसके कि उसकी मृत्यु के कम-से-कम बारह माह पूर्व वसीयतनामा कर दिया गया हो और कम-से-कम छह माह पूर्व वसीयतनामा करनेवाले जीवित व्यक्ति के संज्ञान में कानून द्वारा विहित स्थान पर उसे सुरक्षित रख दिया गया हो।'

धारा 118 के पीछे निर्विवाद रूप से यह सिद्धान्त अन्तर्निहित था कि लोग मृत्यु-शय्या पर पड़े व्यक्ति से धर्म की आड़ में गलत मंशा से वसीयत न करा सकें। इस धारा की जड़ें 1735 के एक पुराने ब्रिटिश कानून में खोजी जा सकती हैं जो 'दातव्य उपयोग अधिनियम 1735' के नाम से जाना जाता था तथा इसे पूर्वोक्त प्रयोजनार्थ उस समय लागू किया गया था जब चर्च ने भूमि के क्रय-विक्रय सम्बन्धी सभी मामलों को अधिनियमित कर दिया था जिससे इसके समर्थकों पर काफी प्रभाव पड़ा था। इसके माध्यम से ब्रिटिश हुकूमत चर्च के अनुयायियों के अधिकारों की कटौती और उन्हें अधिनियमित करना चाहती थी। 1888

में पुराने कानून को पुनः लागू किया गया और इसमें एक अन्य कानून को शामिल कर दिया गया, जिसका नाम था 'मोर्टमेन (अक्राम्यता) एवं दातव्य प्रयोजन अधिनियम 1888'। बाद में जब इस अधिनियम ने अपनी प्रासंगिकता खो दी (मूलतः चूँकि चर्च ने अपने लोगों पर ऐसे अधिकारों का प्रयोग बन्द कर दिया था ) ब्रिटिश की संसद ने दातव्य अधिनियम, 1960 नामक एक अधिनियम के द्वारा इस प्रावधान को रद्द कर दिया।

दिलचस्प बात यह थी कि भूमि के धार्मिक-दातव्य उपयोग के विरुद्ध गम्भीर कानूनी प्रावधान के बावजूद मॉर्टमेन कानून ने भूमि के किसी भी आकार को सार्वजनिक उद्यान, संग्रहालय, विश्वविद्यालय, महाविद्यालय अथवा किसी भी स्थानीय निकाय को दान करने की छूट दे रखी थी। भारतीय विधायिका ने भारतीय उत्तराधिकार अधिनियम, 1925 को लागू करते समय घोषित अथवा अघोषित तौर पर इन छूटों को समाप्त कर दिया था। इसीलिए भारतीय उत्तराधिकार अधिनियम की धारा 118 अपने पूर्ववर्ती कानून की तुलना में व्यक्तिगत स्वतंत्रता के प्रति अधिक प्रतिबन्धात्मक सिद्ध हुई।

प्रायः सभी भारतीय कानूनों में (दक्षिण एशियाई क्षेत्र में भी) अंग्रेजों के ऐसे पुरातन अवशेष मिल ही जाते हैं। भारतीय संविदा अधिनियम, भारतीय दंड संहिता (आई.पी.सी.), सम्पत्ति-अन्तरण अधिनियम और बहुत सारे अन्य कानूनों में अविवेकपूर्ण, कालातीत एवं कामुक प्रावधान के कई नमूने निहित हैं जो उसके मूल देश में निरस्त कर दिए गए हैं अथवा संशोधित कर दिए गए हैं। आई.पी.सी. के तहत वैवाहिक बलात्कार को मिली छूट[8], व्यभिचार का कामुक प्रावधान[9] और भारतीय संविधान अधिनियम के तहत किए गए सार्वजनिक नैतिकता के सम्बन्ध में कामुक प्रावधान, जो अप्राकृतिक संविदा का निषेध करता है,[10] काफी पुरानी पड़ चुकी है। यह तलाक सम्बन्धी मामलों में महिलाओं के पक्ष में कई सारी समस्याओं के विशाल साम्राज्य का छोटा-सा हिस्सा है। इनमें से कुछ को इनकी संवैधानिक वैधता को चुनौती देने[11] अथवा प्रासंगिक धारा में संशोधन के बावजूद बनाए रखा गया है।[12]

आवेदक जॉन वालामत्तोम ने इस अभ्यावेदन के द्वारा व्यक्तिगत स्वतंत्रता के उल्लंघन को इस आधार पर चुनौती दी कि चूँकि मूल कानून जिसके आधार पर यह कानून बनाया गया था, उसे इंग्लैंड में रद्द कर दिया गया है, उसे भारतीय कानून में बनाए रखने का कोई भी विवेकसंगत औचित्य नहीं हो सकता है। चूँकि केरल हाईकोर्ट की खंडपीठ द्वारा 1998[13] में ही इस भेदभावमूलक प्रावधान को हटा दिया गया था, सर्वोच्च न्यायालय का काम काफी आसान हो चुका था।

सर्वोच्च न्यायालय ने भारतीय उत्तराधिकार अधिनियम की धारा 118 की संवैधानिक वैधता से सम्बन्धित विचाराधीन अल्पसूचित प्रश्न के सन्दर्भ में निम्न व्यवस्था दी :

> जनहित के प्रयोजनों तथा धर्म, ज्ञान, वाणिज्य, स्वास्थ्य, सुरक्षा अथवा मानवता के फायदे के किसी भी अन्य उद्देश्य के लिए सम्पत्ति दान देने की बात न केवल विभिन्न धर्मग्रन्थों में बल्कि विभिन्न कानूनों में भी की गई है। धर्मार्थ प्रयोजनों में शामिल है गरीबों को राहत, शिक्षा, चिकित्सकीय सुविधा, सार्वजनिक उपयोगिता वाले उद्देश्यों की तरक्की इत्यादि। धर्मार्थ प्रयोजन लोकोपकार से प्रेरित होते हैं। ऐसे उद्देश्यों

के लिए सम्पत्ति के निपटान सम्बन्धी व्यक्ति की स्वतंत्रता का धार्मिक प्रभाव से कोई लेना-देना नहीं है। धार्मिक एवं धर्मार्थ प्रयोजनों में धन लगाने सम्बन्धी प्रश्नगत प्रावधान भेदभावमूलक और संविधान के अनुच्छेद 14 के लिए उल्लंघनकारी हैं। यदि यह मान भी लिया जाए कि अधिनियम की धारा 118 का उद्देश्य धार्मिक प्रभाव में आकर धन दान करने की प्रवृत्ति को रोकना है, फिर भी वसीयतनामे के अधीन धर्मार्थ प्रयोजनों के लिए धन दान करने को प्रतिबन्धित करना उचित नहीं है। एक बार यदि यह मान भी लिया जाए कि कथित प्रावधान के क्रियान्वयन का अन्तर्निहित उद्देश्य सिर्फ धर्म का प्रभाव दिखाकर लोगों को मृत्यु-शय्या पर धन दान कराने की कोशिशों को रोकना है, इस बात पर विचार करते हुए कि ऐसी अधीनस्थता को रोकने का प्रावधान इस अधिनियम में पर्याप्त रूप से किया हुआ है, अधिनियम के प्रयोजन और लक्ष्य को नष्ट होने से बचाए रखना होगा।

इस तर्क के आधार पर सर्वोच्च न्यायालय ने भारतीय उत्तराधिकार अधिनियम की धारा 118 को अविवेकपूर्ण, स्वेच्छाकारी एवं विभेदकारी होने के कारण निरस्त कर दिया तथा इसे संविधान के अनुच्छेद 14 के प्रति उल्लंघनकारी बतलाया। इस प्रावधान को निरस्त करते हुए न्यायालय ने मानवाधिकार विषयक विश्व-सम्मेलन में स्वीकृत विकास का अधिकार, जिसमें भारत भी एक हस्ताक्षरी था और नागरिक और राजनीतिक अधिकार 1966 विषय पर आयोजित संयुक्त राष्ट्र समझौता के अनुच्छेद 18 पर भरोसा किया, जो इस प्रकार है—

> प्रत्येक व्यक्ति को विचार, विवेक और धर्म की स्वतंत्रता का अधिकार होगा। इस अधिकार में शामिल होगा कोई धर्म अथवा अपनी पसन्द की आस्था को मानने अथवा अपनाने की स्वतंत्रता एवं व्यक्तिगत तौर पर अथवा दूसरे समुदाय के बीच अथवा सार्वजनिक या निजी तौर पर अपने धर्म अथवा आस्था क़ी उपासना, अवलोकन, साधना एवं शिक्षाओं के माध्यम से अभिव्यक्ति की स्वतंत्रता। अपने निजी धर्म अथवा आस्था की अभिव्यक्ति की स्वतंत्रता केवल उन्हीं सीमाओं में होगी जो कानूनसम्मत हो और जिससे सार्वजनिक सुरक्षा, व्यवस्था, स्वास्थ्य अथवा नैतिक या मौलिक अधिकार और अन्य लोगों की स्वतंत्रता की रक्षा करना भी आवश्यक है।

इन चर्चाओं के माध्यम से यह स्पष्ट है कि न्यायालय के समक्ष विचाराधीन विषय के रूप में प्रश्न लैंगिक न्याय अथवा राष्ट्रीय अखंडता का नहीं था, बल्कि एक ईसाई पुजारी की व्यक्तिगत स्वतंत्रता का था। लोक-आस्था के विपरीत, इस आवेदन के माध्यम से आवेदक ने अपनी धार्मिक स्वतंत्रता की सुरक्षा और अपनी पसन्द के धर्म का अनुपालन करने के अधिकार का प्रश्न उठाया। आस्थाओं के सांस्कृतिक वैविध्य की रक्षा करते समय संयुक्त राष्ट्र संघ के नागरिक एवं राजनीतिक अधिकार, 1966 को उद्धृत करते हुए धार्मिक दातव्य प्रयोजनों के लिए धन दान करने के अधिकार को बनाए रखकर न्यायालय ने धार्मिक अल्पसंख्यकों के पक्ष में निर्णय दिया। न्यायालय ने माना कि इस अधिकार का उल्लंघन संविधान के अनुच्छेद 14 के तहत भेदभाव को बढ़ावा देगा।

तो भी, यह फैसला आमतौर पर दक्षिणपन्थी हिन्दुओं द्वारा समान नागरिक संहिता की माँग के पक्ष में दिया गया माना गया। ऐसा कैसे हो गया? इसके लिए सिर्फ न्यायालय और

मीडिया ही दोषी नहीं है, बल्कि आवेदक भी दोषी है। अपने केस को मजबूत करने के लिए उसने एक अवांछित तर्क दिया कि दातव्य प्रयोजनों एवं धार्मिक कार्यों के लिए धन दान करना ईसाई धर्म का आन्तरिक और अभिन्न हिस्सा है, और धारा 118 के अधीन लगाई गई शर्त भारतीय संविधान के अनुच्छेद 25 एवं 26 के अन्तर्गत प्रदत्त विवेकाधिकार का उल्लंघन करता है। इस सन्दर्भ में न्यायालय ने आगे स्पष्ट किया :

> अनुच्छेद 25 व्यक्ति को सार्वजनिक तौर पर अपनी आस्था की अभिव्यक्ति का अधिकार देता है और साधना की स्वतंत्रता का अर्थ है निजी अथवा सार्वजनिक उपासना के माध्यम से अभिव्यक्ति की स्वतंत्रता। दातव्य अथवा धार्मिक प्रयोजनों के लिए उपहार देने का निर्णय किसी व्यक्ति का एक पुनीत कार्य हो सकता है, लेकिन उसे किसी धर्म का अविभाज्य अंग नहीं बताया जा सकता। आवेदक का मामला यह नहीं है कि ईसाई धर्म दातव्य अथवा धार्मिक प्रयोजनों के लिए धन दान करने की इजाजत देता है या नहीं, किन्तु इसे उसका अविभाज्य अंग नहीं कहा जा सकता। ईसाई धर्म को माननेवाला कोई व्यक्ति यदि धार्मिक अथवा दातव्य प्रयोजनों के लिए धन दान करने की इच्छा नहीं रखता तो ऐसा नहीं कि वह ईसाई नहीं रह जाता है। ऐसा भी हो सकता है कि किसी खास धर्म को माननेवाला कोई व्यक्ति उस धर्म के नाम पर कुछ भी न करता हो। अनुच्छेद 25 सिर्फ उपासना सम्बन्धी कर्मकांड आदि की स्वतंत्रता की रक्षा करता है, जो केवल उस धर्म के अविभाज्य अंग होते हैं। अतएव भारतीय संविधान के अनुच्छेद 25 का इस मामले से कोई सम्बन्ध नहीं है।

यदि आवेदक ने संविधान के अनुच्छेद 25 एवं 26 के तहत प्रदत्त अधिकारों के उल्लंघन के तर्क पर जोर नहीं दिया होता, तो वह वसीयतनामे के माध्यम से धार्मिक एवं दातव्य प्रयोजनों के लिए धन दान करने का केस जीत जाता और अपने अधिकारों की प्राप्ति कर लेता (और अपने समुदाय के अन्य लोगों के अधिकारों की भी)। दूसरी तरफ, यदि यह मुद्दा उठाया भी जाता तो न्यायालय इसका नकारात्मक उत्तर दे सकता था और यहीं पर मामला खत्म हो गया होता। परन्तु लिखित फैसले से परे न्यायमूर्ति खरे ने यह टिप्पणी जोड़ी, जो कि प्रसंगाधीन विषय से सर्वथा असम्बद्ध थी :

> इस केस को समाप्त करने के पूर्व मैं कहना चाहूँगा कि अनुच्छेद 44 कहता है कि राज्य अपने पूरे भू-भाग में नागरिकों के लिए समान नागरिक संहिता लागू करने का प्रयास करेगा। उपर्युक्त प्रावधान इस कथन पर आधारित है कि एक सभ्य समाज में धार्मिक और व्यक्तिगत कानूनों में कोई निश्चित सम्बन्ध नहीं होता। संविधान का अनुच्छेद 25 विवेक और स्वतंत्र धार्मिक आस्था, उपासना और प्रसार की स्वतंत्रता देता है। उपर्युक्त दो प्रावधान अनुच्छेद 25 एवं 44 दर्शाते हैं कि पहला धार्मिक स्वतंत्रता सुनिश्चित करता है और दूसरा धर्म को सामाजिक और व्यक्तिगत कानूनों से अलग करता है। इसमें कोई सन्देह नहीं है कि विवाह, उत्तराधिकार और इस प्रकार के अन्य मामले जो धर्मनिरपेक्ष चरित्र वाले हों, अनुच्छेद 25 एवं 26 के तहत दी गई गारंटी के अन्तर्गत नहीं आते। यह पश्चात्ताप का विषय है कि संविधान के अनुच्छेद 44 को इसमें लागू नहीं किया गया है। संसद

> को अभी भी देश में समान नागरिक संहिता का निर्माण करना है। समान नागरिक संहिता राष्ट्रीय अखंडता को, विचारधाराओं पर आधारित विरोधाभासों को समाप्त कर बढ़ावा देगी।

इस टिप्पणी में ईसाई पुजारी के धार्मिक दातव्य प्रकृति के लिए धन दान करने की व्यक्तिगत स्वतंत्रता एवं राष्ट्रीय अखंडता के लिए समान नागरिक संहिता के मध्य सम्बन्ध को स्पष्ट नहीं किया गया है। परन्तु यह टिप्पणी मीडिया के फैसले की व्याख्या व्यक्तिगत स्वतंत्रता एवं सांस्कृतिक बहुलता की दृष्टि से देखने की बजाय अल्पसंख्यक विरोधी और समान नागरिक संहिता समर्थक के रूप में देखने का अवसर देती है। हद तो यह हुई कि अगले दिन और फिर उसके बाद कई सप्ताह तक समाचार-पत्र और उसके सम्पादकीय समान नागरिक संहिता सम्बन्धी रपटों से भरे पड़े थे। एक ओर मुस्लिम धार्मिक नेताओं और मुस्लिम बुद्धिजीवियों को उद्धृत करते हुए तथा दूसरी ओर महिला अधिकार कार्यकर्ताओं को दिखाया जा रहा था जो न तो फैसले और महिला अधिकारों से सम्बन्धित थे और न मुस्लिम पहचान को निरूपित कर रहे थे।

### सरला मुद्गल[14] से सम्बन्धित धर्मान्तरण एवं द्विविवाह विषयक फैसला

सर्वोच्च न्यायालय द्वारा इस मुद्दे पर दूसरा महत्त्वपूर्ण फैसला जो हिन्दू पुरुषों से सम्बन्धित था, वह धर्मान्तरण एवं द्विविवाह विषयक सरला मुद्गल का केस है। यहाँ न तो मुस्लिम कानून, न मुस्लिम महिलाओं के अधिकार न्यायालय के समक्ष विचाराधीन मुख्य विषय के रूप में थे। न्यायालय एक हिन्दू विवाह की वैधता की जाँच कर रहा था, जो एक हिन्दू पुरुष और एक हिन्दू महिला के बीच सम्पन्न हुआ था। आगे चलकर इसी पुरुष ने एक हिन्दू महिला से विवाह सम्बन्ध स्थापित किया जिसने धोखे से खुद को इस्लाम में धर्मान्तरित कर लिया था। लेकिन इन दोनों ही विवाहों से सम्बन्धित पक्ष हिन्दू थे। उनमें से किसी का भी यह दावा नहीं था कि वे अब मुस्लिम हैं। अतः संक्षेप में, न्यायालय दो हिन्दू पत्नियों के अधिकारों की जाँच कर रहा था, जो एक (द्विविवाही) हिन्दू पुरुष से विवाहित थीं। न्यायालय के समक्ष कोई मुस्लिम नहीं था और मुस्लिमों की लैंगिक समानता का प्रश्न भी यहाँ उपस्थित नहीं था। परन्तु दुर्भाग्यवश, फैसले और मीडिया की रपटों में इसे प्रचारित किया गया, जिसके चलते प्राथमिक तौर पर राष्ट्र के सन्दर्भ में समान नागरिक संहिता का मुद्दा, राष्ट्रीय अखंडता और अल्पसंख्यक पहचान का मुद्दा उछला।

इस अत्यधिक प्रचारित फैसले में, जो न्यायाधीश कुलदीप सिंह द्वारा दिया गया था, न्यायालय ने टिप्पणी की :

> चूँकि हिन्दुओं के साथ-साथ सिख, बौद्ध एवं जैनियों ने राष्ट्रीय एकता और अखंडता के लिए अपनी भावनाओं का परित्याग कर दिया है, कुछ अन्य समुदाय ऐसा नहीं कर सकते, यद्यपि संविधान पूरे भारत के लिए समान नागरिक संहिता लागू किए जाने का ओदश देता है। ...जिन लोगों ने विभाजन के पश्चात् भारत में रहना अधिक पसन्द किया, वे पूरी तरह जानते थे कि भारतीय नेता दो राष्ट्र अथवा तीन राष्ट्र के सिद्धान्त में विश्वास नहीं करते, और यह कि भारतीय गणराज्य में केवल एक

ही राष्ट्र हो सकता है, भारतीय राष्ट्र और कोई भी समुदाय धर्म के आधार पर एक अलग पहचान का दावा नहीं कर सकता। इस दृष्टि से कोई भी समुदाय समूचे भारतीय भू-भाग के लिए लागू किए जानेवाली समान नागरिक संहिता का विरोध नहीं कर सकता।

विभाजन का स्पष्ट सन्दर्भ और भारत में बने रहने सम्बन्धी चयन को मुस्लिम अल्पसंख्यकों के विरुद्ध इस्तेमाल किया गया, क्योंकि पारसी और ईसाइयों को चुनने का अधिकार नहीं था। विभाजन के बाद भारत में बने रहने का चुनाव लम्बे समय तक भारतीय मुस्लिमों के लिए चुनौतीपूर्ण रहा क्योंकि दक्षिणपन्थी हिन्दुओं द्वारा उन्हें लगातार चेतावनी दी जाती रही। समान नागरिक संहिता के सन्दर्भ में सभ्य और मानवीय होने का प्रश्न यह सुझाता है कि जो लोग संहिता का विरोध करेंगे (पढ़े-लिखे मुस्लिम) वे असभ्य और जंगली हैं। इस टिप्पणी से यह भी पता चलता है कि हिन्दू एक धर्मनिरपेक्ष और लैंगिक न्याय वाले पारिवारिक नियमों से शासित होते हैं और मुस्लिम एक समुदाय के रूप में राष्ट्रीय अखंडता के शत्रु हैं, क्योंकि वे अपने व्यक्तिगत कानूनों का अनुसरण करते हैं।

कपूर और कॉस्मैन[15] के अनुसार फैसले की भाषा, हिन्दू व्यक्तिगत कानूनों के अन्दर जारी धार्मिक और भेदभावमूलक पहलुओं से ध्यान विचलित कर मुस्लिम समुदाय पर हमला करने में दक्षिणपन्थी राजनीति के साथ भयानक रूप से स्वर में स्वर मिला रही है। इस दृष्टि से सभी धार्मिक समुदायों के साथ समान व्यवहार होना चाहिए और वर्चस्वशाली हिन्दू समुदाय को आधार मानकर समानता का निर्णय किया जाना चाहिए।

परन्तु हिन्दू समाज की एकल विवाह की प्रथा, जो सर्वोच्च न्यायालय के समक्ष विचाराधीन थी, सभी सार्वजनिक बहसों से बच गई। सारा ध्यान मुस्लिम समुदाय के बहुविवाह की ओर केन्द्रित हो गया और मुस्लिम महिलाओं की दुर्दशा और मुस्लिम महिलाओं की मुक्ति हेतु दिए गए समाधान को तत्काल समान नागरिक संहिता लागू किए जाने का आधार बताया गया। एक संकेत यह भी था कि समान नागरिक संहिता हिन्दू पुरुषों के द्विविवाह की इच्छा को नियंत्रित करके हिन्दू विवाहों को अधिक टिकाऊ बना देगी। फैसले को पढ़ने पर यह संकेत मिलता है कि केवल इस्लाम में धर्मान्तरण के कारण ही हिन्दुओं के एकल विवाह की प्रथा टूट रही है। फैसले में कहा गया है–'...यहाँ एक स्पष्ट इशारा (प्रलोभन) है कि यदि कोई हिन्दू पति दूसरा विवाह करना चाहता है, तो वह मुस्लिम बन जाए ...।'

हिन्दू एकल विवाह का कानून, जिसे फैसले में तरजीह दी गई है और अधिक जाँच की माँग करता है। हिन्दुओं में एकल विवाह की प्रथा की शुरुआत 1955 के हिन्दू विवाह अधिनियम द्वारा हुई। इसके पूर्व हिन्दू पुरुषों को द्विविवाह के अपराध में भारतीय दंड संहिता की धारा 949 के तहत आपराधिक सजा से मुक्ति मिली हुई थी। 1955 के बाद एक हिन्दू पत्नी द्विविवाह के आधार पर अपने पति को तलाक दे सकती है और आपराधिक कानूनों के तहत उस पर मुकदमा भी कर सकती है।

मुस्लिम विवाह-विच्छेद अधिनियम के तहत द्विविवाह के आधार पर विवाह-विच्छेद का अधिकार मुस्लिम महिलाओं को भी प्राप्त है। एक हिन्दू पत्नी को जो अतिरिक्त लाभ प्राप्त

होता है, वह है द्विविवाह के लिए कानूनी कार्रवाई। किन्तु चूँकि पहली पत्नी को ही मुकदमा शुरू करने का अधिकार है, एक आम धारणा यह है कि एक हिन्दू पति अपनी पत्नी की सहमति से पुनः विवाह कर सकता है और व्यावहारिक धरातल पर यह धारणा सच्चाई से ज्यादा दूर नहीं है। अतएव पति के द्विविवाह के सन्दर्भ में कागज पर हिन्दू पत्नी की स्थिति मुस्लिम पत्नी से थोड़ी अच्छी दिख सकती है। आँकड़ों के हिसाब से हिन्दू और मुस्लिम द्विविवाह एक समान है। यह कहकर कि पूर्व का विवाह वैध था, एकमात्र कानूनी उपाय (द्विविवाह के आधार पर तलाक के लिए आवेदन के अतिरिक्त) जो सम्बन्धित महिलाएँ अपना सकती हैं, वह है द्विविवाह के लिए मुकदमा चलाया जाना।

इस सन्दर्भ में यह देखना आवश्यक है कि द्विविवाह के प्रति न्यायालय का रुख हिन्दू पुरुष को केन्द्रीय विषय बनाना है। न्यायालय का यह फैसला संकेत देता प्रतीत होता है कि न्यायपालिका हिन्दुओं की एकल विवाह-प्रथा को तोड़नेवाले सभी मामलों में काफी कठोर रवैया अपना रही है और केवल एक ही रास्ता जिससे पति बच सकता है, वह है धर्मान्तरण। परन्तु सर्वोच्च न्यायालय के फैसलों की समीक्षा से यह पता चल जाता है कि कानूनी रोक के बावजूद हिन्दू पुरुषों का द्विविवाह जारी है और हिन्दू द्विविवाह के प्रति न्यायिक रुख अतिशय शिथिल रहा है।

एकल विवाह प्रथा के लागू होने के दस वर्ष बाद सर्वोच्च न्यायालय ने भाऊराव लोखंडे[16] का मामला देखा। दोषी पति को निचली अदालतों द्वारा सजा सुनाई जा चुकी थी। सर्वोच्च न्यायालय ने इस आधार पर कि द्वितीय विवाह में वैध हिन्दू विवाह के लिए आवश्यक समारोहों- विवाह होम एवं सप्तपदी (पवित्र अग्नि के समक्ष संकल्प लेना और सात फेरे लेना) का निष्पादन नहीं हुआ था, दोषी पति को बरी कर दिया। न्यायालय ने आदेश दिया कि केवल यह तथ्य कि पुरुष और स्त्री पति-पत्नी के रूप में रह रहे हैं, उन्हें पति-पत्नी का अधिकार प्रदान नहीं करता, जब तक कि विवाह के लिए वैध समारोह सम्पन्न न हो गए हों। अतएव इस प्रकार के सहजीवन से भारतीय दंड संहिता की धारा 494 के तहत सजा का आधार नहीं बनता।

1966 में कँवल राम[17] एवं 1971 में प्रियाबाला[18] मामले में सर्वोच्च न्यायालय में इसी सिद्धान्त का अनुसरण किया गया। दोषी पति को दंडमुक्त करते हुए सर्वोच्च न्यायालय ने इस बात की पुष्टि की कि दंड देने के लिए जरूरी समारोहों का निष्पादन एक पूर्व शर्त है। न्यायालय ने आगे कहा कि इस शर्त का पालन तब भी किया जाना चाहिए जब पति और दूसरी पत्नी विवाह-सम्बन्ध अथवा सहजीवन के तथ्य को स्वीकार कर लेते हैं। भाऊराव के 1965 के मामले के तीस वर्षों के बाद 1995 में सरला मुद्गल के हस्तक्षेप की अवधि में विभिन्न उच्च न्यायालयों ने न केवल सर्वोच्च न्यायालय द्वारा अपनाए गए रुख का अनुसरण किया, बल्कि उत्साहवश आपराधिक मुकदमों में न्याय और स्वच्छन्दता की सारी अपेक्षाओं को दरकिनार कर दिया। किसी मन्दिर में सम्पन्न समारोह, जातीय पंचायतों में निबन्धन अथवा मन्दिर के अधिकारियों के समक्ष निबन्धन और न्यायिक दंडाधिकारी के समक्ष निबन्धन के सभी प्रमाण जो पहली पत्नी देना चाहती थी, कम पड़ गए। दूसरे विवाह से उत्पन्न बच्चे का पितृत्व यदि प्रमाणित होता भी है तो यह केवल बच्चे के अवैध होने

को साबित कर सकता है, उसके पिता के द्विविवाह का प्रमाण नहीं। साथ ही यह पत्नी को अपने मौजूदा विवाह के अवैधीकरण के जोखिम उठाने के लिए भी प्रस्तुत करता है।[19]

उक्त निर्णयों में बहुलतावादी हिन्दू समाज की वास्तविकता को उपेक्षित किया गया तथा इस पर व्यर्थ की एकरूपता की अवधारणा को थोपने का काम किया गया। निचली जातियों के दूसरे विवाहों के मामले में उस मापदंड को अपनाया गया, जो ऊँची जातियों की दुल्हनों के मामले में अपनाया जाता है। निचली जातियाँ ब्राह्मणवादी कर्मकांड का पालन नहीं करतीं इसलिए तलाक और हिन्दू विवाह अधिनियम के पूर्व उन्हें पुनः विवाह की अनुमति थी। इसलिए निचली जाति के किसी व्यक्ति का पुनर्विवाह कभी भी ऊँचे न्यायालयीय मापदंडों को पूरा नहीं करता था, जिन्हें न्यायालय में हिन्दू विवाह अधिनियम के आधार पर तय किया था।

द्विविवाह के मुकदमों में एक जानी-पहचानी प्रक्रिया है निचली अदालत द्वारा सजा की घोषणा को सर्वोच्च न्यायालय द्वारा बदला जाना। अधिकतर मामलों में ऊँची अदालत ने ब्राह्मणवादी कर्मकांडों, होम, सप्तपदी एवं कन्यादान के मानकों को लागू करके दोषी पति को मुक्त किया। द्विविवाह, हिन्दू विवाहों की जटिलता और पहली तथा दूसरी पत्नी की पीड़ा पर न तो न्यायालयों द्वारा, न मीडिया द्वारा विचार किया गया, जबकि ध्यान हमेशा मुस्लिम द्विविवाह की ओर लगा रहा। सर्वोच्च न्यायालय ने पतियों द्वारा एकल विवाह को तोड़ने के लिए अपनाए जानेवाले बहुत-सी धोखाधड़ी, पर विचार करने से इनकार कर दिया और स्वयं को मुस्लिम समुदाय द्वारा अपने व्यक्तिगत कानूनों को बनाए रखने से सम्बन्धित देशभक्तिविहीन दृष्टि तक सीमित रखा।

## शाहबानो फैसला[20] एवं तलाकशुदा मुस्लिम महिला के अधिकार

इस अध्याय में किए गए तीन चर्चित फैसलों में से सबसे पहला फैसला सर्वोच्च न्यायालय के तत्कालीन मुख्य न्यायाधीश वाई.वी. चन्द्रचूड़ की अध्यक्षता वाली संविधान पीठ द्वारा 1985 में दिया गया शाहबानो केस का है। इस फैसले ने मुस्लिम कानून को पिछड़ा और महिला विरोधी रूप में पेश करने के उद्देश्य से समान नागरिक संहिता की माँग में सम्प्रदायीकरण का स्वर शामिल कर दिया। उस समय तक और खासकर 1950 के दशक में जब हिन्दू कोड बिल के इर्द-गिर्द बहस चल रही थी, हिन्दू कानून को पुरातनपन्थी और महिला विरोधी बतलाया जाता था और उसकी तुलना में अल्पसंख्यकों के कानूनों को अधिक प्रगतिशील और आधुनिक माना जाता था।

उक्त आदेश इसलिए भी महत्त्वपूर्ण है, क्योंकि उक्त तीनों आदेशों में इस अकेले मामले में मुस्लिम महिला इसके केन्द्र में रही है इसलिए इससे उत्पन्न विवाद अन्य विवादों से आगे निकल गया। वास्तव में, मीडिया में इस आदेश के बाद शुरू हुई बहस, जो सिर्फ पुरानी मान्यताओं पर आधारित थी इसे एक नई बहस बता रही थी। मामले की वास्तविकता अब इतिहास की वस्तु बन चुकी है अतएव आज के समय में इस पर विशेष बहस की कोई गुंजाइश नहीं रह गई है। इस अध्ययन में सिर्फ यह बतलाना काफी होगा कि सर्वोच्च न्यायालय ने इस्लाम और मुस्लिम पर्सनल लॉ पर टिप्पणी करना अधिक उचित समझा, जबकि स्वतंत्रता

के बाद पहली बार एक धर्मनिरपेक्ष और समतावादी कानून के तहत यह 'गुजारे के अधिकार' पर निर्णय दे रहा था। परन्तु भारतीय दंड प्रक्रिया संहिता की धारा 125 के तहत मुस्लिम महिला के गुजारे के अधिकार को बनाए रखने से सम्बन्धित सर्वोच्च न्यायालय का यह पहला उदाहरण नहीं था। सर्वोच्च न्यायालय के दो महत्त्वपूर्ण निर्णय, जो न्यायमूर्ति कृष्णा अय्यर द्वारा 1979[21] एवं 1980[22] में दिए गए थे, में बिना किसी राजनीतिक विवाद को जन्म दिए तलाकशुदा मुस्लिम महिला के गुजारे के अधिकार को इस प्रावधान के तहत सुरक्षित स्थान प्रदान किया था। इनके फैसलों में मुस्लिम महिला के अधिकारों को सामाजिक न्याय के दृष्टिकोण से देखा गया था।

अवांछित टिप्पणी और समान नागरिक संहिता की अयाचित माँग के कारण शाहबानो प्रकरण में धर्मनिरपेक्ष कानूनों के तहत अधिकारों पर चली बहस ने साम्प्रदायिक प्रतिक्रिया को भड़का दिया। मुस्लिम रूढ़िवादियों के दबाव में आकर सरकार द्वारा वह मुस्लिम महिला विधेयक लाया गया, जिसके माध्यम से मुस्लिम महिलाओं को भारतीय दंड प्रक्रिया संहिता की धारा 125 के तहत गुजारे के अधिकार पर विचार न करने की माँग की गई। राजीव गांधी-नीत सत्तारूढ़ कांग्रेस पार्टी द्वारा उठाए गए इस कदम को भारतीय महिलाओं को लैंगिक न्याय दिलाने में विफलता तथा भारतीय राजनीति में धर्मनिरपेक्षता के सिद्धान्तों की पराजय के रूप में भी पेश किया गया।

इस कदम को धर्मनिरपेक्ष एवं महिला अधिकार-समूहों के कड़े विरोध का सामना करना पड़ा। जैसे-जैसे बहस बढ़ती गई, मीडिया ने दो अनुदार और परस्पर विरोधी परिस्थितियों को प्रक्षेपित किया। एक ओर वे लोग थे, जो विधेयक का विरोध कर रहे थे और एक आधुनिक, धर्मनिरपेक्ष एवं विवेकयुक्त साधन के रूप में समान नागरिक संहिता की माँग कर रहे थे, जबकि दूसरी ओर वे लोग थे जो इसे रूढ़िवादी, कट्टरपन्थी, पुरुष मानसिकतावाला, साम्प्रदायिक और दुर्बोध बतलाकर विरोधी पक्ष में थे। प्रगतिशील, आधुनिक और धर्मनिरपेक्ष होने के लिए राष्ट्रवादी होना आवश्यक था अन्यथा विरोधी खेमे द्वारा राष्ट्रवाद विरोधी घोषित कर दिया जाता। जैसे-जैसे विवाद बढ़ता गया राष्ट्र और हिन्दू दोनों से भिन्न मुसलमानों को 'अन्य' के रूप में परिभाषित किया जाने लगा। बदले में मुस्लिमों को यह सोचने के लिए प्रेरित किया गया कि यह उनकी सुरक्षा के लिए एक और खतरा था। मुस्लिम नेतृत्व के इस कठोर दृष्टिकोण ने दक्षिणपन्थी हिन्दू ताकतों को अपने मुस्लिम-विरोधी दुष्प्रचार का और भी अधिक अवसर दे दिया। मुस्लिम बुद्धिजीवियों ने मुस्लिम धार्मिक नेताओं के विचारों से स्वयं को दूर रखा और सरकार के समक्ष फैसले के समर्थन एवं विधेयक के विरोध में एक आवेदन दिया।

यहाँ अलग बात यह थी कि विवाद की लपटों में बहस मुख्य विषय से अलग पड़ती जा रही थी। वह थी रु. 179.20 प्रतिमाह का भरण-पोषण भत्ता जो एक 73 वर्षीया महिला एवं कानपुर निवासी एक सफल अधिवक्ता की पूर्व पत्नी की गरीबी एवं भुखमरी से रक्षा के हिसाब से काफी कम था। चल रहे विवाद और घटना के साम्प्रदायिक मोड़ के कारण शाहबानो को गुजारे भत्ते से इनकार करने की घोषणा करनी पड़ी जिससे इस गलतफहमी को बढ़ावा मिला कि इस्लाम महिलाओं के आर्थिक अधिकारों की अनदेखी करता है। यदि

यह अधिकार उसके धर्म के विरुद्ध था, जिसकी वह घोषणा कर रही थी, तो वह गुजारे-भत्ते के अधिकार के दावे की अपेक्षा एक समर्पित मुस्लिम थी, वास्तव में दोनों पक्षों के अभियान संचालकों के प्रति एक दुखद टिप्पणी थी।

उस कानून ने, जिसे एक पार्टी व्हिप के बल पर पारित कर दिया गया, एक ओर न्यायिक विमर्श एवं लोकप्रिय मीडिया के भीतर मुस्लिम तुष्टीकरण के सिद्धान्त को और मजबूत कर दिया वहीं दूसरी ओर समान नागरिक संहिता के विरोधियों की स्थिति को मुस्लिम धार्मिक नेताओं के बीच बिलकुल स्पष्ट कर दिया। एक बार जब अधिनियम लागू हो गया, विरोधी समूहों के समक्ष न्यायपालिका से उस गलती को सुधारने हेतु अनुरोध करने के सिवा और कोई विकल्प नहीं बचा कि इस कानून के कारण मुस्लिम महिलाओं को होनेवाली दिक्कतों को ठीक किया जाए।

जल्दीबाजी में तैयार और लागू किए गए इस कानून में काफी विरोधाभास भरे पड़े थे। परन्तु अपनी सीमाओं के बावजूद इस कानून का अत्यधिक ऐतिहासिक महत्त्व था, क्योंकि इसके माध्यम से स्वतंत्र भारत में पहली बार मुस्लिम पर्सनल कानून को संहिताबद्ध किया गया था। किन्तु इस पर मत-भिन्नता इतनी अधिक थी कि भारत में पर्सनल लॉ के इतिहास के इस मील-स्तम्भ के सम्बन्ध में फिर से सोचने-विचारने के लिए कोई गुंजाइश नहीं रह गई थी। विरोधाभासों की धूल नीचे बैठ जाने के बाद ही कोई इस कानून की प्रासंगिकता पर, जिसे 'मुस्लिम वीमेन्स (प्रोटेक्शन ऑफ राइट्स ऑन डाइवोर्स) एक्ट, 1986 के नाम से जाना जाता है विचार कर सकता है। चूँकि इसे महिला अधिकार-समूहों एवं प्रगतिशील सामाजिक संगठनों द्वारा किए जा रहे विरोध के बीच लागू किया गया, इसे सन्देह और अपशगुनी दृष्टि से देखा गया। अतएव विरोधी समूहों की पहली प्रतिक्रिया इसकी वैधता की जाँच के बजाय इसकी संवैधानिकता को चुनौती देने की थी।

जिस समय सर्वोच्च न्यायालय में इस अधिनियम पर रिट याचिकाएँ विचाराधीन थीं, निचली अदालतों में इसके सम्बन्ध में फैसले सुनाए जा रहे थे। विभिन्न उच्च न्यायालयों द्वारा दिए गए फैसलों के विरोध में की गई अपील भी धीरे-धीरे मूल याचिका में शामिल कर ली गई। इसमें चौंकानेवाली बात यह थी कि जब महिला अधिकारों के लिए आन्दोलनरत समूहों द्वारा याचिकाएँ दाखिल की गईं, तो अपीलें उन पतियों द्वारा की गईं, जो विभिन्न उच्च न्यायालयों के फैसलों से दुखी थे। चूँकि विभिन्न अधिकारों के लिए काम करनेवाले समूहों के विरोध के बीच विधेयक पारित कर दिया गया था, ऐसा प्रतीत हुआ कि इसकी संवैधानिकता को चुनौती देनेवाली याचिकाएँ भी इन्हीं के द्वारा दाखिल की गई हैं। परन्तु उन अपीलों के सम्बन्ध में कुछ भी कह पाना मुश्किल था, जो पतियों द्वारा दाखिल की गई थीं, जिन्हें विभिन्न उच्च न्यायालयों द्वारा दिए गए फैसलों पर आपत्ति थी।

यदि वास्तव में यह अधिनियम मुस्लिम महिलाओं को पहले से प्राप्त अधिकारों से वंचित कर रहा था और पतियों को उनकी पूर्व पत्नियों के प्रति आर्थिक जवाबदेही से मुक्त कर रहा था तब पति उन फैसलों के कारण दुखी क्यों थे, जो एक अत्यन्त अविवेकपूर्ण महिला विरोधी कानून के आधार पर दिए गए थे? इस मनःस्थिति के पीछे एक हलका-सा सन्देह यह छिपा हुआ था कि जिस प्रकार इन मामलों की निचली अदालतों में सुनवाई शुरू हो रही

थी, उससे अलग सच्चाई सामने आ रही थी। इस सम्मोहक विचार ने पहला संकेत यह दिया कि यह कुख्यात अधिनियम तलाकशुदा मुस्लिम महिलाओं के अधिकारों की सुरक्षा के लिए लागू किया जा सकता है। अतएव, यह देखना आवश्यक हो गया कि क्या यह नया अधिनियम भारतीय दंड प्रक्रिया संहिता की धारा 125 के तहत मिलनेवाले विद्यमान उपचार का इस्लामी सिद्धान्तों को 'सही' एवं 'विवेकसम्मत' ढंग से लागू करके मुस्लिम महिलाओं को एक अधिक व्यावहारिक एवं सम्भावनापूर्ण विकल्प प्रदान करेगा।

एक सर्वथा निर्दोष प्रतीत होनेवाले अंश, जिसकी ओर समान रूप से विरोधियों और बचाव पक्ष का भी ध्यान नहीं गया, जिसे एक फैसले की घोषणा करते समय निचली अदालत द्वारा लागू किया गया था। उसने महिलाओं की कंगाली से बचाव की काफी अधिक गुंजाइश रख छोड़ी थी। इस अधिनियम की धारा 3 (1) (अ) में कहा गया है कि तलाकशुदा मुस्लिम महिलाओं के लिए उचित और स्पष्ट प्रावधान और निर्वहन की व्यवस्था की जानी चाहिए और उसे उसके पूर्व पति द्वारा 'इद्दत की अवधि के भीतर' उपलब्ध कराया जाना चाहिए। इस अंश को प्रस्तावना के साथ पढ़ने पर प्रतीत होता है कि तलाकशुदा मुस्लिम महिला के अधिकारों की रक्षा के लिए पारित अधिनियम को न्यायपालिका द्वारा मुस्लिम महिलाओं की अधिकारों की रक्षा के लिए लागू किया गया।

शुरुआत में हालाँकि धीमे ही सही ये फैसले एक बड़ी सम्भावना की ओर ले जा रहे थे। इससे यह पुष्ट हो गया कि यह नया अधिनियम तलाकशुदा मुस्लिम महिलाओं के अधिकारों की रक्षा करनेवाला था तथा यह उन्हें उनके अधिकारों से वंचित नहीं करता था। इन फैसलों ने आगे इस बात पर भी जोर दिया कि धारा 3 के उपवाक्य (1) (अ) की व्याख्या क्या निश्चित रूप से इस प्रकार की जानी चाहिए, जिससे अधिनियम के शीर्षक में व्यक्त भावना के प्रति सहमति व्यक्त हो। इन फैसलों ने स्पष्ट किया कि किसी तलाकशुदा महिला को कंगाली के जीवन में निर्वासित करने से उसके अधिकारों की रक्षा नहीं हो पाएगी, जैसा कि कानून कहता है।

अनिश्चित भविष्य की सुरक्षा के लिए एकमुश्त रकम, जिसे अदालतें इस्लामी ढाँचे के भीतर प्रदान कर रही थीं; कंगाली के विरुद्ध एक बेहतर सुरक्षा प्रतीत हो रही थी। बजाय उस नाममात्र की राशि के, जिसके लिए महिलाएँ भारतीय दंड प्रक्रिया संहिता की धारा 125 के तहत प्राप्त करने की अधिकारिणी थीं। इन फैसलों को पढ़ने पर यह संकेत मिलता है कि अधिनियम ने स्वयं को तलाकशुदा महिलाओं की 'आवारगी' एवं 'कंगाली' को कम करनेवाले एजेंडे से अलग कर लिया था और इसने स्वयं को गरीबी-रेखा के नीचे जीवन बसर करनेवाली महिलाओं की अपेक्षा केवल उच्चवर्गीय महिलाओं के दावों तक सीमित कर रखा था। इस कानून को रूढ़िवादी नेतृत्व के दबाव में जल्दबाजी में लागू किया गया, अब ऐसा प्रतीत होता है कि यह वापस उन्हीं पर चोट कर रहा था।

कई मामलों में ऐसा लगता है कि गम्भीर और संवेदनशील न्यायपालिका ने गलतफहमी और अविवेक के साथ बनाए गए विभेदकारी कानून, जिसके पीछे कोई राजनीतिक पृष्ठभूमि नहीं थी, से महिलाओं के अधिकारों की सुरक्षा की गुंजाइश रखी हुई थी। इस्लाम, शरिया और पैगम्बर की संवेदना को प्रतिबिम्बित करते हुए, जिन्हें महिला अधिकारों का विश्व का

सबसे बड़ा पोषक माना जाता है, अदालतों ने अपने फैसलों में न्याय भावना और समत्व को शामिल किया। संक्षेप में, न्यायालय तलाकशुदा मुस्लिम महिलाओं के अधिकारों की सुरक्षा, जो अधिनियम में अभिप्रेरित थी, के अनुरूप काम करता दिखता है। यह वास्तव में दुखद होता यदि इन सम्मिलित प्रयासों को सर्वोच्च न्यायालय द्वारा एक झटके से अवैध करार दे दिया गया होता।

उक्त अधिनियम को लागू करने के साथ जो सबसे बड़ा मुद्दा उभरकर सामने आया, वह 'स्वच्छ एवं विवेकसम्मत प्रावधान' सम्बन्धी शर्त के इर्द-गिर्द घूम रहा था। इस्लामी अवधारणा 'मताअ बिल मारूफ' (स्वच्छ एवं उचित प्रावधान) के आधार पर काम करते हुए कई उच्च न्यायालयों ने तलाकशुदा मुस्लिम महिलाओं की सुरक्षा का एक नया रास्ता खोल दिया। इस विवादित कानून के आधार पर न्यायालयों ने जो उपचार ढूँढ़ा, वास्तव में वह भारतीय दंड प्रक्रिया संहिता की धारा 125 के तहत किए गए आवारगी विरोधी प्रावधान की अपेक्षा बेहतर सुरक्षा प्रदान करता प्रतीत होता है।

इस मुद्दे पर पहला महत्त्वपूर्ण फैसला गुजरात उच्च न्यायालय[23] की उस समय अध्यक्षता कर रहे न्यायमूर्ति एम.बी. शाह द्वारा 18 फरवरी, 1988 को घोषित किया गया, परन्तु इसके पूर्व भी एक महिला न्यायिक दंडाधिकारी द्वारा 6 जनवरी, 1988 को लखनऊ में महिलाओं के पक्ष में रियायत दी गई थी। मेहर के अधिकार के तहत एक स्वच्छ और विवेकसम्मत प्रावधान के रूप में सम्बन्धित महिला फातिमा सरकार को 85,000 रु. की राशि इद्दत की अवधि में गुजारे के लिए दी गई। गुजरात उच्च न्यायालय के फैसले के बाद केरल उच्च न्यायालय ने अपने दो महत्त्वपूर्ण आदेशों में इसे बनाए रखा।[24] ये फैसले क्रमशः जुलाई और अगस्त, 1988 में दिए गए। एक अन्य अप्रतिवेदित फैसले में केरल उच्च न्यायालय ने महिलाओं के अधिकार के तहत स्वच्छ और विवेकसम्मत प्रावधान के रूप में रु. 300,000/- को बनाए रखा और इद्दत की अवधि[25] के लिए रु. 7,500/- प्रदान किया। शीघ्र ही अन्य कई न्यायालयों ने इसका अनुसरण किया।

बाद के वर्षों में पंजाब, हरियाणा और बम्बई की पूर्ण पीठों, बम्बई, केरल, मद्रास एवं कलकत्ता की खंडपीठों और अन्य कई उच्च न्यायालयों की एकल पीठ ने इस विचार को बहाल रखा। अदालतों ने आदेश दिया कि यदि पत्नी के पास 'आय' का कोई 'स्रोत' हो, तो भी मुस्लिम वीमेन्स एक्ट (एम.डब्ल्यू.ए.) की धारा 3 के तहत प्राप्त अधिकार खत्म नहीं हो जाते।

परन्तु अधिनियम की संवैधानिक वैधता से सम्बन्धित विवाद बना रहा और केवल मीडिया ही नहीं, बल्कि धर्मनिरपेक्ष एवं प्रगतिशील समूह एवं महिला अधिकार समूह वही पुराना राग अलापते रहे कि अधिनियम ने तलाकशुदा मुस्लिम महिलाओं को महत्त्वपूर्ण अधिकारों से वंचित कर दिया है। कुछ उच्च न्यायालयों ने भी प्रतिकूल निर्णय दिए थे तथा उनके हिसाब से मुस्लिम महिलाओं के अधिकारों में भी अन्तर आता गया, जिसके अन्तर्गत वे महिलाएँ नहीं थीं। अन्ततः पूरे विवाद को एक तरफ ज्यों का त्यों छोड़ते हुए सर्वोच्च न्यायालय ने 28 सितम्बर, 2001 को घोषित अपने एक फैसले में समरूपता का आश्वासन दिया। न्यायमूर्ति जी.बी. पटनायक की अध्यक्षता वाली एक पाँच सदस्यीय पीठ ने सर्वसम्मति से घोषित किया

कि यह अधिनियम संवैधानिक तौर पर वैध है और विभिन्न न्यायालयों द्वारा जीवन के लिए स्वच्छ और विवेकसम्मत व्यवस्था करने सम्बन्धी सकारात्मक व्याख्याओं को बहाल रखा।

## मुस्लिम महिला, वर्चस्वशाली विचारधाराएँ एवं मीडिया

कानून केवल संविधि (नियम) नहीं होते, बल्कि इनका मूल उस तरीके में निहित होता है, जिसके तहत वे न्यायालय में प्रस्तुत किए जाते हैं। कानून के अनकहे शब्दों की व्याख्या अदालतों में होती है, जहाँ उन पर विचार किए जाते हैं, उनकी व्याख्या की जाती है और उनका वैधीकरण होता है। 1988 से ही अदालतों ने पहले से चले आ रहे मुस्लिम कानून के साथ नए-नए अधिकारों को शामिल करते हुए अपनी नई-नई व्याख्याओं द्वारा महिला अधिकारों पर विचार किया। निचली अदालतों ने तलाकशुदा मुस्लिम महिलाओं के सन्दर्भ में 'स्वच्छ' एवं 'विवेकसम्मत' प्रावधानों के पक्ष में स्पष्ट निर्णय दिए। निचली अदालतों के कई न्यायाधीशों ने घोषित किया कि 'प्रावधान' का अर्थ है भावी आवश्यकता और संसद ने मुस्लिम पतियों के लिए एक जिम्मेदारी को दूसरी से बदल दिया है। भारतीय दंड प्रक्रिया संहिता की धारा 125 के विपरीत, जो शाहबानो को गुजारा-सम्बन्धी मूल भत्ते के रूप में दिया गया, मुस्लिम महिला कानून यौन शुचिता अथवा तलाक के बाद की पवित्रता की बात नहीं करता। इस न्यायिक फैसले से तलाकशुदा मुस्लिम महिलाओं को प्रतिमाह आवर्ती बकाए का भारी और भद्दा भार नहीं झेलना पड़ा जो तलाक के बाद की पवित्रता के कारण कठिन था। डेनियल लतीफी केस के ऐतिहासिक फैसले में संविधान पीठ ने अन्ततः निचली अदालतों द्वारा की गई व्याख्याओं पर अपनी मुहर लगा दी।

परन्तु उससे भी अधिक दुर्भाग्यपूर्ण यह हुआ कि साम्प्रदायिकता से ओत-प्रोत वातावरण में मुस्लिम महिला कानून के तहत तलाकशुदा मुस्लिम महिलाओं ने जो कदम उठाया, उसे मीडिया द्वारा अनदेखा किया गया और सिर्फ सरसरी तौर पर दिखाया गया। शाहबानो विवाद के समय, गुजारे के अधिकार को मना किए जाने के प्रति सभी लोगों द्वारा विलाप किया गया, इस तथ्य के बावजूद कि एक सम्पन्न अधिवक्ता की पत्नी को निर्वहन भत्ते के रूप में पहली बार सिर्फ रु. 25/- तथा अपील के बाद रु. 179/- दिया गया। जब तक इस बहस का उपयोग इस समुदाय पर प्रहार करने के लिए एक 'दंड' के रूप में किया जाता रहेगा, ऐसी छोटी-छोटी बातों पर ध्यान नहीं दिया जाएगा। महत्त्वपूर्ण तथ्य है कि एक पितृसत्तात्मक सोच के दायरे में साम्प्रदायिक अभियान चलाया जाता है और फिर मामला कानूनी पचड़े में फँस जाता है।

समान नागरिक संहिता की माँग को एक उदार और आधुनिकीकरण अभियान सम्बन्धी विचार की आड़ में प्रस्तुत किया गया। विडम्बना यह कि इस अभियान को आगे बढ़ाने के लिए जमीनी कार्य वास्तविक लैंगिक चिन्ताओं के साथ महिला आन्दोलनों ने किया। इस ढाँचे के भीतर हिन्दुओं के समान रूप से तुष्टीकरण को जान-बूझकर नजरअन्दाज कर दिया गया। आधुनिकीकरण की प्रक्रिया जातीय एवं साम्प्रदायिक श्रेष्ठता स्थापित करने का एक महत्त्वपूर्ण औजार है और इसका उपयोग वर्चस्वशाली वर्ग एवं नेतृत्वकारी संस्कृतियों द्वारा लगातार किया जाता है।

औपनिवेशिक शासन के दौरान ब्रिटिश प्रशासकों द्वारा एंग्लो-सैक्सन वैधानिक ढाँचे का विकास अपनी सभ्यता के विस्तार के महत्त्वपूर्ण अभियान के क्रम में किया गया था। इस ढाँचे द्वारा यह प्रेषित किया गया कि हिन्दू समाज अपनी 'असभ्यता' से छुटकारा पा सकता है और सभ्यता के युग में प्रवेश पर सकता है। इनके द्वारा जान-बूझकर भारतीयों की एक क्रूर और अन्धविश्वासी मूलवासी के रूप में ऐसी छवि बनाई गई जिसे ईसाई समर्पण भावना की आवश्यकता थी।

लतामणि, जिन्होंने औपनिवेशिक सती-प्रथा विमर्श के सन्दर्भ में उल्लेखनीय कार्य किया है, उनकी टिप्पणी है–'परम्पराएँ वे आधार नहीं थीं; जिन पर महिलाओं की स्थिति को निर्धारित किया जाता था। इसके बजाय सच्चाई बिलकुल विपरीत थी। वास्तव में, महिलाओं के आधार पर परम्पराओं को तय किया जाता था। जो कुछ संकटापन्न था, वह महिला नहीं, परम्परा थी। महिलाएँ न तो कर्ता थीं, न कर्म, बल्कि आधार थीं...'।[26] अन्य परिप्रेक्ष्य में, रुखमाबाई केस से सम्बन्धित विमर्श पर विचार करते समय, जो औपनिवेशिक कानूनों के भीतर दाम्पत्य अधिकारों की पुनर्स्थापना के लिए एक उपचार माना गया था। (1884 में बम्बई उच्च न्यायालय द्वारा निर्णीत) सुधीर चन्द्र तर्क देते हैं, "यह सीधे-सीधे कोई गृहयुद्ध मात्र नहीं था, जिसमें भारतीय समाज में रहनेवाले विभिन्न समूह शामिल हों, बल्कि एक औपनिवेशिक परिवेश में यह शासकों और शासितों के बीच का युद्ध था, जिसमें महिलाओं, विवाद और परिवार के सन्दर्भ में एक-दूसरे पर अपने वर्चस्व का दावा करने के लिए दोनों अपनी-अपनी संस्थाओं, आदर्शों और मूल्यों को मिटा देना चाहते थे। कानून और न्याय का मुद्दा, पैदा हुए विवाद में प्रमुखता के साथ उभरा। इसने शासकों और शासितों के बीच सभ्यताओं के संघर्ष को और भी गहरा कर दिया।"[27]

महिलाओं के अधिकारों एवं समाज में स्थिति के इस अटपटे प्रयास, जिसके आधार पर परम्पराओं का पुनःसूत्रण किया जाता है, का उपभोग राष्ट्रवादी कार्यक्रमों में भारत को औपनिवेशिक शासन से भिन्न बताने हेतु किया जाता है। उन्नीसवीं शताब्दी में, परम्पराएँ राज्य शक्ति और प्रस्तुत उदाहरण में राष्ट्र-राज्य की शक्ति के प्रदर्शन का आधार बन गई। रूढ़िवादी बनाम प्रतिक्रियावादी, साम्राज्यवादी बनाम सुधारवादियों के बीच के संघर्ष एवं प्रतिस्पर्द्धा में नए राष्ट्र के लिए एक 'नवीन महिला' का उदय हुआ। जैसा कि पार्थ चटर्जी[28] उल्लेख करते हैं, राष्ट्रीय संस्कृति एवं परम्परा की विशिष्टता का निर्माण एक नए प्रकार के 'स्त्रीकरण' की अवधारणा के आसपास किया गया। इस प्रक्रिया ने एक नई पितृसत्तात्मकता का उद्घाटन किया, जिसमें इस नई स्त्री को कर्ता बनाया गया। इसने खास करके देशज परम्पराओं की पित्तृसत्तात्मकता से स्वयं को विशिष्ट बनाया। इस नई स्त्री, जिसे 'भद्र महिला' अथवा 'आदरणीय महिला' के नाम से जाना गया, की निम्न विशेषताएँ बताई गईं : यह आम महिला जो कुरूप, अश्लील, झगड़ालू और यौन दृष्टि से आह्वानकारी थी तथा जो पुरुषों द्वारा क्रूर शारीरिक दमन का शिकार भी थी। चूँकि महिलाओं के जीवन में सुधार-राष्ट्रीय सम्प्रभुता का प्रतीक बन गया एवं सुधार कार्यक्रमों ने हिन्दू मध्यवर्गीय महिलाओं पर विचार किया और यही जनांकिकी प्रभावी ढंग से 'राष्ट्र' मान ली गई।

चटर्जी यह भी दिखाते हैं कि राष्ट्रवादियों के महिला-विषयक प्रस्ताव की रचना आन्तरिक/बाह्य, आध्यात्मिक/भौतिक, स्त्रीवादी/पुरुषवादी की द्विविभाजित प्रणाली पर आधारित थी जिसने एक राष्ट्र-राज्य, अधिकारों की धारणा और नागरिकता को जन्म दिया, जो नए मध्य वर्ग पर लागू होता था। राज्य के महिला विषयक सुधार सम्बन्धी कार्यक्रम से मध्य वर्ग के उस भाग को अलग रखा जाता था जिन्होंने 'राष्ट्र' बनने की विशिष्ट प्रक्रिया में खुद को सांस्कृतिक तौर पर अलग-थलग महसूस किया। उदाहरण के तौर पर 'मुस्लिम' नेतृत्वकारी संस्कृति से बाहर छोड़ दिए गए। नेतृत्वकारी 'राष्ट्रीय संस्कृति', जो उपरिवर्णित प्रक्रिया से बनी थी, ने भी लोगों के एक बड़े समूह को बाहर छोड़ दिया, जो इस अवधारणा के साथ कभी भी जोड़े नहीं जा सकते थे।[29]

नेतृत्वकारी सांस्कृतिक रचना के भीतर मुस्लिम महिलाओं के संघर्ष को अदृश्य बनाए जाने की प्रक्रिया की जाँच करने की आवश्यकता है। साम्प्रदायिक जोश को केवल इस तथ्य को नकारकर बनाए रखा जा सकता है कि वैकल्पिक उपचार के रूप में प्रस्तावित यह अधिनियम, उससे कहीं बेहतर है, जो भारतीय दंड प्रक्रिया संहिता की धारा 125 के तहत मुस्लिम महिलाओं को उनके हक से वंचित कर रहा था। ऐसा करते हुए इस तथ्य की अनदेखी की गई कि 1988 से देश के विभिन्न उच्च न्यायालयों द्वारा इस अधिनियम की सकारात्मक व्याख्या की जाती रही है। अतएव दंगों की घटनाओं के समय गरीब मुस्लिम महिलाओं का घर लूटे जाने और ध्वस्त कर दिए जाने सम्बन्धी विभिन्न घटनाएँ जो इस देश में घटित हुईं; मुस्लिम महिलाओं की सन्तानों को पुलिस फायरिंग में मार डाला गया, बाबरी मस्जिद विध्वंस के बाद हुए दंगों की चकाचौंध में जब मुस्लिम महिलाएँ बलात्कार की शिकार बनाई गईं मुख्यधारा 'मुस्लिम तुष्टीकरण' और गरीब मुस्लिम महिलाओं को गुजारा भत्ता दिए जाने से इनकार करने पर अश्रुपात करने का दिखावा करती रही।

कोई इस तथ्य की अनदेखी कर सकता है। कोई कह सकता है कि इसका कोई औचित्य है परन्तु पतियों द्वारा गुजारा भत्ता देने से इनकार किया जाना शायद कुछ वैसा ही था, जैसा दंगों के दौरान महिलाओं के बलात्कार की घटना। आखिर यह गरीब 'मुस्लिम महिला' ही थी, जो पीड़ित हुई। यहाँ तक तो ठीक था परन्तु कोई इस बात को कैसे तार्किक ढंग से स्पष्ट कर सकता है कि सर्वोच्च न्यायालय के डेनियल लतीफी[30] के मामले में दिए गए निर्णय के बाद भी बार-बार मुस्लिम तुष्टीकरण की बात होने लगती है, अन्ततः विवाद को अधिनियम की संवैधानिक वैधता को बहाल रखते हुए ज्यों-का-त्यों छोड़ दिया गया।

इन सबके बावजूद गुजरात जनसंहार के बचाव में यह स्वर जारी रहा। 'उन लोगों ने इसे होने दिया...उनका तुष्टीकरण किया गया है, जो सहिष्णुता के परे है। एक धर्मनिरपेक्ष देश में उन्हें अलग कानून की माँग क्यों करनी चाहिए थी? उन्हें क्यों चार शादियाँ करने की अनुमति होनी चाहिए? केवल हिन्दू ही गुजारा भत्ता देने के लिए क्यों बाध्य हों?' ये सारी बातें केवल हिन्दू अतिवादियों की ओर से ही नहीं की जातीं बल्कि शहरी महानगरों के मध्य वर्ग के द्वारा भी की जाती हैं। मुख्यधारा के सांस्कृतिक मूल्यों के भीतर किसी मुस्लिम पत्नी के प्रति किया गया अन्याय जादुई ढंग से एक हिन्दू आघात के रूप में तब्दील हो जाता है, जिसका उपयोग साम्प्रदायिक जनसंहार का औचित्य सिद्ध करने के लिए किया जाता है।

मध्य वर्ग द्वारा स्वीकृत इस चालबाजी के बिना गुजरात जनसंहार उतना व्यापक अथवा गहरा नहीं हो पाता।

उक्त शब्दाडम्बर सरलतापूर्वक इस तथ्य को नजरअन्दाज कर देता है कि पत्नियों के परित्याग और आवारगी की समस्या हिन्दुओं में भी है। बेवफाई और द्विविवाह जैसे विवाह से सम्बन्धित दोष सभी समुदायों में समान रूप से विद्यमान हैं और हिन्दू, ईसाई और पारसी समान उत्साह के साथ अपने-अपने व्यक्तिगत कानूनों के भीतर पितृसत्तात्मक मूल्यों की रक्षा करते हैं।

इस तथ्य की भी अवज्ञा नहीं की जा सकती है कि लगभग 80 प्रतिशत महिलाएँ, जो अपनी ससुराल में जला दी जाती हैं, शहरी मध्यवर्गीय हिन्दू महिलाएँ होती हैं। किसी कानून के संहिताबद्ध हो जाने के बाद भी, जिन्हें हम हिन्दू कानून के सुधार के क्रम में जान चुके हैं, पितृसत्तात्मक विशेषाधिकार छोड़े नहीं जा रहे हैं। 'एकरूपता', 'राष्ट्रीय अखंडता' अथवा सभ्यता की विस्तार योजना के तहत जब संहिताकरण की माँग की जाती हो, तब भी ये विशेषाधिकार बने रहते हैं। अविभाजित हिन्दू परिवार की सम्पत्ति को हिन्दू उत्तराधिकार अधिनियम के तहत अक्षुण्ण रखना इसका एक द्रष्टव्य उदाहरण है। हिन्दू शहरी एवं ग्रामीण सम्पत्तिशाली वर्ग पारिवारिक कार्य-संस्थाएँ इसके आधार पर करों में अधिकतम रियायत पा लेती हैं। इसे समाप्त करनेवाले किसी भी कदम का, यहाँ तक कि समान नागरिक संहिता के वेश में भी, इस वर्ग द्वारा जोरदार विरोध किया जाता है क्योंकि इससे उनकी सुख-सुविधा में कमी हो जाएगी। उनके लिए समान नागरिक संहिता की बहस सिर्फ बहुविवाह की असभ्य मुस्लिम संस्कृति की समाप्ति एवं शाहबानो जैसी महिलाओं को मुक्त कराने तक सीमित है जबकि वे उनके बीच विद्यमान यौन व्यभिचार एवं बहुआयामी यौन सम्बन्धों के प्रति आँखें फेर लेते हैं। इन सम्बन्धों में जकड़ी महिलाएँ बड़ी आसानी से रखैल, वेश्या अथवा ठेके पर स्वीकृत साथी, मैत्रेयी करार (ऐसे सम्बन्धों के लिए प्रयुक्त किया जानेवाला यह एक आधुनिक शब्द) आदि विशेषणों से युक्त कर दी जाती हैं जिनकी कोई कानूनी वैधता नहीं होती। जैसा कि ऐसी महिलाओं द्वारा गुजारे भत्ते की माँग सम्बन्धी मामलों में देखने में आता है।

यह प्रतीकात्मकता तब और भी स्पष्ट हो जाती है जब इनका सामना अमानुषिक यौन-उत्पीड़न से होता है जैसा कि 2002 में गुजरात जनसंहार में देखा जा चुका है। इन रक्तरंजित असभ्यताओं को ठिकाने लगाने के क्रम में सम्भव कानूनी सुरक्षा का प्रयास करते समय हम बार-बार एक हद तक जाकर रह जाते हैं। जब हम किसी युवा महिला के भीड़ की शिकार होने की तथा उनके उपेक्षित, अस्त-व्यस्त शरीर को खुली आग में झोंके जाने की बातें सुनते हैं, तब यह प्रश्न चोट करता है कि इन दोषियों पर कहाँ और कैसे प्रहार किया जाए?

जब इस प्रकार की हिंसा अपराध की सारी सीमाओं को पार करते हुए सबूतों और साक्ष्यों, चिकित्सकीय एवं अपराध-विज्ञान की रपटों तथा आपराधिक मुकदमेबाजी, जो स्वयं में राज्य तंत्र के अर्थों में तयशुदा निष्कर्षों की प्रक्रिया बन गया हो, तब कौन-सा कानूनी उपाय मृत और जीवित लोगों को न्याय दिलाने के लिए अपनाया जा सकता है! तब क्या

यह सम्भव है कि समानता और समान सुरक्षा के तत्त्व आपके सामने आ पाएँ। दूसरी तरफ, एक खतरा यह है कि आधारहीन आरोपों अथवा सामान्य रोजमर्रा की घटना बतलाकर वे उल्लंघन, जो आधिकारिक अभिलेख का हिस्सा नहीं बन पाते, बड़ी आसानी से ठुकरा दिए जा सकते हैं।

इस पृष्ठभूमि में विचार करने पर कि व्यक्तिगत स्तर पर तलाकशुदा मुस्लिम महिला, जो अपनी संस्कृति, परम्परा एवं पितृसत्ता का तिरस्कार करती है, उसे दृढ़ता का काम कहना होगा। लेकिन यह संघर्ष इतना आसान नहीं रहा है। तलाकशुदा मुस्लिम महिला को छोटे-छोटे शहरों से लेकर सर्वोच्च न्यायालय तक अपने अधिकारों के लिए पग-पग पर लड़ना पड़ता है। उनके जीवित रहने का महत्त्वपूर्ण अधिकार 'और'/'अथवा', 'निर्वहन'/'प्रावधान' जैसे साधारण शब्दों की व्याख्याओं और स्पष्टीकरणों पर निर्भर हो जाता है। गलत प्रारूपण के कारण उत्पन्न हुई विसंगतियाँ भी महिलाओं के लिए उनके अधिकारों की लड़ाई में बाधक बन जाती हैं। यह अधिनियम पतियों को इस बात का काफी अवसर देता है कि वे उन परिस्थितियों से लाभ उठा सकें, जो कानूनी कार्रवाई में उत्पन्न होती हैं। इस प्रकार यह पतियों के लिए लाभप्रद होती हैं, जबकि महिलाओं के लिए दुःस्वप्न बन जाती हैं। लेकिन जिन महिलाओं में साहस और दृढ़ संकल्प होता है, वे धैर्य और अध्यवसाय के बल पर असंख्य बाधाओं को पार कर जाती हैं। इस परिश्रम-साध्य प्रक्रिया के माध्यम से तलाक प्राप्त करने के नागरिक अधिकार को पूर्व की कानूनी परिधि, यथा–'निर्वहन में असमर्थता', 'आवारगी को रोकने', 'शरीर और आत्म को एक साथ बने रहने' के बहाने से बाहर निकालकर विमर्श के मुद्दे में तब्दील किया गया। ढाई दशक के बाद इस संघर्ष की परिणति स्पष्टतः विवेकपूर्ण है।

सर्वोच्च न्यायालय की अन्तिम लड़ाई में महिला अधिकार-समूह, जिन्होंने अधिनियम की संवैधाकिता को चुनौती दी थी और मुस्लिम धार्मिक नेतृत्व, जिन्होंने अपने इस दावे पर जोर दिया था कि मुस्लिम महिलाओं के अधिकार 'इद्दत की अवधि' बीतने के बाद तीन माह तक ही सीमित रहना चाहिए, दोनों पक्षों की हार हुई। जो पक्ष इसमें विजयी हुआ, वह पक्ष तलाकशुदा मुस्लिम महिलाओं का था जिसने अथक संघर्ष कर अपने अधिकारों का बचाव किया था। यह समय है जब मीडिया को यह देखना होगा कि यह शान्तिपूर्ण क्रान्ति, एक व्यक्तिगत मुस्लिम महिला द्वारा अंजाम दी गई। साथ ही इस तथ्य को स्वीकार करना होगा कि उनके प्रयासों से उनके व्यक्तिगत कानूनों (पर्सनल लॉ) में बदलाव आए।

## सन्दर्भ एवं टिप्पणियाँ

1. *हरविन्दर कौर बनाम हरमिन्दर सिंह,* ए.आई.आर. 1984 डेल-64
2. *सरोज रानी बनाम सुदर्शन,* ए.आई.आर. 1984 एस.सी. 1562
3. *टी. सरिता बनाम टी. वेंकट सुबैय्या,* ए.आई.आर. 1983 ए.पी. 356
4. *मोहम्मद अहमद खाँ बनाम शाहबानो बेगम* ए.आई.आर. 1985 एस.सी. 945
5. 2001 क्रिमनल लॉ जर्नल, 4660
6. *सुप्रा,* एन. 4
7. *सरला मुद्गल बनाम यूनियन ऑफ इंडिया* (1995) 3 एस.सी.सी. 635

8. आई.पी.सी. एस. 375 का अपवाद
9. आई.पी.सी. की धारा 497
10. आई.सी.ए. की धारा 23
11. इस प्रावधान को चुनौती दी गई और सर्वोच्च न्यायालय ने इसकी संवैधानिक वैधता को बनाए रखा *रेवती बनाम यूनियन ऑफ इंडिया* मामले में ए.आई.आर. 1988 एस.सी. 835
12. उदाहरणार्थ, महिला-समूहों के विरोध के बावजूद बलात्कार कानून सम्बन्धी संशोधन, 1983 के तहत वैवाहिक बलात्कार को बनाए रखा गया।
13. '*प्रेमन बनाम यूनियन ऑफ इंडिया,* 1998 (2) के.एल.टी. 1004
14. 'सुप्रा', एन. 7
15. रत्ना कपूर एवं ब्रेंदा कॉस्मेन, *सब्वर्सिव साइट्स* (नई दिल्ली), सेज पब्लिकेशंस, 1995
16. *भाऊराव लोखंडे बनाम स्टेट ऑफ महाराष्ट्र,* ए.आई.आर. 1965, एस.सी. 1564
17. कँवलराम एंड अदर्स *बनाम* द हिमाचल प्रदेश प्रसाशन, ए.आई.आर. 1966, एस.सी 614
18. प्रियबाला घोष *बनाम* सुरेश चन्द्र घोष, एस.आई.आर. 1971, एस.सी. 1153
19. इस विषय पर विस्तृत चर्चा के लिए देखें, फ्लेविया एग्नेश का 'हिन्दू मेन, मोनोगेमी एंड दि यूनिफॉर्म सिविल कोड', *इकोनॉमिक एंड पोलिटिकल वीकली,* वॉल्यूम-30, अंक-50 (1995), पृ. 3238
20. 'सुप्रा', एन. 4
21. *बाई ताहिरा बनाम अली हुसैन फिसाली,* ए.आई.आर., 1979 एस.सी. 362
22. *फुजलुनबी बनाम के खादिर वाली,* ए.आई.आर. 1980 एस.सी. 1730
23. *अरब अहमदिया अब्दुल्ला बनाम अरब बेल मोहम्मद सैयद भाई,* ए.आई.आर., 1988, गुजरात, 141
24. *अली बनाम सुफायरा* 1988 (2) के.एल.टी. 94 एवं *अलियार बनाम पाथु* 1988 (2) के.एल. टी. 172
25. पी.के. सरू *बनाम* पी.ए. हालिम।
26. लतामणि, 'कंटेंशस ट्रेडिशंस : दि डिबेट ऑन 'सती' इन कोलोनियल इंडिया, कुमकुम संगारी एवं सुदेश वैद (सम्पादक) *रीकास्टिंग वीमेन* (नई दिल्ली, काली फॉर वीमेन, 1989), पृ. 118
27. सुधीर चन्द्र, इन्स्लेव्ड डॉटर्स, फ्लेविया एग्नेस, सुधीर चन्द्र, मनमोयी बसु (सम्पादकगण), *वीमेन एंड लॉ इन इंडिया* (नई दिल्ली, ऑक्सफोर्ड यूनिवर्सिटी प्रेस, 2004)
28. देखें, पार्थ चटर्जी का 'दि नेशनलिस्ट रिजोल्यूशन ऑफ दि वीमेन्स क्वेश्चन', कुमकुम सांगरी एवं सुदेश वैद (सम्पादकगण) *रिकास्टिंग वीमेन* (नई दिल्ली, काली फॉर वीमेन, 1989), पृ. 233-53
29. वही, पृ. 251
30. 'सुप्रा', एन. 5

# भारत में मुसलमानों का शैक्षिक पिछड़ापन गलत प्रतिनिधित्व का मामला

—रानू जैन*

हिन्दुत्व की राजनीति मुसलमानों को शैक्षणिक रूप से पिछड़ा बतलाती है और इसे इस समुदाय की धार्मिक प्रवृत्ति से जोड़ती है। मुसलमानों को एक समांगी इकाई के रूप में प्रक्षेपित करते हुए यह इस समुदाय को धार्मिक नेताओं द्वारा नियंत्रित बतलाती है जिनके लिए शिक्षा रूढ़िवादी धारणाओं पर जोर देती है। इस वैचारिक ढाँचे के अन्तर्गत मदरसे आतंकवाद को बढ़ावा देते हैं और वे प्रगतिशील शिक्षण के लिए अधिक अवसर नहीं देते। यह विचार अनैतिहासिक है और यह मुस्लिम आबादी में मौजूद विविधता को स्वीकार नहीं करता। इस अध्याय में यह दिखाने की कोशिश की गई है कि अन्य धार्मिक समुदायों की भाँति, मुस्लिम समुदाय में भी विभिन्न शैक्षिक स्थितियाँ और सन्दर्भगत आवश्यकताएँ हैं। यह इस बात को भी स्पष्ट करता है कि वर्गीय दृष्टिकोण से देखने पर आरम्भिक शैक्षणिक उपलब्धियों में मुसलमानों एवं अन्य समुदायों के बीच कोई विशेष अन्तर नहीं पाया जाता है। तथापि ये अन्तर आगे चलकर उल्लेखनीय हो जाते हैं। पुनः मुस्लिमों के शैक्षिक व्यवहारों में क्षेत्रीय एवं सांस्कृतिक विविधताएँ पाई जाती हैं। लोगों को लगता है कि ये विविधताएँ एवं उपलब्धियाँ पाठ्यक्रमों में पूरी तरह शामिल नहीं हैं, जो राजनीतिक प्रतिक्रियाओं में दिखाई पड़ती हैं—मुस्लिमों में रूढ़िवादिता एवं पिछड़ापन—जिनके कारण प्रगतिशील आयाम इसके साथ नहीं जुड़ पाते हैं तथा न तो राजनीतिक-आर्थिक ताकतें बेनकाब हो पाती हैं, जो इस समुदाय के पिछड़ेपन के लिए जिम्मेदार हैं।

यह अध्याय भारत में मुसलमानों की समांगी छवि खासकर इससे जुड़े शैक्षणिक पिछड़ेपन के पृथक्करण का प्रयास करता है। ऐतिहासिक रूप से विकसित अवस्था में रहने की जीवन स्थितियों और व्यक्तिगत एवं सामुदायिक स्तर पर उनके पड़े प्रभाव के मद्देनजर मुस्लिमों के शैक्षणिक पिछड़ेपन पर दृष्टिपात करने की आवश्यकता है। इस अध्याय में बतलाया गया है कि इस समुदाय के शैक्षणिक पिछड़ेपन का कारण धार्मिक शिक्षण के बरक्स वर्ग-चरित्र है। ठोस अधिकृत आँकड़ों के अभाव में यह विवरण अनुमानित स्तर पर किया गया है।

* लेखिका इस अध्याय को लिखने के क्रम में प्रो. राम पुनियानी द्वारा मिले प्रोत्साहन, डॉ. अब्दुल शबान की महत्त्वपूर्ण टिप्पणियों और श्री साई प्रकाश के आँकड़ों से सम्बन्धित सहयोग के लिए आभारी हैं।

### एक प्रतिक्रियावादी छवि

मुस्लिम आबादी के सन्दर्भ में विजातीयता को समझ पाने में विफलता वह मूल कारण है जिससे विभिन्न स्तरों पर एक ऐतिहासिक-स्थानिक अधिकृत आँकड़ों की प्राप्ति में कठिनाई उत्पन्न होती है। यद्यपि भारतीय जनगणना 2001 के अनुसार धर्म के आधार पर साक्षरता के आँकड़े उपलब्ध हैं, इसके पूर्व 1931 से ये आँकड़े उपलब्ध नहीं थे। इस त्रुटि के कारण मुस्लिम आबादी के भीतर किसी रुझान को समझने में कठिनाई होती है। हाल में मुस्लिम समुदाय के सम्बन्ध में कुछ स्वतंत्र अध्ययन हुए हैं। यद्यपि इसमें समुदाय के स्थानीय चरित्र के प्रति मूल्यवान अन्तर्दृष्टि व्यक्त हुई है, फिर भी ये अध्ययन राष्ट्रीय स्तर पर इस समुदाय का कोई विवरण नहीं प्रस्तुत कर पाते हैं।

भारत में मुसलमानों पर जो भी लिखा गया है, उनमें मुख्य रूप से जोर उत्तर प्रदेश और पश्चिम बंगाल पर दिया गया है। इसे भारत के राज्यों में मुस्लिम आबादी के संकेन्द्रण के माध्यम से स्पष्ट किया जाता रहा है। 2001 जनगणना के अनुसार 22.2 प्रतिशत मुसलमान उत्तर प्रदेश में रहते हैं और 14.2 प्रतिशत पश्चिम बंगाल में, जिसके बाद 9.9 प्रतिशत के साथ बिहार का स्थान आता है, ये कुल मिलाकर भारत के मुसलमानों की कुल आबादी का 46 प्रतिशत होता है। इसके अलावा महाराष्ट्र में 7 प्रतिशत, असम में 6 प्रतिशत, केरल में 5.7 प्रतिशत एवं जम्मू और कश्मीर में 4.9 प्रतिशत मुस्लिम आबादी है। इन सात राज्यों में भारत की कुल मुस्लिम आबादी का 70 प्रतिशत निवास करता है (बोस, 2005, पृ. 371)।

उत्तर प्रदेश और बंगाल के संकेन्द्रण से भारत में मुसलमानों के सम्बन्ध में कोई सिद्धान्त विकसित करने में एक बड़ी त्रुटि आ जाती है क्योंकि विभिन्न राज्यों में रह रहे मुसलमानों के ऐतिहासिक विवरण और उनकी जीवन दशा में अन्तर है। उत्तर भारत की कहानी आक्रमण और उपनिवेशवाद एवं द्विराष्ट्रवाद के सिद्धान्त के प्रति विकसित प्रतिक्रियावादी पहचान की कहानी है, जबकि पूर्वी भारत के सन्दर्भ में निर्णायक कारण अप्रवास तथा पाकिस्तान/बँगलादेश के सम्पत्तिशाली कुलीन वर्ग एवं धर्मान्तरित गरीब तबके का पिछड़ा बने रहना है। इसकी तुलना में, दक्षिण भारत के भारतीय मुसलमानों का इतिहास व्यवसाय पर अधिक जोर देता है। अतएव इसमें उस सहकारिता और शान्तिपूर्ण सह-अस्तित्व की तस्वीर, जो व्यापार-संस्कृति का अविभाज्य अंग होता है, के चित्रण की सम्भावना अधिक होती है। खाड़ी देशों के साथ जारी व्यापारिक सम्बन्धों के कारण इसकी एक समग्र इस्लामी पहचान है। यद्यपि, अधिकृत आँकड़ों के अभाव में भारत में मुसलमानों की स्थिति निर्धारित करनेवाली ऐतिहासिक ताकतों के बारे में निश्चित रूप से कुछ कह पाना कठिन है, जिसके बारे में लोगों का अनुमान है कि व्यवसाय, धर्मान्तरण एवं राजनीति में सक्रिय भागीदारी—इन तीन ताकतों पर अधिक ध्यान देने के कारण विभिन्न सत्ता समीकरणों और भारत में इस समुदाय की स्वीकार्यता के स्तर को स्पष्ट करने में सहायता मिलती है।

जैसा कि पूर्व में व्यक्त किया जा चुका है कि उत्तर भारत में मुस्लिमों की छवि मुख्य रूप से द्विराष्ट्रवाद सिद्धान्त के राजनीतिक परिप्रेक्ष्य में ही तैयार की गई है। यह सिद्धान्त कुछ हद तक हिन्दुत्व की विचारधारा को प्रतिबिम्बित करते हुए पाकिस्तान को भारतीय मुसलमानों की आकांक्षाओं और आदर्शों के अनुरूप पेश करता है। भारत के इस भाग के

मुसलमानों में व्याप्त पिछड़ेपन की व्याख्या सत्ता से बेदखली के प्रति इनकार, राज्य द्वारा उपलब्ध कराए गए अवसर की स्वेच्छापूर्वक अस्वीकृति और गर्व-भावना की समाप्ति के रूप में की जा सकती है। उत्तर भारत के गैर-मुस्लिमों के लिए भारत का भारत एवं पाकिस्तान के रूप में विभाजन, निष्ठाहीनता और भारतीय राष्ट्र के साथ इस समुदाय की पहचानहीनता का एक प्रमाण है। ऐसी धारणा उन्हें मुस्लिम समुदाय को न्यूनतम नागरिक अधिकार दिए जाने के प्रति भी आशंकित करती है। वे अनुभव करते हैं कि पाकिस्तान के पक्ष में मतदान करने के बाद मुसलमानों को पाकिस्तान में जाकर बस जाना चाहिए। दूसरी ओर, मुकदमेबाजी और भेदभाव का भय मुस्लिम समुदाय के भीतर नागरिक अधिकारों के लिए व्यापक जनान्दोलन की प्रक्रिया को बाधित करता है। स्मिथ (1957 पृ. 264) ने उत्तर भारत में रहनेवाले इस समुदाय की सामाजिक दशा का चित्रण उपयुक्त ढंग से किया है–

> यह समुदाय अपने विद्यमान स्वरूप में रक्तपात और घृणा के बीच जन्मा...जिसके अन्तर्गत यह देश दो बड़े समुदायों के रूप में विभाजित होते हुए क्रमशः घनीभूत होती हुई और तीक्ष्ण शत्रुता फिर भय और क्रोध से भ्रम, गलतफहमी और अलगाव का शिकार हो गया। काफी आगे बढ़ चुकी और उन्माद का रूप ले चुकी साम्प्रदायिकता ने वह पृष्ठभूमि प्रदान की, जिससे अल्पसंख्यक के रूप में यह समुदाय सामने आया, जिसकी आम छवि, बिलकुल अकेले और अत्यन्त शत्रुतापूर्ण समुदाय के रूप में की गई।

कुछ मुसलमानों, खासकर उन्हें, जो राष्ट्रवादी माने जाते थे, के प्रति सहज स्वीकार्यता की बात करते हुए स्मिथ कहते हैं, "उनके समुदाय का बड़ा हिस्सा, जो न तो किसी पर विश्वास करता था, न उस पर विश्वास किया जा सकता था, बिलकुल अलग-थलग रहा। यह लगातार सिर नीचे करके अस्वीकृत, अविश्वसनीय और भयभीत जीवन जीता रहा है।"(उपरोक्त, पृ. 264-65)।

अविश्वास और अस्वीकृति के इस वातावरण में उत्तर भारत के मुस्लिमों ने अपनी पहचान बनाई है–ऐसी पहचान जो उन्हें प्राप्त होनेवाले अवसरों पर नकारात्मक सोचने के लिए बाध्य करती है। मुस्लिम नेताओं के भारत से अप्रवास करने (बाहर) के कारण यह समस्या और बढ़ी है, जिसके कारण लोग प्रभावशाली नेतृत्व से वंचित रह गए हैं। यद्यपि नेताओं का अप्रवास एक ऐसी प्रक्रिया थी, जिसने पूरे भारत के मुसलमानों को प्रभावित किया परन्तु यह प्रभाव उत्तर प्रदेश और बंगाल में अधिक गम्भीर था। इस अप्रवास ने मुस्लिम समुदाय को न केवल वैसे नेताओं से वंचित किया, जिन्होंने अनेक प्रगतिशील परिवर्तनों को अंजाम दिया था, बल्कि उन्हें वैसे नेताओं से भी महरूम किया, जो सम्बन्धित कार्यक्रमों के लिए धन की भी व्यवस्था कर सकते थे। स्मिथ के शब्दों में। (वही, पृ. 277)

> भारत में इस्लामी संस्कृति के अधिकांश उद्‌गम केन्द्रों-यथा-शास्त्रीय केन्द्र लखनऊ के नादवा से लेकर जैसी पश्चिमीकृत केन्द्र हैदराबाद तक मुख्य रूप से नवाबों द्वारा सभी को भू-सम्पदा अथवा धन मुहैया कराया जाता था, जो कि काफी पहले से चला आ रहा था... (अप्रवास) ने मुस्लिम सामन्ती संगठनों को औद्योगिक/प्रौद्योगिकी युग में असुरक्षित छोड़ दिया।

स्थानीय नवाबों के अधिकारों की समाप्ति एवं जमींदारी प्रथा का उन्मूलन–दो अन्य ऐसी प्रक्रियाएँ थीं, जिनके कारण इस समुदाय के संसाधन काफी हद तक बाहर चले गए। जिस समय ये नीतियाँ भारत के अन्य राज्यों को प्रभावित कर रही थीं, उनका प्रभाव उत्तर और पूर्व भारत के मुसलमानों पर अधिक दिखाई पड़ रहा था क्योंकि एक आम रुझान इन राज्यों में राज्य-प्रदत्त अवसरों के प्रति अस्वीकार था, जिसका अर्थ था पूर्व से प्रचलित संसाधनों पर निर्भर रह जाना। सोनलकर को उद्धृत करते हुए (1993 पृ. 1345) :

> हिन्दुओं से भिन्न मुसलमानों में ऐसा कोई स्थानीय पूँजीपति वर्ग नहीं था, जिसका ब्रिटिश काल में आधुनिक रूप से विकास हुआ हो। उन गुजराती बोलनेवाले मुसलमानों को अपवादस्वरूप छोड़कर, जो पश्चिमी भारत में निवास करते थे जिनका ऐसा विकास हुआ, वे भी 1947 में पाकिस्तान चले गए। वे लोग भी औद्योगिकीकरण की दौड़ में बहुत आगे नहीं गए, बल्कि बड़ी तादाद में वे व्यापार अथवा परम्परागत धन्धों में लगे रह गए। देहाती क्षेत्रों में स्वातंत्र्योत्तर काल में हुए भूमि-सुधारों ने, यद्यपि ये अधूरे ही हुए थे, मुस्लिम जमींदारों को हिन्दू जमींदारों की अपेक्षा अधिक गरीब बना दिया।

पिछड़ेपन की छवि के साथ मुसलमान कैसे जुड़ गए, इस पर प्रकाश डालते हुए पश्चिम बंगाल के मुसलमानों पर लिखे गए साहित्य उत्तर भारत के मुसलमानों से अत्यधिक अन्तर का चित्रण करते हैं। ये कृतियाँ इस मिथक को भी तोड़ती हैं कि मुस्लिम एक बन्द समुदाय है। अहमद (1981, पृ.1) गैर-मुस्लिमों एवं मुस्लिमों के अन्तःमिश्रण को स्पष्ट तौर पर वर्णित करते हैं :

> 1872 के बंगाल की जनगणना की एक चौंकानेवाली विशेषता, जिसे पहली बार इस क्षेत्र में देखा गयावह यह खोज थी कि अभी तक मुख्यतः हिन्दुओं का निवास स्थान रहे बंगाल में अनपेक्षित रूप से मुसलमानों की बड़ी संख्या आबाद हो गई। सभी अपेक्षाओं के प्रतिकूल, जनगणना से यह स्पष्ट हुआ कि बंगाल की लगभग आधी अथवा 48 प्रतिशत आबादी मुसलमानों की थी, जिनमें बहुसंख्यक पूर्वी बंगाल की नीची दलदली भूमि में निवास करते थेजो आज का बँगलादेश है।

इसका अर्थ यह हुआ कि मुसलमानों एवं हिन्दुओं की संस्कृतियाँ इस हद तक मिली-जुली थीं कि दोनों की अलग-अलग पहचान कठिन हो गई थी। राज्य के कुछ हिस्सों, खासकर उत्तर पूर्वी क्षेत्र में, नाम भी, खासकर पहला नाम एक समान थे (रॉय, 1983, पृ. 30)। पुनः मुस्लिम सत्ता केन्द्रों, यथा–ढाका, मालदा अथवा मुर्शिदाबाद में मुस्लिम आबादी के संकेन्द्रण की बजाय इस धर्म के सदस्य पूरे राज्य में बिखरे पड़े थे। अहमद का दावा है कि चन्द अकृषक जमींदारों को छोड़कर बंगाल के ज्यादातर मुसलमान खेतिहर किसान थे। ये तथ्य धर्मान्तरण के सिद्धान्त का समर्थन करते हैं तथा बंगाल के मुसलमानों की स्थिति एवं सामाजिक-आर्थिक विवरण को समझने में सहायक हैं, जिनके सम्बन्ध में आम राय है कि ये बिना किसी दबाव के धर्मान्तरित हैं।

धर्मान्तरण का सिद्धान्त बंगाल के प्रभावशाली मुसलमानों को बाहर से आव्रजित मानता है, जिनमें बंगाल के धर्मान्तरित मुसलमानों की अपेक्षा नस्लीय, भाषायी और वर्गगत भिन्नताएँ हैं। आव्रजित मुसलमान स्थानीय धर्मान्तरित मुसलमानों से पहचान-साम्य नहीं रखते। दोनों समुदायों में जारी गहरे संघर्ष को 'अशराफ'(अथवा शरीफ) जिसका अर्थ है 'सज्जन' अथवा

'उच्च कुलीन व्यक्ति', जिसके अन्तर्गत सन्देह से परे विदेशियों के वंशज तथा ऊँची जातियों के हिन्दू थे, अन्य सभी मुसलमान, जिनमें कार्यकारी समूह शामिल थे और सभी निचली जातियों के धर्मान्तरित, जिनके लिए सामूहिक रूप से एक घृणास्पद सम्बोधन 'अजलाफ' (अथवा इसका बंगाली अपभ्रंश 'अतराफ') यानी दुष्ट अथवा 'गन्दे लोग' का प्रयोग होता है (वही, पृ. 59)। दोनों के बीच का अन्तर उन्नीसवीं शताब्दी के अन्तिम समय में आविर्भूत एक अशराफ विद्वान मौलवी ए. वली के इस वक्तव्य से स्पष्ट हो जाता है–

> जैसे वैद्यों एवं कायस्थों के बीच के विवाद से किसी ब्राह्मण का कोई सरोकार नहीं होता, वैसे ही भारत का कोई भी अशराफ मुसलमान इस बात पर ध्यान नहीं देता कि बहुसंख्यक मुसलमानों को क्या कहा जाता हैं। उनके अनुसार वे शराब विक्रेता, जुलाहा आदि है जिनमें मिथ्या अभिमान होता है। कुछ लेखक यहाँ तक कहते हैं कि वास्तव में वे मुसलमान नहीं हैं बल्कि केवल राजनीतिक कारणों से ही उन्हें मुसलमान कहा जाता है।

रॉय ने उल्लेख किया है कि बंगाली मुस्लिम प्रेस में उन्नीसवीं शताब्दी के अन्तिम एवं बीसवीं शताब्दी के आरम्भिक काल में उच्च वंशीय मुसलमानों में व्याप्त ब्राह्मणवादी मानसिकता के प्रति चिन्ता व्यक्त की गई है तथा कहा गया है कि जिन्हें समाज में विशिष्ट स्थान एवं संस्कृति और शिक्षा के क्षेत्र में एकाधिकार प्राप्त था, एवं उन्हें इस बात का भय भी था कि आम व्यक्ति भी सामन्ती दर्जा पाने की इच्छा कर सकता है। इस विशिष्ट व्यवहार ने धर्मान्तरित मुसलमानों के बंगाली सांस्कृतिक आधार को मजबूत बना दिया। हिन्दू पुराणों और रामायण तथा महाभारत जैसे ग्रन्थों तथा बंगाली भाषा के प्रति उनकी रुचि के साक्ष्य उपलब्ध हैं जबकि अशराफ मुसलमान अरबी, फारसी और उर्दू भाषा के प्रति अपनी रुचि जाहिर करते हैं। रॉय (1983, पृ. 67) ने 'फतवा' जो मुस्लिम इबादतगारों द्वारा जारी किया गया, के सम्बन्ध में बताया कि इसमें बंगला भाषा को हिन्दुओं की भाषा कहा गया है और पवित्र ग्रन्थ 'कुरान' और 'हदीस' के प्रति विद्यमान पूर्वग्रह, जो इनके बँगला भाषा में अनूदित किए जाने और इस्लामी विषयों को इस भाषा में अभिव्यक्त किए जाने के प्रति था। उन्नीसवीं शताब्दी के 'शरीफ' के अनुसार (वही, पृ. 71),'बँगला भाषा को स्वीकार करने के प्रति उच्चवर्गीय मुसलमानों की असमर्थता ने उनके और निचली श्रेणी के मुसलमानों के बीच के सम्बन्ध को काफी प्रभावित किया था। हम बँगला नहीं सीखते क्योंकि हमारी निचली श्रेणी फारसी नहीं सीखती, यहाँ तक कि वह हिन्दुस्तानी तक नहीं सीखती। इस प्रकार साथ-साथ रहने अथवा मिलकर काम करने का कोई अर्थ नहीं रह जाता। जो ज्ञान हमारे पास है, वह हमारी निचली श्रेणी के पड़ोसियों तक नहीं पहुँच पाता, हमारा चरित्र, विचार और संस्कार उन्हें जरा भी प्रभावित नहीं करते।'

उन्नीसवीं शताब्दी के अन्तिम काल से ही बंगाल के मुसलमान पिछड़ों के रूप में पहचाने गए। हंटर कमीशन की रिपोर्ट में इस पिछड़ेपन को समुदाय की संरचना के भीतर जातीय दर्प, अतीत की सर्वोच्चता, धार्मिक भय और इस्लाम की शिक्षाओं के प्रति स्वाभाविक लगाव के मूल में स्थित बतलाया गया। बसु (1974, पृ. 151) के शब्दों में :

> "यह आमतौर पर स्वीकृत तथ्य है कि मुसलमान नई शिक्षा प्रणाली से स्वयं को अलग-थलग रखते हैं क्योंकि यह उनकी परम्परा के विरुद्ध, उनकी जरूरतों की दृष्टि

से अनुपयुक्त तथा उनके धर्म की दृष्टि से घृणास्पद थी; इन स्कूलों में मुस्लिम शिक्षकों, मुस्लिम भाषाओं के शिक्षण की सुविधा तथा धार्मिक शिक्षा के अभाव के कारण वे लोग अंग्रेजी स्कूलों से दूर ही रहे। बाद की उन सभी रिपोर्टों को स्वीकार कर लिया गया जिनमें मुस्लिम शिक्षा से सम्बन्धित इन प्रश्नों का कोई उत्तर नहीं दिया गया था।"

धार्मिक पूर्वग्रह की सम्भावनाओं तथा धर्मान्तरण के भय, जो सामन्ती परिवेश में पैदा हुए बहुत सारे मुस्लिमों को अंग्रेजी स्कूलों में जाने से रोक रहे थे, को अस्वीकार करते हुए, बसु अनुभव करती हैं कि ऊपर दिए गए सांस्कृतिक कारण बहुतों, खास करके बंगाल के धनी मुसलमानों, को पश्चिमी शिक्षा स्वीकार करने का ठीक-ठीक कारण नहीं बताते। वे अनुभव करती हैं कि गरीबों में व्याप्त पिछड़ेपन का मुख्य कारण उनकी जातीय और वर्गीय संरचना, स्कूलों तक पहुँच की समस्या तथा ब्रिटिश काल में उत्पन्न समुदाय की दरिद्रता थी। उन्हें उद्धृत करते हुए कहा जा सकता है (बसु, 1974, पृ. 150-51) :

> कार्नवालिस द्वारा किए गए प्रशासनिक सुधारों ने पहला आघात किया ... नई प्रणाली के तहत, उच्च प्रशासनिक पद अंग्रेजों के लिए सुरक्षित कर दिए गए। प्रत्येक जिले में अंग्रेज कलेक्टर की तैनाती तथा हिन्दू कलेक्टरों को जमींदारों के समकक्ष प्रोन्नत करके, जो अन्यथा मुस्लिम कलेक्टरों को मिला होता, उन्हें अन्य तरीके से धन कमाने का अवसर दिया गया। उच्च वर्गीय मुसलमान, जिन्हें मुस्लिम शासन में अच्छा-खासा सरकारी पद हासिल होता था और 1757 के बाद भी जिन्हें यह प्राप्त होता रहा, 1837 के उस निर्णय के बाद मुश्किल में पड़ गए जिसमें फारसी के स्थान पर अंग्रेजी को न्यायालयों एवं दफ्तरों की भाषा के रूप में मान्यता दे दी गई। साथ ही 1844 के उस प्रस्ताव के बाद, जिसमें कहा गया था कि भविष्य में सभी नियुक्तियों में अंग्रेजी जाननेवालों को प्राथमिकता दी जाएगी, वे काफी प्रभावित हुए।

बसु के इस कथन से सहमति हो सकती है कि बंगाली मुसलमानों में व्याप्त पिछड़ेपन के कारण को केवल ऐतिहासिक रूप से विकसित 'अशराफ' एवं 'अजलाफ' के बीच के अन्तर से नहीं समझा जा सकता बल्कि यह ब्रिटिश हुकूमत की आर्थिक-राजनीतिक नीतियों जैसे स्थायी बन्दोबस्त, फारसी के स्थान पर अंग्रेजी एवं बँगला भाषा को आधिकारिक भाषा की मान्यता, अफसरशाही में अंग्रेजों और हिन्दुओं को प्राथमिकता आदि ने इस समुदाय को संसाधनों से इतनी बुरी तरह वंचित कर दिया कि इसकी तुलना उत्तर प्रदेश के मुसलमानों से की जाने लगी।

दक्षिण भारत के मुस्लिमों के सन्दर्भ में समाजशास्त्रीय प्रकृति वाले बहुत कम काम देखने को मिलते हैं। जो कार्य हुए भी हैं वे इस क्षेत्र में जारी सौहार्दपूर्ण वातावरण को प्रतिबिम्बित करते हैं। दक्षिण और उत्तर भारतीय वातावरण में अन्तर का पर्याप्त वर्णन वार्ष्णेय द्वारा किया गया है (2002, पृ. 119-48)। उत्तर भारत के शहर अलीगढ़ के साथ दक्षिण भारत के शहर कालीकट की तुलना करते हुए वे केरल के कालीकट शहर में बेहतर अन्तर्सामुदायिक विश्वास और नागरिक संवाद का उल्लेख करते हैं। वे इन दोनों शहरों में काफी समानता पाते हैं। दोनों शहरों की मुस्लिम आबादी के अनुपात में काफी

समानता है (36-37 प्रतिशत कालीकट में तथा 34-35 प्रतिशत अलीगढ़ में)। इसके साथ ही 1973 के बाद तेल की कीमतों में हुई वृद्धि के कारण मध्यपूर्व एशिया को आव्रजित होनेवाले मुसलमानों की आर्थिक-शैक्षणिक वृद्धि/प्रगति का उल्लेख करते हुए वार्ष्णेय कहते हैं (वही, पृ. 121) :

> 'कालीकट और अलीगढ़, विश्व के दो भाग लगते हैं।' कालीकट के जीवन में एक गहन अन्तर्साम्प्रदायिक नागरिक संलग्नता देखी जाती है। आसपास के इलाके भी इनसे बिलकुल अभिन्न हैं तथा शहर के व्यवसाय और पेशागत जीवन का भी वही हाल है। अलीगढ़ में हिन्दू-मुसलमान की नागरिक संलग्नता नाममात्र की है। कालीकट में इस शताब्दी में एक भी साम्प्रदायिक दंगा नहीं हुआ, हालाँकि 1921 में तथाकथित मालाबार विद्रोह के दौरान यहाँ साम्प्रदायिक दंगा होते-होते बचा। अलीगढ़ हिन्दू-मुस्लिमों के बीच बार-बार होनेवाली हिंसा के कारण कुख्यात है। यह भारत के सर्वाधिक दंगा-सम्भावित शहरों में एक है।

सलामतुल्लाह (1994, पृ.35-36) दक्षिण भारत के शहरों के सम्बन्ध में आमतौर पर वैसी ही राय रखते हैं। वे अनुभव करते हैं कि इन शहरों का सामाजिक वातावरण असुरक्षा और अस्वीकृति वाला नहीं है।

> पश्चिमी शिक्षा के प्रति उत्तर भारत और दक्षिण भारत के मुसलमानों की प्रतिक्रिया एक जैसी नहीं है। प्रारम्भ में उत्तर भारत में इसका बहुत सक्रिय विरोध था, तो दक्षिण भारत के मुसलमानों ने बिना किसी प्रतिरोध के आधुनिक शिक्षा-प्रणाली को स्वीकार किया। इसका एक स्पष्ट कारण तो यह है कि उत्तर भारत के राज्यों में निवास करनेवाले मुसलमानों के आर्थिक-सामाजिक जीवन पर ब्रिटिश शासन का प्रतिकूल प्रभाव पड़ा। परन्तु निजाम के क्षेत्र में ऐसा नहीं था, दक्षिण भारत के अन्य भागों की सच्चाई भी यही थी, जहाँ मुस्लिम व्यापार के विकास में रुचि ले रहे थे और वे सरकारी नौकरियों पर निर्भर नहीं थे, जैसा कि उत्तर भारतीय मुसलमानों में हम पाते हैं। दूसरा ब्रिटिश शासकों ने दक्षिण भारत के किसानों को निर्धन बनाने/किसानी खत्म करने जैसी कोई विध्वंसक कार्रवाई नहीं की।

## मुसलमानों की शिक्षा का इतिहास

जैसा कि पूर्व में उल्लिखित है, मुस्लिम शिक्षा* को एक धार्मिक शिक्षा के रूप में पेश किया गया है, जिसमें प्रगतिशील धर्मनिरपेक्ष शिक्षा के लिए कोई गुंजाइश नहीं होती। तथापि ज्ञान के क्षेत्र में मुसलमानों का ऐतिहासिक योगदान महत्त्वपूर्ण है, चाहे वह प्रशासन का क्षेत्र हो, गणित, औषधि, ज्योतिष, वास्तु अथवा दर्शन का। भारत को मुस्लिम समुदाय के सदस्यों की सेवाओं तथा उनकी विद्वत्ता—खासकर प्रगतिशील समाजवादी लेखकों एवं कवियों के माध्यम से काफी कुछ प्राप्त हुआ है, जो अपने रूख में क्रान्तिकारी थे और बदलती दुनिया से हमकदमी कर रहे थे। इस समुदाय ने भारत को तीन राष्ट्रपति और प्रख्यात

* 'मुस्लिम शिक्षा,' जो इस अध्याय में वर्णित है, उस शिक्षा की ओर इशारा करता है जो मुसलमानों द्वारा मुख्यतः मुसलमानों को दी जाती है।

न्यायविद् प्रदान कर स्वयं को विशिष्ट प्रमाणित किया है। सूचना प्रौद्योगिकी के क्षेत्र में इस समुदाय के योगदान का भी इस सन्दर्भ में उल्लेख किया जा सकता है। तब इस समुदाय को पिछड़ा तथा अन्तर्मुखी क्यों माना जाता है तथा इस पिछड़ेपन की जड़ इस्लाम धर्म में कैसे बताई जाती है?

परम्परागत मुस्लिम शिक्षा मकतब एवं मदरसे जैसी संस्थाओं से जुड़ी रही है। इन दोनों संस्थाओं को हिन्दुत्व की राजनीति में कट्टरपन्थ एवं आतंकवाद को पैदा करनेवाला बतलाया जाता है। तथापि यह कहना गलत होगा कि ये दोनों धार्मिक शिक्षा और अलगाववादी प्रवृत्तियों के साथ खासतौर पर जुड़े हैं। इसके बजाय इन संस्थानों को समुदाय आधारित शिक्षण केन्द्र, यथा–'पाठशाला' एवं 'गुरुकुल' के रूप में देखा जाना चाहिए। मकतब और मदरसे के सम्बन्ध में प्राचीन लिखित साहित्य एक सन्तुलित पाठ्यचर्या की छवि पेश करते हैं, जिसमें अरबी भाषा एवं साहित्य के साथ-साथ गणित भी शामिल है। उदाहरणार्थ, एक प्रख्यात दार्शनिक एवं शिक्षाविद् इमाम गजाली (1058-1111) ने व्यावसायिक शिक्षा की अनुशंसा की, जिसके बाद कृषि और उद्योग कला को लागू किया गया। शिक्षाविद् इब्ने खाल्दून (1333-1406) ने कुरान को समझने में सहूलियत के लिए अरबी भाषा के अध्ययन की अनुशंसा की, किन्तु इस अध्ययन को ज्यामिति, अंकगणित तथा उद्योग कला के साथ-साथ दी जानेवाली शिक्षा के रूप में माना गया (सलामतुल्लाह, 1994, पृ. 10)। अकबर के सम्बन्ध में कहा जाता है कि वह शिक्षा के प्रति एक समन्वित दृष्टिकोण रखता था। सलामतुल्लाह (वही, पृ. 12) यहाँ उद्धृत है :

> सोलहवीं शताब्दी, अकबर का शासन काल, भारत में मुस्लिम शिक्षा के लिहाज से एक अद्भुत काल था। अकबर वह पहला सम्राट् था, जिसने एक अलग शिक्षा विभाग खोला और जाति, रंग अथवा प्रजाति से परे अपनी प्रजा की शिक्षा की ओर ध्यान दिया। हिन्दू और मुसलमान दोनों को एक साथ शिक्षा दी गई, साथ ही उनके पाठ्यक्रम का एक हिस्सा बिलकुल अलग था, जो उनकी विशिष्ट आस्थाओं को लक्षित था। सामान्यतः गणित (जिसमें अंकगणित, ज्यामिति एवं क्षेत्रमिति शामिल थे), इतिहास, भूगोल, अर्थशास्त्र, राजनीति विज्ञान, भौतिकी, दर्शनशास्त्र, तर्कशास्त्र एवं कृषि विज्ञान अध्ययन के विषय थे। हिन्दू विद्यार्थियों के पाठ्यक्रम में वैदान्तिक दर्शन और पातंजलि व्याकरण शामिल था।

ऐतिहासिक रुझान के सम्बन्ध में सलामतुल्लाह कहते हैं (वही, पृ. 11) :

> ...चौदहवीं शताब्दी तक भारत में मुस्लिमों की शैक्षणिक संस्थाओं के पाठ्यक्रम में ज्ञान-विज्ञान के बारे में कुछ पता नहीं चलता, ...तथापि, शिक्षण संस्थाओं में धार्मिक शिक्षाओं का पहले से चला आ रहा वर्चस्व सोलहवीं शताब्दी में, धर्मनिरपेक्ष तत्त्वों, यथादर्शनशास्त्र, तर्कशास्त्र, गणित इत्यादि के समावेश के कारण समाप्त हो गया। यहाँ तक कि मदरसे की शिक्षा में दर्शनशास्त्र का वर्चस्व हो गया और अठारहवीं शताब्दी के आते-आते ज्ञान-विज्ञान का वर्चस्व धीमा पड़ गया। औरंगजेब के शासन काल में, सत्रहवीं शताब्दी में एक पाठ्यक्रम 'दार्स-ए-निजामिया' अपनाया गया जिसमें अंकगणित, बीजगणित, ज्योतिष और भौतिकी जैसे विषय शामिल थे।

उपर्युक्त वक्तव्य जो रुझान पेश करते हैं, वह अपने आपमें पूर्ण है, फिर भी हमें पूरे राष्ट्र के मुसलमानों के सम्बन्ध में समांगी धारणा बनाने के प्रति सजग रहना होगा। धार्मिक आबादी के बीच हम अन्य संस्कृतियों के प्रति क्षेत्रीय वैविध्य वाली प्रवृत्ति पाते हैं। उदाहरणार्थ, तेरहवीं शताब्दी तक हम बंगाली मुसलमानों को भारतीय महाकाव्यों का बँगला अनुवाद करते पाते हैं। ऐसी प्रवृत्ति का पाया जाना इस क्षेत्र के शैक्षणिक संस्थानों के पाठ्यक्रमों को प्रभावित करने की प्रबल सम्भावना से परिपूर्ण है।

मुस्लिम शिक्षण संस्थानों में अवांछनीय धार्मिक रुझान का समावेश मुगल साम्राज्य के विखंडन के बाद ही प्रारम्भ हुआ। शाह वली-उल्लाह(1703-62) ने उलेमाओं के बीच पहला आन्दोलन प्रारम्भ किया और इस्लाम के खोए हुए गौरव की पुनःप्राप्ति और भारत में मुसलमानों की सत्ता वापसी हेतु अभियान चलाया। हसन (1988, पृ. 4) कहते हैं कि शाह वली-उल्लाह ब्रिटिश शासन की स्थापना के प्रति आशंकित थे लेकिन मराठों के अत्याचारों के प्रति अत्यधिक चिन्तित होने के कारण नहीं चाहते थे कि मुसलमान इस उपमहाद्वीप का एक हिस्सा बनकर रह जाएँ। वे चाहते थे कि ये मुसलमान दुनिया के अन्य मुसलमानों के साथ अपना सम्बन्ध कायम रखें, ताकि इस्लाम के उनके आदर्श सुरक्षित रहें। शाह अब्दुल अजीज (1746-1824), जो वली-उल्लाह के पुत्र थे, अपने पिता के सपनों के अनुरूप काम करते रहे। तथापि, उनका दृष्टिकोण हिन्दू धर्म सहित भारत के अन्य धर्मावलम्बियों के प्रति न तो नकारात्मक था, न कुछ खास सकारात्मक। भारत में ब्रिटिशों का हवाला देते हुए उन्होंने भारत को एक दर-अल-हर्ब (शत्रु देश) माना। उन्होंने मुसलमानों के अंग्रेजी सीखने के विरुद्ध फतवा जारी किया। उन्होंने हिन्दुओं और मुसलमानों के बीच काफी समानता देखी और इन दोनों समुदायों के बीच सहकारी सम्बन्ध की अनुशंसा की।

वास्तव में, 1763-1898 की अवधि में भारत के मुसलमानों ने धार्मिक नेताओं द्वारा संचालित अनेक आन्दोलन देखे। निजामी (वही, पृ. 2-3) ने इन धार्मिक आन्दोलनों को छह श्रेणियों में विभाजित किया है। निजामी द्वारा उल्लिखित छह में से केवल दो श्रेणियाँ धार्मिक और आध्यात्मिक विषयों पर जोर देती हैं। आमतौर पर ये आन्दोलन मुसलमानों के खोए हुए गौरव और सत्ता की वापसी के लिए राजनीतिक एवं आर्थिक परिवर्तनों पर विचार करते हैं। ऐसे आन्दोलन सभी धार्मिक समूहों में देखे जाते हैं, खासकर जब उनका टकराव कमजोर राजनीतिक नेतृत्व से होता है।

उपर्युक्त अवधि को केवल धार्मिक उन्मुखीकरण के साथ नहीं जोड़ा जाना चाहिए। मुस्लिम समाज एक विषमांगी समाज है तथा इसमें विविध प्रकार की गतिविधियों के साक्ष्य पाए जाते हैं, जिसमें शिक्षा-जगत् भी शामिल है। हम लोगों की रुचि के अनुरूप सबसे अधिक महत्त्वपूर्ण गतिविधियाँ हैं—अंग्रेजी शिक्षा को बढ़ावा देनेवाली गतिविधियाँ। उदाहरणार्थ, 1781 में हुगली (पश्चिमी बंगाल) के एक समृद्ध व्यापारी, हाजी मुहसिन ने मुसलमानों में धर्मनिरपेक्ष शिक्षा को प्रोत्साहित करने के लिए ईस्ट इंडिया कम्पनी को एक अच्छी-खासी रकम उधार दी। इस प्रकार, कलकत्ते का *मदरसा आलिया* अस्तित्व में आया (सलामतुल्लाह 1994, पृ. 13)। सलामतुल्लाह (वही, पृ. 12) ने मुसलमानों की सामान्य शिक्षा के कई केन्द्रों का उल्लेख किया है, जैसे—1824 में दिल्ली कॉलेज स्थापित हुआ, जिसने पाश्चात्य शिक्षा की अलख

जगाई। इस कॉलेज में 1831 में अंग्रेजी की पढ़ाई शुरू हुई और उस समय इसमें 300 विद्यार्थी नामांकित थे। सुप्रसिद्ध कलकत्ता मदरसा की स्थापना 1781 में हुई। यह एक फारसी कॉलेज था जिसमें मुस्लिम कानून और इससे सम्बन्धित अन्य विषयों की पढ़ाई होती थी। एक विषय के रूप में अंग्रेजी 1829 में लागू हुई। 1833 तक इसमें हिन्दू विद्यार्थी भी नामांकित होने लगे।

1837 तक मुख्य रूप से इसके उपयोग सम्बन्धी महत्त्व को देखते हुए उच्च जाति के हिन्दू और मुसलमान दोनों फारसी की पढ़ाई करने लगे। इस विषय में दक्षता मुगल साम्राज्य के अधीन आकर्षक नौकरियों का आधार बन गई। ब्रिटिश काल में भी 1837 तक यह आधिकारिक भाषा बनी रही, इसके बाद अंग्रेजी को इसके स्थान पर लागू कर दिया गया।

संक्षेप में, समकालीन भारत के मुस्लिमों में पाश्चात्य संस्कृति और शिक्षा के प्रति उग्र एवं उदार दोनों ही प्रवृत्तियाँ पाई जाती हैं। 1857 के विद्रोह की अनुवर्ती घटना में इन प्रवृत्तियों ने शिक्षा के प्रति दो सर्वथा भिन्न दृष्टिकोण अपना लिये, जैसा कि 'दारुल-उलूम', देवबन्द की स्थापना और अलीगढ़ के एम.ए.ओ. कॉलेज की स्थापना के साथ देखा गया। शाह वली-उल्लाह के निर्देशन में 'दारुल-उलूम' देवबन्द की स्थापना 1866 में हुई। यद्यपि इसमें धार्मिक शिक्षा पर जोर दिया जाता था, फिर भी यह मदरसा पाश्चात्य शिक्षा का विरोधी नहीं था। सलामतुल्लाह (वही, पृ. 27-28) के अनुसार :

> ... संस्था के महत्त्वपूर्ण संस्थापकों में से एक मौलाना मोहम्मद कासिम नानौतवी, पाश्चात्य शिक्षा के विरोधी नहीं थे। उनका विचार था कि इसे धार्मिक अध्ययन के साथ नहीं जोड़ा जाना चाहिए। तथापि उन्होंने पाश्चात्य शिक्षा को धार्मिक शिक्षा प्राप्त करने के बाद जरूरी बतलाया। दारुल-उलूम के बुनियादी सिद्धान्तों में से एक यह था कि सरकार और सम्पन्न लोगों को इस संस्था से नहीं जोड़ा जा सकता क्योंकि उनका प्रभाव शिक्षा के लिए हानिकारक था।

दारुल-उलूम प्रारम्भ से ही आध्यात्मिक शिक्षा से सम्बन्धित और इसके लिए विश्वविख्यात रहा। तथापि आगे चलकर इसने अंकगणित, भूगोल, इतिहास, हिन्दी और सामान्य विज्ञान जैसे धर्मनिरपेक्ष विषयों को लागू किया।

दूसरी तरफ, सर सैयद अहमद खाँ, जो भारतीय मुसलमानों में पाश्चात्य शिक्षा को बढ़ावा देने का लक्ष्य रखते थे, एम.ए.ओ. कॉलेज की स्थापना की। इस प्रक्रिया को 1864 में पाश्चात्य विज्ञान की पुस्तकों को उर्दू में अनुवाद करने के लिए 'साइंटिफिक सोसाइटी' की स्थापना से शुरू किया गया। सर सैयद अहमद खाँ का भारतीय मुसलमानों की शिक्षा में उल्लेखनीय योगदान था तथापि यह देखना दुखद है कि उन्होंने बालिकाओं अथवा गरीब बच्चों की शिक्षा के प्रति कोई ध्यान नहीं दिया। (मिनॉल्ट, 1998, पृ. 19)

1886 में स्थापित एम.ए.ओ. कॉलेज का लक्ष्य भारतीय मुसलमानों को सरकारी पदों पर बहाली के लिए तैयार करना था तथा उन्हें सरकार की 'योग्य एवं उपयोगी प्रजा' बनाना था। यह कॉलेज 1920 में अलीगढ़ विश्वविद्यालय बना जिसने द्विराष्ट्रवाद के सिद्धान्त और पाकिस्तान के निर्माण में महत्त्वपूर्ण भूमिका निभाई। तथापि, इसमें प्रगतिशील और समाजवादी

तत्त्व भी शामिल थे। पूँजीपतियों द्वारा शोषण, वर्ग-संघर्ष एवं साम्राज्यवाद के विरुद्ध विरोध से सम्बन्धित सिद्धान्त अलीगढ़ के पुराने छात्रों के लेखन के लोकप्रिय विषय थे, जैसे–हसरत मोहानी, सज्जाद हैदर याल्दाराम, विलायत अली 'बम्बूक', काजी अब्दुल गफ्फार एवं अब्दुर्रहमान बिजनौरी। नई पीढ़ी, जिसे मोहम्मद अली ने 'नई रोशनी का आदमी' बताया, द्वारा खुद के सिद्धान्त 'इस्लामी समाजवाद' को प्रोत्साहित किया। ऐसा कहा जाता है कि कॉलेज प्रबन्धन के अराजनीतिक दृष्टिकोण से दिग्भ्रान्त कुछ क्रान्तिकारी युवक अलीगढ़ मुस्लिम विश्वविद्यालय से जामिया मिल्लिया इस्लामिया विश्वविद्यालय की स्थापना के लिए अलग हो गए। तथापि, अलीगढ़ मुस्लिम विश्वविद्यालय के छात्रों का जामिया मिल्लिया इस्लामिया विश्वविद्यालय की स्थापना के बाद भी कांग्रेस समर्थन के प्रति झुकाव बना रहा। वास्तव में 1930 के दशक के अन्त तक पाकिस्तान एवं मुस्लिम लीग समर्थक प्रवृत्ति अलीगढ़ मुस्लिम विश्वविद्यालय में प्रमुख बन गई और इस समय तक यह इसकी एकमात्र पहचान बनी रही।

जामिया मिल्लिया इस्लामिया की स्थापना 1920 में हुई। इसके पीछे दृष्टि परम्परागत, आधुनिक और राष्ट्रीय विद्यापीठ के मिश्रित विचारों को जन्म देने की थी। इसे गांधीजी की बुनियादी शिक्षा की अवधारणा के आधार पर तैयार किया गया था और इसमें व्यावसायिक शिक्षा पर विशेष जोर दिया गया। इसके अधिकांश कर्मचारी एवं छात्र अपने रुख में क्रान्तिकारी और ब्रिटिश विरोधी तथा कांग्रेस समर्थक थे।

वर्ष 1874 में बम्बई में *'अंजुमन-ए-इस्लाम'* की स्थापना हुई। इसने विद्यालयों की एक शृंखला स्थापित की और वर्तमान में यह उच्चतर शिक्षा के कई केन्द्रों, यथा–पोलिटेक्निक तथा इंजीनियरिंग कॉलेज का संचालन कर रहा है। महिलाओं तथा गरीबों तक शिक्षा को पहुँचाने के कारण अंजुमन-ए-इस्लाम के शैक्षिक प्रयासों की प्रशंसा की जानी चाहिए, खासकर इस तथ्य के मद्देनजर कि यह सर सैयद अमहद खाँ के समय में काम कर रहा था, जो हालाँकि शिक्षा के क्षेत्र में तब से सक्रिय थे जब महिलाओं और गरीबों की शिक्षा के सवाल दरकिनार कर दिए गए थे।

हैदराबाद अपने उदार दृष्टिकोण के कारण लोगों के विशेष ध्यान का विषय बन गया। इसके द्वारा संचालित अनेक स्कूलों में धार्मिक एवं वैज्ञानिक दोनों प्रकार की शिक्षा दी जाती थी। यह राज्य न तो पाश्चात्य शिक्षा का विरोध करता था और न ही ईसाई मिशनरियों का विरोधी था, जो इसे बढ़ावा दे रहे थे। सलामतुल्लाह ने एक मेडिकल कॉलेज सहित बहुत से स्कूलों का उल्लेख किया है जो पाश्चात्य शिक्षा को प्रोत्साहित करने के लिए स्थापित किए गए थे। साथ ही, एक अनुवाद ब्यूरो और एक मुद्रणालय का भी उल्लेख किया गया है, जो इस उद्देश्य के लिए 1834 में स्थापित हुए थे। 1859-60 के पहले तक प्रत्येक तालुका (प्रखंड) में दो विद्यालयों–एक फारसी विद्यालय और एक हिन्दी विद्यालय की स्थापना सम्बन्धी योजना क्रियान्वित की गई। इन स्कूलों द्वारा गणित, इतिहास एवं भूगोल के साथ-साथ भाषा की शिक्षा दी जाती थी। 1878 में इंग्लिश पब्लिक स्कूल की तर्ज पर हिन्दू-मुस्लिम दोनों समुदायों के प्रभावशाली वर्ग की जरूरतों को पूरा करने के लिए एक पब्लिक स्कूल स्थापित हुआ। 1881 में हिन्दू-मुस्लिम दोनों समुदायों की आवश्यकताएँ पूरी करने के लिए पहला हिन्दू-एंग्लो वर्नाकुलर गर्ल्स स्कूल स्थापित हुआ।

बंगाल के मुसलमानों के लिए लागू शिक्षा प्रणाली में भी धर्मनिरपेक्षता का अंश शामिल था। मोंडल (1997, पृ. 77) के अनुसार, मध्य युग में मदरसों की शिक्षा का क्षेत्र धार्मिक विषयों, यथा–'तफसीर' (चित्रकला), हादिश (परम्परा), फिक (न्यायशास्त्र) वाला था। 'कलाम' (विद्वत्ता), तसव्वुफ (रहस्यवाद), ताजरिद (उच्चारण विज्ञान) के साथ-साथ व्याकरण, साहित्य, तर्कशास्त्र, दर्शनशास्त्र, अंकगणित, ज्यामिति, बीजगणित एवं ज्योतिषशास्त्र जैसे सामान्य विषयों की शिक्षा दी जाती थी। यद्यपि, काफी सफलतापूर्वक तो नहीं, परन्तु 1836 से बंगाली मुसलमानों में अंग्रेजी और पाश्चात्य शिक्षा को बढ़ावा देने के प्रयास किए जा रहे थे। इन प्रयासों को 1937 में उस समय झटका लगा, जब राज्य की सरकारी भाषा बदलकर अंग्रेजी और बँगला हो गई। सत्ता की समाप्ति की प्रतिक्रियास्वरूप, 'अशराफ' अपने परम्परागत संस्थाओं–मकतब और मदरसों में शिक्षा प्राप्त करते रहे, परिणाम यह हुआ कि वर्ष 1854 तक ब्रिटिश सरकार द्वारा स्थापित विद्यालयों में मुस्लिमों की संख्या अधिक नहीं रह गई (वही, पृ. 81)। 1860 के दशक से अशराफ मुस्लिमों के बीच अंग्रेजी और पाश्चात्य शिक्षा को बढ़ावा देने के प्रयासों को देखा जा सकता है। उदाहरणार्थ, 'कलकत्ता मुहम्मडन लिटरेरी सोसाइटी' (सी.एम.एल.एस.) की स्थापना इस लक्ष्य को लेकर हुई कि मुसलमानों की रूढ़िवादी सोच को बदला जाए और उन्हें पाश्चात्य शिक्षा को अपनाने की जरूरत समझाई जाए (वही, पृ. 83)। यद्यपि समय की माँग के अनुरूप इस संस्था ने मदरसों के माध्यम से परम्परागत शिक्षा को जारी रखने की वकालत की, फिर भी इसने आधुनिक और धार्मिक शिक्षा के बीच सन्तुलन कायम करने की कोशिश की। सी.एम.एल.एस. की स्थापना के पन्द्रह वर्ष बाद, सर सैयद अमीर अली के नेतृत्व में अंग्रेजी को बढ़ावा देने और मुस्लिमों में आधुनिकीकरण की प्रक्रिया लागू करने के उद्देश्य से सेंट्रल मोहम्मडन एसोसिएशन अस्तित्व में आया। इसने अपनी शाखाएँ बंगाल के सभी जिलों में स्थापित की और हिन्दुओं के साथ मित्रतापूर्ण सम्बन्धों का निर्वहन किया।

यह अंकित करना महत्त्वपूर्ण है कि ये सभी आन्दोलन अशराफों की तरफ झुके हुए थे, अजलाफों को इनसे कोई अधिक लाभ नहीं हो रहा था। गरीब मुसलमान अपने बच्चों को अरबी और धार्मिक शिक्षा के लिए या तो गाँव के मकतब में भेजते थे अथवा बँगला भाषा की शिक्षा के लिए 'पाठशाला' में। (मोंडल, 1997, पृ. 81)

## मुसलमानों से सम्बन्धित सांख्यिकीय आँकड़े

सलामतुल्लाह (1994, पृ. 40) उन्नीसवीं शताब्दी के मध्य तक औपचारिक शिक्षा के प्रति प्रतिरोध के कारण मुसलमानों से सम्बन्धित कम शैक्षणिक आँकड़ों को स्पष्ट करते हैं। 1870 तक यह परिदृश्य बदल चुका था। उन्होंने नामांकन दर में 1871-72 के 22.8 प्रतिशत से बढ़कर (कुल आबादी 25 प्रतिशत) 1931-32 में 27.7 प्रतिशत प्रगति का उल्लेख किया है। अपर्णा बसु इस विकास की पुष्टि करती हैं। मद्रास की स्थिति की चर्चा करते हुए वे कहती हैं कि '1871-72 एवं 1880-88 के बीच जहाँ शिक्षा से जुड़े बच्चों की संख्या दोगुनी हुई थी, मुस्लिम बच्चों की संख्या चौगुनी हो गई थी (बसु, 1974, पृ. 148)'। उन्नीसवीं शताब्दी के मध्य में दिए गए मुस्लिमों की शिक्षा से सम्बन्धित कुछ प्रतिवेदनों का सन्दर्भ देते हुए वे सुनिश्चित करती हैं कि 'मुस्लिम सभी स्थानों में शैक्षणिक दृष्टि से कोई पिछड़ा

समुदाय नहीं रह गया था। मद्रास में विद्यालय जाने की उम्र वाले बच्चों में विद्यालयों में नामांकित मुस्लिम बच्चों का प्रतिशत 15.1 था जबकि इसी आयु वर्ग के विद्यालयों में नामांकित हिन्दू बच्चों का प्रतिशत 13.7 था (वही)। पुनः भरूच जिले में 1877 में सरकारी तथा सरकार द्वारा अनुदानित विद्यालयों में 9.7 प्रतिशत ब्राह्मण और 19.43 प्रतिशत मुस्लिम थे। गुजराती. बोहरा, शिया और सुन्नी साक्षरता में काफी आगे थे, क्योंकि वे व्यवसायी वर्ग के थे। उनकी आजीविका के लिए न्यूनतम शिक्षा अत्यावश्यक थी। (वही, पृ. 149) उत्तर प्रदेश के आगरा और अवध के शहरी, गैर-कृषक मुसलमान हिन्दुओं से शिक्षा के मामले में आगे रहना चाहते थे। यहाँ भी उच्चतर शिक्षा के क्षेत्र में मुसलमान पिछड़े नहीं थे। उत्तर प्रदेश की कुल जनसंख्या में मुसलमानों का प्रतिशत 14.1 था, परन्तु कॉलेजों में मुस्लिम छात्रों का प्रतिशत 1896-97 में 18.6 था, 1901-02 में 19.7 और 1916-17 में 20.8 था। (वही, पृ. 150)

चूँकि 1930 के बाद की जनगणना में समुदाय आधारित शैक्षिक आँकड़े नहीं दिए गए हैं, इस समुदाय के राष्ट्रीय स्तर का शैक्षणिक विवरण उपलब्ध करा पाना सम्भव नहीं है। तथापि, दो नमूना सर्वेक्षणों के आधार पर हम कुछ निष्कर्ष निकाल सकते हैं, जो राष्ट्रीय स्तर पर संचालित किए गए थे। पहला था 'नेशनल सैम्पल सर्वे ऑर्गेनाइजेशन' द्वारा वर्ष 1987-88 में संचालित तथा दूसरा था 1994 में नेशनल कौंसिल ऑफ अप्लाइड इकोनॉमिक रिसर्च द्वारा संचालित एन.सी.ए.ई.आर. के सर्वेक्षण जिसमें 16 राज्यों के 1765 गाँवों के छह समूह शामिल थे, जो 1994 में संचालित किए गए थे। यद्यपि यह सर्वेक्षण आकार में छोटा था, जो सर्वेक्षण नेशनल सैम्पल सर्वे के छह वर्ष बाद संचालित किया गया था, वह तुलनात्मक आधार उपलब्ध कराता है और मुस्लिम समुदाय के अन्तरराज्यीय वैविध्य के प्रति अन्तर्दृष्टि निर्मित करने में मदद करता है। निम्नांकित चर्चा शिक्षा और अन्य प्रासंगिक आँकड़ों पर आधारित है, जो इस समुदाय के शैक्षिक व्यवहारों को समझने में हमारी मदद करती है। एक सोचा-समझा प्रयास हिन्दुओं से सम्बन्धित तुलनात्मक आँकड़ा देने के सन्दर्भ में किया गया है, जिससे दोनों समुदायों के वर्गीय चरित्र को समझा जा सकता है, एक ऐसी चीज जिसे अक्सर हिन्दुत्व के राजनीतिक प्रक्षेपण में उपेक्षित कर दिया जाता है।

एन.एस.एस. (1987-88) के आँकड़े मुस्लिम आबादी के 50 प्रतिशत (57.5 प्रतिशत ग्रामीण क्षेत्रों में और 53.4 प्रतिशत शहरी क्षेत्रों में ) को स्वनियोजित बतलाते हैं। पुनः 28. 9 प्रतिशत वेतनभोगी श्रेणी के थे और मात्र 13.4 प्रतिशत ही शहरी क्षेत्रों के आकस्मिक मजदूर थे। ग्रामीण क्षेत्रों के आकस्मिक श्रमिकों का प्रतिशत तुलनात्मक रूप से अधिक (34. 3 प्रतिशत) था। यह अंकित करना महत्त्वपूर्ण है कि ग्रामीण इलाकों में कृषि स्वनियोजन का सबसे बड़ा क्षेत्र है तथापि, एन.एस.एस. आँकड़े 1987-88 में 50 प्रतिशत से भी अधिक (54.9 प्रतिशत) मुसलमानों को 2 एकड़ से कम भूमि के मालिक के रूप में दिखलाता है। यहाँ तक कि एन.सी.ए.ई.आर. का सर्वेक्षण भी दिखलाता है कि मुस्लिमों के पास (प्रति परिवार औसतन 2 एकड़) हिन्दुओं (प्रति परिवार 3 एकड़ औसतन) एवं अन्य अल्पसंख्यक (3.1 एकड़ औसतन प्रति परिवार) की अपेक्षा कम भूमि थी।

एन.सी.ए.ई.आर. द्वारा संचालित सर्वेक्षण के अनुसार मुसलमानों में प्रति परिवार औसत आय राष्ट्रीय औसत आय रु. 25,653/- की तुलना में रु. 22,807/- बतलाई गई थी। राष्ट्रीय

औसत प्रति व्यक्ति आय रु. 4,485/- के विरुद्ध मुसलमानों की प्रति व्यक्ति आय रु. 3,678/- प्रतिवर्ष थी। जैसा कि तालिका 13.1 में प्रदर्शित है। सहायक धन्धों सहित कृषि से प्राप्त हिन्दुओं की वार्षिक आय रु. 20,828/- थी, जिसकी तुलना में मुस्लिमों की औसत वार्षिक आय रु. 16,388/- थी। शिल्प एवं औद्योगिक कार्यों से मुसलमान तुलनात्मक रूप से अधिक आय प्राप्त करते थे (रु. 12,260/-) जबकि राष्ट्रीय आय रु. 11,044/- और हिन्दुओं की आय रु. 10,806/- थी। संगठित व्यापार में हिन्दुओं का रु. 26,761/- एवं मुस्लिमों का रु. 22,591/- का अन्तर तुलनात्मक रूप से अधिक था। दिलचस्प यह है कि योग्यता आधारित पेशों में मुस्लिमों की कमाई हिन्दुओं के रु. 15,965/- प्रतिवर्ष के बरक्स रु. 17,444/- प्रतिवर्ष पाई गई थी। ये आँकड़े मुस्लिमों के पेशागत पिछड़ेपन का खंडन करते हैं। पुनः यह अंकित करना रोचक है कि प्रायः अन्य सभी क्षेत्रों में हिन्दुओं की आय कुछ अधिक होने के कारण आय में अन्तर कम ही है। तथापि, कृषि और सम्बन्धित कार्यों में उच्चतर संकेन्द्रण के कारण मुस्लिमों की औसत आय (रु.22,807/-) हिन्दुओं की आय (रु.25,712/-) की तुलना में काफी कम है। राष्ट्रीय औसत आय रु. 25,653/- बतलाई गई है।

तालिका-13.1 में हिन्दुओं और मुसलमानों की लिंग एवं क्षेत्र के अनुसार सामान्य शिक्षा के आँकड़े दिए गए हैं। यह तालिका शहरी क्षेत्रों में औसत राष्ट्रीय निरक्षरता दर 35.5 प्रतिशत और ग्रामीण क्षेत्रों में 62.5 प्रतिशत दर्शाती है। हिन्दू कुछ हद तक राष्ट्रीय औसत के करीब थे, जबकि मुस्लिम शहरी क्षेत्रों में काफी पीछे (50.5 प्रतिशत) तथा ग्रामीण क्षेत्रों में अपेक्षाकृत निकट (67 प्रतिशत) पाए गए। इस टेबल से चार बातों का पता चलता है : पहला, ग्रामीण क्षेत्रों के मुसलमानों का शैक्षिक आँकड़ा शहरी क्षेत्रों के आँकड़ों से तुलनात्मक दृष्टि से अच्छा था। दूसरा, दोनों समुदायों के पुरुष प्राथमिक स्तर तक एक समान थे। तीसरा, शिक्षा का स्तर बढ़ने के साथ-साथ दोनों समुदायों के शैक्षिक आँकड़ों में अन्तर बढ़ता गया है, यहाँ तक कि स्नातक स्तर तक पहुँचते-पहुँचते हिन्दुओं की संख्या ग्रामीण क्षेत्रों में दोगुनी तथा शहरी क्षेत्रों में तिगुनी हो गई एवं चौथा, शैक्षिक उपलब्धि के मामले में मुस्लिम महिलाएँ मुस्लिम पुरुषों से काफी पीछे थीं।

**तालिका-13.1**

**सामान्य शिक्षा, परिवार, धर्म एवं क्षेत्रवार जनसंख्या का प्रतिशत**

| | शहरी | | | | | |
|---|---|---|---|---|---|---|
| | हिन्दू | | | मुस्लिम | | |
| शैक्षणिक स्तर | पुरुष | महिला | कुल | पुरुष | महिला | कुल |
| निरक्षर | 25.3 | 42.2 | 33.4 | 42.4 | 59.5 | 50.5 |
| साक्षर प्राथमिक से नीचे | 18.8 | 17.2 | 18.1 | 20.9 | 18.5 | 19.8 |
| प्राथमिक | 16.6 | 15.0 | 15.8 | 16.3 | 11.4 | 13.9 |
| मध्य | 13.9 | 10.3 | 12.2 | 10.0 | 5.4 | 7.8 |
| माध्यमिक | 17.2 | 10.7 | 14.1 | 8.0 | 4.3 | 6.2 |
| स्नातक एवं उससे ऊपर | 7.9 | 4.2 | 6.2 | 2.3 | 0.8 | 1.6 |
| अभिलिखित नहीं | 0.3 | 0.3 | 0.3 | 0.1 | 0.1 | 0.1 |

| ग्रामीण | | | | | | |
|---|---|---|---|---|---|---|
| निरक्षर | 51.3 | 75.0 | 62.8 | 58.2 | 76.1 | 67.0 |
| साक्षर एवं प्राथमिक से नीचे | 19.0 | 11.8 | 15.5 | 18.6 | 13.1 | 15.9 |
| प्राथमिक | 13.5 | 7.5 | 10.6 | 12.2 | 6.9 | 9.6 |
| मध्य | 9.2 | 3.7 | 6.5 | 6.9 | 3.0 | 5.0 |
| माध्यमिक | 5.7 | 1.7 | 3.8 | 3.4 | 0.8 | 2.1 |
| स्नातक एवं उससे ऊपर | 1.2 | 0.2 | 0.7 | 0.6 | - | 0.3 |
| अभिलिखित नहीं | 0.1 | 0.1 | 0.1 | 0.1 | 0.1 | 0.1 |

स्रोत : एन.एस.एस., 43वाँ चक्र, सूची-10 : 82-87

तालिका-13.2 के अन्तर्गत प्रदर्शित मुस्लिम आबादी की शैक्षिक उपलब्धि के अन्तर्राज्यीय आँकड़े अत्यधिक चिन्ताजनक हैं। इस समुदाय की साक्षरता दर राजस्थान के 27.8 से बढ़कर केरल में 86.9 प्रतिशत हो गई है। केरल में सर्वाधिक साक्षरता दर रहने के बावजूद यह हिन्दुओं की तुलना में लगभग 1 प्रतिशत कम है। तथापि इस समुदाय ने हिन्दुओं को 17 प्रतिशत के साथ तमिलनाडु में काफी पीछे छोड़ दिया है। यह अन्तर आन्ध्र प्रदेश में लगभग 10 प्रतिशत और कर्नाटक में लगभग 17 प्रतिशत है। न केवल दक्षिण भारत में, बल्कि पश्चिम भारत में भी यह समुदाय गुजरात में 0.02 प्रतिशत एवं महाराष्ट्र में 5 प्रतिशत के साथ हिन्दुओं से आगे रहा है। मध्य प्रदेश में भी यह अन्तर 5 प्रतिशत के आस-पास बतलाया जाता है, जिसके कारण यहाँ मुस्लिम लाभप्रद स्थिति में हैं। पुनः यह जानना महत्त्वपूर्ण है कि हिन्दू और मुसलमान दोनों बिहार, उड़ीसा, गुजरात और उत्तर-पूर्वी क्षेत्र में समान स्तर पर हैं। तथापि उत्तर प्रदेश एवं बंगाल में, जहाँ दशकों से मुस्लिमों का संकेन्द्रण रहा है, यह समुदाय काफी पीछे पाया गया। वास्तव में, यह रुख उत्तरी एवं मध्यवर्ती राज्यों में एक सा रहा है। तो भी, यह तालिका इस कल्पना की पुष्टि करती है कि इस समुदाय को समांगी इकाई नहीं माना जाना चाहिए।

**तालिका-13.2**

**भारतीय राज्यों की सामाजिक समूहवार साक्षरता-दर**

| राज्य | अनुसूचित जाति/ अनुसूचित जनजाति | हिन्दू | मुस्लिम | अन्य अल्पसंख्यक |
|---|---|---|---|---|
| **उत्तर भारत** | | | | |
| हरियाणा | 46.0 | 55.9 | 29.7 | 71.0 |
| हिमाचल | 63.2 | 68.7 | 57.6 | 84.6 |
| पंजाब | 46.5 | 61.7 | 32.7 | 60.2 |
| **ऊपरी मध्य भारत** | | | | |
| बिहार | 28.2 | 44.5 | 43.2 | 31.8 |
| उत्तर प्रदेश | 32.5 | 48.2 | 35.0 | 65.8 |
| **निचला मध्य भारत** | | | | |
| मध्य प्रदेश | 31.6 | 43.6 | 48.9 | 59.1 |
| उड़ीसा | 35.1 | 54.4 | 53.9 | 59.6 |
| राजस्थान | 29.9 | 41.7 | 27.8 | 33.4 |

| | | | | |
|---|---|---|---|---|
| **पूर्वी भारत** | | | | |
| पूर्वोत्तर | 74.5 | 45.8 | 46.0 | 86.2 |
| पश्चिम बंगाल | 53.9 | 61.0 | 52.1 | 55.4 |
| **पश्चिमी भारत** | | | | |
| गुजरात | 46.6 | 59.2 | 59.4 | 91.3 |
| महाराष्ट्र | 43.1 | 58.4 | 63.7 | 53.1 |
| **दक्षिण भारत** | | | | |
| आन्ध्र प्रदेश | 38.5 | 49.4 | 60.5 | 54.6 |
| कर्नाटक | 43.7 | 54.4 | 58.6 | 75.5 |
| केरल | 77.5 | 88.2 | 86.9 | 94.8 |
| तमिलनाडु | 47.6 | 63.0 | 79.7 | 75.6 |
| **सम्पूर्ण भारत** | **40.8** | **53.3** | **49.4** | **65.2** |

स्रोत : एन.सी.ए.ई.आर. 1999, पृ. 267

बोस ने हिन्दू-मुसलमानों की साक्षरता दर का अध्ययन भारत के उन राज्यों के आधार पर किया है, जिनके जिलों में मुस्लिम आबादी 30 प्रतिशत से अधिक रही है। जनगणना, 2001 के प्रासंगिक आँकड़े तालिका 13.3 में प्रस्तुत किए गए हैं।

**तालिका-13.3**

**10 प्रतिशत से अधिक मुस्लिम आबादी वाले राज्यों/केन्द्रशासित क्षेत्रों की हिन्दू-मुस्लिम साक्षरता दर में अन्तर**

| | साक्षरता दर में अन्तर (हि.-मु.) | | | | | |
|---|---|---|---|---|---|---|
| | हिन्दू | | | मुस्लिम | | |
| राज्य/केन्द्रशासित क्षेत्र | पुरुष | महिला | कुल | पुरुष | महिला | कुल |
| भारत | 9.4 | 3.0 | 6.4 | 11.6 | 10.7 | 11.2 |
| उत्तर प्रदेश | 13.6 | 6.1 | 10.3 | 22.3 | 20.6 | 21.7 |
| पश्चिम बंगाल | 14.4 | 7.8 | 11.2 | 16.5 | 19.1 | 17.2 |
| बिहार | 9.7 | 2.0 | 6.2 | 10.8 | 7.1 | 9.3 |
| असम | 20.9 | 18.5 | 19.7 | 13.7 | 17.0 | 15.3 |
| केरल | -0.4 | 0.3 | 0.0 | 1.6 | 3.6 | 2.7 |
| आन्ध्रप्रदेश | -7.8 | -5.5 | -6.7 | 4.6 | 1.8 | 3.2 |
| जम्मू एवं कश्मीर | 22.2 | 22.3 | 22.6 | 18.4 | 25.0 | 22.2 |
| झारखंड | 0.5 | -3.6 | -1.4 | 3.5 | -1.0 | 1.6 |
| हरियाणा | 22.6 | 32.4 | 27.2 | 23.7 | 31.7 | 26.6 |
| उत्तरांचल | 28.5 | 23.0 | 24.7 | 24.3 | 28.3 | 26.1 |
| पांडिचेरी | -9.6 | -15.8 | -12.1 | -3.4 | -6.1 | -4.4 |
| लक्षद्वीप | 2.6 | 15.0 | 9.1 | 4.6 | 14.4 | 9.9 |

स्रोत : बोस (2005 : 372-73)

तालिका-13.3, शहरी क्षेत्र के हिन्दू-मुसलमानों की साक्षरता-दर में भारी अन्तर को दर्शाती है। महिलाओं की अपेक्षा पुरुषों में भी यह अन्तर अधिक है। हरियाणा, उत्तरांचल, जम्मू एवं कश्मीर, उत्तर प्रदेश, पश्चिम बंगाल तथा असम में पाए गए भारी अन्तर से साक्षरता-दर में क्षेत्रगत अन्तर स्पष्ट परिलक्षित होता है। यह देखना महत्त्वपूर्ण है कि कुछ राज्य एवं केन्द्रशासित क्षेत्र, यथा—पांडिचेरी में ग्रामीण महिलाओं के मामले में 15.8 प्रतिशत मुस्लिमों की साक्षरता दर काफी ऊँची बतलाई गई है। पुनः ऊँची साक्षरता-दर दक्षिण भारत के राज्यों में भी पाई गई है, यथा—आन्ध्र प्रदेश और केरल के ग्रामीण क्षेत्रों की महिलाओं में। झारखंड से भी ग्रामीण मुस्लिम आबादी में ऊँची साक्षरता-दर प्रतिवेदित की गई है जबकि ग्रामीण और शहरी दोनों क्षेत्रों की मुस्लिम महिला आबादी में यह अन्तर स्पष्ट है। बोस ने इन दोनों समुदायों की साक्षरता-दर में अन्तर का विवेचन राज्यों के जिलों के आधार पर किया है। उदाहरण के तौर पर उत्तर प्रदेश में, जहाँ साक्षरता दर में काफी अन्तर है, जिसके कारण मुस्लिमों को नुकसान हो रहा है, एक जिला बलरामपुर ग्रामीण जनसंख्या के स्तर पर हिन्दुओं की तुलना में मुस्लिमों की साक्षरता-दर को अधिक बतलाता है। केरल के केवल तीन जिले ऐसे हैं जहाँ ग्रामीण जनसंख्या में साक्षरता दर में अन्तर नगण्य है। शहरी जनसंख्या में भी यह अन्तर अधिक नहीं है। मारी भट्ट एवं जेवियर ने केरल और पश्चिम बंगाल की महिला मुस्लिम आबादी की साक्षरता-दर में अन्तर का विवेचन किया है। केरल के आँकड़े बतलाते हैं कि यह अन्तर मुसलमानों के पक्ष में है। सम्बन्धित आँकड़े नीचे प्रस्तुत हैं :

**तालिका-13.4**

**केरल और पश्चिम बंगाल में मुसलमानों का प्रतिशत (15 वर्ष एवं उससे अधिक आयु के)**

| | शैक्षणिक कोटि<br>केरल | कुल साक्षरता-दर<br>पश्चिम बंगाल |
|---|---|---|
| निरक्षर | 28.5 | 38.3 |
| मध्य से कम | 25.1 | 21.1 |
| मैट्रिक से कम | 20.6 | 10.8 |
| स्नातक से कम | 9.7 | 5.3 |
| स्नातक एवं ऊपर | 4.7 | 2.2 |

स्रोत : मारी भट्ट एवं जेवियर (2005 : पृ. 392)

एन.सी.ए.ई.आर. के आँकड़े साक्षरता के मामले में इस समुदाय का उत्साह प्रदर्शित करते हैं।

तालिका-13.5 बतलाती है कि मुस्लिमों और जनजातियों, जिनकी साक्षरता सम्बन्धी कार्यक्रमों में दूसरी सर्वाधिक भागीदारी है, ने सम्मिलित इन कार्यक्रमों से अधिकतम लाभ उठाया है। चतुर्थ चरण में अधिकतम लोग जो इससे लाभान्वित हुए हैं उनमें मुस्लिमों की स्थिति सबसे अच्छी है (6.8 प्रतिशत) जो पढ़ने-लिखने की क्षमता में इनकी तेज गति का संकेत करती है।

वयस्क साक्षरता कार्यक्रम में अच्छा प्रदर्शन (जो हाल के दिनों में शिक्षा के प्रति इनकी बढ़ती रुचि का संकेत है) करने के बावजूद यह शिक्षा के क्षेत्र में इनकी अल्पकालिक संलग्नता का भी द्योतक है। उच्च शिक्षा के क्षेत्र में मुसलमानों की उपलब्धि अच्छी नहीं है। वास्तव में, शोध एवं व्यक्तिगत अनुभव बतलाते हैं कि इनमें शिक्षा का स्तर जितना ऊँचा है, समुदाय के स्तर पर इनका प्रदर्शन उतना ही कमजोर है। तालिका-13.6 औपचारिक शिक्षा के क्षेत्र में मध्य एवं माध्यमिक स्तर पर मुसलमानों की कमजोर पूर्णता दर को दर्शाती है।

**तालिका-13.5**

**साक्षरता कार्यक्रम में सामाजिक श्रेणीगत भागीदारी तथा 6-14 आयु वर्ग के बच्चों की नामांकन-उपलब्धि**

| धर्म | भागीदारी दर | उपलब्धि-स्तर | | | |
|---|---|---|---|---|---|
| | | 1 | 2 | 3 | 4 |
| अनुसूचित जनजाति | 1.3 | 74.0 | 18.5 | 2.6 | 4.9 |
| अनुसूचित जाति | 1.6 | 47.2 | 11.2 | 41.6 | 0 |
| हिन्दू | 1.4 | 57.7 | 17.6 | 24.0 | 0.7 |
| मुस्लिम | 1.6 | 33.3 | 18.8 | 41.1 | 6.8 |
| ईसाई | 2.2 | 25.9 | 0 | 74.1 | 0 |
| सम्पूर्ण भारत | 1.5 | 53.1 | 18.0 | 27.3 | 1.7 |

स्रोत : एन.सी.ए.ई.आर., 1999, पृ. 296 एवं 19

टिप्पणी : स्तर-1 पढ़ने अथवा लिखने में असमर्थ, स्तर-2 पढ़ने में सक्षम किन्तु लिखने में अक्षम, स्तर-3 मुश्किल से पढ़ने और लिख पाने में सक्षम, स्तर-4 गति के साथ पढ़ने-लिखने में सक्षम

**तालिका-13.6**

**जनसंख्या-समूहवार मध्य एवं माध्यमिक स्तर तक की शिक्षा पूरी करनेवाली जनसंख्या का अनुपात**

| सामाजिक समूह | मध्य स्तर (15 वर्ष एवं उससे अधिक आयु) | | | | माध्यमिक स्तर (17 वर्ष एवं उससे अधिक आयु) | | | |
|---|---|---|---|---|---|---|---|---|
| | व्यक्ति | पुरुष | महिला | म./पु. | व्यक्ति | पुरुष | महिला | म./पु. |
| **जाति** | | | | | | | | |
| अ.ज.जा. | 9.2 | 12.7 | 5.4 | 0.43 | 4.9 | 7.3 | 2.3 | 0.31 |
| अ.जा. | 10.1 | 14.6 | 5.1 | 0.35 | 4.9 | 7.3 | 2.3 | 0.31 |
| **धर्म** | | | | | | | | |
| हिन्दू | 13.0 | 16.9 | 8.6 | 0.51 | 8.5 | 12.0 | 4.7 | 0.39 |
| मुस्लिम | 12.0 | 15.8 | 7.6 | 0.48 | 5.9 | 8.3 | 3.2 | 0.38 |
| ईसाई | 21.2 | 22.5 | 19.9 | 0.88 | 18.7 | 19.0 | 18.4 | 0.97 |
| अन्य अल्पसंख्यक | 12.3 | 15.7 | 8.6 | 0.55 | 11.5 | 15.3 | 7.3 | 0.48 |
| सम्पूर्ण भारत | 13.0 | 16.9 | 8.7 | 0.52 | 8.6 | 11.9 | 4.9 | 0.41 |

स्रोत : एन.सी.ए.ई.आर., 1999, पृ. 118

तालिका-13.7 दर्शाती है कि तकरीबन 49 प्रतिशत मुसलमान सरकारी विद्यालयों में, 37 प्रतिशत सरकार द्वारा अनुदानित विद्यालयों में एवं शेष 13 प्रतिशत निजी विद्यालयों में नामांकित हैं। यहाँ यह बताना महत्त्वपूर्ण है कि इस समुदाय का अधिकतम नामांकन वैसे विद्यालयों में हुआ है, जहाँ शुल्क का भुगतान किया जाना है।

**तालिका-13.7**

**6-14 आयु वर्ग के विद्यार्थियों के वितरण का राज्यवार प्रतिशत**

| सामाजिक समूह | सरकारी विद्यालय | | | सरकार द्वारा अनुदान प्राप्त विद्यालय | | | निजी विद्यालय | | |
|---|---|---|---|---|---|---|---|---|---|
| | व्यक्ति | महिला | पुरुष | व्यक्ति | महिला | पुरुष | व्यक्ति | महिला | पुरुष |
| अ.ज.जा. | 67.1 | 72.2 | 64.0 | 29.2 | 25.2 | 31.7 | 3.2 | 2.3 | 3.8 |
| अ.जा. | 71.5 | 71.8 | 71.2 | 22.6 | 23.8 | 21.7 | 5.8 | 4.2 | 6.9 |
| हिन्दू | 70.3 | 71.5 | 69.4 | 20.2 | 20.5 | 20.2 | 9.3 | 7.7 | 10.4 |
| मुस्लिम | 49.4 | 46.9 | 51.4 | 37.3 | 41.3 | 34.2 | 13.3 | 11.9 | 14.4 |
| ईसाई | 42.9 | 44.3 | 41.6 | 47.5 | 46.2 | 48.7 | 9.6 | 9.5 | 9.6 |
| अन्य अल्पसंख्यक | 80.4 | 82.8 | 78.4 | 6.6 | 5.5 | 7.5 | 12.3 | 11.3 | 13.1 |
| सम्पूर्ण भारत | 67.9 | 68.7 | 67.4 | 22.1 | 22.8 | 21.6 | 9.8 | 8.3 | 10.8 |

स्रोत : एन.सी.ए.ई.आर., 1999, पृ. 279

तालिका-13.8 इस समुदाय के सन्दर्भ में निजी विद्यालयों के राष्ट्रीय स्तर पर कार्य प्रदर्शन को दर्शाती है। तथापि, व्यय संरचना को समझना कठिन है, क्योंकि यह शून्य से प्रारम्भ होकर रु. 4,808 प्रति वर्ष तक जाती है और इस समुदाय की शैक्षिक उपलब्धि के साथ इसे जोड़ पाना मुश्किल है। अभी तक यह देखना महत्त्वपूर्ण है कि छह राज्यों हरियाणा, पंजाब, मध्य प्रदेश, आन्ध्र प्रदेश, कर्नाटक और तमिलनाडु के मुस्लिम अपने बच्चों को निजी विद्यालयों में पढ़ाने पर अधिक राशि खर्च करते हैं। पुनः इनमें से तीन राज्यों–मध्य प्रदेश, आन्ध्र प्रदेश और कर्नाटक में इस समुदाय ने सरकारी विद्यालयों में अपने बच्चों को पढ़ाने पर भी काफी खर्च किया है। यहाँ तक कि पश्चिम बंगाल, केरल, बिहार में भी निजी विद्यालयों पर खर्च काफी था। बिहार, उत्तर प्रदेश, उत्तर-पूर्वी क्षेत्र एवं पश्चिम बंगाल के मुसलमान राजकीय विद्यालयों में अपने बच्चों को पढ़ाने पर काफी पैसा खर्च कर रहे थे। हम देखते हैं कि दक्षिण भारत के सभी चार राज्य और वामपन्थी रुझान वाला पश्चिम बंगाल शिक्षा पर अधिक खर्च करनेवाले उपरिवर्णित 10 राज्यों में शामिल हैं।

यह दुर्भाग्यपूर्ण हैं कि उपरोक्त आँकड़े की विवेचना शरीफ द्वारा उपलब्ध नहीं कराई जा सकी। शिक्षा पर किए गए वृहत् खर्च के कारण अनेक हो सकते हैं, जैसे–सरकारी स्कूलों की अनुपलब्धता, स्कूलों की अगम्य होना, गुणवत्ता से परिपूर्ण शिक्षा को वरीयता, विशिष्ट स्कूलों को दी जानेवाली वरीयता। इस प्रकार शिक्षा में रुचि लेने के कारण उस पर होनेवाले खर्च को वहन करना समुदाय की प्रवृत्ति बन गई है।

## तालिका - 13.8

### भारत के राज्यवार एवं सामाजिक समूहवार शिक्षा पर किया गया प्रति परिवार व्यय

| | राजकीय विद्यालयों में 6-14 वर्ष के बच्चों की शिक्षा पर किया गया व्यय (रुपए में) सामाजिक समूह | | | | निजी विद्यालयों में पढ़ रहे 6-14 आयु वर्ग के बच्चों की शिक्षा पर किया गया व्यय (रुपए में) सामाजिक समूह | | | |
|---|---|---|---|---|---|---|---|---|
| क्षेत्र/राज्य | अ.ज.जा. व अ.जा. | हिन्दू | मुस्लिम | अन्य अल्पसंख्यक | अ.ज.जा. व अ.जा. | हिन्दू | मुस्लिम | अन्य अल्पसंख्यक |
| **उत्तर** | | | | | | | | |
| हरियाणा | 1,017 | 1,090 | 679 | 1,762 | 1,351 | 2,179 | 2,327 | 4,321 |
| हिमाचल | 1,444 | 1,550 | 1,441 | 1,520 | 2,657 | 2,760 | 0 | 2,960 |
| पंजाब | 644 | 884 | 300 | 934 | 1,371 | 1,702 | 2,618 | 2,260 |
| **ऊपरी मध्य** | | | | | | | | |
| बिहार | 397 | 523 | 609 | 448 | 1,191 | 1,781 | 1,062 | 2,034 |
| उत्तर प्रदेश | 401 | 493 | 496 | 367 | 573 | 926 | 501 | 672 |
| **निम्न मध्य** | | | | | | | | |
| मध्य प्रदेश | 388 | 430 | 703 | 634 | 932 | 1,051 | 2,480 | 1,827 |
| उड़ीसा | 272 | 421 | 309 | 482 | 79 | 596 | 0 | 138 |
| राजस्थान | 585 | 793 | 469 | 556 | 1,305 | 1,225 | 450 | 0 |
| **पूर्व** | | | | | | | | |
| पूर्वोत्तर क्षेत्र | 549 | 445 | 853 | 627 | 534 | 5,362 | 155 | 0 |
| पश्चिम बंगाल | 401 | 488 | 568 | 0 | 1,672 | 1,469 | 1,345 | 710 |
| **पश्चिम** | | | | | | | | |
| गुजरात | 368 | 434 | 356 | 772 | 1,988 | 2,042 | 0 | 0 |
| महाराष्ट्र | 450 | 518 | 385 | 421 | 677 | 834 | 616 | 0 |
| **दक्षिण** | | | | | | | | |
| आन्ध्र प्रदेश | 231 | 0 | 318 | 467 | 468 | 1,547 | 4,808 | 600 |
| कर्नाटक | 421 | 500 | 525 | 705 | 1,376 | 1,285 | 2,677 | 551 |
| केरल | 701 | 856 | 687 | 1,093 | 2,362 | 1,666 | 2,047 | 1,661 |
| तमिलनाडु | 436 | 481 | 71 | 361 | 1,139 | 1,233 | 2,900 | 2,282 |
| सम्पूर्ण भारत | 434 | 619 | 515 | 719 | 840 | 1,728 | 968 | 1,990 |

स्रोत : एन.सी.ए.ई.आर., 1999, पृ. 288 एवं 292

तालिका-13.9 सामान्य शिक्षा के क्षेत्र में इस समुदाय की रुचि और संलग्नता सम्बन्धी निष्कर्षों को पुष्ट करती है, जो नामांकन बीच में पढ़ाई छोड़ने तथा अनुपस्थिति से सम्बन्धित है। यह तालिका हिन्दुओं की तुलना में इस समुदाय की अधिक नामांकन दर दिखलाती है। बीच में पढ़ाई छोड़ने की दर भी ऊँची है और अनुपस्थिति दर हिन्दुओं की तुलना में काफी कम है।

उक्त चर्चा शिक्षा के प्रति मुसलमानों की रुचि, कम-से-कम प्राथमिक स्तर को प्रदर्शित करती है। उच्च शिक्षा में खराब प्रदर्शन का कारण इस समुदाय की पेशागत प्रवृत्ति हो सकती

है। एन.सी.ए.ई.आर. के आँकड़ों के आधार पर कुछ लोगों द्वारा अपना निष्कर्ष निकाला जा सकता है जो कि कम-से-कम एक दशक पुराना आँकड़ा है, अतएव देश में अभी चल रहे शिक्षा के सार्वभौमीकरण के कारण सम्भव है कि स्थिति में कुछ बदलाव आया हो। तथापि पश्चिम बंगाल, असम और उत्तर प्रदेश के कम-से-कम तीन गाँवों में झा एवं झिंग्रान द्वारा किए गए ताजा अध्ययन में ठीक वैसा ही रुझान देखने को मिला है। उन लोगों ने इन गाँवों के मुसलमानों का पेशागत विवरण भी दिया है। उन्हें उद्धृत करते हुए कहा जा सकता है (2002, पृ. 138) : 'अधिकांश मुस्लिम परिवार ग्रामीण क्षेत्रों के सीमान्त कृषक, मजदूर और छोटे शिल्पी अथवा व्यवसायी हैं। कुछ परिवारों को छोड़कर, परम्परागत तौर पर वे ज्यादातर दक्षता-आधारित दस्तकारी पर जीवित रहे हैं, उनके पास अधिक भूमि नहीं होती।' उन लोगों ने निम्नस्तरीय सामाजिक-आर्थिक स्थिति और निम्न शैक्षणिक उपलब्धि में अन्तर्सम्बन्ध स्थापित करते हुए अपनी बात को स्पष्ट किया है। वे कहते हैं, 'वैसे लोगों के लिए, जिनके पास उच्च शिक्षा पूरी करने के साधन नहीं हैं और जिनकी पहुँच सत्तावानों और संसाधन-स्वामियों तक नहीं है, औपचारिक शिक्षा का बहुत अधिक महत्त्व नहीं होता।' (वही, पृ. 145) पुनः, 'धार्मिक शिक्षा को प्राथमिकता देने का एक स्पष्ट कारण, जो गाँवों से सम्बन्धित रपटों और मुस्लिम माता-पिताओं के साथ हुई बातचीत से निकलता है, वह है परम्परागत रोजगार अपना लिया जाना। जबकि औपचारिक शिक्षा कोई दीर्घकालिक लाभ, यथा—नौकरी, धार्मिक शिक्षक के रूप में बहाली आदि नहीं देती, तो धार्मिक शिक्षा पूरी कर लेना अच्छा है' (वही, पृ. 150)। इस परिप्रेक्ष्य में स्मरणीय है कि निम्न कोटि की नौकरियों के लिए मदरसों से बहुत थोड़ी दक्षता प्राप्त की जा सकती है। इसके अतिरिक्त, औपचारिक विद्यालयों में गरीबों को दी जानेवाली शिक्षा की गुणवत्ता काफी कम होती है। 'इन सभी पाँच गाँवों के राजकीय प्राथमिक विद्यालय अनियमित रूप से चलते हैं... इनके पास बुनियादी ढाँचा बिलकुल अपर्याप्त है। इन सभी विद्यालयों में शिक्षक अनियमित हैं; ये सभी विद्यालय एक शिक्षकीय हैं; जहाँ सभी कक्षाएँ एक साथ चलती हैं।' (वही, 146)

> 'उदासीन एवं अनियमित सरकारी विद्यालय, जिनके नियम-कायदे काफी कठोर हैं, इनके विपरीत मदरसे काफी लचीले और गरीब परिवारों के लिए उपयुक्त हैं। श्रेणियों का अभाव और पाठ्यक्रम को निर्धारित अवधि में पूरा करने की समय-सीमा ऐसा लचीलापन उत्पन्न करता है, जो अभिभावकों को उपयुक्त लगता है। उपस्थिति की दृष्टि से बच्चों का होना लाजिमी नहीं है तथा किसी भी समय वह वापस भी जा सकते हैं, मदरसे के मौलवी अथवा शिक्षक आमतौर पर उसी गाँव के होते हैं और अधिक विश्वासपात्र हो सकते हैं। यह बच्चियों को पढ़ने भेजने की दृष्टि से खासतौर पर महत्त्वपूर्ण है। (वही, पृ. 152)

यह जानना प्रासंगिक होगा कि एक मदरसा तथा नगरपालिका के एक उर्दू माध्यम के विद्यालय के तुलनात्मक अध्ययन* से सामान्य शिक्षा और दोनों ही शिक्षण संस्थाओं के विद्यार्थियों में उच्चतर शिक्षा ग्रहण करने की इच्छा का पता चलता है। शोधकर्ता ने मदरसों के छात्रों

* निवेदिता दत्ता का 'मुस्लिम एजुकेशन' विषयक लघु-शोध प्रबन्ध, जिसे 2002 में टाटा इंस्टीट्यूट ऑफ सोशल साइंसेज में जमा किया गया।

तालिका-13.9

आयुवार नामांकन, बीच में पढ़ाई छोड़ने तथा अनुपस्थिति-दर (प्रतिशत) आयु वर्ग 6-14 वर्ष

| धर्म | नामांकन-दर | | | | बीच में पढ़ाई छोड़ने की दर | | | | अनुपस्थिति-दर | | | |
|---|---|---|---|---|---|---|---|---|---|---|---|---|
| आयु वर्ग | 6-9 | 6-11 | 12-14 | 6-14 | 6-9 | 6-11 | 12-14 | 6-14 | 6-9 | 6-11 | 12-14 | 6-14 |
| **हिन्दू** | | | | | | | | | | | | |
| व्यक्ति | 66.90 | 59.40 | 62.70 | 60.30 | 1.10 | 3.10 | 16.80 | 7.20 | 10.50 | 10.20 | 9.80 | 10.10 |
| लैंगिक विषमता | 0.81 | 0.78 | 0.72 | 0.76 | 0.81 | 1.10 | 1.37 | 1.20 | 1.25 | 1.27 | 1.12 | 1.24 |
| **मुस्लिम** | | | | | | | | | | | | |
| व्यक्ति | 55.60 | 59.30 | 66.80 | 61.60 | 0.40 | 1.40 | 17.70 | 6.90 | 7.80 | 7.60 | 7.10 | 7.50 |
| लैंगिक विषमता | 0.86 | 0.83 | 0.91 | 0.86 | 1.60 | 0.55 | 1.34 | 1.21 | 0.59 | 0.77 | 0.62 | 0.73 |
| सम्पूर्ण भारत | 66.10 | 69.60 | 75.10 | 71.40 | 0.80 | 2.10 | 13.50 | 6.00 | 7.80 | 7.40 | 6.20 | 7.00 |
| लैंगिक विषमता | 0.85 | 0.85 | 0.83 | 0.84 | 1.41 | 1.60 | 1.58 | 1.56 | 0.95 | 0.98 | 1.03 | 1.00 |

स्रोत : एन.सी.ए.ई.आर., पृ. 105

को अधिक खुला और सामान्य धर्मनिरपेक्ष गतिविधियों में भाग लेने की इच्छा से सम्पन्न पाया। सबसे बड़ी बात यह कि मदरसे के विद्यार्थी भारतीय राष्ट्र से अवगत पाए गए और उनमें किसी भी प्रकार की आतंकी गतिविधि अथवा प्रवृत्ति नहीं देखी गई।

**निष्कर्ष**

इस अध्याय में मुस्लिमों के शैक्षिक पिछड़ेपन सम्बन्धी मिथक तथा इसका उनके धार्मिक उन्मुखीकरण में शिक्षा के योगदान पर समालोचनात्मक दृष्टि डालने का प्रयास किया गया है। इस अध्याय से यह पता चलता है कि मुसलमान कोई समांगी समुदाय नहीं है और यह इसके क्षेत्रीय तथा सांस्कृतिक वैविध्य को प्रतिबिम्बित करता है। अन्य धर्मों के सदस्यों की भाँति उनका दृष्टिकोण व्यक्तिवादी हो सकता है, जो उनके पेशा-विशेष के अनुरूप हो तथा सरकार अथवा अन्य स्रोतों से प्राप्त संसाधनों का उपयोग करने की क्षमता उनमें विद्यमान हो। मुसलमानों के शैक्षिक पिछड़ेपन को किसी सर्वव्यापी विशेषता के रूप में नहीं लिया जाना चाहिए, जो समस्त मुस्लिम समाज पर लागू हो और जिसे उनके वर्गीय चरित्र के रूप में देखा जा सके। यद्यपि, धार्मिक शिक्षा पर जोर देते हुए भी सभी मदरसों के सम्बन्ध में ऐसा नहीं कहा जा सकता कि वे सामान्य शिक्षा के विरोधी हैं। न केवल ऐतिहासिक परिप्रेक्ष्य में, बल्कि वास्तविक जीवन-स्थितियों में भी मदरसों को गरीबों तक शिक्षा को पहुँचाने के एक साधन के रूप में देखा गया है।

मदरसों पर किए गए अध्ययनों से इस बात की पुष्टि नहीं होती कि ये आतंकवाद के जन्मदाता हैं। वास्तव में; जैसा कि बहुत सारे मामलों में देखा गया है, इन्होंने धार्मिक तथा गैर-धार्मिक शिक्षा के बीच बहुत सुन्दर सामंजस्य स्थापित किया है और इन्होंने मुस्लिम एवं गैर-मुस्लिम दोनों के लिए समान रूप से कार्य किया है।

मुस्लिमों से सम्बन्धित अध्ययन में उत्तर प्रदेश और पश्चिम बंगाल के प्रति संकेन्द्रण ने एक विशिष्ट तथ्य (पूरे समुदाय की छवि का निर्धारण अनुभव विशेष के आधार पर किया गया है) के सार्वजनीकरण की गलती की है, जिसका जन्म विशिष्ट ऐतिहासिक तथा सांस्कृतिक संयोगों से हुआ है। इस त्रुटि का मूल पाठ को सन्दर्भविहीन मानने तथा भारत के अन्य भागों के अध्ययन के अभाव में निहित है। यह समांगीकृत छवि आसानी से राजनीतिक जोड़-तोड़ का शिकार बनाई जा सकती है, जैसा कि संघ परिवार के सन्दर्भ में देखा जा चुका है। यह अध्याय मुस्लिमों के शैक्षिक व्यवहारों एवं अनुभवों का सन्दर्भीकरण करना चाहता है, तथापि पर्याप्त आँकड़ों के अभाव में ऐसा नहीं हो पाया है। यह अध्याय अधिकृत रूप से कार्य करने की बात करता है, जो मुस्लिम आबादी के क्षेत्रगत एवं व्यक्तिगत वैविध्य को जन्म देगा।

पर्याप्त आँकड़ों के अभाव में, उन ऐतिहासिक ताकतों के सम्बन्ध में निश्चित रूप से कुछ कह पाना मुश्किल हो जाता है, जिनके आधार पर भारत में मुसलमानों की पहचान और व्यवहार पद्धति का निर्माण हुआ है। इसमें तीन बातों पर मुख्य रूप से ध्यान दिया जाना चाहिए, व्यापार, धर्मान्तरण तथा राजनीति में सक्रिय भागीदारी, जो भारत के व्यापक परिप्रेक्ष्य में समुदाय के प्रति स्वीकार्यता को समझने में मददगार हो सकते हैं।

उत्तर भारत की हिन्दू-मुस्लिम राजनीति की परिणति उपनिवेशवाद के परिप्रेक्ष्य में पहचान के प्रति प्रतिक्रियावाद तथा द्विराष्ट्रवाद के सिद्धान्त के विकास के रूप में हुई है। इसकी जड़ पृथकता तथा अविश्वास, नकारने तथा नकारे जाने की भावना में निहित है। 'अन्य' की भ्रांत अवधारणा इस समुदाय को नागरिकता के अधिकार का भी पात्र नहीं समझती। इस पहचान का नैसर्गिक परिणाम हुआ भारतीय राष्ट्र के प्रति आक्रामक रुख की वापसी, जिसके कारण अत्यल्प मात्रा में उपलब्ध संसाधनों तथा अवसरों के अधिकतम उपयोग के मार्ग में रुकावट पैदा हो सकती है, जो राज्य अथवा समाज द्वारा उपलब्ध कराए गए हों। उत्तर प्रदेश में पाया गया मुस्लिमों का शैक्षिक पिछड़ापन ऐसी ही परिस्थितियों में निर्मित एक स्पष्ट अभिकल्पनाएँ हैं।

धार्मिक अन्तरण के पीछे किसी राजनीतिक अर्थव्यवस्था के प्रति सामाजिक-सांस्कृतिक प्रतिक्रिया होती है। अपनी प्रकृति में यह विद्रोहात्मक होती है, तथापि यह विद्रोह यथास्थिति को चुनौती नहीं देता। सम्पन्न एवं विपन्न लोगों के बीच सत्ताधारी और धर्मान्तरितों की पहचान के अभाव के साथ-साथ संरचनात्मक अन्तराल जारी है। ऐसी परिस्थितियों में, जैसा कि बंगाल के मामले में देखा जा चुका है, संरचनाएँ तथा प्रवंचनाएँ जारी हैं। शैक्षणिक पिछड़ापन भी इस मामले में स्पष्टतः एक अनुमान है।

हमारी दशा की बेहतरी के लिए नकार अथवा संसाधनों की अनुपलब्धता का अनुमान व्यापारिक कार्यों में सुविधा प्रदान करनेवाली गैर-प्रतिक्रियावादी आत्मीय वातावरण की स्थिति में नहीं किया जा सकता। हम ऐसी स्थिति में स्वतःस्फूर्त सांस्कृतिक सक्रियता एवं विनिमय प्राप्त करते हैं जो अन्तर-सामुदायिक सम्बन्धों और प्रतिदानों के लिए सुविधाजनक स्वस्थ वातावरण निर्मित करता है। यह सामाजिक परिवर्तनों तथा गैर-सरकारी संसाधनों को अपने उन्नयन तथा सामुदायिक विकास के हित में उपयोग को प्रोत्साहित करने के लिए अपनाए जाने हेतु सकारात्मक वातावरण का निर्माण करता है। दक्षिण भारत, खासकर केरल के मुसलमानों की शैक्षिक उपलब्धि उपरिवर्णित अवधारणा को मजबूत करती है।

उपर्युक्त विवेचन को इस क्षेत्र की समांगीकारक प्रवृत्ति के रूप में नहीं देखा जाना चाहिए। स्थानीय परिस्थितियाँ तथा व्यक्तिगत आत्मविश्वास मुसलमानों को संसार के अन्य समुदायों की तरह ही प्रभावित करते हैं। इमामों और उलेमाओं के चुनौती से परे नियंत्रण के मिथक में व्यक्तिवाद स्थानीय तथा सांस्कृतिक ताकतों के प्रभाव को आत्मसात् कर लेता है। मुस्लिमों द्वारा विद्यमान जीवन पद्धति के प्रति पेश की गई चुनौतियाँ, जिनका साक्ष्य इतिहास में मिलता है, इस मिथक को तोड़ती है। गालिब, नजरुल तथा कुछ क्रान्तिकारी युवकों, जैसे–प्रगतिशील एवं समाजवादी लेखकों और कवियों का इस सन्दर्भ में उदाहरण दिया जा सकता है, जो न केवल अलीगढ़ मुस्लिम विश्वविद्यालय जैसे मामले में एक समझ रखते हैं, बल्कि शिक्षा के क्षेत्र में भी, जैसा कि हम सर सैयद अहमद खाँ एवं मोहम्मद अली के मामले में देखते हैं। बंगाल में पाश्चात्य शिक्षा के पक्ष में तथा उत्तर प्रदेश में पारम्परिक शिक्षा के पक्ष में चले आन्दोलन व्यक्तिगत इच्छा को प्रतिबिम्बित करते हैं या व्यक्तिगत सोच को, यह मुस्लिम-विमर्श के सन्दर्भ में कुछ अधिक महत्त्व नहीं रखते।

बौद्धिकता तथा निर्णयकारिता की स्वतंत्रता भी मुस्लिम समुदाय के लोगों द्वारा शैक्षिक विकल्पों के चयन में झलकती है। जैसा कि इस अध्याय में हम देख चुके हैं कि मुस्लिम शिक्षा के प्रति एक हद तक ही रुचि रखते हैं। आँकड़े बतलाते हैं कि मुस्लिम अधिकतर छोटे-मोटे धन्धों तथा स्वनियोजन में ही लिप्त रहते हैं जहाँ शिक्षा की व्यावहारिक प्रासंगिकता सम्बन्धित व्यापारों के सन्दर्भ में साधारण लिखने-पढ़ने तक सीमित होती है। अतएव, हम प्राथमिक स्तर पर शिक्षा के साथ मुसलमानों का अच्छा जुड़ाव पाते हैं और उसके बाद उनका पढ़ाई छोड़ना आरम्भ हो जाता है। तो भी, हाल के वर्षों में धर्मनिरपेक्ष शिक्षा के प्रति भी उनका रुझान देखा जा सकता है। इसका कारण स्वतंत्रता के बाद क्रमशः मुसलमानों की बढ़ती संलग्नता हो सकती है। अधिकृत आँकड़ों के अभाव में कोई ठोस निष्कर्ष निकाल पाना कठिन है, फिर भी पूरे विश्वास के साथ यह कहा जा सकता है कि यह रुझान व्यक्तिगत स्तर पर निर्णय लेने की क्षमता को, खासकर जब वे गैर-अल्पसंख्यक विद्यालयों में नामांकन कराने का प्रयास करते हैं अथवा गैर-उर्दू, फारसी अथवा अरबी भाषा में शिक्षा की माँग करते हैं, प्रतिबिम्बित करता है। तथापि, यह अंकित करना महत्त्वपूर्ण है कि विश्वास और सुरक्षा के वातावरण में ही व्यक्तिगत निर्णय का सर्वोतम उपयोग हो सकता है—एक ऐसा वातावरण, जिसे भारत मुस्लिमों को स्वतंत्रता प्राप्ति के तुरन्त बाद कुछ राज्यों में उपलब्ध कराने और गुजरात कांड के बाद पूरे देश में विफल रहा है। गुजरात कांड के बाद की अवधि में शहरों के निश्चित क्षेत्र में मुस्लिमों के संकेन्द्रण की प्रवृत्ति बढ़ी है, जिसके कारण सामूहिक दबाव की प्रक्रिया के तहत नवविकसित व्यक्तिवाद की समाप्ति की सम्भावना काफी बढ़ गई है, जिसे स्वैच्छिक प्रयासों के रूप में नहीं, बल्कि एक विफल लोकतंत्र के भीतर थोपे गए चयन के रूप में लिया जाना चाहिए।

मुस्लिमों के बन्द समुदाय को एक समांगी पहचान से आरोपित करने से, इस समुदाय को भारी नुकसान हो सकता है, खासकर तब जब ऐसी पहचान मुसलमानों की समस्याओं को समुदाय की संरचना और संस्कृति के भीतर अवस्थित बतलाती हों। इसका सम्बन्ध नेताओं के धार्मिक एवं गैर-प्रगतिशील उन्मुखीकरण तथा समुदाय पर उनके नियंत्रण से है। ऐसा दृष्टिकोण परिवर्तन और समुदाय की समस्याओं तथा इसके समाधान की जिम्मेदारी, बिना किसी बाहरी प्रभाव की परवाह किए, समुदाय पर ही डाल देता है। पुनः अपने ही कृत्यों से होनेवाले उत्पीड़न बड़े समाज की संलग्नता और प्रतिबद्धता को कम कर देते हैं, कई बार समुदाय के उन सदस्यों की गतिविधियों को बाधित करते हुए, जो विद्यमान प्रणाली को चुनौती देते प्रतीत होते हैं।

इस दृष्टिकोण की परिणति समुदाय को बाहर से मिलनेवाले समर्थन की वापसी के रूप में हो सकती है।

विविधतावादी/अनेकतावादी स्थानीय आधार एवं मुस्लिम समुदाय में तैयार की गई समायोजन की कोशिशों के सन्दर्भ में जानकारी प्राप्त करना आज की राजनीतिक जरूरत है और यह इन 12 प्रतिशत भारतीयों को दिया जानेवाला प्रथम अनुसमर्थन होगा। इसके लिए आवश्यकता है समुदाय को इस परिप्रेक्ष्य में देखने और समझने की तथा समान सामाजिक-आर्थिक स्तर वाले अन्य समुदाय के लोगों से तालमेल रखने की। ऐसी समझदारी

समुदाय के बन्द होने के मिथक को तोड़ेगी और कट्टरवाद फैलानेवाले उलेमाओं के गैर-प्रगतिशील व्यवहार नियंत्रण में रहेंगे। व्यक्तिगत सदस्यों के साथ उन्हीं के हिसाब से व्यवहार करते हुए उन्हें उनकी क्षमताओं के अनुरूप विकास करने का अवसर देना और उन्हें अपनी इच्छा के अनुरूप जीवन जीने का अवसर देना एक अन्य अनुसमर्थन है, जो भारतीय मुसलमानों को दिया जा सकता है। हमारा अनुमान है कि ऐसी कोशिशें इस समाज के व्यक्तियों में आत्मविश्वास पैदा करेंगी तथा यह समुदाय को राजनीतिक जोड़-तोड़ करनेवालों के लिए अभेद्य बना देगा।

## सन्दर्भ


अहमद, रफीउद्दीन, *दि बंगाल मुस्लिम 1871-1906 : ए क्वेस्ट फॉर आइडेंटिटी* (दिल्ली, ऑक्सफोर्ड यूनिवर्सिटी प्रेस, 1981)

बसु, ए., *दि ग्रोथ ऑफ एजुकेशन एंड पोलिटिकल डेवलपमेंट इन इंडिया, 1898-1920* (दिल्ली, ऑक्सफोर्ड यूनिवर्सिटी प्रेस, 1974)

बोस, ए., ' बियोंड हिन्दू-मुस्लिम ग्रोथ रेट्स : अंडरस्टैंडिंग सोशियो-इकोनॉमिक रियलिटी', *इकोनोमिक एंड पोलिटिकल वीकली*, 29 जनवरी, 2005

हसन, क्यू., *मुस्लिम इन इंडिया : एटीट्यूड, एडजस्टमेंट एंड रिएक्शन* (नई दिल्ली, नॉर्दर्न बुक सेंटर, 1988)

झा, जे. एवं डी. झिंग्रान, *एलीमेंट्री एजुकेशन फॉर द पुअरेस्ट एंड अदर डिप्राइव्ड ग्रुप्स : दि रियल चैलेंज ऑफ यूनिवर्सलाइजेशन* (नई दिल्ली सेंटर फॉर पॉलिसी रिसर्च, 2002)

मारी भट्ट, पी.एन. एवं फ्रॉसिस जेवियर, 'रोल ऑफ रिलीजन इन फर्टिलिटी डिक्लाइंड : दी केस ऑफ इंडियन मुस्लिम्स', *इकोनॉमिक एंड पोलिटिकल वीकली*, 29 जनवरी, 2005

मिनाल्ट, जी., *सेक्ल्यूडेड स्कॉलर्स : वीमेंस एजूकेशन एंड मुस्लिम सोशल रिफॉर्म्स इन कोलोनियल इंडिया* (नई दिल्ली : ऑक्सफोर्ड यूनिवर्सिटी प्रेस, 1998)

मोंडल, एस.आर., *एजूकेशन स्टेट्स ऑफ मुस्लिम्स : प्रॉब्लम्स, प्रॉस्पेक्ट एंड प्रायोरिटीज,* (नई दिल्ली, इंटर इंडिया पब्लिकेशंस, 1997)

*नेशनल सैम्पल सर्वे*, 43वाँ चक्र (दिल्ली, गवर्मेंट ऑफ इंडिया प्रेस, 1987-88)

रॉय, ए., *दि इस्लामिक सिंक्रेटिस्टिक ट्रेडिशंस इन बंगाल* (प्रिंसटन : प्रिंसटन यूनिवर्सिटी प्रेस, 1983)

सलामतुल्लाह, *एजूकेशन ऑफ मुस्लिम्स इन सेक्युलर इंडिया* (चंडीगढ़, सेंटर फॉर रिसर्च इन रूरल एंड इंडस्ट्रियल डेवलपमेंट, 1994)

शरीफ, ए., *इंडिया ह्यूमन डेवलपमेंट रिपोर्ट* (नई दिल्ली, नेशनल कौंसिल ऑफ अप्लाइड इकोनोमिक रिसर्च, ऑक्सफोर्ड यूनिवर्सिटी प्रेस,1999)

सोनालकर, एस., *द मुस्लिम प्रॉब्लम : ए पर्सपेक्टिव, इकोनॉमिक एंड पॉलिटिकल विकली*, 26 जून, 1993

स्मिथ, डब्ल्यू.सी., *मॉडर्न इस्लाम इन इंडिया*, (नई दिल्ली, उषा पब्लिकेशंस, 1979)

वार्ष्णेय, ए., '*एथनिक कांफ्लिक्ट्स एंड सिविक लाइफ* (दिल्ली, ऑक्सफोर्ड यूनिवर्सिटी प्रेस, 2002)

# ईसाई धर्म के विरुद्ध हिंसा

**—सार्टो स्टीव्स**

1947 में जब से देश को आजादी मिली तभी से इस उपमहाद्वीप में एक उदार, धर्मनिरपेक्ष लोकतंत्र की स्थापना के प्रयास जारी हैं। वह भावना दृष्टिगत रही है जिसने देशवासियों को उपनिवेशवादी शक्तियों के विरुद्ध सड़कों पर आकर चुनौती देने, कष्ट उठाने, यहाँ तक कि अपनी जान तक देने की प्रेरणा दी ताकि कम-से-कम उनकी सन्तानें मानवकृत दासता तथा शक्तिशाली लोगों की फासीवादी कार्रवाइयों से मुक्त होकर शान्तिपूर्वक, सद्भावनापूर्वक और तानाशाही फरमानों से मुक्त जीवन जी सकें तथा खतरे में दिखाई पड़ रहे अपने आत्म-सम्मान को फिर से प्राप्त कर सकें। ये सभी तथा अन्य ऐसे ही सम्भावित मनोवैज्ञानिक दबाव, जिसने वास्तव में इस प्रकार की स्वतंत्रता का कभी अनुभव नहीं किया था, उसे वे लोग कभी नहीं भूल सकते थे, जिन्होंने विरासत में एक स्वतंत्र राष्ट्र की जिम्मेदारी पाई थी।

### मौलिक अधिकार तथा नागरिकों की समानता

विस्तृत विचार-विमर्श के पश्चात् संविधान सभा ने अन्य प्रावधानों के साथ-साथ संविधान के भाग तीन की रचना की जिसमें नागरिकों के मौलिक अधिकार वर्णित थे। प्रत्येक धार्मिक समुदाय, भाषायी समूह और हमारे समाज के सामाजिक और सांस्कृतिक अंशों का इसमें प्रतिनिधित्व था एवं सभी सदस्यों का विश्वास प्राप्त किया गया था। उन्हें अपने विचारों को स्वतंत्रतापूर्वक व्यक्त करने की अनुमति दी गई थी, जिन्हें सावधानीपूर्वक अंकित किया गया और उन पर सम्मानपूर्वक विचार किया गया था। इस प्रकार, अनुच्छेद 14 और कई जो इसके बाद शामिल किए गए थे, कानून के समक्ष सभी नागरिकों को पूरी समानता प्रदान करते थे। किसी भी नागरिक समूह अथवा नागरिकों के हिस्से के प्रति की गई किसी भी मनमानी को समानता को नकारना माना गया, जिसकी इनमें से कई अनुच्छेद गारंटी देते थे। हमारे संविधान में, सभी जनसमुदायों के प्रति समानता एक जीवन्त वास्तविकता है। अनुच्छेद 15 में संविधान कहता है कि 'राज्य किसी भी नागरिक के साथ धर्म, प्रजाति, जाति, लिंग, जन्म-स्थान अथवा इनमें से किसी एक के भी आधार पर कोई भेदभाव नहीं कर सकता।' संविधान का तीसरा भाग 'मैग्ना कार्टा' है, जिसे भारतीयों ने स्वयं को बिना किसी हस्तक्षेप अथवा दबाव के स्वयं को प्रदान किया है। इन अधिकारों के सम्बन्ध में

प्रावधान है कि ये सरकार द्वारा सदैव, पूरे भारत में, लागू किए जाते हैं, सत्ता में चाहे कोई भी राजनीतिक दल अथवा समूह हो।[1]

1998 के बाद से ऐसे कई उदाहरण हैं, जब राष्ट्रीय स्वयंसेवक संघ के बहुत से साथी संगठन यथा विश्व हिन्दू परिषद्, बजरंग दल, भाजपा, हिन्दू जागरण मंच इत्यादि ईसाई समुदाय को विश्वासघाती, 'विदेशी', 'चोर', 'द्वितीय श्रेणी के नागरिक'[2] बताते हुए एक नियत तिथि को[3] उन्हें देश छोड़ने का आदेश देते रहे हैं। यदि वे भारत में आगे भी बसे रहना चाहते हैं तो[4] ईसाइयों को हिन्दू-समुदाय की 'सदिच्छा' प्राप्त करने के लिए कहा जाता रहा है। उन्हें भारतीय संविधान के अनुच्छेद 25 के तहत प्राप्त धर्म की स्वतंत्रता के पूरे अधिकार को प्राप्त करने से वंचित रखा जा रहा था। इस सम्बन्ध में देश के प्रत्येक व्यक्ति के लिए कुछ बुनियादी बातों को ठीक-ठीक जान लेना अच्छा होगा। यह देश संघ परिवार अथवा उनके किसी साथी संगठन अथवा किसी धर्म अथवा समुदाय विशेष, बहुसंख्यक अथवा अल्पसंख्यक, किसी सामाजिक-सांस्कृतिक समूह अथवा किसी अन्य समूह का नहीं है, चाहे वह कितना भी शक्तिशाली क्यों न हो। यह देश भारत के उन सभी नागरिकों का है, जिन्हें संविधान-प्रदत्त नागरिकता प्राप्त है, इसके अतिरिक्त इसकी अन्य कोई भी परिभाषा अथवा व्याख्या स्वीकार अथवा लागू नहीं की जा सकती। देश में ऐसा कोई कानून नहीं है जो किसी भी नागरिक अथवा नागरिकों के समूह, यथा—संघ परिवार के सदस्य को कोई कानून बनाने और उसे लागू करने का अधिकार प्रदान करता हो। हाल के वर्षों में न तो सरकार अपने नागरिकों को सुरक्षा प्रदान करने के दायित्व में सफल रही है और न ही वह इन स्वयंभू शासकों को अपनी हरकतों से बाज आने को कह पाई है। किसी भी धार्मिक समुदाय को यह अधिकार है कि वह ऐसे किसी निर्देश पर कोई ध्यान न दे यदि शासकों द्वारा कोई ऐसा निर्देश दिया गया हो। राजनीतिक दलों को अच्छी तरह समझ लेना चाहिए कि भारत सो नहीं गया है। किसी समुदाय को इस प्रकार परेशान किए जाने का परिणाम चुनाव आने पर पता चल जाएगा।

### ईसाई विश्वासघाती नहीं

भारतीय ईसाई भारत के प्रतिबद्ध एवं निष्ठावान नागरिक हैं। वे विगत दो हजार वर्षों से ईसाई हैं। कभी भी उन्होंने किसी को यह मानने का अवसर नहीं दिया है कि वे 'विश्वासघाती' या द्वितीय श्रेणी का नागरिक इत्यादि कहे जाएँ।

ईसाई मिशनरियाँ सभी जगह—राजस्थान, बिहार, मध्य प्रदेश, छत्तीसगढ़, झारखंड, उत्तर प्रदेश, आन्ध्र प्रदेश एवं अन्य राज्यों के सुदूरवर्ती गाँवों में फैली हुई हैं, जहाँ ये अनाथालय, अस्पताल, वृद्धाश्रम, मरणासन्न, विकलांग, असाध्य रोगों से पीड़ित, परित्यक्त महिलाओं, विद्यालय, महाविद्यालय एवं विश्वविद्यालयों का संचालन आदि करते रहे हैं। चूँकि ईसा शहरों और गाँवों में सभी तरह की बीमारियों और दुर्बलताओं से पीड़ित लोगों की सेवा करने निकल जाते थे (सेंट मैथ्यू के अनुसार प्रवचन, देवदूत का कार्य) अतः चर्च अपने शिष्यों के माध्यम से पीड़ाग्रस्त लोगों, खासकर गरीब और पीड़ित लोगों, के बीच पहुँच जाता था और स्वेच्छा से इन पर खर्च करता था (सीएफ. 2 कॉर. 2:12-15)।[5] यही ईसाइयत है। इसकी साधना

उनके जीवन में उनके शिष्यों के माध्यम से प्रति क्षण की जाती थी। चर्च की प्रत्येक गतिविधि उनके उपदेशों के अनुरूप गम्भीर आचरण का प्रयास होती थी।

संविधान सभा धार्मिक कट्टरपन्थियों, सामन्तवादी व्यवसायियों, जमींदारों और बीसवीं शताब्दी के रूढ़िवादियों के प्रलोभन का शिकार नहीं हुई। उन्होंने एक वास्तविक रूप से धर्मनिरपेक्ष, खुले, उदार लोकतांत्रिक संविधान की रूपरेखा तैयार की, जिसमें सभी नागरिकों को एक जैसे अधिकार प्राप्त हैं, जहाँ प्रत्येक नागरिक को यह अधिकार है कि वह धर्म और धार्मिक परम्पराओं के सम्बन्ध में स्वतंत्र विचार अख्तियार कर सकता है। उसे किसी धर्म को स्वीकारने, मानने और उसका प्रचार करने का अधिकार प्राप्त है (अनुच्छेद 25)। व्यक्तियों को किसी धर्म पर अमल करने के सम्बन्ध में चयन का अधिकार है और इस विषय पर चर्चा तथा बहस की भी गुंजाइश है। सभी को अपनी बात कहने की अनुमति दी गई है, साथ ही किसी धर्म को मानने और उसका प्रचार करने का अधिकार इस बात को भी सुनिश्चित करता है कि वह अपने विचारों, मतों, विश्वासों अथवा धारणाओं को बदल सके, ठीक उसी तरह जैसे कोई व्यक्ति अपने राजनीतिक अथवा सामाजिक विचारों को बदल सकता है।

ईसाइयत के साथ ईसा का यह आदेश भी जुड़ा है कि वह उनके सन्देशों को समूची मानवता तक ले जाए, चाहे उनका धर्म अथवा विश्वास कुछ भी क्यों न हो। ऐसा ही चर्च करते और कहते आए हैं। इसमें कोई अचरज की बात नहीं है। चर्च किसी भी अन्धविश्वासपूर्ण गतिविधि, जोर-जबर्दस्ती, धोखाधड़ी का उपयोग लोगों को धर्मान्तरित कराने अथवा भारत या विश्व के किसी भी देश में विद्यमान अन्य धर्म की निन्दा करने में नहीं करता। ईसाइयत का प्रतीक प्रेम का मानवीकरण है। हमारे देश एवं विश्व के प्रत्येक हिस्से के लोगों के जीवन की पीड़ा तथा सामाजिक अथवा आर्थिक क्षति के विरुद्ध संचालित इसकी अनगिनत गतिविधियाँ उन परिवारों के लिए उपयोगी होती हैं जो असहाय, निर्धन एवं हाशिए का जीवन जीने को मजबूर हैं। उपरोक्त बातें प्रमाण हैं कि चर्च बलपूर्वक अथवा सामूहिक धर्मान्तरण में संलग्न नहीं होता। इस प्रकार की धारणाएँ वास्तविक ईसाइयत से सर्वथा भिन्न हैं। ईसाइयत इस बात को मानता है कि सही और उचित धर्मान्तरण गहरे व्यक्तिगत विश्वास का परिणाम है जो किसी धर्म के गम्भीर ज्ञान, साधकों के दृष्टान्त और इसे आत्मसात् करने की प्रबल इच्छा से उत्पन्न होता है। जबर्दस्ती किसी को धर्मान्तरित कराने, धोखे, रिश्वत एवं कपटपूर्वक जल्दबाजी में अनुकूल परिणाम प्राप्त करने का कोई भी प्रयास अन्ततः निष्फल सिद्ध होता है। चर्च का यह दृष्टिकोण काफी हद तक विवेकसम्मत तथा दोषरहित है। यह किसी भी निष्पक्ष पर्यवेक्षक के लिए प्रशंसनीय और मन को शान्ति देनेवाला है।[6]

## ईसाई-विरोधी हिंसा

प्रत्येक भारतीय नागरिक को कानून के समक्ष समानता का अधिकार प्राप्त है और उसे यह अधिकार है कि वह स्वतंत्रतापूर्वक जिस धर्म को चाहे, अपना सकता है तथा यदि वह चाहे तो अपनी धार्मिक आस्था को बदल भी सकता है। यह नितान्त आन्तरिक तथा व्यक्तिगत निर्णय है, जिसे लेने के लिए वह हमारे उदार लोकतंत्र के भीतर स्वतंत्र है और किसी व्यक्ति द्वारा लिये गए किसी ऐसे निर्णय के प्रति सवाल खड़ा करने का किसी को अधिकार

नहीं है। राष्ट्रीय स्वयंसवेक संघ तथा इसके अनुषंगी संगठनों को इस देश के किसी कानून के तहत यह अधिकार प्राप्त नहीं है कि वह ईसाइयों अथवा देश के किसी भी नागरिक को यह आदेश दे सके कि उसे क्यों अथवा किस धर्म विशेष का पालन करना चाहिए, चाहे वह अपना धर्मान्तरण ही क्यों न कर रहा हो। संघ परिवार के किसी सदस्य को यह हक नहीं है कि वह किसी को जबर्दस्ती हिन्दू धर्म में शामिल करे क्योंकि वह ऐसा सोच रहा है कि किसी अन्य धर्म अथवा ईसाइयत स्वीकार करने से पूर्व वह हिन्दू धर्मावलम्बी था। संघ परिवार का कोई भी सदस्य इस सम्बन्ध में किसी नागरिक को कोई निर्देश जारी नहीं कर सकता और यदि कोई ऐसा करता भी है तो उसे तवज्जो नहीं दी जानी चाहिए।

संघ परिवार के अनुसार ईसाइयत 'एक नकली धर्म' है तथा ईसा 'आक्रमणकारियों द्वारा कृत्रिम रूप' से बनाए गए हैं, 'व्यर्थ की चीज है'[7]। भारत के सभी जिम्मेदार नागरिकों को इसके सम्बन्ध में थोड़ा-बहुत जानना चाहिए। ईसाइयत के अनुयायियों को ऐसे दुःस्वप्न 1997-98 से देखने को मिल रहे हैं, जब भाजपा ने गुजरात और फिर केन्द्र में अपनी सरकारें बनाईं। भारत के तत्कालीन गृहराज्य मंत्री ने 28 अगस्त, 2001 को लोकसभा को सूचित किया कि 1999 से लेकर अब तक ईसाइयों पर 417 हमले हो चुके हैं, जिनमें 33 व्यक्ति मारे जा चुके हैं और 283 व्यक्ति घायल हो चुके हैं।[8] यहाँ यह याद रखना जरूरी है कि स्वतंत्रता के प्रथम 50 वर्षों में ईसाई समुदाय पर मात्र 35 मामूली किस्म की घटनाएँ हुई थीं। लोकसभा में उस मंत्री द्वारा बयान दिए जाने के बाद आक्रमण काफी बढ़ गए हैं और ये देश के प्रत्येक भाग में घटित हो रहे हैं। भारत में ईसाई धर्म के इतिहास में पहली बार कर्नाटक, आन्ध्र प्रदेश एवं गोवा के चर्चों में बम रखे गए, कब्रिस्तानों से शव उखाड़कर विश्व हिन्दू परिषद/बजरंग दल द्वारा चर्चों के समक्ष रख दिए गए, स्कूल प्रिंसिपलों, शिक्षकों, पुजारी, धार्मिक जनों, संन्यासियों एवं मिशनरियों पर देश-भर में हमले किए गए, हत्याएँ की गई, अपंग बनाया गया और यहाँ तक कि उन्हें सार्वजनिक सड़कों पर निर्वस्त्र घुमाया गया, बाइबिल की प्रतियों को फाड़ा गया, जलाया गया और गलियों में बिखेर दिया गया।[9]

इसके अतिरिक्त 1997 से गुजरात में क्या हो रहा है? ईसाइयों और उनके संस्थानों पर 25 दिसम्बर, 1998 को जानलेवा हमले हुए। यहाँ के आदिवासियों को भी समझ नहीं आ सका कि उन्हें किस अपराध की सजा दी जा रही है। जन-धन के इस महाविनाश का ब्योरा नागरिक आयोग द्वारा तैयार किए गए अनगिनत प्रतिवेदनों, पुस्तकों तथा राष्ट्रीय एवं विदेशी समाचार-पत्रों में प्रकाशित लेखों तथा अत्यन्त बारीकी के साथ गुजरात में ईसाइयों के उत्पीड़न के सम्बन्ध में 'हिन्दू जागो, क्रिस्टी भागो' शीर्षक एक प्रतिवेदन में विस्तृत रूप में उपलब्ध है। 1997 में गुजरात में भाजपा के सत्ता में आने के बाद राष्ट्रीय स्वयंसेवक संघ के बहुत सारे अनुषंगी संगठन तथा मुख्यमंत्री केशुभाई पटेल के नेतृत्व वाली सरकार ने डांग जिला के दलितों, हिन्दुओं तथा अन्य लोगों के जबर्दस्ती धर्मान्तरण के लिए ईसाई समुदाय के प्रति दोषारोपण करना शुरू कर दिया। सरकारी महकमा, पुलिस और नौकरशाही, जैसा कि रिपोर्ट में कहा गया है, संघ परिवार के निर्देश पर काम करते रहे। हिन्दू जागरण मंच ने 25 दिसम्बर, 1998 को एक जनसभा का आयोजन किया था, जिसके लिए तैयारियाँ कुछ

सप्ताह पूर्व ही प्रारम्भ हो गई थीं; कमीशन प्राप्त एजेंटों द्वारा 'हिन्दू जागो, क्रिस्ती भागो',[10] 'गली-गली में शोर है, पादरी सब चोर हैं' जैसे नारे गढ़े गए तथा मुद्रण एवं अन्य प्रचार माध्यमों द्वारा लोगों में साम्प्रदायिक उन्माद पैदा करने के लिए प्रचारित किए गए।

एक अत्यन्त सम्मानित विद्यालय–दीप दर्शन हाईस्कूल–जो डांग के तत्कालीन कलेक्टर के अनुरोध पर 24 वर्ष पूर्व प्रारम्भ किया गया–के प्रति जबरन धर्मान्तरण का आरोप लगाया गया। विदित हो कि इस विद्यालय द्वारा साम्प्रदायिक सद्भाव सम्बन्धी एक नाटक खेला गया जिसमें महात्मा गांधी द्वारा किए गए कार्यों की प्रशंसा की गई, इसे एक बिलकुल झूठा एवं बेतुका मोड़ दिया गया कि इसमें भगवान श्रीकृष्ण का अपमान किया गया है ताकि इससे साम्प्रदायिक विद्वेष पैदा हो सके। हिन्दू जागरण मंच की यह विकृत तथा मनगढ़न्त प्रस्तुति पूरे राज्य में जंगल की आग की तरह फैल गई। स्कूल की प्रधानाचार्या सिस्टर कारमेन बोर्ग्स (जो गोवा निवासी थीं परन्तु पूरी दुनिया में कहा गया कि वह एक विदेशी थीं) ने इस नाटक के सही तथ्यों तथा जिस तरह से इस विद्यालय को साम्प्रदायिक तत्त्वों द्वारा परेशान किया जा रहा था, के सम्बन्ध में तत्कालीन प्रधानमंत्री अटलबिहारी वाजपेयी को भी जानकारी दी, जब गुजरात दौरे के क्रम में 10 जनवरी, 1999 को उनसे मुलाकात हुई। वाजपेयीजी ने उनकी बातें सुनीं परन्तु किसी के विरुद्ध कार्रवाई नहीं की, न ही उस कार्य के प्रति कोई असन्तोष प्रदर्शित किया, जो एक रचनात्मक और शैक्षणिक गतिविधियों वाले इस विद्यालय के प्रति राष्ट्रीय स्वयंसेवक संघ के अन्धभक्तिपूर्ण उद्देश्यों को पूरा करने हेतु निष्ठुरतापूर्वक किया जा रहा था।

क्रिसमस के दिन 4:00 बजे अपराह्न 125 लोगों की त्रिशूल, लाठी और पत्थरों से भरे बोरों से लैस एक हिंसक भीड़ ने इस विद्यालय पर हमला कर, लड़कों के छात्रावास को क्षतिग्रस्त कर दिया और खिड़कियों के शीशे चकनाचूर कर दिए।[11] प्रत्यक्षदर्शियों के अनुसार, 'हम लोगों ने स्वयं नाटक की वीडियो रिकॉर्डिंग देखी थी और इसमें कुछ भी आपत्तिजनक नहीं था क्योंकि इसका उद्देश्य साम्प्रदायिक सौहार्द को बढ़ाना तथा हिंसा की व्यर्थता सिद्ध करना था।'[12] 1998-99 में इस विद्यालय में कुल 840 विद्यार्थी थे जिनमें केवल 100 ईसाई तथा बाकी गैर-ईसाई थे। साथ ही 24 शिक्षक-कर्मचारियों में से केवल 7 ईसाई थे। स्कूल में हिन्दू बच्चों के नामांकन को बढ़ावा देने के लिए प्रतिवर्ष विशेष अभियान चलाया जाता था। यहाँ की पढ़ाई उत्तम थी तथा सभी विद्यार्थी प्रत्येक वर्ष सफल होते थे। यहाँ कम्प्यूटर आदि का व्यावसायिक प्रशिक्षण भी दिया जाता था जिसकी प्रशंसा डांग जिले के सर्वाधिक पिछड़े और निरक्षर व्यक्ति भी करते थे।

क्रिसमस के दिन और अगली रात को ईसाई संस्थाओं पर हमले किए गए, जिनमें 37 चर्च थे। ईसाई परिवारों के घरों को लूटा और उनकी नकदी सहित साजो-सामान पर कब्जा कर लिया गया। नवजोत हाई स्कूल (एक कैथोलिक विद्यालय, जिसका संचालन ईसाई मतावलम्बी करते थे) पर भी वैसे ही हमले हुए, अहाते में खड़ी एक जीप और मोटरसाइकिल में आग लगा दी गई। स्कूल के एक कमरे में विद्यार्थियों के लिए रखे अनाज के भंडार को लूट लिया गया और बाकी जलकर राख हो गया। जब छात्रों से आयोग द्वारा पूछा गया कि क्या तुम लोगों को ईसाई धर्म में धर्मान्तरित करने का ईसाइयों द्वारा कोई प्रयास किया गया

था, उन्होंने इससे इनकार किया और बताया कि छात्रावास में रहनेवाले उनमें से अधिकांश (225 लड़कों में से केवल 30 ईसाई थे) गैर-ईसाई थे।[13]

आयोग ने मन्तव्य दिया कि ईसाइयों द्वारा 25 दिसम्बर, 1998 को हिंसा के लिए किसी को नहीं भड़काया गया, न तो इस दिन के पहले न बाद में, परन्तु पूरे राज्य में खुले तौर पर लोगों के बीच में जो पर्चे हिन्दू जागरण मंच द्वारा बाँटे गए, उसमें हिन्दुओं से 'ईसाई पादरियों को सबक सिखाने तथा उन्हें अपनी औकात बता देने' को कहा गया। इस अभियान को गुजराती भाषा के समाचार-पत्रों द्वारा पूरी ताकत के साथ चलाया गया और अन्य तरह से धमकियाँ दी गईं, जिससे जनता के मन में ईसाइयों के प्रति घृणा उत्पन्न हो गई। ईसाई संगठनों द्वारा क्रिसमस के दिन हिन्दू जागरण मंच के रैली आयोजित करने के कार्यक्रम को रोकने का आग्रह, सरकारी पदाधिकारी द्वारा नजरअन्दाज कर दिया गया। ईसाई जनजातियों तथा उनके उपासनालयों तथा अन्य संस्थाओं के प्रति की गई हिंसा एक 'संगठित अपराध' था। हिन्दू जागरण मंच तथा राष्ट्रीय स्वयंसेवक संघ के अन्य संगठनों ने हिन्दुओं से कहा कि आदिवासियों और हिन्दुओं के जबरन धर्मान्तरण के कारण डांग जिले में ईसाइयों की जनसंख्या कई हजार बढ़ गई है यद्यपि किसी का जबरन धर्मान्तरण नहीं हुआ था। यदि कोई किसी का जबरन धर्मान्तरण कर रहा था तो वह विश्व हिन्दू परिषद/बजरंग दल/ हिन्दू जागरण मंच/ राष्ट्रीय स्वयंसेवक संघ के सदस्य थे जो जबर्दस्ती ईसाइयों को हिन्दू बना रहे थे।[14] वे उन्हें विश्वास दिला रहे थे कि वे ईसाई बनने के पूर्व हिन्दू थे और यह कि सभी दलित, अनुसूचित जाति, अनुसूचित जनजाति, अन्य पिछड़ा वर्ग, आदिवासी और गरीब भारतीय लोग ईसाइयत स्वीकारने के पहले शताब्दियों तक हिन्दू थे। वे इन कमजोर तबके के लोगों को लगातार धमकी दे रहे थे कि या तो वापस हिन्दू बन जाओ अथवा भयानक दुष्परिणाम का सामना करो। उन पर गुंडों द्वारा हमले किए गए और सबसे खराब बात यह हुई कि उनके परिवार के जो लोग अभी तक ईसाई नहीं बने थे और अभी भी अपने परम्परागत धर्म का पालन कर रहे थे, जैसे–पशु पूजा, प्राकृतिक धर्म आदि, उन्हें संघ परिवार द्वारा उत्पीड़ित किया गया। आदिवासी न हिन्दू हैं, न कभी थे, इसलिए उनके पुनधर्मान्तिरण अथवा 'घर वापसी' का प्रश्न ही नहीं उठता, आदिवासी कभी हिन्दू नहीं थे। गुजरात सरकार की भूमिका समान रूप से पूर्वग्रहपूर्ण एवं निरंकुशतापूर्ण थी, यहाँ तक कि मुख्यमंत्री और गृह राज्यमंत्री द्वारा घटना के न्यूनीकरण और ईसाइयों के विरुद्ध अत्याचारों सम्बन्धी प्रतिवेदनों को दरकिनार करके उन्होंने अंग्रेजी भाषा के संचार-माध्यमों की बार-बार आलोचना की। साथ ही ईसाई समुदाय और विपक्षी पार्टियों की भी आलोचना की कि वे ईसाइयों पर हमले के मामले में अतिशयोक्ति कर रहे हैं। संघ परिवार की सारी बिरादरी ने एक स्वर में आयोग को बताया कि गुजरात की समस्या के लिए जवाबदेह विदेशी धन के बल पर होनेवाला जबरन धर्मान्तरण है।

यह प्रचार माध्यमों का दायित्व है कि वह संविधान की रक्षा करे, समुदाय की मदद के लिए आगे आए, समुदाय के कमजोर वर्गों के अधिकारों के प्रति धार्मिक लोगों द्वारा किए जानेवाले अवांछित हस्तक्षेप को बेनकाब करे एवं यह माँग करे कि देश के कानून का सम्मान होना चाहिए और गुंडों, दंगाइयों की तुष्टि हेतु इसे तोड़ा-मरोड़ा अथवा विकृत नहीं किया जाए जैसा कि देश के नेता कर रहे हैं। यह सुनिश्चित करने के लिए कि प्रसार माध्यमों

ने ईमानदारी और निष्ठा का परित्याग नहीं कर दिया है क्योंकि स्थिति ऐसी होती है कि वह सार्वजनिक धन के सहारे, चाहे वह कितना भी हो, किसी व्यक्ति-विशेष अथवा संस्था को खरीद सकती है। गुजराती प्रेस, खासकर गुजराती भाषा के शीर्षस्थ दैनिक समाचार-पत्र, यथा—'सन्देश', 'गुजरात समाचार' तथा 'नवगुजरात' ने महीनों निर्दयतापूर्वक अभियान चलाया जो काफी भड़काऊ, घृणाजनक, साम्प्रदायिक दुष्प्रचार तथा जबरन धर्मान्तरण सम्बन्धी रिपोर्टों से भरे पड़े रहते थे। यह क्रम महीनों तक चला मानो प्रचार माध्यम, जिनसे यह अपेक्षित होती है कि वे लोगों के जनतांत्रिक अधिकारों का बचाव करेंगे तथा देश के संविधान और लोकतंत्र की सतत रक्षा करेंगे, संघ परिवार द्वारा अपने घृणित अभियान, हिन्दू विचारों के प्रचार हेतु खरीद लिये गए हैं।

**जबरन धर्मान्तरण तथा 'घर वापसी'**

'धर्मान्तरण' शब्द एक रचनात्मक अभिव्यक्ति है, सभी विवेकवान-तेजस्वी मनुष्यों के लिए इसका प्रयोग किया जा सकता है। यह किसी व्यक्ति की यथार्थवादिता को दर्शाता है कि वह व्यावहारिक धरातल पर विचार करने में समर्थ है तथा यह निर्णय लेने में कि वह स्वयं अपने प्रति क्या चाहता है, उसके लिए क्या अच्छा हो सकता है और यहाँ तक कि जीवन के सम्बन्ध में अपनी एक परिभाषा भी गढ़ सकता है। परन्तु पिछले कुछ दशकों से भारत में यह शब्द सर्वाधिक गन्दे, तिरस्कार योग्य एवं असभ्य शब्दों या विचारों में एक होकर रह गया है। आज न केवल सुशिक्षित तथा ज्ञानी व्यक्ति अपितु बिलकुल निरक्षर व्यक्ति एवं समाज भी इससे सम्बन्ध नहीं रखना चाहता है। ऐसा संघ परिवार द्वारा ईसाई समुदाय की छवि खराब करने के लिए लगातार कई गलत प्रयासों के सन्दर्भ में इस शब्द का प्रयोग किए जाने के कारण हो गया है तथा यह इनके राजनीतिक उद्देश्यों की प्राप्ति में सहायक बन गया है। यह विभिन्न प्रकार की अजीबोगरीब अवधारणाओं को तैयार कर तथा स्वतंत्रता के 40 वर्षों के बाद तक सबका घालमेल करके सत्ता में आना चाहता है। ईसाइयों पर दलितों, आदिवासियों, हिन्दुओं, अनुसूचित जातियों-जनजातियों तथा समाज के कमजोर वर्ग के लोगों को रिश्वत, जबर्दस्ती, धोखाधड़ी, नकद प्रलोभन, अपने विद्यालय में बच्चों के निःशुल्क नामांकन, युवाओं को नौकरी, लक्जरी कारें आदि के माध्यम से उन्हें धर्मान्तरित कराने का आरोप लगाया जाता है और यह कि शीघ्र ही हिन्दू नगण्य अल्पसंख्यक बन जाएँगे और यह कि ईसाई भारत में बहुसंख्यक समुदाय बन जाएँगे।

इस सन्दर्भ में जनगणना 1951 से 2001 तक के ईसाई जनसंख्या से सम्बन्धित आँकड़ों को देखना सहायक होगा, जो इस प्रकार हैं :

| जनगणना वर्ष | ईसाई जनसंख्या का प्रतिशत |
|---|---|
| 1951 | 2.35 |
| 1961 | 2.44 |
| 1971 | 2.60 |
| 1981 | 2.44 |
| 1991 | 2.32 |
| 2001 | 2.21 |

ये आँकड़े मनगढ़न्त नहीं हैं बल्कि ये अत्यन्त विश्वसनीय सांख्यिकी के हिस्से हैं जिन्हें देश में प्रत्येक 10 वर्ष के बाद जीवन के विभिन्न पहलुओं के सन्दर्भ में एकत्र किया जाता है। यदि संघ परिवार ऐसी महत्त्वपूर्ण सांख्यिकी की सराहना करने में असमर्थ है तो इसमें कोई उनकी मदद नहीं कर सकता। भारत में ईसाइयत की मान्यता और प्रचार 2000 वर्ष पूर्व से है और यदि स्वतंत्रता उपरान्त ईसाइयों की जनसंख्या लगातार घटती दिखाई पड़ती है तब कोई भी यह स्वीकार करेगा कि अन्य समुदायों से ईसाइयों की जनसंख्या के अधिक हो जाने की बात झूठी है; यह संघ परिवार की कपोल कल्पना है, एक सफेद झूठ है जिसे हजम नहीं किया जा सकता है।

ईसाई समुदाय किसी को भी जबरन धर्मान्तरित करने में अपने समय और संसाधनों की बर्बादी नहीं करता है। शताब्दियों तक इसने वैसा ही किया जैसा ईसा ने उपदेश दिया है और इस प्रक्रिया में उसने लोगों को शान्ति और सौहार्दमय तरीके से जीना सिखाया है, अपने पड़ोसियों के प्रति प्रेमपूर्ण व्यवहार करने की शिक्षा दी है, नंगों को कपड़े, भूखों को भोजन, बेघर को आसरा, मरणासन्न व्यक्तियों को सेवा उपलब्ध कराई है। गुजरात में ईसाइयों पर हुए हमलों की जाँच करनेवाले नागरिक आयोग ने महसूस किया कि ईसाइयों की जनसंख्या शीघ्र ही हिन्दुओं की संख्या से अधिक हो जाएगी, यह केवल हिन्दुओं को ईसाइयों पर आक्रमण हेतु उकसाने के लिए एक 'झूठा दुष्प्रचार' है। आयोग कहता है, 'हमने ईसाई-धर्म में किसी के जबरन धर्मान्तरण का कोई साक्ष्य नहीं पाया। दीप दर्शन हाई स्कूल, आहवा, नवजोत स्कूल, सुबीर जैसी सुस्थापित तथा ईसाइयों द्वारा संचालित संस्थाएँ कभी भी धर्मान्तरण कार्य में संलग्न नहीं रही हैं।[15]

नागरिक आयोग के समक्ष पुलिस-पदाधिकारी, जननेता, सरकारी पदाधिकारी, गैर-सरकारी संगठन और अन्यों द्वारा दिए गए बहुत सारे बयान हैं। उन सबसे यह साफ जाहिर होता है कि विश्व हिन्दू परिषद, बजरंग दल, हिन्दू जागरण मंच, राष्ट्रीय स्वयंसेवक संघ के हिन्दू सदस्य बड़ी संख्या में ईसाइयों को हिन्दू बना रहे हैं। वे आदिवासियों का धमकी द्वारा बलपूर्वक, धोखे से, बहलाकर धर्मान्तरण करा रहे हैं जो अनेक वर्षों से ईसाई हैं। यह संयुक्त राष्ट्र संघ की 'मानवाधिकारों की सार्वभौम घोषणा' के अनुच्छेद 18 व हमारे संविधान के अनुच्छेद 25 के तहत मानवाधिकारों का उल्लंघन है। उन गतिविधियों को वे 'घर वापसी', 'होम कमिंग' और उनके द्वारा गढ़ी गई ऐसी ही शब्दावलियों से सम्बोधित करते हैं; यह बतलाने के लिए कि ये लोग सम्माननीय हैं, और यह संविधान द्वारा स्वीकृत कार्य है। परन्तु वे किसी भी आम समझ को इन बातों से भ्रमित नहीं कर पाते हैं। आदिवासी, दलित, अनुसूचित जाति-जनजाति और यहाँ तक कि बहुत सारे अन्य पिछड़ा वर्ग के लोग हिन्दू नहीं हैं। जिस धर्म को वे मानते हैं, वह है-'पशु-पूजा' अथवा 'प्राकृतिक धर्म' जिसमें उनका जन्म हुआ है और जिसका उनके पूर्वजों द्वारा शताब्दियों से पालन किया जाता रहा है। लेखकों, विद्वानों और डॉ. बी.आर. अम्बेडकर जैसे समाज के नेताओं ने इसे सन्देह से परे सत्य सिद्ध करने के लिए बहुत कुछ लिखा है। तथापि, अपनी अज्ञानतावश कमजोर तबके के कुछ लोग स्वयं को हिन्दू मानते हों क्योंकि उनका जन्म हिन्दुस्तान में हुआ है और क्योंकि विभिन्न धर्मों के बीच के सूक्ष्मतम अन्तर को वे समझ नहीं पाते हैं, वे इसे अपनी शिक्षा प्राप्ति, आर्थिक

विकास और अन्य सुविधाओं से जुड़े स्वार्थ के कारण भी अपने हित में मानते हैं, कि ऐसा करने से संविधान-प्रदत्त ये चीजें उन्हें मिल जाएँगी, वे स्वयं को हिन्दू घोषित करते हैं।[16] ऐसे 'होम कमिंग' समारोहों में राष्ट्रीय स्वयंसेवक संघ/विश्व हिन्दू परिषद/बजरंग दल के सदस्यों और उनके सन्तों द्वारा जो शुद्धीकरण किया जाता है, वह और कुछ नहीं जबरन धर्मान्तरण है। वे यह भी स्वीकार नहीं करते कि आदिवासी रूढ़िवादी हिन्दू समाज के भीतर समान हैसियत के पात्र हैं। संघ परिवार इस बात से सहमत नहीं है कि 'आदिवासी' शब्द उनके लिए एक उपयुक्त शब्द है, वे उसका उल्लेख 'वनवासी' के रूप में करते हैं। तथापि आदिवासी वास्तव में इस बात से प्रसन्न हैं कि वे जिस रूप में रहते आए हैं, यही ठीक है और वे वास्तव में ही स्वीकार करते हैं कि 'जब वे ईसाई बन जाते हैं, तो मुक्ति का अनुभव करते हैं चाहे वह शैक्षिक, सामाजिक, नैतिक अथवा आध्यात्मिक हो। ऐसा अनुभव कभी भी जबरन धर्मान्तरण नहीं कहला सकता।'[17] पिछले कुछ वर्षों से ऊँची जाति के हिन्दुओं में दलितों के प्रति जो प्रेम उमड़ा है वह दलितों, समाज के कमजोर तबकों और पूरी दुनिया को यह बताने की चिन्ता के कारण है कि दलित हिन्दू हैं ताकि तब वे यह दावा कर सकें कि भारत के बहुसंख्यक लोग हिन्दू हैं और दलितों के वोट ईसाइयों की निन्दा करके भाजपा को दिलवा सकें। वे भारत में 'हिन्दू राष्ट्र' की स्थापना करने के लिए सत्ता में पूर्ण बहुमत के साथ आना चाहते हैं। राष्ट्रीय स्वयंसेवक संघ अच्छी तरह जानता है कि पुराने सामन्ती अभिजन, ऊँची जाति के हिन्दू विलुप्त आदिवासी हैं। अब यह धर्म का नाम लेकर उन्हें वैधता प्रदान करने की कोशिश कर रहा है[18] कि बौद्ध/जैन/सिख/दलित/अ.जा./अ.ज.जा./अ.पि.व./आदिवासी और अन्य सभी हिन्दू हैं, जिनसे देश में अजेय बहुमत तैयार होता है।

हमारे मौलिक अधिकार हमें 'किसी भी धर्म को अपनाने, मानने और उसके प्रचार-प्रसार की स्वतंत्रता के अधिकार' की गारंटी देते हैं, वे इस प्रकार तैयार किए गए हैं जिसमें सभी बातें शामिल हो जाती हैं। देश के प्रत्येक व्यक्ति को अपने धर्म के प्रचार-प्रसार का अधिकार है। किसी भी धर्म को अपनाना एक व्यक्तिगत निर्णय है जो व्यक्ति विशेष स्वयं लेता है। ईसाई धर्मावलम्बी अपने उदाहरणों के माध्यम से सही अर्थों में ईसाइयत को जीते हुए दर्शाते हैं कि यह क्या है। यह देखना व्यक्तियों का कर्तव्य है कि वह देखे कि जो जीवन वह बिता रहा है, वह वास्तव में क्या है, जैसा कि यह अपने अनुयायियों द्वारा माना जाता है और वे अपनी इच्छा से ही इसे चुनते हैं। व्यक्ति को पता है कि उसके निर्णय को चुनौती नहीं दी जा सकती क्योंकि वह एक विवेकवान मनुष्य है जो स्वयं के सम्बन्ध में निर्णय लेने के लिए स्वतंत्र है। हमारे संविधान ने हमारे सोचने के अधिकार को मान्यता दे रखी है। संविधान का अनुच्छेद 14 उसे विधि के समक्ष समानता का अधिकार देता है। भारत के ईसाई पूरी तरह इसके नागरिक हैं, जो सभी अर्थों में भारत के किसी भी दूसरे नागरिक के समान है जिसमें विश्व हिन्दू परिषद/बजरंगदल/सेवा समिति/राष्ट्रीय स्वयंसेवक संघ के सदस्य भी शामिल हैं। जब किसी नागरिक को कोई अन्य धर्म अपनाने से मना किया जाता है तो उसे उस स्वतंत्रता से वंचित कर दिया जाता है जो उसे संविधान के अनुच्छेद 14 व 25 के तहत प्राप्त है। इसकी अनुमति नहीं दी जानी चाहिए कि इन अनुच्छेदों के तहत प्रदत्त स्वतंत्रता को हासिल करने से रोकने के लिए सरकार पर विभिन्न तरीकों से दबाव बनाया जाए और वह संविधान

की रक्षा करने और इसे बनाए रखने में विफल हो जाए। नागरिकों को अनुच्छेद 25 के तहत प्राप्त धार्मिक स्वतंत्रता की अवधारणा का तब कोई अर्थ नहीं रह जाता जब विभिन्न तथाकथित धार्मिक स्वतंत्रता अधिनियमों के द्वारा उसे छीन लिया जाता है जो पाँच विभिन्न राज्यों में पारित तथा लागू किए गए हैं तथा और भी कुछ राज्यों में लागू हो सकते हैं।

बाबरी मस्जिद विध्वंस मामले की जाँच कर रही नौ जजों की खंडपीठ ने एक ऐतिहासिक निर्णय दिया है जिसके चलते कई दूरगामी महत्त्व वाले असंख्य मुद्‌दे सामने आए हैं, जो निम्नवत्‌ हैं :

* धर्मनिरपेक्षता संविधान की मूलभूत विशेषताओं में से एक है।
* कोई भी राजनीतिक दल एक साथ धार्मिक दल नहीं हो सकता है।
* राजनीति और धर्म को मिश्रित नहीं किया जा सकता।
* कोई भी राज्य सरकार, जो किसी गैर-धर्मनिरपेक्ष नीति को लागू करती है अथवा गैर धर्मनिरपेक्ष कार्य करती है, संविधान की भावना के विपरीत कार्य करती है और स्वयं को अनुच्छेद 356 के तहत कार्रवाई के योग्य बना लेती है।
* लोकतंत्र विवेक और विश्वास की स्वतंत्रता, सहिष्णुता तथा आपसी आदर-भाव के लिए काम करता है।
* भारत के एक बहुलतावादी समाज होने के कारण जिसमें बहुधर्म विश्वास, विविध प्रजाति, जाति और संस्कृतियाँ हैं; धर्मनिरपेक्षता संवैधानिक नीति के साथ ही बन्धुता, एकता और व्यक्ति की गरिमा की रक्षक है।
* राज्य व्यक्तिगत एवं सामूहिक धर्म की स्वतंत्रता को सुनिश्चित करता है और व्यक्ति विशेष के साथ एक नागरिक के रूप में व्यवहार करता है चाहे उसका विश्वास और धार्मिक आस्था कुछ भी हो और किसी धर्म-विशेष को कोई प्रोत्साहन नहीं देता, न एक के विरुद्ध दूसरे को खड़ा करता है।
* अतएव, धर्मनिरपेक्ष राज्य की अवधारणा लोकतांत्रिक सरकार के सफलतापूर्वक कार्य करने के लिए अत्यावश्यक है।[19]

## सरकार के कर्तव्य

राष्ट्र के व्यापक हितों में और यह सुनिश्चित करने के लिए कि उदार, धर्मनिरपेक्ष और लोकतांत्रिक प्रणाली की सरकार, जिसे राष्ट्र ने स्वयं के लिए चुना है और जिसे वह स्थायी रूप से स्थापित करने के लिए संघर्षरत है, के मद्‌देनजर देश की इन विभाजनकारी शक्तियों को अनुशासित और नियंत्रित किया जाना चाहिए। इस अध्याय के प्रारम्भिक भाग में काफी विस्तारपूर्वक बतलाया गया है कि हमारे देश में सभी नागरिकों को समानता और किसी भी धर्म को स्वीकार करने-मानने और उसका प्रचार-प्रसार करने की स्वतंत्रता सुनिश्चित की गई है। यह एक ऐसा अधिकार है जिसे हमने स्वयं को प्रदान किया है। यह किसी भी समूह द्वारा किसी अन्य को उपहारस्वरूप प्रदान नहीं की गई है और न ही इसे किसी राजनीतिक दल द्वारा किसी को पक्षपातपूर्वक प्रदान किया गया है। अतएव किसी भारतीय को इस बात की मनाही नहीं है कि वह अपनी मर्जी से धार्मिक आचरण करें, उसके विश्वासों को माने

तथा जरूरी लगे तो अपने धर्म को नकारते हुए दूसरे धर्म को स्वीकार कर ले जब तक कि देश के कानून द्वारा निर्धारित सीमा के भीतर ऐसा किया गया हो। यदि कोई नागरिक देश के किसी कानून का उल्लंघन करता है अथवा किसी भी कर्तव्य के पालन में विफल रहता है तब यह सरकार का कर्तव्य बनता है कि वह कानून के उल्लंघन के विरुद्ध कार्रवाई करे। ऐसी स्थिति में किसी समुदाय अथवा गैर-सरकारी, सामाजिक, सांस्कृतिक, साम्प्रदायिक अथवा अलगावादी संगठन को यह अधिकार नहीं है। हम लोगों के पास एक ही विधिवत् निर्वाचित और वैधानिक रूप से गठित सरकार है, न कि आधा-दर्जन।

अतएव, इन बड़े पैमाने पर स्वसंगठित अलगाववादी संगठनों के सदस्यों अथवा इनके प्रति सहानुभूति रखनेवाले पक्षों, यथा—राष्ट्रीय स्वयंसेवक संघ/विश्व हिन्दू परिषद/बजरंग दल/हिन्दू जागरण मंच/स्वदेशी जागरण मंच और दूसरे संगठनों को किसी भी कानून के तहत ऐसा कोई अधिकार नहीं है कि वह ईसाइयों को आदेश अथवा फरमान जारी करे कि वह दूसरों का धर्मान्तरण न कराएँ तथा देश को छोड़कर चले जाएँ। उनके पादरियों, धार्मिक नेताओं और मिशनरियों को अपना काम करने से रोकना तथा उनके विरुद्ध सर्वथा झूठा आरोप मढ़ना कि वे विदेशों और अन्य स्रोतों से प्राप्त धन का उपयोग लोगों को रिश्वत देने, प्रभावित करने, धोखा देने एवं दलितों और अन्य समूहों को धर्मान्तरित कराने, पिछले दरवाजे से भारत का औपनिवेशीकरण करने और ईसाइयों की राष्ट्र-विरोधी गतिविधियों का संचालन करने के लिए करते हैं, निष्ठावान, देशभक्त, प्रतिबद्ध, शान्तिप्रिय और कानून को माननेवाले नागरिक के नाते ईसाइयों के प्रति हिंसा है। एक बहुधार्मिक देश में सरकार का सर्वाधिक महत्त्वपूर्ण कर्तव्य है, हमेशा शान्ति और सद्भाव के लिए काम करना। साम्प्रदायिक सौहार्द की स्थापना असहाय अल्पसंख्यकों को शिकार बनाने तथा उनके विरुद्ध निराधार आरोप लगाने से नहीं हो सकती है। अल्पसंख्यकों का सरकार के प्रति विश्वास और आस्था बिलकुल समाप्त हो चुकी है, क्योंकि यह वास्तव में उन गुंडों की मदद कर रही है जो संघ परिवार के साम्प्रदायिक एजेंडे को लागू करने में लगे हैं और कमजोर वर्गों की सुरक्षा नहीं कर रहे हैं। यह सब रोका जाना चाहिए। सरकार से यह उम्मीद नहीं की जा सकती कि वह इस मामले में किसी का बचाव करे, चाहे वह सत्तारूढ़ दल का कितना भी 'अच्छा' मित्र क्यों न हो! यदि संघ परिवार हमारे राजनीतिक क्षितिज पर कोई स्थान बनाना चाहता है तो उसे ऐसा लोकतांत्रिक विधि से करना होगा और हमारे संविधान के चार स्तम्भों के भीतर रहकर ही, न कि बाहुबल अथवा फासीवादी तरीके अपनाकर। भाजपा और इसके अनुषंगी संगठनों को साम्प्रदायिकता की निन्दा करनी होगी; लोकतंत्र की जड़ें इतनी गहरी हैं कि यह आनेवाले चुनावों में साम्प्रदायिकता को पराजित कर सकता है।

## सन्दर्भ एवं टिप्पणियाँ


1. भारतीय संविधान भाग-3, अनुच्छेद 32
2. *दि एशिएन एज,* 6 सितम्बर, 1998
3. एम.एस. गोलवलकर, *वी ऑर ऑवर नेशनहुड डिफाइंड* तथा ए.जी. नूरानी, आर.एस.एस. एंड क्रिश्चियंस, *फ्रंटलाइन,* 1 जनवरी, 1999
4. वी.बी. रावत, ट्रेडिंग दि रिलीजन, *इंडियन करेंट्स,* 31 मार्च, 2002, पृ. 8-11

5. चर्च की मिशनरी गतिविधियों की जीत, अध्याय-2, *वेटिकन कौंसिल* 2 (मुम्बई, सेंट पॉल पब्लिकेशंस, 1965)
6. सुमित सरकार, *ई.पी.डब्ल्यू. स्पेशल आर्टिकल्स,* 2 जून-2 जुलाई, 1999
7. ए.जी. नूरानी, 'आर.एस.एस. एंड क्रिश्चियंस एवं सरतो स्टीव्स का *फ्रीडम टू बिल्ड, नॉट डिस्ट्राय,* पृ. 65-68
8. *दी फ्री प्रेस जर्नल,* 2 सितम्बर, 2002
9. सार्टो स्टीव्स, *फ्रीडम टू बिल्ड, नॉट डिस्ट्रॉय,* परिशिष्ट, पृ. 253-88
10. जॉन डायल (सम्पादक), गुजरात 2002, अनटोल्ड एंड रिटोल्ड स्टोरीज ऑफ द हिन्दुत्व लैब, वॉल्यूम-1, जनवरी-2003 संस्करण, पृ. 772-839
11. वही, पृ. 787
12. वही, पृ. 786
13. वही, पृ. 789
14. वही, पृ. 791-99
15. वही, पृ. 802
16. वही, पृ. 814
17. वही, पृ. 803
18. राम पुनियानी, *द सेकेंड एसोसिनेशन ऑफ गांधी,* पृ. 29
19. स्टेनले जे. ताम्बिह,'सेक्युलरिज्म ऑफ इंडिया, दि रिसेंट डिबेट, राजीव भार्गव (सम्पादक), *सेक्युलरिज्म एंड इट्स क्रिटिक्स,* पृ. 449

# गुजरात–हिन्दू राष्ट्र की प्रयोगशाला

**–उदय मेहता**

ऐसे मूल्यांकनों का कोई अभाव नहीं है, जिसमें यह स्पष्ट करने की कोशिश की गई है कि संघ परिवार क्यों और कैसे गुजरात की सामाजिक, सांस्कृतिक, प्रशासनिक, न्यायिक, आर्थिक एवं राजनीतिक संरचना के भीतर अपनी पैठ बनाने में सफल हो सका, जिसके माध्यम से इसने अपने प्रभाव को शहरों से लेकर गाँवों तथा जनजातीय क्षेत्रों तक फैलाया। इसी के फलस्वरूप 2002 के गोधरा जनसंहार के बाद दलित-विरोधी, खासकर अल्पसंख्यक विरोधी अशान्ति भयानक रूप से भड़की। संक्षेप में, यह उन निष्कर्षों की समीक्षा करने का एक प्रयास हैं, जो कुछ महत्त्वपूर्ण अध्ययनों से उभरे हैं तथा उन कारकों के विषयगत एवं विषयगत प्रवृत्ति को व्यक्त करते हैं, जो संघ परिवार द्वारा गुजरात को देश में हिन्दू 'राष्ट्र' की स्थापना की अपनी भावी परियोजना को साकार करने हेतु एक आदर्श प्रयोगशाला बनाए जाने में मदद करते हैं।

गुजरात ने सामाजिक, सांस्कृतिक एवं धार्मिक क्षेत्र में मध्यकाल से ही एक सुधारवादी, पुनरुत्थानवादी प्रवृत्ति देखी है। नरसिंह मेहता, आखो, दलपतराम द्वारा प्रस्तुत उदार, मानवतावादी प्रवृत्ति के साथ-साथ हम पुनरुत्थानवादी धारा को पाते हैं, जो हमें दयाराम, गोवर्द्धनराम त्रिपाठी एवं अन्यों में दिखाई पड़ती है। नर्मद, जिन्होंने गुजरात के घोर जातिवादी समाज में सामाजिक सुधारों की वकालत की, वर्चस्वशाली रूढ़िवादी ऊँची जाति के दबाव के कारण झुक गया था और अपने पूर्व के स्थान से अलग-थलग पड़ गया था।

**महाराष्ट्र के विपरीत**

गुजरात के सर्वथा विपरीत महाराष्ट्र ने मध्यकाल से ही एक मूलतः भिन्न स्थिति देखी। मध्यकाल में महाराष्ट्र ने तुकाराम, एकनाथ एवं अन्य विख्यात सन्तों का प्रादुर्भाव देखा, जो निम्न जातियों के थे, परन्तु धार्मिक तथा सामाजिक क्षेत्रों में गहरा प्रभाव रखते थे। वरकारी सम्प्रदाय, जो अभी भी महाराष्ट्रीय समाज में मजबूत उपस्थिति रखता है, इन मध्यकालीन सन्तों की शिक्षाओ के प्रभाव का ही परिणाम है।

उन्नीसवीं शताब्दी में महाराष्ट्र की ऊँची जातियों पर अपनी पकड़ की प्रतिस्पर्द्धा में अन्य पिछड़ा वर्ग एवं दलित आन्दोलनों ने भी महत्त्वपूर्ण भूमिका निभाई। मुस्लिम मराठी लेखकों के साथ-साथ दलितों की महाराष्ट्र में एक सम्पन्न परम्परा रही है। वहाँ ऐसे बहुत

सारे ख्यातिप्राप्त, प्रगतिशील एवं क्रान्तिकारी साहित्यिक व्यक्तित्व हो चुके हैं, जिन्होंने स्वाधीनता संग्राम में मराठी साहित्य के परिदृश्य पर अपना वर्चस्व दिखाया। इस राज्य में सशक्त कामगार आन्दोलन और बहादुरी भरे नेतृत्व, जिसने साम्यवादी और समाजवादी विचारधारा में योगदान किया, का इतिहास रहा है। दुर्भाग्यवश, गुजरात में ऐसी कोई समानान्तर धारा दिखाई नहीं पड़ती। गुजरात में अन्य पिछड़े वर्ग अथवा दलित आन्दोलन का भी कोई इतिहास नहीं रहा है। वामपन्थी आन्दोलन यहाँ कोई मंजिल नहीं तय कर पाया। इसी प्रकार, गुजरात ने प्रगतिशील, क्रान्तिकारी अथवा दलित-लेखकों की कोई सशक्त उपस्थिति भी नहीं देखी (न तो स्वतंत्रता-काल के पूर्व न पश्चात्)।

उक्त परिस्थितियों में यह देखना आश्चर्यजनक नहीं होगा कि गुजरात का समाज परम्परागत रूप से ही काफी रूढ़िवादी, जातिवादी व्यवस्था की विधियों एवं कर्मकांडों के प्रति आसक्त रहा है। गुजरात अपने छुआछूत, दलित महिलाओं के साथ छेड़छाड़, महिलाओं के दमन तथा महिलाओं द्वारा काफी संख्या में आत्महत्या किए जाने सम्बन्धी घटनाओं के कारण कुख्यात रहा है। सौराष्ट्र, जो बड़ी संख्या में देशी रियासतों के लिए जाना जाता है, में सामन्ती मूल्यों एवं संस्थाओं का वर्चस्व था। परम्परागत रूप से गुजरात व्यवसायी वर्ग के वर्चस्व के कारण विशेष सम्मान का पात्र रहा है। राज्य में हुए तीव्र औद्योगिकीकरण एवं आधुनिकीकरण के बावजूद, खासकर पिछले तीन दशकों में, सामन्ती मूल्यों एवं संस्थाओं तथा व्यावसायिक-संस्कृति का गुजरात संस्कृति पर प्रमुख प्रभाव है। राज्य में संघ परिवार को मिली सफलता के सम्बन्ध में कुछ भी कहने से पूर्व गुजरात में विद्यमान सामाजिक और आर्थिक संरचना पर गौर करना जरूरी है।

गिरीशभाई पटेल के अनुसार किसी राजनीतिक-सामाजिक-आर्थिक क्रान्तिकारी आन्दोलन के अभाव में दलित बहिष्कृत और आदिवासी हाशिए पर रहे, जिससे राजनीतिक-वैचारिक क्षेत्र में लगभग शून्य पैदा हो गया। भाजपा, विश्व हिन्दू परिषद एवं राष्ट्रीय स्वयंसेवक संघ के नेतृत्व में हिन्दुत्ववादी शक्तियों ने अपने गुप्त दुष्प्रचार एवं विसैद्धान्तीकरण के लिए उन्मुक्त अवसर पाया तथा इन समुदाओं को अच्छी तरह भेद पाने में सफलता पाई। मार्क्स के बदले राम इनके लिए भरोसेमन्द बन गए।[1]

यद्यपि अन्य पिछड़ा वर्ग गुजरात की कुल जनसंख्या का 40 प्रतिशत है, वे जातियों-उपजातियों के समूहों में बँटे हुए हैं, जो काफी विविध हैं और जिनका आपस में कोई सम्बन्ध नहीं है। स्वाधीनता आन्दोलन का भी उन पर कोई प्रभाव नहीं पड़ सका। चूँकि इनका बहुत बड़ा भाग काफी छोटा, पिछड़ा और घुमन्तू जातियों से सम्बद्ध था, इनमें किसी राजनीतिक अथवा सामाजिक आन्दोलन के लिए काफी कम गुंजाइश थी। एक नए बुर्जुआ समाज में अन्य पिछड़ा वर्ग के कुछ समूह परम्परागत व्यवसाय द्वारा स्वयं को आधुनिक व्यवसायों में परिणत कर सकते थे, यथा—दर्जी, मोची, नाई, बढ़ई इत्यादि, जबकि अन्यों ने अपना महत्त्व खो दिया। जनसंघ और भारतीय जनता पार्टी इनके बीच आसानी से अपनी पैठ बना सके और अन्य पिछड़ा वर्ग के कई नेताओं को शामिल कर पाए, क्योंकि वे संस्कृतीकरण के माध्यम से हिन्दू समाज-व्यवस्था में आगे बढ़ना चाहते थे। भाजपा ने उनकी निम्न सामाजिक स्थिति से लाभ उठाया और अपने विभिन्न संगठनों के पदाधिकारी बनाकर उन्हें यह दर्जा प्रदान

किया। दलित और आदिवासी जिनके बीच कतिपय आन्दोलन तथा द्वन्द्वात्मक विचारधाराएँ चल रही थीं, के विपरीत इस विशाल अनिश्चयपूर्ण पिछड़े वर्गों में किसी प्रकार का कोई आन्दोलन अथवा कार्यशील विचारधारा प्रचलित नहीं थी। दो करोड़ की जनसंख्या वाले इस विशाल समुदाय के भीतर विभिन्न उपजातियाँ शामिल थीं जो न तो अछूत थीं, न हाशिए पर थीं बल्कि हिन्दू समाज की अभिन्न अंग थीं। हालाँकि उनकी स्थिति बहुत अच्छी नहीं थी, तो भी उनकी महत्त्वाकांक्षा ऊर्ध्वोन्मुख सामाजिक संचरण अथवा आर्थिक प्रगति द्वारा हिन्दू मुख्यधारा का हिस्सा बनने की थी, किसी दलित उत्पीड़ित समुदाय का हिस्सा बनने की नहीं।[2]

औद्योगिक सम्बन्धों के प्रति गांधीजी के दृष्टिकोण के सम्बन्ध में गम्भीरतापूर्वक विचार किए जाने की आवश्यकता है। अहमदाबाद मिल-मज़दूर आन्दोलन के बाद उनके श्रमिक-नियोक्ता सम्बन्ध, जो मार्क्सवाद के वर्ग-संघर्ष और वर्ग-संघर्ष के स्थान पर वर्ग-सौहार्द और वर्ग-सहमति पर आधारित थे, वास्तव में उनके दर्शन का आदर्श बन गए। गांधीजी की ट्रस्टीशिप की विचारधारा में श्रम की गरिमा शामिल है और इंडियन नेशनल ट्रेड यूनियन कांग्रेस (इंटक) के नेतृत्व में श्रम एक आसानी से नियंत्रित किया जानेवाला बल बन गया। ठीक वैसा ही दृष्टिकोण दक्षिण गुजरात में खेतिहर और गन्ना मजदूरों के मामले में अपनाया गया जहाँ से अधिकांश मजदूर जनजातीय क्षेत्रों से आते थे, जिनका शोषण बन्धुआ मजदूर के रूप में होता था, जिन्हें दशकों से 'हाली' कहा जाता था।

इसी प्रकार, स्वतंत्रता-पूर्व काल में किसान आन्दोलन पर वल्लभभाई पटेल के नेतृत्व में धनी पाटीदार किसानों का वर्चस्व था। इस आन्दोलन ने खेतिहर मजदूरों की माँगों को आगे बढ़ाने के लिए कभी कोई क्रान्तिकारी कार्यक्रम नहीं अपनाया तथा हमेशा शान्तिपूर्ण आन्दोलन करते रहे। अतएव श्रमिक संघों पर गांधीवाद के प्रभाव ने काफी हद तक क्रान्तिकारी संगठन के विकास को अथवा गुजरात के किसी सशस्त्र संघर्ष को अवरुद्ध कर दिया।

गुजरात के सामाजिक इतिहास की इन अद्भुत विशेषताओं ने प्रगतिशील अथवा क्रान्तिकारी आन्दोलन तथा वामपन्थ के विकास को अवरुद्ध कर दिया। इस अद्भुत पृष्ठभूमि में गुजरात में संघ परिवार ने अपनी परिधि का विस्तार किया। आगे इन विशेषताओं में से कुछ के बारे में संक्षेप में चर्चा की जाएगी, जिनके कारण इनकी इस राज्य तथा यहाँ के नागरिक समाज पर पकड़ को मजबूत बनाने में मदद मिली। गांधीजी द्वारा वर्णाश्रम धर्म को सही ठहराने और जाति-व्यवस्था की वकालत करने के कारण हिन्दू धर्म का प्रभाव बढ़ा जिससे संघ परिवार को अपने हिन्दुत्व तथा हिन्दू 'राष्ट्र' सम्बन्धी विचारों की वकालत करने का अवसर मिला। इसके अलावा जैन एवं स्वामीनारायण सम्प्रदाय, दोनों पाटीदारों तथा आप्रवासी भारतीयों के बीच शाकाहारिता के तात्कालिक प्रचलन तथा मुस्लिम-विरोधी पूर्वग्रह के कारण गुजराती नागरिक समाज पर संघ परिवार की पकड़ को बढ़ाने में उपयोगी प्रमाणित हुआ।

राजनीतिक क्षेत्र में भी रूढ़िवादी, दक्षिणपन्थी नेतृत्व का कांग्रेस पार्टी पर इसके आविर्भाव काल से ही वर्चस्व था। राज्य के स्थापना-काल से ही सरदार पटेल, मोरारजी देसाई एवं उनके शिष्य इस पार्टी के नीति-निर्धारण में निर्णायक स्वर रखते थे। यह आश्चर्यजनक नहीं है कि कांग्रेस के प्रति पहली सबसे बड़ी चुनौती अर्थव्यवस्था में राज्य के हस्तक्षेप के विरुद्ध दक्षिणपन्थी,

प्रतिक्रियावादी सामन्ती तथा उद्योग जगत् के लोगों के समर्थक स्वतंत्र उद्यम के लिए थी तथा इसके राजनीतिक रूपान्तरण जो 'स्वतंत्र पार्टी' के रूप में आया, ने 1960 के दशक में कांग्रेस के समक्ष गम्भीर चुनौती तथा 1962 एवं 1967 के विधानसभा चुनावों में यह पार्टी सत्ता के बिलकुल करीब आ गई। इस पार्टी के कुछ महत्त्वपूर्ण नेताओं, जो शाही राजपूत परिवारों से सम्बन्धित थे, तथा पाटीदार परिवारों ने अपना समर्थन पूर्ववर्ती जनसंघ को दिया जिसके कारण गुजरात में भाजपा तथा संघ परिवार को पाँव जमाने में मदद मिली।

गुजरात की विद्यमान सामाजिक-आर्थिक संरचना को ध्यान में रखते हुए माधव सिंह सोलंकी ने 'खाम' (के.एच.ए.एम.) नीति अपनाई, जिसमें क्षत्रिय, हरिजन, आदिवासी एवं मुस्लिम शामिल थे, जो कुल मिलाकर गुजरात की जनसंख्या के लगभग दो-तिहाई थे। यह समीकरण कुछ समय के लिए ठीक हो सकता था, परन्तु जैसा कि गिरीशभाई पटेल कहते हैं, चूँकि इन चार जातियों बिना किसी व्यापक वैचारिक आधार के महज एक तात्कालिक संगठन था, अतः यह क्षणिक, अवसरवादी, तदर्थ तथा जातीय अथवा धार्मिक निष्ठाओं को दूर नहीं कर सका। यह गठबन्धन एक दुधारी तलवार थी जो या तो किसी धार्मिक आन्दोलन का नेतृत्व कर सकती है अथवा जातीय अथवा समुदाय की निष्ठाओं के बीच खाई पैदा कर सकती थी। वास्तव में, ऊँची जातियों के राजनीति से निष्कासन और उनके नेतृत्व के लिए चुनौती ने उन्हें अलग-थलग कर दिया और उन्हें पुनः लड़ते रहने के लिए बाध्य कर दिया। यह वास्तव में 1980 के बाद हुआ। जब पहले अ.जा./अ.ज.जा. आरक्षण विरोधी उच्च-मध्यम जातियों के आन्दोलन का नेतृत्व पटेल, ब्राह्मणों, बनियों ने उच्च शिक्षा के क्षेत्र में प्रवेश सम्बन्धी आरक्षण के विरुद्ध शुरू किया जिसने भयानक हिंसा को जन्म दिया तथा इन दोनों के बीच दंगों की शुरुआत कर दी। कुछ हद तक इसने दलितों एवं आदिवासियों के ऊर्ध्वमुखी संचरण, जो बेहतर आर्थिक स्तर से सम्बन्धित थे, को अपने पुराने साथियों के बीच वापस लौटने के लिए बाध्य कर दिया। जब अन्य पिछड़ा वर्ग के आरक्षण को 10 प्रतिशत से बढ़ाकर 27 प्रतिशत करने के प्रयास किए गए तो इसके कारण पुनः 1983 एवं 1985 में आरक्षण विरोधी आन्दोलन प्रारम्भ हो गया जिसमें लगभग 39 प्रतिशत अन्य पिछड़ा वर्ग के लोग विशेषाधिकार प्राप्त वर्ग के लोगों के विरुद्ध संघर्षरत हो गए। यह आन्दोलन (ऊँची जाति, अन्य पिछड़ा वर्ग तथा दलितों के बीच) हिंसक और भयानक था। इसमें भवन निर्माण समूहों के सशक्त निहित स्वार्थ भी शामिल थे। पटेलों के वर्चस्व तथा पूर्व मुख्यमंत्री चिमनभाई पटेल एवं भाजपा की जीत ने राजीव गांधी को अति आभिजात वाली पृष्ठभूमि के साथ हिन्दुओं के वर्चस्वशाली वर्ग का तुष्टीकरण, खासकर मध्य वर्ग का तुष्टीकरण, करने के लिए मजबूर किया। उन्होंने सोलंकी को मुख्यमंत्री पद से त्यागपत्र देकर अपनी जगह आदिवासी नेता अमर सिंह चौधरी को मुख्यमंत्री बनाने का सुझाव दिया। 'खाम' का प्रयोग अब समाप्त हो चुका था और इसने अपने पीछे केवल जातीय संघर्ष और कटुता छोड़ी। कांग्रेस अपनी पकड़ खो चुकी थी। चिमनभाई पटेल अपनी जनता पार्टी (के.एम.पी.पी) के बल पर पटेल जाति के कुछ भाग का प्रतिनिधित्व कर रहे थे, जबकि भाजपा ने सत्ता में आने पर अपने संजाल का खासकर दलितों, अन्य पिछड़ा वर्ग और फिर आदिवासियों के बीच विस्तार किया, जिनका कोई राजनीतिक आधार नहीं था, जो उच्चस्तरीय संस्कृतीकरण

के माध्यम से निर्मित प्रलोभन का आसानी से शिकार हो सकते थे और जिन्हें अवसरवादिता के तहत ऊँची राजनीतिक सहभागिता प्राप्त हो सकती थी। हिन्दुओं के जातीय संघर्ष से दिग्भ्रमित मुसलमान, जो कांग्रेस के प्रति अपना विश्वास खो रहे थे, को चिमनभाई पटेल की पार्टी में मुश्किल से कोई स्थान प्राप्त हो सकता था क्योंकि वे भाजपा में नहीं जा सकते थे। धीरे-धीरे और क्रमशः गुजरात की राजनीति और समाज अपने अन्तिम लक्ष्य हिन्दूवाद की ओर उन्मुख हो गई।[3]

उपर्युक्त तथ्यों के अतिरिक्त, पूर्ववर्ती जनसंघ एवं राष्ट्रीय स्वयंसेवक संघ के मुस्लिम-विरोधी दुष्प्रचार और राज्य में साम्प्रदायिक अशान्ति उत्पन्न करने की नीति ने गुजरात में संघ परिवार के प्रभाव को बढ़ाने में महत्त्वपूर्ण भूमिका निभाई। ऊँची जाति के हिन्दुओं में विद्यमान मुस्लिम-विरोधी पूर्वग्रह (खासकर राजपूत, ब्राह्मण तथा बनियों में) ने इस प्रक्रिया को आगे बढ़ाने में मदद की। पार्टी के स्थानीय पदाधिकारियों ने अपने भाषणों के माध्यम से दोनों समुदायों के बीच के संघर्ष को सशक्त प्रतीकों के सहारे तथा अफवाहों को फैलाकर इन भावनाओं को और भड़काया। आधिकारिक आँकड़ों के अनुसार 1960 एवं 1969 के बीच गुजरात में साम्प्रदायिक हिंसा की कुल 2,938 घटनाएँ हुईं। उनमें कुछ बड़े दंगे सौराष्ट्र और कच्छ में हुए। 1965 में हुए भारत-पाक युद्ध ने तनाव को पुनः भड़का दिया तथा अफवाहें फैलानेवालों को अच्छा मौका दे दिया। पाकिस्तान विरोधी भावना को प्रायः स्थानीय मुसलमानों के प्रति घृणा का रूप दे दिया जाता था। 1968 में राष्ट्रीय स्वयंसेवक संघ ने 1,615 स्वयंसेवकों की एक रैली आयोजित की जो गुजरात के विभिन्न जिलों से आए थे। उस रैली को सम्बोधित करते हुए एम.एस. गोलवरकर ने इस बात पर जोर दिया कि केवल हिन्दू ही धर्मनिरपेक्ष हैं। अन्य विभिन्न पक्षों द्वारा किए गए अत्याचारों को वे सहन करते रहे हैं। उन्होंने एक हिन्दू 'राष्ट्र'–एक ऐसी अवधारणा जिस पर गुजरात के समाचार जगत् में पहले ही काफी अधिक चर्चा हो चुकी थी–बनाए जाने की वकालत की। उन बहसों का मुख्य जोर इस बात पर था कि मुस्लिमों ने हिन्दू संस्कृति को विनष्ट कर दिया है और अब वे देश में विशेष महत्त्व पा रहे हैं। कुछ धार्मिक नेताओं और जनसंघ ने मिलकर 1968 में हिन्दू धर्म रक्षा समिति की स्थापना अहमदाबाद में की। अब हिन्दू 'राष्ट्र' की पहचान भारतीय राष्ट्रवाद के रूप में बन चुकी थी। समिति ने शहर में 1969 के साम्प्रदायिक दंगे के पूर्व मुस्लिम-विरोधी भावना फैलाने में महत्त्वपूर्ण भूमिका निभाई। इसकी परिणति सितम्बर-अक्टूबर 1969 में बड़े पैमाने पर हुए दंगे के रूप में हुई जो कई शहरों में फैला। जनसंघ और राष्ट्रीय स्वयंसेवक संघ के कार्यकर्ता लोगों को भड़काकर, भीड़ में आगे बढ़कर अथवा सिर्फ पैसे देकर या दंगाइयों को सामान देकर अशान्ति को और अधिक बढ़ा रहे थे। कांग्रेस, जो उस समय सत्ता में थी, न केवल दंगों को रोकने में विफल रही बल्कि इसके नेताओं ने हिन्दू साम्प्रदायिक सोच को मजबूत करने में बढ़-चढ़कर भाग लिया। आश्चर्यजनक नहीं था कि वे प्रत्यक्ष अथवा परोक्ष रूप से उपद्रव में भाग लेकर जनसंघ को शहरी क्षेत्रों में अपनी पैठ बनाने में मददगार साबित हो रहे थे।[4]

शाह बतलाते हैं कि हिन्दू-मुस्लिमों के बीच का तनाव, 1980 के दशक के अन्त में, रामजन्मभूमि मुद्दे के कारण भावनात्मक रूप में शीर्ष पर था। 1989 में संघ परिवार ने

राम शिलापूजन का आयोजन किया। यह एक ऐसा अभियान था, जिसका लक्ष्य अयोध्या में भविष्य में निर्मित होनेवाले मन्दिर के लिए नींव की ईंटों का संग्रहण तथा उनका शुद्धीकरण था। भजनों, नारों, कथाओं, चलचित्र एवं कर्मकांडों के द्वारा धार्मिक भावनाओं को हवा दी गई।

सितम्बर 1990 में सौराष्ट्र के सोमनाथ से लालकृष्ण आडवाणी ने अपनी नाटकीय रथयात्रा प्रारम्भ की और फिर अयोध्या के सन्देश को प्रचारित करने के लिए भाजपा द्वारा कई छोटी-छोटी रथ यात्राएँ की गईं। त्रिशूल, भगवाध्वज एवं टोपी, *गर्व से कहो हम हिन्दू हैं* नारा-अंकित स्टीकर और यह नारा कि 'हम शपथ राम की लेते हैं मन्दिर वहीं बनाएँगे' शहरों और कस्बों में फैल गया तथा हिन्दू-एकता और राष्ट्रवाद ने लोगों के मानस पर अपना अधिकार कर लिया। रथयात्रा की अवधि में–सितम्बर से 20 नबम्वर, 1990 के बीच–26 स्थानों पर साम्प्रदायिक दंगे हुए जिनमें 99 व्यक्ति मारे गए। बार-बार होनेवाले साम्प्रदायिक संघर्ष, हिन्दुत्व के पक्ष में जोर-जोर से लगने वाले नारे और अयोध्या में राममन्दिर के निर्माण के मुद्दे ने 1991 के लोकसभा चुनावों में भाजपा की भरपूर मदद की।

बाबरी मस्जिद विध्वंस तथा अयोध्या में राममन्दिर निर्माण सम्बन्धी अभियान का अगला चरण नवम्बर 1992 में प्रारम्भ हुआ। कई हजार 'कारसेवक' जो विभिन्न जातियों–अन्य पिछड़ा वर्गों, दलितों और जनजातियों से शामिल थे, गुजरात से अयोध्या में तैनात किए गए थे। वास्तव में, गुजरात ने सबसे अधिक संख्या में 'कारसेवक' भेजे।

बाबरी मस्जिद विध्वंस के बाद गुजरात के विभिन्न भागों में बड़े पैमाने पर साम्प्रदायिक दंगे हुए; साम्प्रदायिक जनसंहार सबसे अधिक सूरत में हुए, जहाँ ये करीब छह महीनों तक होते रहे और इनमें करीब 200 लोगों की जानें गईं।

गुजरात के लिए 1993 काफी तनावपूर्ण रहा। भावनात्मक रूप से अत्यधिक प्रभावित वर्ष ने भाजपा को 1995 के विधानसभा चुनाव में भारी बहुमत दिलाया।[5]

उसके बाद के विधानसभा चुनावों में भी गोधरा जनसंहार के बाद की घटनाओं से लाभ उठाते हुए दंगापीड़ित क्षेत्रों में अभूतपूर्व विजय के रूप में भाजपा ने बड़ी जीत हासिल की। कुल 25 जिलों में से 13 ऐसे थे, जो गोधरा कांड के बाद हुए साम्प्रदायिक दंगे से सर्वाधिक प्रभावित थे। इन 13 दंगा प्रभावित जिलों में गुजरात प्रान्त के कुल 3,213 मिलियन मतदाताओं में से 66 प्रतिशत निवास करते थे एवं उनमें से 62 प्रतिशत ने 2002 के विधानसभा चुनावों में अपने मताधिकार का उपयोग किया। गुजरात में भाजपा को मिले वोटों का 71 प्रतिशत दंगा प्रभावित क्षेत्रों से था, इन (अहमदाबाद, पंचमहल, वडोदरा, मेहसाणा, दाहोद, आनन्द तथा साबरकांठा इत्यादि) क्षेत्रों में 116 विधानसभा क्षेत्र आते थे, जिनमें से 91 पर भाजपा की जीत हुई, जो राज्य के कुल विधानसभा क्षेत्रों का 50 प्रतिशत था। 2002 के चुनावों में कांग्रेस ने काफी निराशाजनक प्रदर्शन किया, एवं उसे केवल 8 सीटें प्राप्त हुईं तथा इन दंगा प्रभावित जिलों के कुल वोटों का 36 प्रतिशत ही प्राप्त हो पाया।[6]

राज्य में संघ परिवार के प्रभाव के बनने तथा विस्तार में योगदान करनेवाले ऊपर वर्णित बहुआयामी कारकों के अलावा बहुत सारी महत्त्वपूर्ण प्रक्रियाएँ हैं, जो राष्ट्रीय स्तर पर कार्य कर रही हैं, जिन्होंने गुजरात में संघ परिवार के प्रादुर्भाव और विकास में मदद पहुँचाई है।

स्वतंत्रता उपरान्त भारत में हुए राजनीतिक-आर्थिक परिवर्तनों से शहरी और ग्रामीण मध्य वर्ग के बीच, विशेषतः उत्तर भारत में, हिन्दूवाद का प्रभाव पिछले कई दशकों से तेजी से बढ़ता गया है, जो हिन्दुत्व की संगठित शक्तियों को हस्तक्षेप करने के लिए उपयुक्त अवसर उपलब्ध कराता है।

विश्व हिन्दू परिषद के पूर्ण रूप से अस्तित्व में आने के पहले भी पूजा-पाठ और पवित्र प्रतीकों के प्रति नए रुझान में काफी उभार आ गया था। उदाहरण के तौर पर देवी (दुर्गा) की प्रतिमाओं के पास जागरण कार्यक्रम, ऐसे स्थानों पर 'जय माता दी' का उद्घोष, मीडिया द्वारा सृजित 'सन्तोषी माँ', लोकप्रिय भक्तिगीत, आधुनिक तकनीक से सज्जित तीर्थस्थानों, यथा–वैष्णो देवी पर उच्च-मध्य वर्ग की पहुँच तथा चमत्कारी साधु-सन्तों में काफी वृद्धि आ गई थी। इनमें से प्रत्येक के पास हिन्दू धर्म की अपनी-अपनी परिभाषा है और अपने विशिष्ट भक्तों के लिए मुक्ति की रणनीतियाँ हैं।

1950 एवं 1960 के दशक के बाद नई प्रकार की धार्मिकता के साथ एक संयोग यह हुआ कि परम्परागत संन्यासियों, सन्तों और महन्तों के महत्त्व में साफ दिखाई पड़नेवाली गिरावट मध्य वर्ग के भीतर उत्पन्न हो गई। शायद इससे विश्व हिन्दू परिषद को अपने प्रचारात्मक अभियान को सुगम एवं सफल बनाने में मदद मिली, जिससे उनमें नई सत्ता का समावेश हुआ।

हिन्दुत्व तथा हाल में उत्तर भारतीय शहरों के हुए विकास के बीच भी एक प्रत्यक्ष सम्बन्ध देखा जा सकता है। यह नया शहरी मध्य वर्ग, जो तेजी से ग्रामीण क्षेत्रों में फैलता जा रहा हो, का आधार तेजी से बढ़ रहा लघु उद्योग और उससे सम्बन्धित व्यवसाय है। 1970 के दशक से सरकार द्वारा छोटे निजी उद्योगों को बढ़ावा देने हेतु प्रशिक्षण, प्रारम्भिक अनुसमर्थन एवं बैंक ऋण, जो व्यक्तिगत आधार पर दिए जाते हैं, की शुरुआत हुई। इस नए क्षेत्र ने बड़े उद्योगों की तुलना में, चाहे वह निजी हो अथवा सार्वजनिक, महत्त्वपूर्ण ढंग से उच्च विकास दर हासिल कर ली है।

उत्तर प्रदेश के कुछ भागों में हरित क्रान्ति के कारण लोगों की क्रयशक्ति में महत्त्वपूर्ण बढ़ोतरी हुई है। इसने उपभोक्तावाद तथा व्यापार में शहरी उद्योगों को बढ़ाने में मदद की है। ये लघु उद्योग बिना किसी संगठित कामगार वर्ग का निर्माण किए प्रगति करते गए हैं, क्योंकि व्यक्तिगत तौर पर स्थापित इन उद्योगों में बड़े पैमाने पर श्रमिकों के नियोजन तथा उनके प्रभावशाली संघों के उदय के लिए कोई गुंजाइश नहीं होती। हाल में, छोटे शहरों के विकास ने काफी हद तक इन्हें ऐसी प्रगति पर आश्रित बना दिया है। यहाँ तक कि दिल्ली जैसे महानगर भी इन छोटे-छोटे शहरों पर आश्रित हो गए हैं। इस तरह का विकास राजीव गांधी की 'स्क्रूड्राइवर' प्रौद्योगिकी के कारण अधिक हुआ है। औद्योगिक घरानों तथा जातीय संरचनाओं पर आधारित उद्योगों के लिए यह एक महत्त्वपूर्ण विरोधाभास है, जो पूर्व में भारत के उद्योगपतियों (विशेषकर मारवाड़ी उपक्रम) की मुख्य विशेषता रही है। नया मध्य वर्ग छोटे-छोटे टुकड़ों और अधिक व्यक्तिगत इकाइयों के रूप में काम करना चाहता है। उनमें गहन आन्तरिक प्रतिस्पर्द्धा है, नए अवसरों को पाने का निरन्तर दबाव है तथा अभूतपूर्व ऊर्ध्वमुखी विस्तार तथा अनिवार्य उपभोक्तावाद उन्हें उनकी सीमाओं से बाहर आने को बाध्य

कर रहा है। विकास का दबाव उन्हें अस्थिर कर रहा है तथा नया शक्तिशाली वैश्वीकरण उन्हें अस्तित्वमूलक अनिश्चितताओं की ओर ले जा रहा है।

प्रतिस्पर्द्धा तथा बिखराव सम्बन्धी वास्तविकता साझे इतिहास और सामूहिकता के सिद्धान्त पर आधारित है जो अनुशासित, प्रतिबद्ध मूल्य प्रणाली को जन्म देती है फिर भी इन वर्गों के मूलभूत हितों और आकांक्षाओं को कभी चुनौती नहीं दे पाई। अतएव, एक नई संस्कृति विकसित हुई और संरक्षक मसीहा सामने आए हैं। राष्ट्रीय स्वयंसेवक सं. की शाखाएँ, जो 1920 के दशक से ही मुख्यतः शहरी व्यापारी वर्ग में काम करती रही हैं, अपनी अत्यधिक अनुशासित एकजुटता के साथ प्रासंगिक रही हैं, जो भाईचारे को बढ़ावा देती हैं और शुद्ध पारम्परिक संस्कारों का दावा करती हैं। परन्तु सम्भवतः उससे भी अधिक ये शाखाएँ आवश्यक हो गई थीं। 1970 का दशक बीतते-बीतते सापेक्षिक रूप से शान्त 'शाखाएँ' अपने दीर्घकालीन चरित्र निर्माण के परिप्रेक्ष्य में सम्भवतः चरम पर पहुँच गई थीं। इससे सशस्त्र दस्तों को कुछ करने का अवसर मिला और किसी नाटकीय राजनीतिक सफलता की एक छोटी-सी उम्मीद दिखाई पड़ी। भाजपा का चुनावी प्रदर्शन 1984 में बेहद खराब रहा, फलस्वरूप हिन्दुत्ववादी कार्यकर्ताओं को एक नए संघर्षशील कार्यक्रम की आवश्यकता पड़ी। यह आवश्यकता जय माता दी, वैष्णो देवी अथवा महापुरुषों मात्र से पूरी नहीं हो पा रही थी क्योंकि ये प्रतीक काफी हद तक व्यक्तिपरक थे तथा सामूहिक एकजुटता को घनीभूत करनेवाली भावना को उभारने में असमर्थ थे। इस मोड़ पर संगठित हिन्दुत्व नये आक्रमण तथा रामकेन्द्रित साम्प्रदायिकता, जो अपनी विरासत में प्राप्त सैन्य क्षमता से एक गहन एकजुटता को उभारने में समर्थ था, के साथ सामने आया। इसके प्रारम्भिक बिन्दुओं में से एक था अवतारवाद, जो 'अन्यों' को लगातार चुनौती दे रहा था, जिसके साथ रामजन्मभूमि आन्दोलन के माध्यम से एक अन्तहीन युद्ध जारी था। इसके बाद मथुरा, बनारस एवं लगभग 3,000 मन्दिरों को फिर से हासिल किया जाना था। मुस्लिम 'अन्य' की उपस्थिति विषयक दुष्प्रचार के बावजूद वास्तविक जीवन में अल्पसंख्यक थे। अफसरशाही, सेना, पेशेवर एवं व्यवसायी घरानों में, मोटे तौर पर, इनका प्रतिनिधित्व काफी कम था, जबकि हिन्दुत्ववादी राज्यतंत्र की बहुत सारी जटिलताओं को अपने अनुकूल पाते थे। अयोध्या मसले पर 1949 एवं 1946 के अदालती फैसलों, उत्तर प्रदेश के असंख्य दंगों में राज्य की पुलिस, पी.ए.सी. की संलिप्तता, दूरदर्शन के 'रामायण' धारावाहिक की भूमिका तथा भाजपा में पूर्व सैनिकों एवं सेवानिवृत्त प्रशासकों की प्रमुखता इन अन्तरसम्बन्धों के नमूने भर है।[7]

इन लेखकों का यह निष्कर्ष है कि 1980 के दशक के संयोग आज की सशक्त लहर को स्पष्ट तौर पर संकेतित कर देते हैं। न केवल स्वप्रेरित, बल्कि एक ऐतिहासिक विकास की प्रक्रिया के तहत एक वैचारिक निर्माण पहले ही प्रत्यक्ष हो चुका था, जिसे वे ढूँढ़ना चाहते थे। इस निर्मिति, जो विरोधाभासी तथा अपर्याप्त है, के कारण हिन्दू 'राष्ट्र' के लिए किए जा रहे प्रयासों को रोक पाने के अवसर अभी भी मौजूद हैं।

इस उत्तर भारतीय परिदृश्य की हकीकत आज गुजरात में विद्यमान स्थितियों में देखना शायद अधिक प्रासंगिक और उपयोगी है। 1970 के दशक से गुजरात का आर्थिक विकास इसी दिशा में आगे बढ़ता रहा है। खासकर स्वर्णिम गलियारे (अहमदाबाद, वडोदरा, सूरत,

मेहसाणा, आनन्द एवं नवसारी जिले) में छोटे पूँजीपतियों की तेजी से बढ़ती संख्या एवं नए पेशेवरों के वर्ग के साथ-साथ व्यापारियों की भी संख्या बढ़ रही है जो संघ परिवार तथा भाजपा के मजबूत समर्थक के रूप में उभरे हैं।

## बढ़ता आर्थिक संकट

गहराती मंदी का भारतीय अर्थव्यवस्था, खासकर गुजरात (जहाँ अब पहले जैसी वृद्धि-दर नहीं है) पर प्रभाव के कारण साम्प्रदायिक सौहार्द का वातावरण दूषित हो गया है जिसे नजरअन्दाज नहीं किया जा सकता। जैसा कि के. नाग लिखते हैं, कृषि पर जोर देने के साथ ही हाल के वर्षों में अहमदाबाद और वडोदरा दोनों ने ही बड़े पैमाने पर ग्रामीण क्षेत्रों से लोगों का पलायन देखा है। 1970 के दशक के आरम्भ में वडोदरा, जो पुणे तथा बंगलौर जैसे शहरों के समकक्ष था, अब एक ठहरा हुआ शहर बन गया है। सभी बड़ी केन्द्रीय सार्वजनिक क्षेत्र की कम्पनियाँ, यथा–इंडियन ऑयल तथा आई.पी.सी.एल. आज बुरी दशा में हैं। निकटवर्ती औद्योगिक प्रतिष्ठानों की अनुषंगी इकाइयाँ बन्द हो रही हैं। इन सबका अर्थ है कि यहाँ के स्थानीय लोगों की नई पीढ़ियों के लिए भी नई नौकरियाँ पैदा नहीं हो रही हैं। वस्त्रोद्योग के पतन के बाद अहमदाबाद, जो किसी समय पूरब का मैनचेस्टर कहलाता था, निर्माण के नए साधनों को खोजने में असफल रहा है।

इस अवसादग्रस्त परिदृश्य के अलावा, हीरा-उद्योग, पॉलिशिंग तथा पावरलूम जैसे संगठित उद्योगों का आकार इतना छोटा हो गया है कि इनमें उपलब्ध मानव शक्ति का पूर्ण समावेश सम्भव नहीं रह गया है। इन सबके कारण इन दोनों शहरों में युवा बेरोजगारों की संख्या काफी बढ़ गई, जो ऊर्जा से भरपूर हैं और बिना किसी काम के पड़े हुए हैं। इन युवाओं में से बहुतेरे घृणा की विचारधारा के शिकार हो गए हैं जो कतिपय राजनीतिक संगठनों द्वारा फैलाई जा रही है। मौत के इस नंगे नाच में वे बिना सोचे-समझे शामिल हो गए हैं, जो हाल में अहमदाबाद तथा वडोदरा की गलियों में देखा गया है।[8]

## राज्य की पुनर्कल्पना

विगत कई दशकों से, जैसा कि हम अपनी पहले की चर्चाओं में देख चुके हैं, गुजरात के सामाजिक एवं राजनीतिक क्षेत्र का उपयोग प्रतिक्रियावादी राजनीति द्वारा किया जाने लगा है, जिसमें राजनीतिक आन्दोलन केवल धार्मिक तथा जातीय नारों के इर्द-गिर्द संचालित हैं। असीम प्रकाश कहते हैं : कांग्रेस रणनीतिक रूप से इन दोनों को मिश्रित कर देना चाहती है, जबकि 'हिन्दू' और 'धर्म' को मिलाकर 'हिन्दुत्व' की विचारधारा के रूप में संघ परिवार अपनी 'राज्य की पुनर्कल्पना' की परियोजना पर काम कर रहा है। चुनावी राजनीति में अपना वर्चस्व स्थापित करने की दृष्टि से राज्य के उपकरणों पर नियंत्रण स्थापित करते हुए पुनर्कल्पना-परियोजना में अल्पसंख्यकों को छोड़कर कुछ जातियों/वर्गों को उत्पादक संपत्तियों के स्वामित्व तथा नियंत्रण का अधिकार देते हुए ऐसी व्यवस्था विकसित करने का प्रयास किया जा रहा है जिसमें सामाजिक ऊँच-नीच को बनाए रखने के लिए सभी सामाजिक समूहों का एकीकरण किया जा रहा है ताकि इनका भौतिक जगत् में लाभ उठाया जा सके।

जैसा किं पूर्व में वर्णित है कि गुजरात की जनसंख्या के लगभग 13 प्रतिशत पाटीदार अथवा पटेल हैं। शुरू में उन्होंने स्वतंत्र पार्टी के लिए सामाजिक और राजनीतिक आधार तैयार किया। आगे चलकर इन्होंने कांग्रेस के पक्ष में समर्थन दिया तथा 1980 के दशक के अन्त तक अपनी निष्ठा पूरी तरह भाजपा के प्रति व्यक्त कर दी। एक जाति के रूप में पटेल मूल रूप से खेतिहर थे। उनकी वर्तमान सम्पन्नता बड़े पैमाने पर सरकार के भूमि सुधार कार्यक्रमों, हरित क्रान्ति सम्बन्धी नीति, कृषि को दिए जानेवाले राज्य अनुदान तथा अनगिनत सहकारी समितियों के संसाधनों के कारण सम्भव हुई। कृषि से प्राप्त अतिरिक्त आय ने उन्हें बढ़ते शहरी क्षेत्रों में अन्य व्यवसायों की ओर भी प्रेरित किया। साथ ही अपने आर्थिक आधारों में बदलाव लाने के लिए ग्रामीण क्षेत्रों में भी पकड़ बनाए रखी। लघु उद्योगों को दिए गए राज्य-अनुदान से पटेलों और बनियों को भारी फायदा हुआ और वे एक शक्तिशाली उद्यमी बन गए। राज्य की कुल आबादी में केवल 3 प्रतिशत का हिस्सा रखनेवाले बनियों का व्यापार और उद्योग पर वर्चस्व हो गया। ब्राह्मण, जो शैक्षणिक संस्थानों के साथ ही चिकित्सक, वास्तुविद् तथा इंजीनियरिंग के पेशे में वर्चस्व रखते थे, राज्य की कुल जनसंख्या का केवल 4 प्रतिशत थे। हाल में, वे व्यापार की ओर भी मुड़े हैं। अगड़ी जातियाँ कुल जनसंख्या का 26 प्रतिशत हैं, परन्तु वे मध्य वर्ग का 75 प्रतिशत तथा सम्पन्न तबके का 95 प्रतिशत हैं। थोड़े से अपवाद के साथ राजपूत अपनी आर्थिक दशा के मामले में पिछड़ा वर्ग के निकट हैं (शाह, 1998, पृ. 31, पटेल 2002, 4828)।[9] ये ही वे जातियाँ हैं जिन्होंने बाजार आधारित विकास के संस्थानीकरण से सबसे अधिक लाभ उठाया। असीम प्रकाश के अनुसार, पुनर्कल्पना परियोजना के भौतिक क्षेत्र का प्रथम लक्ष्य इन जातियों के सामाजिक और आर्थिक महत्त्व का परिरक्षण करना है।

इस सन्दर्भ में, ताकाशी शिनोदा की उद्यमियों की सामाजिक संरचना की उनके उपनाम के साथ दी गई जानकारी विचारणीय है। ताकाशी लिखती हैं कि ब्राह्मण, बनिया, जैन और पाटीदारों का सभी जिलों में सभी प्रकार के उद्योगों पर मालिकाना हक है; यद्यपि उनका सर्वाधिक संकेन्द्रण केन्द्रीय गुजरात में है। पूँजी आधारित उद्योगों में उनकी मौजूदगी अधिक पाई गई है। कारीगर जातियाँ, मुस्लिम, राजपूत, दलित एवं आदिवासी या तो ऐसे उद्योगों के साथ जुड़े हैं जो परम्परागत धन्धों से सम्बद्ध हैं अथवा ऐसे उद्योगों के साथ, जिन्हें शुरू करने के लिए कम पूँजी की आवश्यकता होती है और जिनमें श्रमिकों की अधिकता होती है। शिनोदा यह भी लिखती हैं कि कृषि, ग्राम-आधारित उद्योग तथा निर्माण-उद्योग की पाटीदारों को उद्यमी के रूप में उभारने में महत्त्वपूर्ण भूमिका रही है।[10]

गुजरात की उद्यमी जातियों/वर्गों के बुर्जुआकरण का दूसरा चेहरा शहरी व्यापारियों का है जो आधुनिक शोरूमों, होटल, शॉपिंग मॉल, शेयर दलाल, बड़े और मध्यम किराना दुकानों, भवन निर्माण प्रतिष्ठान, निर्माण कम्पनियाँ, इलेक्ट्रॉनिक सामानों के विक्रेता, यातायात, ज्वैलरी दुकान इत्यादि के मालिक हैं। प्रकाश, अपने क्षेत्रगत कार्यों के आधार पर कहते हैं कि गुजरात के व्यावसायिक और व्यापारिक क्षेत्र में पाटीदारों और बनियों के वर्चस्व के बाद ब्राह्मण आते हैं। उनका सर्वेक्षण यह भी बताता है कि पाटीदार, बनिया एवं ब्राह्मण व्यापार और वाणिज्य पर काफी नियंत्रण रखते हैं। कोली, पटेल, पांचाल एवं सोनी, जो

अन्य पिछड़ा वर्ग से आते हैं, इन कार्यों में मामूली रूप से भाग लेते हैं। पाटीदार, बनिया और ब्राह्मण, जो यद्यपि राज्य की जनसंख्या का 20 प्रतिशत हैं, आज राज्य पर शासन कर रहे हैं।

ताकाशी कहती हैं कि यह राजनीतिक तथा आर्थिक सम्भ्रान्तों के हित में है कि (जो प्रायः ऊँची जातियों से आते हैं) वे अर्थव्यवस्था का परिरक्षण करें, जिसे वे सामाजिक विचारधारा के भीतर देखना चाहते हैं जो यथास्थिति को वैधता प्रदान करती है। अपने सभी रूपों में हिन्दुत्व ने जातिगत अथवा वर्गगत विषमता के प्रश्न को कभी नहीं उठाया। हिन्दुत्व सामाजिक व्यवस्था तथा नवउदारवाद दोनों को इस आस्था से जुड़ा हुआ देखता है कि मूल रूप से हमें जो प्राप्त है, हमें उसी में सन्तुष्ट रहना चाहिए। इस तर्क की राजनीतिक परिणति भाजपा तथा सामाजिक परिणति राष्ट्रीय स्वयंसेवक संघ, विश्व हिन्दू परिषद, बजरंग दल एवं उनके अनगिनत अन्य संस्थान तथा धार्मिक उपक्रम हैं। दक्षिणपन्थी सामाजिक-राजनीतिक संरचनाओं के प्रति व्यवसायी वर्ग के लगाव का सम्भवतः यही कारण है। जिन व्यवसायियों का इस शोध के दौरान निरीक्षण किया गया उनमें से अधिकतर का सम्बन्ध संघ परिवार, खासकर विश्व हिन्दू परिषद के इन संगठनों से रहा है। बहुसंख्य ब्राह्मण व्यवसायी राष्ट्रीय स्वयंसेवक संघ के सदस्य पाए गए। कुछ छोटे व्यवसायी, यथा–किराना दुकानदार, लेखन-सामग्री विक्रेता, दुग्ध-विक्रेता इत्यादि, बजरंग दल के सदस्य पाए गए। लगभग 70 प्रतिशत व्यापार-मालिकों ने बताया कि इन सामाजिक संगठनों से सम्बद्धता के आधार पर ही वे राजनीतिक दलों का चुनाव करते हैं।

कई व्यापारी न केवल संघ परिवार के सामाजिक संगठनों के सदस्य हैं, बल्कि समय-समय पर ये उन संगठनों के जिला एवं राज्य पदाधिकारी भी होते हैं। यदि सामाजिक संगठनों एवं राजनीतिक दलों को राज्य स्तर पर संचालित करनेवाले अधिशासी समाज, राजनीति एवं अर्थशास्त्र को समझ जाते हैं, ठीक वैसे ही जैसा गुजरात में हुआ, तब व्यवसायियों की ताकत से राजनीति मजबूत होती है और राजनीति की ताकत से व्यवसायी। इस प्रकार, राज्य की नीतियाँ आधारभूत संरचनाओं से सम्बन्धित अनुसमर्थन तथा नौकरशाही एवं अन्य रुकावटों को समाप्त कर करों में छूट एवं लागत को कम कर व्यावसायिक पूँजी में वृद्धि लाने में सक्षम हो जाती हैं। ऐसी वृद्धि के लिए अधिकांश रियायतें 1996 के बाद दीगइ ˆ।[11] लाभार्थी अधिकांशतः तीन प्रभुत्वशाली जातियाँ थीं। राजकीय ऋण तथा उपादान लघु उद्योगों के विकास के लिए महत्त्वपूर्ण हैं। ऐसे उपक्रम, जिनका स्वामित्व दलितों के हाथ में था, ने 1992-93 के बाद करीब 4 प्रतिशत वार्षिक वृद्धि-दर प्राप्त की परन्तु 1996-97[12] में इनका तेजी से पतन हुआ। यह आश्चर्यजनक नहीं था कि इसके बाद भाजपा पूर्ण बहुमत के साथ सत्ता में आई। उद्योग, सिंचाई, बिजली और कृषि जैसे आर्थिक क्षेत्रों को दिए गए राज्य अनुदान सामाजिक क्षेत्रों, यथा–शिक्षा, स्वास्थ्य, पेयजल, दलित एवं आदिवासी कल्याण की तुलना में काफी अधिक थे।[13] प्रकाश द्वारा किए गए क्षेत्रगत साक्षात्कारों के दौरान, लगभग सभी व्यापारियों ने संकोचपूर्वक स्वीकार किया कि संघ के सामाजिक संगठनों की सदस्यता तथा उनकी गतिविधियों के संचालन हेतु उनके आर्थिक सहयोग से राजसत्ता की निकटता प्राप्त हो गई, जिसके बदले में उन्हें राज्य सरकार से यथासम्भव लाभ उठाने की

अनुमति मिली, जिसने बिक्रीकर सम्बन्धी पड़नेवाले छापों और कानून से बाहर जाकर व्यावसायिक परिसरों के विध्वंस को रोक दिया।

अन्य पिछड़ा वर्ग, दलितों एवं आदिवासियों की आजीविका के साधनों को विकास की इस प्रक्रिया के साथ जोड़ने के लिए किया गया यह अन्तिम अवसर था। श्रम के अनौपचारिकीकरण के कारण गुजरात में रोजगार की गुणवत्ता में निरन्तर गिरावट देखी गई जिसके कारण शहरी गरीबी ग्रामीण गरीबी से आगे बढ़ गई।[14] पूँजीपतियों की अनियोजित वृद्धि और वन के स्वामित्व के ढाँचे और निजी व्यावसायिक गतिविधियाँ, आधारभूत संरचनात्मक सहयोग के अभाव का परिणाम राज्य के पूर्वी क्षेत्र के आदिवासी बहुल जिलों में सर्वाधिक गरीबी के रूप में सामने आया।[15] गुजरात का कृषि-क्षेत्र भी ठहराव का शिकार हो गया था जबकि इसने अमीर किसानों को लाभ पहुँचाया जो लाभकारी नकदी फसल उगा सकते थे।[16] द्वितीयक क्षेत्र, जिसमें अधिक नियोजन प्राप्त हो सकता था, ने कम मजदूरी देना शुरू कर दिया तथा कार्यदिवसों को भी कम कर दिया। नेशनल सैम्पल सर्वे संगठन के 35वें चक्र के आँकड़े भी इसे अहमदाबाद, वडोदरा एवं सूरत के सन्दर्भ में दिखाते हैं, जिसमें बड़ी संख्या में लोग बेरोजगार हो गए थे, साथ ही, आकस्मिक मजदूरों में वृद्धि आ गई थी और नियमित वेतनभोगी कर्मचारियों में 1993-94 तथा 1999-2000 के बीच कमी आ गई थी।[17] यदि हम इसे ध्यान से देखें तो पता चलता है कि 1997 में इन शहरों में ही लगभग 41 प्रतिशत लघु उद्योग थे,[18] तथा 1996 में राज्य के कुल पूँजी निवेश का लगभग 61 प्रतिशत इन शहरों में ही हुआ तो स्थिति की गम्भीरता पूरी तरह स्पष्ट हो जाती है।[19] जैसा कि प्रकाश बतलाते है : राज्य की नीतियाँ न केवल व्यावसायिक पूँजी का निर्माण करती हैं, बल्कि बाजार की उस असंगति को भी दूर करती हैं जो निजी पूँजीपतियों से सम्बन्धित होती है। परन्तु इसके साथ ही यह कमजोर वित्तीय स्थिति वालों पर पड़नेवाले बाजार के दुष्प्रभावों को खत्म करने में असफल होते हैं। विकास सम्बन्धी यह विरोधाभास कुछ जातियों/वर्गों के वर्चस्व को बनाए रखने की अनुमति देता है जबकि राज्य द्वारा कुछ जातियों /वर्गों को वंचित कर देने से सामाजिक सम्बन्धों के पदक्रम का संरक्षण होता है।[20]

2002 के विधानसभा चुनावों में भाजपा 'हिन्दू राष्ट्र' की स्थापना के लक्ष्य को ध्यान में रखकर संचालित हिन्दुत्व-अभियान के आधार पर विजयी हुई, जिसके लिए अन्य पिछड़ा वर्ग, दलित एवं आदिवासियों के साथ ऊँची जातियों/वर्गों का गठबन्धन हुआ था। परन्तु यह गठबन्धन क्षणभंगुर था जो समय-समय पर टूटता हुआ दिखाई पड़ जाता है। इसको पार्टी के पूर्व अध्यक्ष शंकरसिंह वाघेला द्वारा पार्टी से त्यागपत्र देने तथा इसके विभाजन के रूप में समझा जा सकता है। संघ परिवार ने अन्य पिछड़ा वर्ग, दलित एवं आदिवासियों को अपने सांगठनिक ढाँचे में शामिल करना चाहा तथापि उनकी उपस्थिति अत्यन्त नगण्य थी, क्योंकि पार्टी एवं अन्य हितों के सम्बन्ध में उनमें इतना विरोधाभास है कि यह गठबन्धन अस्थिर हो सकता है और हमेशा तनाव तथा द्वन्द्व से ग्रस्त रह सकता है। फिर भी अन्य पिछड़ा वर्ग के कुछ भागों को ऊर्ध्वमुखी संचरण का अवसर प्रदान करने के प्रयास किए जा रहे हैं; खास करके हिन्दुत्व के मंच पर तथा संस्कृतीकरण की प्रक्रिया में उन्हें शामिल करने का प्रयास करके।

हमें इस तथ्य को नजरअन्दाज नहीं करना चाहिए कि भाजपा अन्य पिछड़ा वर्ग, दलित एवं खासकर आदिवासी जिलों के केवल उन हिस्सों में अच्छी उपलब्धि हासिल कर सकती हैं, जो गोधरा-कांड के बाद हुए दंगों से अत्यधिक प्रभावित हुए थे तथा कांग्रेस की तुलना में अन्य पिछड़ा वर्ग, दलित एवं आदिवासियों के बीच वह नाममात्र की बढ़ोतरी दर्ज करा पाई। मतदान सम्बन्धी आँकड़े तथा 2002 के विधानसभा चुनावों में भाजपा की उपलब्धि को केवल पार्टी की क्षमता के रूप में देखा जा सकता है जिसमें राजसत्ता के दुरुपयोग द्वारा साम्प्रदायिकताग्रस्त जिलों अहमदाबाद, वडोदरा, पंचमहाल, दोहाद, मेहसाणा, गोधरा और साबरकंठा के विधानसभा क्षेत्रों में अजेय बहुमत प्राप्त किया।

दुर्भाग्यवश, संघ परिवार एवं भाजपा द्वारा गुजरात में अपनाई गई राजनीति और रणनीति का कांग्रेस भी कोई ठोस विकल्प नहीं प्रदान कर सकी। वास्तव में, कांग्रेस और भाजपा के मतदाता की मानसिकता में गोधरा के ट्रेन जलाए जाने तथा गोधरा-कांड के बाद के साम्प्रदायिक दंगे को लेकर शायद ही कोई अन्तर रहा हो। 2002 के विधानसभा चुनावों और उसके पूर्व 1960 के दशक से कांग्रेस ने कुल मिलाकर 'कोमल हिन्दुत्व' की नीति अपनाई, जिसने वास्तव में राज्य में अपनी स्थिति को मजबूत बनाने में भाजपा को लाभ पहुँचाया। इस अर्थ में, गुजरात में भाजपा का सम्भवतः कोई विकल्प नहीं था। चुनावों में मतदाताओं ने सभी दलों की सीटों में कमी लाकर प्रायः उन्हें नकार दिया। इस परिप्रेक्ष्य में कांग्रेस अथवा भाजपा के विकल्प के क्रम में अन्य पिछड़ा वर्ग, दलित एवं आदिवासियों के लिए कोई स्वतंत्र आन्दोलन खड़ा करने सम्बन्धी किसी भी सुझाव का कोई अर्थ नहीं रह जाता क्योंकि इन मुद्दों के आधार पर पहचान की राजनीति और संघर्ष के लिए अब कोई सम्भावना नहीं बची थी। यह उत्तर प्रदेश, बिहार तथा अब तमिलनाडु के भी राजनीतिक परिदृश्य से बिलकुल स्पष्ट हो गया है। 1980 के दशक में वी.पी. सिंह के नेतृत्व में 'सामाजिक न्याय' ने जो भी प्रासंगिकता हासिल की थी, अब वह पूरी तरह समाप्त हो चुकी थी। खासकर 1990 के बाद से वैश्वीकरण तथा उदारीकरण की नई आर्थिक नीति को अपनाए जाने के साथ ही राज्य द्वारा सामाजिक कल्याण, शिक्षा तथा जनस्वास्थ्य के क्षेत्र से अपना हाथ खींच लिये जाने के बाद इन पर आधारित राजनीति भी तेजी से सिमट गई। अतएव राष्ट्र, खासकर गुजरात के सन्दर्भ में, केवल सभी दलित-उत्पीड़ित समुदायों की माँगों एवं शिकायतों के इर्द-गिर्द सामूहिक संघर्ष तथा संगठन से ही राज्य में संघ परिवार और भाजपा के विकल्प का मार्ग प्रशस्त हो सकता है।

## सन्दर्भ एवं टिप्पणियाँ

1. पटेल, गिरीश, नरेन्द्र मोदीज वन-डे क्रिकेट, व्हाट एंड व्हाई, इकोनॉमिक एंड पोलिटिकल वीकली (30 नवम्बर, 2002), पृ. 4827-28
2. वही, पृ. 4834
3. वही, पृ. 4831-32
4. घनश्याम शाह, 'दि बी.जे.पी.'ज रीडिल इन गुजरात', थॉमस बी. हान्सेन एवं क्रिस्टोफर जैफ्रेलॉट (सम्पादक) *दि बी.जे.पी. एंड दी कम्पल्शंस ऑफ पॉलिटिक्स इन इंडिया* (दिल्ली, ऑक्सफोर्ड यूनिवर्सिटी प्रेस, 1998) पृ. 245-46
5. वही, पृ. 247-49

6. असीम प्रकाश, री-इमैजिनेशन ऑफ दि स्टेट एंड गुजरात इलेक्टोरल वर्डिक्ट, *इकोनॉमिक एंड पोलिटिकल वीकली* (19 अप्रैल, 2003), पृ. 1604
7. तपल बसु, प्रदीप दत्ता, सुमित सरकार, तनिका सरकार एवं सम्बुद्धा सेन का *खाकी शॉर्ट्स सैफ्रोन फ्लैग्स* (नई दिल्ली, ओरिएंट लांगमैन, 1993), पृ. 111-13
8. के. नाग, टिंडरबॉक्स-गुजरात-इकोनॉमिक पोज फ्यूवूल फ्लेम्स, *टाइम्स ऑफ इंडिया,* अप्रैल 2002
9. प्रकाश के 'री-इमैजिनेशन' से पुनर्रचित, पृ. 1606
10. शिनोदा तकाशी, इंस्टीट्यूशनल चेंजेज एंड इंटरप्रेनूरियल डेवलमेंट इन दि एस.एस.आई. सेक्टर ऑफ गुजरात, इन्दिरा हिरवे, एस.पी. कश्यप एवं अमिता शाह (सम्पादकगण) *डायनेमिक्स ऑफ डेवलमेंट इन गुजरात* (अहमदाबाद, सी.एफ.डी.ए., 2002) प्रकाश के लेख से पुनर्रचित, पृ. 1606
11. रवींद्र एच. ढोलकिया, 'लिवरलाइजेशन इन गुजरात : रीव्यू ऑफ रिसेंट एक्सपीरिएंस, इन्दिरा हिरवे, एस.पी. कश्यप एवं अमिता शाह (सम्पादक) '*डायनॉमिक्स ऑफ डेवलपमेंट इन गुजरात* (अहमदाबाद, सी.एफ.डी.ए., 2007), पृ. 197-223
12. शिनोदा, *इंस्टीट्यूशनल चेंजेज,* पृ. 223
13. अर्चना, रवीन्द्र एच. ढोलकिया, 'नॉन-टैक्स रेवन्यूज एंड सब्सिडीज इन गुजरात इश्यूज एँड एविडेंसेज, इन्दिरा हिरवे, एस.पी. काश्यप, अमिता शाह (सम्पादक) *डायनेमिक्स ऑफ डेवलमेंट इन गुजरात* (अहमदाबाद, सी.एफ.डी., 2002), पृ. 145-50।
14. इन्दिरा हिरवे एवं पायट तेरहल, 'दि कंट्राडिक्शंस ऑफ ग्रोथ, घनश्याम शाह, मोरियो रूटेन एवं हेन स्ट्रीफबर्क *डेवलपमेंट एवं डिप्रीवेशन इन गुजरात* (नई दिल्ली, सेज पब्लिकेशंस, 2002) पृ.36-53
15. वही, पृ. 48
16. नीति, मंथुर एवं एस.पी. कश्यप, 'एग्रीकल्चर डेवलमेंट इन गुजरात : प्रॉब्लम्स एंड प्रेस्पिल्स, इन्दिरा हिरवे, एस.पी. कश्यप एंड अमिता शाह (सम्पादकगण) *डायनेमिक्स ऑफ डेवलपमेंट इन गुजरात* (अहदाबाद, सी.एफ.डी.ए., 2003), पृ. 238-67
17. एन.एस.एस.ओ., *इम्प्लॉयमेंट एंड अनइम्प्लायमेंट सिचुएशन इन इंडिया,* 1999-2000, एन.एस.एस. 55वाँ चक्र, भारत सरकार, जून-2000
18. शिनोदा, *इंस्टीट्यूशनल चेंजेज,* पृ. 220-22
19. एन. दिनेश अवस्थी, रिसेंट चेंजेज इन इंडस्ट्रियल इकोनॉमी ऑफ गुजरात : इश्यूज एंड एविडेंसेज, इन्दिरा हिरवे, एस.पी. कश्यप एवं अमिता शाह (सम्पादकगण) *डायनेमिक्स ऑफ डेवलपमेंट इन गुजरात* (अहमदाबाद, सी.एफ.डी.ए., 2002), पृ. 187
20. प्रकाश, री-इमैजिनेशन, पृ. 1608

# 'गुजरात के बाद...' : गोधरा के बाद की हिंसा एवं उसके अनुवर्ती प्रभाव सम्बन्धी प्रतिवेदनों की व्याख्या

**–रावेना रॉबिन्सन एवं डी. पार्थसारथी**

इस प्रकार के विषय पर विचार करते समय इस बात की अपेक्षा की जाती है कि यह साम्प्रदायिक दंगों, राज्य एवं कानून के अन्तरसम्बन्ध के सन्दर्भ में कोई नई/क्रान्तिकारी अन्तर्दृष्टि प्रस्तुत करेगा। साम्प्रदायिकता की सैद्धान्तिक समझ के लिए यह काफी मुश्किल है कि वह साम्प्रदायिकता के विरुद्ध चल रहे संघर्ष से भी आगे की चीज हो। यह केवल तभी सम्भव है, जब फॉसिस्टों तथा साम्प्रदायिक शक्तियों के विरुद्ध चल रहा संघर्ष उस उच्च बिन्दु तक पहुँच जाए। तब ऐसी ताकतों को समझ पाना सम्भव हो जाता है जो ऐसे अभियानों की सहायता करते हैं और उन्हें उकसाते हैं। भारत में वह स्थिति अभी तक नहीं आ पाई है। अभी आवश्यकता इस बात को समझने की है कि साम्प्रदायिक शक्तियों को जिस तरीके से संयोजित किया जाता है, उसकी पहचान और उसका विस्तृत विवरण प्रस्तुत किया जाए और राज्य की विभिन्न शाखाओं एवं समाज द्वारा किसी दंगे के पूर्व, दौरान तथा बाद में निभाई गई भूमिका की जानकारी दी जाए। 2002 की गुजरात हिंसा के बाद रिपोर्टों की जो शृंखला सामने आई, वह इन बिन्दुओं पर विस्तृत जानकारी देती है। (कंसंर्ड सिटिजंस' ट्राइब्यूनल, 2002, दयाल, 2002, वरदराजन, 2002)[1]

जाँच आयोग की रिपोर्टों एवं अन्य व्यक्तियों की रिपोर्टों से उन विद्वानों के लिए, जो साम्प्रदायिक दंगों और राज्य के अभिकरणों के अन्तरसम्बन्धों पर शोध करना चाहते हैं, अच्छी सन्दर्भ सामग्री तैयार हो सकती है। उससे भी अधिक साम्प्रदायिक दंगों के दौरान कानून को लागू करनेवाली एजेंसियों की वास्तविक भूमिका की सही सूचनाओं का अभिलेखीकरण महत्त्वपूर्ण है जिससे साम्प्रदायिकता के विरुद्ध संघर्ष करनेवालों को राज्य की संस्थाओं के प्रति अधिक स्पष्ट रुख अख्तियार करने की क्षमता प्राप्त होगी।

गुजरात हिंसा के बाद की घटनाओं के सन्दर्भ में प्रसार माध्यमों तथा जाँच आयोगों के प्रतिवेदनों ने इस कांड को स्वतःस्फूर्त के बजाय सुनियोजित बतलाया है। पुलिस की संलग्नता (उदासीनता के बजाय), बड़े पैमाने पर यौन-अपराध और महिलाओं के शरीरों को क्षत-विक्षत करने, महिलाओं (हिन्दू), दलितों तथा आदिवासियों की मुस्लिम समुदाय पर किए गए हमलों में भागीदारी, हिंसा का ग्रामीण क्षेत्रों में फैलाव, हिंसा को बढ़ाने में

समाचार-पत्रों द्वारा निभाई गई भूमिका तथा हमलों के शिकार लोगों के लिए सरकार द्वारा पुनर्वास आदि सभी सुनियोजित थे।

भारत में मुस्लिमों के समक्ष उत्पन्न मुद्दों के सन्दर्भ में कुछ कार्य करते हुए, हममें से एक ने विभिन्न राहत शिविरों का भ्रमण किया एवं सामाजिक कार्यकर्ताओं से मिलकर उनकी बैठकों में भाग लिया। सभी जगह बातचीत सारगर्भित एवं हृदय-विदारक शब्दों से प्रारम्भ होती थी, 'गुजरात के बाद...।' इस अर्थगर्भित वाक्यांश की क्या महत्ता थी? इस अध्याय में गोधरा ट्रेन दहन कांड के बाद हुए गुजरात जनसंहार से सम्बन्धित विभिन्न प्रतिवेदनों का विश्लेषण किया गया है एवं 2002 की बेहोशी के बाद राजनीतिक संस्कृति तथा हिंसा के प्रति संकेतित नाटकीय बदलाव को बेनकाब करने की कोशिश की गई है।

## गुजरात-2002 : भविष्य के लिए मूल्यवान चीजें

बहुत सारी बातें 'अपवाद' के तौर पर होती हैं, 2002 की हिंसा के सम्बन्ध में भी ऐसा ही कहा जा सकता है परन्तु उसकी बहुत सारी बातों को सामान्य नहीं माना जा सका और कभी-कभी भूल से ही सही, मीडिया के द्वारा उनका जिक्र हो जाता है। इस बात से किसी को आश्चर्य हो सकता है कि गांधीजी के गृहप्रदेश में अन्तर्सामुदायिक हिंसा हो सकती हैं। गांधीजी की विख्यात जन्मभूमि होते हुए भी गुजरात का लम्बे समय से साम्प्रदायिक हिंसा का इतिहास रहा है, जिसमें शामिल है लम्बी शान्ति के बाद हुई दलितों के विरुद्ध व्यापक हिंसा। वास्तव में, वार्ष्णेय द्वारा किए गए शोध (2002, पृ. 95-107) से पता चलता है कि यह गुजरात ही है जहाँ 1950-95 की अवधि में साम्प्रदायिक घटनाओं में मरनेवालों की संख्या सर्वाधिक रही है। दंगों में अब तक कुल हुई मौतों के मामले में भी गुजरात का स्थान सबसे ऊपर रहा है। यह संख्या उत्तर प्रदेश और बिहार से भी अधिक रही है, ये वे राज्य हैं, जिन्हें आमतौर पर दंगा-प्रवण समझा जाता है।

वर्ष 2002 ने अत्यधिक व्यापक हिंसा देखी। यह एक ऐसी हिंसा थी, जो काफी लम्बे समय तक चली। सामान्यतः गुजरात में ऐसे दंगे हुए हैं जो तुरन्त भड़के, पराकाष्ठा पर पहुँचे और फिर शीघ्र ही समाप्त हो गए। 2002 के दंगों के दौरान राज्य में हिंसा प्लेग की तरह फैल गई। बन्द की घोषणाओं अथवा पर्वों के आक्रामक सार्वजनिक आयोजन के माध्यम से कुछ दिनों अथवा सप्ताहों के अन्तराल में घटनाएँ घटने लगीं, इससे तनाव बढ़ता रहा। स्पष्टतः, गुजरात का इतिहास एक भारी हिंसा-प्रवण राज्य होने के लम्बे धब्बों के बीच (वार्ष्णेय, 2002 पृ.100) स्थिति बद से बदतर हो गई है। यह तय है कि गुजरात में मुसलमानों के लिए, चाहे उनका वर्ग, जाति, भाषायी पृष्ठभूमि कुछ भी हो, सामान्य जीवन की परिकल्पना सम्भव प्रतीत नहीं होती।

दूसरे शब्दों में, 2002 की हिंसा की विशिष्टता इन दो बातों पर निर्भर है कि कब क्या घटित होता है (प्रक्रिया)? अथवा इसका क्या निहितार्थ या अर्थ है (दृष्टान्त, प्रादर्श जिसका कहीं भी अनुसरण किया जा सकता है)। पुनः इसमें निहित है, हिंसा और उसकी उत्तरवर्ती प्रतिक्रिया, हिंसा से निपटने की प्रक्रिया एवं उसका उल्लंघन। वास्तव में, जनसंहार और धन-सम्पत्ति पर हमला राज्य के मुसलमानों के विरुद्ध आयोजित हिंसा का एक भाग था।

यह कहना कि इस बार हुई हिंसा अन्य हिंसक घटनाओं से भिन्न थी, भविष्य में और भी बड़ी घटना को निमंत्रण देना है। पीड़ितों अथवा शिकार बनाए गए लोगों के परिप्रेक्ष्य में क्या ऐसी बातों का कोई अर्थ है? हाँ, है। 2002 की गुजरात हिंसा के पीड़ित बार-बार इन्हीं बिन्दुओं की ओर लौट आते हैं, भले ही बदले हुए तरीके अथवा भिन्न स्वर से; 'अतीत में, ऐसी हिंसा कभी नहीं हुई थी। इस बार यह बिलकुल अलग तरीके का था।' किस प्रकार यह भिन्न था? उनके हिसाब से यह तथ्य कि अब यहाँ मुस्लिम सुरक्षित नहीं हैं, यह तथ्य कि पड़ोसी अब उनके विरुद्ध में हो गए हैं एवं यह तथ्य कि हिंसा इतने लम्बे समय तक चली कि वे महीनों तक अपने घर वापस नहीं लौट पाए, क्योंकि उनमें से कुछ के मतानुसार घर वापसी अब असम्भव हो चुकी थी।

वडोदरा में हिंसा के शिकार हुए लोगों ने कहा, 'इसके पूर्व यदि कोई दंगा हुआ था, तो उसमें गलियों में छुरा मारने तथा पत्थर फेंकने की घटनाएँ हुईं। यदि मुस्लिम अपने घरों में रह जाते, तो सुरक्षित रह जाते थे। इस बार ऐसा नहीं हुआ। वे घरों को नष्ट करने, लूटने एवं जलाने आए थे।' 'हमारे पड़ोसी हिंसा में संलग्न थे। हम लोगों का उन पर विश्वास नहीं रह गया था।' कुछ मामलों में, लोग अपने बर्बाद घरों में वापस आ गए तथा पहली बार हुई हिंसा के एक वर्ष बाद सब कुछ तहस-नहस हो गया। गुजरात में आक्रमण और संघर्ष के लम्बे इतिहास में जो कुछ इस बार हुआ, उसका अन्य कोई उदाहरण नहीं मिलता।

हिंसा की तीव्रता और अवधि जिसमें यह जारी रही, सामाजिक समूहों की भागीदारी, क्रूरता तथा अमानवीयता की तीव्रता तथा गम्भीरता, हमलों का ग्रामीण और शहरी क्षेत्रों में फैलाव, राज्य की विधि-व्यवस्था को लागू करनेवाले पदाधिकारियों द्वारा जनसंहार का प्रबन्धन, पुनर्वास की प्रक्रिया इन सभी से स्पष्ट हो गया कि इस बार की हिंसा सर्वथा भिन्न थी। राजनीतिक एवं सार्वजनिक तौर पर एक वृहत्तर परिप्रेक्ष्य ने हिंसा के प्रति व्यवहारों को आकार दिया। यह सब बतलाते हुए हम आगे जिस पर विशेष रूप से प्रकाश डालेंगे, वह यह है कि यह हिंसा पहले के हमलों से भिन्न थी और विश्वास करने का कोई कारण नहीं है कि यह भविष्य में होनेवाले हमलों से भिन्न होगी।

## हिंसा का स्वरूप और उसकी तीव्रता

यह कहना काफी नहीं होगा कि गुजरात की मशीनरी के धराशायी हो जाने के कारण इतने बड़े पैमाने पर हिंसा घटित हुई जो अन्यथा सम्भव न थी। दूसरे शब्दों में कहा जाए कि पुलिस और अधिकारियों ने पक्षपातपूर्ण ढंग से कार्य किया। देश के विभिन्न भागों की हिंसा के सन्दर्भ में पुलिस, राज्य पदाधिकारियों और यहाँ तक कि अर्द्धसैनिक बलों की भूमिका के सम्बन्ध में दशकों से ऐसा समझा जाता रहा था। 1984 में दिल्ली में सिखों के विरुद्ध हुए सुनियोजित जनसंहार ने हमें भविष्य में होनेवाली ऐसी सम्भावनाओं के प्रति काफी सतर्क कर दिया था। राज्य के ऐसे कुकृत्यों के वैधीकरण की प्रवृत्ति पर अधिक ध्यान देने की आवश्यकता है। दिसम्बर, 2002 के चुनावों के नतीजे इसकी एक अभिव्यक्ति थी। इस प्रकरण में राज्य और सरकारी दल के पदाधिकारियों द्वारा मुस्लिम समुदाय के विरुद्ध किए गए इन

हमलों का खुल्लमखुल्ला औचित्य प्रतिपादित किया गया तथा नागरिकों के जान-माल की रक्षा सम्बन्धी संवैधानिक दायित्व को तिलांजलि दे दी गई।

यह सच है कि समाजशास्त्रीय विश्लेषकों ने गुजरात में पहले से चली आ रही सामाजिक अशान्ति की ओर समुचित ध्यान नहीं दिया, जिससे आगे घटित होनेवाली उथल-पुथल का संकेत मिल सकता था। दलित कामगार वर्ग तथा व्यक्तित्वविहीन दलित-आन्दोलन, जनजातियों में बढ़ता संस्कृतीकरण और उनके आर्थिक हितों का हनन, भूमंडलीकरण की प्रक्रिया में परोक्ष सहभागिता—ये तथा ऐसी अन्य बातों ने निस्सन्देह घृणा-अभियान की सफलता में योगदान दिया। इस बात का प्रमाण मौजूद है कि जनजातियों और दलितों को हत्या करने के लिए नकद राशि और वस्तुएँ प्रदान की गईं। सबसे बड़ी बात थी हमलावरों को पुरस्कृत किया जाना (ह्यूमन राइट्स वाच, 2003)। चाहे जो हो, एक बात बिना किसी सन्देह के कही जा सकती है कि इससे कोई अन्तर नहीं पड़ता कि भावनाओं का ज्वार कितना अधिक था अथवा विभिन्न समूह अथवा समुदाय एक दूसरे के विरुद्ध हिंसक कार्रवाइयों को अंजाम देने में किस हद तक जा सकते हैं; राज्य, पुलिस और सेना को शान्ति बनाए रखने और कानून की रक्षा करने की जिम्मेवारी दी गई है, वह बिना किसी कठिनाई के हिंसा को नियंत्रित कर सकती है। जब राज्य और पुलिस विफल हो जाते हैं; तो अविलम्ब वहाँ सेना भेज दी जाती है। गुजरात में ऐसा नहीं हुआ। हिंसा को रोकना प्राथमिकता नहीं थी, सरकार तथा राजनीतिक नेतृत्व का उद्‌देश्य उस जनसंहार का नेतृत्व करना और उसमें भाग लेना रह गया था।

सभी अन्तर्सामुदायिक संघर्षों में उपासना-स्थलों पर हमले किए जाते रहे हैं। स्थानीय लोगों के सहयोग से राज्य अधिकारियों द्वारा इनका पुनर्निर्माण दशकों से शान्ति बहाली की प्रक्रिया का एक सुपरिचित तरीका रहा है। सबसे पहला बड़ा उपासना स्थल बाबरी मस्जिद थी, जिसे बर्बाद कर दिया गया, परन्तु अभी तक उसका पुनर्निर्माण नहीं किया गया। यह आश्चर्यजनक नहीं है कि विध्वंस के बाद तत्कालीन प्रधानमंत्री पी.वी. नरसिंह राव ने इस सम्बन्ध में सम्भवतः बिलकुल स्वप्रेरित ढंग से मस्जिद के पुनर्निर्माण की बात करके अपनी प्रतिबद्धता को साफ-साफ व्यक्त किया। बाद में यह आश्वासन कांग्रेस की शब्दावली से गायब हो गया। गुजरात में हिंसा के पश्चात् मस्जिदों, दरगाहों एवं मन्दिरों के पुनर्निर्माण का प्रचलन रहा है। 2002 के दंगों के बाद ऐसा नहीं हुआ। यह एक ऐसी गतिविधि थी जो चौंकानेवाली थी जिस पर कई लोगों ने टिप्पणी की। इस बार सैकड़ों पवित्र स्थानों को जमींदोज कर दिया गया, मलबे को साफ कर दिया गया और उस क्षेत्र को ऐसे ही छोड़ दिया गया। जहाँ ऐसा नहीं हो सका, वहाँ अधिकारियों ने मुस्लिमों के पवित्र स्थानों को फिर से बसाने से साफ-साफ इनकार कर दिया।

दूसरों शब्दों में, दंगों को नियंत्रित करने की प्रामाणिक तथा आधिकारिक प्रक्रिया, जो अकसर समस्यामूलक होती है, 2002 के जनसंहार के दौरान गुजरात में नहीं अपनाई गई। लोकतांत्रिक प्रक्रिया के प्रति मुस्लिमों में जबर्दस्त अविश्वास पनपा क्योंकि उनकी महिलाओं का बलात्कार किया गया, उन्हें अपमानित किया गया, सताया गया और उन्हें दूरस्थ थानों में प्राथमिकी दर्ज कराने हेतु निर्वस्त्र भेजा गया। रिपोर्ट दर्ज कराने तथा चिकित्सकीय सहायता

में उन्हें काफी अपमानित किया गया। अब हमें मालूम है कि इनमें से कई रिपोर्टों को पदाधिकारियों द्वारा ठीक से दर्ज नहीं किया गया तथा आरोप को कमजोर अथवा कम कर दिया गया। (ह्यूमन राइट्स वाच, 2002)

साम्प्रदायिकता के विरुद्ध संघर्ष के साथ-साथ गुजरात की हिंसा का विश्लेषण न केवल हमें इस विषय की बेहतर समझ की ओर ले जाता है; बल्कि हमारी 'लोकतांत्रिक' संस्थाओं के वास्तविक चरित्र को भी सामने लाता है। भारत की लोकतांत्रिक संस्थाओं की सफलता सम्बन्धी लगातार जारी आत्मप्रशंसा अब बेनकाब हो चुकी है। सुशासन सम्बन्धी सभी तात्कालिक चर्चाओं के बीच पूर्वग्रहों के प्रति झुकाव तथा हमारी कार्यपालिका एवं न्यायिक संस्थाओं के पक्षपातपूर्ण व्यवहार और 'नागरिक समाज' का आम पतन, संस्थाओं और विभिन्न प्रकारों के संगठनों का पतन आदि पर विशेष ध्यान नहीं दिया गया है। इसी प्रकार समुदायवादिता पर चल रही बहसों ने यह भी नहीं देखा कि भारत के अधिकांश दलित वर्गों ने उन बाहरी और थोपे गए कानूनों के लिए अपनी 'स्वायत्त' चेतना को बार-बार छोड़ा था, जो कानून उन्हें स्वेच्छाचारिता से मुक्ति दिलाने का वादा करते थे। यह भारत में लोकतांत्रिक संस्थाओं के चरित्र के परिपक्व होने का विषय है, जो एक-एक करके खोखली बनाई जाती रही हैं, अब धीरे-धीरे अपनी शक्ति खोती जा रही हैं। विभिन्न वर्गों और समुदायों के बीच जो सम्बन्ध शेष हैं वे वर्चस्व के विभिन्न रूप हैं, जो स्वेच्छाचारियों के हाथों में पड़कर चरम बिन्दु पर पहुँच जाते हैं। आधुनिक वैधानिक संस्थाओं के परिप्रेक्ष्य में समाज के प्रगतिशील रूपान्तरण के लिए यह एक अनन्त सम्भावनाओं वाला विषय है, जिसकी विवादों को सुलझा पाने तथा लोकतांत्रिक शासन की क्षमता के सन्दर्भ में वर्तमान सत्ता की परिहार्यता में लगातार गिरावट आई है। राज्य की संरचनाओं तथा वैधानिक संस्थाओं को प्रभावित करके अम्बेडकरवादियों के सामाजिक न्याय सम्बन्धी आन्दोलन और दलितों के लम्बे संघर्ष से सामाजिक तथा राजनीतिक सत्ता-संरचना में महत्त्वपूर्ण परिवर्तन लाया जा सकता है। इसलिए जब अल्पसंख्यक कानून के शासन की माँग करते हैं, वे भारत के सम्भ्रान्त शासक वर्ग को ऐसी धमकी देते हैं, जैसी पहले कभी दी नहीं गई। यही कारण है कि कट्टरपन्थी ताकतें तथा साम्प्रदायिकता सभी संस्थाओं को एक-एक करके अन्दर-ही-अन्दर खोखला कर रही हैं।

रिपोर्टों की एक पूरी शृंखला, जिनमें गुजरात हिंसा एवं मुस्लिमों के सामूहिक जनसंहार का अभिलेखीकरण किया गया है तथा वैसी ही अन्य रिपोर्टें जो पहले आ चुकी हैं, लोकतांत्रिक संस्थाओं को जान-बूझकर भीतर से कमजोर किए जाने तथा कानून को लागू करनेवाली एजेंसियों की प्रत्यक्ष संलिप्तता और साम्प्रदायिक दंगों के लिए राज्य की संलिप्तता को प्रमाणित करती हैं। जब राज्य का अभिकरण न तो निष्पक्ष, न प्रभावी रह गया हो, यह सवाल करना कि कानून को लागू करनेवाली एजेंसियाँ एवं न्यायिक आयोग यह सुलझाने की कोशिश करें कि 'दंगा किसने आरम्भ किया? अत्यन्त शरारतपूर्ण' है (अंसारी, 1997) तथा तात्कालिक कारणों पर जोर देकर बहुसंख्यक समुदाय के सदस्यों की भड़काऊ बातों को छिपा देता है। जब दंगा कराना शासक दल का राजनीतिक एजेंडा बन गया हो, तो हमें एक प्रतिप्रश्न करना चाहिए कि ऐसा क्यों है कि हिन्दुओं का आक्रामक व्यवहार दंगे के रूप में परिणत नहीं माना जाता

है? वास्तव में','साम्प्रदायिक दंगा' शब्द दो भिन्न समुदायों के सदस्यों के सम्बन्ध में एक जादुई छवि पेश करता है, जो एक ऐसे टकराव में शामिल होते हैं, जिसकी उत्पत्ति बिलकुल आकस्मिक कारणों से स्वतःस्फूर्त ढंग से होती है। वस्तुतः ऐसा वक्तव्य पुलिस की ओर से आता है, जिससे इसमें दोनों समुदायों के सदस्यों को एक दूसरे के विरुद्ध दंगा करते हुए बतलाने में उपयोग होता है। आमतौर पर जो होता है और जो बार-बार हो रहा है तथा स्पष्ट होता जा रहा है वह यह है कि यह एक जान-बूझकर बनाई गई योजना है। इसे केवल तभी समझा और माना जा सकता है, जब हम पुलिस के सम्प्रदायीकरण की अवधारणा को मान लें। पुलिस की अराजकता और दंगों में अल्पसंख्यक समुदाय पर हमला पिछले तीन दशकों से जारी है। हमें दंगों में नागरिक प्रशासन की भूमिका, सुरक्षा बलों की प्रकृति एवं स्वभाव तथा न्यायिक प्रशासन प्रक्रिया की निकटतापूर्वक जाँच करनी चाहिए जो सभी जाँच रिपोर्टों में अभिलिखित हैं; जो गुजरात हिंसा के बाद सामने आई है।

बहुत सारी लोकतांत्रिक बुर्जुआ संस्थाओं की भंगुरता और निःशक्तता उत्तर-उपनिवेशवादी देशों में कुछ ऐसी है जिसका पर्याप्त अध्ययन नहीं किया गया है। सम्भवतः यह तथ्य कि उत्तर-औपनिवेशिक राष्ट्र राज्यों ने 'आधुनिक शासन प्रणाली और राज्यीय वैधानिक संस्थाएँ, जिन्होंने दमित लोगों के लम्बे संघर्ष से आकार नहीं लिया, ठीक से सँवारी नहीं गईं, उभरते पूँजीपतियों के संघर्षों से, आंशिक रूप से इसके लिए जिम्मेवार थे। इस प्रकार संकट की स्थिति में, जैसे कि साम्प्रदायिक टकराव के समय में, महिलाओं अथवा दलितों के विरुद्ध हिंसा में शामिल होने की स्थिति में, इन संस्थाओं की वास्तविक प्रकृति सामने आ जाती है।

गुजरात हिंसा में परम्परागत रूप से साम्प्रदायिक तनाव वाले भौगोलिक सीमाओं के परे मध्यवर्गीय क्षेत्रों तक आ गई, जिसमें महिलाओं, दलितों और आदिवासियों की समानान्तर भागीदारी रही। उपद्रवी तत्त्वों की संलिप्तता सम्बन्धी सिद्धान्त, जिन्हें भारत में हुए अनेक दंगों के परिप्रेक्ष्य में बिलकुल स्वतःस्फूर्त ढंग से दंगों में शामिल होना बताया जाता है, हमेशा सन्देह का विषय रहा है। तथापि, रामजन्मभूमि आन्दोलन के क्रम में लक्षित हिंसा के लिए आन्दोलन वास्तव में अपने असली स्वरूप में सामने आ गए हैं यद्यपि लक्षित हिंसा जैसी चीज पहले भी कुछ शहरों में देखी जा चुकी है।

तनिका सरकार जैसी विद्वानों ने हिन्दू कट्टरपन्थ में महिलाओं की बढ़ती भागीदारी के सम्बन्ध में काफी अन्तर्दृष्टि प्रदान की है। हिंसा में महिलाओं की भागीदारी एक ऐसा विषय है जिस पर अधिक ध्यान देने की जरूरत है। (पार्थ सारथी, 2002) इस विषय से सम्बन्धित अधिकांश सामग्री का सम्बन्ध संघ परिवार के संगठनों द्वारा महिलाओं को हिंसा के लिए आन्दोलित और प्रभावित किए जाने से है।[2] बाबरी मस्जिद के विध्वंस के समय रामजन्मभूमि आन्दोलन जब चरम पर था, महिलाओं ने खासकर मुम्बई और गुजरात के कई शहरों में विध्वंसक तथा हिंसक गतिविधियों में बड़े पैमाने पर भाग लिया। परन्तु अब हम जिस प्रकार की हिंसा देख रहे हैं, जिसमें पूरा परिवार, जिसमें महिलाएँ एवं बच्चे भी शामिल हैं, आगजनी, लूट एवं हत्या में भाग लेते हैं, एक ऐसी स्थिति को संकेतित करता है, जहाँ यह समाज की एक सामान्य 'गतिविधि' बन जाती है। एक ऐसे समाज में, जिसमें वंश-परम्परा

और पारिवारिक कायदे महिलाओं को अपने घर से बाहर अपना चेहरा दिखाने की भी अनुमति नहीं देते, ऐसा कौन-सा परिवर्तन आ गया है जिसने महिलाओं को पुरुषों की बराबरी में आकर गतिविधियों में भाग लेने के लिए प्रेरित किया है? हिंसा को वैधता प्रदान करके क्या महिलाओं के व्यवहार को भी वैधता प्रदान कर दी गई है!

वैसे ही, यह क्या है जो मुस्लिम समुदाय के लोगों पर हमला करने में दलितों को ऊँची जाति के उत्पीड़कों से हाथ मिलाने को प्रस्तुत और प्रेरित करता है? क्या महिलाओं, दलितों एवं आदिवासियों को अपने पाले में लाने के लिए संघ परिवार की रणनीति के कारण ही ये हिंसा में बढ़-चढ़कर भाग लेते हैं? क्या हिंसा के लिए आन्दोलित करने तथा उसमें शामिल होने के लिए तैयार करने से राजनीतिक तथा सामाजिक आन्दोलन के बीच सीधा सम्बन्ध जुड़ जाता है? महिलाएँ प्रायः अपने पति की प्रेरणा अथवा सगे-सम्बन्धियों इत्यादि से हिंसा की जवाबदेही लेती हैं। इस तथ्य को देखते हुए उनके सामूहिक मानस में ऐसा कौन-सा परिवर्तन आता है, जिसके चलते वे इतनी तीव्रता के साथ स्वयं को साम्प्रदायिक हिंसा के समर्थक तथा अपराधकर्मी के रूप में ढाल लेती हैं। अन्य समुदाओं के सदस्यों के विरुद्ध मात्र भावनाओं के उद्रेक द्वारा हिंसक गतिविधियों को स्पष्ट व्यक्त करना क्या सम्भव है, जहाँ स्थिति और अवसर ऐसा बन गया था, जिसमें किसी को चेतावनी अथवा सजा दिए जाने की कोई सम्भावना नहीं रह गई हो?

ये ऐसे मुद्दे हैं, जिन्हें भारतीय राजनीति और समाज में पिछले दो दशकों में घटित कार्रवार के सन्दर्भ में समझने की आवश्यकता है। खासकर, दो पृथक् परन्तु अन्तरसम्बन्धित विमर्श तथा कार्रवाइयाँ इस सामाजिक-राजनीतिक रूपान्तरण के मूल में हैं। पहला है, दलित बहुजन के बढ़ते सशक्तीकरण के प्रति ऊँची जातियों का प्रतिक्रियावादी आन्दोलन, जिसका प्रदर्शन 1980 के दशक के उत्तरार्द्ध तथा 1990 के दशक के प्रारम्भ में हुए आरक्षण विरोधी आन्दोलन में हो चुका है। इस प्रकार की हिंसा पहली बार अहमदाबाद में भड़की, जिसमें वे मध्यवर्गीय लोग हिंसा में सक्रिय रूप से शामिल थे, जो 1985 के आरक्षण विरोधी दंगों में थे। मंडल आयोग की रिपोर्ट के विरुद्ध आरक्षण विरोधी हिंसा में बड़े पैमाने पर हुई हिंसा को राज्य की मशीनरी द्वारा किया गया माना गया और ऐसा पहली बार हुआ कि मध्य वर्ग के बहुत सारे युवा, खासकर महिलाएँ, हिंसा में शामिल थीं। कइयों के लिए, ऐसा पहली बार हुआ कि वे गलियों में निकल आईं और सार्वजनिक प्रतिरोध में शामिल हो गईं। आरक्षण विरोधी आन्दोलन से सम्बन्धित दंगे के अन्य समुदायों के विरुद्ध हुए रूपान्तरण[3] को अन्य क्षेत्रों में भी देखा जा सकता है। यह कोई दुर्घटना मात्र नहीं थी कि आन्ध्र प्रदेश के तटीय क्षेत्रों में भाजपा का उभार उन क्षेत्रों में दलितों के विरुद्ध अत्याचार[4] के रूप में सामने आया। मन्दिर आन्दोलन तथा मंडल विरोधी आन्दोलन के मध्य राजनीतिक सम्बन्ध सर्वविदित है। विद्वानों ने उन अन्तरसम्बन्धों की व्याख्या की है कि किस तरह मनुवादी ताकतें हिन्दुत्ववादी संस्थाओं में उनकी भूमिका के सन्दर्भ में अम्बेडकरवादियों के विरुद्ध प्रतिक्रिया कर रही थीं। तथापि, हमें उस खास तरकीब को भी समझने की जरूरत है, जिससे मंडल विरोधी आन्दोलन ने भारतीय राजनीति में विभाजन पैदा किया। जिस बात पर खासतौर पर ध्यान दिया जाना चाहिए, वह थी अधिकारों की भाषा, जिसने राजनीतिक गतिविधियों को नाटकीय

ढंग से हाशिए का जीवन जी रहे लोगों से हटा दिया और एक सोची-समझी कार्रवाई के रूप में विशेषाधिकार-विहीन लोगों के प्रति लापरवाही पैदा कर दी। अपनी स्थिति एवं निर्णय के प्रति गर्वित होने को लेकर दलित अब खुलकर सामने आने लगे थे। अधिक महत्त्वपूर्ण यह है कि इस आन्दोलन ने बहुत सारी सम्भावनाओं के द्वार खोल दिए, जिनमें शामिल थी राज्य एवं अन्य समुदायों के प्रति हिंसा, जिसे वैध माना गया अथवा जिसकी निन्दा नहीं की गई।

यह नकारात्मक आदेश और हिंसा की अनुमति ही थी कि हिंसक कार्रवाइयों को खुली छूट दे दी गई जिसमें पारिवारिक हिंसा के एक अंग के रूप में महिलाओं पर हिंसा भी शामिल है। महिलाओं को अन्य समुदायों के प्रति हिंसक कार्रवाइयों में शामिल होने के एवज में उत्पीड़ित नहीं किया जाता। सम्भवतः यह एक ऐसी गतिविधि है जिसमें पुरुष सदस्य उन पर कोई रोक अथवा बल नहीं लगाते बदले में प्रतिशोध का भय महिलाओं को नियंत्रित रखता है और वर्चस्ववादी कायदों के प्रति उनकी सहमति सुनिश्चित करती है, इस मामले में ऐसे भय का अभाव था। वे ऐसे कार्य कर डालती हैं, जिन्हें वे अन्यथा नहीं करतीं। इन महिलाओं की मुक्ति के लिए शायद हिंसा एक विरेचन (कैथारसिस) है। शायद यह उन्हें सशक्तीकरण की अनुभूति भी कराता है। महत्त्वपूर्ण यह है कि वे स्वयं को परिवार और एक समुदाय में शामिल समझती हैं, चाहे इसे जिस रूप में भी परिभाषित किया जाए।

घटनाओं के द्वितीय चरण से सम्बन्धित ये बिन्दु उन तरीकों को बताते हैं जिनके जरिए हिन्दुत्ववादी आन्दोलनों के द्वारा[5] सम्बन्धित अथवा समाविष्ट होने की अनुभूति व्यक्त की जाती है। जैसा कि अरविन्द राजगोपाल बतलाते हैं कि इन आन्दोलनों द्वारा उत्पन्न बढ़ी हुई समावेशिता की सम्भावनाओं की तुलना में उनके विनाशकारी प्रभावों पर अधिक जोर दिया गया है, दलित, अन्य पिछड़ा वर्ग एवं महिला जैसे समूहों की हिन्दुत्ववादी आन्दोलनों में बढ़ी हुई सहभागिता, जो पहले ब्राह्मणवादी हिंसा का अभिशाप झेल चुके थे, की पहेली संक्षेप में ऐसे विश्लेषणों से स्पष्ट हो जाती है। वास्तव में, गुजरात में इस समावेश के साथ गौरवपूर्ण उपलब्धि का भाव शामिल था। आक्रामक एवं हिंसक अन्दाज में इस गर्व की अभिव्यक्ति गुजरात में अपने चरम बिन्दु पर पहुँच गई थी। अतएव यह सर्वथा उचित नहीं होगा कि गुजरात के जनसंहार को 'पशुवत् आचरण' की संज्ञा नहीं दी जाए। इस सामान्य तर्क के अनुसार कि पशु केवल आहार के लिए हिंसा करते हैं, सामाजिक धरातल पर पशुवत् आचरण का दृष्टिकोण अपूर्ण प्रतीत होता है। गर्व, खुशी और हिंसा के उत्सवी चरित्र, जो भय के अभाव और राज्य की संरचनाओं के समर्थन से सामने आते हैं। इस तर्क से बाहर रह जाते हैं।

अन्य समुदायों के सदस्यों के विरुद्ध हिंसा के प्रति वैधता प्रदान कर दी जाती है तो महिलाओं का हिंसा में शामिल होना और अधिक सम्भव हो जाएगा। घरेलू हिंसा के अवैधीकरण की विफलता का एक अन्य कारण है कि महिलाएँ विभिन्न प्रकार की हिंसाओं में अन्तर किए बिना विध्वंसकारियों के साथ हिंसा में सक्रिय रूप से शामिल हो जाती हैं। महिलाओं के लिए समर्थक संरचनाओं के अभाव के कारण का उपयोग प्रायः यह बतलाने के लिए किया जाता है कि महिलाएँ वास्तव में क्यों घरेलू हिंसा का सामना करने

से डरती हैं। तथापि, इससे यह स्पष्ट नहीं होता कि महिलाएँ अपने प्रति पुरुषों द्वारा की जानेवाली हिंसा के प्रति अपनी विद्वेष भावना से कैसे मुक्त हो पाती हैं और हिंसक घटनाओं में सक्रिय सहयोग प्रदान करती हैं। इस देश के अधिकांश लोग, चाहे वह महिला हो या पुरुष, जिस ढंग से घरेलू हिंसा को देखते हैं, उसके सम्बन्ध में एक उदाहरण दिया जा सकता है। महिलाओं के कानूनी अधिकारों के संरक्षण के लम्बे इतिहास एवं महिलाओं के प्रति हिंसा-विषयक हस्तक्षेप के बावजूद बहुसंख्यक महिलाएँ स्वयं घरेलू हिंसा को अधिक से अधिक एक सामाजिक बुराई मानती हैं, न कि कानून द्वारा दी गई परिभाषा के अनुसार कोई अपराध। यह अंशतः उस तरीके का परिणाम है जिसके अनुसार राजनीतिक दल ऐसे मुद्दों के प्रति जुड़े होते हैं। यहाँ तक कि वामपन्थी पार्टियों ने भी अपनी पार्टियों की महिला शाखाओं को दरकिनार कर रखा है। महिला मुद्दों से सम्बन्धित मुख्यधारा से नकारते हुए, उन्हें महिला संगठनों द्वारा उठाए जाने हेतु छोड़ते हुए (ए.आई.डी.डब्ल्यू.ए., महिला दक्षता समिति, इत्यादि)। राजनीतिक दलों से जुड़े बहुत से महिला संगठनों को कानून में बदलाव (यद्यपि उनके पास ऐसे अनुभवों का अभाव नहीं होता) के लिए आन्दोलन आरम्भ करने में कोई राजनीतिक सहयोग नहीं मिलता। इस प्रकार, महिला मुद्दों को लेकर किए जानेवाले संघर्षों के व्यक्तिगत मुद्दों का समाधान, करते हुए जनजागृति कार्यक्रम के रूप में मात्र एक सामाजिक संघर्ष' बतलाया जाता है। जैसा कि सर्वविदित है, हिन्दुत्व आन्दोलन में शामिल महिला नेत्रियों ने स्वयं पर पुरुषों द्वारा की जानेवाली घरेलू हिंसा को एक 'सामान्य' बात बतलाया है। (महिलाओं के लिए) हिंसक घरेलू जीवन के साथ समायोजित होने की आवश्यकता बतलाई जाती है।[6] पुरुषों द्वारा की जानेवाली घरेलू हिंसा को इस ढंग से देखे जाने के कारण यह मुद्दा कानूनी कार्रवाई के दायरे के बाहर चला जाता है।

इसी प्रकार, दलितों के विरुद्ध तथाकथित अत्याचारों को नागरिक 'संघर्ष' के रूप में देखा गया है, इस बात की अनदेखी करते हुए कि सत्ता संरचना ही ऐसे कुकृत्यों को करने की अनुमति देती है। जैसा कि महिलाओं के विरुद्ध हिंसा के मामले में, अधिकांश पुरुष, जो ऐसा करते हैं, उनके साथ हो जाते हैं। यह याद रखना भी महत्त्वपूर्ण है कि महिलाएँ ही प्रायः जातीय हिंसा और उत्पीड़न का भी शिकार होती हैं।

अन्य समुदायों के सदस्यों के प्रति किए जानेवाले हमलों को वैधता प्रदान किए जाने एवं घरेलू तथा जातीय हिंसा को आपराधिक अथवा अवैध ठहराए जाने में विफलता, संयुक्त रूप से ऐसी स्थिति उत्पन्न करती है जिसमें दलितों के लिए दूसरों के प्रति हिंसक कार्रवाई करने में अपने ही दमनकारियों के साथ सहयोग करना अधिक आसान हो जाता है। भारत में पिछले कुछ दशकों से विभिन्न प्रकार की हिंसक घटनाओं में जाति, गुंडातत्त्व और राजनीतिक हिंसा, पुलिस अत्याचार एवं व्यक्तियों एवं समूहों के बीच होनेवाली हिंसक घटनाएँ, जो छोटी-छोटी घटनाओं से उत्पन्न हो जाती हैं, शामिल है। हिंसा के सम्बन्ध में सामाजिक संहिता तथा वैधानिक संहिताओं के अर्थ बदल गए हैं, जिसके कारण लोगों का हिंसा में शामिल होना अधिक आसान हो गया है। जबकि यह जानकारी कि वैध कार्यों के लिए किसी को दंडित नहीं किया जाता, लोगों के हिंसक होने के कारणों को स्पष्ट करने की दृष्टि से महत्त्वपूर्ण

है। समाजीकरण की प्रक्रिया, हिंसा के विस्फोट का स्तर और राजनीतिक आन्दोलन सभी हमारी सामाजिक स्थिति से निर्धारित होते हैं—ये भी स्पष्ट करने में समान रूप से महत्त्वपूर्ण हैं कि लोग क्यों हिंसक बन जाते हैं। अधिकांश व्यक्तियों के लिए हिंसोन्मुख होना, खासकर महिलाओं, दलितों, जनजातियों तथा सामान्य कोटि के मध्य वर्गीय लोगों की हिंसा में भागीदारी में एक खतरनाक और चिन्ताजनक मोड़ आ गया है।

2002 में गुजरात की हिंसा का एक दुखद किन्तु अपरिहार्य परिणाम एवं वह तरीका जिसके तहत इसे राज्य द्वारा निपटाया गया, ने किसी भी विवाद को सुलझाने, प्रतिक्रिया के लिए सड़कों पर उतरने को परिवार के रूप में स्थापित कर लिया और यह प्रवृत्ति लगातार बढ़ रही है। हम इसका प्रमाण बड़ी संख्या में होनेवाली आत्महत्याओं में देखते हैं, जो गुजरात में 2002 एवं 2003 में दिखती है। सभी जातीय, धार्मिक या अन्य समूहों के बीच की हिंसा, जिसे मीडिया द्वारा इस अवधि में रिकॉर्ड किया गया, उस परिघटना को एलन फेल्डमैन 'रोजमर्रा की जिन्दगी का सैन्यीकरण' कहते हैं।

दूसरी बात, जिसने हिंसा को एक पापकर्म बताया है, उसे सामने लाने अथवा बनाए रखने में राजनीतिक धोखाधड़ी की बात हो सकती है। राज्य द्वारा 'आक्रोश' अथवा 'प्रतिशोध' के रूप में वैधीकृत हिंसा, जिसे किसी समुदाय विशेष के विरुद्ध किसी अपराध के साथ जोड़ दिया जाता है, के कारण समाज का विभाजन सम्भव हो गया है। धार्मिक आधार पर चुनावों में इसका असीमित लाभ हो सकता है। तथापि, किसी घटना के बाद होनेवाले अपराध उदाहरणार्थ 'अक्षरधाम' में जिसका उपयोग भी उसी रूप में बड़ी आसानी से किया जा सकता है, वैसा नहीं था। उस समय राजनीतिक फायदा यह प्रमाणित करके ज्यादा उठाया जा सकता था कि गुजरात ऐसी स्थिति में भी शान्त रह सकता है, बजाय उसे जंगलराज बनाए जाने के।

इससे यह संकेतित होता है कि हिंसा विभिन्न समुदायों के बीच धार्मिक एवं भाषायी वर्चस्व तथा सत्ता की प्राप्ति का एक हिस्सा बन गई है। हिंसा का उपयोग सन्देशों के प्रसार के उद्‌देश्य तथा वर्चस्वशाली वर्गों के गुप्त संकेत के रूप में भी किया जा रहा है, जो सभी प्रकार के समूहों के बीच बार-बार की हिंसा से वैधता प्राप्त करती है। इस प्रकार, राज्य की संलिप्तता के मुद्‌दे को बदलती मानसिकता के कारण अथवा हिंसा के भूगोल के आधार पर कमजोर नहीं पड़ने देना चाहिए। पुलिस थानों और कारागारों में होनेवाली राज्य-हिंसा, जिसे संवेदनशीलता तथा वैधता के साथ प्रस्तुत किया जाता है, का स्थान अब सड़कों एवं लोगों के घरों एवं कार्यस्थलों पर होनेवाले हमलों ने ले लिया है। संवेदनीकरण एवं वैधीकरण की वहाँ कोई आवश्यकता नहीं रह जाती जब इसके प्रति लोगों की सहमति जुड़ गई हो। साथ ही, जहाँ जनसंहारों तथा कमजोरों पर हमलों के प्रति राजनीतिक समर्थन जुड़ गया है और जहाँ बहुसंख्यक तथा शक्तिशाली लोगों द्वारा किए जानेवाले हमलों को वैध बताया जाने लगा हो।

तीसरी बात, प्रस्तुत अध्याय में हिंसक समूहों के जाति और वर्ग सम्बन्ध, ग्रामीण क्षेत्रों में नए प्रभुत्वशाली वर्गों के उदय की प्रक्रिया और शहरी वर्ग समूहों के साथ उनके सम्बन्ध की जाँच-पड़ताल, जिससे उन परिवर्तनों और बदलावों को बेनकाब किया जा सके, जो हिंसा

का पालन-पोषण करते हों और जिसके दूरगामी परिणाम होते हैं, की जितनी विवेचना की गई है उससे कहीं गहन विवेचना की जरूरत है।

अन्त में जिसका मूल हमारे अन्तिम बिन्दु में है, यह स्पष्ट हो जाता है कि गुजरात में साम्प्रदायिक सद्भाव कायम करने सम्बन्धी प्रयासों का बहुत कम ही प्रभाव पड़ेगा, जब तक कि हम विकास सम्बन्धी बड़े संघर्षों से नहीं जुड़ पाते एवं दलितों, बेरोजगारों तथा कामगार वर्ग के लोगों के सरोकारों पर विचार नहीं करते।

## सन्दर्भ एवं टिप्पणियाँ

1. इन पुस्तकों में अनेक तथ्यान्वेषी एवं जाँच आयोगों की रिपोर्टें शामिल हैं। इनका ब्योरा इस लेख के अन्त में दिए गए सन्दर्भ में उपलब्ध है।
2. देखें, सरकार और बुटालिया (1995) के लेख में।
3. साम्प्रदायिक दंगों से सम्बन्धित समाजशास्त्रीय अध्ययनों तथा दलितों के विरुद्ध हिंसा सम्बन्धी अध्ययन का अभाव समाजशास्त्रीय चिन्ता का मुख्य विषय रहा है।
4. चुंदूर की घटना का दूरगामी प्रभाव काफी हद तक अज्ञात रहा, जिसमें ऊँची जातियों और दलितों के संघर्ष को ऊँची जातियों के ईसाइयों पर हमले का रूप दे दिया गया। रेड्डियों ने ऊँची जाति वालों को संगठित किया और गुंटूर के आन्ध्र क्रिश्चियन कॉलेज पर हमला बोल दिया, केवल इसलिए नहीं कि इस कॉलेज में चुंदूर के शरणार्थियों को शरण मिलती थी, बल्कि इसलिए भी कि इसने दलितों को शिक्षित करके उनमें नए विश्वास को पैदा किया।
5. सरकार और बुटालिया (1995) द्वारा सम्पादित पुस्तक में कई लेख इन मुद्दों पर प्रकाश डालते हैं।
6. इस विषय पर देखें, अनीता (1995) एवं सरकार (1999)

## सन्दर्भ


- अनीता, एस. मनीषा, वसुधा एवं कविता, 'इंटरव्यू विद वीमेन', तनिका सरकार तथा उर्वशी बुटालिया (सम्पादकगण) के *वीमेन एंड द हिन्दू राइट,* (नई दिल्ली, काली फॉर वीमेन, 1995)
- अंसारी, इकबाल ए., *कम्युनल रायट्स, दि स्टेट एंड लॉ इन इंडिया,* (नई दिल्ली, इंस्टीट्यूट एंड ऑब्जेक्टिव स्टडीज, 1997)
- कंसर्ड सिटिजन ट्राइब्यूनल-गुजरात, 2002, *क्राइम अगेंस्ट ह्यूमनिटी : एन इन्क्वायरी इन टू दि कार्नेज इन गुजरात, फाइंडिंग्स एंड रिकोमेंडेशंस,* वॉल्यूम, 1-2, (मुम्बई, सिटिजंस फॉर पीस एंड जस्टिस, 2002)
- दयाल, जॉन (सम्पादक), *गुजरात 2002, अन्टोल्ड एंड रीटोल्ड स्टोरीज ऑफ द हिन्दुत्व लैब,* (नई दिल्ली, मीडिया हाउस, 2002)
- देवी, जी.एन., आदिवासीज एंड दलित्स : ट्राइबल वॉयस एंड वायलेंस', सिद्धार्थ वरदराजन द्वारा सम्पादित, *गुजरात : द मेकिंग ऑफ ए ट्रेजडी,* (नई दिल्ली, पेंगुइन, 2002)
- दत्त, बरखा, 'वीमेंस पैनेल, पी.यू.सी.एल. वडोदरा एवं शान्ति अभियान', 'नथिंग न्यू' 'वीमेंस एज विक्टिम्स', सिद्धार्थ वदरराजन द्वारा सम्पादित *गुजरात : द मेकिंग ऑफ ए ट्रेजडी,* (नई दिल्ली, पेंगुइन, 2002)
- फैक्ट फाइंडिंग बाय ए वीमेंस पैनल, हाउ दैट गुजरात मेसेकर अफेक्टेड मायनॉरिटी वीमेन? दि सर्वाइवर्स स्पीक, जॉन दयाल (सम्पादक) के *गुजरात 2002 : अनटोल्ड एंड रीटोल्ड स्टोरीज ऑफ हिन्दुत्व लैब,* (नई दिल्ली, मीडिया हाउस, 2002)

- फेल्डमैन, एलेन, एक्स-चिल्ड्रेन एंड दि मिलिटराइजेशन ऑफ एवरीडे लाइफ : यूथ, विक्टिमेज एंड वॉयलेंस इन ट्रांजिक्शनल सोसाइटीज, *इंटरनेशनल जर्नल ऑफ सोशल वेल्फेयर*, वॉल्यूम-2, अंक-4, 2002, पृ. 286-99
- ह्यूमन राइट्स वाच रिपोर्ट, जॉन दयाल (सम्पादक), *गुजरात 2002 : अनटोल्ड एंड रीटोल्ड स्टोरीज ऑफ हिन्दुत्व लैब*, (नई दिल्ली, मीडिया हाउस, 2002)
- ह्यूमेन राइट्स वाच, 'हमें आप लोगों को बचाने का कोई आदेश नहीं था : स्टेट पार्टीसिपेशन एंड कम्प्लीसिटी इन कम्युनल वायलेंस इन गुजरात', वॉल्यूम-14, अंक-3, 2002, पृ. 1-68
- ह्यूमेन राइट्स वाच, कम्पाउंडिंग इनजस्टिस, दि गवर्नमेंट्स फेल्योर टू रिड्रेस मैसेकर इन गुजरात, वॉल्यूम-15, अंक-3, 2003, पृ. 1-72
- इंडिपेंडेंट फैक्ट फाइडिंग कमिशन, गुजरात कार्नेज 2002 : 'ए रिपोर्ट टू दि नेशन', जॉन दयाल (सम्पादक), *गुजरात 2002 : अनटोल्ड एंड रीटोल्ड स्टोरीज ऑफ दी हिन्दुत्व लैब*, (नई दिल्ली, मीडिया हाउस, 2002)
- इंटेरिम रिपोर्ट, इंटेरिम ऑर्डर एंड फाइनल रिपोर्ट ऑन गुजरात, नेशनल ह्यूमेन राइट्स कमीशन, जॉन दयाल (सम्पादक), *गुजरात 2002, अनटोल्ड एंड रीटोल्ड स्टोरीज ऑफ दि हिन्दुत्व लैब*, (नई दिल्ली, मीडिया हाउस, 2002)
- नैमिशराय, मोहनदास, दि वायलेंस इन गुजरात एंड दी दलित्स, सिद्धार्थ वरदराजन (सम्पादक), *गुजरात : दि मेकिंग ऑफ ए ट्रेजडी*, (नई दिल्ली, पेंगुइन, 2002)
- पार्थ सारथी, डी., वीमेन कम्युनल वायलेंस एंड राइट्स रेटोरिक, *मानुषी*, अंक-129, (2002)
- पीपुल्स यूनियन फॉर डेमोक्रेटिक राइट्स, नो रिलीफ, नो रिहैबिलिटेशन, सिद्धार्थ वरदराजन (सम्पादक) *गुजरात, द मेकिंग ऑफ ए ट्रेजडी*, (नई दिल्ली, पेंगुइन, 2002)
- राजगोपाल, अरविन्द, *पॉलिटिक्स आफ्टर टेलीविजन : हिन्दू नेशनलिज्म एंड दि रीशेपिंग ऑफ दि पब्लिक इन इंडिया*, कैम्ब्रिज : कैम्ब्रिज यूनिवर्सिटी प्रेस, 2001
- सरकार, तनिका, दि जेंडर प्रेडिकामेंट ऑफ द हिन्दू राइट, के.एन. पनिक्कर (सम्पादक) *द कंसंर्ड इंडियंस गाइड टू कम्युनलिज्म*, (नई दिल्ली, वायकिंग, 1999, पृ. 148)
- सरकार, तनिका एवं उर्वशी बुटालिया (सम्पादक), *वीमेन एंड द हिन्दू राइट : ए कलेक्शन ऑफ एसे*, (नई दिल्ली, काली फॉर वीमेन, 1995)
- वरदराजन, सिद्धार्थ, (सम्पादक), गुजरात : दि मेकिंग ऑफ ए ट्रजेडी (नई दिल्ली, पेंगुइन, 2002)
- वरदराजन, सिद्धार्थ, (सम्पादक) राजदीप सरदेसाई, पी.यू.सी.एल., वडोदरा, शान्ति अभियान एंड अनिल चमड़िया, दि ट्रूथ हर्ट्स : गुजरात एंड दि रोल ऑफ दि मीडिया, सिद्धार्थ वरदराजन (सम्पादक) *गुजरात : दि मेकिंग ऑफ ए ट्रेजडी*, (नई दिल्ली, पेंगुइन, 2002)
- वरदराजन, सिद्धार्थ (सम्पादक), गुजरात : द मेकिंग ऑफ ए ट्रेजडी, (नई दिल्ली, पेंगुइन, 2002)
- वार्ष्णेय, आशुतोष, *एथनिक कन्फ्लिक्ट्स एंड सिविल लाइफ : हिन्दूज एंड मुस्लिम्स इन इंडिया*, (न्यू हैवेन, येल यूनीवर्सिटी प्रेस, 2002)

# सम्पादक एवं लेखकों के सम्बन्ध में

**सम्पादक**

**राम पुनियानी** इंडियन इंस्टीट्यूट ऑफ टेक्नोलॉजी, मुम्बई में बायोमेडिकल इंजीनियरिंग के प्रोफेसर थे। ये *सेंटर फॉर दि स्टडी ऑफ सोसाइटी एंड सेक्युलरिज्म* के सचिव और साम्प्रदायिक सद्भावना समिति 'एकता', मुम्बई के सदस्य भी हैं और अनेक धर्मनिरपेक्ष कार्यक्रमों से वर्षों तक सम्बद्ध रहे हैं। ये साम्प्रदायिकता और कट्टरपन्थ के उदय से सम्बन्धित विषयों पर कार्यरत रहे हैं। इन्होंने इन विषयों पर अनेक पत्र-पत्रिकाओं में लेख लिखे हैं। ये *कम्युनल पॉलिटिक्स : फैक्ट्स वर्सेज मिथ्स* (2003), *फासिज्म ऑफ संघ परिवार, दि अदर चीक : माइनॉरिटीज अंडर थ्रेट, तथा कम्युनल पॉलिटिक्स : ऐन इलस्ट्रेटेड प्राइमर* (2001) के लेखक भी रहे हैं।

**लेखकगण**

**फ्लाविया एग्नेश** पेशे से अधिवक्ता और महिला आन्दोलनों से सम्बन्धित कार्यकर्ता रही हैं। ये महिलाओं के बीच कानूनी मुद्दों पर काम करनेवाले संगठन *मजलिस* की सचिव हैं। ये एक समृद्ध रचनाकार हैं, और समाचार-पत्रों, पत्रिकाओं एवं जर्नल्स में नियमित रूप से लिखती हैं।

**वी. कृष्णा अनन्त** जवाहरलाल नेहरू विश्वविद्यालय के इतिहास विषय के छात्र, पूर्व में *हिन्दू* समाचार-पत्र से सम्बद्ध थे। सम्प्रति : ये स्वतंत्र लेखन करते हैं और *एशियन कॉलेज ऑफ जर्नलिज्म* में अध्यापन कार्य करते हैं।

**सार्टो स्टीव्स** ने बम्बई यूनिवर्सिटी से राजनीतिक विज्ञान में पी-एच.डी. की उपाधि प्राप्त है। वे विगत 50 वर्षों से भी अधिक समय से देश के विभिन्न प्रकाशनों में अपनी मौलिक रचनाएँ लिखकर स्वतंत्र पत्रकारिता करते रहे हैं। इन्होंने अनेक पुस्तकों की भी रचना की है, जिनमें *फ्रीडम टू बिल्ड नॉट डिस्ट्रॉय* (2002), *नेशनलिज्म, सेक्युलरिज्म एंड कम्युनलिज्म,* (1996), एवं *प्रोस्पेक्ट्स ऑफ इंडियन डेमोक्रेसी* आदि प्रमुख हैं।

**शम्सुल इस्लाम** दिल्ली विश्वविद्यालय के सत्यवती कॉलेज में राजनीति विज्ञान के शिक्षक हैं। लेखक, स्तम्भकार तथा नुक्कड़ नाटककार के तौर पर ये धार्मिक असहिष्णुता, साम्प्रदायिकता, अमानुषीकरण, साम्राज्यवाद तथा महिलाओं और दलितों के उत्पीड़न की राजनीति के विरोध के लिए जाने जाते हैं।

**रानू जैन** टाटा इंस्टीट्यूट ऑफ सोशल साइंसेज, मुम्बई के *यूनिट फॉर रिसर्च इन सोशियोलॉजी ऑफ एजुकेशन* में रीडर हैं। उनके पी-एच.डी. का शोध-प्रबन्ध नृजातीय समूहों के सीमांकन तथा निर्वहन प्रक्रिया से सम्बन्धित था। उनकी शोध-रुचियों में साम्प्रदायिकता, अल्पसंख्यक-बहुसंख्यक मुद्दे, बहुतावादी समाज और राजनीति तथा संस्कृति और शिक्षा सम्बन्धी विचार शामिल हैं। सम्प्रति वे वर्चस्व निर्माण की प्रक्रिया के साथ ही सांस्कृतिक राष्ट्रवाद के दौर में बहु-संस्कृतिवाद की सम्भावना विषयक अध्ययन कर रही हैं।

**मंजरी काटजू** हैदराबाद विश्वविद्यालय में राजनीति विज्ञान पढ़ाती हैं। वे *विश्व हिन्दू परिषद एंड इंडियन पॉलिटिक्स* (2003) की लेखिका हैं और साम्प्रदायिकता की राजनीति के उदय पर गहन रूप से कार्यरत हैं।

**प्रकाश लुइस** इंडियन सोशल साइंस इंस्टीट्यूट, नई दिल्ली के अधिशासी निदेशक थे। उनकी प्रमुख रचनाएँ हैं, *पीपुल पावर : द नक्सलाइट मूवमेंट इन सेंट्रल बिहार* एवं *पोलिटिकल सोशियोलॉजी ऑफ दलित एसर्शन*। वे *दि इकोनॉमिक एंड पॉलिटिकल वीकली, मेनस्ट्रीम, सोशलचेंज, विकल्प, सेमिनार* जैसी पत्रिकाओं तथा 'हिन्दुस्तान', 'जनसत्ता' एवं 'राष्ट्रीय सहारा' जैसे राष्ट्रीय समाचार-पत्रों में नियमित रूप से लिखते हैं।

**उदय मेहता** मीठीबाई कॉलेज, मुम्बई के सेवानिवृत्त उपप्राचार्य हैं। ये एक समाजशास्त्री हैं और इनकी प्रमुख रचनाएँ किसानों के अध्ययन, धर्म और समाज से सम्बन्धित हैं। हिन्दू फासीवाद और मलिन बस्तिओं में रहनेवालों के आवासीय अधिकारों से सम्बन्धित मुद्दों पर काम करनेवाले एक संघर्षकर्मी के रूप में भी जाने जाते हैं।

**डी. पार्थसारथी** आई.आई.टी., मुम्बई के मानविकी एवं समाज विज्ञान विषय में एसोशिएट प्रोफेसर हैं। सामूहिक हिंसा, जाति-संघर्ष, विधि एवं शासन, प्रौद्योगिकी के सामाजिक प्रभाव तथा कृषि में बदलाव से सम्बन्धित मुद्दों पर इनके प्रकाशन हैं।

**विभूति पटेल** एस.एन.डी.टी. महिला विश्वविद्यालय, मुम्बई के स्नातकोत्तर अर्थशास्त्र विभाग की प्रोफेसर एवं अध्यक्ष हैं। इन्हें 'डेवलपमेंट स्टडीज इस्टीट्यूट दि लन्दन स्कूल ऑफ इकोनॉमिक्स एंड पोलिटिकल साइंस' में अतिथि व्याख्याता के रूप में काम करने हेतु 1992-93 में एशोसिएशन ऑफ कॉमनवेल्थ यूनिवर्सिटी फेलोशिप प्रदान किया गया था। ये 'सेंटर फॉर इन्क्वायरी इन टू एलायड थीम्स' (सी.ई.एच.ए.टी.), 'वीमेंस रिसर्च एंड एक्शन-ग्रुप' (डब्ल्यू.आर.ए.जी.), 'सत्य विजय सेवा समाज' (एस.वी.एस.एस.) एवं 'वाचा' मुम्बई की ट्रस्टी भी हैं। इन्होंने अर्थशास्त्र एवं जेंडर से सम्बन्धित अनेक निबन्धों एवं ग्रन्थों की रचना भी की है।

**जावेद कुद्दुस** ने दि अमेरिकन यूनिवर्सिटी ऑफ कैरीबियन, मोंट्सेरट, ब्रिटिश वेस्ट इंडीज से पी-एच.डी उपाधि प्राप्त की है और अपने पोस्ट-डॉक्टोरल ट्रेनिंग के लिए विश्वविद्यालय ऑफ मिशिगन, एन आर्बर गए। सम्प्रति : वे 'नोसा कम्युनिटी हेल्थ सेंटर, नोसा, विस्कान्सिन

के बोर्ड द्वारा प्रमाणित पारिवारिक चिकित्सक के रूप में कार्यरत हैं। ये विश्वभर के मानवाधिकारों से सम्बन्धित मुद्दों के एक सामाजिक संघर्षकर्मी और समृद्ध लेखक हैं।

**रॉवेना रॉबिन्सन** आई.आई.टी. मुम्बई में मानविकी और समाज विज्ञान विभाग में समाजशास्त्र की एसोशिएट प्रोफेसर हैं। वे *सोशियोलॉजी ऑफ रिलीजन इन इंडिया* (2004), *क्रिश्चयन ऑफ इंडिया* (2003) की लेखिका के साथ-साथ (शान्तिनाथन क्लार्क के साथ) *रिलीजस कन्वर्सन इन इंडिया : मोड्स, मोटिवेशंस एंड मीनिंग्स* (2003) की सम्पादक भी हैं।

**जे.जे. रॉय बर्मन** टाटा इंस्टीट्यूट ऑफ सोशल साइंसेज, मुम्बई में कार्यरत हैं। इनकी शोधरुचि आदिवासी एवं अन्य आदिम जातियों पर केन्द्रित है। इन्होंने भारत के विभिन्न भागों की समन्वयकारी परम्परा पर भी विस्तृत शोध किया है। महाराष्ट्र की समन्वयकारी परम्परा, *हिन्दू-मुस्लिम समन्वयवादी दरगाह एवं समुदाय* से सम्बन्धित उनकी रचनाएँ 2002 में प्रकाशित हुई।

**थॉमस सेबेस्टियन** मुम्बई कॉलेज में पढ़ाते हैं और जनतांत्रिक, आर्थिक अधिकारों से सम्बन्धित आन्दोलनों से जुड़े हैं। इन्होंने साम्राज्यवाद की नीतियों पर काम किया है और ये *वार अगेंस्ट पीपुल* (2002) के लेखक भी हैं।

**आनन्द तेलतुम्बडे** मुम्बई में रहनेवाले एक सम्बन्धी पेशेवर हैं। ये विभिन्न जनान्दोलनों से तीन दशकों से जुड़े रहे हैं। वैश्वीकरण, मानवाधिकार, दलित विमर्श, हिन्दुत्व आदि विषयों पर लिखे गए इनके लेखों को भारत की अधिकांश भाषाओं में व्यापक तौर पर अनूदित किया गया है।

**मिथिलेश** महात्मा गांधी अन्तरराष्ट्रीय हिन्दी विश्वविद्यालय में अध्यापन करते हैं। इनकी 'हिन्द स्वराज', 'धर्म और साम्प्रदायिकता', 'बुनियादी तालीम' शीर्षक से सम्पादित पुस्तकें प्रकाशित हैं। इन दिनों 'रिपब्लिक'(प्लेटो) का अनुवाद जारी है।

**राजनारायण पाठक** हिन्दी साहित्य के अध्यापन से वर्षों जुड़े रहे हैं। प्राथमिक शिक्षा पर इनका विशेष काम है। इन दिनों अनेक अनुवाद परियोजनाओं से जुड़े हैं।

**शम्भू जोशी** महात्मा गांधी अन्तरराष्ट्रीय हिन्दी विश्वविद्यालय में अध्यापन करते हैं। इनकी 'प्रेम और हिंसा', 'हिन्दू स्त्री का जीवन' अनुवादित पुस्तकें प्रकाशित हैं।

❑❑❑